Rainer Gievers

# Das Praxisbuch Samsung Galaxy J5

## Handbuch für Einsteiger

www.das-praxisbuch.de

# Vorwort

Gratulation zu Ihrem Kauf des Galaxy J5! Das Galaxy J5 mag zwar von den Leistungsdaten her nicht an die meisten anderen Samsung-Handys heranreichen, dafür kostet es aber auch nur einen Bruchteil. Trotz des günstiges Preises bietet das Galaxy J5 fast alles, was Sie im Alltag benötigen, wie eine anpassungsfähige Benutzeroberfläche und komfortable Telefoniefunktionen.

Gegenüber einigen anderen Handys aus dem Hause wie dem Galaxy S6 hat das J5 sogar den Vorteil, dass man den Speicher mit einer Micro-SD-Karte erweitern kann. Auch der Akku ist nicht fest eingebaut, sondern lässt sich bei Bedarf wechseln.

Wenn Sie bereit sind, Ihren Arbeitsstil an einige Besonderheiten des Handys anzupassen, können Sie mit dem Handy viele Dinge wie E-Mail-Verwaltung, Anzeige und Bearbeitung von Dokumenten, Terminplanung, usw. auch unterwegs durchführen, ohne ein Notebook dafür mitführen zu müssen.

Leider geht die beim Galaxy J5 mitgelieferte Anleitung nur auf die wichtigsten Funktionen des Geräts ein, weshalb dieses Buch entstanden ist, das den Anwender von den ersten Schritten bis hin zur optimalen Nutzung der vorinstallierten Anwendungen unterstützt. Wir geben darüber hinaus auch Tipps aus unserer eigenen, inzwischen über 30-jährigen Erfahrung mit Mobilrechnern, die Sie im Internet und anderen Büchern nicht finden werden.

Sollten Sie nach der Lektüre dieses Buchs trotzdem noch einige Fragen haben, können Sie sie im Diskussionsforum des Gicom Verlags (*www.das-praxisbuch.de*) loswerden. Falls Sie im Buch irgendwo einen Fehler entdecken, schicken Sie bitte eine E-Mail an *info@das-praxisbuch.de*.

Rainer Gievers, im Februar 2016

1. Auflage vom 11.02.2016

## Hinweis

Die Informationen in diesem Buch wurden mit größter Sorgfalt erarbeitet und zusammengestellt. Dennoch können Fehler nicht vollständig ausgeschlossen werden. Verlag und Autor übernehmen daher keine juristische Verantwortung oder irgendeine Haftung für eventuell verbliebene Fehler oder deren Folgen.

Microsoft, Outlook, Windows, Windows NT, Windows XP, Windows 2000 und das Windows Logo sind entweder eingetragene Warenzeichen oder Warenzeichen der Microsoft Corporation, in den USA und/oder anderen Ländern. Alle anderen in diesem Buch erwähnten Warennamen und Bezeichnungen werden ohne Gewährleistung der freien Verwendbarkeit benutzt und sind möglicherweise eingetragene Warenzeichen.

Alle Rechte vorbehalten. Das Werk einschließlich aller Teile ist urheberrechtlich geschützt. Kein Teil darf ohne schriftliche Genehmigung durch den Autor Rainer Gievers, Borgentreich, reproduziert oder unter Verwendung elektronischer Systeme verarbeitet, vervielfältigt oder verbreitet werden.

»The Android robot logo is being reproduced from work created and shared by Google (*code.google.com/policies.html*) and used according to terms described in the Creative Commons 3.0 Attribution License (*creativecommons.org/licenses/by/3.0*).«

Produktfotos, Bildschirmabbildungen von Samsung, Rainer Gievers.

Copyright © 2016 Rainer Gievers, D-34434 Borgentreich

ISBN 978-3-945680-28-5

Die Ebook-Version dieses Buchs können Sie bei Beam Ebooks (*www.beam-ebooks.de*) erwerben.

Herstellung: Gicom Druckservice (*www.gicom.com*)

## Aufbau der Kapitel

- Damit Sie erkennen, welche Bildschirmkopie zu welchem Erläuterungstext gehört, sind die Texte mit Zahlen (❶,❷,❸) durchnummeriert.
- Webadressen, Menübezeichnungen und verwiesene Kapitel sind *kursiv* gesetzt.
- Verschachtelte Menüs werden durch »/« gekennzeichnet. Somit bedeutet zum Beispiel ⋮*Einstellungen*, dass Sie das Menü aktivieren und dort auf *Einstellungen* gehen.
- Auch Verzeichnis- und Dateinamen, sowie Webadressen sind in Kursivschrift gesetzt.

In den Rahmen sind weiterführende Infos zum jeweiligen Thema untergebracht.

1. **Inhaltsverzeichnis**

2. **Erster Start**...........................................................................................13
    2.1 Vorhandenes Google-Konto..........................................................15
    2.2 Neues Google-Konto.....................................................................17
    2.3 Weitere Einrichtung......................................................................19

3. **Grundlagen der Bedienung**......................................................22
    3.1 Bedienelemente des Samsung Galaxy..........................................22
    3.2 Displaysperre................................................................................22
    3.3 Der Startbildschirm......................................................................23
    3.4 Erste Schritte................................................................................23
    3.5 Gestensteuerung...........................................................................24
    3.6 Der Startbildschirm in der Praxis.................................................25
        3.6.1 Erweiterter Startbildschirm.................................................26
    3.7 Startbildschirm konfigurieren......................................................27
        3.7.1 Schnellzugriffe anlegen und verwalten..............................27
        3.7.2 Widgets................................................................................29
            3.7.2.a Widget hinzufügen.....................................................30
        3.7.3 Startbildschirm aufräumen..................................................31
        3.7.4 Ordner...................................................................................31
        3.7.5 Hintergrundbild....................................................................33
            3.7.5.a Startbildschirme verwalten........................................34
        3.7.6 Titelleiste und Benachrichtigungsfeld................................35
        3.7.7 Schaltleisten im Benachrichtigungsfeld.............................38
    3.8 Längs- und Querdarstellung.........................................................39
    3.9 Menü.............................................................................................40
    3.10 Die Einstellungen.......................................................................41
    3.11 Zuletzt genutzte Anwendungen.................................................42
    3.12 Hauptmenü.................................................................................43
        3.12.1 Hauptmenü bearbeiten......................................................43
            3.12.1.a Ordner.......................................................................43
        3.12.2 Programme ausblenden....................................................45
    3.13 Google-Suche.............................................................................46
    3.14 Medienlautstärke und Signaltöne..............................................49
        3.14.1 Signaltöne..........................................................................50
    3.15 Das Ausklappmenü....................................................................51

4. **Telefonie**...................................................................................53
    4.1 Anruf durchführen.......................................................................54
        4.1.1 Suche....................................................................................55
        4.1.2 Letzte Rufnummer wählen..................................................55
        4.1.3 Funktionen während eines Gesprächs................................56
            4.1.3.a Hörerlautstärke...........................................................58
        4.1.4 Anruf aus dem Telefonbuch................................................58
        4.1.5 Die Standardnummer...........................................................59
    4.2 Favoriten.......................................................................................60
    4.3 Kurzwahlen..................................................................................61
        4.3.1 Kurzwahl erstellen...............................................................61
    4.4 Mobilbox abrufen.........................................................................62
    4.5 Anruf annehmen..........................................................................63
        4.5.1 Anruf mit Mitteilung beantworten......................................65
        4.5.2 Klingelton und Klingeltonlautstärke..................................66
    4.6 Anrufliste (Protokoll)...................................................................67
        4.6.1 Anrufliste in der Telefonoberfläche...................................68
        4.6.2 Anzeige verpasster Anrufe..................................................68
        4.6.3 Funktionen in der Anrufliste...............................................69
        4.6.4 Weitere Anzeigen.................................................................70
    4.7 Flugmodus (Offline-Modus)........................................................70

4.8 Unerwünschte Anrufer blockieren (Sperrliste)..................................................71
4.9 Anrufeinstellungen..................................................................................73
    4.9.1 Wischen für Anruf oder Nachricht................................................73
    4.9.2 Anruf ablehnen..............................................................................74
    4.9.3 Anrufe beantworten und beenden...............................................74
    4.9.4 Weitere Einstellungen..................................................................75
        4.9.4.a Rufumleitung.......................................................................75
        4.9.4.b Feste Rufnummern............................................................76
    4.9.5 Videoanrufeinstellungen..............................................................79
    4.9.6 Mailboxeinstellungen...................................................................79
        4.9.6.a Mailbox................................................................................79
        4.9.6.b Mailbox-Nummer................................................................80

## 5. Nachrichten (SMS)..................................................................................81
5.1 Nachrichtenanzeige................................................................................81
5.2 Nachricht senden...................................................................................82
    5.2.1 Mehrere Empfänger eingeben.....................................................83
    5.2.2 Kontakt aus Telefonbuch..............................................................84
    5.2.3 Nachricht aus Nachrichtenverlauf................................................85
    5.2.4 Nachricht aus Anrufliste...............................................................85
    5.2.5 Nachricht in der Nachrichtenauflistung.......................................86
    5.2.6 Geplante Nachricht......................................................................86
5.3 Weitere Funktionen im Nachrichtenverlauf............................................87
    5.3.1 SMS-Vorlagen...............................................................................88
5.4 Entwürfe..................................................................................................89
5.5 Empfangsbestätigung (Zustellungsbericht)............................................89
5.6 Alte Nachrichten löschen.......................................................................90
5.7 SMS empfangen.....................................................................................91
    5.7.1 Spam-Filter...................................................................................91
        5.7.1.a Weitere Spam-Funktionen.................................................92
5.8 Konfiguration..........................................................................................93
5.9 MMS........................................................................................................94

## 6. Telefonbuch............................................................................................96
6.1 Kontakterfassung...................................................................................97
    6.1.1 Kontakt im Telefonbuch eingeben................................................97
    6.1.2 Weitere Eingabefelder..................................................................98
    6.1.3 Kontakt aus Telefonoberfläche übernehmen..............................99
6.2 Kontakt bearbeiten...............................................................................100
6.3 Listen- und Detailanzeige....................................................................100
6.4 Die SIM-Karte.......................................................................................100
    6.4.1 SIM-Kontakte erstellen und bearbeiten.....................................101
6.5 Kontaktfoto und Klingelton..................................................................101
6.6 Suchen..................................................................................................103
6.7 Eigene Kontaktkarte............................................................................104
6.8 Gruppen................................................................................................105
    6.8.1 Gruppe anlegen..........................................................................105
    6.8.2 Kontakte einer Gruppe hinzufügen............................................106
6.9 Kontakte im Startbildschirm................................................................108
    6.9.1 Direktwahl...................................................................................108
6.10 Einstellungen......................................................................................109

## 7. Internet einrichten und nutzen...........................................................111
7.1 Internetzugang einrichten....................................................................111
    7.1.1 Tipps zum Internetzugang..........................................................111
        7.1.1.a Kostenfalle Standardvertrag.............................................111
        7.1.1.b Die Alternative: WLAN.....................................................111
        7.1.1.c Teuer! Teuer! Teuer!..........................................................111
    7.1.2 Automatische Einrichtung..........................................................112
    7.1.3 Weitere Konfigurationsparameter..............................................112

7.2 Umschaltung WLAN und Mobilfunk-Internet ..................................................113
    7.2.1 WLAN aktivieren/deaktivieren ..................................................113
    7.2.2 Mobilfunk-Internet aktivieren/deaktivieren ..............................114

## 8. WLAN .............................................................................................................115
8.1 WLAN-Verbindung aufbauen ....................................................................115
    8.1.1 WLAN über die Einstellungen einrichten .................................115
    8.1.2 WPS-Schnellverbindung ............................................................116
8.2 WLAN-Zugangspunkte verwalten .............................................................117
8.3 WLAN-Sicherheit .......................................................................................118
8.4 WLAN unterwegs sicher einsetzen ............................................................119

## 9. Gmail ..............................................................................................................120
9.1 Gmail in der Praxis ....................................................................................121
    9.1.1 E-Mails abrufen ..........................................................................121
    9.1.2 Absender ins Telefonbuch aufnehmen .......................................123
    9.1.3 Dateianlagen ...............................................................................123
    9.1.4 Labels .........................................................................................124
    9.1.5 E-Mails beantworten ..................................................................125
    9.1.6 E-Mail neu schreiben .................................................................126
    9.1.7 Weitere Funktionen bei der E-Mail-Erstellung .........................127
        9.1.7.a Cc/Bcc ...........................................................................128
        9.1.7.b Dateianlage ....................................................................128
    9.1.8 Entwürfe .....................................................................................129
    9.1.9 E-Mails löschen .........................................................................130
9.2 Weitere Funktionen ....................................................................................132
    9.2.1 Nachrichten durchsuchen ...........................................................132
    9.2.2 E-Mail aus Telefonbuch senden .................................................132
    9.2.3 Archivieren .................................................................................132
    9.2.4 Unterdrücken ..............................................................................134
    9.2.5 Wichtig-Label und der sortierte Eingang ..................................135
        9.2.5.a Benachrichtigung ..........................................................136
    9.2.6 Markierungen .............................................................................137
    9.2.7 Spam ...........................................................................................138
    9.2.8 Stapelvorgänge ...........................................................................139
    9.2.9 Wischgeste zum Archivieren .....................................................140
9.3 Einstellungen ..............................................................................................140
    9.3.1 Allgemeine Einstellungen ..........................................................140
    9.3.2 Konto-Einstellungen ..................................................................141
        9.3.2.a Abwesenheitsnotiz ........................................................142
        9.3.2.b Automatisch zugewiesene Labels .................................143
9.4 Zugriff auf Gmail vom Startbildschirm ....................................................144
9.5 Nutzung mehrerer E-Mail-Konten .............................................................145
9.6 Andere E-Mail-Konten mit Gmail .............................................................147
    9.6.1 E-Mail einrichten .......................................................................147
    9.6.2 E-Mail in der Praxis ...................................................................149

## 10. E-Mail ...........................................................................................................151
10.1 E-Mail-Einrichtung ..................................................................................151
    10.1.1 E-Mail-Konto automatisch einrichten .....................................152
    10.1.2 E-Mail-Konto manuell einrichten ............................................152
    10.1.3 Mehrere E-Mail-Konten verwalten ..........................................154
10.2 E-Mail-Konto bearbeiten .........................................................................156
    10.2.1 Allgemeine Einstellungen ........................................................156
    10.2.2 Konto-Einstellungen ................................................................157
10.3 E-Mail-Anwendung in der Praxis ............................................................158
    10.3.1 E-Mail-Ordner ..........................................................................158
    10.3.2 E-Mails abrufen .......................................................................159
    10.3.3 E-Mails lesen und beantworten ................................................160
    10.3.4 E-Mails löschen .......................................................................161

10.3.5 Dateianlagen..................................................................................162
10.3.6 Absender ins Telefonbuch aufnehmen...............................................163
10.4 E-Mail erstellen und senden...............................................................163
10.4.1 Cc/Bcc..........................................................................................165
10.4.2 Entwürfe......................................................................................166
10.4.3 E-Mail-Anhänge...........................................................................166
10.4.4 Favoriten.....................................................................................167
10.4.5 Stapelvorgänge............................................................................168
10.4.6 E-Mail-Ansichten.........................................................................169
10.5 E-Mails auf dem Startbildschirm........................................................169

## 11. Webbrowser..........................................................................................170
11.1 Fenster (Tabs).......................................................................................173
11.2 Lesezeichen..........................................................................................174
11.3 Dateien herunterladen..........................................................................175
11.4 Einstellungen.......................................................................................176
11.5 Anzeige optimieren..............................................................................178
11.5.1 Desktop-Anzeige.........................................................................178
11.5.2 Optimierte Anzeige.....................................................................178
11.6 Internet-Browser und Chrome gleichzeitig nutzen.............................179

## 12. Chrome-Webbrowser.........................................................................180
12.1 Tabs......................................................................................................182
12.2 Lesezeichen..........................................................................................184
12.3 Dateien herunterladen..........................................................................185
12.4 Einstellungen.......................................................................................186
12.4.1 Datenschutz.................................................................................187
12.4.2 Bedienungshilfen........................................................................188
12.4.3 Website-Einstellungen................................................................188
12.5 Lesezeichen-Widget.............................................................................189
12.6 Lesezeichen des PCs auf dem Galaxy nutzen....................................189

## 13. WhatsApp.............................................................................................192
13.1 Erster Start...........................................................................................192
13.2 Nachrichten schreiben.........................................................................194
13.3 Nachrichten empfangen.......................................................................195
13.4 Weitere Funktionen..............................................................................195
13.5 Telefonie über WhatsApp....................................................................196

## 14. Google Maps.........................................................................................198
14.1 Google Maps nutzen............................................................................198
14.2 Einstellungen.......................................................................................200
14.3 Eigene Position....................................................................................201
14.4 Kartenausschnitt auf dem Gerät speichern.........................................201
14.5 Suche....................................................................................................202
14.6 Navigation...........................................................................................204
14.6.1 Routenplaner...............................................................................205
14.6.2 Navigation in der Praxis.............................................................208
14.7 Ansichten.............................................................................................209
14.8 Google Local.......................................................................................210
14.8.1 Markierungen..............................................................................211

## 15. Kamera..................................................................................................213
15.1 Einstellungen.......................................................................................214
15.2 Zoom....................................................................................................215
15.3 Foto erstellen.......................................................................................215
15.4 Positionsdaten......................................................................................216
15.5 Foto-Modus.........................................................................................217
15.5.1 Pro-Modus...................................................................................217
15.5.2 Panorama-Foto............................................................................218

15.6 Video-Funktion..................................................................................219
    15.6.1 Video-Einstellungen.....................................................................219

## 16. Galerie..................................................................................220
16.1 Ansichten..................................................................................220
    16.1.1 Datumssortierung.......................................................................221
    16.1.2 Albensortierung.........................................................................221
16.2 Bilder verarbeiten......................................................................223
16.3 Vollbildansicht..........................................................................223
    16.3.1 Einzelnes Bild bearbeiten..........................................................224
16.4 Videos......................................................................................225
16.5 Positionsdaten...........................................................................225

## 17. Play Musik..............................................................................227
17.1 Der Wiedergabebildschirm........................................................230
    17.1.1 Warteschlange............................................................................231
17.2 Playlists....................................................................................232
    17.2.1 Playlist erstellen.........................................................................232
    17.2.2 Playlist nutzen............................................................................233
    17.2.3 Playlist bearbeiten.....................................................................234
17.3 Wiedergabe im Hintergrund.....................................................234
17.4 Der Google Play Musik-Dienst.................................................234
    17.4.1 Erste Einrichtung.......................................................................235
    17.4.2 Kauf von Songs oder Alben.....................................................236
    17.4.3 Play Musik in der Praxis...........................................................236
    17.4.4 Konfiguration.............................................................................237
    17.4.5 Offline-Nutzung.........................................................................238
    17.4.6 Streaming-Einstellungen..........................................................239
17.5 Welcher Song ist das?..............................................................240

## 18. Google Fotos...........................................................................241
18.1 Start und erste Einrichtung......................................................241
18.2 Assistent...................................................................................242
18.3 Die Benutzeroberfläche............................................................243
18.4 Geräteordner............................................................................244
18.5 Medien verwalten.....................................................................245
18.6 Spezialfunktionen.....................................................................246
    18.6.1 Geschichte..................................................................................247
    18.6.2 Weitere Funktionen...................................................................247
18.7 Einstellungen............................................................................248
18.8 Google Fotos-Website..............................................................249
18.9 Mediendaten mit dem PC verwalten........................................250

## 19. Google Now............................................................................252

## 20. Uhr..........................................................................................254
20.1 Alarm........................................................................................254
20.2 Weltuhr.....................................................................................256

## 21. Kalender (S Planner).............................................................257
21.1 Kalenderansichten....................................................................257
    21.1.1 Jahresansicht..............................................................................258
    21.1.2 Monatsansicht............................................................................258
    21.1.3 Wochenansicht...........................................................................258
    21.1.4 Tagesansicht...............................................................................259
    21.1.5 Aufgaben....................................................................................259
21.2 Navigation im Kalender...........................................................260
21.3 Neuen Termin hinzufügen........................................................260
    21.3.1 Aufgaben....................................................................................263
21.4 Weitere Terminverwaltungsfunktionen....................................265
21.5 Terminerinnerung.....................................................................266

21.6 Einstellungen...........................................................................................266
   21.6.1 Kalender.........................................................................................267
21.7 Google Kalender im Web........................................................................268
21.8 Kalender im Startbildschirm...................................................................269

## 22. Medienkonsum auf dem Handy ........................................................**270**
22.1 Ebooks auf dem Galaxy lesen.................................................................270
   22.1.1 Google Play Bücher........................................................................270
   22.1.2 Ebooks von unabhängigen Anbietern.............................................272
   22.1.3 Kopierschutz?..................................................................................273
22.1 Google Play Filme..................................................................................274

## 23. Sprachsteuerung ....................................................................................**276**
23.1 Suche in der Praxis.................................................................................276
23.2 Funktionen des Galaxy steuern...............................................................276
23.3 Einstellungen..........................................................................................278
23.4 Sprachfunktionen in den Anwendungen.................................................279

## 24. Weitere Programme ..............................................................................**280**
24.1 Rechner...................................................................................................280
24.2 Eigene Dateien.......................................................................................280
   24.2.1 Verknüpfungen................................................................................281
   24.2.2 Bearbeitungsfunktionen..................................................................282
24.3 Wetter.....................................................................................................282
24.4 Youtube..................................................................................................283
24.5 Videoplayer............................................................................................284
24.6 Memo.....................................................................................................285
24.7 Google Drive..........................................................................................286
   24.7.1 Dateien bei Google Drive hochladen..............................................288
   24.7.2 Ordner.............................................................................................290
   24.7.3 Office-Datei erstellen......................................................................291
   24.7.4 Dateien freigeben............................................................................292
24.8 Smart Manager.......................................................................................293

## 25. Das Google-Konto .................................................................................**295**
25.1 Einrichtung in einer Google-Anwendung...............................................295
25.2 Weitere Kontenfunktionen.....................................................................297
25.3 Datensicherung im Google-Konto..........................................................299

## 26. Das Samsung-Konto ..............................................................................**301**

## 27. Programmverwaltung ..........................................................................**303**
27.1 Play Store...............................................................................................303
   27.1.1 Konten............................................................................................305
   27.1.2 Programme installieren/deinstallieren............................................305
   27.1.3 Wunschliste.....................................................................................307
   27.1.4 Gute von schlechter Software unterscheiden.................................308
   27.1.5 Einstellungen..................................................................................310
   27.1.6 Softwarekauf im Google Play Store...............................................310
   27.1.7 Google-Gutscheine.........................................................................312
   27.1.8 In-App-Käufe..................................................................................313
   27.1.9 Spiele..............................................................................................314
27.2 Galaxy Apps...........................................................................................314
   27.2.1 Galaxy Apps in der Praxis..............................................................314
27.3 Programme verwalten.............................................................................315
   27.3.1 Anwendungsmanager.....................................................................315
      27.3.1.a Programme auf Speicherkarte verschieben.............................316
   27.3.2 Programm deinstallieren/deaktivieren............................................317
27.4 Programme im Hintergrund...................................................................318
27.5 App-Sicherheit.......................................................................................319
   27.5.1 Virenscanner...................................................................................320

## 28. Software-Empfehlungen .......................................................................... 321
28.1 Preisvergleicher ............................................................ 321
28.2 GPS Test ....................................................................... 322
28.3 Fernsehzeitung ............................................................ 322
28.4 RealCalc ....................................................................... 323
28.5 Google Übersetzer ...................................................... 323
28.6 Google Notizen ........................................................... 324
28.7 Office-Dateien auf dem Galaxy ................................. 326
28.8 Anwendungen von Website-Betreibern .................... 328

## 29. Benutzeroberfläche optimal nutzen ...................................................... 329
29.1 Bildschirmanzeige anpassen ...................................... 329
29.2 Funktionen in der Displaysperre ................................ 330
29.3 Ruhemodus .................................................................. 331

## 30. Gerätespeicher ........................................................................................ 334
30.1 Speicherzugriff unter Windows 7 .............................. 334
30.2 Speicherzugriff unter Windows 8 und Windows 10 .. 335
30.3 Allgemeine Hinweise ................................................. 337
30.4 Speicherverwaltung .................................................... 339
30.5 Verzeichnisse .............................................................. 340

## 31. Zugriffssperren ....................................................................................... 341
31.1 Displaysperre .............................................................. 341
31.2 Gerätesperre ................................................................ 342
    31.2.1 Muster-Sperre ................................................... 343
    31.2.2 PIN- und Passwortsperre ................................. 344
31.3 Optionen während der Sperre .................................... 344
31.4 SIM-Sperre .................................................................. 345
31.5 Maßnahmen gegen Diebstahl ..................................... 345
    31.5.1 SIM-Kartenwechsel .......................................... 346
    31.5.2 Fernzugriff ......................................................... 347
    31.5.3 Android Geräte-Manager ................................. 349

## 32. Bluetooth ................................................................................................. 351
32.1 Bluetooth ein/ausschalten .......................................... 351
32.2 Bluetooth konfigurieren ............................................. 351
    32.2.1 Koppeln aus dem Benachrichtigungsfeld ....... 352
    32.2.2 Koppeln aus den Einstellungen ....................... 352
32.3 Bluetooth-Headset/Freisprecheinrichtung verwenden ... 353
    32.3.1 Mit dem Galaxy einen PC koppeln ................. 355
        32.3.1.a Verbindungsaufbau ................................. 356
32.4 PC mit dem Galaxy koppeln ...................................... 358
32.5 Datei auf dem Galaxy empfangen ............................. 360
32.6 Daten vom Galaxy senden ......................................... 361
32.7 Kontakte von einem anderen Gerät empfangen ....... 363
32.8 Daten über Bluetooth senden ..................................... 363
32.9 Bluetooth-Audio ......................................................... 364
    32.9.1 Bluetooth-Audio in der Play Musik-Anwendung ... 365

## 33. Wi-Fi Direct ............................................................................................. 366
33.1 Dateien über Wi-Fi Direct senden ............................. 366
33.2 WLAN-Dateiübertragung .......................................... 367

## 34. NFC .......................................................................................................... 369

## 35. Tipps & Tricks ........................................................................................ 371
35.1 Eigene Klingel- und Benachrichtigungstöne ............ 371
    35.1.1 Einrichtung über den PC .................................. 371
35.2 GPS auf dem Galaxy nutzen ...................................... 372
35.3 Zip-Dateien ................................................................. 374

35.4 Anwendungen als Standard..................................................................375
35.5 Handy verloren oder geklaut – was nun?..............................................377
    35.5.1 Datenschutz..................................................................................377
    35.5.2 Schutz von Firmendaten...............................................................378
35.6 Akkulaufzeit erhöhen............................................................................379
35.7 Screenshots (Bildschirmkopien)............................................................380
35.8 Tippen statt Wischen.............................................................................381
35.9 Startbildschirm-Profile..........................................................................381
35.10 Internetverbindung optimieren............................................................383
    35.10.1 Datenverbrauch ermitteln...........................................................383
        35.10.1.a Datenverbrauchsanzeige in der Praxis...............................384
        35.10.1.b Datenlimit festlegen............................................................384
        35.10.1.c Weitere Funktionen.............................................................386
    35.10.2 Empfangsstärke Mobilfunk und WLAN....................................386
    35.10.3 Wi-Fi Analyzer...........................................................................387
35.11 Energiesparmodi..................................................................................387

## 36. Eingabemethoden..................................................................................**390**
36.1 Samsung-Tastenfeld..............................................................................392
    36.1.1 Wortvorschläge............................................................................392
        36.1.1.a Wörterbuchsprache einstellen..............................................393
        36.1.1.b Das Anwendungswörterbuch..............................................394
    36.1.2 Einstellungen................................................................................395
36.2 Durchgehende Eingabe.........................................................................396
36.3 Spracherkennung...................................................................................397
36.4 Texte kopieren, ausschneiden und einfügen.........................................397
    36.4.1 Kopieren und einfügen in den Google-Anwendungen.................398
    36.4.2 Kopieren und Einfügen in den Samsung-Anwendungen.............399

## 37. Benutzerkonfiguration.........................................................................**400**
37.1 Menüansichten......................................................................................401
37.2 Netzwerkverbindungen.........................................................................401
    37.2.1 Datenübertragung.........................................................................402
37.3 Geräteeinstellungen...............................................................................402
    37.3.1 Anzeige.........................................................................................403
37.4 Personalisierung....................................................................................404
    37.4.1 Eingabehilfe..................................................................................405
    37.4.2 Gerätesicherheit............................................................................406
    37.4.3 Andere Sicherheitseinstellungen..................................................407
    37.4.4 Sichern und zurücksetzen.............................................................408
37.5 System...................................................................................................409
    37.5.1 Geräteinformationen.....................................................................410

## 38. Stichwortverzeichnis............................................................................**411**
## 39. Weitere Bücher des Autors.................................................................**414**

# 2. Erster Start

Es gibt wohl kaum etwas Frustrierenderes, als sich in ein neu gekauftes Gerät, sei es Kaffeevollautomat, Waschmaschine oder TV, einzuarbeiten. Beim Samsung Galaxy ist dies kaum anders. Erfreulicherweise konfiguriert das Handy beim ersten Einschalten über einen Assistenten bereits einige wichtige Einstellungen, darunter Ihr Google-Konto und die Ermittlung Ihres Standorts.

> **Hinweis**: Falls Sie bereits den Assistenten durchlaufen haben und schon Ihr Gerät nutzen, sollten Sie im Kapitel *3 Grundlagen der Bedienung* weiterlesen. Wo es in diesem Buch darauf ankommt, gehen wir auf die im Assistenten vorgenommenen Einstellungen nochmals ein. Sie verpassen also nichts!

Beachten Sie, dass der Assistent im Folgenden die Mobilfunk-Internetverbindung nutzt, um Daten mit Google-Servern auszutauschen. Auch im Alltagsbetrieb wird das Handy oft im Hintergrund aufs Internet zugreifen, weshalb Sie jetzt erst einmal prüfen sollten, ob Sie einen Handy-Vertrag mit Internetflatrate (auch als »Datenflatrate« oder »Datenvertrag« bezeichnet) nutzen. Bei älteren Verträgen erfolgt die Abrechnung meist pro Megabyte, sodass schnell hohe Beträge auf der nächsten Monatsrechnung auftauchen. Meist kann man aber zu seinem Vertrag eine Flatrate für 5 bis 10 Euro pro Monat hinzubuchen. Fragen Sie gegebenenfalls bei Ihrem Netzbetreiber oder in einem Handy-Shop nach.

Tipp: Wenn Sie Mobilfunkdatenverbindungen – aus welchen Gründen auch immer – vermeiden möchten, nutzen Sie das Handy einfach ohne eingelegte SIM-Karte. Der Assistent geht dann über WLAN (ein WLAN-Zugangspunkt muss natürlich vorhanden sein) online.

Auf die Internetverbindungen geht auch Kapitel *7.1 Internetzugang einrichten* ein.

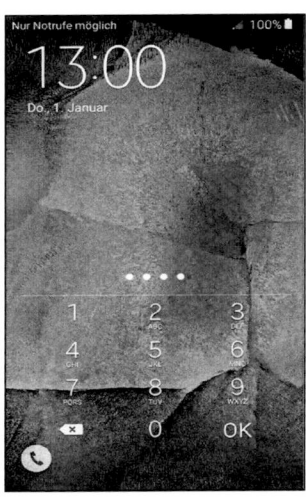 

❶ Geben Sie zuerst die SIM-PIN ein, damit sich das Samsung Galaxy ins Netz einbuchen kann. Schließen Sie Ihre Eingabe mit der *OK*-Schaltleiste auf dem eingeblendeten Tastenfeld ab.

❷ Stellen Sie Ihr Land beziehungsweise Ihre Sprache ein, beispielsweise *Deutsch (Deutschland)*. Betätigen Sie die runde gelbe Schaltleiste.

> Beachten Sie bitte, dass situationsabhängig bestimmte Aktionen beziehungsweise Konfigurationsbildschirme früher oder später erscheinen. Beispielsweise kann es passieren, dass nach der SIM-PIN erst zu einem späteren Zeitpunkt gefragt wird.

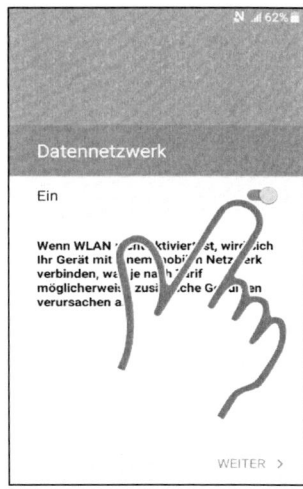 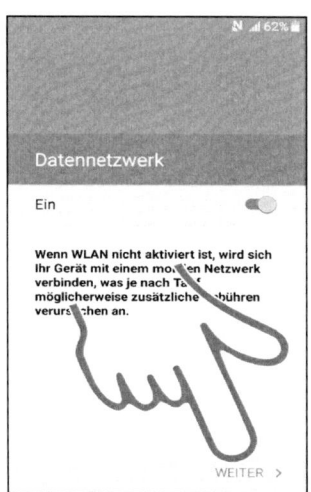

❶ Eine optimale Nutzung des Handys ist nur über WLAN möglich (wir gehen im Kapitel *8 WLAN* noch genauer darauf ein), weshalb Sie jetzt den Schalter im *Datennetzwerk*-Bildschirm aktivieren sollten (Pfeil). Der Schalter färbt sich grün.

❷ Schließen Sie den Bildschirm dann mit Antippen der *WEITER*-Schaltleiste am unteren rechten Bildschirmrand (Pfeil).

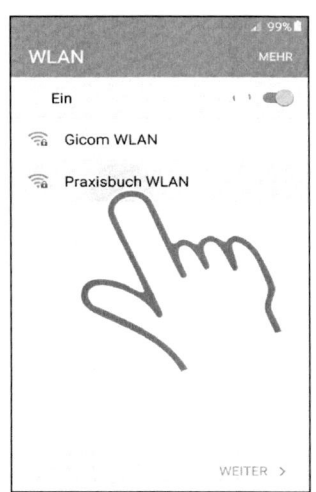  

❶❷ Als Nächstes stellen Sie den genutzten WLAN-Zugangspunkt ein. Tippen Sie dafür einen der gefundenen Zugangspunkte in der Liste an, geben Sie das zugehörige Kennwort ein und betätigen Sie *VERBINDEN*.

❸ Schließen Sie den Bildschirm mit *WEITER* (am unteren rechten Bildschirmrand).

Sollte nicht der Hinweis »Verbunden« unter dem verwendeten WLAN-Zugangspunkt erscheinen, dann tippen Sie erst ihn an und betätigen dann die *VERBINDEN*-Schaltleiste.

Aus persönlicher Erfahrung wissen wir, dass viele Anwender nicht ihr WLAN-Kennwort wissen – meist liegt ja die Einrichtung des eigenen DSL-WLAN-Routers einige Monate oder gar Jahre zurück. In diesem Fall können Sie im Webbrowser auf dem Desktop-PC die Weboberfläche des Routers aufrufen und sich dort das WLAN-Kennwort anzeigen lassen, beziehungsweise ändern. Bei der beliebten AVM Fritzbox geben Sie zum Beispiel *fritz.box* in der Browseradresszeile ein und klicken in der Fritzbox-Benutzeroberfläche auf *WLAN* und dann auf *Sicherheit*.

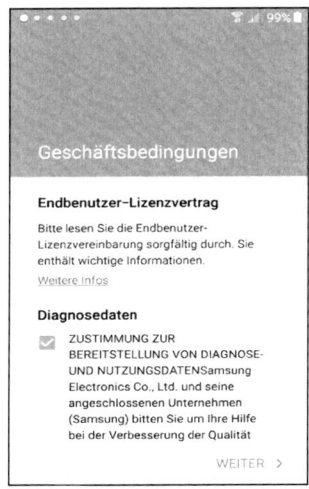 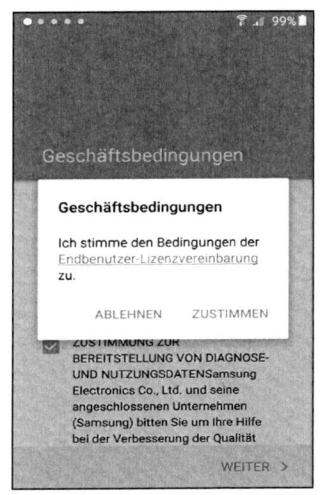 

❶❷ Blättern Sie durch die Geschäftsbedingungen mit *WEITER* (am unteren rechten Bildschirmrand) und schließen Sie den Dialog mit *ZUSTIMMEN*.

❸ Zwischendurch dürfte ein Popup erscheinen, in dem Google nachfragt, ob das Gerät auf Sicherheitsprobleme untersucht werden soll, was Sie mit *AKZEPTIEREN* beantworten.

## *2.1 Vorhandenes Google-Konto*

Um das Handy (und andere Android-Geräte) sinnvoll zu nutzen, müssen Sie ein sogenanntes Google-Konto besitzen. Das Google-Konto hat das Format einer E-Mail-Adresse und immer die Endung *gmail.com*, beispielsweise *sally.gievers@gmail.com*.

Falls Sie nicht wissen, was ein Google-Konto ist, oder bisher noch kein Android-Gerät genutzt haben, lesen Sie bitte im Kapitel *2.2 Neues Google-Konto* weiter.

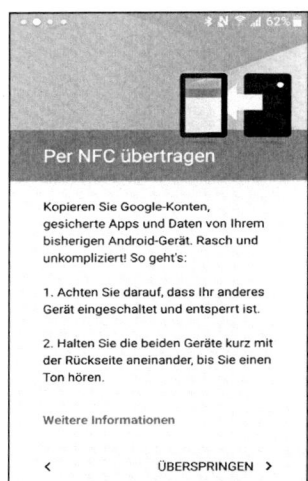

Wenn Ihr bisher genutztes Android-Handy/Tablet NFC unterstützt, können Sie Ihr Google-Konto darüber übernehmen.

In diesem Fall aktivieren Sie auf Ihrem alten Android-Gerät den NFC-Modus und halten Ihr neues Samsung und das alte Gerät mit den Rückseiten zusammen. Die Daten Ihres Google-Kontos werden nun automatisch auf das Samsung übernommen.

Sie können dann im Kapitel *2.3 Weitere Einrichtung* weiterlesen.

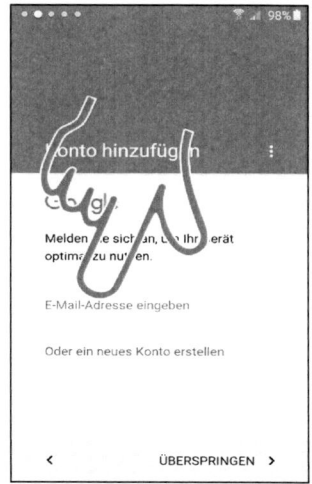  

❶ Tippen Sie auf *E-Mail-Adresse eingeben*.

❷ Geben Sie Ihren Google-Konto-Namen (Eingabe des Namens vor *@gmail.com* reicht aus) und das Kennwort ein. Betätigen Sie *WEITER*.

❸ Gehen Sie genauso mit nächsten Eingabefeld vor, in dem Sie das Passwort Ihres Google-Kontos eingeben.

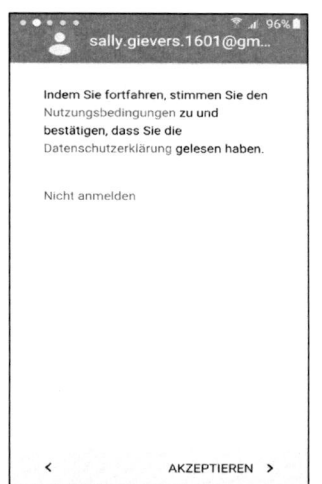 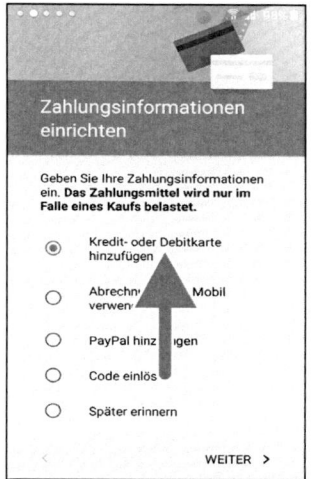 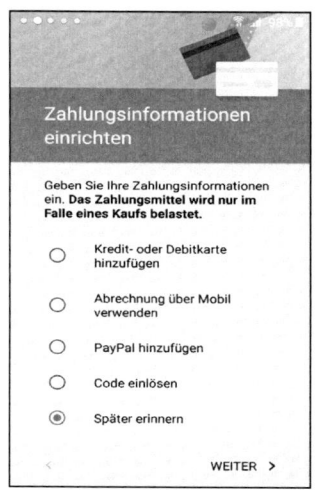

❶ Gehen Sie auf *AKZEPTIEREN*.

Für Käufe im Google Play Store (den wir im Kapitel *27.1 Play Store* vorstellen) stehen verschiedene Abrechnungsmethoden (Kreditkarte, Abrechnung über Mobilfunkrechnung oder Gutschein) zur Verfügung. Aber darauf kommt dieses Buch noch. Deshalb wischen Sie zunächst über den Bildschirm nach oben (einen Finger an beliebiger Stelle auf das Display setzen, nach oben ziehen und erst dann den Finger loslassen). Aktivieren Sie *Später erinnern* und betätigen Sie *WEITER*.

> Sollten Sie bereits mal eine Zahlungsmethode eingerichtet haben, wird dieser Bildschirm nicht erscheinen.

# Erster Start

Sie dürfen nun über das Auswahlmenü einstellen, von welchem zuletzt genutzten Android-Gerät Sie die im Google-Konto vorhandenen Daten wiederherstellen möchten. Wir empfehlen, hier nichts zu ändern und einfach *WEITER* zu betätigen.

## 2.2 Neues Google-Konto

Dieses Kapitel brauchen Sie nur durchzuarbeiten, wenn Sie noch kein sogenanntes Google-Konto besitzen. Dies ist in der Regel der Fall, wenn Sie bisher noch nie ein Android-Handy oder Tablet genutzt haben.

Das Google-Konto hat das Format einer E-Mail-Adresse und immer die Endung *@gmail.com*, beispielsweise *sally.gievers@gmail.com*. Vom Handy wird das Google-Konto verwendet, um eine Sicherung Ihrer Daten auf Google-Servern durchzuführen.

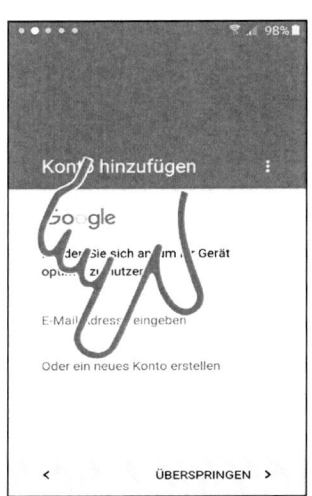  

❶ Betätigen Sie *Oder neues Konto erstellen* (Pfeil).

❷ Erfassen Sie in den Feldern Ihren Vor- und Nachnamen (mit den Finger eventuell in das jeweilige Eingabefeld tippen). Schließen Sie den Vorgang mit der *WEITER*-Schaltleiste ab.

❸ Geben Sie den gewünschten Kontonamen ein. Zulässig sind dabei Buchstaben, Zahlen und Punkte. Betätigen Sie dann erneut die *WEITER*-Schaltleiste. Falls der Kontoname bereits an jemand anders vergeben wurde, macht das Programm Vorschläge beziehungsweise gibt Ihnen die Möglichkeit, einen anderen Kontonamen einzugeben.

  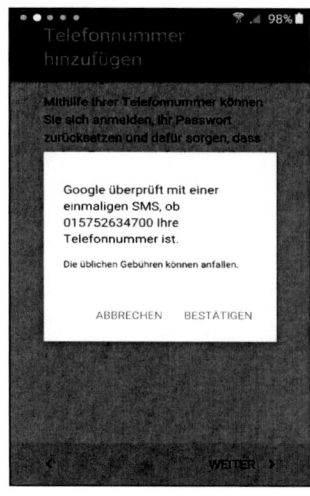

❶ Zum Schluss erfassen Sie das zweimal hintereinander das Kennwort und betätigen *WEITER*.
**Das Kennwort und den Kontonamen sollten Sie sich notieren, weil Sie das Handy später ab und zu danach fragt!**

❷ Sie werden aufgefordert Ihre Handynummer einzugeben, über die Sie später Ihr Kennwort wiederherstellen können, falls Sie es mal vergessen. Angeben können Sie entweder die Handynummer der SIM-Karte die gerade in Ihrem Galaxy J5 steckt, oder eine andere Handynummer. Betätigen Sie *WEITER*.

❸ Schließen Sie den Hinweis mit *SENDEN* und warten Sie bis zu 10 Sekunden. Den von Google gesendeten Autorisierungscode müssen Sie danach in einem Eingabefeld eintippen (nur wenn der Code nicht an das Galaxy J5 geschickt wurde).

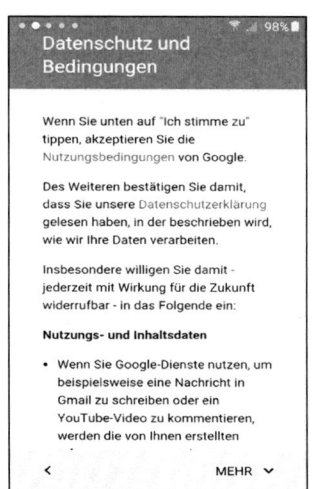 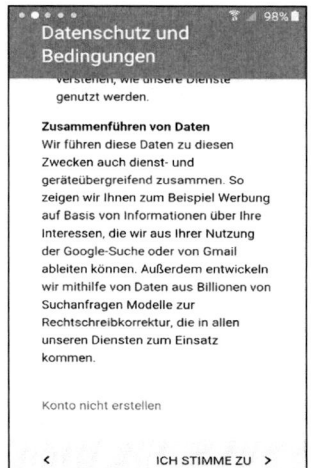 

❶❷ Durch die Datenschutzregeln blättern Sie mit mehrmaligem Betätigen der *MEHR*-Schaltleiste, danach gehen Sie auf *ICH STIMME ZU*.

❸ Betätigen Sie erneut *WEITER*.

# Erster Start

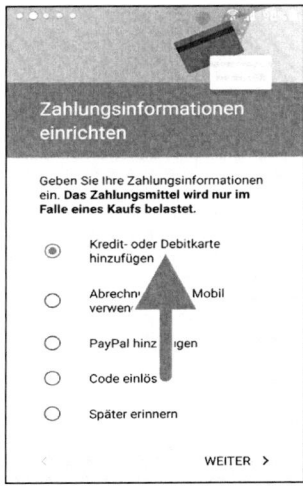 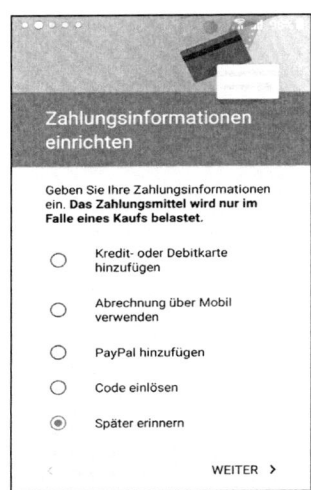

❶❷ Für Käufe im Google Play Store (den wir im Kapitel *27.1 Play Store* vorstellen) stehen verschiedene Abrechnungsmethoden (Kreditkarte, Abrechnung über Mobilfunkrechnung oder Gutschein) zur Verfügung. Aber darauf kommt dieses Buch noch. Deshalb wischen Sie zunächst über den Bildschirm nach oben (einen Finger an beliebiger Stelle auf das Display setzen, nach oben ziehen und erst dann den Finger loslassen). Aktivieren Sie *Später erinnern* und betätigen Sie *WEITER*.

## 2.3 Weitere Einrichtung

 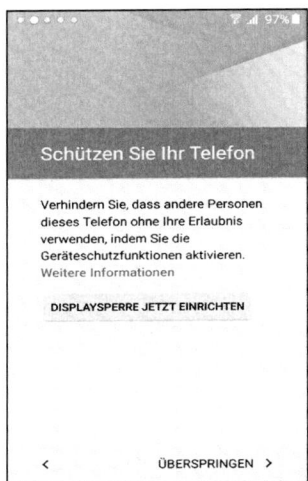 

❶ Im *Datum und Uhrzeit*-Bildschirm stellen Sie gegebenenfalls die Zeitzone auf *Amsterdam* (Auswahlmenü antippen und durch die Menüeinträge rollen, dann *Amsterdam* auswählen). Betätigen Sie *WEITER*.

❷❸ Die Displaysperre beschreibt später noch Kapitel *31 Zugriffssperren*. Gehen Sie daher auf *ÜBERSPRINGEN* und im Warnhinweis auf *TROTZDEM ÜBERSPRINGEN*.

❶❷❸ Im *Google-Dienste*-Bildschirm sollten Sie alle Abhakkästchen aktiviert lassen und jeweils *MEHR* betätigen:

- *Sichern Sie Sie die Apps, App-Daten, Einstellungen, eigene Wörterbücher und WLAN-Passwörter auf Ihrem Telefon:* Termine, Browser-Lesezeichen, usw. werden auf dem Galaxy wiederhergestellt. Diese Option ist auch nützlich, wenn Sie beispielsweise von einem anderen Android-Gerät auf das Galaxy-Handy umgestiegen sind.

- *Aktivieren Sie den Google-Standortdienst*: Google sammelt anonym die vom Handy ermittelten Standorte von Funknetzen, um die Genauigkeit bei der Positionsbestimmung zu erhöhen.

- *Unterstützen Sie uns bei der Verbesserung der Standortdienste*: Das Handy kann anhand der bekannten Position von WLAN-Zugangspunkten Ihre Position genauer bestimmen. Einige Funktionen des Geräts wie die Google-Suche liefern dann bessere – weil für Ihren Standort optimierte – Ergebnisse.

- *Unterstützten Sie uns bei der Verbesserung der Android-Nutzererfahrung*: Diagnose- und Nutzungsdaten werden anonym an Google übermittelt.

Zum Schluss betätigen Sie *WEITER*.

Die aufgeführten Standortparameter lassen sich jederzeit später ändern.

 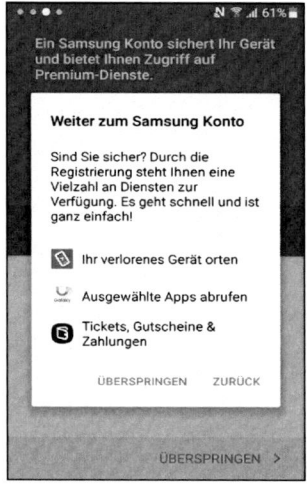

❶❷ Zusätzliche Dienste stehen nach Anmeldung beim Samsung-Konto zur Verfügung. Da wir später noch darauf eingehen (Kapitel *26 Das Samsung-Konto*), tippen Sie auf *ÜBERSPRINGEN* und schließen auch den Warnhinweis mit *ÜBERSPRINGEN*.

# Erster Start

 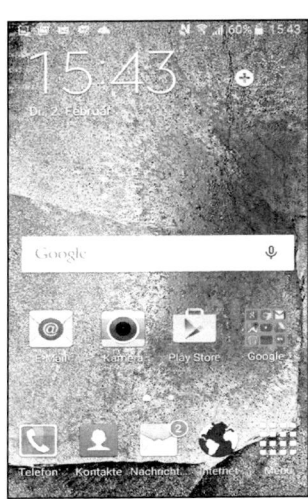

❶ Die Option *Einfacher Modus* soll die Bedienung erleichtern, wovon wir aber abraten. Betätigen Sie *BEENDEN*.

❷ Sie befinden sich im Startbildschirm und können nun mit dem Handy arbeiten.

# 3. Grundlagen der Bedienung

Das Samsung Galaxy bedient man ausschließlich über das Touchdisplay. Wenn Sie bereits ein Handy mit Touchdisplay genutzt haben, finden Sie viele Funktionen wieder.

Wenn Sie Ihr Gerät von einem Netzbetreiber erworben haben, werden einige Menüs und Tastenfunktionen von den Beschreibungen in diesem Buch abweichen. Auch spätere Updates des von Samsung entwickelten Betriebssystems können dazu führen, dass zusätzliche Funktionen oder Anwendungen verfügbar sind.

## 3.1 Bedienelemente des Samsung Galaxy

Zwar erfolgt die Bedienung des Handys weitgehend über das Touchdisplay, einige Funktionen werden aber auch über Hardwaretasten ausgelöst.

Die drei Tasten auf der Unterseite:

- ⃞: Zuletzt genutzte Anwendungen auflisten.
- ⃝: *Startseite*: Schaltet wieder auf den Startbildschirm zurück.
- ↶: Zurück: Zum vorherigen Bildschirm zurückkehren, beziehungsweise Menüs schließen.
- Lautstärke-Tasten (auf der linken Geräteseite): Regulieren bei Telefongesprächen die Hörerlautstärke, ansonsten die Klingeltonlautstärke.

## 3.2 Displaysperre

Die Gerätesperre (Displaysperre), welche sich nach einiger Zeit der Nichtnutzung aktiviert, schaltet alle Tastenfunktionen aus. Dadurch lässt sich das Galaxy auch in einer Tasche transportieren, ohne dass man aus Versehen irgendeine Funktion auslöst.

Weil das Display zu den Komponenten eines Handys zählt, die am meisten Strom verbrauchen, wird es ausgeschaltet, sobald sich die Gerätesperre aktiviert. Auf eingehende Anrufe und Benachrichtigungen macht das Handy natürlich auch weiterhin aufmerksam: Geht ein Anruf ein, deaktiviert sich die Gerätesperre automatisch und das Display schaltet sich wieder ein.

Zum Aus- beziehungsweise Einschalten des Displays betätigen Sie den Ein-Ausschalter auf der Geräteseite.

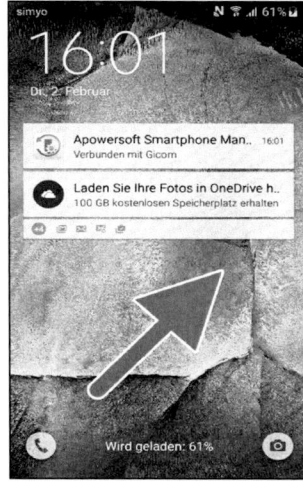

❶ So deaktivieren Sie die Displaysperre: Tippen und Halten Sie den Finger auf den Bildschirm und ziehen Sie ihn in eine beliebige Richtung.

❷ Der Startbildschirm ist damit freigeschaltet.

## 3.3 Der Startbildschirm

 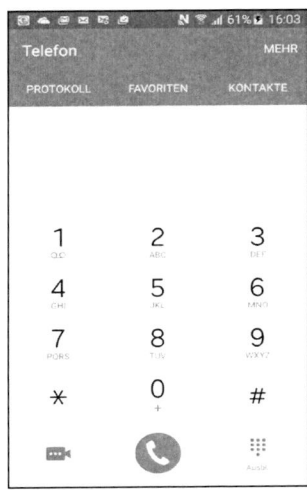 

❶ Der Startbildschirm ist der Ausgangspunkt, von dem Sie alle weiteren Anwendungen aufrufen. Er erscheint automatisch nach dem Einschalten sowie nach Betätigen der ⬜-Taste. Über *Telefon* aktivieren Sie von dort aus die Telefonoberfläche (❷), über *Kontakte* das Telefonbuch, *Nachrichten* öffnet die Nachrichten-Anwendung, *Internet* den Webbrowser und *Menü* das Hauptmenü (❸), worin Sie weitere Anwendungen des Galaxy finden.

> Hinweis: Die Bildschirmanzeige bei Ihrem Gerät weicht an einigen Stellen von der in diesem Buch ab. Wir hatten zwecks besserer Lesbarkeit eine größere Schrift und kontrastreiche Hintergründe eingestellt.

## 3.4 Erste Schritte

Damit Sie Ihr neues Handy besser kennenlernen, soll jetzt einmal die Abschaltzeit des Displays eingestellt werden.

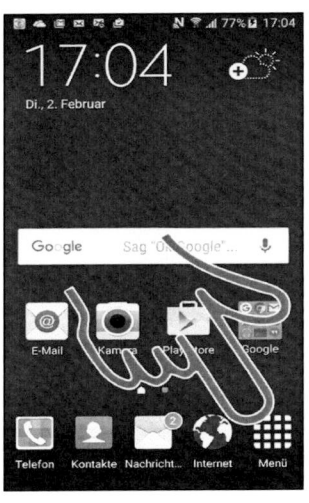 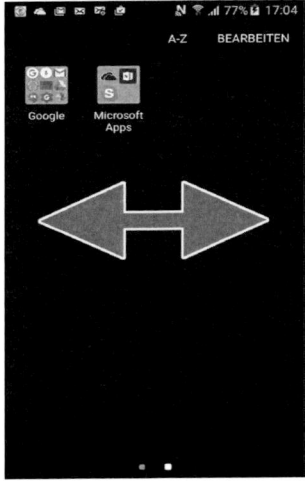 

❶ Aktivieren Sie mit *Menü* unten rechts das Hauptmenü.

❷ Falls Sie auf dem Bildschirm keine »*Einstellungen*« finden, müssen Sie erst mit einer Wischgeste von links nach rechts (Finger auf das Display drücken und dann sofort nach links/rechts ziehen) zum entsprechenden Bildschirm wechseln.

❸ Tippen Sie dann auf *Einstellungen*.

 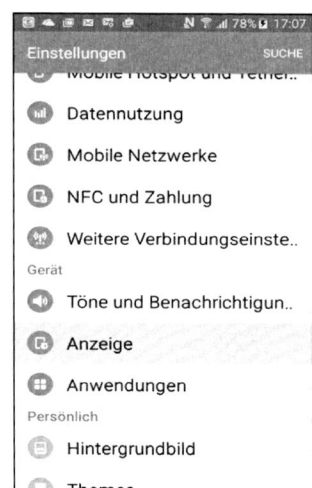

❶ Führen Sie eine »Wischgeste« durch, indem sie einen Finger auf das Display setzen und dann nach oben/unten ziehen.

❷ Rufen Sie *Anzeige* auf.

 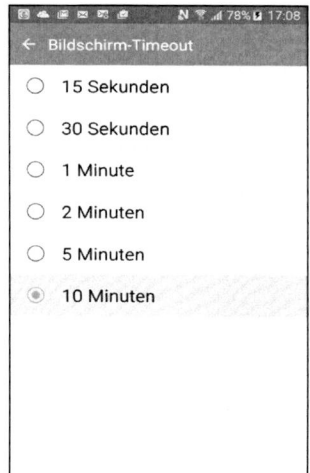

❶ Tippen Sie nun auf *Bildschirm-Timeout*.

❷ Wählen Sie gewünschte Abschaltzeit aus. Sie befinden sich wieder im vorherigen Bildschirm, von dem aus Sie mit der ⬜-Taste zum Startbildschirm zurückkehren.

## 3.5 Gestensteuerung

Die Gestensteuerung eine der großen Stärken des Samsung Galaxy. Deshalb dürften auch Anwender, die bereits mit einem Touchscreen-Handy gearbeitet haben, sich schnell zurechtfinden. Im Folgenden sollen die wichtigsten Gestenfunktionen einmal in der Praxis vorgestellt werden.

Grundlagen der Bedienung

 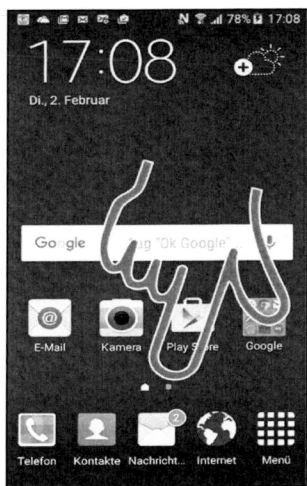

❶ Ein gutes Beispiel, wie Sie die Gestensteuerung einsetzen können, ist der Startbildschirm: Tippen und halten Sie den Finger auf dem Bildschirm und ziehen Sie ihn nach rechts oder links (sogenannte »Wischgeste«).

❷ Die nächste Bildschirmseite des Startbildschirms erscheint. Ein Indikator (Pfeil) zeigt am unteren Bildschirmrand an, auf welcher Seite Sie sich gerade befinden. Sie können einen der Punkte antippen, um direkt zur entsprechenden Startseite zu springen.

 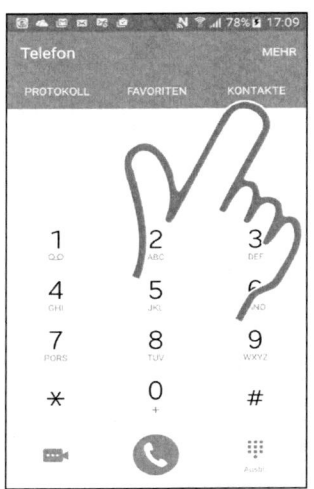 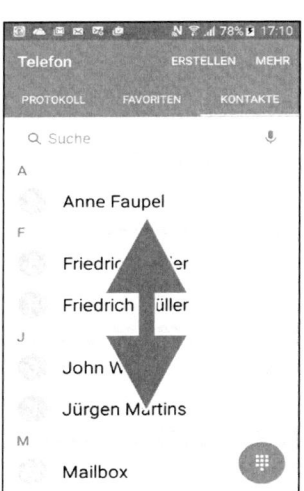

❶ Starten Sie die Telefonoberfläche über *Telefon*.

❷ Für Übersicht sorgen in vielen Programmen, darunter auch in der Telefonoberfläche, sogenannte Register (Pfeil), welche Sie durch Antippen aktivieren.

❸ Immer wenn, wie in diesem Fall, eine Liste größer als der Bildschirm ist, können Sie mit einer Geste durchrollen. Sie haben dabei sogar mehrere Möglichkeiten:

- Tippen und Halten Sie den Finger auf einer beliebigen Stelle des Bildschirms und ziehen Sie sofort den Finger langsam nach oben oder unten, je nachdem, wohin Sie in der Liste rollen möchten. Lassen Sie den Finger los, wenn Sie das gewünschte Listenelement gefunden haben.
- Wie zuvor, aber diesmal ziehen Sie mit Schwung in die gewünschte Richtung und lassen dann sofort wieder los. Die Liste rollt zunächst schnell und dann immer langsamer durch, bis sie stoppt.

## *3.6 Der Startbildschirm in der Praxis*

Der Startbildschirm (»Standby-Bildschirm«) erscheint standardmäßig nach dem Einschalten. Auf dem Startbildschirm sind alle wichtigen Informationen, beispielsweise anstehende Termine, eingegangene SMS, usw. zusammengefasst, die man mit einem Fingerdruck aufrufen kann.

Außerdem rufen Sie von hier aus Anwendungen auf.

  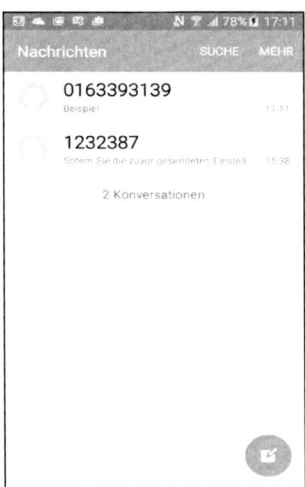

❶ Mehrere Anwendungen sind standardmäßig auf dem Startbildschirm über sogenannte Schnellzugriffe aufrufbar (hier mit einem Rahmen hervorgehoben). Tippen Sie einfach einen Schnellzugriff kurz an, um die entsprechende Anwendung zu starten. Im weiteren Verlauf dieses Buchs erfahren Sie, wie man Schnellzugriffe auf seine Lieblingsprogramme selbst anlegt.

❷❸ Sie sehen außerdem am unteren Bildschirmrand Verknüpfungen auf häufig genutzte Anwendungen: *Telefon, Kontakte, Nachrichten* und *Internet*. Tippen Sie eine der eine der Verknüpfungen an, um die zugehörige Anwendung, im Beispiel *Nachrichten* (Pfeil), zu starten.

Mit der ⬚-Taste unterhalb des Displays schalten Sie, egal, in welcher Anwendung Sie sich gerade befinden, wieder auf den Startbildschirm zurück.

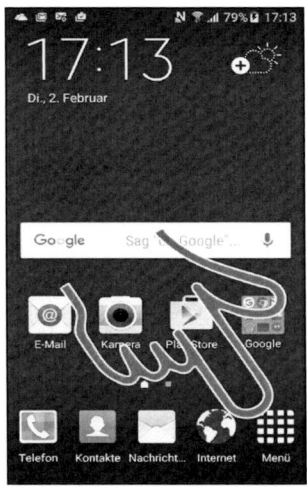  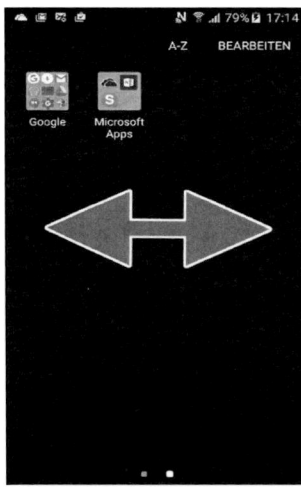

❶❷ Alle weniger häufig benötigten Programme finden Sie im Hauptmenü, das Sie durch Betätigen der *Menü*-Schaltleiste unten rechts (Pfeil) aktivieren.

❸ Über eine Wischgeste (mit angedrücktem Finger nach links oder rechts ziehen) blättern Sie zwischen den Bildschirmen des Hauptmenüs.

### 3.6.1 Erweiterter Startbildschirm

Wie bereits zuvor erwähnt, lässt sich der Startbildschirm zwischen mehreren Seiten umschalten. Drei Bildschirmseiten sind bereits vorhanden, weitere können Sie aber anlegen.

Grundlagen der Bedienung

 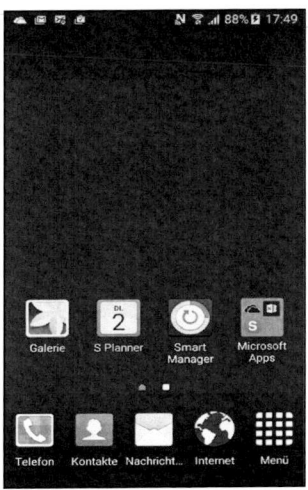

❶❷ Tippen und Halten Sie den Finger an eine beliebige Stelle auf dem Bildschirm und ziehen Sie nach links oder rechts, um zwischen den Bildschirmseiten des Startbildschirms umzuschalten. In der ersten Bildschirmseite sind bereits sogenannte »Widgets« vorhanden. Widgets sind in einem eigenen kleinen Fenster laufende Programme. Dazu später mehr.

## 3.7 Startbildschirm konfigurieren

Auf allen Bildschirmseiten des Startbildschirms lassen sich weitere Widgets und Verknüpfungen hinzufügen. Alternativ löschen Sie einfach diejenigen vorinstallierten Widgets, welche Sie nicht benötigen und legen an deren Stelle von Ihnen gewünschte an.

### 3.7.1 Schnellzugriffe anlegen und verwalten

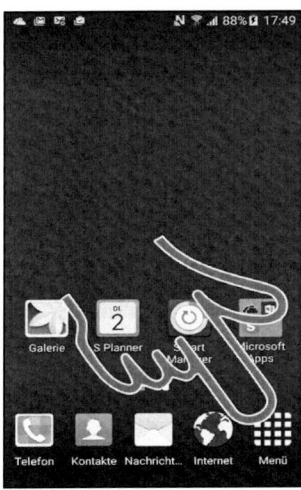 

❶ So erstellen Sie einen Schnellzugriff im Startbildschirm: Wechseln Sie zuerst, wie im Kapitel *3.6.1 Erweiterter Startbildschirm* gezeigt, zu einer freien Bildschirmseite im Startbildschirm. Betätigen Sie dann die *Menü*-Schaltleiste (Pfeil) für das Hauptmenü.

❷ Tippen und Halten Sie nun den Finger für einige Sekunden über einer Anwendung, im Beispiel *Uhr*.

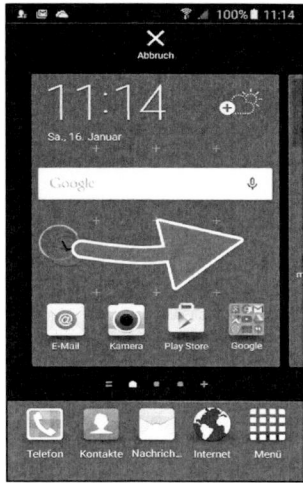  

❶ Das Galaxy schaltet auf den Startbildschirm um. Lassen Sie aber den Finger noch nicht los, sondern bewegen Sie den Finger an die Position, an der der Schnellzugriff positioniert werden soll. Lassen Sie dann den Finger los.

❷ Das Handy legt den Schnellzugriff an.

❸ Der Schnellzugriff lässt sich nun durch Antippen aufrufen.

> Tipp: Rufen Sie einfach eine Startbildschirmseite auf, in der später die Verknüpfung landen soll. Dann folgen Sie den zuvor aufgeführten Anweisungen, also Aufruf des Hauptmenüs, tippen und halten auf einer Anwendung, usw. Die Anwendung landet nun im zuvor gewähltem Startbildschirm.
>
> Wenn auf der Startbildschirmseite kein Platz mehr ist, oder die Verknüpfung in einer anderen Startbildschirmseite landen soll, bewegen Sie das Verknüpfungssymbol einfach mit angedrücktem Finger an den rechten oder linken Bildschirmrand, woraufhin das Handy zur nächsten Seite wechselt.

❶ So löschen Sie eine Verknüpfung: Tippen und Halten Sie den Finger für einige Sekunden auf der Verknüpfung, bis sie hervorgehoben erscheint, und ziehen Sie sie auf *Entfernen*. Lassen Sie dann den Finger los.

❷ Auch die Positionierung auf dem Startbildschirm lässt sich ändern: Tippen und halten Sie den Finger auf dem Element, ziehen Sie es an die gewünschte Position und lassen Sie es los.

❸ Ein bereits vorhandenes Element lässt sich sehr einfach auf eine andere Bildschirmseite verschieben: Tippen und halten Sie es für einige Sekunden, bis es selektiert ist, und ziehen es dann mit angedrücktem Finger bis zum Bildschirmrand. Daraufhin wechselt das Handy die Bildschirmseite(n). Platzieren Sie das Element an der gewünschten Position und lassen Sie es los.

Grundlagen der Bedienung 29

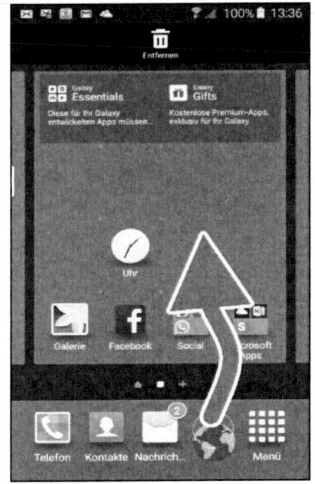 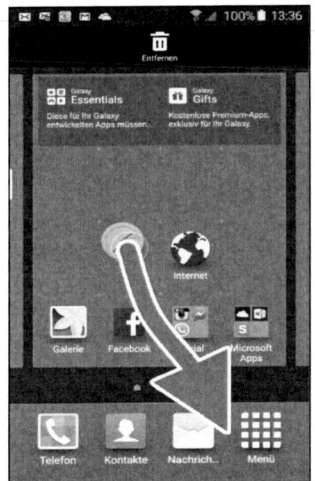 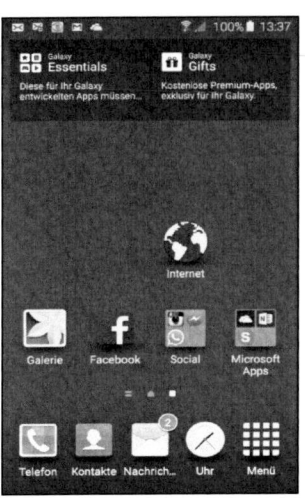

❶❷❸ Auch die Verknüpfungen am unteren Bildschirmrand lassen sich durch Herausziehen/Hereinziehen von Programmsymbolen ändern.

### 3.7.2 Widgets

Widgets sind Anwendungen, die in einem kleinen Fenster auf dem Startbildschirm Informationen anzeigen, beziehungsweise den Zugriff auf Daten oder Funktionen des Handys ermöglichen.

> Weitere nützliche Widgets können Sie über den Play Store, siehe Kapitel *27.1 Play Store*, herunterladen und installieren. Viele Anwendungen bringen auch ihre eigenen Startbildschirm-Widgets mit.

 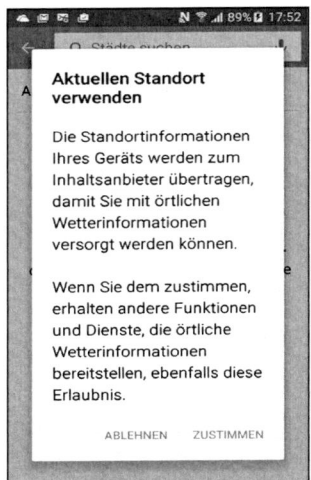 

❶ Im Startbildschirm sind bereits mehrere Widgets vorhanden: Im Beispiel *Wetter* und die *Google*-Suchleiste. Meist sind direkt in den Widgets bereits viele wichtige Funktionen über Schaltleisten erreichbar, je nach Widget kann man aber über eine Schaltleiste oder einfach Tippen ins Fenster auch eine dahinter stehende Anwendung mit vollem Funktionsumfang aktivieren.

❷❸ Im Fall des Wetter-Widgets müssen Sie beim ersten Aufruf erst den Hinweisdialog mit *ZUSTIMMEN* schließen, danach erscheint ein Bildschirm mit einer Wetter-Wochenübersicht.

Mit der ⤺-Taste unterhalb des Displays kehren Sie wieder auf den Startbildschirm zurück.

## 3.7.2.a Widget hinzufügen

 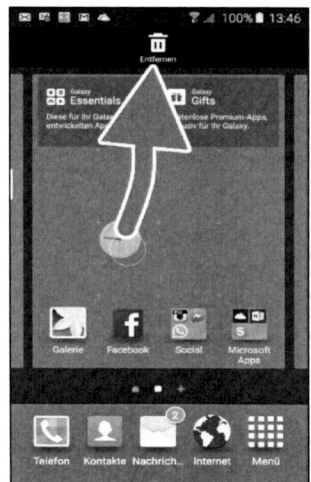

❶ Bevor wir ein neues Widget auf dem Startbildschirm anlegen, wechseln Sie mit der Wischgeste auf eine leere Startbildschirmseite.

❷ Bei Bedarf löschen Sie, wie bereits im Kapitel *3.7.3 Startbildschirm aufräumen* beschrieben, vorhandene Widgets oder Verknüpfungen vom Bildschirm, indem Sie sie jeweils darauf mit dem Finger tippen und halten und danach auf *Entfernen* ziehen.

 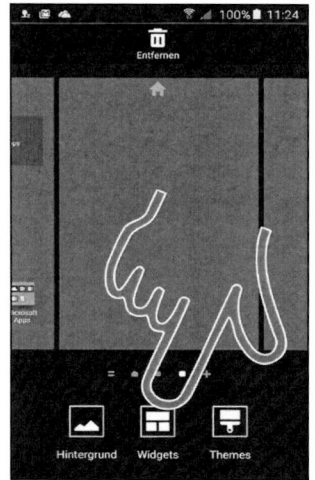 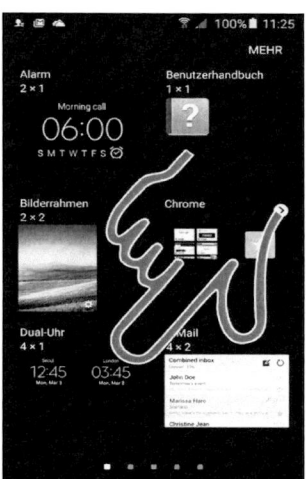

❶ Tippen und halten Sie einen Finger auf einen freien Bildschirmbereich. Alternativ führen Sie eine Kneifgeste durch: Ziehen Sie dazu zwei gleichzeitig auf das Display gedrückte Finger, beispielsweise Zeigefinger und Daumen, zusammen.

❷ Hier aktivieren Sie *Widgets* (Pfeil).

❸ Wischen Sie nach rechts/links durch die Widget-Auflistung. Tippen und halten Sie dann ein beliebiges Widget, worauf das Galaxy zum Startbildschirm wechselt. Lassen Sie das Widget an der gewünschten Position los. Bei manchen Widgets, wie auch in diesem Fall, werden dann noch einige Einstellungen abfragt.

Wie bereits im Kapitel *3.7.1 Schnellzugriffe anlegen und verwalten* bei den Verknüpfungen beschrieben, lässt sich ein Widget durch Tippen und Halten mit dem Finger selektieren und dann auf dem Bildschirm an eine andere Position platzieren oder durch Ziehen auf *Entfernen* am oberen Bildschirmrand wieder vom Bildschirm löschen.

### 3.7.3 Startbildschirm aufräumen

Vielleicht haben Sie bereits einige Widgets/Verknüpfungen auf den Startbildschirmen angelegt. Sie können diese entfernen, um Platz für neue zu schaffen – aber keine Bange, gelöschte Widgets lassen sich jederzeit, wie in den folgenden Kapiteln erläutert, erneut anlegen.

Auch später, wenn Sie Ihr Handy einige Zeit genutzt und die Startbildschirmseiten an Ihre Bedürfnisse angepasst haben, dürfte es ab und zu sinnvoll sein, einzelne Widgets und Verknüpfungen wieder zu entfernen.

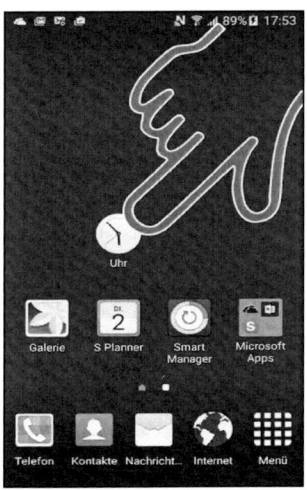 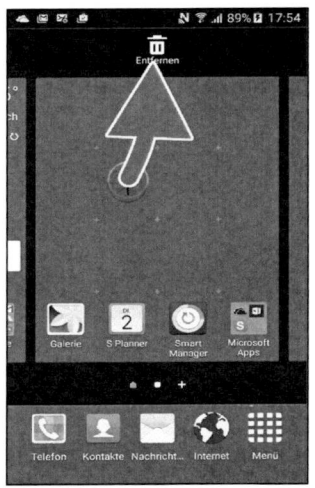 

❶ In unserem Beispiel möchten wir eine Seite des Startbildschirms »aufräumen«. Wechseln Sie zunächst mit einer horizontalen Wischgeste, wie Sie es bereits gelernt haben, auf die Bildschirmseite. Tippen und halten Sie nun den Finger auf eines der Widgets/Verknüpfungen. Lassen Sie aber noch nicht los!

❷ Das Galaxy wechselt in den Bearbeitungsmodus. Ziehen Sie das Element auf *Entfernen*. Genauso verfahren Sie mit den weiteren Widgets/Verknüpfungen.

❸ Der Bildschirm ist leer und steht für von Ihnen anzulegende Widgets und Verknüpfungen zur Verfügung.

### 3.7.4 Ordner

Ordner sind unter anderem nützlich, wenn man sehr viele Anwendungen auf dem Galaxy installiert hat. Man legt dann einfach mehrere Ordner im Startbildschirm an, worin man die Schnellstarts auf seine Anwendungen verschiebt.

❶❷ Ein *Google*-Ordner (Pfeil) ist beispielsweise auf der Startseite bereits vorhanden. Tippen Sie ihn an, worauf das Galaxy die darin enthaltenen Programme anzeigt. Diese starten Sie mit Antippen. Zum Schließen des Ordners betätigen Sie die ⤺-Taste oder tippen in einen Bildschirmbereich außerhalb des Ordners.

 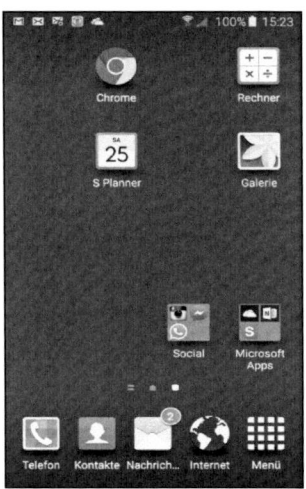 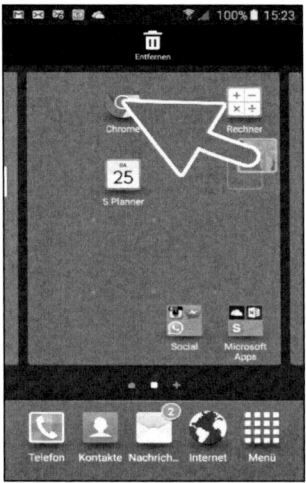

❶ Wechseln Sie zunächst mit einer Wischgeste auf eine Bildschirmseite des Startbildschirms, die noch Platz für weitere Objekte bietet (eventuell mehrmals wischen).

❷ Erstellen Sie, wie bereits im Kapitel *3.7.1 Schnellzugriffe anlegen und verwalten* beschrieben, verschiedene Schnellzugriffe, die später im Ordner verfügbar sein sollen.

❸ Tippen und halten Sie einen Schnellzugriff und ziehen Sie ihn auf einen beliebigen anderen.

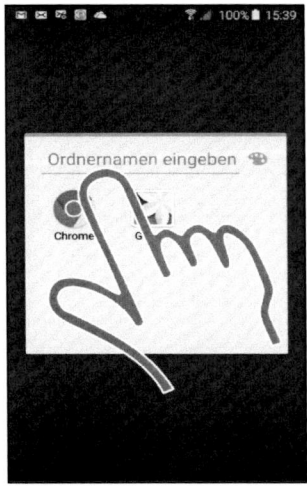 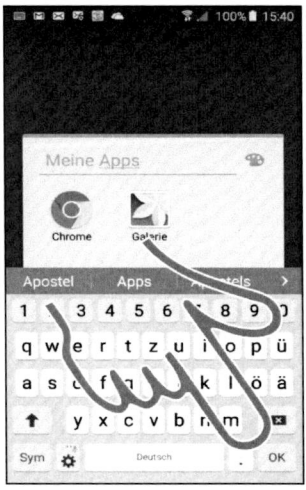 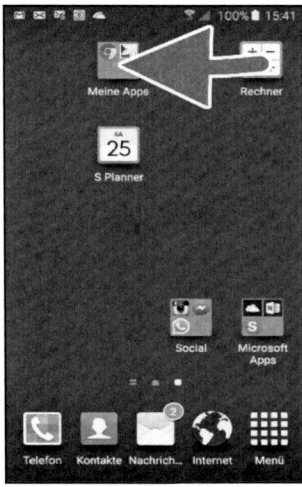

❶❷ Tippen Sie auf *Ordnernamen eingeben* und betätigen Sie *OK* auf dem Tastenfeld. Schließen

Sie den Ordner mit der ⤺-Taste unterhalb des Displays.

❸ Der Ordner erscheint im Startbildschirm. Im nächsten Schritt bringen Sie die restlichen Schnellzugriffe in den Ordner, indem Sie den Finger jeweils darauf halten und sie dann in den Ordner verschieben.

> Verschieben Sie den Ordner, indem Sie den Finger darauf tippen und halten und dann an die gewünschte Position ziehen. Ziehen Sie Ihn auf *Entfernen* am oberen Bildschirmrand, wenn Sie ihn nicht mehr benötigen.

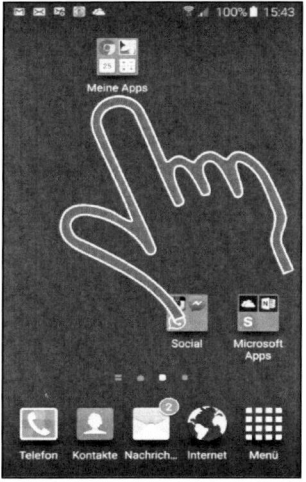

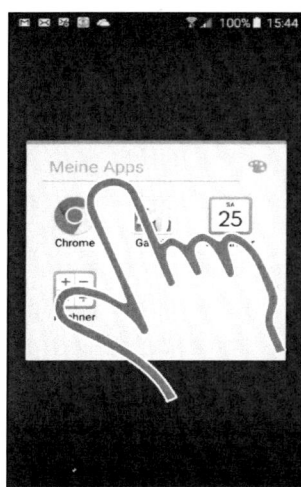

❶ Tippen Sie nun den Ordner an, um dessen Inhalt anzuzeigen.

❷ Die Schnellstarts werden aufgelistet. Tippen Sie eine Verknüpfung an, um die dazugehörige Anwendung zu starten. Mit der ⤺-Taste schließen Sie das Ordner-Fenster.

❸ Zum Umbenennen des Ordners tippen Sie in die Titelleiste des Fensters (Pfeil). Geben Sie dann den Ordnernamen ein und bestätigen Sie mit *OK*.

## 3.7.5 Hintergrundbild

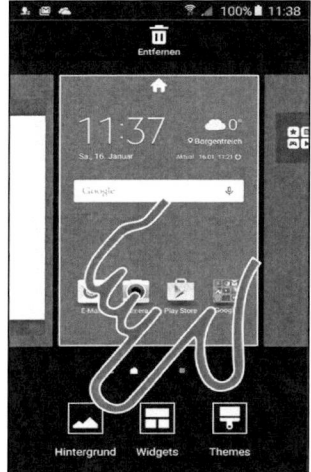
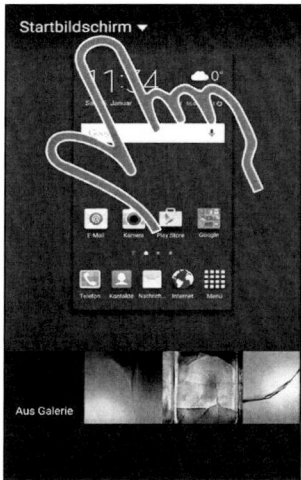

❶ Führen Sie im Startbildschirm eine Kneifgeste durch (zwei Finger, beispielsweise Zeigerfinger und Daumen, gleichzeitig auf das Display drücken und dann zusammenziehen).

❷ Gehen Sie auf *Hintergrund*.

❸ Über das Auswahlmenü am oberen Bildschirmrand (Pfeil) lässt sich das Hintergrundbild einrichten für:

- *Startbildschirm*
- *Sperrbildschirm*: Die Displaysperre.

- *Start- und Sperrbildschirm*: Startbildschirm und Displaysperre gleichzeitig.

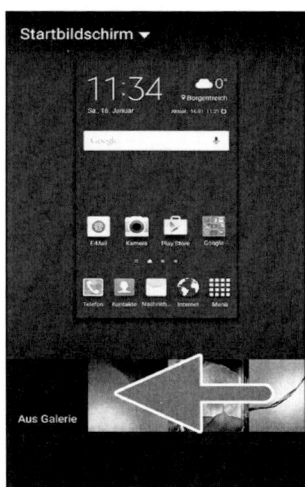 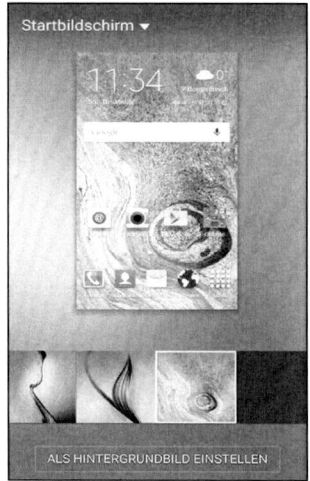 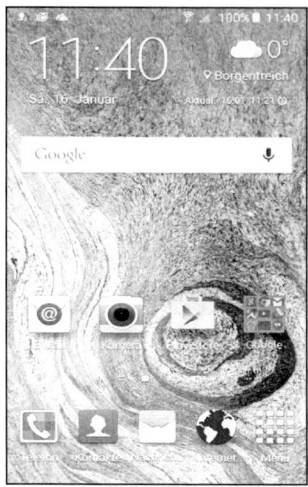

❶❷ Rollen Sie mit einer Wischgeste zwischen den vorhandenen Hintergrundbildern, wählen Sie eines aus und betätigen Sie dann *ALS HINTERGRUNDBILD EINSTELLEN*.

❸ Beispiel für ein geändertes Hintergrundbild.

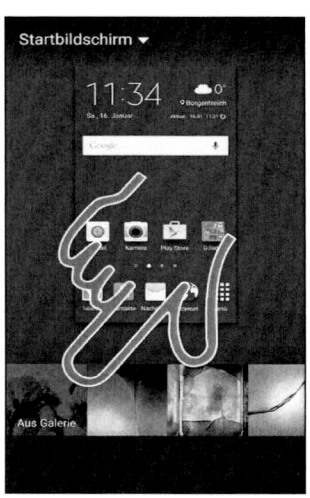 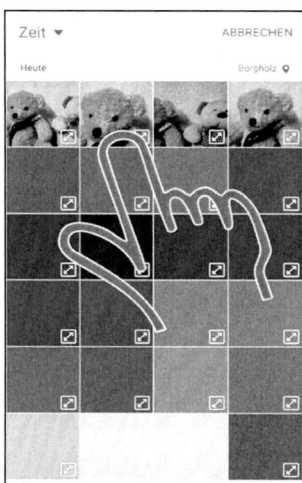 

❶ Möchten Sie dagegen ein Foto als Hintergrundbild einrichten, das Sie mit der eingebauten Kamera erstellt oder von einem anderen Gerät auf das Galaxy kopiert haben, dann gehen Sie auf *Aus Galerie*.

❷ Wählen Sie eines der von Ihnen mit der Kamera erstellten Fotos aus.

❸ Betätigen Sie *ALS HINTERGRUNDBILD EINSTELLEN*.

### 3.7.5.a Startbildschirme verwalten

Das Galaxy unterstützt bis zu sieben Startbildschirme, zwischen denen Sie mit einer Wischgeste umschalten. Bereits vordefiniert sind davon gegebenenfalls einige Bildschirme, weitere lassen sich bei Bedarf hinzufügen.

Grundlagen der Bedienung

  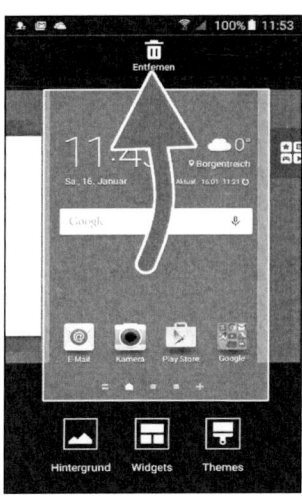

❶ Führen eine »Kneifgeste« durch, bei der Sie zwei gleichzeitig auf dem Bildschirm angedrückte Finger, beispielsweise Zeigefinger und Daumen, zusammenziehen.

❷ Mit einer Wischgeste rollen Sie durch die bereits vorhandenen Vorschaubilder.

❸ Die Reihenfolge der Bildschirmseiten ändern Sie einfach, indem Sie den Finger auf eines der Vorschaubilder angedrückt halten und es an eine andere Position ziehen. Ziehen Sie dagegen ein Vorschaubild auf *Entfernen*, um es zu löschen. Es erfolgt dann eine Sicherheitsabfrage.

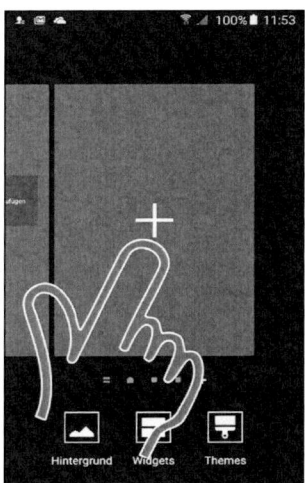 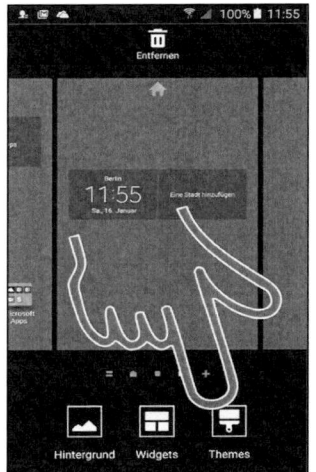 

❶ Einen neuen Bildschirm fügt die +-Schaltleiste (Pfeil) hinzu. Diese finden Sie, wenn Sie mit mehreren Wischgesten ganz nach rechts durchrollen.

❷❸ Unter *Themes* ändern Sie Menüfarben, Symbole und Hintergrundbild.

### 3.7.6 Titelleiste und Benachrichtigungsfeld

Wie bei fast allen Handys informieren auch beim Galaxy Symbole in der Titelleiste über den aktuellen Telefonstatus, verpasste Anrufe, den Status von WLAN, Bluetooth und vieles mehr.

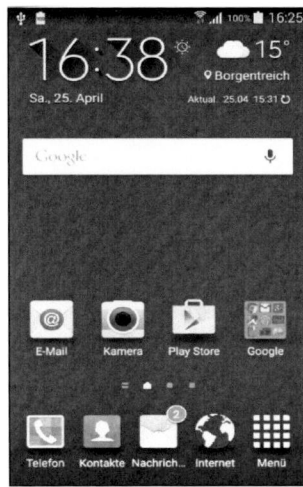 

❶ Beispiele für die Symbole in der Titelleiste:

- ψ (links): Das Gerät ist über USB mit einem PC verbunden.
- 📶: Internetverbindungen finden über WLAN statt (die gebogenen Balken zeigen die Senderstärke an).
- ▂▄▆: Guter Mobilfunk-Empfang (die Balken zeigen die Senderstärke an).
- 🔋: Der Akku ist voll.

❷ Bei besonderen Ereignissen, beispielsweise eingegangenen SMS, verpassten Anrufen oder anstehenden Terminen, erscheint ebenfalls ein entsprechendes Symbol (Pfeil). In unserem Beispiel handelt es sich um einen abgeschlossenen Download (📥) des Google Play Stores und einen verpassten Anruf (📞).

> In diesem Buch finden Sie, wo es sinnvoll ist, in den Kapiteln jeweils Hinweise darauf, welche Symbole in der Titelleiste erscheinen.

 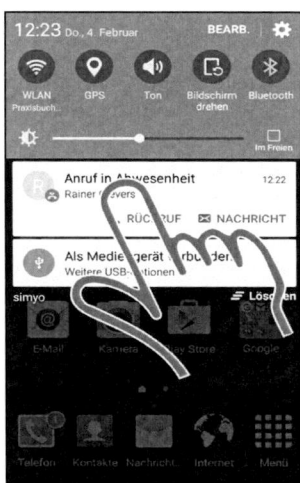 

❶ Um weitere Informationen, zum Beispiel über einen eingegangenen Anruf, zu erhalten, halten Sie Ihren Finger auf die Titelleiste und ziehen ihn nach unten.

❷❸ Es erscheint das Benachrichtigungsfeld, welches ausführliche Infos auflistet und durch Antippen die zugehörige Anwendung, im Beispiel die Anrufliste startet.

Grundlagen der Bedienung

❶❷❸ Falls Sie sich gerade in einem Programm befinden, zeigt das Handy beim ersten Mal eventuell nur die Symbole in der Titelleiste an und erst beim zweiten Wischen öffnet sich das Benachrichtigungsfeld.

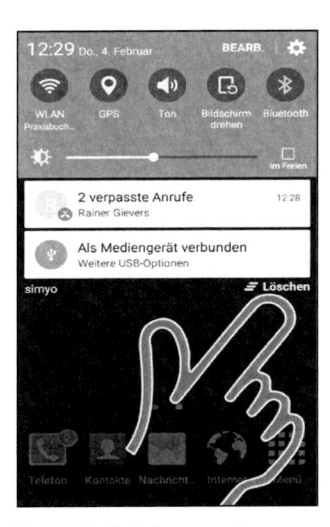

❶ Zum Löschen einer einzelnen Benachrichtigung tippen und halten Sie den Finger darauf und ziehen ihn nach links oder rechts. Die restlichen Einträge in der Benachrichtigungsliste rutschen dann nach oben.

❷ Die *LÖSCHEN*-Schaltleiste entfernt dagegen alle Benachrichtigungen in einem Rutsch.

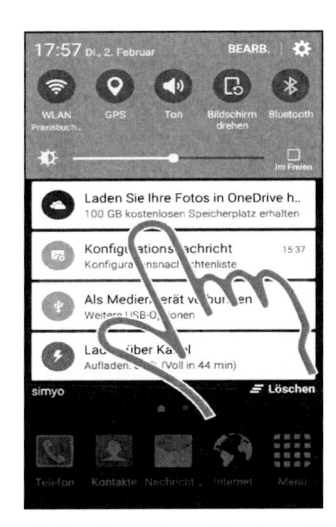

❶❷ Ab und zu fordern Sie einige Programme über einen Eintrag im Benachrichtigungsfeld auf, Aktionen durchzuführen. Im Beispiel richten Sie über *Laden Sie Ihre Fotos in OneDrive hoch* das OneDrive-Programm ein (in diesem Buch gehen wir nicht weiter darauf ein, weil Google bereits ähnliche Funktionen bereitstellt).

## 3.7.7 Schaltleisten im Benachrichtigungsfeld

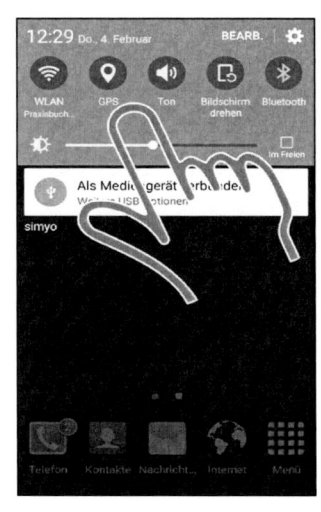

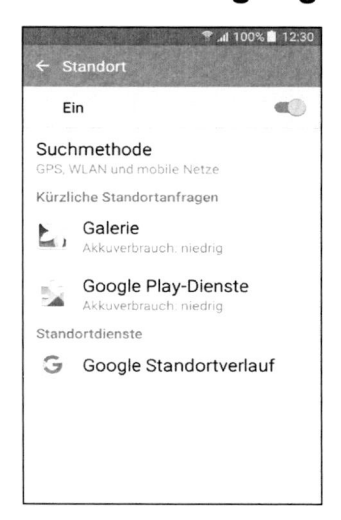

❶❷ Viele wichtige Systemfunktionen steuern Sie über die Schaltleisten im Benachrichtigungsfeld. Tippen Sie eine Schaltleiste kurz an, so schalten Sie eine Funktion ein/aus. Langes Tippen und Halten öffnet dagegen den zugehörigen Konfigurationsbildschirm in den *Einstellungen*.

Die wichtigsten Schaltleisten:

- *WLAN*: Verwaltet das WLAN. Siehe Kapitel *8 WLAN*.
- *GPS*: Automatische GPS-Positionsermittlung.
- *Ton*: Lautstärke ein/ausschalten.
- *Bildschirm drehen*: Normalerweise passt sich die Bildschirmorientierung automatisch an die Geräteausrichtung an. Wenn Sie das Handy beispielsweise waagerecht halten, so wird automatisch auf eine waagerechte Anzeige umgeschaltet. Deaktivieren Sie *Bildschirm drehen*, wenn sich die Bildschirmorientierung nie ändern soll.
- *Bluetooth*: Steuert Bluetooth (für die Dateiübertragung per Funk an andere Handys oder Tablets).
- *Mobile Daten*: Deaktivieren Sie *Mobile Daten*, damit das Handy keine Internetverbindung über das Mobilfunknetz aufbaut. Dies kann nötig sein, wenn Sie keinen Mobilfunkvertrag mit Internetflatrate nutzen (sogenannter Datenvertrag). Internetverbindungen finden dann über das WLAN statt. Siehe auch Kapitel *7.2.2 Mobilfunk-Internet aktivieren/deaktivieren*.

Auf die weiteren Schaltleisten des Benachrichtigungsfeld gehen die Kapitel in diesem Buch an entsprechender Stelle ein.

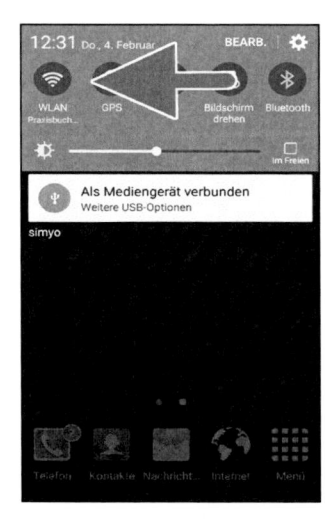

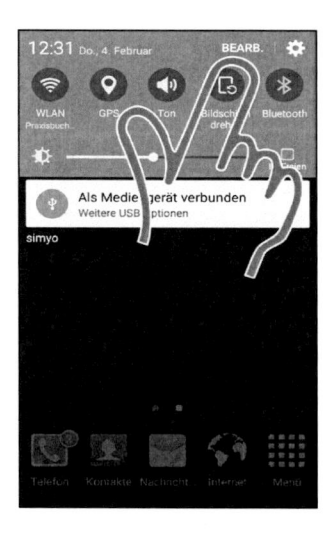

Grundlagen der Bedienung

❶ Mit einer Wischgeste nach links/rechts rollen Sie durch die Schaltleisten.

❷❸ Alle Schaltleisten auf einmal zeigt die *BEARB*-Taste an. Die *FERTIG*-Taste schaltet dann wieder auf den vorherigen Bildschirm zurück.

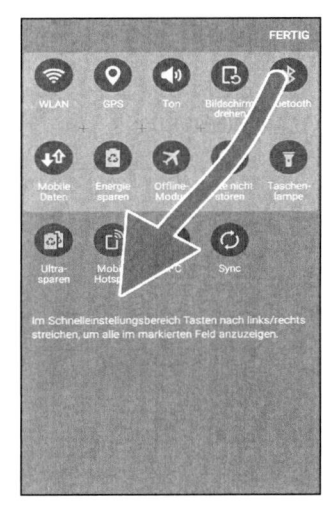

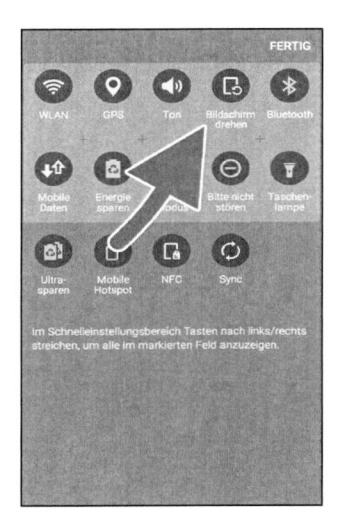

❶ Der Bildschirm ist nun farblich zweigeteilt: Nur die im oberen Bereich aufgelisteten Schaltleisten sind auch im Benachrichtigungsfeld sichtbar. Möchten Sie eine Schaltleiste im Benachrichtigungsfeld ausblenden, beispielsweise weil Sie sie nicht benötigen, dann ziehen Sie diese in den unteren Bereich. Schließen Sie den Vorgang mit *FERTIG* ab.

❷ Umgekehrt lassen sich weitere Schaltleisten dem Benachrichtigungsfeld hinzufügen.

Hinweis: Sie können wahlweise Schaltleisten untereinander austauschen (einfach direkt auf das auszuwechselnde Symbol ziehen) oder ein Symbol zwischen zwei anderen Symbolen einfügen (das Symbol genau in die Lücke zwischen den beiden Symbolen ziehen).

## *3.8 Längs- und Querdarstellung*

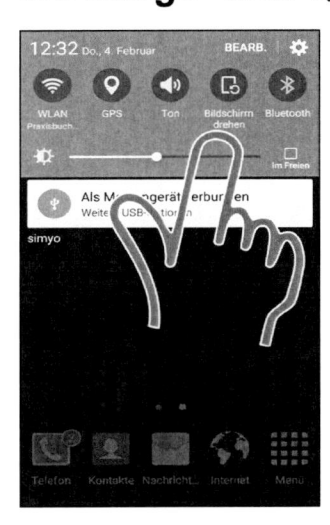

In manchen Situationen ist es sinnvoll, die Displaydarstellung zu drehen, beispielsweise, wenn Sie den Webbrowser nutzen. Dazu brauchen Sie nur das Gerät in Ihrer Hand zu drehen, denn über den Bewegungssensor weiß das Galaxy jederzeit, in welcher Position Sie das Gerät halten. In manchen Anwendungen stehen nach dem Drehen zusätzliche Bedienelemente zur Verfügung.

Damit das automatische Drehen funktioniert, müssen Sie *Bildschirm drehen* im Benachrichtigungsfeld aktivieren (Pfeil).

❶❷ Beispiel: Galerie-Anwendung im Hochformat und wenn man das Gerät um 90 Grad dreht.

Auch für Eingaben über das Tastenfeld ist es mitunter sinnvoll, das Display zu drehen.

## 3.9 Menü

❶❷ In vielen Anwendungen finden Sie zusätzliche Funktionen in einem Menü, das Sie über ein ⋮-Symbol aufrufen.

Grundlagen der Bedienung

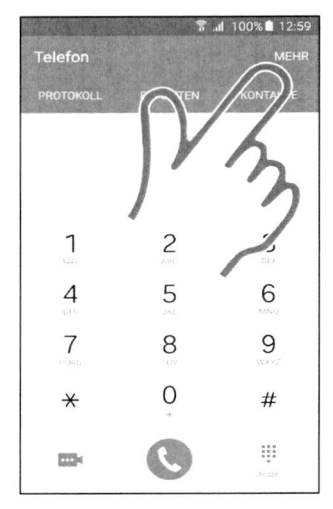

❶❷ In den Samsung-Anwendungen, hier die Telefonoberfläche, öffnet dagegen *MEHR* das Menü.

In diesem Buch finden Sie häufiger Anweisungen, welchen Menüs Sie folgen müssen. *MEHR/Einstellungen/Anzeige* heißt zum Beispiel, dass Sie erst mit *MEHR* das Menü aufrufen, dann auf *Einstellungen*, anschließend auf *Anzeige*, usw. gehen.

## 3.10 Die Einstellungen

Die *Einstellungen*, worin Sie alle wichtigen Parameter für die Bildschirmanzeige, die Signaltöne, Internetverbindungen, usw. konfigurieren, spielen eine wichtige Rolle in diesem Buch.

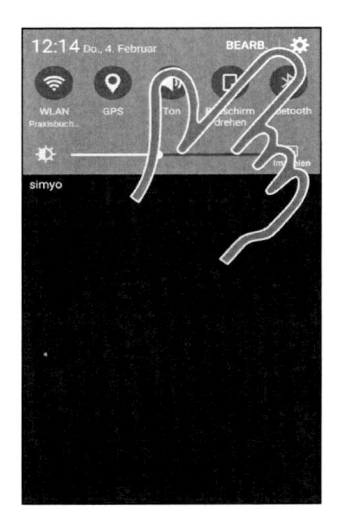

❶❷ Die *Einstellungen* finden Sie im Benachrichtigungsfeld unter ✱ (Pfeil) und im Hauptmenü unter *Einstellungen*.

❸ In diesem Buch gehen jeweils die einzelnen Kapitel bei Bedarf auf die Menüs in den *Einstellungen* ein.

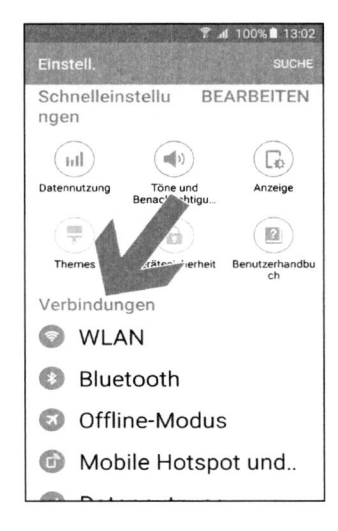

Die Einstellungen sind jeweils unter Oberbegriff zusammengefasst, damit man sie schnell findet (Pfeil).

Wenn es in diesem Buch also heißt, dass Sie *Bluetooth* unter *Verbindungen* aufrufen sollen, dann suchen Sie erst den Oberbegriff *Verbindungen* und betätigen dann *Bluetooth*.

## 3.11 Zuletzt genutzte Anwendungen

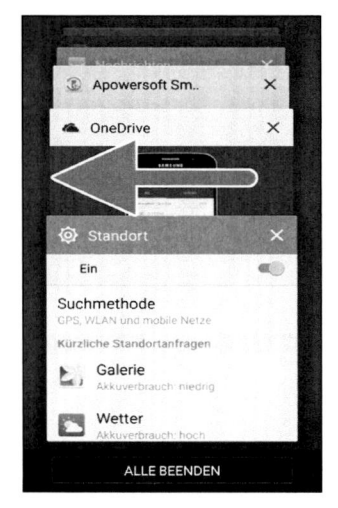

❶ Die zuletzt genutzten Programme erhalten Sie nach Betätigen der ⬜-Taste unterhalb des Displays angezeigt. Rollen Sie mit einer Wischgeste durch die Programme und tippen Sie eines an, das Sie starten möchten.

❷ Ziehen Sie mit dem Finger einen Eintrag nach links oder rechts, um ihn aus der Liste zu entfernen. Wenn Sie alle Programme auf einmal schließen möchten, verwenden Sie die *ALLE BEENDEN*-Schaltleiste am unteren Bildschirmrand.

> Wie bereits erwähnt, bringt Sie ein kurzer Druck auf die ⬜-Taste wieder auf den Startbildschirm zurück, wenn Sie sich gerade in einer anderen Anwendung befinden.

Grundlagen der Bedienung

## 3.12 Hauptmenü

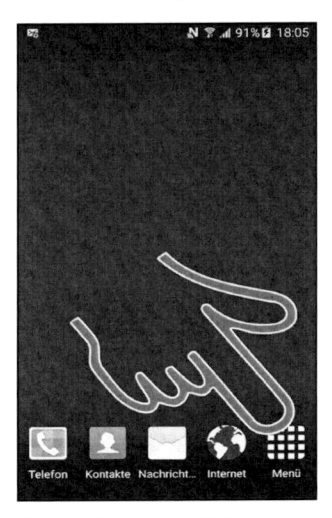

❶ Es ist natürlich weder möglich, noch sinnvoll, alle auf dem Galaxy vorhandenen Anwendungen direkt im Startbildschirm einzublenden. Deshalb können Sie über die *Menü*-Schaltleiste (Pfeil) auf das Hauptmenü umschalten.

❷ Mit einer Wischgeste auf dem Bildschirm wechseln Sie zwischen den Seiten.

### 3.12.1 Hauptmenü bearbeiten

❶ Die Reihenfolge der Programme im Hauptmenü ändern Sie, indem Sie *BEARBEITEN* antippen.

❷ Tippen und halten Sie danach den Finger über einer Anwendung und ziehen Sie sie an die gewünschte Position. Lassen Sie den Finger dann los.

❸ Bei vielen Programmen sehen Sie ein Minuszeichen (Pfeil). Je nach Programm deaktivieren oder deinstallieren Sie das dahinterstehende Programm. Wir gehen darauf noch im Kapitel *27.1.2 Programme installieren/deinstallieren* ein.

> Auch das Verschieben auf eine andere Bildschirmseite im Hauptmenü ist möglich, indem Sie einfach das Programm bis an den Bildschirmrand ziehen.

#### 3.12.1.a Ordner

Der Einsatz von Ordnern im Hauptmenü wird erst dann interessant, wenn Sie aus dem Play Store (siehe Kapitel *27.1 Play Store* ) viele weitere Programme installiert haben. Sie können diese dann in Ordnern organisieren.

❶ Ziehen Sie mit dem Finger ein Programmsymbol auf ein anderes.

❷ Geben Sie bei Bedarf den Ordnernamen ein (dafür auf *Ordnernamen eingeben* tippen) und betätigen Sie *OK* unten rechts auf dem Tastenfeld. Schließen Sie nun den Ordner mit der ⤺-Taste.

❸ Im Hauptmenü erscheint der Ordner, welcher das Programm enthält (Pfeil). Die ⤺-Taste beendet den Bearbeitungsmodus und Sie können nun den Ordner nutzen.

❶ Weitere Programme fügen Sie einfach hinzu, indem Sie sie in den Ordner ziehen. Beachten Sie, dass Sie vorher über *BEARBEITEN* in den Bearbeitungsmodus schalten.

❷ Für den Start von Programmen aus dem Ordner heraus tippen Sie im Hauptmenü zuerst den Ordner an. Übrigens lässt sich der Ordnername beliebig ändern, indem Sie dessen Namen kurz antippen.

Grundlagen der Bedienung

❶ Das Entfernen von einzelnen Programmen aus einem Ordner ist ziemlich einfach: Gehen Sie zunächst mit *BEARBEITEN* in den Bearbeitungsmodus, dann ziehen Sie die Programme in einen Bereich außerhalb des Ordners.

❷ Alternativ tippen Sie im Bearbeitungsmodus auf die Minusschaltleiste (Pfeil) des Ordners.

## 3.12.2 Programme ausblenden

Einige der vorinstallierten Programme werden Sie nicht benötigen, weshalb Sie sie deaktivieren beziehungsweise Deinstallieren dürfen.

❶ Gehen Sie auf *BEARBEITEN* (Pfeil).

❷ Betätigen Sie bei den nicht genutzten Anwendungen die Minusschaltleiste.

Es gibt nun zwei Möglichkeiten:

- Bei Programmen, die sich vollständig vom Handy lassen erscheint der Hinweis *Anwendung deinstallieren* (❶). Betätigen Sie auf *DEINSTALLIEREN*. Das entfernte Programm lässt sich jederzeit aus dem Google Play Store (siehe Kapitel *27.1 Play Store*) neu installieren.

- Es sind auch viele vorinstallierte Anwendungen vorhanden, die Sie nur verbergen können. Das Handy gibt dann den Hinweis *Deaktivieren und zurücksetzen* (❷), den Sie mit *OK* bestätigen.

> Einige Anwendungen, die unbedingt benötigt werden, lassen sich weder deaktivieren noch deinstallieren.

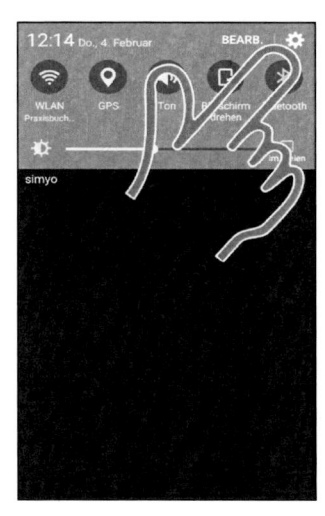

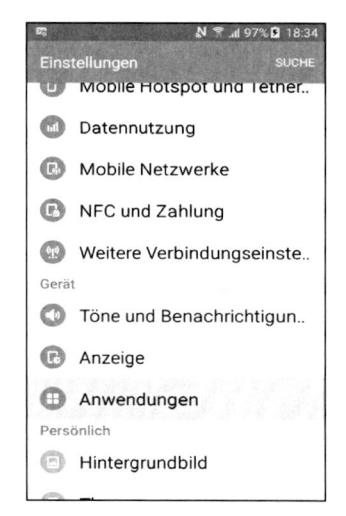

❶ Die deaktivierten (=ausgeblendeten) Programme können Sie über den Anwendungsmanager wieder aktivieren. Dazu rufen Sie das Benachrichtigungsfeld auf und gehen darin auf ✿.

❷❸ Wählen Sie *Anwendungen* und dann *Anwendungsmanager* aus.

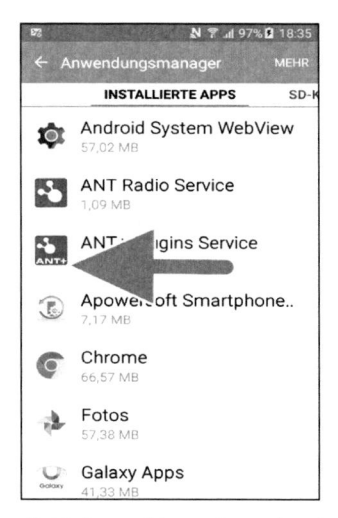

❶ Führen Sie mehrmals eine Wischgeste von rechts nach links durch...

❷ ...bis Sie sich im *DEAKTIVIERT*-Register befinden. Wählen Sie dort ein Programm aus.

❸ Die *AKTIVIEREN*-Schaltleiste macht das Programm wieder im Hauptmenü sichtbar. Vom nachfolgenden Warnhinweis, den Sie mit *OK* schließen, sollten Sie sich nicht beirren lassen. Sie müssen dann eventuell erst auf *DEINSTALLIEREN* gehen und betätigen *AKTIVIEREN* erneut.

## 3.13 Google-Suche

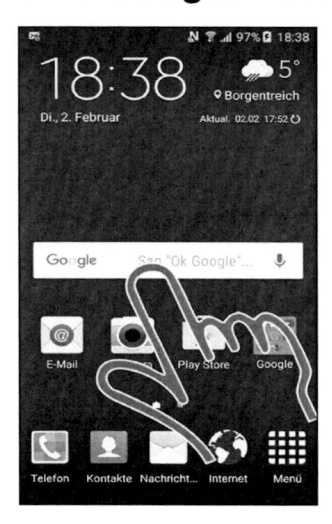

Grundlagen der Bedienung

❶ Über die *Google*-Schaltleiste (Pfeil) starten Sie die globale Suche, mit der Sie alle Anwendungen, Termine, Kontakte, usw. durchsuchen.

❷ Beim ersten Aufruf wird zunächst Werbung für die Google Now (darauf geht später *19 Google Now* ein) erscheinen, die Sie mit ÜBERSPRINGEN schließen.

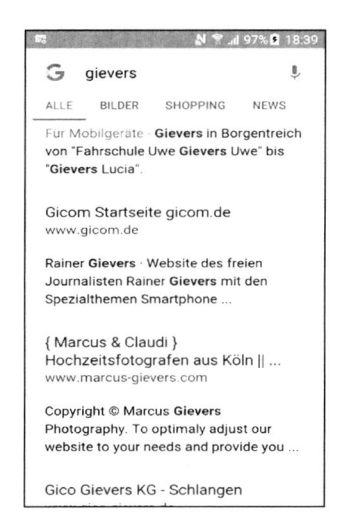

❶ Tippen Sie gegebenenfalls oben ins Eingabefeld. Schon während der Eingabe eines Suchbegriffs werden passende Fundstellen, beispielsweise Wortvorschläge aus der Google-Suchmaschine und Kontakteinträge aus dem Telefonbuch, aufgelistet. Die eigentliche Suche starten Sie mit 🔍 auf dem Tastenfeld (Pfeil).

❸ Tippen Sie eine Fundstelle an, um sie anzuzeigen.

Fast alle Anwendungen auf dem Galaxy bringen ebenfalls eine eigene Suchfunktion mit.

Die Suche können Sie alternativ noch einfacher in Google Now durchführen. Halten Sie dafür zwei Sekunden lang die ⬜-Taste unterhalb des Displays gedrückt.

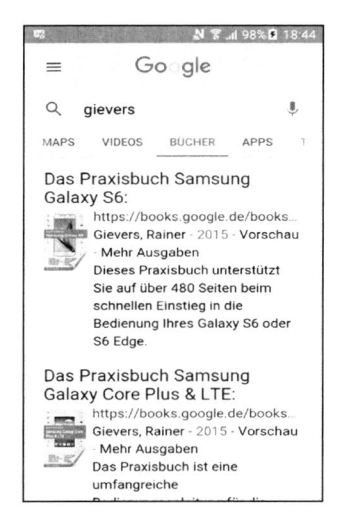

❶ Rollen Sie dann mit dem Finger durch die Schaltleistenreihe am oberen Bildschirmrand und tippen Sie eine der Schaltleisten an.

❷ Beispiel für die Suchergebnisse nach Betätigen von *Bücher*.

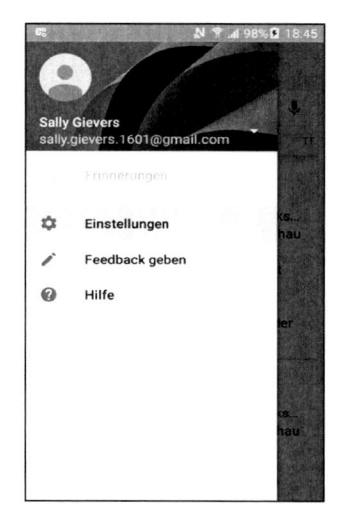

❶❷ Möchten Sie die durchsuchten Elemente einschränken, dann öffnen Sie über die ≡-Schaltleiste das Ausklappmenü, worin Sie *Einstellungen* auswählen.

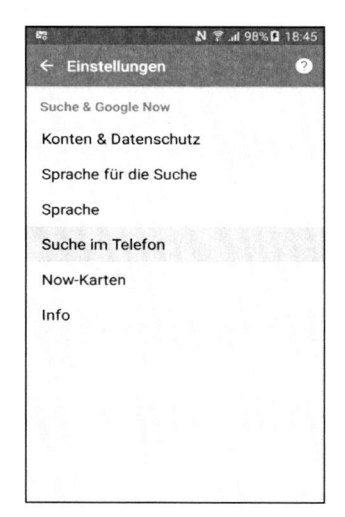

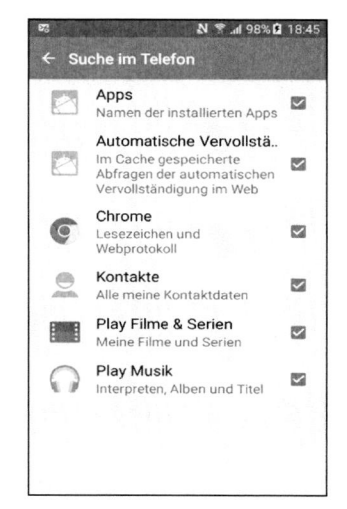

❶ Rufen Sie *Suche im Telefon* auf.

❷ Stellen Sie über die Abhakkästchen ein, welche Elemente jeweils zu durchsuchen sind. Danach schließen Sie den Bildschirm mit der ⤺-Taste.

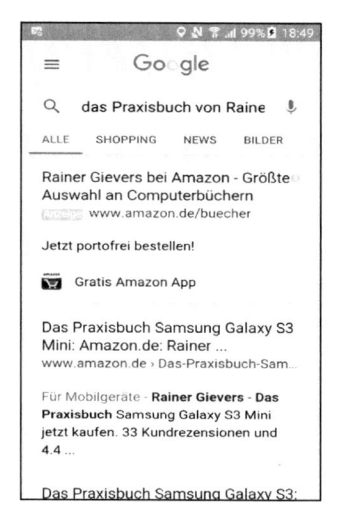

❶❷❸ Eine Besonderheit verbirgt sich hinter der ↓-Schaltleiste (Pfeil): Sie können dann einfach einen oder mehrere Begriffe sprechen, nach denen Google anschließend im Internet sucht.

Grundlagen der Bedienung 49

> Beim ersten Aufruf der Spracherkennung erscheint ein Hinweis, dass Sie hierüber nicht nur nach Stichworten über Google suchen, sondern auch eine Sprachsteuerung durchführen können.
>
> Weitere Spracheingabefunktionen stellt Kapitel *23 Sprachsteuerung* vor.
>
> Beachten Sie, dass die Sprachsteuerung eine Internetverbindung benötigt, da die Übersetzung Ihre gesprochenen Anweisungen auf Google-Servern erfolgt.

## 3.14 Medienlautstärke und Signaltöne

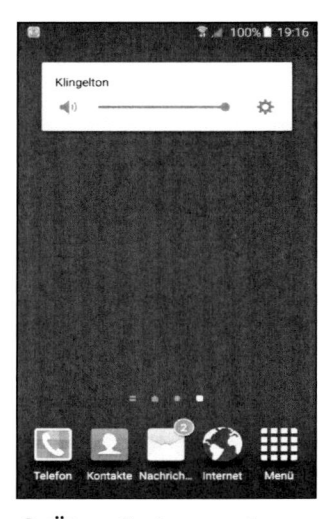

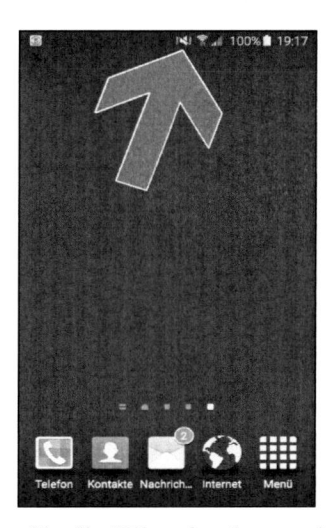

❶ Über die Lautstärketasten auf der linken Geräteseite beeinflussen Sie die Klingeltonlautstärke.

❷ Wenn Sie die Lautstärke gegen null reduzieren, schalten Sie das Gerät in den Vibrationsmodus (Lautsprecher ist deaktiviert).

❸ Ein Symbol (Pfeil) in der Titelleiste informiert über den aktiven Vibrationsmodus.

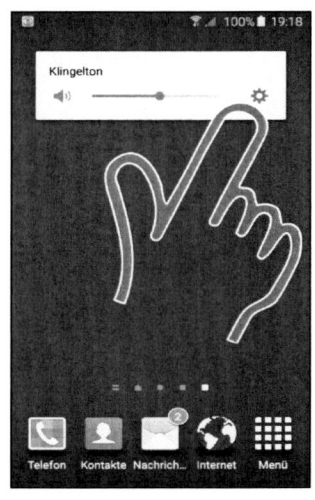

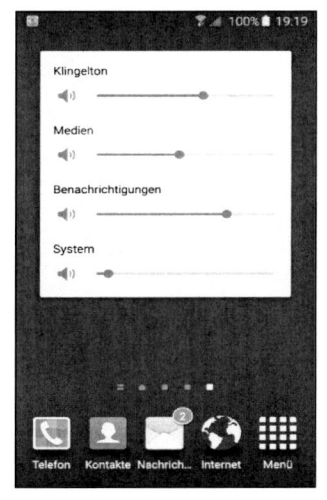

❶ Um die Lautstärke für MP3-Wiedergabe, Benachrichtigungstöne, usw. zu ändern, tippen Sie ✿ (Pfeil) an.

❷ Neben der Klingeltonlautstärke ändern Sie hiermit:

- *Medien*: Stellt die Lautstärke bei Multimedia-Anwendungen, beispielsweise von MP3-Player, Youtube-Player oder Spielen ein. Wenn gerade eine Multimedia-Anwendung läuft, können Sie dafür aber auch einfach die Lautstärketasten auf der Geräteseite verwenden (der Klingelton bleibt davon unbeeinflusst).
- *Benachrichtigungen*: Signalton für empfangene SMS und E-Mails.
- *System*: Lautstärke der Systemmeldungen.

## 3.14.1 Signaltöne

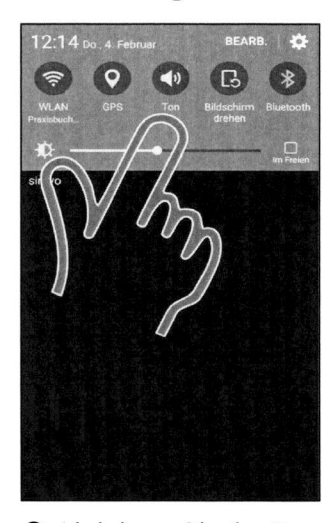

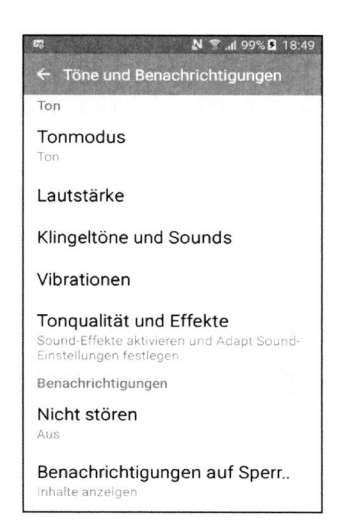

❶ Aktivieren Sie das Benachrichtigungsfeld, dann tippen und halten Sie den Finger auf *Ton*.

❷ Die Optionen:

Unter *Ton*:

- *Tonmodus*: Schaltet um zwischen *Ton* (Signale und Klingeltöne eingeschaltet), *Vibrieren* und *Lautlos*.

- *Lautstärke* (❸): Ändert die Lautstärke:
    - *Klingelton*
    - *Medien*: Stellt die Lautstärke bei Multimedia-Anwendungen, beispielsweise vom MP3-Player, Youtube-Player oder Spielen ein. Wenn gerade eine Multimedia-Anwendung läuft, können Sie dafür aber auch einfach die Lautstärketasten auf der rechten Geräteseite verwenden (der Klingelton bleibt davon unbeeinflusst).
    - *Benachrichtigungen*: Für empfangene SMS und E-Mails.
    - *System*: Steuert die Lautstärke der Systemmeldungen.

- *Klingeltöne und Sounds*: Klingel- und Benachrichtigungstöne festlegen. Darauf gehen wir unten noch ein.

- *Vibrationen*: Stellen Sie ein, wie stark das Handy bei eingehenden Anrufen, Benachrichtigungen und bei Berührungen vibrieren soll.

- *Tonqualität und Effekte*: Passen Sie die Audiowiedergabe an Ihre Vorlieben an. Diese Funktion ist nur mit einem kabelgebundenes (mitgeliefert) oder Bluetooth-Headset verfügbar.

Unter *Benachrichtigungen*:

- *Nicht stören*: Stellen Sie einen Zeitraum ein, bei dem Sie für niemanden erreichbar sind. Auf anderen Samsung-Handys heißt diese Funktion *Ruhemodus*. Siehe auch Kapitel *29.3 Ruhemodus*.

- *Benachrichtigungen auf dem Sperrbildschirm*: Das Galaxy weist generell im Sperrbildschirm (siehe Kapitel *3.2 Displaysperre*) auf neu eingegangene SMS oder E-Mails sowie Termine hin. Diese Hinweise sind auch bei aktivierte Passwortsperre sichtbar. Wenn Sie nicht möchten, dass jemand die Hinweise lesen kann, sollten Sie sie hier deaktivieren.

- *App-Benachrichtigungen*: Konfigurieren Sie für jedes einzelne auf dem Samsung-Handy vorhandene Programm, ob es Benachrichtigungen in der Titelleiste beziehungsweise Benachrichtigungsfeld anzeigen darf.

Grundlagen der Bedienung

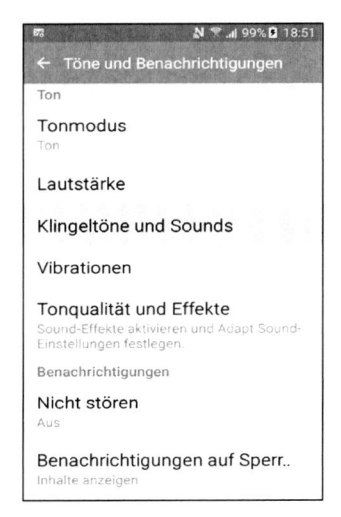

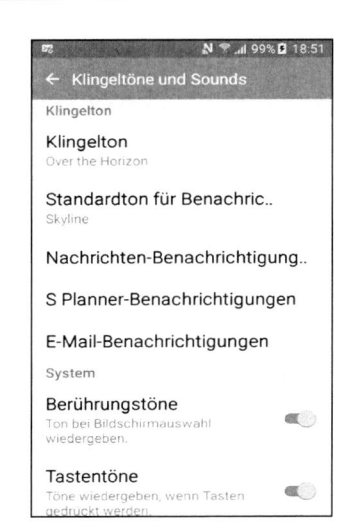

❶ Gehen Sie auf *Klingeltöne und Sounds*.

❷ Die Einstellungen:

Unter *Klingelton*:

- *Klingelton:* Wählen Sie den gewünschten Klingelton aus. Es sind bereits eine Reihe an vordefinierten Klingeltönen vorhanden.
- *Standardton für Benachrichtigungen*: Das Signal für eingegangene Nachrichten (SMS, E-Mail) und Kalendertermine.
- *Nachrichten-Benachrichtigungen; S Planner-Benachrichtigungn; E-Mail-Benachrichtigungen*: Für die drei aufgeführten Anwendungen legen Sie bei Bedarf einen eigenen Klingelton und Vibration fest.

Unter *System*:

- *Berührungstöne*: Diese hört man beim Antippen des Bildschirms.
- *Tastentöne*: Aktiviert die Tastentöne in der Telefonoberfläche.
- *Bildschirmsperr-Sounds*: Signalton beim Aktivieren/Deaktivieren der Displaysperre.
- *Tastaturton*: Haptisches Feedback, wenn Sie über das Tastenfeld Eingaben vornehmen.

> Falls Sie eigene MP3-Songs als Klingel- und Benachrichtigungstöne verwenden möchten, beachten Sie bitte Kapitel *35.1 Eigene Klingel- und Benachrichtigungstöne*.

## *3.15 Das Ausklappmenü*

Ähnlich wie auf einem Windows PC haben auch auf dem Handy praktisch alle Programme damit zu kämpfen, die verfügbaren Funktionen in einer übersichtlichen Form bereitzustellen. Unter Windows hat sich dafür die Menüleiste eingebürgert. Weil auf dem Handy dagegen nur extrem wenig Bildschirmfläche verfügbar ist, nutzen die Anwendungen hier häufig das sogenannte Ausklappmenü.

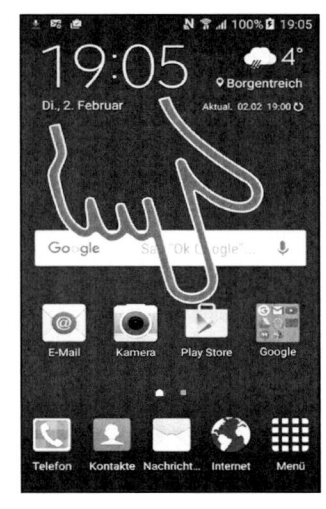

❶ Starten Sie zum Beispiel den *Play Store* aus dem Startbildschirm (Pfeil) oder Hauptmenü.

❷ Das Ausklappmenü rufen Sie entweder mit einem Antippen der ☰-Schaltleiste oben links (Pfeil) auf...

❸ ... oder Sie führen mit dem Finger eine Wischgeste von links außerhalb des Displays nach rechts durch.

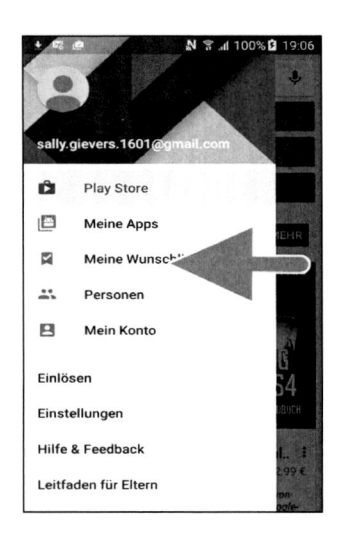

So schließen Sie das Ausklappmenü:

- Wählen Sie einen Menüpunkt aus.
- Wischen Sie von rechts nach links in das Ausklappmenü.
- Betätigen Sie die ⤺-Taste unterhalb des Displays.

# 4. Telefonie

Die Bedienungsführung des Handys ist so aufgebaut, dass Sie mit wenig Aufwand einen Kontakt anrufen können.

❶ Die Telefonoberfläche starten Sie mit der *Telefon*-Schaltleiste am unteren Bildschirmrand.

❷ Über die Register am oberen Bildschirmrand (Pfeil) schalten Sie um zwischen:

- *PROTOKOLL*: Auflistung aller ein- und ausgegangenen Anrufe. Siehe Kapitel *4.6 Anrufliste (Protokoll)*.
- *FAVORITEN*: »Favoriten« sind besonders wichtige Kontakte, mit denen man häufiger kommuniziert. Siehe auch Kapitel *4.2 Favoriten*.
- *KONTAKTE*: Startet das Telefonbuch.

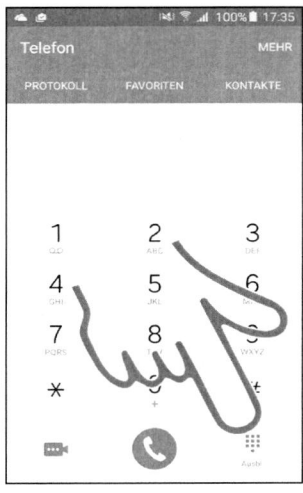

❶❷ Das Tastenfeld aktivieren Sie jederzeit über die ⸬-Schaltleiste (Pfeil).

❸ *Ausbl* (Pfeil) blendet das Tastenfeld wieder aus.

## 4.1 Anruf durchführen

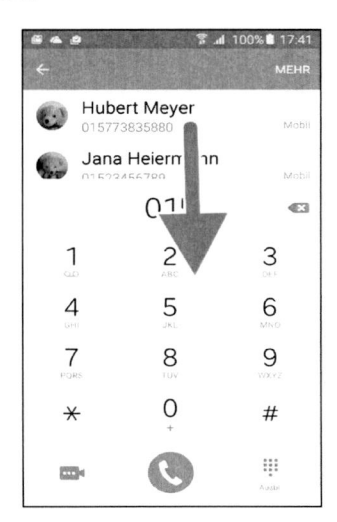

❶ Geben Sie jetzt die anzurufende Nummer über das virtuelle Tastenfeld auf dem Display ein. Mit der ☏-Schaltleiste wählen Sie die Nummer an.

❷ Sofern im Telefonbuch bereits Kontakte vorhanden sind, welche die eingegebene Rufnummer enthalten, listet sie das Galaxy auf. Mit einer Wischgeste oder Antippen der *Ausbl*-Schaltleiste blenden Sie das Tastenfeld aus, um die Fundstellenliste anzuzeigen.

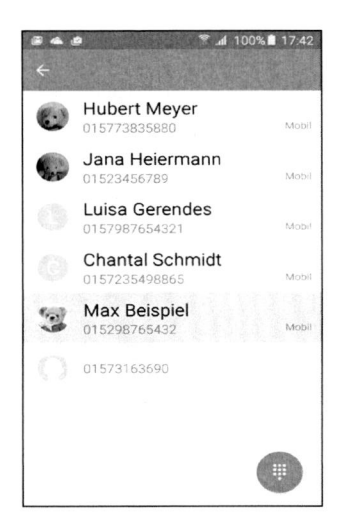

❶❷ Nach Antippen einer Fundstelle erscheint die zugehörige Rufnummer in der Telefonoberfläche.

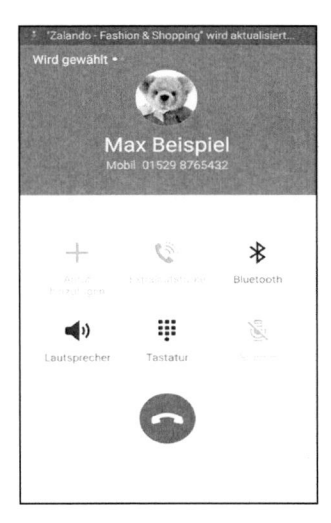

❶❷ Betätigen Sie die ☏-Schaltleiste, um die Anwahl zu starten.

Telefonie 55

> Wenn Sie das Handy an Ihr Ohr halten, schaltet sich das Display automatisch aus, damit keine Fehleingaben entstehen können. Dafür zuständig ist ein Näherungssensor, welcher sich oben neben dem Lautsprecher befindet.

## 4.1.1 Suche

Auch eine direkte Namenssuche ist möglich. Tippen Sie dafür die Nummern ein, die den Buchstaben entsprechen (»2«=a, b, c; »3«=d, e, f; usw.). Betätigen Sie ⊗ neben dem Eingabefeld, um eine Fehleingabe zu löschen.

## 4.1.2 Letzte Rufnummer wählen

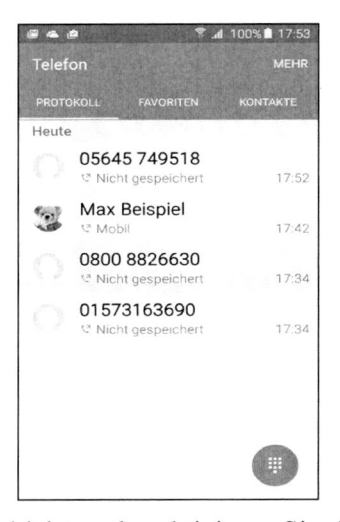

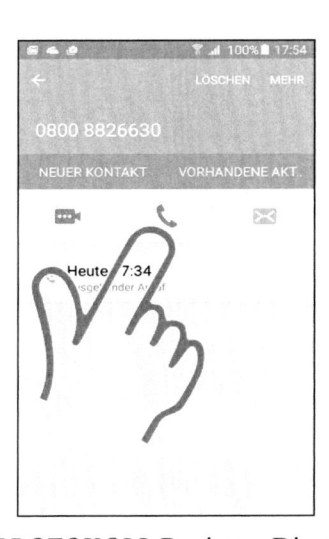

❶❷❸ Betätigen Sie die ☎-Schaltleiste oder aktivieren Sie das *PROTOKOLL*-Register. Die zuletzt angewählte Rufnummer erscheint automatisch als Erste in der Liste. Tippen Sie sie an für die Detailansicht, worin Sie auch die Anwahl mit ☎ (Pfeil) durchführen können.

## 4.1.3 Funktionen während eines Gesprächs

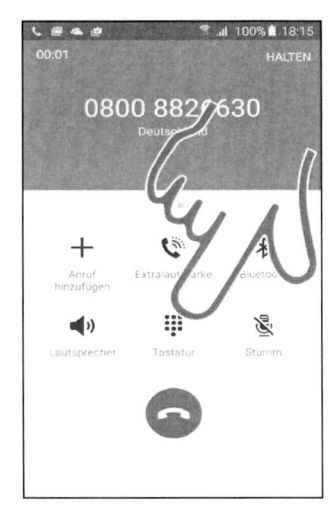

❶❷ Während des Gesprächs zeigt das Handy die angewählte Rufnummer beziehungsweise den Kontakt an. Betätigen Sie die *Tastatur*-Schaltleiste (Pfeil), um das Tastenfeld zu aktivieren, was sinnvoll ist, wenn Sie DTMF (Tonwahl)-Töne benötigen, zum Beispiel für die Bedienung eines Anrufbeantworters oder einer Tonwahl-gesteuerten Service-Hotline.

❶ Interessant ist die Möglichkeit, jederzeit während eines aktiven Gesprächs eine andere Anwendung zu nutzen. Dazu betätigen Sie die ⬭-Taste für den Startbildschirm. Sie können dann, wie gewohnt, diverse Anwendungen auf dem Galaxy starten, während das Gespräch im Hintergrund läuft. Die grün gefärbte Titelleiste (Pfeil) weist auf die bestehende Gesprächsverbindung hin.

❷ Den aktiven Anruf steuern Sie über das Benachrichtigungsfeld (siehe Kapitel *3.7.6 Titelleiste und Benachrichtigungsfeld*). Tippen Sie dort auf das Kontaktfoto, um den Anruf in der Telefonoberfläche anzuzeigen.

Telefonie 57

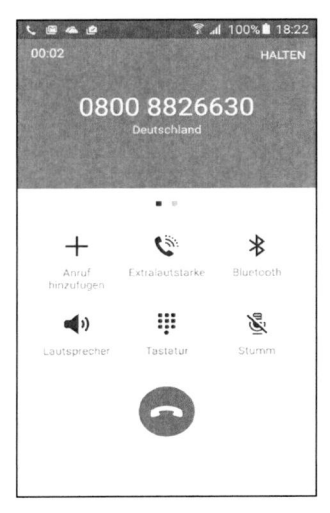

❶ Weitere Funktionen während eines Gesprächs:
- *HALTEN* (oben rechts): Der Gesprächsteilnehmer wird in eine Warteschleife des Netzbetreibers versetzt und hört dort eine Halte-Ansage.
- *Anruf hinzufügen.*: Weiteren Kontakt oder Rufnummer anrufen, während der aktuelle Anruf gehalten wird. Später können Sie entweder zwischen den Gesprächsteilnehmern hin- und herschalten oder eine Telefonkonferenz abhalten. Diese Funktion ist nur mit Handy-Verträgen nutzbar, die das sogenannte »Anklopfen«-Dienstmerkmal unterstützen.
- *Extralautst.*: Hörerlautstärke verstärken.
- *Bluetooth*: Angeschlossenes Bluetooth-Headset aktivieren/deaktivieren.
- *Lautsprecher*: Aktiviert/Deaktiviert die Freisprecheinrichtung.
- *Tastatur*: Aktiviert das Tastenfeld, über das man DTMF-Töne erzeugt, beispielsweise zur Fernbedienung eines Anrufbeantworters.
- *Stumm*: Deaktiviert/aktiviert das Mikrofon, wobei man weiter hört, was der Gesprächsteilnehmer von sich gibt.

❷ Eine Wischgeste wechselt zu weiteren Schaltleisten:
- *E-Mail:* E-Mail schreiben.
- *Nachr.*: SMS erstellen.
- *Internet*: Webbrowser starten.
- *Kontakte*: Telefonbuch anzeigen.
- *S Planner*: Kalender starten.
- *Memo*: Ruft die Memo-Anwendung auf, worin Sie dann Notizen erstellen.

## 4.1.3.a Hörerlautstärke

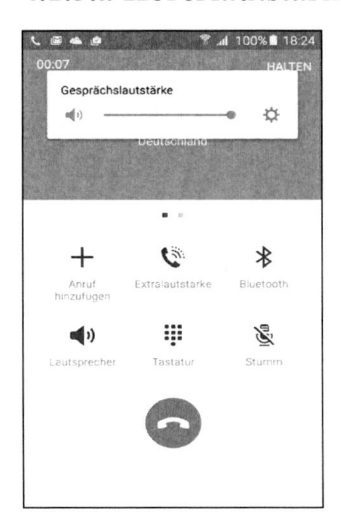

Während eines Gesprächs können Sie die Hörerlautstärke an Ihre Bedürfnisse anpassen. Drücken Sie einfach auf der linken Geräteseite die Tasten Lautstärke-hoch/runter.

## 4.1.4 Anruf aus dem Telefonbuch

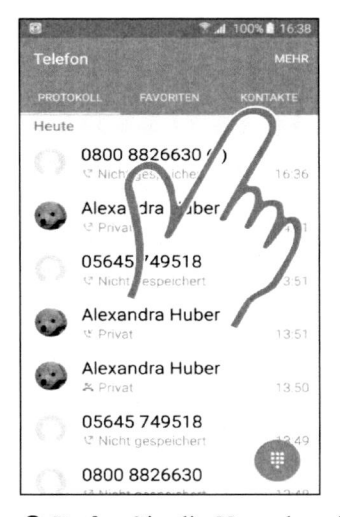

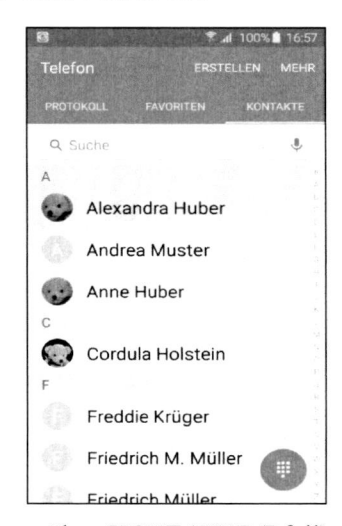

❶ Rufen Sie die Kontaktauflistung über *KONTAKTE* (Pfeil) auf.

❷ Tippen Sie diesen an.

❷ Betätigen Sie die anzuwählende Rufnummer (Pfeil).

Die weiteren Schaltleisten:

- Videotelefonat
- : Nachricht (SMS schreiben).
- Auf Kontaktfoto beziehungsweise Kontaktnamen tippen: Kontaktfoto anzeigen.

Das Telefonbuch beschreibt bereits Kapitel *6 Telefonbuch*.

Telefonie

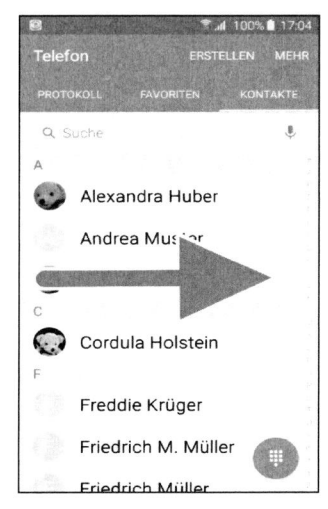

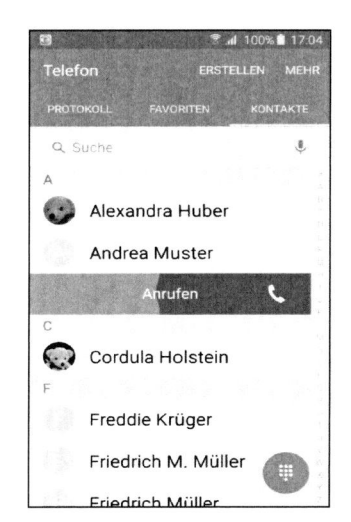

❶❷ Auch durch Ziehen des Fingers von links nach rechts auf einem Kontakt können Sie die Anwahl starten.

> Angewählt wird in diesem Fall die »Standardnummer«, welche das nachfolgende Kapitel beschreibt.

## 4.1.5 Die Standardnummer

Wenn Sie eine Rufnummer, beziehungsweise einen Namen, in der Telefonoberfläche eingeben, zeigt das Samsung Galaxy immer die sogenannte »Standardnummer« bei den im Telefonbuch gefundenen Kontakten an. Andere Rufnummern werden dagegen nicht berücksichtigt.

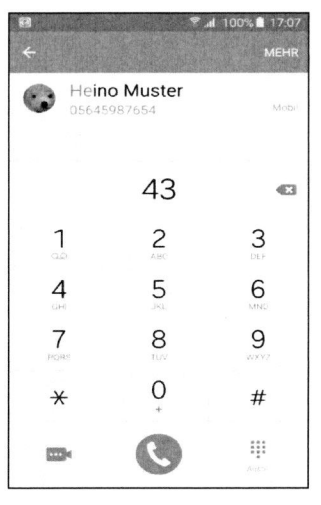

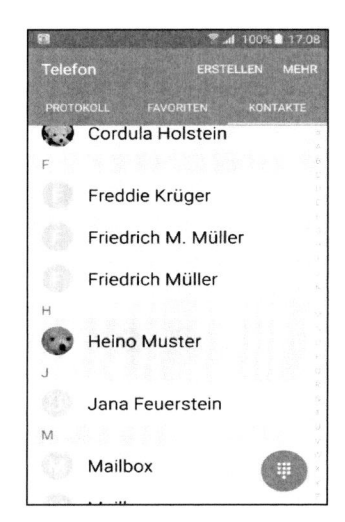

❶ Beispiel: Der gefundene Kontakt *Heino Muster* besitzt mehrere Rufnummern, es wird aber nur die Standardnummer angezeigt.

❷ So legen Sie im Telefonbuch (siehe Kapitel *6 Telefonbuch*) die Standardnummer fest: Gehen Sie dort auf den Kontakt, worauf die Kontaktdetails erscheinen.

❸ Die von den beiden Rufnummern als Standardnummer festgelegte ist mit einem ✓ markiert (Pfeil).

> Das ✓ erscheint nur, wenn beim Kontakt bereits die Standardnummer eingestellt wurde.

❶❷ So legen Sie die Standardnummer fest: Aktivieren Sie das *MEHR*-Menü, worin Sie auf *Als Standard markieren* gehen.

❸ Wählen Sie dann die Standardnummer aus. Dabei wird es sich in der Regel um diejenige Rufnummer handeln, die Sie am häufigsten anrufen. Schließen Sie den Bildschirm mit *FERTIG*.

## 4.2 Favoriten

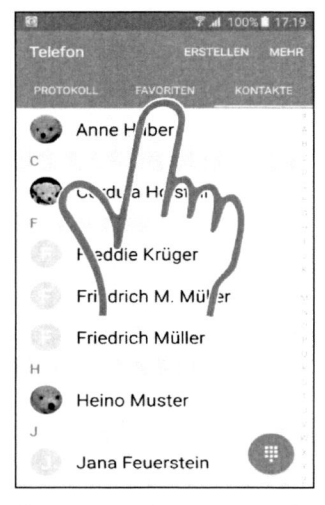

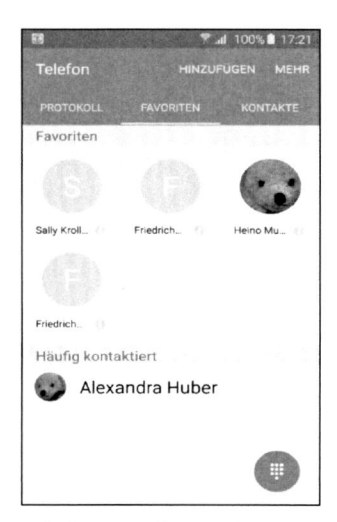

❶ Im *FAVORITEN*-Register der Telefonoberfläche finden Sie die sogenannten »Stern«-Kontakte. Dies sind Personen, die Sie mit einem ★ markiert haben.

❷ Unterhalb der Favoriten listet das Telefonbuch die häufig genutzten beziehungsweise angerufenen Kontakte auf. Tippen Sie einfach einen Kontakt an, den Sie anrufen möchten.

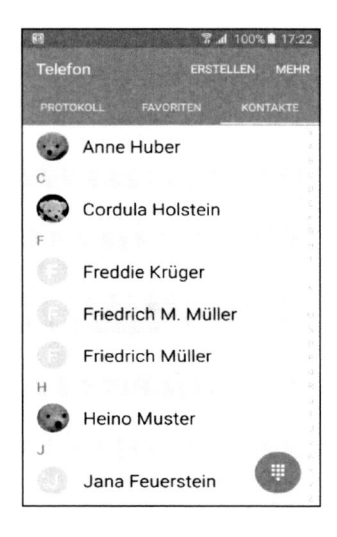

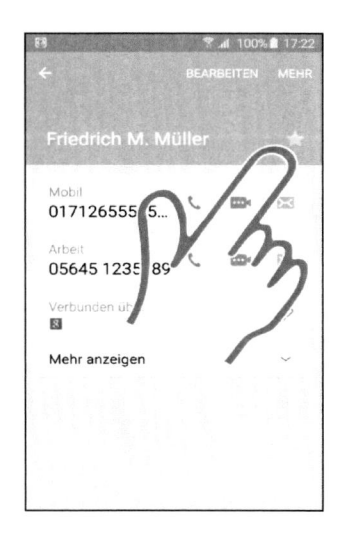

Telefonie 61

❶ So vergeben Sie einen ★: Tippen Sie kurz den Kontakt in der Auflistung für die Kontaktdetails an.

❷ Hier können Sie den Kontakt über Antippen des ★ als Favoriten markieren. Erneutes Antippen deaktiviert den Favoriten wieder.

## 4.3 Kurzwahlen

Wenn man bestimmte Rufnummern häufig anwählt, ist es umständlich, sie jeweils immer von Hand einzugeben oder in der Kontaktverwaltung zu suchen. Deshalb gibt es die Kurzwahlen, bei denen man eine der Zahlen von 2 bis 9 mit einer Rufnummer belegt. Man braucht zur Anwahl dann nur noch beispielsweise als Kurzwahl die »2« einzugeben.

### 4.3.1 Kurzwahl erstellen

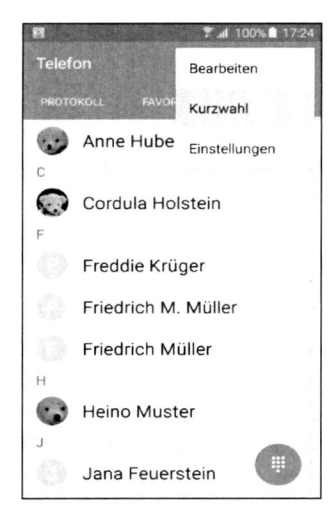

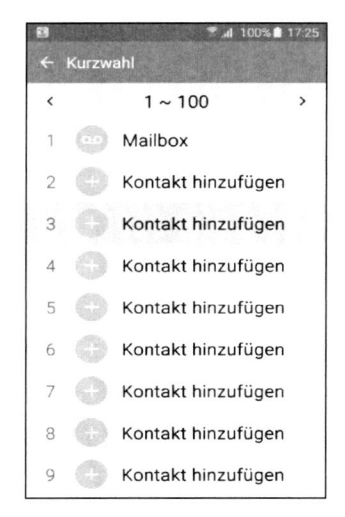

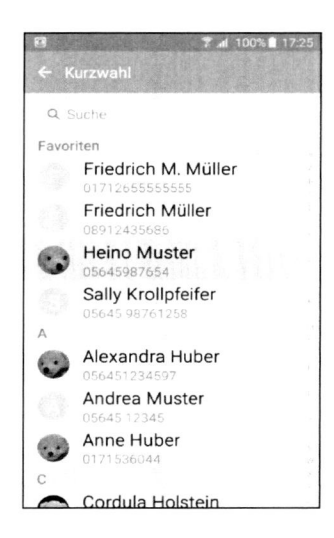

❶ Aktivieren Sie in der Telefonoberfläche *MEHR/Kurzwahl*.

❷ Betätigen Sie eine der Schaltleisten von 2 bis 9.

❸ Die Kontaktauflistung erscheint, in der Sie einen Kontakt auswählen.

Die Kurzwahl »1« ist bereits für die Mailbox, siehe Kapitel *4.4 Mobilbox abrufen*, reserviert.

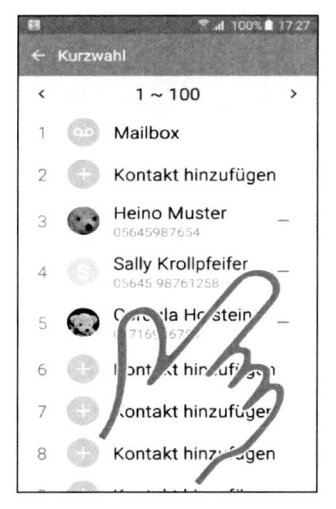

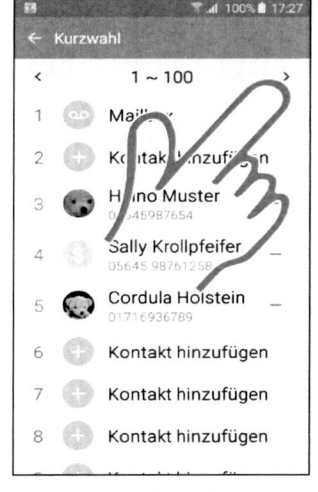

❶ Besitzt ein Kontakt mehrere Rufnummern, dann müssen Sie eine davon für die Kurzwahl auswählen.

❷ Zum Löschen einer Kurzwahl tippen Sie auf das dahinter angezeigte Minus-Schaltleiste (Pfeil).

❸ Das Handy unterstützt bis zu 999 Kurzwahlen, zwischen denen Sie über die Schaltleisten am oberen Bildschirmrand umschalten.

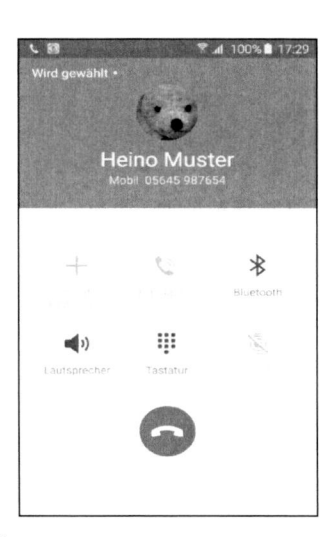

❶❷ So nutzen Sie die Kurzwahlen:

- Drücken und halten Sie die Kurzwahlnummer, worauf sofort die Anwahl startet.
- Bei mehrstelligen Kurzwahlen drücken und halten Sie die letzte Ziffer, bis die Anwahl durchgeführt wird. Beispielsweise würden Sie für die Kurzwahl 123 die ersten beiden Ziffern eingeben und dann die »3« gedrückt halten.

## 4.4 Mobilbox abrufen

Die Mobilnetzbetreiber bieten jedem Kunden eine »Mailbox« an, in der Anrufer wie auf einem Anrufbeantworter ihre Nachrichten hinterlassen können. Zum Abruf der Nachrichten wählen Sie entweder auf der Telefonoberfläche die Mailboxnummer, oder Sie nutzen die vom Handy angebotene Abruffunktion.

Zum Abruf der Mailbox tippen und halten Sie die »1«-Taste auf dem Telefontastenfeld, bis die Anwahl erfolgt.

> Die Mailbox ist auf der Kurzwahl »1« vordefiniert. Normalerweise wird die Mailbox-Rufnummer korrekt eingerichtet, wenn Sie eine neue SIM-Karte einlegen und die automatisch erscheinende Konfigurationsaufforderung bestätigen. Falls Sie dennoch eine andere Mailboxrufnummer eintragen möchten, lesen Sie bitte im Kapitel *4.9.6 Mailboxeinstellungen* weiter.

Telefonie                                                                63

## *4.5 Anruf annehmen*

Wenn ein Anruf eingeht, gibt es drei mögliche Anzeigen:

- Rufnummer ist nicht in der Kontaktverwaltung vorhanden: Das Handy zeigt nur die Rufnummer an (❶).

- Rufnummer ist im Telefonbuch vorhanden: Das Handy zeigt den Kontaktnamen und die Rufnummer an (❷).

- Rufnummernübermittlung ist beim Anrufer deaktiviert: Das Handy meldet »*Private Nummer*« (❸).

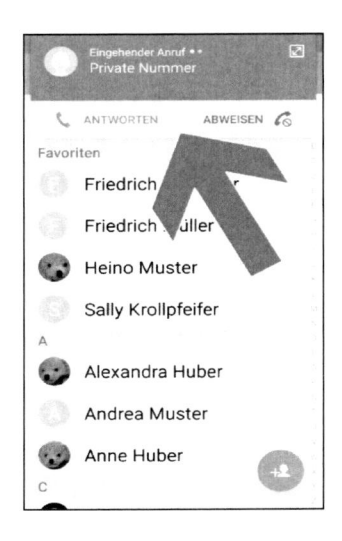

Beachten Sie bitte eine Besonderheit: Wenn gerade ein Programm läuft, erscheint kein Anrufbildschirm, sondern ein Popup. Über die Schaltleisten können Sie dann den Anruf beantworten oder ablehnen.

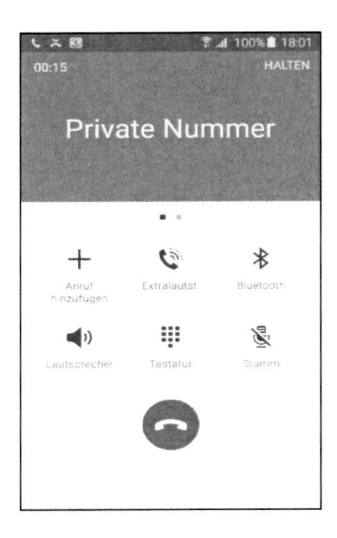

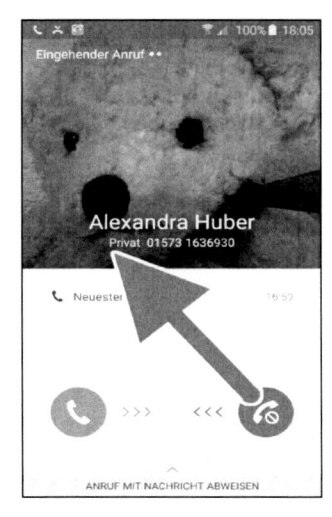

❶❷ Zum Annehmen eines Gesprächs ziehen Sie die grüne ✆-Schaltleiste mit angedrücktem Finger in eine beliebige Richtung. Während eines Gesprächs stehen die gleichen Funktionen zur Verfügung, die bereits im Kapitel *4.1.3 Funktionen während eines Gesprächs* vorgestellt wurden.

❶ Umgekehrt ziehen Sie die rote ✆⊘-Schaltleiste in eine beliebige Richtung, um einen Anruf zu blocken. Der geblockte Anruf landet trotzdem in der Anrufverlauf-Liste, sodass sie ihn später zurückrufen können. Siehe auch Kapitel *4.6 Anrufliste*.

❷ Wenn Sie mal einen Anruf verpasst haben, erscheint oben in der Titelleiste ein ✆-Symbol (Pfeil). Dieses ist solange dort sichtbar, bis Sie die Anrufliste aufrufen. Eine Zahl beim *Telefon*-Schaltleiste informiert zudem über die Anzahl der verpassten Anrufe.

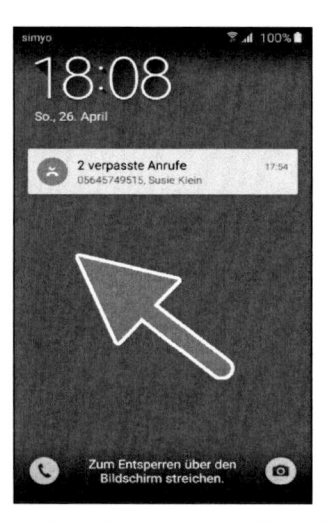

❶❷ Ist das Display ausgeschaltet, beziehungsweise die Displaysperre aktiv, weist das Handy ebenfalls auf den verpassten Anruf hin. Zur Anzeige des Anrufprotokolls tippen Sie kurz darauf, anschließend führen Sie darunter eine Wischgeste in beliebiger Richtung durch.

Telefonie

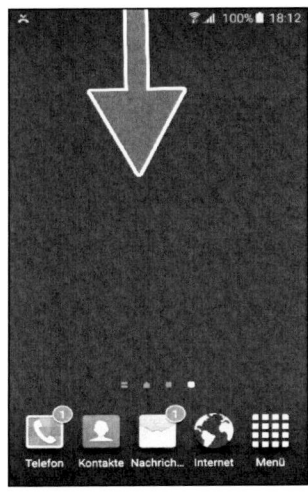

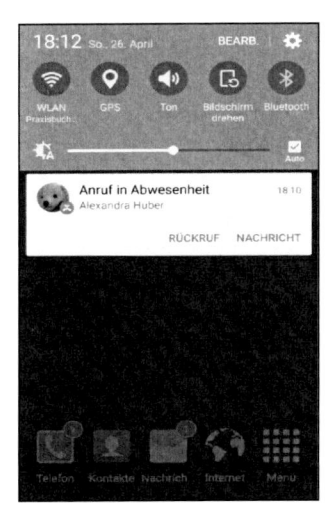

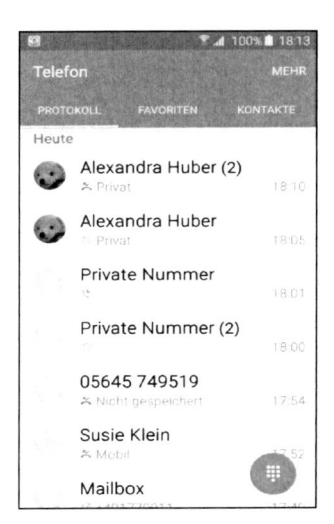

❶❷❸ Weitere Infos zum verpassten Anruf erhalten Sie, indem Sie das Benachrichtigungsfeld öffnen (Siehe *3.7.6 Titelleiste und Benachrichtigungsfeld*). Tippen Sie den Listeneintrag an, um die Anrufliste anzuzeigen.

Einen Anruf, den Sie nicht entgegennehmen, beziehungsweise blocken, erscheint trotzdem in der Anrufverlauf-Liste, die Kapitel *4.6 Anrufliste* beschreibt.

Betätigen der Lautstärke-leiser-Taste auf der linken Geräteseite schaltet einen eingehenden Anruf stumm.

## 4.5.1 Anruf mit Mitteilung beantworten

Nicht immer ist es möglich, einen eingehenden Anrufer sofort entgegenzunehmen. Für solche Fälle bietet das Handy die Option, dem Anrufer eine SMS zu schicken.

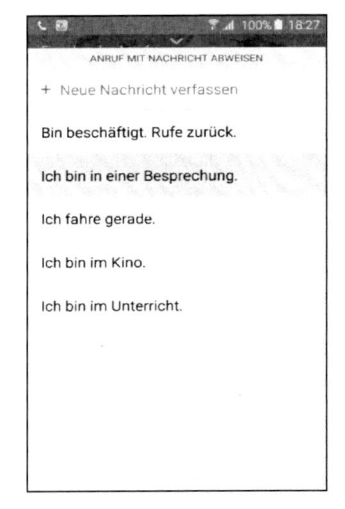

❶ Ziehen Sie den Schieber am unteren Bildschirmrand nach oben.

❷ Es sind bereits einige Texte vorgegeben, von dem Sie einen auswählen. Der Anruf wird nun geblockt und die SMS verschickt.

Falls Sie den Inhalt der SMS selbst eingeben möchten, betätigen Sie *Neue Nachricht verfassen*, worauf die Nachrichten-Anwendung startet und eine neue SMS an den Anrufer erstellt.

❶❷❸ Die vorgegebenen Textvorlagen lassen sich editieren. Gehen Sie dafür in der Telefonoberfläche auf *MEHR/Einstellungen/Anruf ablehnen/Abweisungsnachrichten*.

❶❷ Erfassen Sie einen Ablehnungstext und betätigen Sie +. Es bietet sich an, weitere Texte für verschiedenste Situationen anzulegen.

Falls Ihnen ein Text nicht mehr gefällt, tippen Sie ihn einfach in der Auflistung an, worauf er im Editor angezeigt wird. Sie können maximal sechs verschiedene Texte erstellen.

## 4.5.2 Klingelton und Klingeltonlautstärke

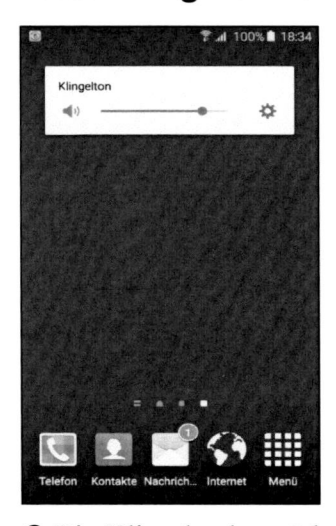

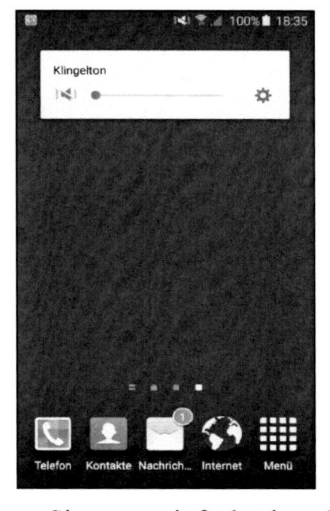

❶ Die Klingeltonlautstärke ändern Sie ganz einfach über die Lautstärkentasten auf der linken Geräteseite.

❷ Wenn Sie bereits die niedrigste Lautstärke eingestellt hatten und trotzdem weiter die Lautstärke-runter-Taste drücken, schaltet das Handy auf Vibration (eingehende Anrufe merken Sie dann am Vibrieren des Geräts).

> Ein Symbol informiert in der Titelleiste über den deaktivierten Klingelton.

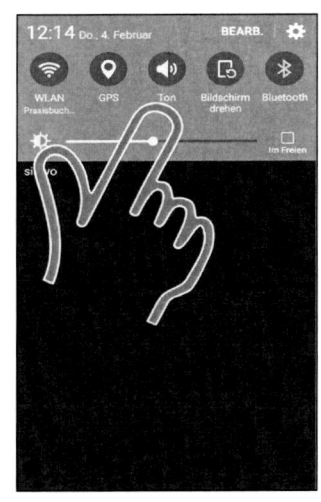

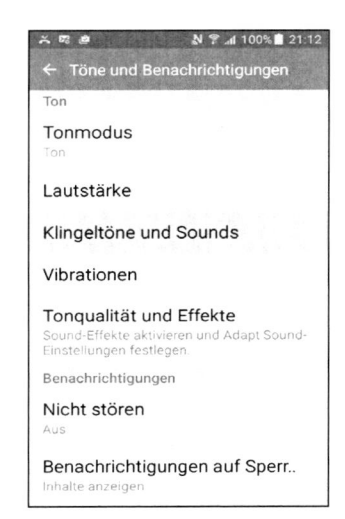

❶❷ Zum Ändern des verwendeten Klingeltons aktivieren Sie das Benachrichtigungsfeld, worin Sie mit dem Finger die *Ton*-Schaltleiste tippen und halten, bis sich der *Töne- und Benachrichtigungen*-Bildschirm öffnet. Dort gehen Sie auf *Klingeltöne und Sounds*.

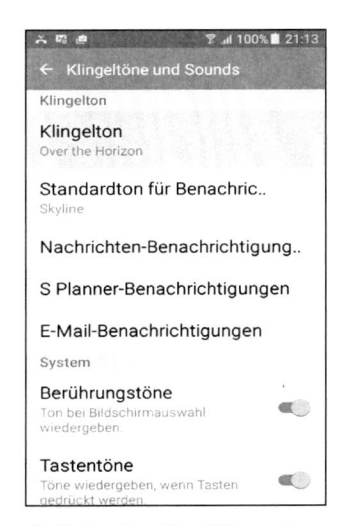

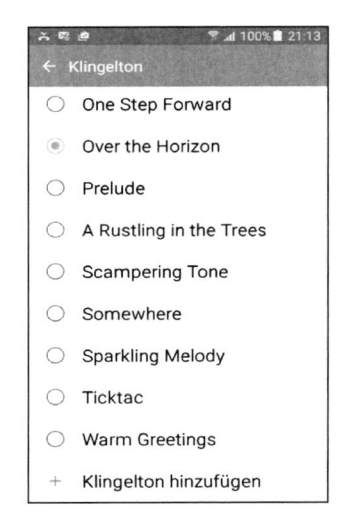

❶❷ Rufen Sie *Klingelton* auf und wählen Sie einen der vorgegebenen Klingeltöne aus.

> Falls Sie eigene MP3-Songs als Klingel- und Benachrichtigungstöne verwenden möchten, beachten Sie bitte Kapitel *35.1 Eigene Klingel- und Benachrichtigungstöne*.
>
> Sie können auch jedem Kontakt einen eigenen Klingelton zuweisen, der dann statt dem Standard-Klingelton vom Handy verwendet wird. Siehe dazu Kapitel *6.5 Kontaktfoto und Klingelton*.

## 4.6 Anrufliste (Protokoll)

In der Anrufliste legt das Handy alle ein- und ausgegangenen Anrufe, auch die nicht entgegengenommenen, ab.

## 4.6.1 Anrufliste in der Telefonoberfläche

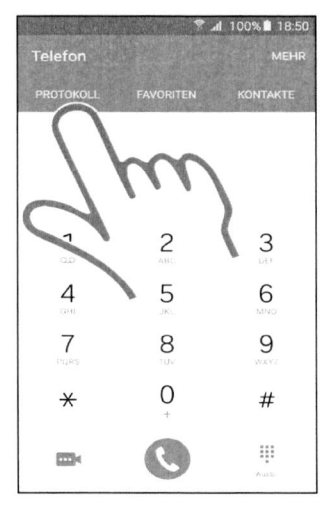

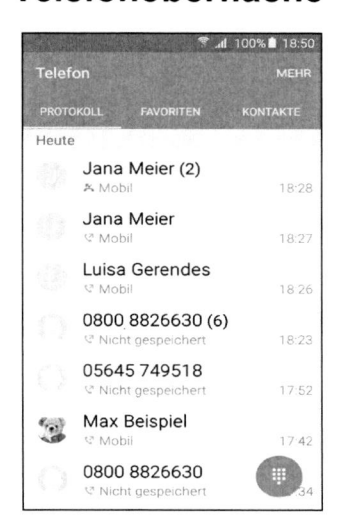

❶❷ Die Anrufliste zeigt die zuletzt ein- und ausgegangenen, sowie verpassten Gespräche an. Sie aktivieren sie über das *PROTOKOLL*-Register (Pfeil) in der Telefonoberfläche.

## 4.6.2 Anzeige verpasster Anrufe

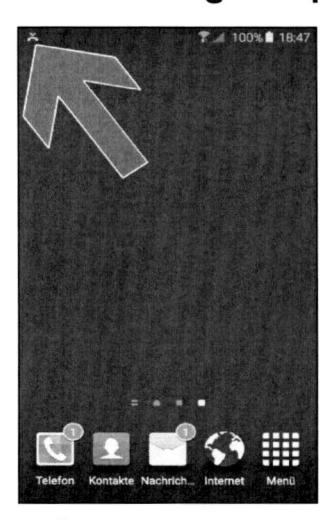

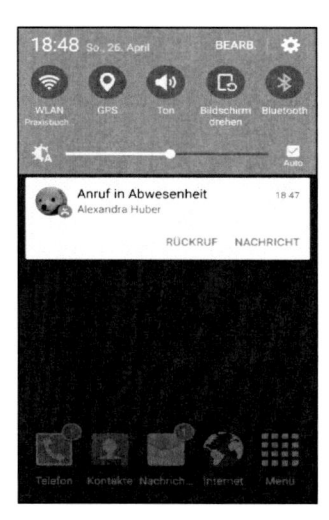

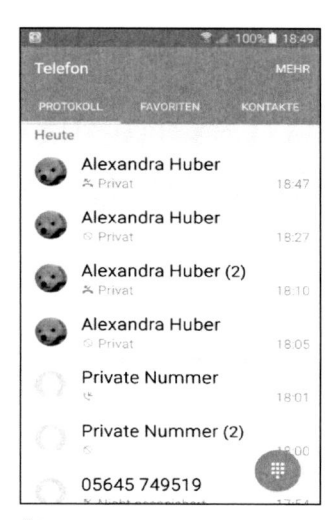

❶ Über verpasste oder von Ihnen geblockte Anrufe informiert ein ✗-Symbol oben in der Titelleiste (Pfeil). Das Symbol bleibt solange sichtbar, bis Sie die Anrufliste aktivieren.

❷ Weitere Infos über den verpassten Anrufer erhalten Sie, indem Sie das Benachrichtigungsfeld öffnen (siehe Kapitel *3.7.6 Titelleiste und Benachrichtigungsfeld*). Tippen Sie den Listeneintrag an, um die Anrufliste anzuzeigen.

❸ Ein kleines Symbol informiert bei jedem Listeneintrag, welche Aktion stattgefunden hat:

    Eingehender Anruf, der angenommen wurde.
    Eingehender Anruf, der nicht angenommen wurde.
    Ausgehender Anruf.
    Von Ihnen geblockter Anruf.

Telefonie

## 4.6.3 Funktionen in der Anrufliste

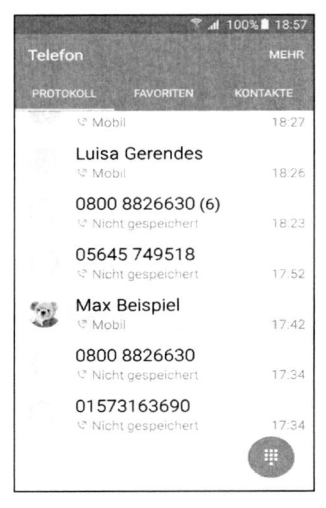

❶❷ Wählen Sie einen Eintrag aus. Das Galaxy zeigt nun alle Anrufe mit der gleichen Rufnummer an. Die Schaltleisten:

- ▪: Videotelefonat führen. Wegen der damit verbundenen hohen Kosten gehen wir in diesem Buch nicht näher darauf ein.
- ▪: Anruf durchführen.
- ▪: SMS schreiben.

❸ Das *MEHR*-Menü:

- *Kontakt anzeigen*: Kontaktdetails anzeigen (nur wenn sich die Rufnummer im Telefonbuch befindet).
- *Nummer senden*: Rufnummer per SMS an jemand anders weitersenden.
- *Nummer sperren*: Die Sperrliste verwaltet unerwünschte Anrufer, mit denen Sie nie sprechen möchten. Siehe dazu Kapitel *4.8 Unerwünschte Anrufer blockieren (Sperrliste)*.

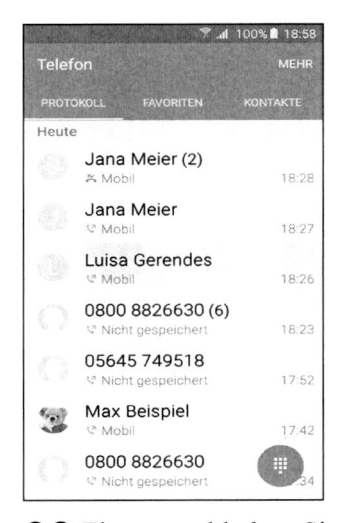

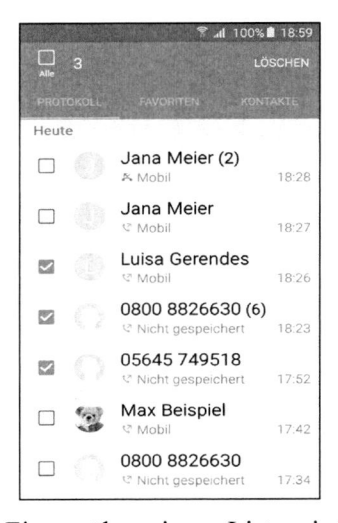

❶❷ Tippen und halten Sie den Finger über einem Listeneintrag, worauf der Markierungsmodus aktiviert wird. Sie können dann weitere Listeneinträge durch Antippen markieren und mit *LÖSCHEN* am oberen Bildschirmrand die markierten Einträge aus dem Anrufprotokoll entfernen.

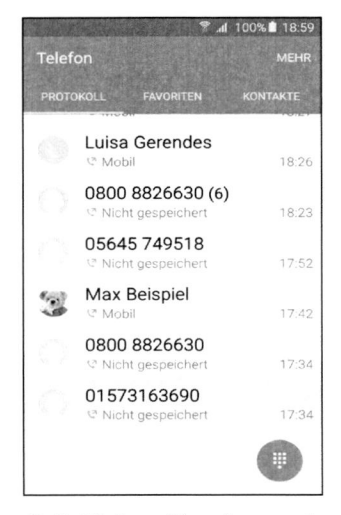

❶❷ Haben Sie eine noch nicht im Telefonbuch vorhandene Rufnummer angetippt, so sind zwei Schaltleisten verfügbar: Mit *NEUER KONTAKT* (Pfeil) beziehungsweise *VORHANDENE AKTUALISIEREN* übernehmen Sie die Rufnummer ins Telefonbuch.

### 4.6.4 Weitere Anzeigen

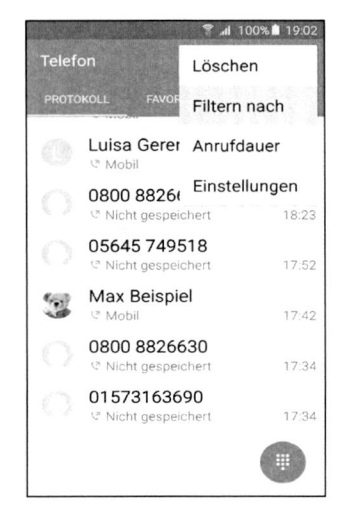

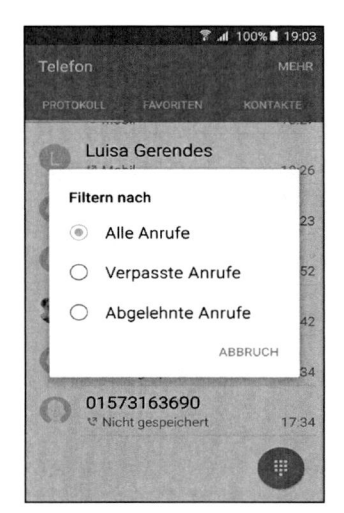

❶❷ Über *MEHR/Filtern nach* schränken Sie die angezeigten Einträge auf unbeantwortete, gewählte, empfangene oder abgelehnte Anrufe ein.

## 4.7 Flugmodus (Offline-Modus)

In manchen Umgebungen, zum Beispiel Flugzeugen und Krankenhäusern, ist der Einsatz eines Handys untersagt. Für diesen Fall können Sie die Telefon-Funktionalität deaktivieren. Im Flugmodus sind neben dem Telefon auch WLAN und Bluetooth deaktiviert.

Telefonie                                                                                                  71

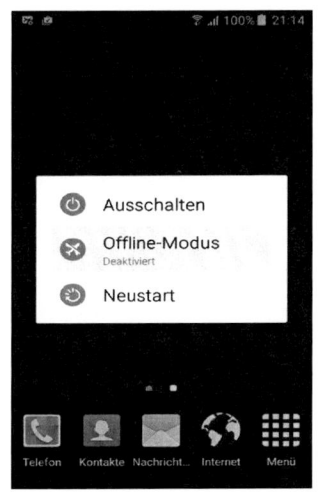

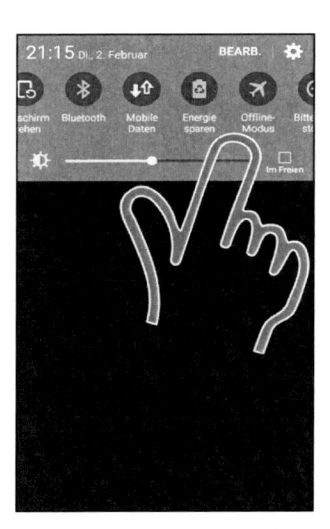

❶ Drücken Sie für einige Sekunden den Ein-/Ausschalter (auf der rechten Geräteseite), bis das *Telefonoptionen*-Menü erscheint und gehen Sie auf *Offline-Modus*. Bestätigen Sie die folgende Sicherheitsabfrage mit *Aktivieren*.

❷ Ein ✈-Symbol macht auf den aktiven Flugzeugmodus in der Titelleiste aufmerksam (Pfeil). Rufen Sie das Telefonoptionen-Menü erneut auf und gehen Sie erneut auf *Offline-Modus*, um den Flugzeugmodus zu deaktivieren.

❸ Alternativ steuern Sie den Flugzeugmodus über die ✈-Schaltleiste im Benachrichtigungsfeld (siehe Kapitel *3.7.7 Schaltleisten im Benachrichtigungsfeld*).

Für den Netzbetreiber erscheint der Flugzeugmodus technisch so, als ob Sie Ihr Handy ausgeschaltet haben.

## *4.8 Unerwünschte Anrufer blockieren (Sperrliste)*

Wer kennt es nicht? Immer wieder stören gewisse Leute mit ihren Anrufen... Damit Sie dauerhafte Ruhe finden, unterstützt das Galaxy eine Anrufer-Sperrliste (»Blacklist«).

❶❷❸ Gehen Sie in der Telefonoberfläche auf *MEHR/Einstellungen/Anruf ablehnen/Liste für automatisches Abweisen*.

❶ Geben Sie nun die zu blockierende Nummer ein und betätigen Sie ✛. Alternativ lassen sich auch mit der *PROTOKOLL*-Schaltleiste Nummern aus der Anrufliste oder mit *KONTAKTE* aus dem Telefonbuch entnehmen.

❷ Die geblockten Rufnummern listet das Galaxy auf. Vorgegeben ist bereits der nicht aktivierte Eintrag *Unbekannt*. Wenn Sie diesen aktivieren, blockt das Handy künftig Anrufer, die ihre Rufnummern unterdrücken.

❸ Das Entfernen von Rufnummern erfolgt jeweils mit der Minus-Schaltleiste (betätigen Sie eventuell vorher die ⌫-Taste, um das Tastenfeld auszublenden.

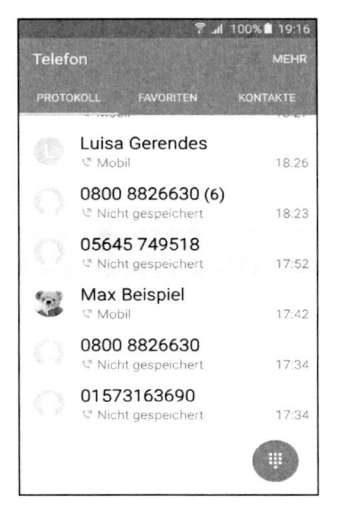

❶ Auch in der Anrufliste (siehe Kapitel *4.6 Anrufliste (Protokoll)*) lassen sich Anrufer in die Sperrliste übernehmen: Tippen Sie dort kurz einen Eintrag an, worauf die Anrufdetails angezeigt werden.

❷ Rufen Sie *MEHR/Zur Sperrliste hinzufügen* auf.

❸ Die Anrufsperre deaktivieren Sie mit *MEHR/Aus Sperrliste entfernen*.

Telefonie 73

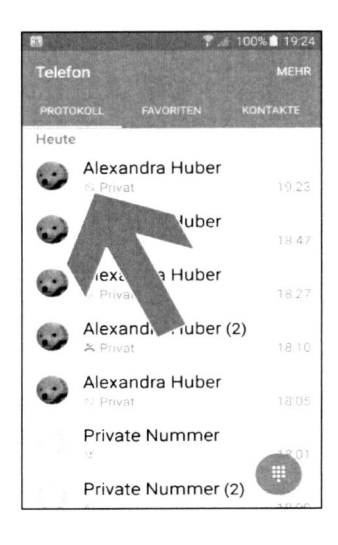

In der Anrufliste erkennen Sie automatisch durch die Blacklist geblockte Anrufe am ⊘-Symbol (Pfeil).

## 4.9 Anrufeinstellungen

In den Anrufeinstellungen finden Sie viele Funktionen, die meist nur selten benötigt werden, trotzdem aber sehr nützlich sein können.

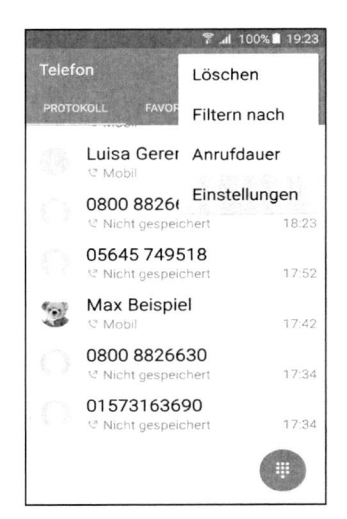

❶❷ Gehen Sie in *MEHR/Einstellungen*.

### 4.9.1 Wischen für Anruf oder Nachricht

◆ *Einstellungen/Für Anruf/Nachrichten streichen*

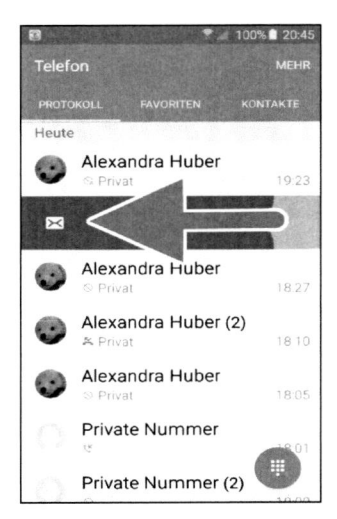

❶ Die Option *Für Anruf/Nachrichten streichen* steuert die Wischfunktion: Wenn Sie in der Aufliste oder Kontaktauflistung über einem Eintrag nach links beziehungsweise rechts wischen, führen Sie damit einen Anruf durch oder erstellen eine SMS (❷). Deaktivieren Sie *Für Anruf/Nachrichten streichen*, um diese Funktion zu deaktivieren.

## 4.9.2 Anruf ablehnen

◆ *Einstellungen/Anruf ablehnen*

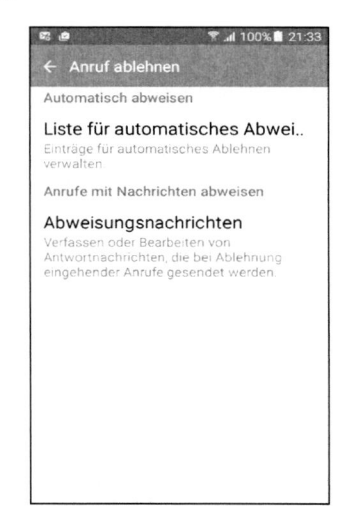

❶❷ Hiermit blockieren Sie unerwünschte Anrufer (siehe Kapitel *4.8 Unerwünschte Anrufer blockieren (Sperrliste)*):

- *Liste für automatisches Abweisen*: Anrufer erhalten automatisch ein Besetztzeichen. Siehe Kapitel *4.8 Unerwünschte Anrufer blockieren (Sperrliste)*
- *Abweisungsnachrichten*: Sie blockieren den Anrufer und senden ihm dann eine SMS. Siehe Kapitel *4.5.1 Anruf mit Mitteilung beantworten*.

## 4.9.3 Anrufe beantworten und beenden

◆ *Einstellungen/Anrufe beantworten und beenden*

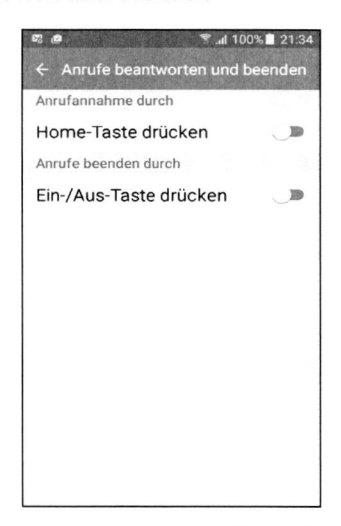

❶❷ Konfigurieren Sie unter *Anruf beantworten und beenden*:

- *Home-Taste drücken*: Anrufe nehmen Sie zusätzlich über die ⬚-Taste unterhalb des Displays entgegen.
- *Ein/Aus-Taste drücken*: Betätigen Sie den Ein-/Ausschalter auf der rechten Geräteseite, um Anrufe zu beenden.

Telefonie

## 4.9.4 Weitere Einstellungen

◆ *Einstellungen/Weitere Einstellungen*

❶❷ Verwenden Sie das Menü *Weitere Einstellungen* für zusätzliche Einstellungen:

- *Eigene Rufnummer anzeigen*: stellt ein, ob von Ihnen Angerufene Ihre Rufnummer sehen (»Rufnummernübermittlung«). Zur Auswahl stehen *Netzwerkstandard* (vorgegebene Einstellung des Mobilnetzbetreibers), *Nummer verbergen* (Rufnummer unterdrücken) und *Nummer anzeigen*.
- *Rufumleitung*: Weiterleitung von eingehenden Anrufen auf einen anderen Anschluss.
- *Anrufsperre*: Ermöglicht es, nur bestimmte ausgehende Anrufe, zum Beispiel internationale Anrufe zu erlauben. Sie benötigen dafür vom Netzbetreiber ein Kennwort. In diesem Buch wird deshalb nicht weiter darauf eingegangen.
- *Anklopfen*: Damit Sie während eines Gesprächs über einen weiteren eingehenden Ruf informiert werden, gibt es das Anklopfen-Merkmal: Geht, während Sie gerade ein Gespräch führen, ein weiterer Anruf ein, erscheint ein Hinweisdialog. Viele Handyverträge unterstützen leider kein Anklopfen.
- Verwenden Sie die *Feste Rufnummern,* um nur Anrufe auf bestimmten Rufnummern zu gestatten.

### 4.9.4.a Rufumleitung

◆ *Einstellungen/Weitere Einstellungen/Rufumleitung*

Meistens nutzt man die Rufumleitung, um eingehende Anrufe auf die Mobilbox des Netzbetreibers umzuleiten. Sie können natürlich beispielsweise auch Ihre Festnetznummer eingeben. Beachten Sie aber, dass der Anrufer nur die Kosten für den Anruf zu Ihrer Mobilnetznummer, Sie dagegen die Weiterleitung bezahlen müssen. Weiterleitungen auf die Mailbox sind dagegen für Sie kostenlos.

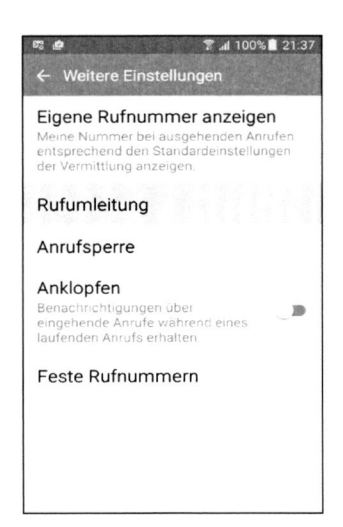

❶❷ Gehen Sie auf *Rufumleitung/Sprachanruf*.

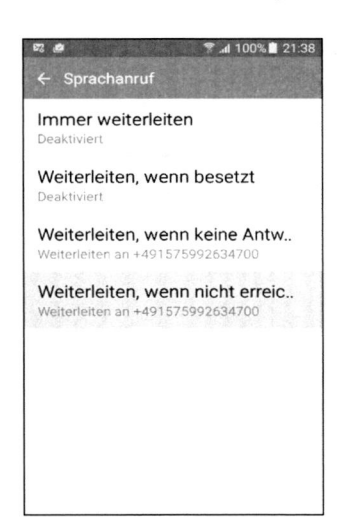

❶ Dort finden Sie die Optionen:

- *Immer weiterleiten*: Leitet alle eingehenden Anrufe sofort an eine weitere Rufnummer weiter.
- *Wenn besetzt, weiterleiten*: Telefonieren Sie gerade, wird der eingehende Anruf weitergeleitet.
- *Weiterleiten, wenn keine Antwort*: Nach einer vom Netzbetreiber vorgegebenen Zeitspanne werden eingehende Anrufe weitergeleitet.
- *Weiterleiten, wenn nicht erreichbar*: Befinden Sie sich gerade in einem Funkloch oder haben Sie das Handy nicht eingeschaltet, wird der eingehende Anruf weitergeleitet.

❷ Tippen Sie einen Listeneintrag an, um die Weiterleitungsnummer einzugeben, beziehungsweise zu deaktivieren oder aktivieren.

Voreingestellt sind Weiterleitungen auf die eigene Mailbox (eigene Rufnummer).

## 4.9.4.b Feste Rufnummern

◆ *Einstellungen/Weitere Einstellungen/Feste Rufnummern*

Wenn ein Handy an Kinder oder andere Personen abgegeben wird, die zu Unfug neigen, kann es sinnvoll sein, die anrufbaren Nummern zu beschränken. Dafür ist die Funktion »feste Rufnummern« gedacht. Die festen Rufnummern werden nicht im Telefon, sondern auf der SIM-Karte gespeichert, sodass die Rufnummernsperre auch, wenn man die SIM-Karte in ein anderes Handy einlegt, aktiv bleibt.

Telefonie

> Die Funktion der »festen Rufnummern« kann nur mit der PIN2, die Sie bei Vertragsabschluss von Ihrem Mobilnetzbetreiber erhalten haben, freigeschaltet werden. Einige Anbieter geben keine PIN2 weiter, weshalb deren Kunden die festen Rufnummern nicht nutzen können.
>
> Auf Handys anderer Hersteller heißt die Funktion statt »feste Rufnummern« auch »beschränkte Rufnummern« oder ähnlich.

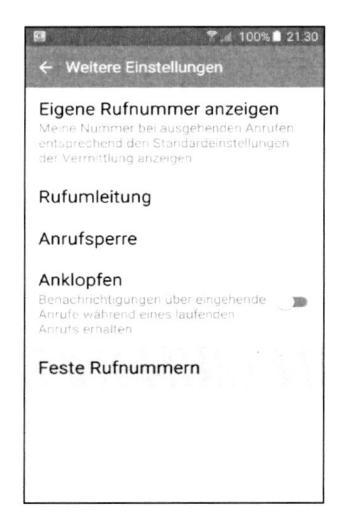

❶ Gehen Sie zuerst in das Menü *Feste Rufnummern*.

❷ Zunächst soll die Rufnummernbeschränkung eingeschaltet werden: Gehen Sie dafür auf *FDN aktivieren*.

❸ Geben Sie Ihre PIN2 ein und bestätigen Sie mit *OK*.

❶ Nun sind die beschränkten Rufnummern zu erfassen, wozu Sie auf *FDN-Liste* gehen.

❷ Der folgende Bildschirm meldet sich mit *Keine Kontakte auf Ihrer SIM-Karte*. Gehen Sie auf *HINZUFÜGEN*.

❸ Geben Sie Namen, Rufnummer und PIN2 ein und schließen Sie mit *SPEICHERN* ab.

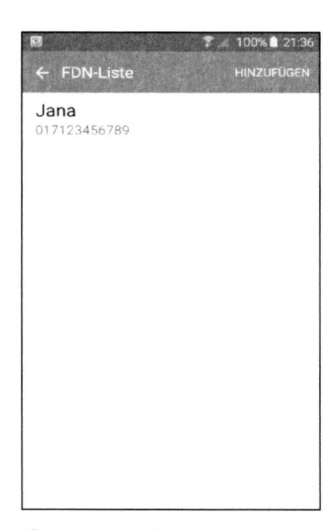

❶ Die beschränkte Rufnummer erscheint in der Auflistung. Über *HINZUFÜGEN* dürfen Sie nun noch weitere Nummern eingeben.

❷ Zum Entfernen einer Nummer aus der Liste tippen Sie diese einfach an und gehen auf *MEHR/Kontakt löschen*.

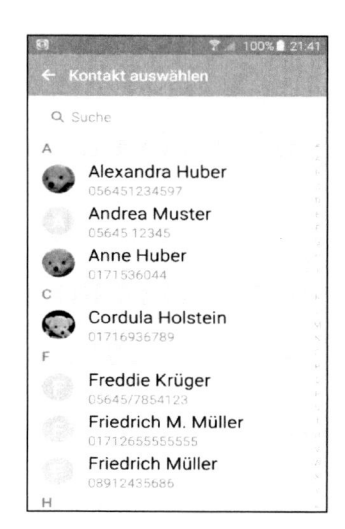

❶ Versuchen Sie, während die Rufnummernbeschränkung aktiv ist, eine andere Nummer als die zuvor in die Liste eingetragenen, anzurufen, bricht das Handy den Anwahlvorgang ab und bringt einen Warnhinweis.

❷❸ Eine Datenübernahme aus dem Telefonbuch ist ebenfalls möglich, indem Sie im Editor auf *MEHR/Aus Kontakten importieren* gehen. Wählen Sie dann im folgenden Dialog *Kontakte*.

Damit Sie schnellen Zugriff auf die festen Rufnummern haben, sollten Sie diese als Kurzwahl (siehe Kapitel *4.3 Kurzwahlen*) anlegen.

## 4.9.5 Videoanrufeinstellungen

◆ *Einstellungen/Eigenes Video ausblenden*

Auf die Videotelefonie geht dieses Buch aus verschiedenen Gründen nicht ein; zum einen berechnen die Netzbetreiber dafür horrende Telefonkosten, zum anderen müssen nicht nur beide Handys Videotelefonie unterstützen, sondern auch im UMTS-Netz eingebucht sein. Vielerorts sind die Mobilfunknetze aber nur mit GSM für Telefonie ausgerüstet. Falls Sie dennoch während eines Telefonats ein Livevideo von sich übertragen möchten, empfehlen wir Internet-Chatprogramme aus dem Google Play Store. (siehe Kapitel *27.1 Play Store*). Suchen Sie im Play Store einfach nach »Video-Chat«.

## 4.9.6 Mailboxeinstellungen

Jeder Mobilnetzbetreiber bietet eine Mailbox mit Anrufbeantworterfunktion für seine Kunden an. Um die Mailbox anzurufen, müssen Sie je nach Netzbetreiber eine andere Nummer anrufen. Beim Samsung Galaxy (und fast allen anderen Handys) ist die Kurzwahl »1« bereits auf die Mailbox eingestellt.

> Sofern Sie eine Mailbox nicht benötigen, oder wenn deren Abruf Geld kostet, können Sie sie auch deaktivieren, was meist über das Sprachmenü in der Mailbox möglich ist.
>
> Die Mailboxnummer stellt das Handy normalerweise automatisch nach dem ersten Einschalten korrekt ein, weshalb Sie wahrscheinlich nie irgendwelche Einstellungen daran vornehmen.

### 4.9.6.a Mailbox

◆ *Einstellungen/Dienstanbieter*

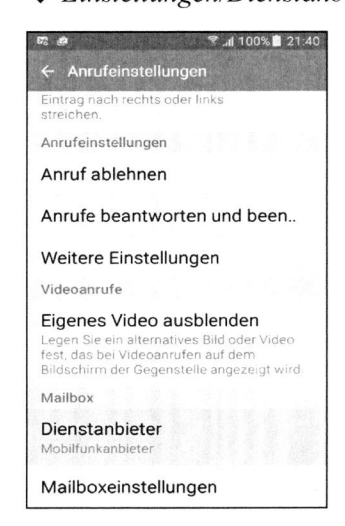

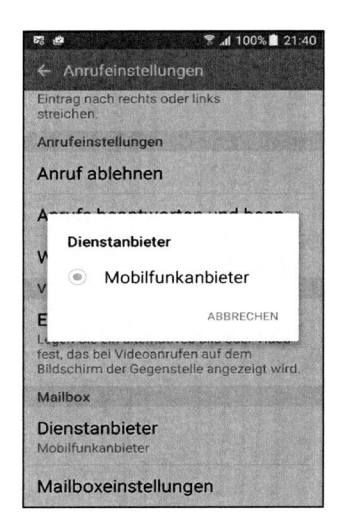

❶❷ Das *Dienstanbieter*-Menü ist von Samsung nicht dokumentiert.

## 4.9.6.b Mailbox-Nummer

◆ *Einstellungen/Mailboxeinstellungen*

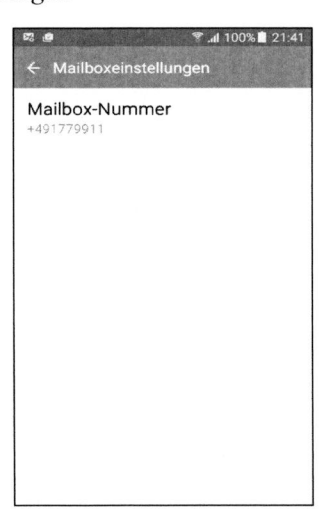

❶❷ Gehen Sie auf *Mailboxeinstellungen/Mobilbox-Nummer* und geben Sie die Rufnummer ein.

# 5. Nachrichten (SMS)

In der Nachrichten-Anwendung verwalten Sie Ihre SMS und MMS.

❶❷ Sie starten die Nachrichten-Anwendung, indem Sie einfach *Nachrichten* (Pfeil) im Startbildschirm oder Hauptmenü antippen.

## 5.1 Nachrichtenanzeige

Die von älteren Handys gewohnte Aufteilung nach den Ordnern »Posteingang« und »Postausgang« gibt es beim Galaxy nicht. Stattdessen werden alle Nachrichten nach Kontakt sortiert abgelegt.

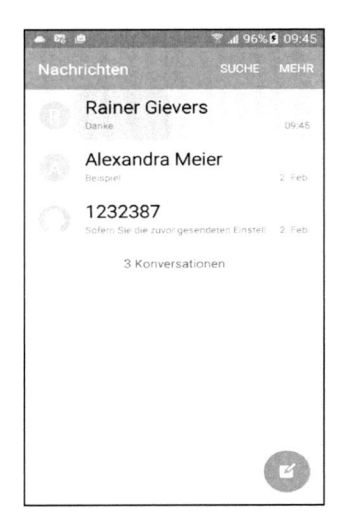

❶❷ Bereits im Hauptbildschirm zeigt die Nachrichten-Anwendung alle Kontakte an, mit denen man geschrieben hat. Wählt man einen Kontakt aus, so zeigt das Handy alle empfangenen und gesendeten Nachrichten des Kontakts als Verlauf (»Thread«) an.

Im weiteren Verlauf der nächsten Kapitel erfahren Sie, wie man die Nachrichtenverläufe verwaltet.

## 5.2 Nachricht senden

SMS lassen sich beispielsweise aus dem Telefonbuch oder aus der Anrufliste senden.

❶ Gehen Sie in der Nachrichten-Anwendung auf ✎.

❷ Der Eingabebildschirm erscheint und der Cursor steht in der Empfängereingabezeile.

❸ Geben Sie dort den Empfängernamen ein. Während der Eingabe listet das Handy alle Kontakte auf, in denen der Name vorkommt. Wählen Sie einen davon aus.

❶ Manchmal ist die Fundstellenliste sehr lang. In solchen Fällen tippen und halten Sie den Finger auf der Liste, danach ziehen Sie den Finger nach oben oder unten zum Durchrollen.

❷ Der von Ihnen in der Liste angetippte Kontakt erscheint im *An*-Feld.

❸ Über die nummerischen Tasten lassen sich auf dem Galaxy J5 bequem auch Rufnummern direkt eingeben, falls mal ein Kommunikationspartner nicht im Telefonbuch enthalten ist. Die **+**-Schaltleiste neben dem Eingabefeld übernimmt die Rufnummer.

Nachrichten (SMS)

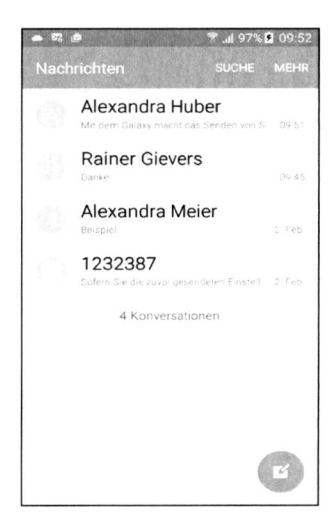

❶❷ Um den Nachrichtentext zu erfassen, müssen Sie zunächst in das *Nachricht eingeben*-Feld tippen. Nach Betätigen der *SENDEN*-Schaltleiste erfolgt der Versand und die Nachrichten-Anwendung schaltet auf den Nachrichtenverlauf um.

❸ Zweimaliges Antippen der ⤺-Taste (beim ersten Antippen schließt sich das Tastenfeld) bringt Sie wieder in den Hauptbildschirm der Nachrichten-Anwendung zurück.

## 5.2.1 Mehrere Empfänger eingeben

❶ Manchmal kommt es vor, dass eine Nachricht an mehrere Empfänger gehen soll. In diesem Fall tippen Sie einfach erneut in die Adressleiste (Pfeil), sofern der Cursor dort nicht schon steht.

❷❸ Geben Sie nun, wie bereits bei der Eingabe des ersten Kontakts gezeigt, vor.

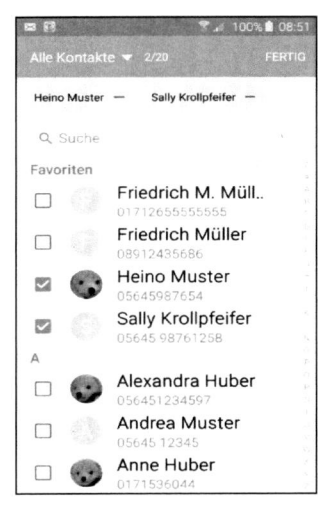

❶ Alternativ betätigen Sie 🔲 (Pfeil), um den Empfänger aus dem Telefonbuch zu entnehmen.

❷❸ Aktivieren Sie dann ein oder mehrere Kontakte, welche die SMS erhalten sollen und schließen Sie den Bildschirm mit *FERTIG*.

## 5.2.2 Kontakt aus Telefonbuch

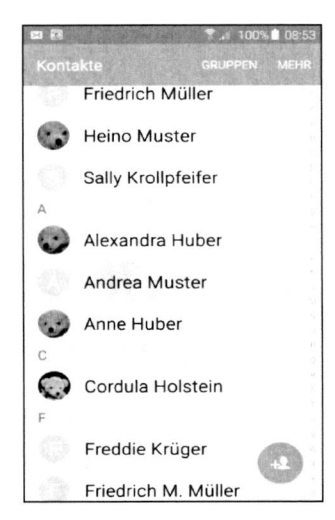

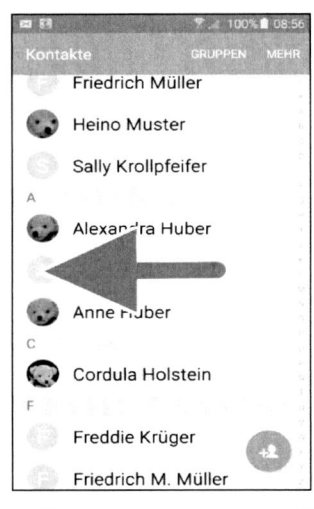

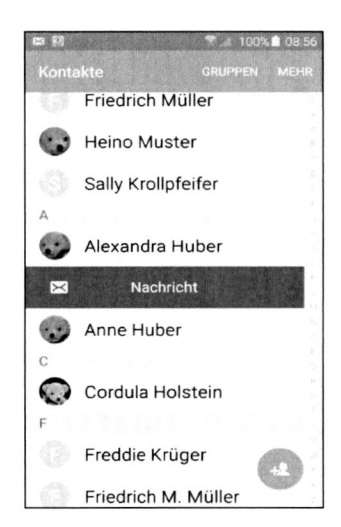

❶❷ Im einfachsten Fall tippen Sie im Telefonbuch (siehe Kapitel *6 Telefonbuch*) auf einen Kontakt, worauf worauf die Kontaktdetails erscheinen. Tippen Sie hinter einer Rufnummer auf ✉.

❶❷ Alternativ wischen Sie über dem Kontakteintrag von rechts nach links.

Nachrichten (SMS)

### 5.2.3 Nachricht aus Nachrichtenverlauf

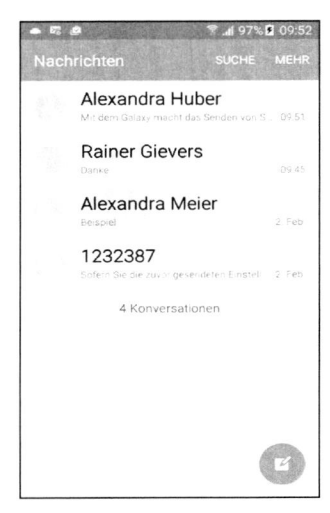

❶ Auch im Nachrichtenverlauf können Sie direkt eine Nachricht eingeben. Dazu tippen Sie den Verlauf an.

❷❸ Tippen Sie gegebenenfalls in das Eingabefeld und erfassen Sie Ihre Nachricht. Betätigen Sie nun *SENDEN*.

Damit ist Ihre SMS verschickt und eine weitere Sprechblase mit Ihrer Antwort erscheint im Nachrichtenverlauf.

> Ihre SMS sollte nicht länger als 160 Zeichen sein. Wenn Sie dennoch einen längeren Text eingeben, erzeugt das Handy beim Versand automatisch mehrere Nachrichten, die beim Empfänger wieder zusammengesetzt werden. Der Netzbetreiber berechnet davon aber jede SMS einzeln, was zu sehr hohen Kosten führen kann.

### 5.2.4 Nachricht aus Anrufliste

Es gibt gleich mehrere Möglichkeiten, wie Sie eine SMS aus der Anrufliste (siehe Kapitel *4.6 Anrufliste (Protokoll)*) versenden.

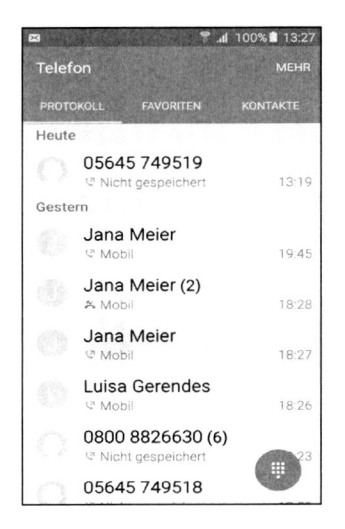

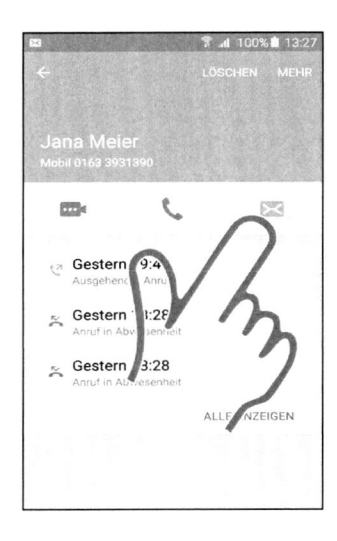

❶❷ Tippen Sie kurz auf den Eintrag, dann erscheint ein Popup, worin Sie das ✉ antippen.

> SMS sind nicht nur ins Mobilnetz, sondern auch an Festnetznummern möglich. Wenn ein Festnetzanschluss mit SMS-fähigen Endgeräten (in der Regel DECT-Telefone) ausgestattet ist, lassen sich die Kurznachrichten dort abrufen und beantworten. Bei Festnetzanschlüssen ohne SMS-Unterstützung ruft eine Mailbox des Netzbetreibers an und liest die Kurznachricht vor.

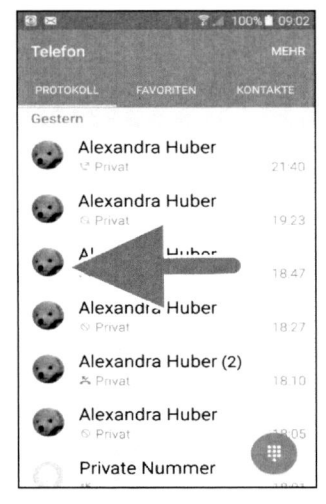

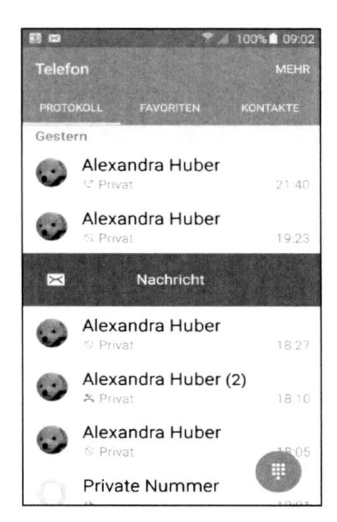

❶❷ Ziehen Sie den Finger auf einem Protokolleintrag von rechts nach links, um eine SMS neu zu erstellen (ziehen Sie in die umgekehrte Richtung, um einen Anruf zu tätigen).

### 5.2.5 Nachricht in der Nachrichtenauflistung

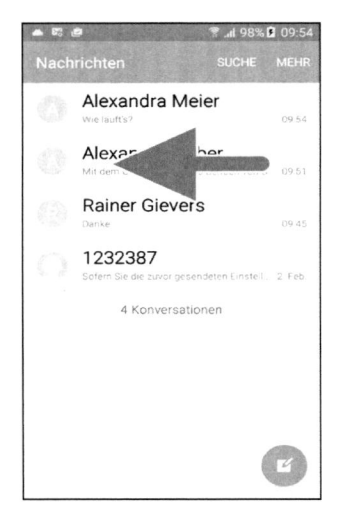

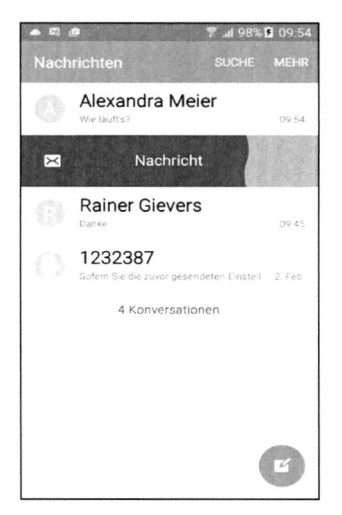

❶❷❸ Auch direkt in der Nachrichtenauflistung ist das Schreiben einer neuen SMS möglich: Ziehen Sie einfach mit dem angedrückten Finger über einem Listeneintrag nach links. Wenn sie stattdessen den Finger nach rechts ziehen, rufen Sie dagegen den Absender der SMS an. In der Praxis macht das Ziehen mit dem Finger allerdings wenig Sinn, da man ja ohnehin mit einem Antippen in den Nachrichtenverlauf umschaltet, worin man direkt seinen Sendetext eingeben kann.

### 5.2.6 Geplante Nachricht

Unter gewissen Umständen kann es sinnvoll sein, eine SMS erst zeitversetzt zu senden, beispielsweise, weil Sie jemanden erst um Mitternacht zum Geburtstag gratulieren möchten oder die spätabends erstellte SMS erst zur Bürozeit seinen Empfänger erreichen soll.

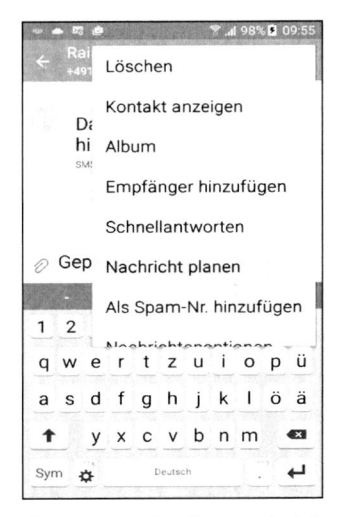

Nachrichten (SMS)

❶ Geben Sie die Nachricht wie gewohnt ein, betätigen Sie dann aber *MEHR/Nachricht planen*.

❷❸ Tippen Sie auf Datum oder Uhrzeit und stellen Sie darin durch Wischen über den Zahlenfeldern oder tippen auf den oberen/unteren Bereich der Zahlen den Sendezeitpunkt ein. Schließen Sie den Bildschirm mit *FERTIG*.

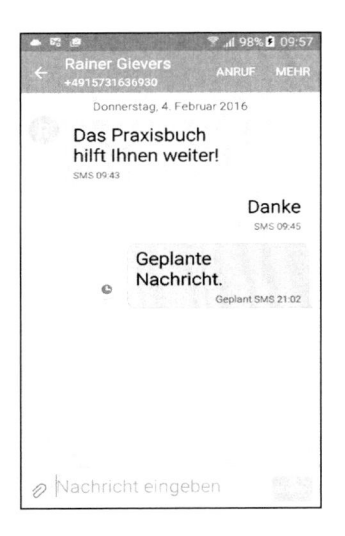

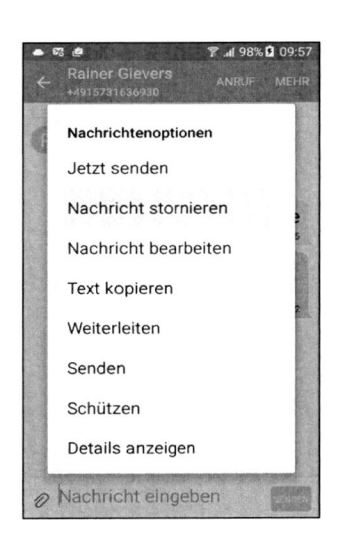

❶ Betätigen Sie *SENDEN*.

❷ Die (noch nicht verschickte) SMS erscheint ausgegraut in der Nachrichtenliste.

❸ Tippen und halten Sie den Finger darauf, bis das Popup erscheint, worin Sie die SMS mit *Nachricht stornieren* löschen, beziehungsweise mit *Nachricht bearbeiten* noch ändern können.

## 5.3 Weitere Funktionen im Nachrichtenverlauf

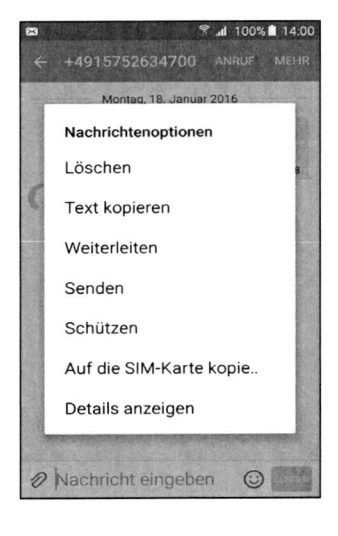

❶❷ Tippen und Halten Sie den Finger auf einer Nachricht für das Popup mit weiteren Funktionen:

- *Löschen*: Entfernt eine Nachricht unwiderruflich aus dem Speicher.
- *Text kopieren*: Kopiert den Nachrichtentext in die Zwischenablage. Man kann ihn dann in einer anderen Anwendung wieder einfügen.
- *Weiterleiten*: Nachrichtentext an einen weiteren Empfänger weiterleiten.
- *Schützen; Freigeben*: Aktiviert/deaktiviert einen Löschschutz. Um eine SMS später zu löschen, müssen Sie erst die Sperre wieder aufheben.
- *Auf die SIM-Karte kopieren*: Legt den Nachrichtentext auf der SIM-Karte ab, was besonders für SMS interessant ist, die sehr wichtig sind. Auf diese Weise steht einem der Nachrichtentext auch bei einem Handyausfall weiter zur Verfügung. Beachten Sie allerdings, dass SIM-Karten in der Regel nur Platz für bis zu ca. 25 SMS haben.
- *Details anzeigen*: Zeigt Infos über Nachrichtentyp (SMS oder MMS), Rufnummer und Empfangs-, beziehungsweise Sendedatum an (❸).

## 5.3.1 SMS-Vorlagen

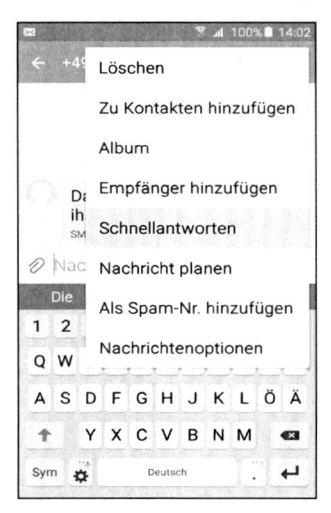

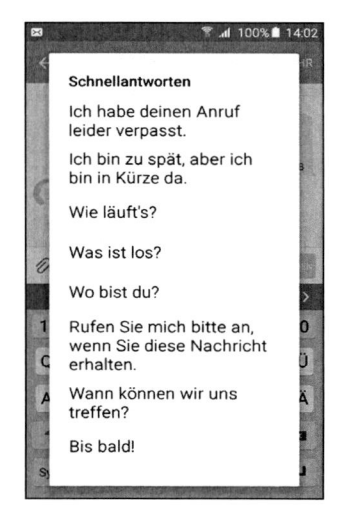

❶❷ Über *MEHR*/*Schnellantworten* fügen Sie eine der Textvorlagen in den Nachrichtenverlauf ein, die Sie dann senden können.

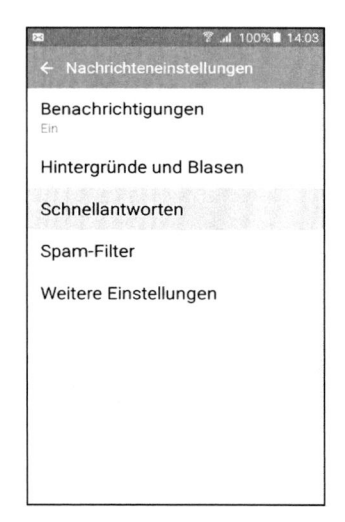

❶❷❸ Die Textvorlagen modifizieren Sie im Hauptmenü unter *MEHR/Einstellungen/Schnellantworten*.

Nachrichten (SMS)

## 5.4 Entwürfe

❶ Manchmal ist es notwendig, eine Nachricht, die man erst später absenden möchte, als Entwurf zwischenzuspeichern. In diesem Fall geben Sie die Nachricht wie gewohnt ein, betätigen dann aber die ⤺-Taste (sofern das Tastenfeld eingeblendet ist, müssen Sie die ⤺-Taste zweimal hintereinander betätigen).

❷ Die Nachrichtenanwendung wechselt nun in den Hauptbildschirm zurück. Die zuvor erstellte SMS wurde nicht gesendet und *Entwurf* (Pfeil) weist auf den Entwurfsstatus hin. Zum Versenden tippen Sie den Nachrichtenverlauf erneut an und betätigen dann *Senden*.

## 5.5 Empfangsbestätigung (Zustellungsbericht)

Nicht immer stellen die Netzbetreiber die SMS sofort zu. Wir haben beispielsweise schon erlebt, dass SMS erst einen Tag später ankamen, obwohl wir sie nicht zu »Stoßzeiten« wie beispielsweise Silvester versandt hatten. Deshalb bieten die Netzbetreiber eine kostenlose Empfangsbestätigung an, die auch als »Zustellungsbericht« oder »Übermittlungsbestätigung« bezeichnet wird. Zu beachten ist allerdings, dass damit noch nicht sicher ist, dass der Empfänger Ihre SMS auch liest!

❶❷ So aktivieren Sie die Empfangsbestätigung: Rufen Sie im Hauptbildschirm der Nachrichten-Anwendung *MEHR/Einstellungen/Weitere Einstellungen/SMS* auf.

❸ Aktivieren Sie *Zustellberichte* (Schalter muss grün sein) .

Künftig erhalten Sie immer, wenn ein Empfänger Ihre SMS erhält, eine kurze akustische Rückmeldung und einen Hinweis in der Titelleiste.

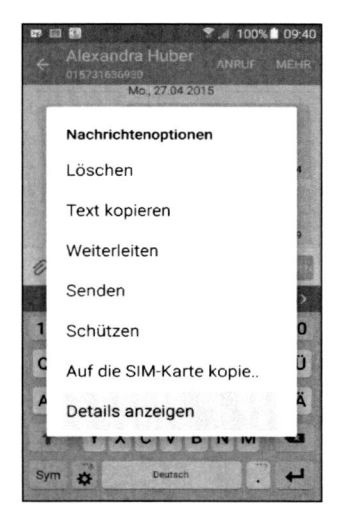

❶ So lassen Sie sich den Zustellungsbericht einer SMS anzeigen: Tippen und halten Sie den Finger auf der gesendeten SMS im Nachrichtenverlauf.

❷❸ Im Popup gehen Sie nun auf *Details anzeigen*. Unter *Zustellbericht* informiert das Galaxy über den Zustellungszeitpunkt.

## 5.6 Alte Nachrichten löschen

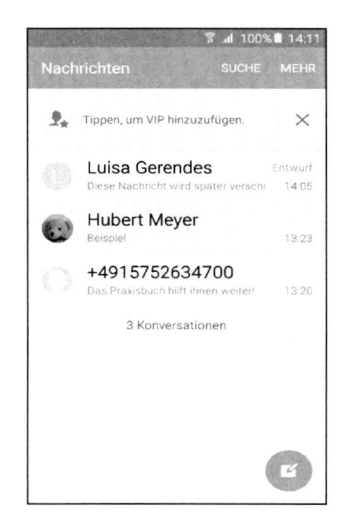

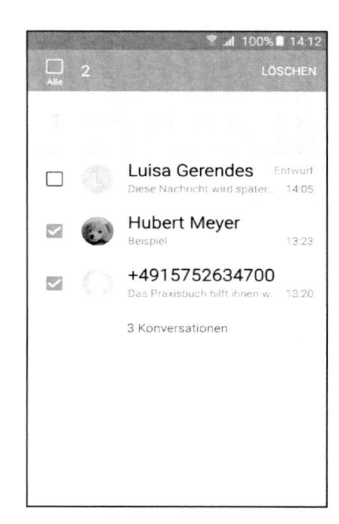

❶ Einzelne SMS löschen Sie, indem Sie den Finger darauf gedrückt halten, bis das Popup erscheint. Gehen Sie dann auf *Löschen*.

❷❸ Möchten Sie dagegen mehrere Nachrichtenverläufe auf einmal entfernen, so halten Sie den Finger auf einem Verlauf im Hauptmenü angedrückt. Der Verlauf ist nun markiert und Sie können weitere Verläufe markieren. Betätigen Sie dann *LÖSCHEN* (am oberen rechten Bildschirmrand).

## 5.7 SMS empfangen

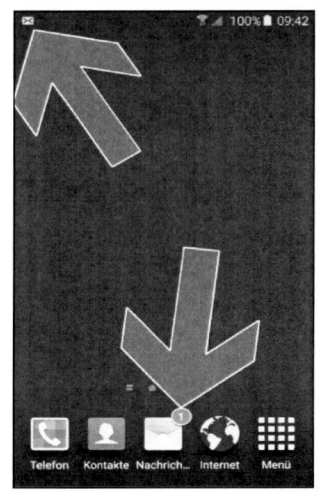

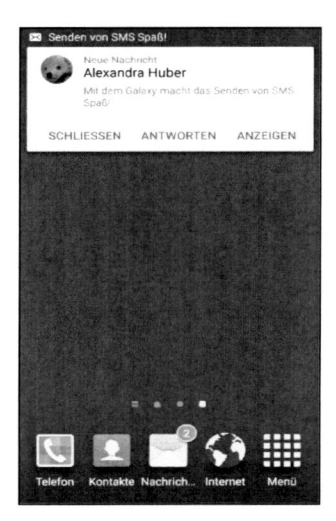

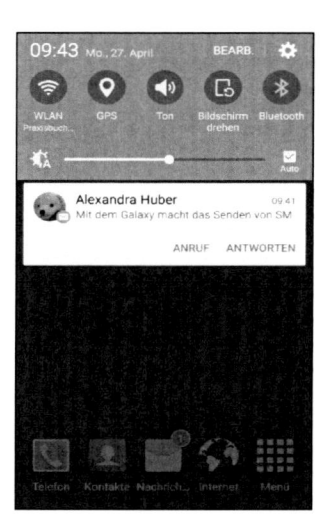

❶ Wenn Sie eine neue SMS erhalten haben, erscheint in der Titelleiste ein ✉-Symbol und bei *Nachrichten* sehen Sie die Nachrichtenanzahl.

❷ Sobald Sie eine Nachricht neu erhalten haben, weist Sie ein Dialog darauf hin. Gehen Sie dann auf *ANTWORTEN* beziehungsweise *ANZEIGEN*, um sie anzusehen.

❸ Alternativ erhalten Sie auch über das Benachrichtigungsfeld Infos zu den empfangenen Nachrichten. Das Benachrichtigungsfeld erscheint, wenn Sie den Finger auf die Titelleiste setzen und dann herunterziehen. Gehen Sie nun auf die Nachricht, was den zugehörigen Nachrichtenverlauf anzeigt.

❶❷ Sofern die Displaysperre aktiv ist, erscheint eine Hinweis auf dem Bildschirm. Tippen Sie ihn an, danach führen Sie im ausgewiesenen Bildschirmbereich eine Wischgeste durch, worauf Sie in der Nachrichtenansicht landen.

### 5.7.1 Spam-Filter

Sofern Sie Ihre Handynummer an viele Kontakte weitergeben, wird früher oder später der Zeitpunkt kommen, ab dem Sie SMS von einigen Leuten erhalten, die nur nerven. Das Galaxy bietet dazu aber mit dem Spam-Filter Abhilfe. Der Begriff »Spam« ist übrigens von einem Sketch der Komikergruppe Monty Python abgeleitet, in dem während einer Restaurant-Szene das Gespräch zwischen Ober und Gast durch »Spam«-Zwischenrufe gestört wird.

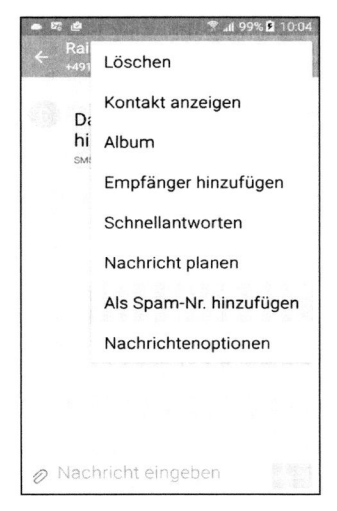

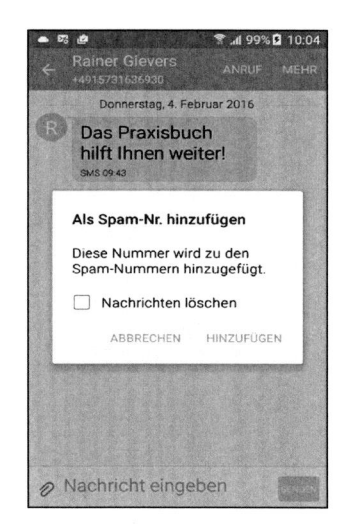

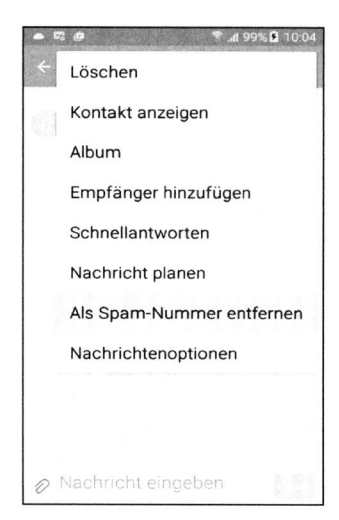

❶❷ In der lästigen SMS rufen Sie *MEHR/Als Spam-Nr. hinzufügen* auf. Bestätigen Sie die Sicherheitsabfrage mit *HINZUFÜGEN*. Das Galaxy informiert Sie künftig nicht mehr über neu vorliegende SMS des Spam-Absenders und seine SMS werden nicht im SMS-Postfach angezeigt.

❸ Mit *MEHR/Als Spam-Nummer entfernen* löschen Sie die Rufnummer wieder aus der Spam-Absender-Liste.

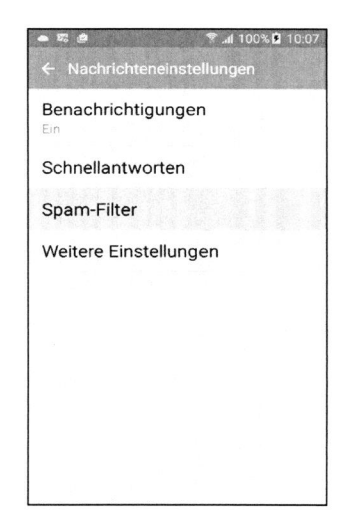

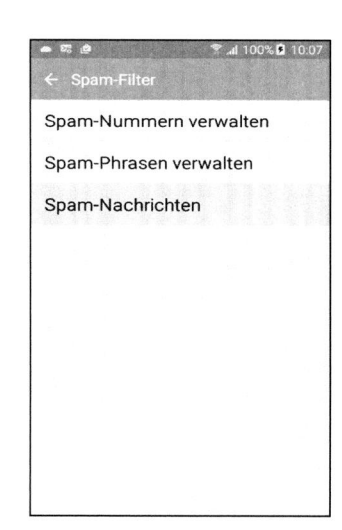

❶❷ Die SMS der Spam-Absender zeigt *MEHR/Einstellungen/Spam-Filter/Spam-Nachrichten* aus dem Hauptmenü an.

### 5.7.1.a Weitere Spam-Funktionen

Das Handy kann zusätzlich nicht nur bestimmte Absenderrufnummern blockieren, sondern auch Nachrichten herausfiltern, die beispielsweise Schimpfworte enthalten.

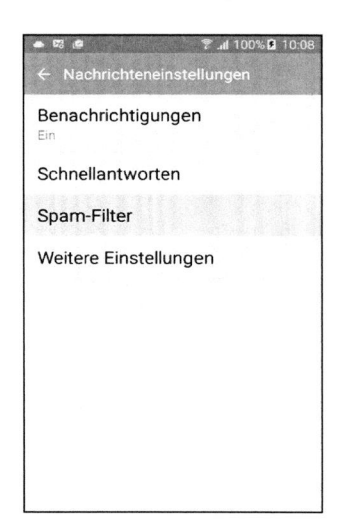

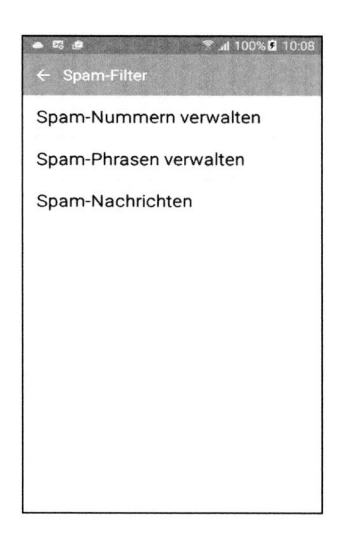

Nachrichten (SMS)

❶❷ Rufen Sie *MEHR/Einstellungen/Spam-Filter* auf.

❸ Die Menüpunkte:

- *Spam-Nummern verwalten*: Zu blockende Absenderrufnummern verwalten.
- *Spam-Phrasen verwalten*: Erfassen Sie Worte, die dazu führen, dass eine SMS automatisch als Spam eingeordnet wird.
- *Spam-Nachrichten*: Hier finden Sie die als Spam eingeordneten SMS.

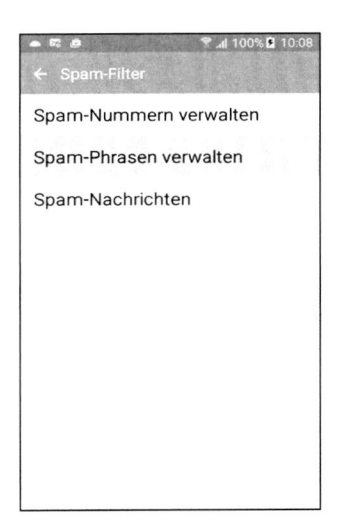

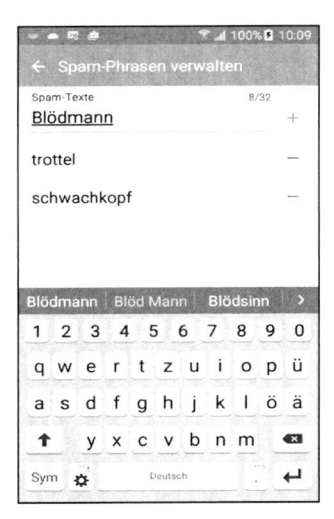

❶ Gehen Sie auf *Spam-Phrasen verwalten*.

❷ Erfassen Sie jeweils ein Wort und betätigen Sie ✚. Klein- und Großschreibung spielt dabei keine Rolle. Über die Minus-Schaltleisten hinter den Worteinträgen entfernen Sie diese wieder.

## 5.8 Konfiguration

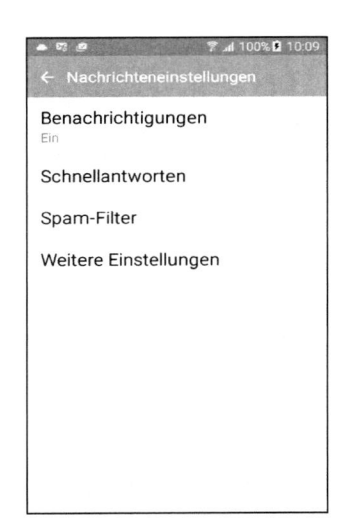

❶❷ Die SMS-bezogenen Optionen finden Sie unter *MEHR/Einstellungen*:

- *Benachrichtigungen*:
  - *Ein* (am oberen Bildschirmrand): Benachrichtigungen ein/ausschalten.
  - *Benachrichtigungston; Vibrationen*: Konfiguriert den Benachrichtigungsklang für neu empfangene SMS beziehungsweise die Vibration.
  - *Pop-up-Anzeige*: Wenn eine neue Nachricht vorliegt, zeigt das Galaxy ein Popup auf dem Bildschirm an.
- *Schnellantworten*: Die bereits im Kapitel *5.3.1 SMS-Vorlagen* erläuterten Textvorlagen.
- *Spam-Filter*: Hiermit verwalten Sie den Spam-Filter für unerwünschte Nachrichten,

worauf Kapitel *5.7.1 Spam-Filter* noch genauer eingeht.

- *Weitere Einstellungen* (❸):
    - *SMS:*
        - *Zustellberichte*: Sie erhalten, wenn ein Empfänger Ihre SMS erhalten hat, eine Rückmeldung des Netzbetreibers. Zu beachten ist allerdings, dass damit noch nicht sicher ist, dass der Empfänger Ihre SMS auch liest. Bei anderen Handy-Modellen heißt der Zustellbericht manchmal auch »Übermittlungsbestätigung«. Siehe Kapitel *5.5 Empfangsbestätigung (Zustellungsbericht)*.
        - *Nachrichten auf SIM-Karte verwalten*: Gibt Ihnen Zugriff auf alle SMS, die Sie manuell auf die SIM-Karte kopiert hatten.
        - *Eingabemodus*: Legt die Zeichenkodierung fest. Sie haben dabei die Wahl zwischen *GSM-Alphabet*, *Unicode* und *Automatisch*. Wir empfehlen, die Voreinstellung *GSM-Alphabet* nicht zu ändern (der *Unicode*-Modus unterstützt zusätzliche ausländische Zeichensätze, wird aber von deutschsprachigen Anwendern nicht benötigt).
        - *Nachrichtenzentrale*: Über die Nachrichtenzentrale erfolgt der Versand Ihrer Nachrichten. Normalerweise brauchen Sie diese Einstellung nicht zu bearbeiten, da sie automatisch beim ersten Einlegen einer SIM-Karte automatisch korrekt konfiguriert wird.
    - *MMS*: Das MMS-Menü konfiguriert nur MMS, auf die dieses Buch nicht eingeht.
    - *WAP-Push*: Betrifft nur MMS, auf die dieses Buch nicht eingeht.
    - *Cell Broadcast*: Cell Broadcast (CB) wird auch als »Videotext für Handys« bezeichnet. Dabei senden die Basisstationen (Sendemasten) diverse Infos, die von Nachrichten bis hin zur Position der Basisstation reichen. Weil der Cell Broadcast kostenlos ist, haben alle deutschen Anbieter ihren CB-Dienst wieder eingestellt. In diesem Buch wird deshalb nicht weiter darauf eingegangen. Um Nachrichten zu empfangen, müssen Sie den Kanal des Anbieters (jeder Netzbetreiber verwendet andere) eingeben.
    - *Alte Nachrichten löschen*: Ältere SMS werden automatisch gelöscht, wenn die maximale Anzahl, standardmäßig 1000, erreicht ist.

## 5.9 MMS

Der Multimedia Messaging Service (MMS) sollte die Nachfolge der SMS antreten. Im Gegensatz zur SMS dürfen MMS nicht nur Zeichen, sondern auch Bilder, Melodien, Sprachmemos und andere Daten enthalten. In Deutschland spielt die MMS aus verschiedenen Gründen keine große Rolle: Zum einen ist die Handhabung der MMS auf vielen Handys relativ kompliziert und setzt einiges an Einarbeitung voraus, zum anderen stehen der weiteren Verbreitung die hohen Kosten von 39 Cent pro MMS im Wege. Hätten die Netzbetreiber schon bei der MMS-Einführung vor einigen Jahren eine faire und unkomplizierte Kostenstruktur eingeführt, würde die MMS heute wohl mehr genutzt werden. Die immer größere Verbreitung von Internetflatrates im Mobilfunk dürfte die MMS wohl für immer ins Mauerblümchendasein verbannen, denn mit E-Mails lassen sich Multimedia-Inhalte und Dateianhänge wesentlich einfacher versenden und empfangen. Aus den genannten Gründen gehen wir nicht weiter auf die MMS-Funktionen in der Nachrichten-Anwendung ein.

Der Autor dieses Buchs wurde schon wiederholt kritisiert, weil er nicht auf die MMS eingeht. Sie können uns aber vertrauen, denn MMS hat gegenüber der E-Mail (siehe Kapitel *10.4.3 E-Mail-Anhänge*) oder dem Dateiversand per WhatsApp (Kapitel *13 WhatsApp*) keine Vorteile.

Nachrichten (SMS)

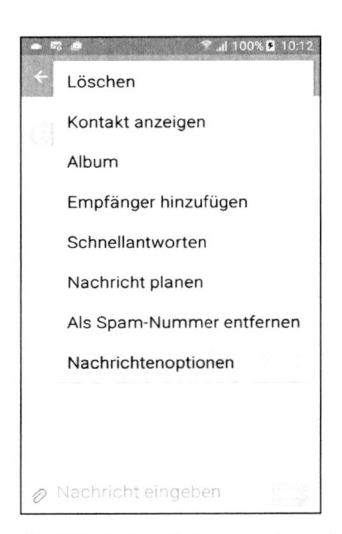

❶ **Wichtig:** Wie erwähnt, kosten MMS mit 39 Cent ein Vielfaches der SMS. Damit Sie nicht aus Versehen statt einer SMS eine MMS verschicken, sollten Sie darauf achten, **niemals** auf *MEHR/Nachrichtenoptionen* bei der Nachrichtenerstellung zu gehen und dort *Betreff hinzufügen* oder *Seite hinzufügen* auszuwählen.

❷ Auch die ⌀-Schaltleiste (Pfeil), mit der Sie Dateien in die Nachricht einfügen, sollten Sie niemals verwenden, weil Sie damit aus der SMS automatisch eine MMS machen.

# 6. Telefonbuch

Das Telefonbuch speichert, wie der Name schon sagt, alle Kontakte und deren Rufnummern, E-Mail-Adressen und Adressen. Andere Anwendungen, beispielsweise die Nachrichten-Anwendung und die Telefonoberfläche, greifen auf diese Daten zurück.

Das Galaxy zeigt auch SIM-Kontakte (auf der SIM-Karte gespeicherte Rufnummern) im Telefonbuch an. Wir raten allerdings dazu, auf die Telefonkontakte (im Gerätespeicher abgelegte Kontakte) umzusteigen, denn diese bringen zahlreiche Vorteile mit sich. So dürfen Telefonkontakte im Gegensatz zu SIM-Kontakten viele Datenfelder (mehrere Rufnummern, Adresse, Kontaktfoto, Klingelton, usw.) enthalten und man kann ihnen ein Kontaktfoto zuweisen.

Vor der ersten Nutzung des Telefonbuchs sollten Sie das eigene Google-Konto auf dem Galaxy einrichten (siehe Kapitel *25 Das Google-Konto*). Ihre angelegten Kontakte werden dann nämlich im Google-Konto gesichert und lassen sich nach einem Zurücksetzen beziehungsweise Datenverlust jederzeit wieder herstellen.

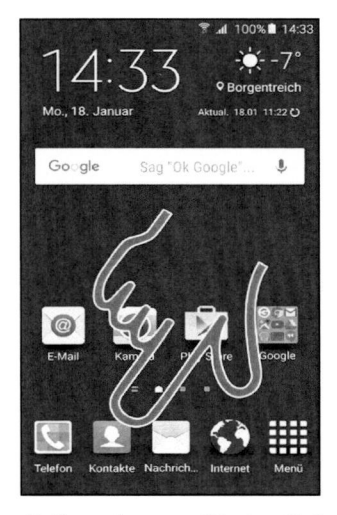

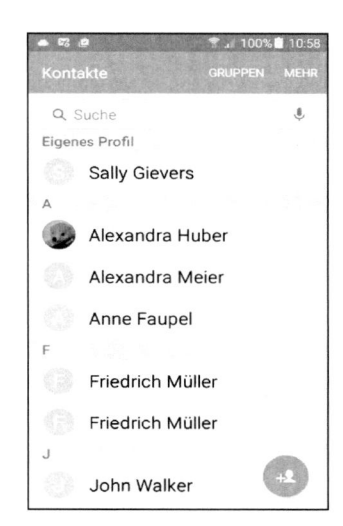

❶ So gelangen Sie ins Telefonbuch: Betätigen Sie im Startbildschirm die *Kontakte*-Schaltleiste.

❷❸ Alternativ aktivieren Sie in der Telefonoberfläche das *KONTAKTE*-Register (Pfeil). Bitte beachten Sie, dass hier nicht alle Funktionen des Telefonbuchs vorhanden sind.

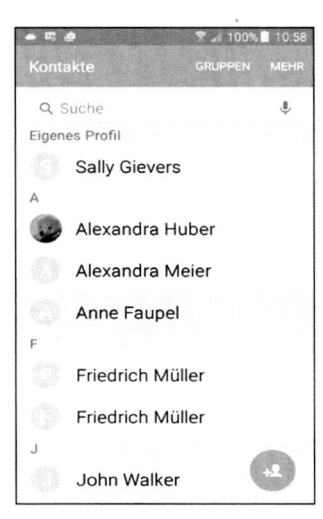

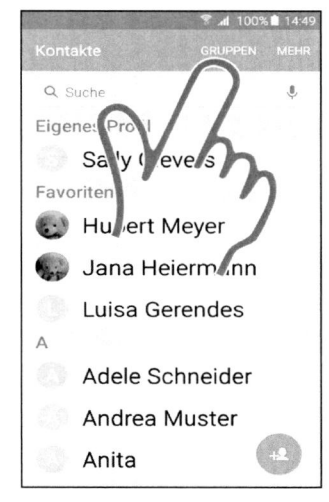

❶❷ Im Telefonbuch werden Kontakte der SIM-Karte zusammen mit den Telefonkontakten (im Speicher des Galaxy abgelegte Kontakte) alphabetisch aufgelistet. Tippen Sie einen Kontakt für die Kontaktdetails an, worauf das ▣-Symbol (Pfeil) auf den SIM-Kontakt hinweist.

❸ Durch Antippen des entsprechenden Registers (Pfeil) schalten Sie auf die Gruppenansicht um. Auf diese geht Kapitel *6.8 Gruppen* noch ein.

Telefonbuch 97

> Bei Kontakten, denen ein Foto zugewiesen wurde (siehe *6.5 Kontaktfoto und Klingelton*), erscheint dieses auch in der Auflistung statt dem ♟-Symbol.

## *6.1 Kontakterfassung*

Im Folgenden wird beschrieben, wie Sie Rufnummern im Telefonbuch speichern. Falls Sie dagegen Rufnummern auf der SIM-Karte ablegen möchten, lesen Sie bitte im Kapitel *6.4.1 SIM-Kontakte erstellen und bearbeiten* weiter.

### 6.1.1 Kontakt im Telefonbuch eingeben

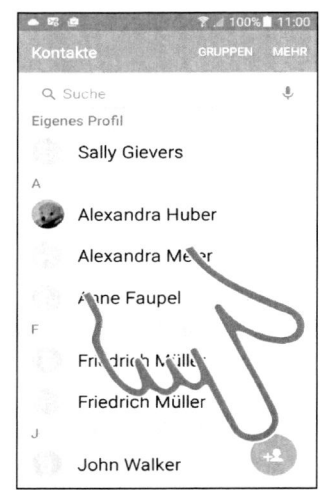

❶ Neue Kontakte werden über +♟ (Pfeil) angelegt.

❷ Beim ersten Mal werden Sie eventuell gefragt, in welchem Speicher Ihre Kontakte landen sollen. Wir empfehlen auf jeden Fall dann Ihr Google-Konto (*Google*) einzustellen.

> Die Option *Gerät* belässt alle Kontakte auf dem Handy. Geht dieses verloren, sind auch Ihre Kontakte weg! Die Option *SIM-Karte* hat den Nachteil, dass Sie darin nur eine Rufnummer und eine E-Mail-Adresse speichern können. Auch hier erfolgt keinerlei Datensicherung. Bei der *Google*-Einstellung haben Sie dagegen den Vorteil, dass nicht nur eine Datensicherung im Internet erfolgt, sondern Ihnen die Kontaktdaten auf jedem Android-Gerät zur Verfügung stehen, auf dem Sie sich mit Ihrem Google-Konto anmelden.

❶ Achten Sie darauf, dass als Speicherort Ihr Google-Konto (*IhrName@gmail.com*) eingestellt ist. Gegebenenfalls müssen Sie Ihr Konto erst festlegen.

❷ Füllen Sie nun die Eingabefelder aus. Sofern Sie mehrteilige Namen erfassen müssen (»Jasmina Maria Müller« oder »Max Graf von Strach und Witz«), tippen Sie die ⌄-Schaltleiste (Pfeil) an. Sie können nun den mehrteiligen Namen eingeben.

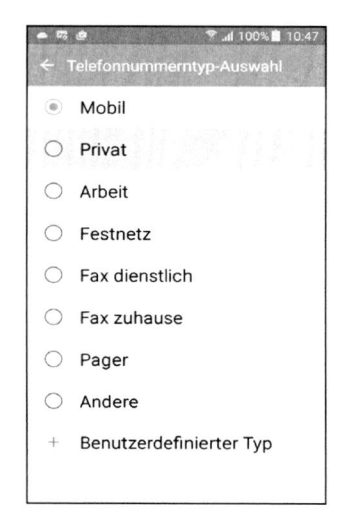

❶ Nachdem Sie eine Rufnummer eingegeben haben, tippen Sie auf den Rufnummerntyp (Pfeil).

❷ Stellen Sie die Art der Rufnummer ein, zum Beispiel *Privat*.

❸ Danach geben Sie die Nummer ein. Um das automatisch aufklappende Tastenfeld wieder zu schließen, betätigen Sie die ↩-Schaltleiste.

Betätigen Sie *SPEICHERN*, was den Kontakt ins Telefonbuch übernimmt.

## 6.1.2 Weitere Eingabefelder

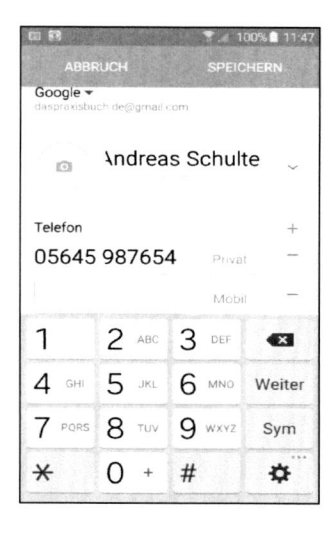

❶ Weitere Felder:

- *E-Mail:* E-Mail-Adresse des Kontakts.
- *Gruppen*: Weist den Kontakt einer Gruppe zu. Siehe Kapitel *6.8 Gruppen*.

❷❸ Das Telefonbuch unterstützt mehrere Eingabefelder. Wenn Sie beispielsweise eine Rufnummer mit ✚ (Pfeil) hinzufügen, wird automatisch ein neues Eingabefeld eingeblendet. Die Minus-Schaltleiste entfernt ein Feld wieder.

❶❷ Über *WEITERES FELD HINZUFÜGEN* erstellen Sie weitere Eingabefelder, beispielsweise mit der Kontaktadresse. Interessant ist davon insbesondere *Nachrichtenton*, mit dem Sie ein Audiosignal für eingehende SMS und E-Mails des Kontakts festlegen.

## 6.1.3 Kontakt aus Telefonoberfläche übernehmen

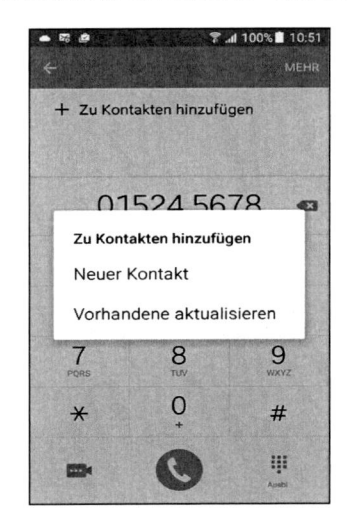

❶ Sie können in der Telefonoberfläche eine von Ihnen eingegebene Rufnummer über die *Zu Kontakten hinzufügen*-Schaltleiste (Pfeil) ins Telefonbuch übernehmen.

❷ Wenn Sie ein Telefonat mit jemandem geführt haben, der sich noch nicht in Ihrem Telefonbuch befindet, erscheint zudem automatisch nach Gesprächsende eine Abfrage. Betätigen Sie dann *Neuer Kontakt*, beziehungsweise *Vorhandene aktualisieren* (Rufnummer einem bereits vorhandenen Kontakt zuweisen).

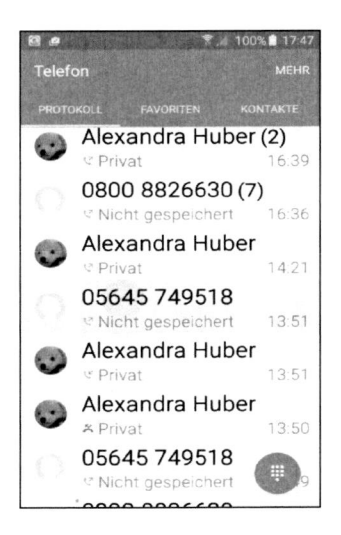

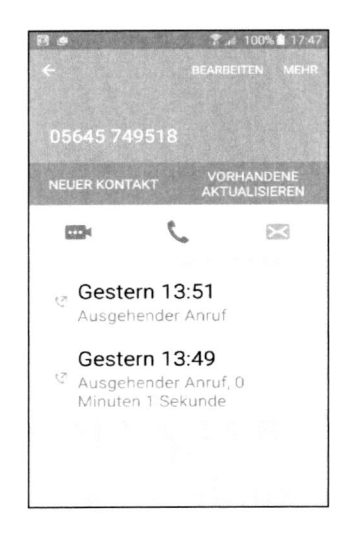

❶ Über die Anrufliste (siehe Kapitel *4.6 Anrufliste (Protokoll)*) der Telefonoberfläche ist es ebenfalls möglich, Rufnummern in die Kontaktverwaltung zu übernehmen. Tippen Sie dafür einen Eintrag an.

❷ Wählen Sie dann aus, ob Sie mit der Rufnummer einen neuen Kontakt erstellen oder die Nummer einem vorhandenen Kontakt zuweisen möchten.

## 6.2 Kontakt bearbeiten

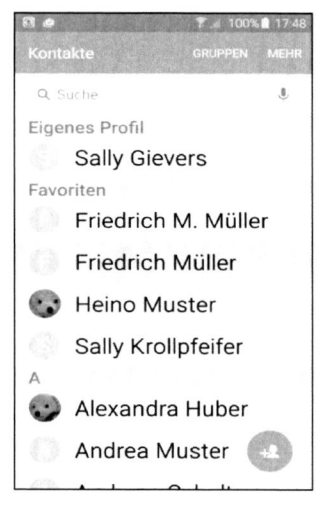

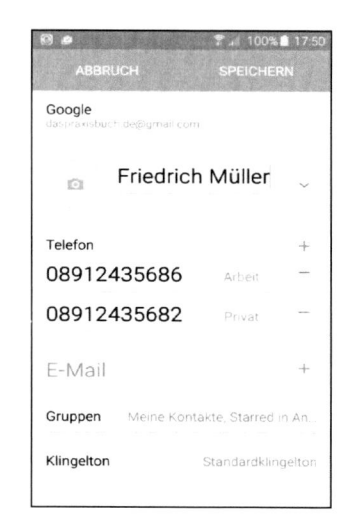

❶ Tippen Sie kurz einen Kontakt für die Kontaktdetails an.

❷❸ Bearbeiten Sie den Kontakt mit *BEARBEITEN*. Alternativ entfernen Sie ihn über *MEHR/Löschen*.

## 6.3 Listen- und Detailanzeige

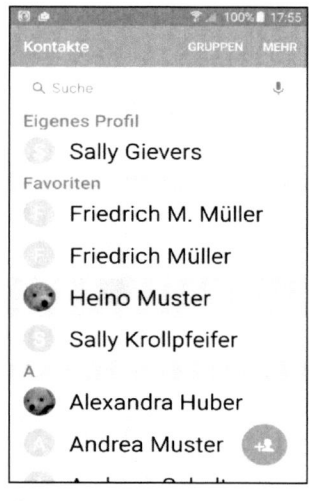

❶ Die Kontakte werden standardmäßig in einer alphabetisch sortierten Liste, nach Namen sortiert, angezeigt. Tippen Sie einen Eintrag an.

❷ Es erscheinen nun die Kontaktdetails.

## 6.4 Die SIM-Karte

Das Telefonbuch blendet auf Wunsch die Telefonnummern auf der SIM-Karte (»SIM-Kontakte« ein. Beachten Sie, dass Sie bei den SIM-Kontakten auf Komfortfunktionen darunter die Option, ein Kontaktfoto zuzuweisen, verzichten müssen.

Früher sprach für die SIM-Kontakte, dass man die SIM-Karte einfach aus dem Handy nahm, in ein anderes Handy einsteckte und dann sofort wieder die SIM-Kontakte im Telefonbuch hatte.

Telefonbuch 101

Dies hat sich inzwischen geändert, denn die modernen Micro-SIM-Karten sind nicht für häufigen Handywechsel ausgelegt. Android-Handys wie das Galaxy speichern die Telefonbuchkontakte im Google-Konto auf einem Internetserver ab; die Kontakte werden dann automatisch auf ein anderes Android-Handy übernommen, sobald man sich dort mit dem gleichen Google-Konto anmeldet (siehe dazu auch Kapitel *25 Das Google-Konto*).

### 6.4.1 SIM-Kontakte erstellen und bearbeiten

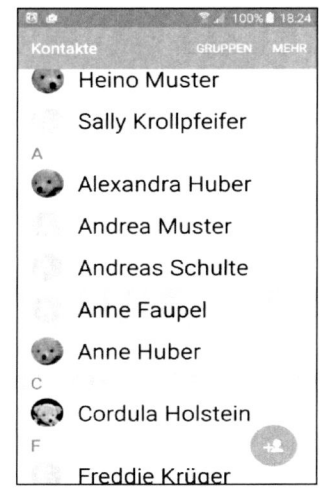

❶ Sie finden die SIM-Nummern in der Kontaktverwaltung und Telefonoberfläche zwischen den »normalen« Telefonkontakten.

❷ Erst in den Kontaktdetails, die nach dem Antippen des SIM-Kontakts erscheinen, weist ein ▣-Symbol auf den SIM-Kontakt hin. Es lassen sich sich nur Rufnummer und Name bearbeiten. Betätigen Sie dafür *BEARBEITEN*.

## 6.5 Kontaktfoto und Klingelton

Jedem Kontakt können Sie ein Kontaktfoto und einen Klingelton zuordnen, welche bei eingehenden Anrufen angezeigt, beziehungsweise abgespielt, werden. Dank des für jeden Kontakt unterschiedlich festgelegten Klingeltons wissen Sie sofort, wer anruft, ohne das Handy aus der Tasche zu nehmen.

❶ Um ein Kontaktfoto zuzuweisen, tippen Sie im Bearbeitungsbildschirm auf ▣ (Pfeil).

❷ Wahlweise können Sie nun mit *Bilder* ein bereits vorhandenes Foto übernehmen oder mit *Foto aufnehmen* ein Bild mit der Kamera-Anwendung erstellen.

❸ In unserem Beispiel haben wir *Foto aufnehmen* ausgewählt und erstellen dann mit ▣ eine Aufnahme.

❶ Betätigen Sie *OK*.

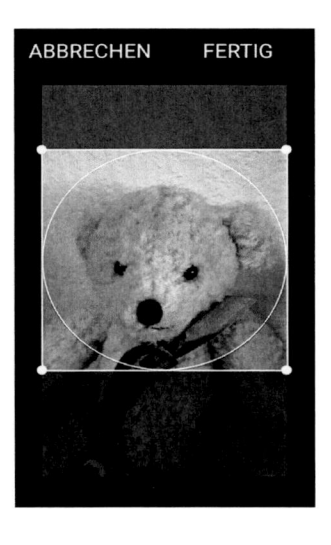

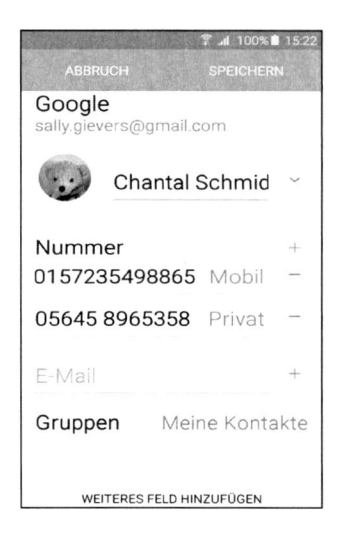

❷ Mit dem Finger können Sie nun den Bildausschnitt verschieben, oder falls nötig, vergrößern. Für letzteres halten Sie den Finger auf die Umrandung und ziehen dann nach außen oder innen. Schließen Sie den Bildschirm mit *FERTIG*.

❷ Das Kontaktfoto erscheint im Bearbeitungsbildschirm, den Sie mit *SPEICHERN* schließen.

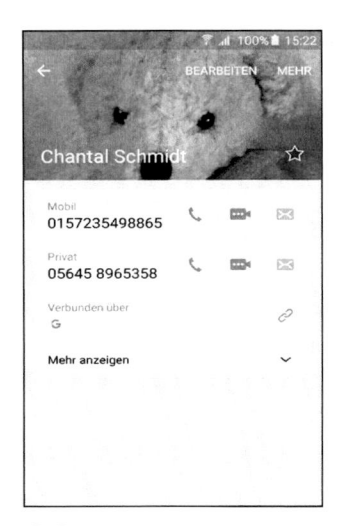

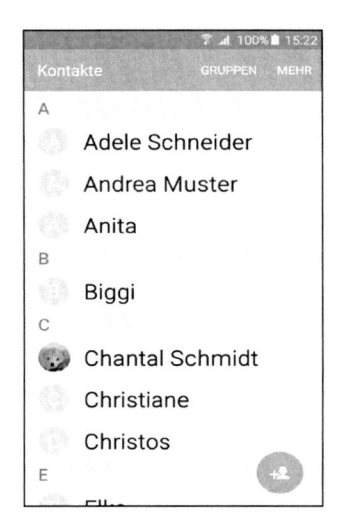

❶❷ Auch in den Kontaktdetails und der Kontaktauflistung erscheint das Kontaktfoto.

Sie können ein Kontaktfoto auch mit der Galerie-Anwendung erstellen. Siehe Kapitel *16.3.1 Einzelnes Bild bearbeiten*.

❶ Das *Klingelton*-Feld müssen Sie erst aktivieren. Gehen Sie dafür auf *WEITERES FELD HINZUFÜGEN*.

❷ Wählen Sie *Klingelton* aus.

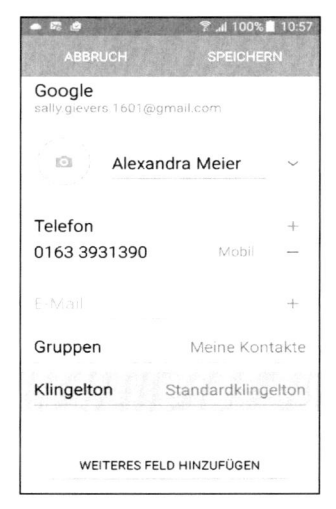

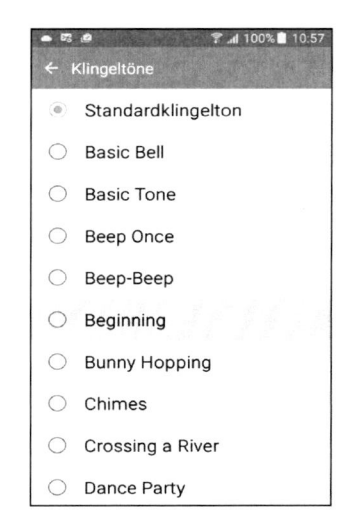

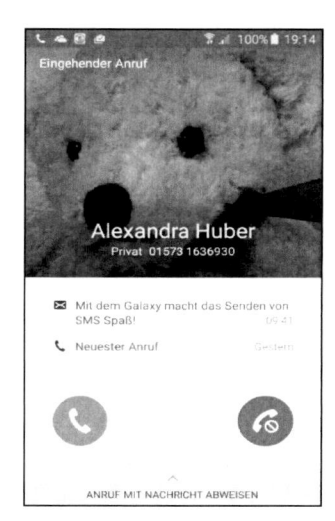

❶❷ Gehen Sie auf *Klingelton* und stellen Sie einen der aufgelisteten Melodien ein. Schließen Sie den Bildschirm nun mit der ⮌-Taste.

❸ Geht ein Anruf ein, wird das Kontaktfoto angezeigt und der zugehörige Klingelton abgespielt.

Wie Sie eigene MP3-Songs als Klingeltöne auf dem Galaxy einrichten, erfahren Sie im Kapitel *3.14.1 Signaltöne*.

Der kontaktabhängige Klingelton funktioniert natürlich nur, wenn der Anrufer seine Rufnummer nicht unterdrückt.

## 6.6 Suchen

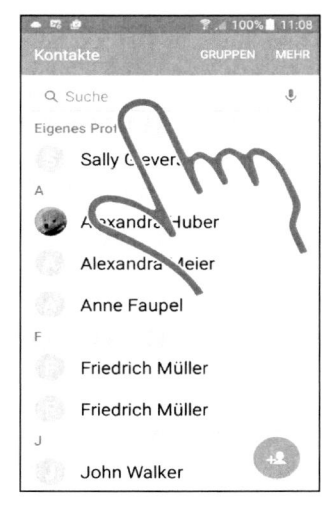

❶ Es ist nicht unbedingt notwendig, umständlich durch Halten und Ziehen des Fingers in der Kontaktauflistung zu blättern. Tippen Sie oben ins *Suche*-Feld und geben Sie den aufzufindenden Namen ein (eventuell müssen Sie erst mit Wischgesten vorher zum ersten Kontakteintrag durchrollen). Betätigen Sie dann 🔍 im Tastenfeld.

❷ Zu den eingegebenen Buchstaben, beziehungsweise Namen, zeigt das Handy die passenden Kontakte an. Dabei werden Nach- und Vorname der Kontakte durchsucht. Tippen Sie eine der Fundstellen an, um dessen Details anzuzeigen. Die Suche beenden Sie mit der ✕-Schaltleiste neben dem Suchfeld.

## 6.7 Eigene Kontaktkarte

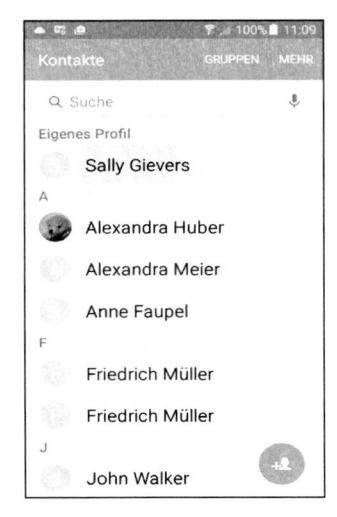

❶ Unter *Eigenes Profil* finden Sie ihre »Visitenkarte« als ersten Telefonbucheintrag.

❷ Ihre Kontaktdaten editieren Sie, wie einen »normalen« Kontakt, über die *BEARBEITEN*-Schaltleiste.

❶ Zum Verschicken Ihrer »elektronischen Visitenkarte« gehen Sie zuerst wieder Ihren Kontakteintrag und dann auf *MEHR/Kontakt senden*.

❷❸ Wählen Sie nun den Versandweg aus. Wischen Sie über den Schaltleisten für weitere Übertragungsoptionen:

- *Nachrichten*: Kontaktdaten als VCF-Datei in einer SMS versenden. SMS beschreibt Kapitel *5 Nachrichten (SMS)*.
- *OneDrive:* Kontaktdaten als VCF-Datei in Microsoft OneDrive ablegen (auf OneDrive geht dieses Buch nicht weiter ein).
- *Android Beam*: Kontaktdaten per NFC übertragen.
- *Bluetooth*: Kontaktdaten über Bluetooth versenden.
- *E-Mail; Gmail*: Kontaktdaten als VCF-Datei im Dateianhang einer E-Mail versenden. Gmail beschreibt Kapitel *9 Gmail,* zu Samsungs E-Mail-Programm siehe Kapitel *10 E-Mail*.
- *Google Drive*: Im Online-Speicher gleichen Namens ablegen.
- *Wi-Fi Direct*: Kontaktdaten per Wi-Fi Direct versenden.
- *Skype*: Über den Skype Messenger versenden.
- *Zu OneNote hinzufügen*: Als VCF-Datei in Microsoft OneNote speichern.

Telefonbuch 105

Der Empfänger kann dann die empfangenen Kontaktdaten in sein Telefonbuch übernehmen.

> Die Reihenfolge der Schaltleisten richtet sich nach dessen Nutzungshäufigkeit. Deshalb werden bei Ihrem Gerät die Schaltleisten anders angeordnet sein.

## 6.8 Gruppen

Das Gruppen-Feature ist sehr nützlich, wenn Sie des öfteren mehreren Personen die gleiche SMS oder E-Mail schicken müssen. Ein Einsatzbeispiel wäre zum Beispiel das Versenden von Rundschreiben an Vereinsmitglieder oder Firmenmitarbeiter. Legen Sie dazu einfach eine Gruppe an, denen Sie Kontakte zuweisen. Vor dem Senden einer SMS oder E-Mail wählen Sie die Gruppe als Empfänger aus. Ein Kontakt darf auch mehreren Gruppen gleichzeitig angehören.

> Generell unterscheidet das Galaxy zwischen Gruppen im Gerätespeicher und in Ihrem Google-Konto. In der Praxis konnten wir zwischen beiden Speicherbereichen aber keine Unterschiede ausmachen.

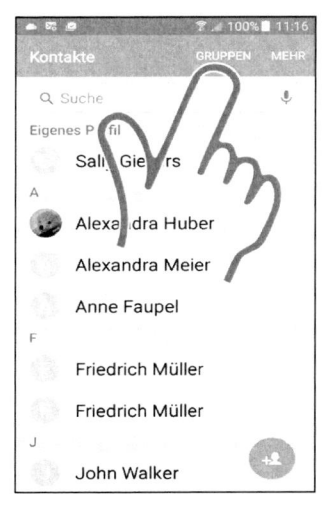

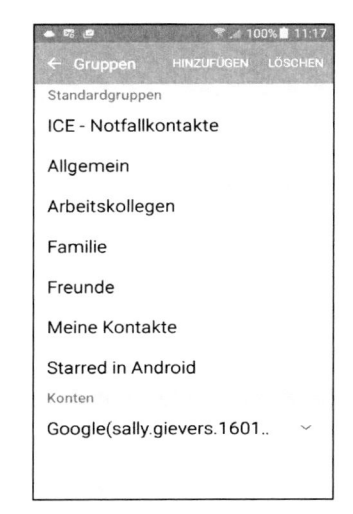

❶❷ In der Kontaktverwaltung schalten Sie über *GRUPPEN* (Pfeil) auf die Gruppen um.

### 6.8.1 Gruppe anlegen

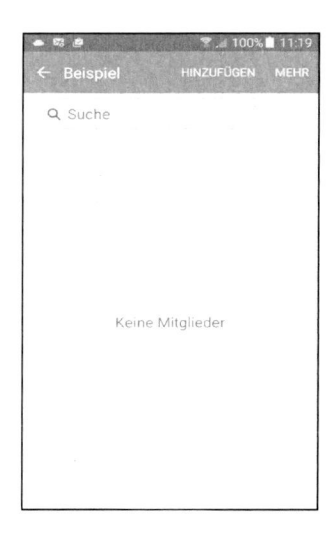

❶ Zur Neuanlage einer Gruppe gehen Sie auf *HINZUFÜGEN*.

❷ Geben Sie den Gruppennamen ein und betätigen Sie *SPEICHERN*. Optional lässt sich hier auch ein *Gruppenton* festlegen. Diese Signalisierung kommen jeweils zum Einsatz, wenn Sie von einem Gruppenmitglied kontaktiert werden.

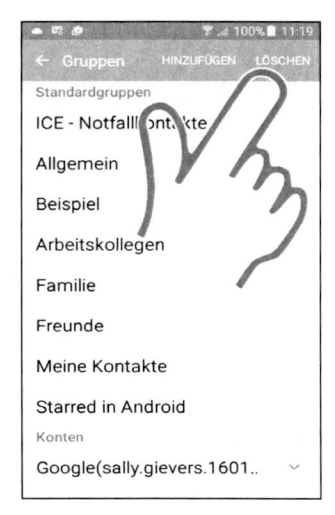

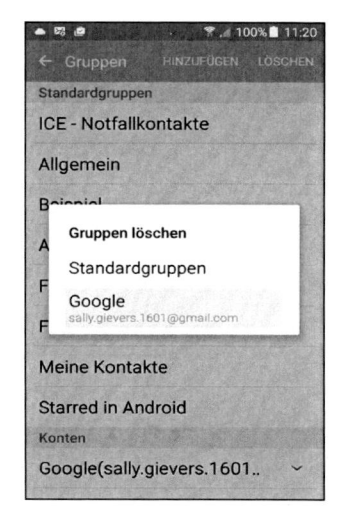

❸ Die (leere) Gruppe wird angezeigt. Verlassen Sie den Bildschirm mit der ⤺-Taste.

❶ Zum Entfernen von Gruppen betätigen Sie *LÖSCHEN*.

❷ Das Samsung verwaltet die Gruppen separat für den Gerätespeicher und Ihr Google-Konto. Wählen Sie Ihr Google-Konto aus.

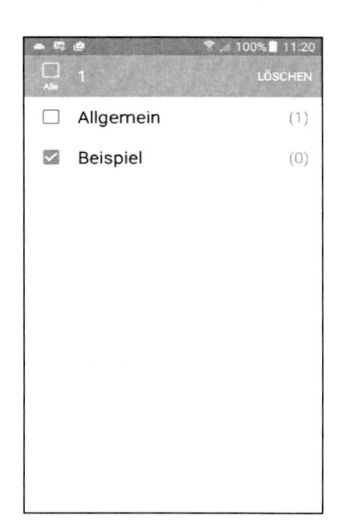

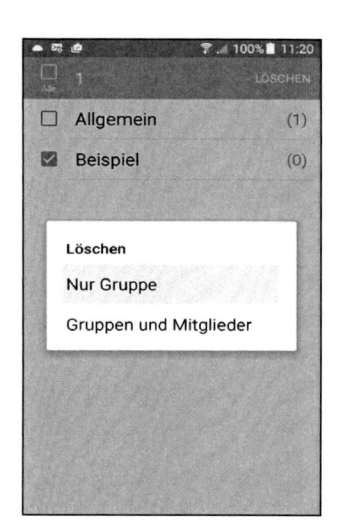

❶ Haken Sie die zu entfernenden Gruppen ab und betätigen Sie *LÖSCHEN*.

❷ Zum Schluss stellt Sie das Telefonbuch vor die Wahl, ob Sie nur die Gruppe oder auch deren Gruppenmitglieder löschen möchten. In der Regel möchten Sie die Gruppenmitglieder behalten, weshalb Sie ersteres auswählen

## 6.8.2 Kontakte einer Gruppe hinzufügen

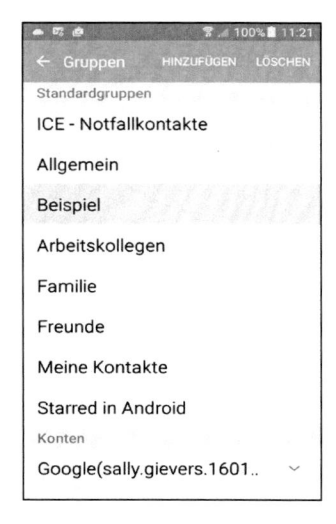

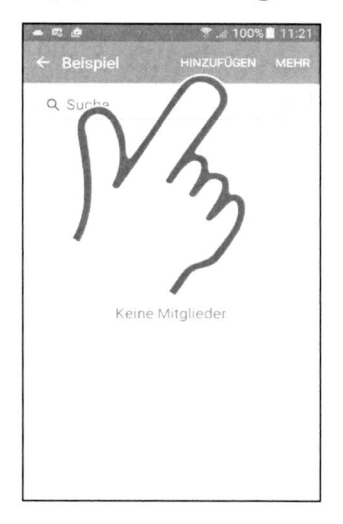

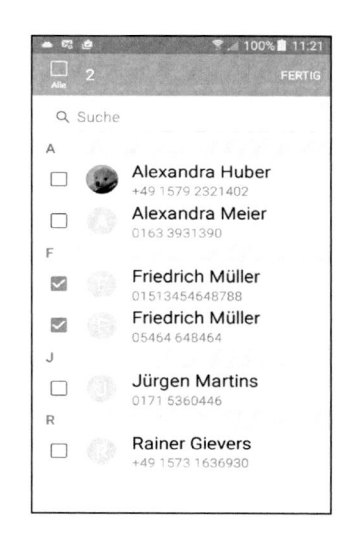

Telefonbuch 107

❶ Tippen Sie die Gruppe an.

❷ Gehen Sie auf *HINZUFÜGEN* (Pfeil).

❸ Aktivieren Sie alle Einträge der Kontaktauflistung welche in die Gruppe sollen und betätigen Sie *FERTIG*.

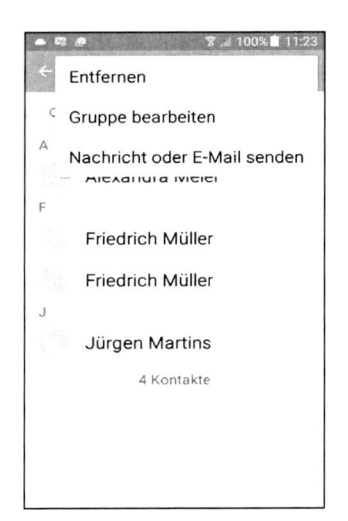

❶ Aktivieren Sie das *MEHR*-Menü für folgende Funktionen:

- *Entfernen:* Personen wieder aus Gruppe löschen.
- *Gruppe bearbeiten*: Gruppennamen und Benachrichtigungssignal anpassen.
- *Nachricht oder E-Mail senden*: Eine SMS oder E-Mail an bestimmte Gruppenmitglieder senden.

Mit der *HINZUFÜGEN*-Schaltleiste nehmen Sie weitere Kontakte in der Gruppe auf.

❷❸ In der Kontaktauflistung einer Gruppe stehen viele der gewohnten Telefonbuch-Funktionen zur Verfügung, beispielsweise öffnet ein Antippen von Kontakten deren Kontaktdetails.

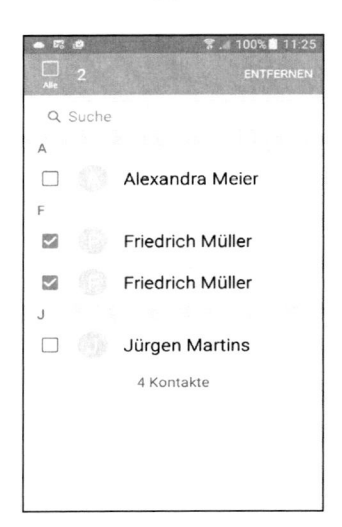

❶❷ So entfernen Sie Kontakte wieder aus einer Gruppe: Tippen und halten Sie den Finger auf einem Kontakt, bis dieser abgehakt ist. Sie können nun weitere Kontakte abhaken und mit *ENTFERNEN* löschen.

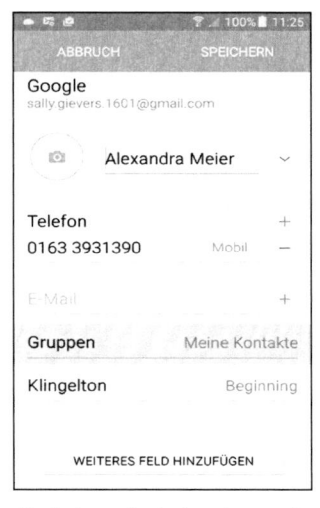

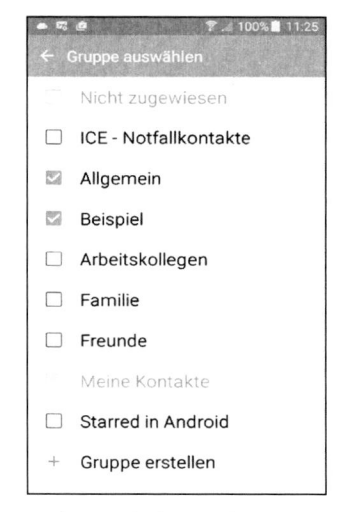

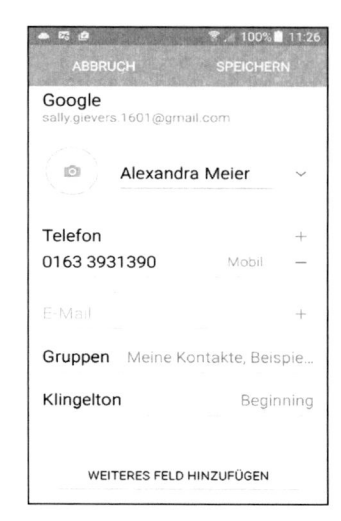

❶ Schon bei der Kontaktanlage und Bearbeitung lassen sich die Gruppen zuweisen: Betätigen Sie die *Gruppen*-Schaltleiste.

❷❸ Aktivieren Sie die Gruppen und betätigen Sie die ⮐-Taste.

## 6.9 Kontakte im Startbildschirm

Im Startbildschirm lassen sich Verknüpfungen auf Kontakte anlegen, um den Zugriff zu erleichtern. Zum Einsatz kommen dabei sogenannte Widgets (weitere Infos zu den Widgets finden Sie im Kapitel *3.7.2 Widgets*).

### 6.9.1 Direktwahl

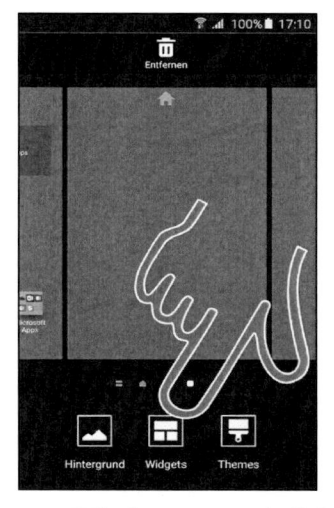

❶ Wechseln Sie zuerst mit mehreren Wischgesten nach links oder rechts in eine freie Seite des Startbildschirms (löschen Sie gegebenenfalls, wie im Kapitel *3.7.3 Startbildschirm aufräumen* beschrieben, nicht benötigte Widgets auf einer Startbildschirmseite). Führen Sie dann eine Kneifgeste durch und rufen Sie *Widgets* auf.

❷ Aktivieren Sie das *Widgets*-Register.

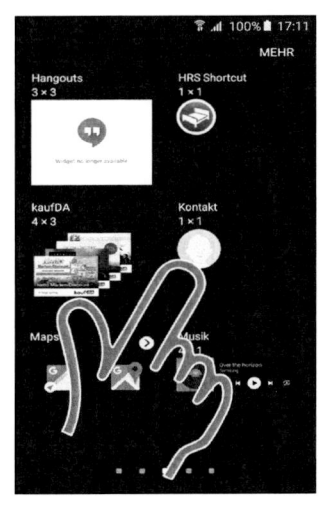

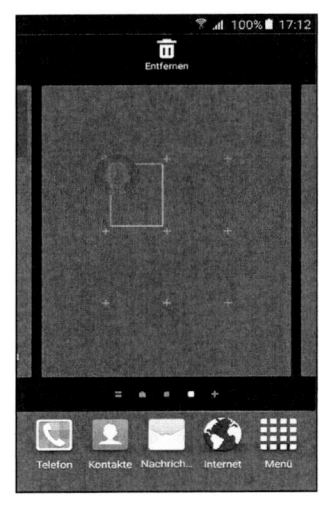

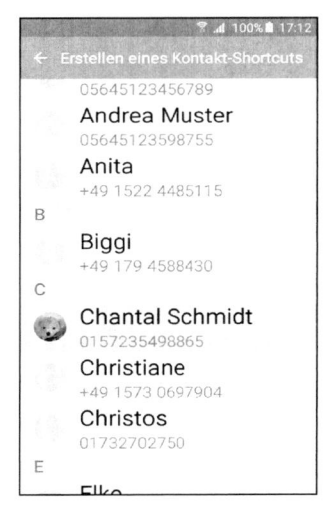

Telefonbuch

❶❷ Blättern Sie mit einer Wischgeste nach rechts/links durch die Widgets. Tippen und halten Sie den Finger auf *Kontakt,* bis das Galaxy zum Bearbeitungsbildschirm wechselt, lassen Sie aber noch nicht sofort los, sondern platzieren Sie das Widget an der gewünschten Position.

❸ Gehen Sie im Telefonbuch auf einen Kontakt.

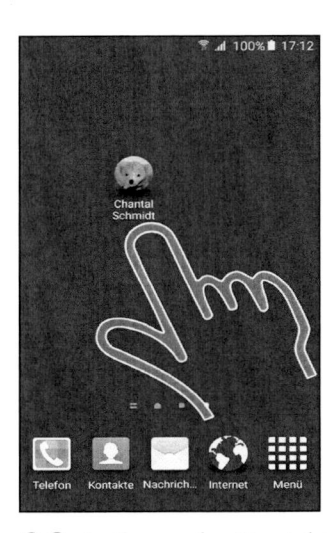

❶❷ Antippen des Kontakts im Startbildschirm öffnet die Kontaktdetails.

## 6.10 Einstellungen

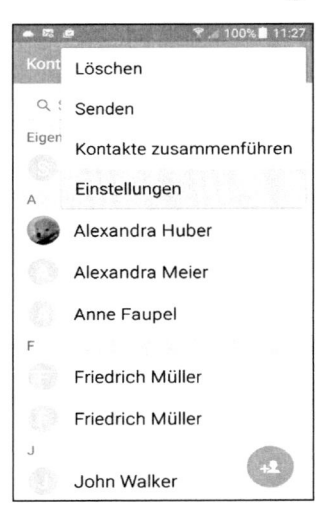

❶❷ Gehen Sie auf *MEHR/Einstellungen.*

❸ Die verfügbaren Optionen:

Unter *Verwalten und Sichern von Kontakten:*

- *Kontakte importieren/exportieren*: Kontakte (im VCF-Dateiformat) von einer eingelegten Speicherkarte importieren, Kontakte exportieren oder SIM-Kontakte importieren/exportieren.
- *Gerätekontakte verschieben nach*: Sofern Sie Kontakte im Telefonbuch angelegt haben, die nicht Ihrem Google-Konto zugeordnet sind, können Sie sie ins Google-Konto verschieben.

Unter *Anzeige*:

- *Anzuzeigende Kontakte*: Stellen Sie ein, welche Datenquellen (unter anderem Gerätespeicher, Google-Konto und SIM-Karte) bei der Kontaktanzeige berücksichtigt werden.
- *Sortieren nach*: Sortierung der Kontaktliste nach *Vorname* oder *Nachname*.
- *Namensformat*: Namen nach Vorname, Nachname oder umgekehrt auflisten.

Unter *Weitere Einstellungen*:

- *Mehrere Kontakte teilen*: Ältere Handys können über Bluetooth oder E-Mail empfangene Kontaktdaten (sogenannte VCF-Dateien) nicht importieren, wenn darin mehrere Kontakte enthalten sind. Da dieser Umstand nur bei Uralt-Handys auftritt, sollten Sie die hier voreingestellten Exporteinstellungen nicht ändern.

# 7. Internet einrichten und nutzen

Ihr Galaxy ist ein wahres Kommunikationsgenie. Sie können damit im Internet surfen, E-Mails und SMS verarbeiten. Um die Konfiguration des Internetzugangs brauchen Sie sich in der Regel nicht zu kümmern, da dies vom Galaxy automatisch erledigt wird.

> Sie brauchen dieses Kapitel nicht durchzuarbeiten, um Internet über Ihren Mobilnetzbetreiber zu nutzen. Lesen Sie aber mindestens Kapitel *7.2 Umschaltung WLAN und Mobilfunk-Internet* durch, wo erklärt wird, wie Sie zwischen WLAN- und Mobilfunk-Internet umschalten.

## *7.1 Internetzugang einrichten*

Alle Mobilfunknetzbetreiber haben heutzutage jeweils einen eigenen Internetzugang im Programm, der sich ohne Grundgebühr und vorherige Anmeldung nutzen lässt.

### 7.1.1 Tipps zum Internetzugang

Zwar können Sie bei allen Mobilfunkanbietern nach dem Einlegen der SIM-Karte sofort das Internet nutzen, empfehlenswerter ist es aber, sich nach einem geeigneten Mobilfunktarif mit Internetzugang umzusehen.

#### 7.1.1.a Kostenfalle Standardvertrag

In den Standardverträgen wird der Internetzugang zeit- oder datenmengenabhängig abgerechnet, was selbst bei unregelmäßiger Nutzung schnell teuer wird. Besser dran ist man mit Internetpaketen, die zwischen 5 bis 10 Euro pro Monat kosten und 512 Megabyte bis 1 Gigabyte Transfervolumen (»Traffic«) beinhalten. Überschreitet man das inkludierte Transfervolumen, so wird die Übertragungsgeschwindigkeit meist gedrosselt. Sie sollten auf jeden Fall die Vertragskonditionen Ihres Netzbetreibers genau studieren, um nicht in die Kostenfalle zu tappen.

Werfen Sie auch einen Blick auf alternative Anbieter abseits der großen Netzbetreiber Telefonica (O2/E-Plus), Telekom und Vodafone. Häufig kann man auch einen sogenannten Surf-Stick miterwerben, den man über USB ans Notebook anschließt, sodass man das Internet bequem auch unterwegs nutzen kann.

#### 7.1.1.b Die Alternative: WLAN

Heutzutage gibt es an vielen Orten beispielsweise Flughäfen, Hotels oder Bars, WLAN-Hotspots, über die Sie kostenlos online gehen können. Auch in Innenstädten findet man häufig »offene« WLANs, die kostenlos nutzbar sind, weil einige DSL-Kunden ihr WLAN absichtlich oder unabsichtlich unverschlüsselt zur Verfügung stellen. Im Kapitel *7.2 Umschaltung WLAN und Mobilfunk-Internet* erläutern wir Ihnen daher, wie Sie das Internet zwischen Mobilfunkverbindung und WLAN umschalten.

#### 7.1.1.c Teuer! Teuer! Teuer!

**WICHTIG:** Das Galaxy ist wegen seiner Kommunikationsfunktionen auf eine dauerhafte Internetverbindung über das Mobilfunkinternet angewiesen. Sofern Sie ihr Gerät im Handy-Shop erworben haben, wird Sie der Verkäufer mit Sicherheit darauf aufmerksam gemacht haben, dass ein Vertrag mit Internet-Flatrate notwendig ist. Nehmen Sie deshalb das Galaxy am besten nicht in Betrieb, wenn Sie noch keine Internetflatrate bei Ihrem Mobilnetzbetreiber haben.

Zwar ist es möglich, die Option »*Mobile Daten*« zu deaktivieren (siehe Kapitel *7.2.2 Mobilfunk-Internet aktivieren/deaktivieren*), damit kein Mobilfunk-Internet genutzt wird, damit geht aber ein großer Teil des Charms vom Galaxy verloren.

## 7.1.2 Automatische Einrichtung

Sobald Sie das Handy nach dem Einlegen einer neuen SIM-Karte einschalten, werden alle Mobilnetz-abhängigen Einstellungen, darunter Mailbox, SMS-Konfiguration und mobiles Internet automatisch konfiguriert.

## 7.1.3 Weitere Konfigurationsparameter

Die folgenden Menüs rund um den Internetzugang werden Sie selten benötigen, da bereits vom Handy die optimalen Einstellungen vorgenommen wurden.

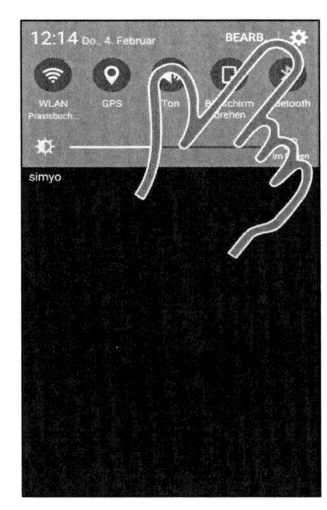

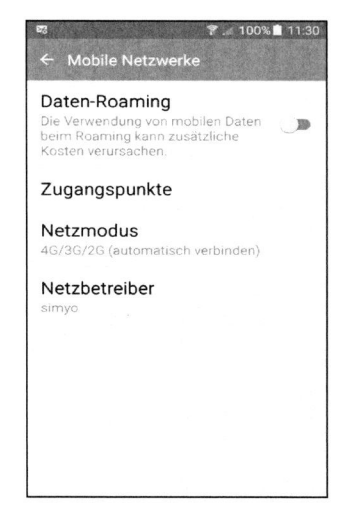

❶ Gehen Sie auf ✿ im Benachrichtigungsfeld für die *Einstellungen*.

❷ Rollen Sie mit einer Wischgeste durch das Menü und rufen Sie *Mobile Netzwerke* auf.

❸ Hier stellen Sie ein:

- *Daten-Roaming*: Wenn Sie sich im Ausland befinden, nutzt das Handy automatisch einen lokalen Netzbetreiber, was man auch als »Roaming« bezeichnet. Die lokalen Netzbetreiber berechnen meist sehr hohe Internetkosten für das »Daten-Roaming«, die Ihr Netzbetreiber Ihnen dann in Rechnung stellt. Damit Sie keine unangenehme Überraschung erleben, sollten Sie auf die Internetnutzung verzichten und deshalb das *Daten-Roaming* deaktiviert lassen.

- *Zugangspunkte*: Konfiguriert die Datenkonten für den Mobilfunk-Internetzugang. Hier brauchen Sie normalerweise nichts zu ändern, da das Internet vom Handy automatisch eingerichtet wird.

- *Netzmodus*: Sie können für Telefonie und Mobilfunk-Internet wahlweise zwischen 4G (LTE), 3G (UMTS) und 2G (GSM) umschalten. Es empfiehlt sich aber, die Voreinstellung *4G/3G/2G* nicht zu ändern, damit Sie immer Datenübertragungen mit der höchstmöglichen Geschwindigkeit erhalten.

- *Netzbetreiber*: Diese Funktion ist für Anwender interessant, die häufiger im Ausland unterwegs sind. Standardmäßig bucht sich das Handy im Ausland in eines der Mobilnetze ein, mit denen Ihr Mobilnetzbetreiber eine Roaming-Vereinbarung hat. Recht häufig stehen dabei mehrere Roaming-Netze zur Auswahl, welche unterschiedliche Kosten verursachen. Wenn Sie also wissen, welcher Roaming-Partner am günstigsten ist, können Sie ihn hier fest einstellen. Vorsicht: Die manuelle Auswahl des Netzwerks ist wirklich nur für Profi-Anwender geeignet. Beachten Sie, dass im Ausland viele Netzbetreiber nur regionale Netze betreiben und Sie deshalb eventuell nicht erreichbar sind.

Internet einrichten und nutzen 113

## 7.2 Umschaltung WLAN und Mobilfunk-Internet

Sie können einstellen, dass alle Internetverbindungen über WLAN oder eine Mobilfunkverbindung ablaufen. Beachten Sie aber, dass Sie unterwegs nur bei einer Mobilfunkverbindung immer das Internet nutzen können, da WLAN nur an bestimmten Orten, beispielsweise in Hotels, Bars, Flughäfen, usw. zur Verfügung steht. Meist finden Sie an den mit WLAN ausgestatteten Orten auch entsprechende Hinweisschilder.

### 7.2.1 WLAN aktivieren/deaktivieren

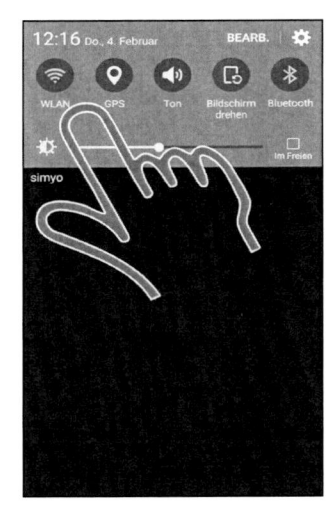

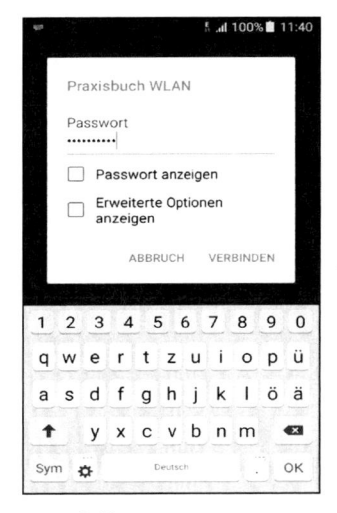

❶ Nach Aktivierung des Benachrichtigungsfelds betätigen Sie *WLAN* (Pfeil).

❷❸ Wählen Sie einen der gefundenen WLAN-Zugangspunkte aus. Sofern dieser verschlüsselt ist, fragt Sie das Galaxy nach dem Passwort, das Sie eventuell vom WLAN-Betreiber erfragen müssen. Betätigen Sie dann *VERBINDEN*.

Sofern Sie zuhause ein verschlüsseltes WLAN nutzen (was zu empfehlen ist!), haben Sie vielleicht das benötigte Passwort nicht parat. Rufen Sie in dem Fall auf einem PC oder Notebook, das mit dem WLAN verbunden ist, die Weboberfläche des WLAN-Routers auf und lassen Sie sich dort das Passwort anzeigen. Bei einer Fritz-Box müssten Sie beispielsweise *fritz.box* als Webadresse aufrufen und dann auf *WLAN/Sicherheit* gehen.

Nach einigen Sekunden erscheint das ᯤ-Symbol in der Titelleiste (Pfeil). Sie können nun Internet über WLAN nutzen.

Weitere Hinweise zur WLAN-Nutzung finden Sie im Kapitel *8 WLAN*.

Wenn Sie WLAN am Galaxy deaktivieren und dann nochmals eine Verbindung zu einem verschlüsselten WLAN aufbauen, wird das benötigte Passwort nicht erneut abgefragt.

## 7.2.2 Mobilfunk-Internet aktivieren/deaktivieren

Haben Sie keinen Mobilfunkvertrag mit Datenflatrate, dann sollten Sie das Mobilfunk-Internet am Galaxy ausschalten.

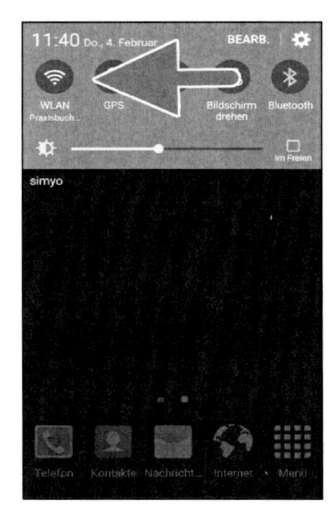

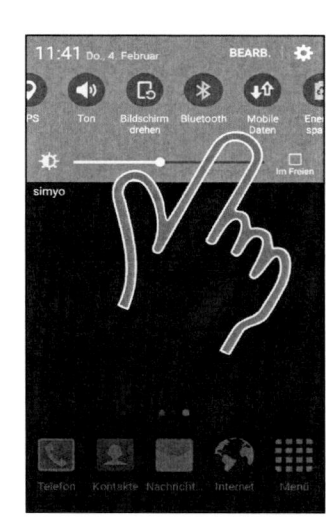

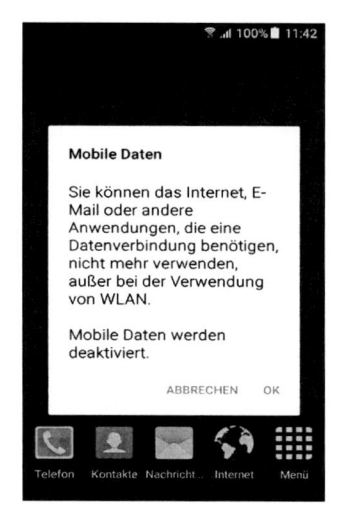

❶ Die Aktivität des Mobilfunk-Internets steuern Sie über das Benachrichtigungsfeld. Führen Sie zuerst eine Wischgeste von rechts nach links über den Schaltleisten durch.

❷ Deaktivieren Sie *Mobile Daten,* um das Mobilfunk-Internet abzuschalten (auf dem gleichen Wege lässt sich Mobilfunk-Internet auch wieder aktivieren).

❸ Beantworten Sie die Sicherheitsabfrage mit *OK*.

# 8. WLAN

Schon seit einigen Jahrzehnten bieten verschiedene Hersteller Produkte zur drahtlosen Koppelung von Netzwerken an. War das Einsatzgebiet zuvor auf professionelle Anwender wie Telekommunikationsunternehmen beschränkt, die aus der Portokasse einige zehntausend Euro auf den Tisch legten, um noch teurere Erdleitungen zu vermeiden, so ist die Funkübertragung seit einiger Zeit auch für Privatanwender erschwinglich. Möglich gemacht haben dies die Einführung von weltweit genormten Funkstandards für WLAN (Wireless Local Area Network) und die behördliche Freigabe von Frequenzen. Die verschiedenen Standards zur Computervernetzung bezeichnet man auch als »Wireless Fidelity« oder kurz »Wifi«. WLAN wird im Privatbereich meist ausschließlich dazu genutzt, um PCs, Notebooks, Handhelds, usw. ans Internet anzuschließen. Dazu benötigt man nur einen sogenannten WLAN-DSL-Router, wie er heute schon für weniger als hundert Euro zu haben ist. Unterwegs kann man auch sogenannte WLAN-Hotspots (»WLAN-Zugangspunkte«) nutzen, die man in zahlreichen Hotels, Flughäfen, Bars, usw. findet. In Städten finden Sie zudem häufig »offene« WLAN-Zugangspunkte, bei denen absichtlich oder unabsichtlich Privatleute die Nutzung Ihres WLAN-Routers erlauben. Kommerzielle WLAN-Zugangspunkte sind dagegen häufig nur nach Bezahlung nutzbar. Dazu verwenden die Zugangspunkte eine Verschlüsselung, für die man ein Passwort eingeben muss.

## *8.1 WLAN-Verbindung aufbauen*

In den meisten Haushalten und Büros ist ein WLAN anzutreffen, denn heute bekommt man mit der Einrichtung des DSL-Anschlusses auch gleich einen sogenannten WLAN-Router »hinterher geworfen«. Für den WLAN-Zugriff sind im Handel USB-Adapter für den PC verfügbar. Aktuelle Notebooks und praktisch alle Handys und Tablets wie das Galaxy sind schon von Haus aus mit einem WLAN-Modul ausgestattet.

Wenn Sie das erste Mal WLAN nutzen, müssen Sie erst das WLAN-Modul am Galaxy einschalten und dann eine Verbindung zum WLAN-Router aufbauen, was in diesem Kapitel beschrieben wird.

Beachten Sie auch Kapitel *7.2 Umschaltung WLAN und Mobilfunk-Internet*, in dem erläutert wird, wie Sie zwischen WLAN- und Mobilfunk-Internet umschalten.

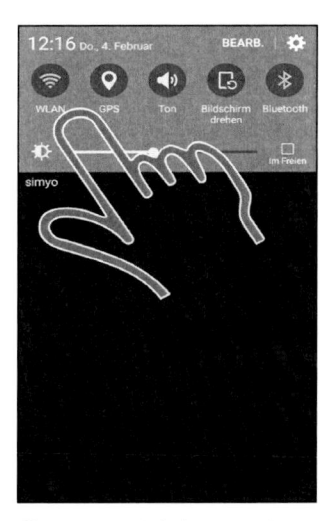

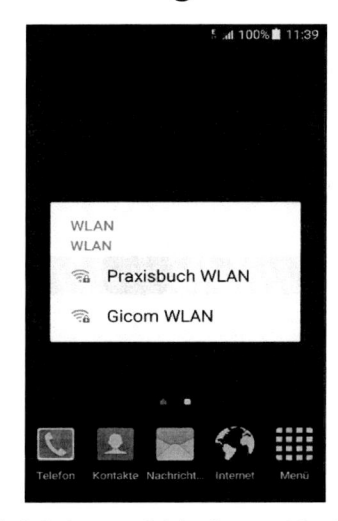

### 8.1.1 WLAN über die Einstellungen einrichten

❶ Nach Aktivierung des Benachrichtigungsfelds tippen Sie den *WLAN*-Schalter an (Pfeil).

❷ Warten Sie, bis die gefundenen WLANs anzeigt werden, wovon Sie einen auswählen (falls der WLAN-Dialog auch nach mehreren Sekunden nicht erscheint, müssen Sie das Benachrichtigungsfeld öffnen und dort die WLAN-Meldung antippen).

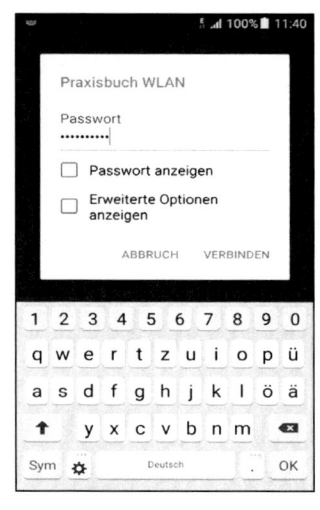

❶ Sofern das WLAN verschlüsselt ist, fragt Sie das Galaxy nach dem Passwort, das Sie eventuell vom WLAN-Betreiber erfragen müssen. Betätigen Sie dann *VERBINDEN*.

❷ Nach einigen Sekunden erscheint das 🛜-Symbol in der Titelleiste (Pfeil). Sie können nun Internet über WLAN nutzen.

## 8.1.2 WPS-Schnellverbindung

Weil viele Anwender beim Aufbau von WLAN-Verbindungen überfordert sind – die wenigsten kennen das bei verschlüsseltem WLAN-Zugangspunkt nötige Passwort – wurde WPS (Wi-Fi Protected Setup) entwickelt. Bei WPS erhält der Nutzer von einem der beteiligten Geräte ein Passwort, das er dann beim Kommunikationspartner eingeben muss.

Beim Galaxy werden zwei WPS-Verbindungsmethoden unterstützt:

- WPS-PIN: Sie müssen Sie das vom Handy angezeigte Passwort in der (Web-)Benutzeroberfläche des Routers eingeben. Der Vorteil der WPS-Methode ist, dass das Passwort bei Bedarf erzeugt wird und nur einmal gültig ist.
- WPS-Taste: Eine speziell gekennzeichnete »WPS«-Taste am WLAN-Router sorgt dafür, dass das Handy sich mit dem WLAN verbindet.

> Überprüfen Sie vorher, ob Ihr WLAN-Router den WPS-Modus unterstützt. Dies geschieht über die Weboberfläche des Routers, welche Sie im Webbrowser auf einem damit verbundenen PC oder Notebook aufrufen. Für weitere Details müssen wir an dieser Stelle auf die jeweilige Anleitung des WLAN-Routers verweisen.

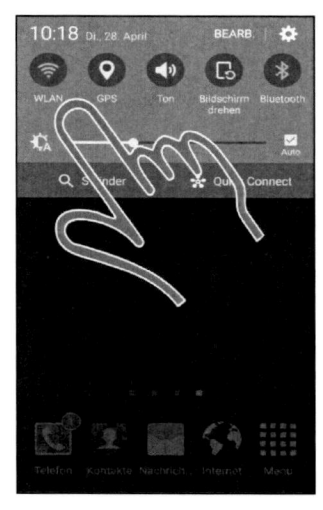

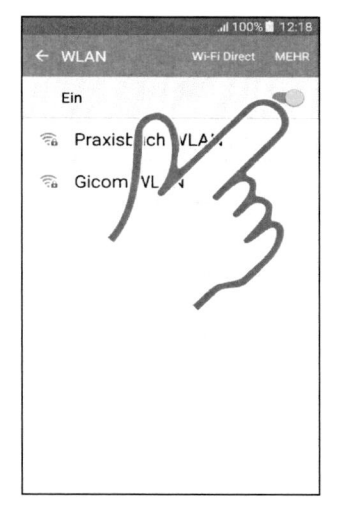

❶ Aktivieren Sie das Benachrichtigungsfeld, dann tippen und halten Sie den Finger über der *WLAN*-Schaltleiste.

WLAN 117

❷ Prüfen Sie, ob der Schalter hinter *WLAN* aktiv ist (grüne Farbe).

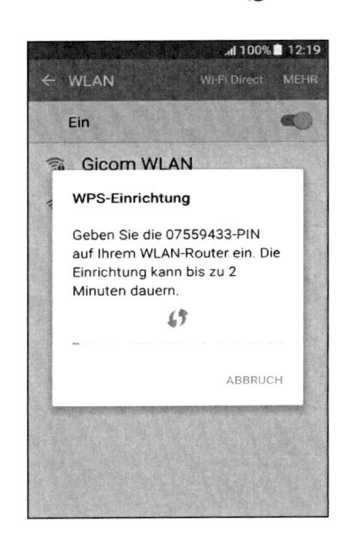

❶ Je nachdem, welche Verbindungsmethode Sie bevorzugen, rufen Sie *MEHR/WPS-Taste drücken* oder *WPS-PIN eingeben* auf.

❷ Nach dem Aufruf von *MEHR/WPS-PIN eingeben* zeigt das Tablet einen Code an, den Sie beim WLAN-Router bestätigen müssen. Dafür ist es notwendig, auf einem PC oder Notebook, der mit dem WLAN-Router verbunden ist, die Weboberfläche des WLAN-Routers aufzurufen und in das WLAN-Menü zu gehen, worin Sie dann das Galaxy freigeben.

## 8.2 WLAN-Zugangspunkte verwalten

Im *WLAN*-Menü wechseln Sie zwischen den genutzten WLAN-Zugangspunkten und stellen Netzbenachrichtigungen und den Funkkanal ein.

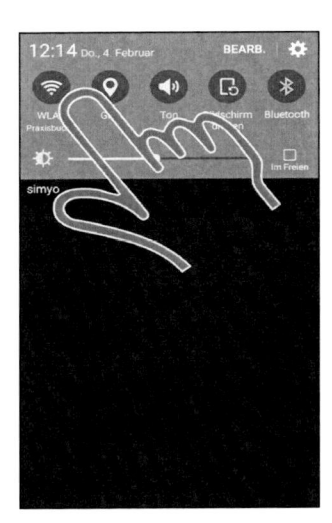

❶ Halten Sie einfach den Finger auf *WLAN* im Benachrichtigungsfeld gedrückt, worauf der WLAN-Bildschirm erscheint.

❷ Falls Sie einen anderen Zugangspunkt verwenden möchten, tippen Sie ihn einfach an, worauf sich das Handy nach einer Rückfrage damit verbindet.

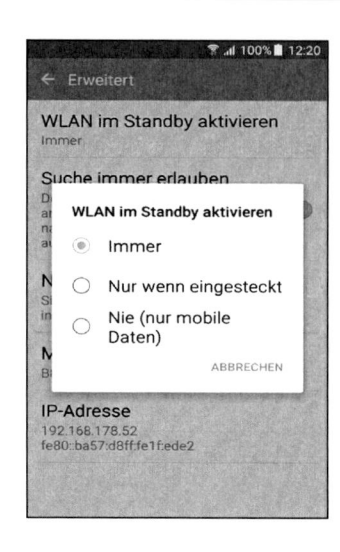

❶❷ Das *MEHR/Erweitert*-Menü zeigt weitere Optionen an:

- *WLAN im Standby aktivieren* (❸): Eine Reihe von Programmen auf dem Galaxy nutzen im Standbymodus (wenn das Display ausgeschaltet ist), die Internetverbindung. Beispielsweise werden E-Mails automatisch abgerufen. Deaktivieren Sie *Immer,* so erfolgt der Datenabruf stattdessen über das Mobilfunk-Internet. Sie sollten deshalb diese Option nicht deaktivieren.

- *Suche immer erlauben:* Auch wenn Sie WLAN deaktiviert haben, ist es weiterhin aktiv. Android ermittelt dann aus den in der Nähe vorhandenen WLANs Ihren Standort. Einige Anwendungen, an prominenter Stelle die Google-Suche, werten Ihren Standort aus, um Suchergebnisse zu optimieren.

- *Netzwerkzertifikate installieren*: Einige Programme benötigen spezielle Verschlüsselungszertifikate beispielsweise in Unternehmensnetzwerken, welche Sie hiermit installieren.

## 8.3 WLAN-Sicherheit

Sicherlich haben Sie schon einmal in der Presse von den Gefahren gelesen, die ungeschützte WLANs haben, denn häufig geht die Reichweite des Funknetzes bis auf die Straße oder in Nachbargebäude. Gefährlich sind dabei weniger Hobbyisten, die einfach nur mal kostenlos im Internet surfen wollen, als vielmehr Hacker, die Chaos anrichten oder sogar Industriespionage durchführen. Da meist über das WLAN nicht nur der Internetzugang läuft, sondern häufig auch der Zugriff auf im LAN freigegebene Verzeichnisse und Computer möglich ist, sollten Sie nach der erfolgreichen Einrichtung Ihres WLAN-Routers daran gehen, das Funknetz nach außen abzudichten. Dies können Sie meist auf einer Weboberfläche Ihres Routers durchführen.

- *Verschlüsselte Verbindung:* Vor dem Verbindungsaufbau muss der Kommunikationspartner ein vorgegebenes Passwort übermitteln.

- *Router-Kennwort*: Viele WLAN-Router werden mit Standard-Logins für die Konfigurationsoberfläche ausgeliefert, die Sie auf jeden Fall ändern sollten. Andernfalls können Hacker sich selbst als Nutzer freischalten.

- *Freigegebene Nutzer*: Alle WLAN-Nutzer (und auch Netzwerk-Nutzer allgemein), sind mit einer weltweit einmaligen, sogenannten MAC-Adresse versehen. Im Router können Sie festlegen, dass nur Zugriffe von Geräten erlaubt sind, die Sie selbst explizit in einer Liste freigeben. Leider ist das Führen der Liste gerade bei häufig wechselnden Nutzern recht unbequem und inzwischen auch nicht mehr hundertprozentig vor Hackern sicher.

- *Router-Identifizierung unterdrücken*: Jeder Router identifiziert sich über die SSID (Service Set Identifier) gegenüber den Netzwerknutzern. Wenn Sie die SSID vom Router mit der Option »SSID unsichtbar«, unterdrücken lassen, muss der Kommunikationspartner die SSID schon kennen, bevor er eine Verbindung aufbauen kann. Auch diese Methode ist inzwischen nicht mehr als völlig sicher anzusehen.

## *8.4 WLAN unterwegs sicher einsetzen*

In vielen Fällen stehen an Orten mit großem Publikumsverkehr (Hotels, Kongresshallen, Bars, Flughäfen, usw.) WLANs, die teilweise sogar unverschlüsselt sind und daher ohne vorherige Kennworteingabe nutzbar sind. Datendiebe machen sich diesen Umstand zunutze, denn unverschlüsselte WLAN-Verbindungen lassen sich mit geringem technischen Aufwand abhören, um Logins und Passwörter der vom arglosen Anwender genutzten Onlinedienste abzufangen. Andererseits können Hacker selbst ein WLAN aufspannen, was ebenfalls Abhörmöglichkeiten eröffnet. Sofern verschlüsselte Verbindungen (SSL) wie sie zum Beispiel beim Online-Banking inzwischen üblich sind, genutzt werden, ist man natürlich recht sicher. Auch der E-Mail-Abruf lässt sich absichern, was aber wohl nur für Profianwender praktikabel ist. Wir raten deshalb generell von der Nutzung unbekannter WLANs ab. Fragen Sie beispielsweise in einem Hotel an der Rezeption, nach, welche verschlüsselten WLANs das Hotel anbietet und nutzen Sie nur diese. Übrigens sagt der Name eines WLANs noch nichts über dessen Authentizität aus, denn jeder WLAN-Betreiber hat die Möglichkeit, seinem WLAN einen seriös klingenden Namen wie »Telekom WLAN« zu geben.

# 9. Gmail

Gmail ist ein kostenloser E-Mail-Dienst, der über eine bequeme Web-Oberfläche genutzt werden kann. Besuchen Sie mit Ihrem Webbrowser auf dem PC die Webadresse *mail.google.com* für weitere Informationen und zur Neuregistrierung.

Im Gegensatz zu Mail-Programmen auf dem PC synchronisiert die Gmail-Anwendung alle Nachrichten mit der Gmail-Weboberfläche. Das heißt, Sie haben sowohl online, als auch auf dem Gerät, immer den gleichen Nachrichtenstand. Beachten Sie aber, dass einige Funktionen der Weboberfläche auf dem Gerät selbst nur eingeschränkt zur Verfügung stehen.

Bevor die Gmail-Anwendung genutzt werden kann, muss der Internetzugang wie im Kapitel *7.1 Internetzugang einrichten* beschrieben, konfiguriert sein. Für Gmail müssen Sie auf dem Gerät erst ein Google-Konto einrichten, was Kapitel *25 Das Google-Konto* erläutert.

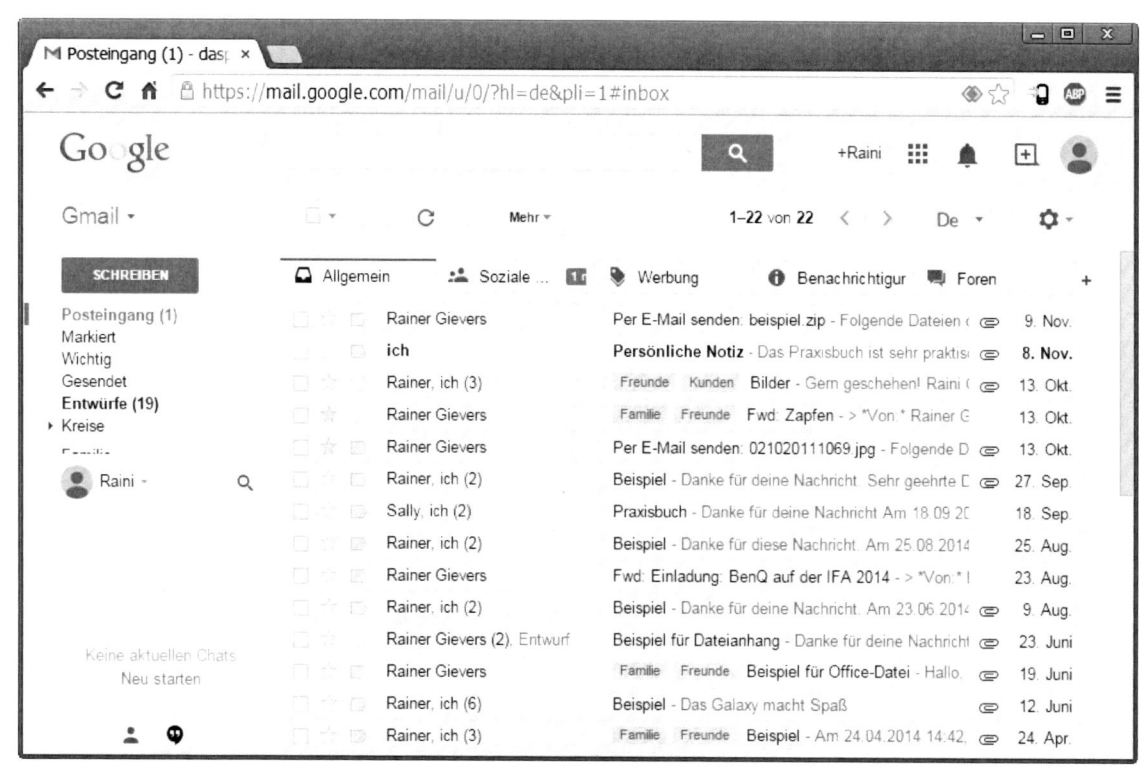

Die Weboberfläche von Gmail im PC-Webbrowser.

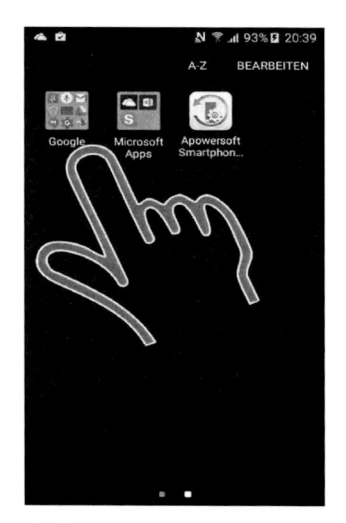

❶❷ *Gmail* finden Sie im *Google*-Ordner des Hauptmenüs (Pfeil). Gegebenenfalls müssen Sie vorher erst mit einer Wischgeste zur entsprechenden Seite wechseln (Finger auf den Bildschirm halten und dann nach links oder rechts wischen).

❶ Beim ersten Start erscheinen diverse Hinweise, welche Sie nun mit einer horizontalen Wischgeste beziehungsweise der ✕-Schaltleiste entfernen.

❷ Die großen bunten Symbole vor den einzelnen Nachrichten enthalten jeweils den ersten Buchstaben des Absenders, im Beispiel also »C« für einen C&A-Newsletter, usw.

## 9.1 Gmail in der Praxis

### 9.1.1 E-Mails abrufen

❶ Für die Synchronisierung der E-Mails in der Gmail-Anwendung mit dem E-Mail-Konto führen Sie eine Wischgeste von oben nach unten in der E-Mail-Oberfläche durch (dies ist in der Regel aber nicht nötig, weil neue Nachrichten automatisch abgerufen werden).

❷❸ Alternativ können Sie sich die neuen E-Mails auch auf einem weiteren Wege anzeigen: Wenn neue Nachrichten vorliegen, erscheint in der Titelleiste ein M-Symbol (Pfeil). Öffnen Sie das Benachrichtigungsfeld (siehe Kapitel *3.7.6 Titelleiste und Benachrichtigungsfeld*) und tippen Sie auf *x neue Nachrichten*, woraufhin der Gmail-Posteingang angezeigt wird. Sofern nur eine neue Nachricht empfangen wurde, zeigt Gmail diese statt dem Posteingang an. Auch das Archivieren (siehe Kapitel *9.2.3 Archivieren*) und Beantworten einer Nachricht ist direkt über zwei Schaltleisten im Benachrichtigungsfeld möglich.

> Die Gmail-Anwendung arbeitet speicheroptimiert, das heißt beim Blättern in der Nachrichten-auflistung lädt sie automatisch die als nächstes anzuzeigenden Mails nach. Dies kann bei einer langsamen Mobilfunkverbindung manchmal einige Sekunden dauern. Sie sehen dann »*Konversationen werden geladen*«.

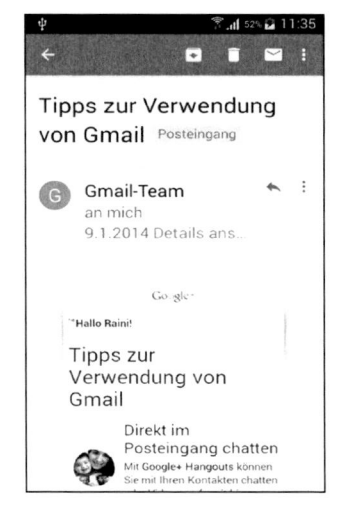

❶ Alle noch ungelesenen Nachrichten erscheinen in Fettschrift. Tippen Sie nun eine Nachricht an, die Sie lesen möchten.

❷ Die Bedeutung der Schaltleisten am oberen Bildschirmrand:

- ▣ (Archivieren): Entfernt eine Nachricht aus dem Posteingang, ohne sie zu löschen. Siehe auch Kapitel *9.2.3 Archivieren*.
- 🗑: Nachricht löschen.
- ✉ (Ungelesen): Setzt den Nachrichtenstatus auf »ungelesen« und schaltet wieder auf den Posteingang um.

❸ Über eine Kneifgeste (zwei Finger, beispielsweise Daumen und Zeigefinger, gleichzeitig auf das Display drücken), können Sie die Ansicht vergrößern/verkleinern. Verschieben Sie bei Bedarf dann mit dem Finger den angezeigten Bildschirmausschnitt. Alternativ tippen Sie zweimal schnell hintereinander auf den Nachrichtentext.

❶ Ziehen Sie mit angedrücktem Finger nach links/rechts, um zur nächsten älteren/neueren Nachricht zu blättern.

❷ Die ↩-Schaltleiste erstellt eine Antwort-Nachricht an den Absender.

❸ Das ⋮-Menü:

- *Allen antworten*: Sofern die E-Mail mehrere Empfänger enthält, können Sie Ihre Antwort-Nachricht an alle Empfänger senden. Wir raten davon aber ab, weil dies unter Umständen zu peinlichen Situationen führen kann, beispielsweise, wenn ein Kunde die interne Kommunikation eines Unternehmens zugesandt bekommt.
- *Weiterleiten*: Erstellt eine neue Nachricht mit dem Nachrichtentext.
- *Markieren; Markierung entfernen*: Markiert eine Nachricht als Favoriten beziehungsweise entfernt die Markierung wieder. Siehe Kapitel *9.2.6 Markierungen*.

# Gmail

- *Drucken*: Auf die Druckausgabe geht dieses Buch nicht ein.
- *xxx blockieren*: Künftig landen alle E-Mails des Absenders im *Spam*-Ordner.

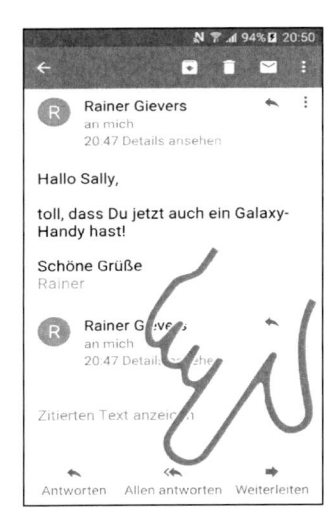

Die Funktionen zum Antworten und Weiterleiten finden Sie auch am Ende der E-Mail.

## 9.1.2 Absender ins Telefonbuch aufnehmen

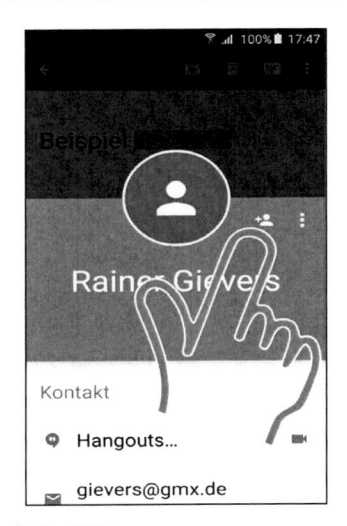

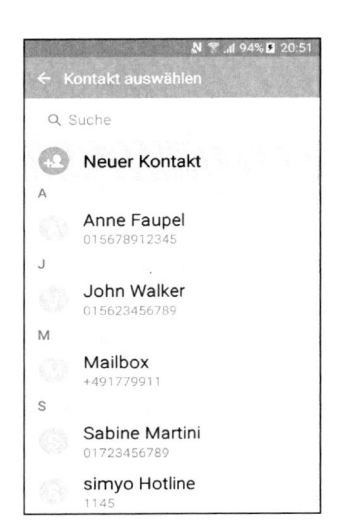

❶ Tippen Sie mit dem Finger auf die Silhouette.

❷❸ Betätigen Sie ➕👤 (Pfeil), woraufhin die Kontaktliste erscheint, in der Sie entweder einen bestehenden Kontakt auswählen oder mit *Neuer Kontakt* einen weiteren Kontakteintrag erstellen.

## 9.1.3 Dateianlagen

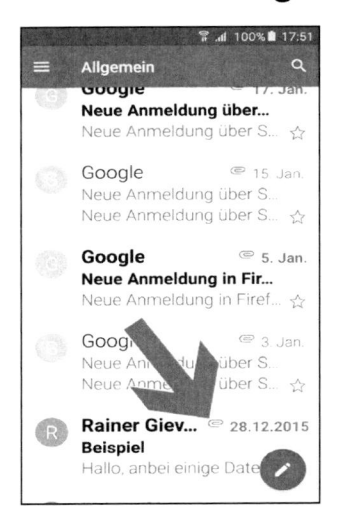

❶ Nachrichten mit Dateianlagen erkennen Sie am ⌗-Symbol (Pfeil) in der Nachrichtenauflistung.

❷❸ Bild-Dateianlagen zeigt Gmail in einer Vorschau. Tippen Sie sie jeweils für eine Vollbildanzeige an. Über ⋮/*Speichern* beziehungsweise ⋮/*Alle speichern* landen die Dateien im Gerätespeicher.

> Heruntergeladene Dateianlagen landen im Verzeichnis *download* auf dem Handy.

## 9.1.4 Labels

Labels haben bei Gmail die gleiche Funktion wie Ordner. Deshalb werden auch die klassischen E-Mail-Ordner *Postausgang, Entwürfe, Gesendet,* usw. bei Gmail als »Label« bezeichnet. Man darf einer Mail mehrere Labels gleichzeitig zuweisen.

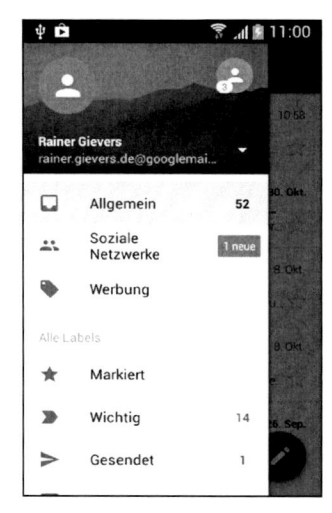

❶❷ Zur Anzeige der E-Mails eines Labels tippen Sie oben links (Pfeil) für das Ausklappmenü:

Die Nachrichten sind eingeteilt nach (diese Informationen wurden der Gmail-Hilfe unter *support.google.com/mail/answer/3055016* entnommen):

- *Allgemein:* Nachrichten von Freunden und Verwandten sowie sonstige Nachrichten, die nicht in einem der anderen Labels angezeigt werden.
- *Soziale Netzwerke*: E-Mails aus sozialen Netzwerken, Plattformen zum Teilen von Inhalten, Online-Partnervermittlungen, Spieleplattformen oder anderen sozialen Websites.
- *Werbung*: Werbeaktionen, Angebote und sonstige Werbe-E-Mails.
- *Benachrichtigungen:* Benachrichtigungen wie Bestätigungen, Belege, Rechnungen und Kontoauszüge.
- *Foren:* E-Mails aus Online-Gruppen, Diskussionsforen und Mailinglisten.

Unter *Alle Labels* finden Sie:

- *Markiert*: Der »Markiert«-Status kann Nachrichten oder Konversationen zugewiesen werden. Siehe dazu auch Kapitel *9.2.6 Markierungen*.
- *Wichtig*: Gmail erkennt automatisch Nachrichten, die für Sie interessant oder wichtig sind und ordnet sie unter *Wichtig* ein. Siehe auch Kapitel *9.2.5 Wichtig-Label und der sortierte Eingang*.
- *Gesendet*: Versandte Nachrichten.
- *Postausgang*: Zum Versand bereitstehende Nachrichten.
- *Entwürfe*: Nachrichten, die bereits vorbereitet, aber noch nicht versandt wurden.
- *Alle E-Mails*: Zeigt alle Mails sortiert als sogenannte Konversationen an.

# Gmail

- *Spam*: Als Spam erkannte Mails.
- *Papierkorb*: Von Ihnen gelöschte Mails.

Tippen Sie ein Label, deren zugeordneten E-Mails Sie ansehen möchten, an.

❸ Am oberen Bildschirmrand (Pfeil) sehen Sie, in welchem Ordner Sie sich gerade befinden.

> Auf die Funktion der einzelnen Label gehen die folgenden Kapitel ein. Nicht genutzte Label blendet die Gmail-Anwendung aus.
>
> Befinden Sie sich in einem anderen Ordner als *Allgemein*, dann kehren Sie mit der ⤺-Taste wieder zu *Allgemein* zurück.

## 9.1.5 E-Mails beantworten

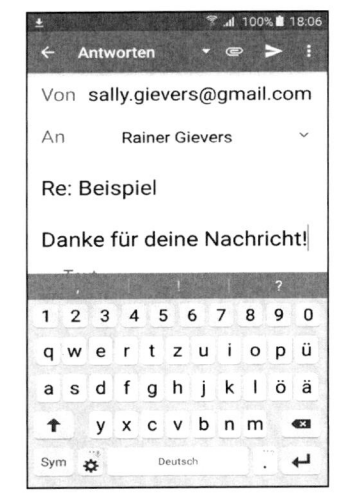

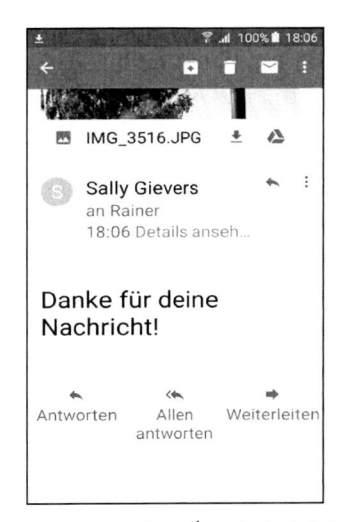

❶ Zum Beantworten einer gerade angezeigten E-Mail betätigen Sie einfach die ↩-Schaltleiste (Pfeil).

❷ Geben Sie nun den Nachrichtentext ein und betätigen Sie ➤. Es erscheint dann für einige Sekunden der Hinweis »Nachricht wird gesendet«, während die Nachricht verschickt wird.

❸ Die von Ihnen verschickte E-Mail erscheint unter dem Nachrichtentext der beantworteten. Verlassen Sie den Bildschirm mit der ⤺-Taste.

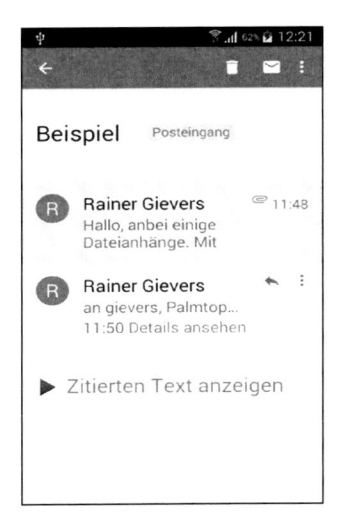

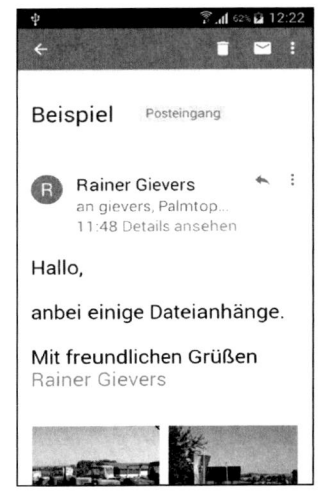

❶ Gmail verwaltet die Nachrichten als »Konversationen«, das heißt, alle Nachrichten die Sie mit einem Kommunikationspartner austauschen werden unter einem Eintrag zusammengefasst. Sie erkennen die Konversationen daran, dass beim Betreff ein »*ich*« und die Zahl der ausgetauschten Nachrichten erscheint. Tippen Sie den Betreff an, um die Konversation anzuzeigen.

❷❸ Es erscheinen Karteireiter mit den Nachrichten, die Sie mit dem Kommunikationspartner ausgetauscht haben. Tippen Sie einen Karteireiter an, um die zugehörige Nachricht auszufalten. Erneutes Antippen eines Karteireiters blendet die Nachricht wieder aus. Mit einer vertikalen Wischgeste können Sie zudem durch die aufgeklappten Nachrichten rollen.

❶❷ Mitunter sind in einer Konversation sehr viele Nachrichten enthalten, die Gmail dann hinter einem Kreis-Symbol verbirgt (Pfeil). Tippen Sie darauf, um die Nachrichten einzublenden.

## 9.1.6 E-Mail neu schreiben

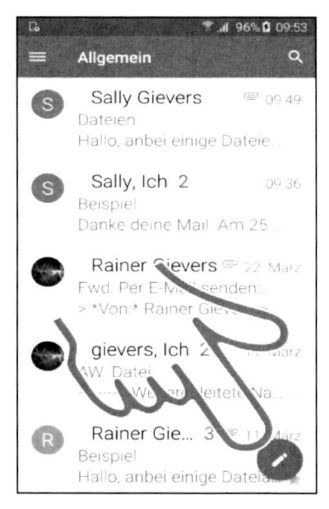

❶ Betätigen Sie die rote Schaltleiste (Pfeil).

❷❸ Im *An*-Feld erfassen Sie nun den Empfänger. Gmail sucht bereits bei der Eingabe des Kontaktnamens passende E-Mail-Adressen und listet diese auf. Tippen Sie einfach die Gewünschte an.

# Gmail

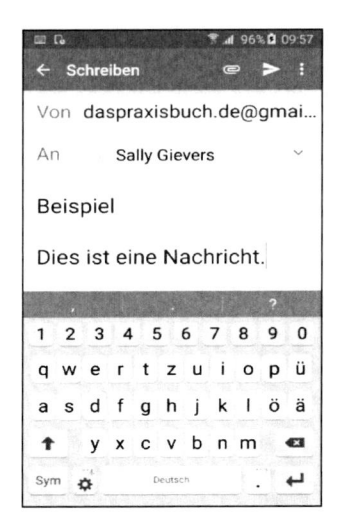

Die E-Mail-Adresse landet im Empfängerfeld. Falls Sie einen weiteren Empfänger hinzufügen möchten, geben Sie diesen einfach dahinter ein. Geben Sie nun Betreff und Nachrichtentext ein und betätigen Sie ➤ (oben rechts) zum Senden.

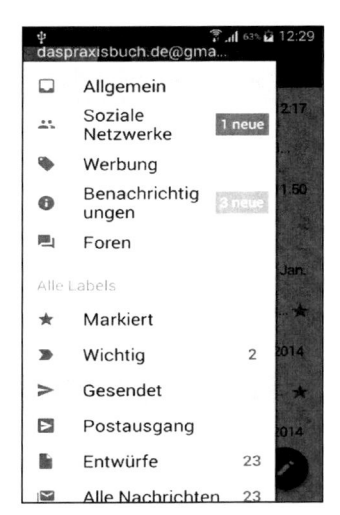

❶ Die versandte Mail finden Sie im *Gesendet*-Ordner. Aktivieren Sie dafür das Ausklappmenü (Pfeil).

❷❸ Wählen Sie *Gesendet* aus, worauf die versandten Nachrichten aufgelistet werden.

## 9.1.7 Weitere Funktionen bei der E-Mail-Erstellung

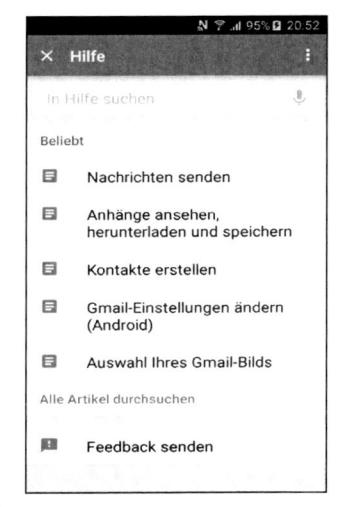

❶ Im E-Mail-Editor finden im ⋮-Menü folgende Optionen:

- *Aus Kontakten hinzufügen*: Weiteren Empfänger hinzufügen.
- *Entwurf speichern*: Speichert die E-Mail als Entwurf. Siehe Kapitel *9.1.8 Entwürfe*.
- *Verwerfen*: Nachricht ohne zu senden verwerfen.

- *Einstellungen*: Die Einstellungen beschreibt bereits Kapitel *9.3 Einstellungen*.
- *Hilfe & Feedback* (❷): Ausführliche Hilfeseiten. Falls Ihnen etwas an Gmail auffällt, das Ihnen nicht gefällt, oder Sie Verbesserungsvorschläge haben, können Sie diese außerdem an Google senden.

## 9.1.7.a Cc/Bcc

❶❷ Über ∨ (Pfeil) hinter dem *An*-Eingabefeld aktivieren Sie zusätzliche Eingabefelder. Deren Bedeutung:

- *Cc*: Der Begriff Cc steht für »Carbon Copy«, zu deutsch »Fotokopie«. Der ursprüngliche Adressat (im *An*-Eingabefeld) sieht später die unter *Cc* eingetragenen weiteren Empfänger. Die *Cc*-Funktion ist beispielsweise interessant, wenn Sie ein Problem mit jemandem per E-Mail abklären, gleichzeitig aber auch eine zweite Person von Ihrer Nachricht Kenntnis erhalten soll.
- *Bcc*: Im *Bcc* (»Blind Carbon Copy«)-Eingabefeld erfassen Sie weitere Empfänger, wobei der ursprüngliche Adressat im *An*-Feld nicht mitbekommt, dass auch noch andere Personen die Nachricht erhalten.

## 9.1.7.b Dateianlage

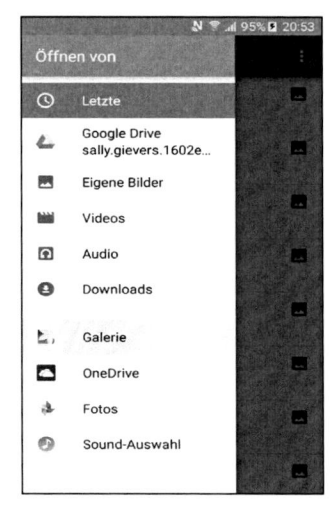

❶ Mit 📎 (Pfeil) fügen Sie Ihrer E-Mail eine Datei als Anhang hinzu.

❷ Wählen Sie dann aus:

- *Datei anhängen*: Eine Beliebige Datei (zum Beispiel ein Word-Dokument).
- *Aus Google Drive anhängen*: Eine Datei aus dem Online-Speicherdienst Google Drive (siehe Kapitel *24.7 Google Drive*) übernehmen.

In unserem Beispiel gehen wir auf *Datei anhängen*.

Gmail

❸ Gehen Sie in der folgenden Abfrage auf *Galerie*. Wählen Sie erst ein Album, dann ein Bild aus. Sie können diesen Vorgang auch wiederholen, falls Sie mehrere Dateien verschicken möchten.

Zum Entfernen der Bilddatei tippen Sie auf die ✕-Schaltleiste (Pfeil).

## 9.1.8 Entwürfe

Manchmal kommt es vor, dass man eine fertige Nachricht erst später verschicken möchte. Dafür bietet sich die Entwürfe-Funktion an.

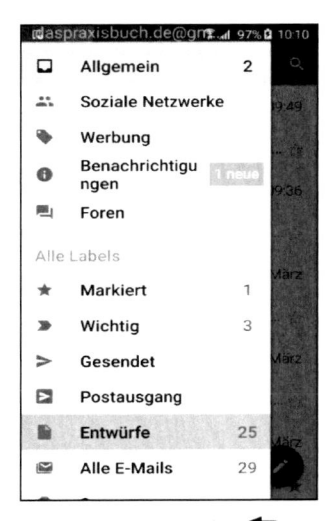

❶ Geben Sie die Nachricht wie gewohnt ein. Danach betätigen Sie zweimal die ⤺-Taste, worauf die Meldung »*Nachricht als Entwurf gespeichert*« erscheint und Gmail zur Nachrichtenübersicht zurückkehrt.

❷❸ Aktivieren Sie das Ausklappmenü und rufen Sie darin *Entwürfe* auf.

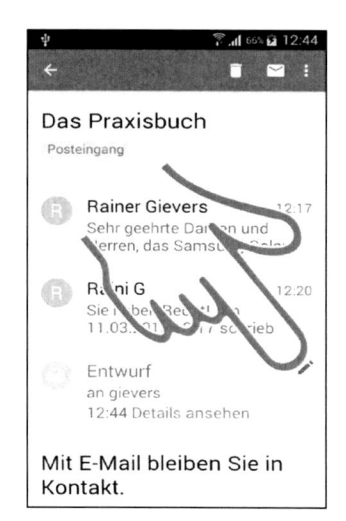

❶ Tippen Sie in der Auflistung des *Entwürfe*-Ordners eine Nachricht an, die Sie bearbeiten und später verschicken möchten.

❷ Eine Besonderheit gibt es bei Nachrichten, die man als Antwort geschrieben hat und dann als Entwurf speichert: In diesem Fall wird der Entwurf in die Konversation eingebettet und es erscheint dort der Hinweis »*Entwurf*«. Zum Bearbeiten und späteren Senden des Entwurfs tippen Sie ✐ an.

## 9.1.9 E-Mails löschen

❶ Zum Entfernen einer E-Mail oder Konversation verwenden Sie in der E-Mail-Detailansicht 🗑.

❷ Die Nachricht ist dann entfernt und Gmail schaltet in den Posteingang um. Falls Sie sich mit dem Löschen vertan haben, ist es noch möglich, den Löschvorgang durch Antippen von *RÜCKGÄNGIG MACHEN* am unteren Bildschirmrand rückgängig zu machen. Dieser Hinweis verschwindet allerdings, wenn Sie im E-Mail-Programm weiterarbeiten, also beispielsweise eine Nachricht öffnen oder den E-Mail-Ordner wechseln.

> Wenn Sie zum ersten Mal eine Nachricht löschen, fragt Sie das Handy, wie nach dem Löschen verfahren werden soll. Tippen Sie *Konversationsliste* an, damit Gmail dann in die Nachrichtenansicht zurückkehrt.

# Gmail

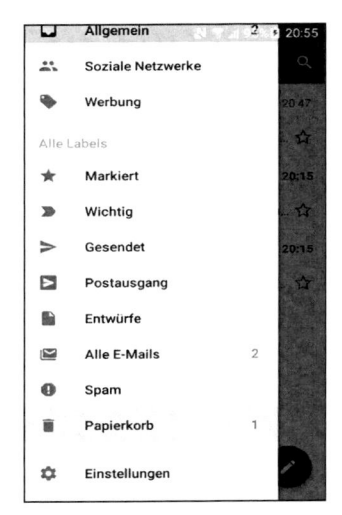

❶❷ Die gelöschten Mails sind aber noch nicht verloren, sondern werden im *Papierkorb*-Ordner zwischengespeichert. Diesen erreichen Sie, indem Sie ins Ausklappmenü gehen (Pfeil), dann das *Papierkorb*-Label auswählen.

❶ Im Prinzip verhält sich der *Papierkorb*-Ordner ähnlich wie der *Posteingang*, das heißt sie können hier die Nachrichten noch einmal ansehen. Die gelöschten Nachrichten werden im Papierkorb für 60 Tage vorgehalten.

❷❸ Zum »Retten« einer Nachricht aus dem Papierkorb verschieben Sie sie einfach wieder in den Posteingang. Gehen Sie in der Nachrichtenansicht auf ⋮/*Verschieben nach* und aktivieren Sie *Allgemein*. Nach dem Bestätigen mit *OK* finden Sie die Nachricht im *Allgemein*-Ordner wieder.

## 9.2 Weitere Funktionen

### 9.2.1 Nachrichten durchsuchen

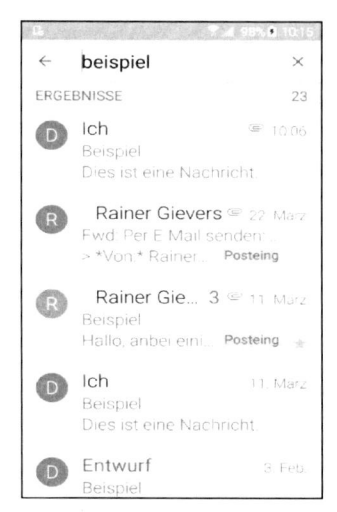

❶ Betätigen Sie die ᘎ-Schaltleiste, wenn Sie die Nachrichten eines Ordners durchsuchen möchten.

❷ Die ᘎ-Taste (Pfeil) im Tastenfeld führt dann die Suche durch. Alternativ wählen Sie einen der Suchvorschläge aus.

❸ Tippen Sie eine Nachricht an, die Sie lesen möchten. Die ↶-Taste bringt Sie wieder in die Nachrichtenauflistung zurück.

### 9.2.2 E-Mail aus Telefonbuch senden

❶❷ Auch das Senden von Nachrichten über das Telefonbuch (siehe Kapitel *6 Telefonbuch*) ist möglich. Wählen Sie darin einen Kontakt aus und tippen Sie dann die E-Mail-Adresse an.

❸ Wählen Sie den *Gmail*-Eintrag aus (falls Sie die im Kapitel *9 Gmail* beschriebene E-Mail-Anwendung verwenden, gehen Sie auf *E-Mail*). Falls Sie immer Gmail für den E-Mail-Kontakt nutzen möchten, betätigen Sie dann *Immer*, sodass nicht mehr die Abfrage erscheint, ansonsten *Nur einmal*.

### 9.2.3 Archivieren

Obwohl Gmail Nachrichten, die mit dem gleichen Empfänger ausgetauscht wurden als »Konversationen« in einem Eintrag zusammenfasst, kann der Posteingang unübersichtlich werden. Unwichtige Nachrichten/Konversationen lassen sich deshalb im Posteingang ausblenden, was mit der Archivieren-Funktion geschieht.

# Gmail

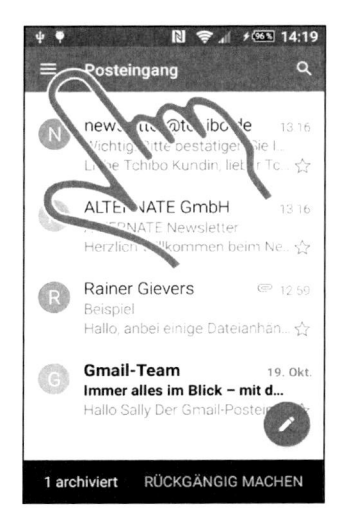

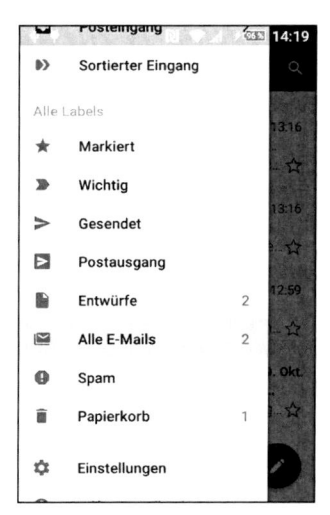

❶ Betätigen Sie in der E-Mail-Detailansicht ⬇ (Pfeil). Die Nachricht ist nun »archiviert« und Gmail schaltet wieder auf den Posteingang um.

❷ Zum Anzeigen der archivierten Nachrichten aktivieren Sie das Ausklappmenü.

❸ Wählen Sie *Alle E-Mails* aus.

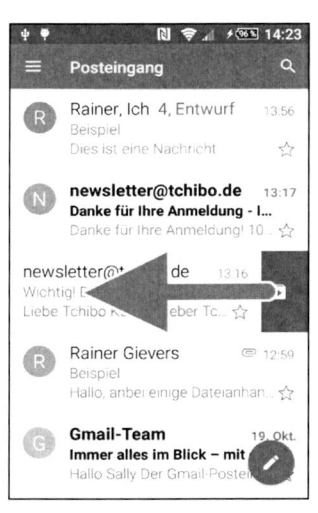

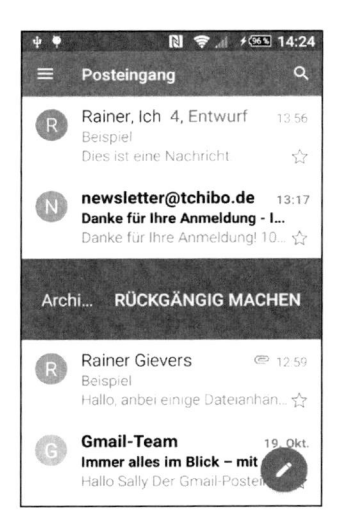

❶❷ Das Archivieren ist auch über eine Wischgeste in der Nachrichtenauflistung möglich. Wischen Sie dort einfach über einem E-Mail-Eintrag von rechts nach links beziehungsweise umgekehrt.

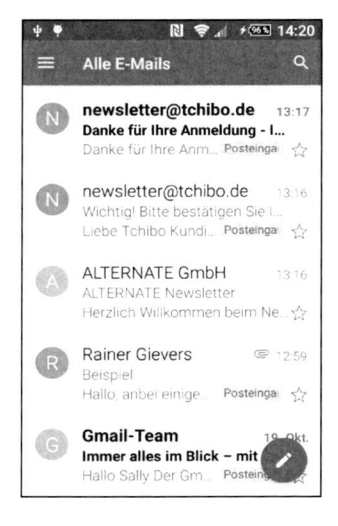

Gmail zeigt nun alle Nachrichten, das heißt, neben den archivierten auch die aus *Entwürfe*, *Gesendet*, usw. an.

Alle Nachrichten, die im Posteingang vorhanden sind, sind mit einem grauen »*Posteingang*« markiert.

Über zweimaliges Betätigen der ↵-Taste oder erneutes Aktivieren des Ausklappmenüs und Auswahl von *Posteingang* beziehungsweise *Allgemein* bringt Sie wieder in den Posteingang zurück.

Antwortet jemand auf eine archivierte Nachricht/Konversation, so verschiebt Gmail diese automatisch wieder in den Posteingang.

## 9.2.4 Unterdrücken

Die zuvor erwähnte Archivieren-Funktion mag zwar sehr praktisch sein, wenn Sie aber laufend Nachrichten einer Konversation (beispielsweise auf einer Mailing-Liste) erhalten, die Sie überhaupt nicht interessieren, ist es sehr lästig, immer wieder erneut die einzelnen Nachrichten zu archivieren.

Mit der Unterdrücken-Funktion lassen sich dagegen alle Nachrichten einer Konversation automatisch archivieren, das heißt, wenn neue Nachrichten in einer unterdrückten Konversation eingehen, werden diese automatisch ebenfalls archiviert. Sie sollten die Unterdrücken-Funktion aber vorsichtig einsetzen, weil Sie ja von neuen Nachrichten einer unterdrückten Konversation nichts mitbekommen. Dies ist aber meist nicht weiter schlimm, denn ist Ihre E-Mail-Adresse im Feld »*An*« oder »*Cc*« enthalten, wird die Konversation wieder in Ihren Posteingang eingeordnet. Sie verpassen also keine Nachrichten, die direkt an Sie adressiert sind.

❶❷ In der Nachrichtenansicht rufen Sie ❶*/Ignorieren* auf. Die Nachricht/Konversation verschwindet aus dem Posteingang.

❶ Zum Anzeigen der ignorierten Nachrichten aktivieren Sie das Ausklappmenü (Pfeil).

❷ Wählen Sie *Alle E-Mails* aus.

❸ Unterdrückte Nachrichten sind mit dem Label *Ignoriert* markiert (Pfeil).

Gmail

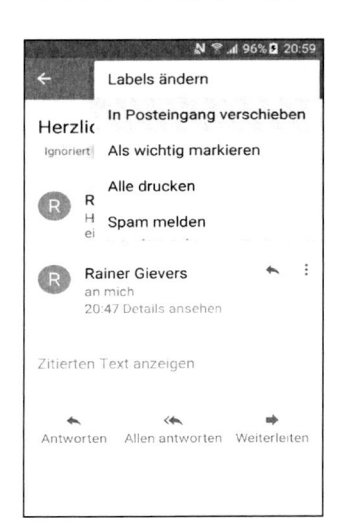

So verschieben Sie unterdrückte Nachrichten wieder in den Posteingang: Gehen Sie in die Nachrichtenansicht und rufen Sie ⋮/*In den Posteingang verschieben* auf.

## 9.2.5 Wichtig-Label und der sortierte Eingang

Erhalten Sie extrem viele Nachrichten, unterstützt Sie Gmail dabei, die lesenswerten von den weniger lesenswerten Nachrichten zu unterscheiden. Die Lesenswerten landen dann im *Sortierten Eingang*-Ordner. Aber wie funktioniert diese Filterung genau? Dazu schreibt Google in seiner Online-Hilfe (*support.google.com/mail/answer/186543*):

*Gmail berücksichtigt automatisch eine Reihe von Signalen, um festzustellen, welche eingehenden Nachrichten wichtig sind, unter anderem:*

- *An wen Sie E-Mails senden: Falls Sie viele E-Mails an Thomas senden, sind E-Mails von Thomas höchstwahrscheinlich wichtig.*
- *Welche Nachrichten Sie öffnen: Nachrichten, die Sie öffnen, sind höchstwahrscheinlich wichtiger als ungeöffnete Nachrichten.*
- *Welche Themen Ihre Aufmerksamkeit wecken: Falls Sie Nachrichten über Fußball immer lesen, ist eine E-Mail zum Thema Fußball höchstwahrscheinlich wichtig.*
- *Welche E-Mails Sie beantworten: Falls Sie Nachrichten von Ihrer Mutter immer beantworten, sind ihre Nachrichten an Sie höchstwahrscheinlich wichtig.*
- Wie Sie die Funktionen "Markieren", "Archivieren" und "Löschen" verwenden: Nachrichten, die Sie markieren, sind höchstwahrscheinlich wichtiger als Nachrichten, die Sie ungeöffnet archivieren.

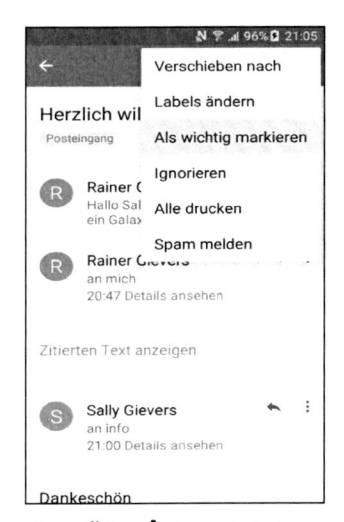

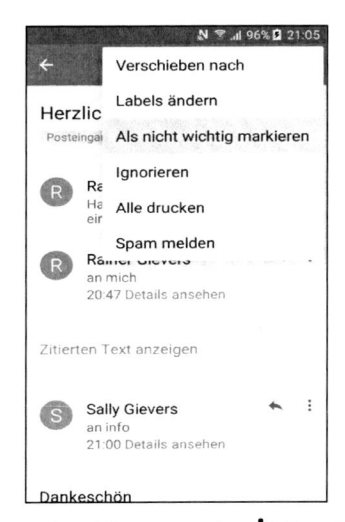

❶❷ Über ⋮/*Als wichtig markieren*, beziehungsweise ⋮/*Als nicht wichtig markieren* in der Nachrichtenansicht nehmen Sie Einfluss auf die automatische Einordnung weiterer E-Mails vom gleichen Absender.

> Wenn Sie, wie im nächsten Kapitel beschrieben, die *Art des Posteingangs* auf *Sortierter Eingang* umschalten, so zeigt Gmail beim Programmstart automatisch den sortierten Eingang mit den als wichtig eingestuften Nachrichten an.

## 9.2.5.a Benachrichtigung

Normalerweise erhalten Sie ja bei jeder empfangenen E-Mail eine akustische und visuelle Benachrichtigung, was schnell lästig wird. Über die Funktion »sortierter Eingang« können Sie die Benachrichtigung so einschränken, sodass Sie nur bei den von Gmail als »wichtig« eingestuften Mails einen Hinweis erhalten. Im Folgenden erfahren Sie, wie Sie den sortierten Eingang konfigurieren.

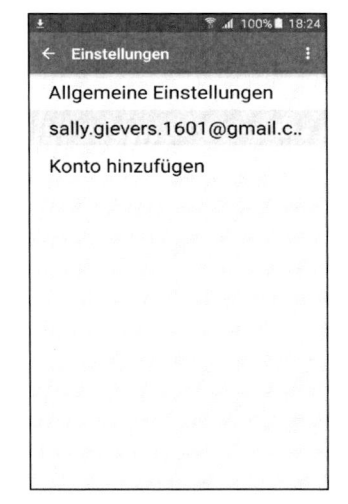

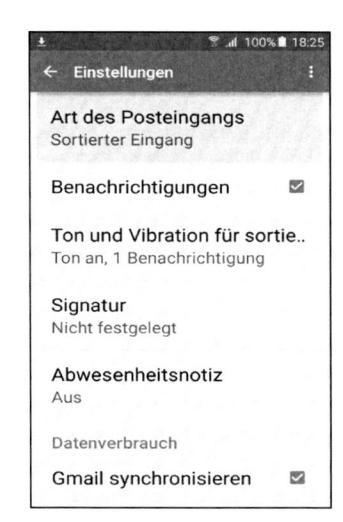

❶❷ Gehen Sie im Ausklappmenü auf *Einstellungen* und wählen Sie dann Ihr Google-Konto aus.

❸ Tippen Sie *Art des Posteingangs* an und aktivieren Sie *Sortierter Eingang*.

❶❷ Danach rufen Sie *Labels verwalten* auf und gehen auf *Sortierter Eingang*.

❸ Hier stellen Sie ein:

- *Label-Benachrichtigungen*: Wenn aktiv, informiert Sie Gmail in der Titelleiste über neue Mails.
- *Ton; Vibration*: Der Signalton, beziehungsweise das Vibrationssignal, mit dem Sie über neu empfangene Nachrichten informiert werden.
- *Bei jeder E-Mail benachrichtigen*: Konfiguriert, ob beim Abruf von mehreren neuen E-Mails bei jeder E-Mail einzeln die Benachrichtigung erfolgt.

Gmail

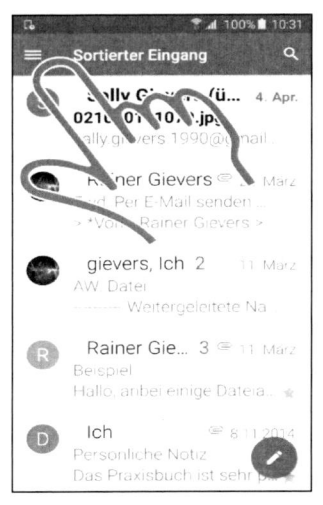

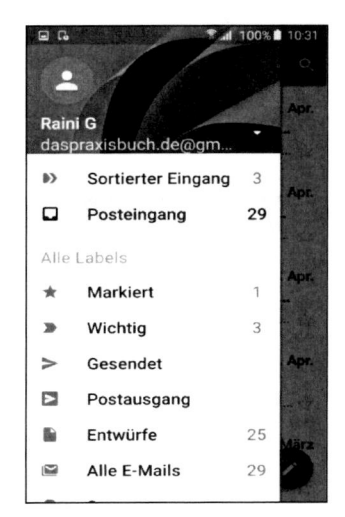

❶❷❸ Wie bereits erwähnt, zeigt Gmail nun nach dem Start immer nur den sortierten Posteingang mit den als »wichtig« erachteten Nachrichten an. Wenn Sie dagegen alle Nachrichten anzeigen möchten, rufen Sie das Ausklappmenü auf und wählen *Posteingang*.

## 9.2.6 Markierungen

Nachrichten, die für Sie wichtig sind, heben Sie einfach durch Markierung mit einem »Stern« hervor.

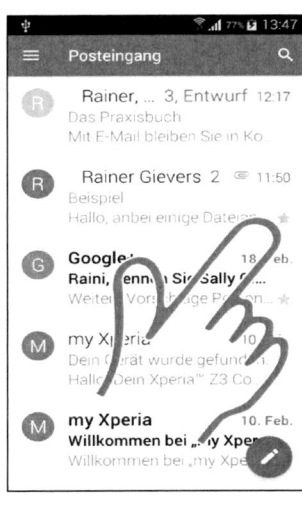

❶ Um einen Stern zu setzen, tippen Sie einfach den ausgeblendeten Stern hinter einer Nachricht an. Ein zweites Antippen deaktiviert den Stern wieder.

❷ Auch in der Nachrichtenanzeige können Sie den Stern setzen/entfernen (Pfeil).

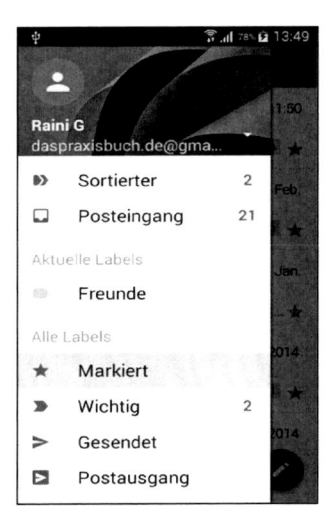

❶❷❸ Die Anzeige beschränken Sie mit *Markiert* im Label-Ausklappmenü auf die markierten Nachrichten.

## 9.2.7 Spam

Unter Spam versteht man unerwünschte Werbemails. Abhängig davon, ob Sie Ihre E-Mail-Adresse irgendwo mal auf einer Website hinterlassen haben oder durch Zufall ein Spam-Versender Ihre Gmail-Adresse mit Ausprobieren erraten hat, können pro Tag einige dutzend oder hundert Werbemails in Ihrem E-Mail-Konto auflaufen. Damit Ihre wichtige Kommunikation nicht im ganzen Spam untergeht, verfügt Ihr Gmail-Konto über einen automatischen Spam-Filter. Alle Spam-Mails landen dabei im *Spam*-Ordner.

Damit Google weiß, was für Sie Spam ist, müssen sie die unerwünschten Mails einzeln als Spam markieren.

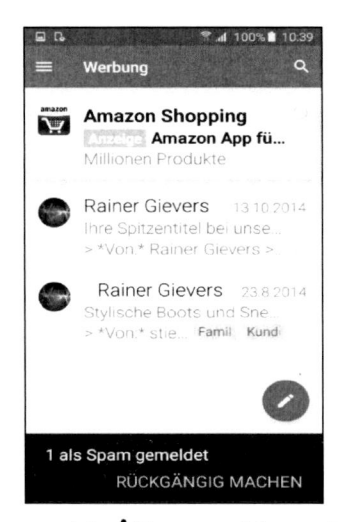

❶❷ Rufen Sie in der Nachrichtenansicht ⋮/*Spam melden* auf. Die betreffende Nachricht wird aus dem *Posteingang* entfernt und landet im *Spam*-Ordner.

> Nutzen Sie ⋮/*Phishing melden*, wenn Sie eine Spam-Nachricht erhalten, mit deren Hilfe Dritte Daten wie Ihre Kreditkartennummer abfragen oder zum Aufruf einer möglicherweise gefährlichen Webseite auffordern. Beliebt sind dabei unter anderem vorgeschobene Warnungen vor Online-Kontosperrungen, weshalb man seine Kontodaten inklusive PIN eingeben müsse. Weitere nützliche Hinweise zum wichtigen Thema »Phishing« finden Sie online unter *support.google.com/mail/answer/8253*.

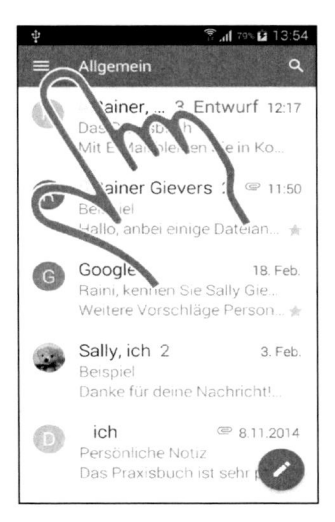

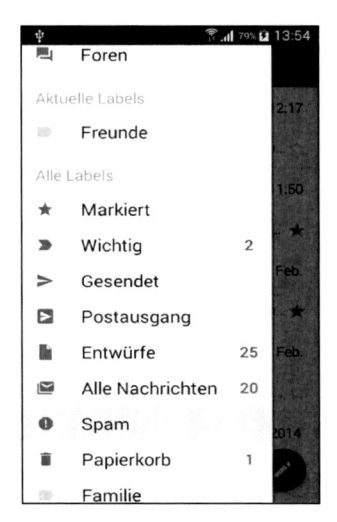

❶❷❸ So zeigen Sie den *Spam*-Ordner an: Aktivieren Sie das Label-Ausklappmenü, worin Sie *Spam* auswählen.

Wenn Sie meinen, dass eine Nachricht doch kein Spam ist, dann rufen gehen Sie in die Nachricht und rufen ⁞/*Kein Spam* auf.

> Es ist sehr **wichtig**, dass im *Spam*-Ordner wirklich nur unerwünschte Mails enthalten sind. Gmail vergleicht nämlich eingehende Nachrichten mit denen im Spam-Ordner und ordnet sie als Spam ein, wenn eine große Ähnlichkeit besteht. Schauen Sie deshalb ab und zu mal in Ihren *Spam*-Ordner, um falsche Einordnungen wieder rückgängig zu machen.

## 9.2.8 Stapelvorgänge

Wenn eine Aktion, wie Label ändern, Löschen, Markierung hinzufügen, usw. auf mehrere Nachrichten anzuwenden ist, verwenden Sie die Stapelvorgänge.

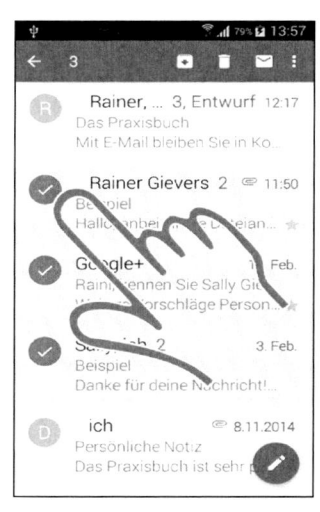

❶ Zum Markieren tippen Sie auf die bunten Kästchen vor den Nachrichten. Über die Schaltleisten am oberen Bildschirmrand können Sie dann die Nachrichten archivieren, löschen, einem Label zuweisen, auf gelesen/ungelesen setzen oder als Favoriten markieren.

❷ Den Markierungsmodus verlassen Sie gegebenenfalls mit der ←-Schaltleiste (Pfeil). Alternativ betätigen Sie die ⊃-Taste.

> Die Funktion »Stapelvorgänge« können Sie in den Einstellungen über *Kontrollkästchen ausblenden* deaktivieren, siehe Kapitel *9.3 Einstellungen*.

## 9.2.9 Wischgeste zum Archivieren

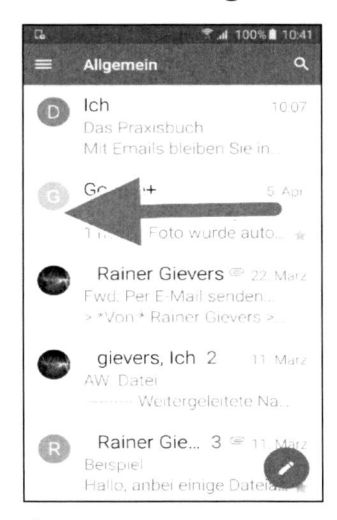

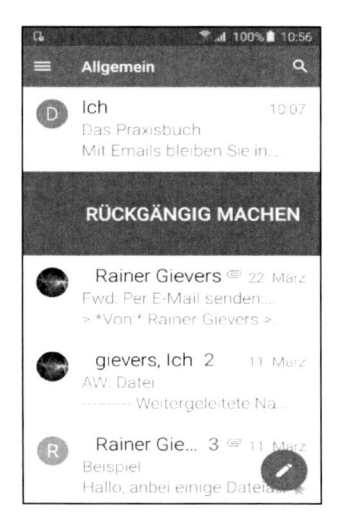

❶ Mit einer Wischgeste nach links oder rechts über einer Nachricht archivieren Sie diese.

❷ Über die *RÜCKGÄNGIG MACHEN*-Schaltleiste können Sie den Vorgang wieder zurücksetzen.

> Welche Aktion die Wischgeste durchführt, legen Sie in ⋮/*Einstellungen/Allgemeine Einstellungen* fest. Gehen Sie dort auf *Gmail-Standardaktion,* bei der Sie die Wahl zwischen *Löschen* und *Archivieren* haben.

## *9.3 Einstellungen*

### 9.3.1 Allgemeine Einstellungen

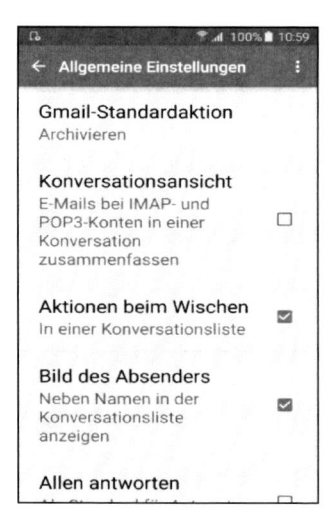

❶❷❸ Rufen Sie zunächst *Einstellungen* im Ausklappmenü auf und gehen dann auf *Allgemeine Einstellungen*.

- *Gmail-Standardaktion:* Steuert die im Kapitel *9.2.9 Wischgeste zum Archivieren* beschriebene Wischgeste. Deaktivieren Sie *Zum Archivieren wischen*, wenn Sie die Wischgeste nicht nutzen.
- *Konversationsansicht*: Wenn Sie E-Mails beantworten beziehungsweise jemand auf Ihre E-Mails antwortet, so fasst Gmail diese in einer sogenannten Konversation zusammen.
- *Aktionen beim Wischen*: Falls Sie die Wischgeste (siehe *9.2.9 Wischgeste zum Archivieren*) nicht nutzen möchten, deaktivieren Sie sie hier.
- *Bild des Absenders*: Zeigt Kontaktfotos in der Konversationsliste an.

- *Allen Antworten*: Sofern in einer beantworteten Nachricht mehrere weitere Empfänger enthalten sind, können Sie diesen mit der *Allen-Antworten*-Option neben dem ursprünglichen Empfänger ebenfalls Ihre Antwort-Mail zukommen lassen. Wir raten allerdings davon ab, *Allen Antworten* zu aktivieren, da sonst Außenstehende Ihre E-Mails erhalten könnten, die nicht für sie bestimmt sind.
- *Nachrichten automatisch anpassen*: Normalerweise zeigt die Gmail-Anwendung alle Nachrichten in Originalgröße an, sodass Sie im Nachrichtentext mit dem Finger rollen müssen. Aktivieren Sie *Nachrichten autom. anpassen*, wenn stattdessen die Nachrichten auf Bildschirmbreite verkleinert werden sollen.
- *Automatisch weiter*: Konfiguriert, wie sich Gmail verhält, wenn Sie eine Nachricht archivieren oder löschen. Standardmäßig landen Sie dann wieder in der Nachrichtenauflistung (*Konversationsliste*).

Unter *Aktionsbestätigungen:*

- *Vor Löschen bestätigen; Vor Archivieren bestätigen; Vor Senden bestätigen*: Die Aktionen Archivieren, Löschen und Senden erfolgen bei Gmail ohne Rückfrage. Falls Sie das stört, aktivieren Sie hierüber die Sicherheitsabfrage.

## 9.3.2 Konto-Einstellungen

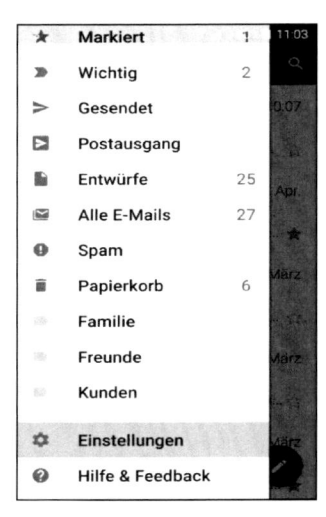

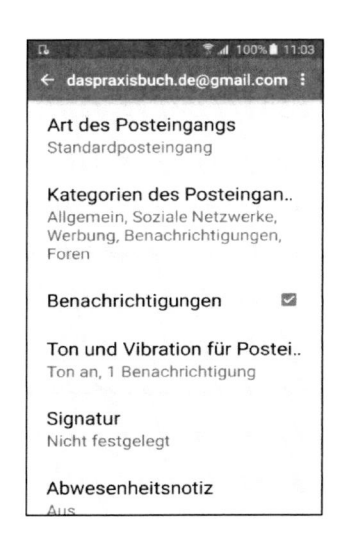

❶ Aktivieren Sie das Ausklappmenü und wählen Sie *Einstellungen*.

❷❸ Über *(Ihr Google-Konto)* konfigurieren Sie:

- *Art des Posteingangs*: Wählen Sie darin *Sortierter Eingang*, dann zeigt Gmail nicht mehr alle erhaltenen Nachrichten an, sondern nur solche, die als *Wichtig* markiert sind (siehe dazu Kapitel *9.2.5 Wichtig-Label und der sortierte Eingang*).
- *Kategorien des Posteingangs:* Gmail sortiert Werbung, Nachrichten sozialer Netzwerke, usw. automatisch unter bestimmte Label ein. Siehe auch Kapitel *9.3.2.b Automatisch zugewiesene Labels*.
- *Benachrichtigungen*: Wenn neue Nachrichten empfangen wurden, meldet Gmail dies in der Titelleiste. Deaktivieren Sie *E-Mail-Benachrichtigung*, um diese Benachrichtigungen auszuschalten.
- *Ton und Vibration für Posteingang*: Benachrichtigungseinstellungen für den *Posteingang*.
- *Signatur*: Die Signatur ist ein Text, den Gmail automatisch beim Erstellen einer neuen Nachricht einfügt. Nutzen Sie sie, um den Empfängern Ihrer E-Mails auf weitere Kontaktmöglichkeiten per Telefon, oder ähnlich hinzuweisen.
- *Abwesenheitsnotiz*: Ein sehr nützliches Feature, wenn Sie mal nicht erreichbar sind und Personen, die Ihnen geschrieben haben, automatisch über Ihre Abwesenheit informieren möchten.

Unter *Datenverbrauch*:

- *Gmail synchronisieren*: Diese Schaltleiste führt Sie in die Kontenverwaltung, welche Kapitel *25.2 Weitere Kontenfunktionen* beschreibt, worin Sie unter anderem den Datenabgleich mit dem Google-Konto steuern. Für die meisten Nutzer dürfte es aber keinen Sinn machen, dort den E-Mail-Abruf vom Google-Mail-Konto zu deaktivieren.

- *E-Mails: Zu synchronisierende Tage*: Legt fest, wie lange empfangene Nachrichten von der Gmail-Anwendung aufbewahrt werden. Ältere Nachrichten werden natürlich nicht gelöscht, sondern sind weiterhin über die Weboberfläche von Gmail (*mail.google.com*) im Webbrowser anzeigbar.

- *Labels verwalten*: Konfigurieren Sie die Benachrichtigungen zu den einzelnen Labels.

- *Anhänge herunterladen*: Dateianhänge sind häufig mehrere Megabyte groß, weshalb diese nur automatisch heruntergeladen werden, wenn eine WLAN-Verbindung besteht. Lassen Sie diese Option am Besten aktiviert, da sonst beim Öffnen von Dateianhängen längere Wartezeiten entstehen.

- *Bilder*: Standardmäßig lädt Gmail immer alle eingebetteten Bilder aus dem Posteingang herunter und zeigt diese an. Dies betrifft vor allem Werbe-E-Mails von Unternehmen (Newsletter, u.ä.). Sie können aber auch diese Einstellung auf *Vor dem Anzeigen erst fragen* stellen, sodass Sie die Bilderanzeige in jeder betroffenen E-Mail erst bestätigen müssen.

### 9.3.2.a Abwesenheitsnotiz

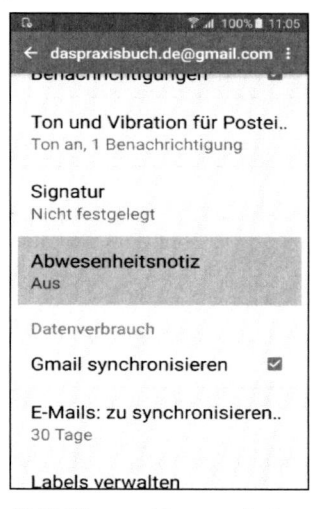

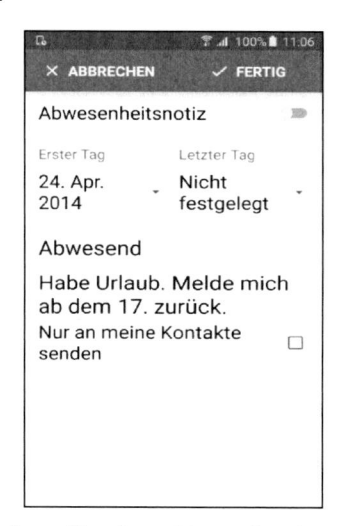

❶❷ Unter *Abwesenheitsnotiz* geben Sie einen Text ein, der während des eingestellten Zeitraums an alle E-Mail-Sender geschickt wird. Aktivieren Sie *Nur an meinen Kontakte senden*, damit nur Ihnen bekannte (im Telefonbuch gespeicherte) Kontakte die Abwesenheitsnotiz erhalten. Vergessen Sie nicht, zum Schluss die Abwesenheitsnotiz über den Schalter oben rechts zu aktivieren!

## 9.3.2.b Automatisch zugewiesene Labels

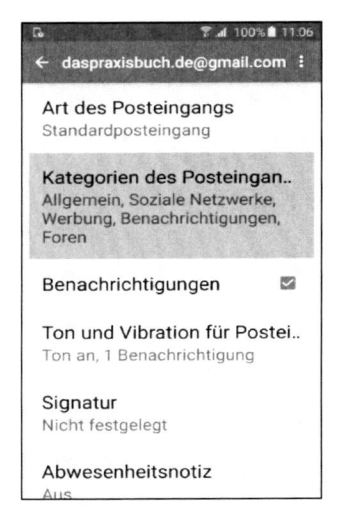

❶❷ Gmail weist Nachrichten, die von einem bestimmten Typ sind, automatisch Labeln zu. Dazu zählen laut Google (*support.google.com/mail/answer/3055016?hl=de*):

- *Allgemein*: Nachrichten von Freunden und Verwandten sowie sonstige Nachrichten, die nicht in einem der anderen Tabs angezeigt werden
- *Werbung*: Werbeaktionen, Angebote und sonstige Werbe-E-Mails
- *Soziale Netzwerke*: E-Mails aus sozialen Netzwerken, Plattformen zum Teilen von Inhalten, Online-Partnervermittlungen, Spieleplattformen oder anderen sozialen Websites
- *Benachrichtigungen*: Benachrichtigungen wie Bestätigungen, Belege, Rechnungen und Kontoauszüge
- *Foren*: E-Mails aus Online-Gruppen, Diskussionsforen und Mailinglisten

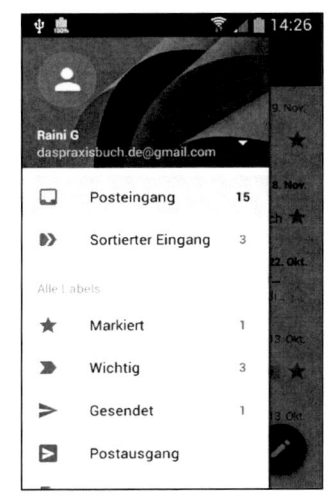

❶ Die automatisch zugewiesenen Labels listet Gmail als erstes im Ausklappmenü auf. Labels, die keine Nachrichten enthalten, werden ausgeblendet.

❷ Haben Sie dagegen alle automatisch zugewiesenen Labels deaktiviert, ordnet Gmail die empfangenen Nachrichten dem Label *Posteingang* beziehungsweise *Sortierter Eingang* (siehe Kapitel *9.2.5 Wichtig-Label und der sortierte Eingang*) zu.

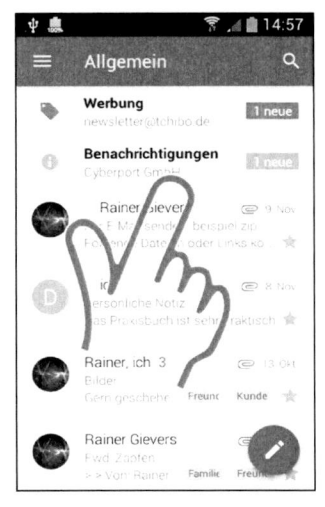

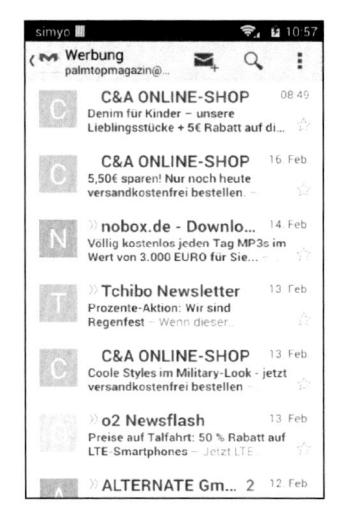

❶❷ Der *Allgemein*-Ordner erscheint sehr aufgeräumt, wenn die automatisch zugewiesenen Labels aktiv sind. Schaltflächen weisen dann im Allgemein-Ordner auf neu vorhandene Nachrichten in den Labels hin.

## 9.4 Zugriff auf Gmail vom Startbildschirm

Auf dem Samsung Galaxy lässt sich ein direkter Zugriff auf die Gmail-Ordner/Labels vom Startbildschirm aus einrichten.

Beachten Sie zu den Widgets auch Kapitel *3.7.2 Widgets*.

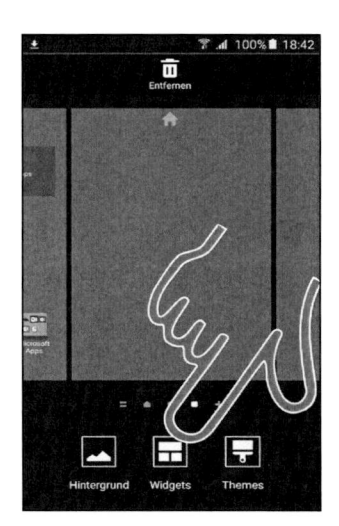

❶ Blättern Sie mit einer Wischgeste nach links oder rechts im Startbildschirm zu einem noch freien Bildschirm beziehungsweise entfernen Sie nicht benötigte Widgets (siehe auch Kapitel *3.7.2 Widgets*). Rufen Sie mit einer Kneifen-Geste (zwei Finger auf das Display halten und zusammen ziehen) den Bearbeitungsbildschirm auf.

❷ Betätigen Sie *Widgets* (Pfeil).

❸ Tippen Sie auf *Gmail* (gegebenenfalls müssen Sie vorher mit einer Wischgeste nach links mehrmals durch die aufgelisteten Widgets blättern).

❶ Zur Auswahl stehen *Gmail* und *Gmail-Label*. Während *Gmail* die empfangenen E-Mails direkt im Startbildschirm anzeigt, können Sie über das *Gmail-Label* direkt Gmail starten und dort den Posteingang anzeigen lassen. Wählen Sie *Gmail* aus. Positionieren Sie das Widget und lassen Sie den Finger anschließend los.

❷ Wählen Sie einen Ordner, empfohlenerweise *Allgemein*, aus.

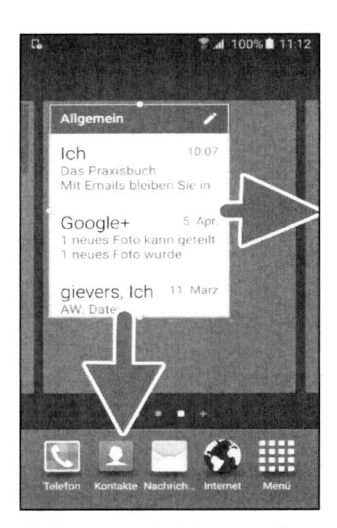

❶❷ Zum Schluss sollten Sie noch die Widget-Größe anpassen: Halten und ziehen Sie die orangefarbigen Ränder nach außen. Schließen Sie mit der ⏎-Taste den Vorgang ab.

Auch nachträglich ist jederzeit eine Größenänderung des Gmail-Widgets möglich, indem Sie den Finger auf dem Widget halten, bis es hervorgehoben ist und dann loslassen.

## 9.5 Nutzung mehrerer E-Mail-Konten

Viele Anwender nutzen mehrere Gmail-Konten, zum Beispiel für private und berufliche Zwecke. Deshalb lassen sich mehrere Mail-Konten auf dem Galaxy verwalten.

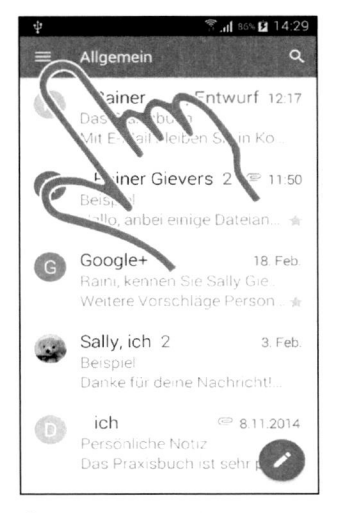

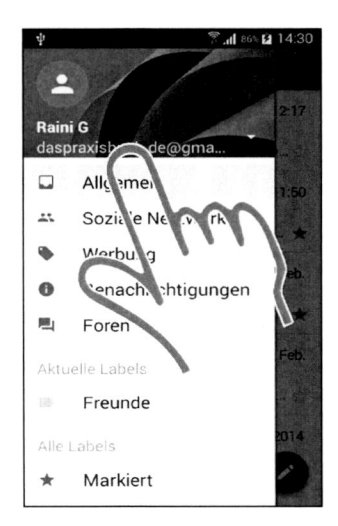

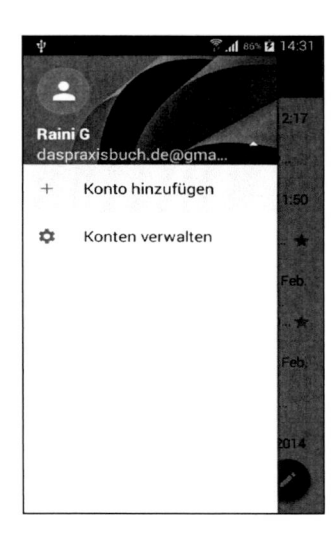

❶ Aktivieren Sie das Ausklappmenü.

❷ Tippen Sie auf den Kontonamen und gehen Sie auf *Konto hinzufügen*.

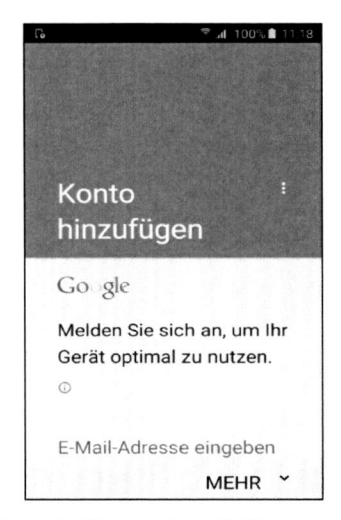

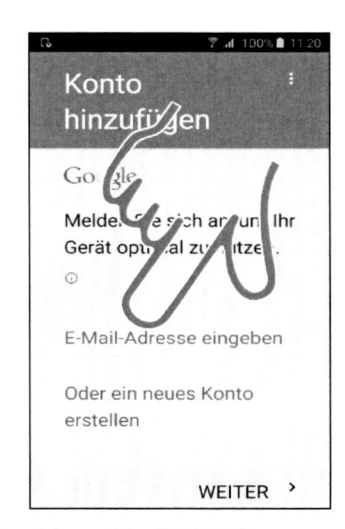

❶ In unserem Fall wählen wir *Google* für ein Gmail-Konto aus. Betätigen Sie *WEITER*.

❷ Betätigen Sie gegebenenfalls *MEHR*.

❸ Sie können nun *E-Mail-Adresse eingeben* wahlweise bereits bestehendes Google-Konto angeben oder über die Schaltleiste darunter ein neues Konto erstellen. In unserem Fall gehen Sie auf *E-Mail-Adresse eingeben*.

❶ Geben Sie Ihren Kontonamen (es reicht, nur den Namen vor dem »*@gmail.com*« einzugeben, denn der Rest wird ergänzt) und betätigen Sie *WEITER*.

❷ Erfassen Sie das Kennwort zu Ihrem Google-Konto und gehen Sie auf *WEITER*.

❸ Anschließend bestätigen Sie die Datenschutz- und Nutzungsbedingungen.

Zur Google-Kontenverwaltung siehe auch Kapitel *25 Das Google-Konto*.

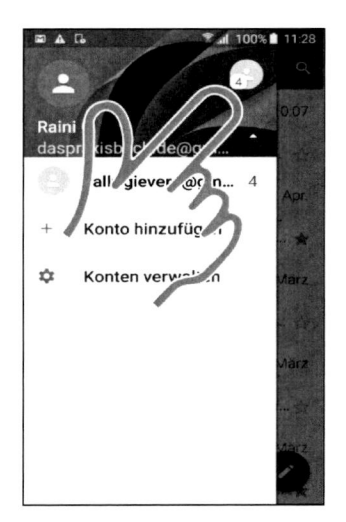

❶ Schließen Sie den Vorgang ab, indem Sie mehrmals *MEHR* beziehungsweise *WEITER* betätigen.

❷ Damit ist die Kontenanlage abgeschlossen und Sie befinden sich wieder in Gmail. Schließen Sie das Ausklappmenü mit der ⮌-Taste.

❸ Zwischen den Konten schalten Sie nun immer über die Schaltleisten im Ausklappmenü um.

## *9.6 Andere E-Mail-Konten mit Gmail*

Die Gmail-Anwendung wurde ursprünglich nur für den Einsatz mit dem Google-Konto und der damit verbundenen E-Mail-Adresse entwickelt.

Viele Anwender haben aber bereits eine E-Mail-Adresse, sei es von einem freien E-Mail-Anbieter wie GMX, Web.de, T-Online.de oder Outlook.com oder eine Firmen-E-Mail-Adresse. Deshalb liefern Gerätehersteller wie Samsung zusätzlich neben Gmail eine weitere E-Mail-Anwendung (siehe Kapitel *10 E-Mail*) mit. Seit einiger Zeit können Sie allerdings mit Gmail neben ihrem Gmail-Konto auch Ihre anderen E-Mail-Konten verwalten. Ob Sie davon Gebrauch machen, ist Ihnen überlassen.

### **9.6.1 E-Mail einrichten**

Leider ist es uns aus Platzgründen hier nicht möglich, auf die Einrichtung aller möglichen E-Mail-Adressen einzugehen, weshalb wir uns hier beispielhaft auf einen kostenlosen Anbieter (Outlook.com) beschränken. Bei anderen Anbietern wie T-Online, GMX, usw. läuft es aber im Prinzip genauso ab.

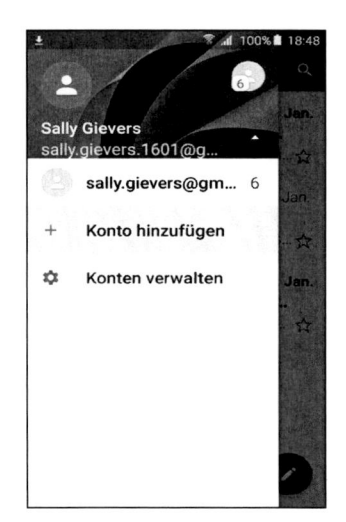

❶ Aktivieren Sie das Ausklappmenü, in dem Sie auf Ihren Kontennamen tippen.

❷❸ Gehen Sie auf *Konto hinzufügen* und dann *Persönlich (IMAP/POP)*. Betätigen Sie *Weiter*.

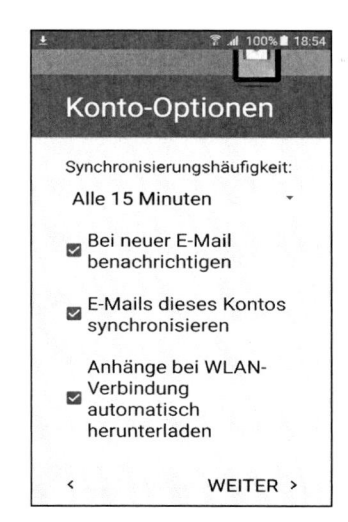

❶ Geben Sie Ihre E-Mail-Adresse und das Kennwort Ihres E-Mail-Kontos ein. Betätigen Sie *WEITER*.

❷ Erfassen Sie das Kennwort Ihres E-Mail-Kontos und betätigen Sie *ANMELDEN*. Die Einstellungen werden aus dem Internet geladen.

❸ Sie können nun unter *Synchronisierungshäufigkeit* den automatischen Abrufintervall einstellen. 15 Minuten reichen normalerweise aus, es ist aber später jederzeit möglich, einen manuellen Abruf per Tastendruck durchzuführen.

Weitere Einstellungen:

- *Bei neuer E-Mail benachrichtigen*: Akustisches und optisches Signal bei neu empfangenen Nachrichten.
- *E-Mails dieses Kontos synchronisieren*: Muss aktiv sein, damit das Handy den Abruf durchführt.
- *Anhänge bei WLAN-Verbindung automatisch herunterladen*: Die E-Mail-Anwendung lädt E-Mail-Anhänge herunter, sofern eine WLAN-Verbindung besteht. Ansonsten können Sie E-Mail-Anhänge von Hand herunterladen. Diese Option steht nur für Nutzer eines Outlook.com-E-Mail-Kontos zur Verfügung.

Betätigen Sie *WEITER*.

Zum Schluss können Sie noch den Kontonamen ändern, sowie den Namen, als dessen Empfänger Sie in den E-Mails erscheinen. Betätigen Sie *WEITER*, womit die Einrichtung abgeschlossen ist.

Auf dem gleichen Wege, wie Sie das E-Mail-Konto gerade angelegt haben, dürfen Sie auch weitere Konten anlegen.

## 9.6.2 E-Mail in der Praxis

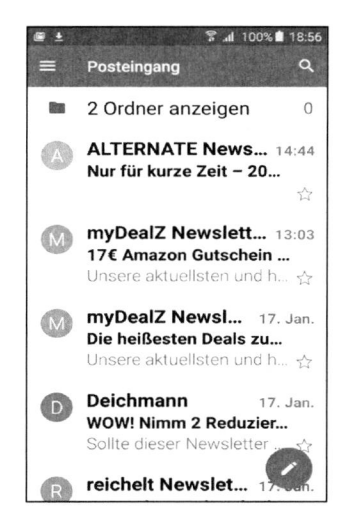

❶ So schalten Sie zwischen mehreren E-Mail-Konten um: Aktivieren Sie das Ausklappmenü und betätigen Sie eine der runden Schaltleisten am oberen Rand (Pfeil).

❷ Viele Funktionen, die Sie bereits im Zusammenhang mit Ihrem Google-Konto kennen gelernt haben, sind auch mit Ihrem eigenen E-Mail-Konto möglich, weshalb wir hier nicht noch einmal darauf eingehen.

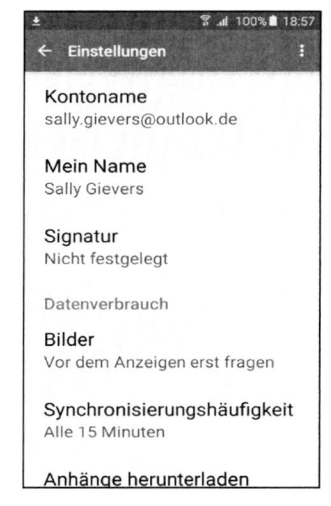

❶ Für die Konfiguration rufen Sie das Ausklappmenü auf und gehen auf *Einstellungen*.

❷ Wählen Sie das E-Mail-Konto aus.

❸ Die Parameter:

- *Kontoname*: Unter diesem Namen erscheint das Konto in der E-Mail-Anwendung.
- *Mein Name*: Erscheint als Absendername in Ihren E-Mails.
- *Signatur*: Die Signatur erscheint unter allen Ihren E-Mails. Geben Sie dort zum Beispiel Ihre Kontaktdaten ein, damit Sie E-Mail-Empfänger auch auf anderen Wegen als über E-Mail erreichen können.

Unter *Datenverbrauch*:

- *Bilder:* Stellen Sie ein ob im Nachrichtentext enthaltene Bilder sofort geladen und angezeigt werden, oder erst auf Nachfrage.
- *Synchronisationshäufigkeit*: Die Vorgabe *15 Minuten* dürfte für die meisten Nutzer ausreichend sein, zumal auch der manuelle Abruf (auf dem Bildschirm nach unten Wischen) jederzeit möglich ist.
- *Anhänge herunterladen*: Sofern eine WLAN-Verbindung besteht, lädt Gmail auch Nachrichten mit E-Mail-Anhängen komplett herunter – steht nur eine Mobilfunkverbindung zur Verfügung, so können Sie das Herunterladen aber auch manuell anstoßen.

Unter *Benachrichtigungseinstellungen*:

- *E-Mail-Benachrichtigung*: In der Titelleiste erfolgt bei neu empfangenen Nachrichten ein Hinweis.
- *Klingelton auswählen; Vibration*: Benachrichtigungston für empfangene Nachrichten.

Unter *Servereinstellungen*:

- *Einstellungen des Eingangsservers; Einstellungen des Ausgangsservers*: Konfiguriert die Abruf- beziehungsweise Sendeeinstellungen. Hier sollten Sie nichts ändern.

# 10. E-Mail

Über die E-Mail-Anwendung verwalten, senden und empfangen Sie E-Mails. Zuvor müssen Sie den Internetzugang, wie im Kapitel *7 Internet einrichten und nutzen* beschrieben, richtig konfiguriert haben. Anwender, die mehrere E-Mail-Konten, zum Beispiel privat und geschäftlich nutzen, können problemlos auch mehrere Konten anlegen.

Die *E-Mail*-Anwendung starten Sie aus dem Hauptmenü.

Hinweis: Falls Sie noch niemals mit E-Mails zu tun hatten, empfehlen wir Ihnen das »**Praxisbuch E-Mail für Einsteiger**« mit der ISBN 978-3-945680-26-1 vom gleichen Autor wie dieses Buch.

## *10.1 E-Mail-Einrichtung*

Die E-Mail-Anwendung nutzt wahlweise eines der beiden Protokolle POP3/SMTP und IMAP4:

- POP3 (Post Office Protocol Version 3) wird von allen E-Mail-Dienstleistern unterstützt und ermöglicht den Abruf von E-Mails. Es kann dabei festgelegt werden, ob man nur ein Teil, beispielsweise die ersten zwei Kilobyte, oder die komplette E-Mail heruntergeladen haben möchte. Der E-Mail-Empfang erfolgt immer nur in einen Ordner (*Posteingang*). Für den Versand ist SMTP (Simple Mail Transport Protocol) zuständig. Von Ihnen neu erstellte E-Mails werden gespeichert und, erst nachdem der E-Mail-Abruf durchgeführt wurde, versandt.

- IMAP4 (Internet Message Access Protocol Version 4) bietet ähnliche Funktionen wie POP3/SMTP, kann darüber hinaus aber E-Mails und Ordner synchronisieren, sodass auf dem E-Mail-Konto die Ordnerstruktur der E-Mail-Anwendung und umgekehrt gespiegelt wird. Von Ihnen erstellte E-Mails werden sofort versandt.

Für welches der beiden E-Mail-Protokolle Sie sich entscheiden, ist Geschmackssache, da sie sich in der Praxis nicht wesentlich unterscheiden. Allerdings unterstützt nicht jeder E-Mail-Dienst auch das modernere und komplexere IMAP4. Fragen Sie gegebenenfalls bei Ihrem E-Mail-Anbieter nach. Wenn Sie generell POP3 als Kontotyp einstellen, machen Sie allerdings auch nichts falsch.

Wichtiger Hinweis: Bitte beachten Sie, dass insbesondere während der ersten Einrichtung der E-Mail-Anwendung das Tastenfeld häufig Eingabefelder überdeckt.

Die verdeckten Eingabefelder erreichen Sie durch eine Wischgeste von unten nach oben.

## 10.1.1 E-Mail-Konto automatisch einrichten

Die E-Mail-Anwendung kennt bereits die wichtigsten kostenlosen E-Mail-Dienste wie beispielsweise GMX, Outlook.de, Web.de und T-Online. Sie brauchen für diese Anbieter nur Ihre E-Mail-Adresse und das Passwort eingeben.

Besitzen Sie dagegen eine Website mit eigener E-Mail-Adresse, ist eine automatische Einrichtung nicht möglich. Lesen Sie in diesem Fall im Kapitel *10.1.2 E-Mail-Konto manuell einrichten* weiter.

Von einigen E-Mail-Anbietern wird im Google Play Store (siehe Kapitel *27.1 Play Store*) auch eine spezielle E-Mail-Anwendung angeboten. Suchen Sie im Play Store einfach nach dem Namen des E-Mail-Anbieters.

❶ Im Beispiel wird ein E-Mail-Konto für den kostenlosen E-Mail-Anbieter Outlook.com eingerichtet: Geben Sie Ihre E-Mail-Adresse und das Kennwort Ihres E-Mail-Kontos ein. Betätigen Sie *WEITER*.

❷ Die folgenden Vorgaben sollten Sie nur in Ausnahmefällen ändern:

- *Zeitraum der E-Mail-Sync*: Standardmäßig zeigt das E-Mail-Programm die Nachrichten der letzten zwei Wochen an. Dieses Menü erscheint nur bei bestimmten Kontotypen (zum Beispiel bei Outlook.de-Konten).
- *Abrufeinstellungen*: Der Abruf erfolgt alle 15 Minuten, kann aber jederzeit von Handy manuell ausgelöst werden.
- *Benachrichtigen bei Eingang von E-Mails*: Über neu empfangene E-Mails informiert ein akustisches Signal.

Schließen Sie den Bildschirm mit *WEITER*.

❸ Erfassen Sie einen Kontonamen, unter dem die E-Mail-Anwendung die Nachrichten auflistet, sowie Ihren Namen und betätigen Sie *OK*. Die E-Mail-Anwendung startet und lädt die ersten Nachrichten.

## 10.1.2 E-Mail-Konto manuell einrichten

Hier wird beschrieben, wie Sie eine E-Mail-Adresse einrichten, wenn Sie eine Website mit eigenem E-Mail-Konto besitzen.

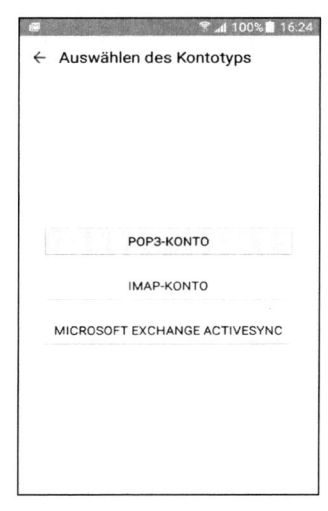

# E-Mail

❶ Geben Sie zuerst Ihre E-Mail-Adresse und das zugehörige Kennwort ein, danach gehen Sie auf *MANUELLES SETUP*.

❷ Zur Auswahl stehen nun *POP3*-Konto und *IMAP-Konto*. Wie bereits oben erwähnt, wird POP3 immer unterstützt, während dies für das modernere IMAP nicht der Fall ist. Wir wählen deshalb *POP3-Konto*.

❸ Geben Sie nun ein:

- *E-Mail-Adresse*

- *Benutzername*: Der Name (»Login«), mit dem Sie sich beim E-Mail-Anbieter einloggen. Meistens handelt es sich dabei um Ihre E-Mail-Adresse.

- *Passwort*: Das Passwort zum E-Mail-Konto.

- *POP3-Server*: Der POP3-Server, über den die E-Mails abgerufen werden. Häufig verwenden die E-Mail-Dienste dazu einen Namen im Format »*pop.xxxx.de*«.

- *Sicherheitstyp*: Zur Auswahl stehen *Keine, SSL* und *TLS*. Viele Anbieter verschlüsseln die Verbindung, weshalb Sie in der Regel *SSL* einstellen müssen.

- *Port*: Über den Server-Port läuft die E-Mail-Kommunikation ab. Sofern der E-Mail-Anbieter keine Vorgaben macht, sollten Sie ihn ebenfalls nicht ändern.

- *E-Mail von Server löschen*: Standardmäßig bleiben alle E-Mails auch nach dem Abruf durch das Galaxy auf dem Konto beim E-Mail-Anbieter erhalten. Sie können die E-Mails dann später erneut auf dem PC mit einem E-Mail-Programm herunterladen, beziehungsweise über die Weboberfläche des E-Mail-Anbieters ansehen und löschen. Nutzen Sie dagegen ausschließlich das Galaxy für den E-Mail-Abruf, setzen Sie die Option auf *Wenn aus Eingang gelöscht*.

Betätigen Sie *WEITER*.

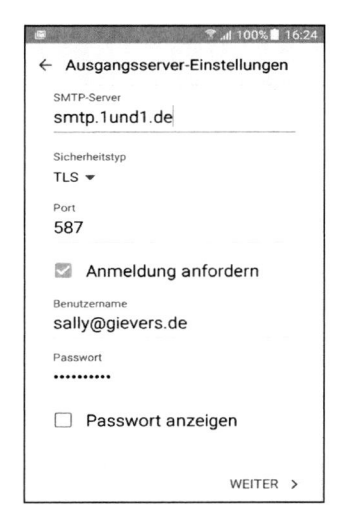

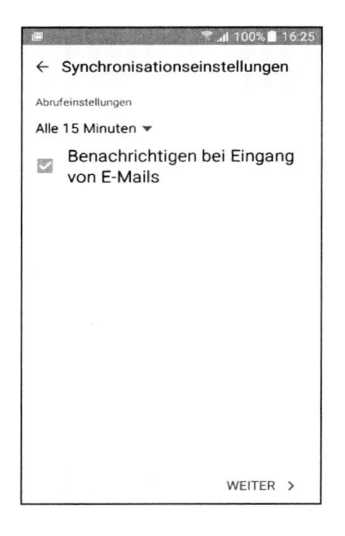

❶ Geben Sie nun ein:
- *SMTP-Server*: Tragen Sie den SMTP-Server ein, der zum E-Mail-Versand genutzt wird. Meist lautet er »*smtp.xxxx.de*«.
- *Sicherheitstyp*: Zur Auswahl stehen wie beim POP-Server die Vorgaben *Ohne*, *SSL* und *TLS*. Meistens muss hier *SSL* eingestellt werden.
- *Port*: Über den Server-Port läuft die Kommunikation mit dem Mail-Server. Sie sollten die Vorgabe unverändert lassen.
- *Anmeldung anfordern*: Die meisten E-Mail-Anbieter verlangen vor dem Nachrichtensenden eine vorherige Anmeldung. Lassen Sie daher die Voreinstellung unverändert.
- *Benutzername; Passwort*: Sofern für das Senden von Nachrichten ein anderes Login benötigt wird als für den Nachrichtenempfang, müssen Sie hier etwas anderes eingegeben. Ansonsten sollte die Vorgabe unverändert bleiben.

Betätigen Sie erneut *WEITER*.

❷ Die folgenden Vorgaben sollten Sie nur in Ausnahmefällen ändern:
- *Abrufeinstellungen*: Der Abruf erfolgt alle 15 Minuten, kann aber jederzeit von Handy manuell ausgelöst werden.
- *Benachrichtigen bei Eingang von E-Mails*: Über neu empfangene E-Mails informiert ein akustisches Signal.

Schließen Sie den Bildschirm mit *WEITER*.

❸ Erfassen Sie einen Kontonamen, unter dem die E-Mail-Anwendung die Nachrichten auflistet, sowie Ihren Namen und betätigen Sie *OK*. Die E-Mail-Anwendung startet und lädt die ersten Nachrichten.

## 10.1.3 Mehrere E-Mail-Konten verwalten

❶ Auf dem Galaxy dürfen Sie mehrere E-Mail-Konten verwenden. Gehen Sie dafür auf *MEHR/Einstellungen*.

❷❸ Rufen Sie *Konto hinzufügen* auf und erfassen Sie, wie bereits in den vorherigen Kapitel beschrieben, die Kontodaten.

# E-Mail

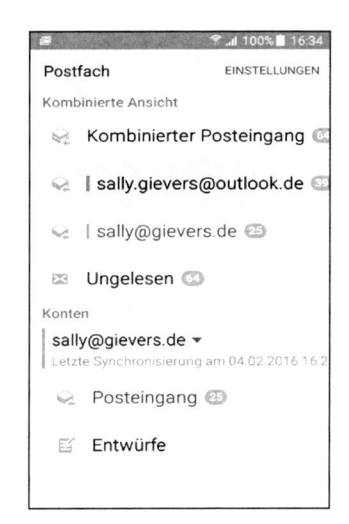

❶❷ So schalten Sie später zwischen den Konten um: Aktivieren Sie das Ausklappmenü (oben links auf den Kontonamen tippen) und tippen Sie einen Kontonamen an.

❶❷ Eine Besonderheit ist *Kombinierter Posteingang*, welchen Sie ebenfalls im Ausklappmenü aktivieren können. Die E-Mails aus allen Konten werden dann zusammen angezeigt. Anhand der farbigen Balken vor den Nachrichten (Pfeil) erkennen Sie, aus welchem Konto sie stammen.

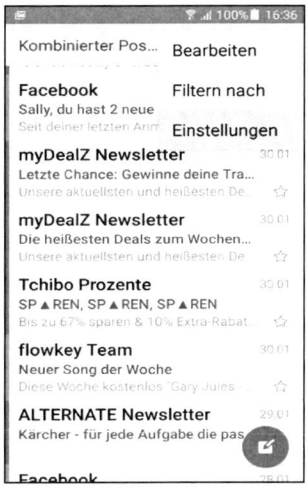

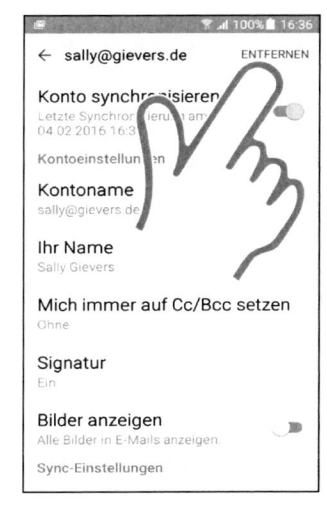

❶❷ Zum Entfernen eines Kontos rufen Sie *MEHR/Einstellungen* auf und gehen auf das zu löschende Konto.

❸ Tippen und halten Sie einen Finger über einem zu löschenden Konto, bis dieses markiert ist, danach betätigen Sie *ENTFERNEN* oben rechts.

Die Nachrichten in Ihrem E-Mail-Konto bleiben beim E-Mail-Anbieter erhalten. Wenn Sie also beispielsweise erneut das E-Mail-Konto auf dem Handy einrichten, sind auch Ihre Nachrichten wieder vorhanden.

## 10.2 E-Mail-Konto bearbeiten

### 10.2.1 Allgemeine Einstellungen

❶❷ Die für **alle** Konten verwendeten Voreinstellungen finden Sie unter *MEHR/Einstellungen*:

Unter *Konten*:

- Die von Ihnen angelegten E-Mail-Konten. Wird bereits im Kapitel *10.2 E-Mail-Konto bearbeiten* beschrieben.

Unter *Allgemein*:

- *Anzeigen als*: Neben der Standardansicht, bei der alle Nachrichten nach Datum sortiert angezeigt werden, unterstützt die E-Mail-Anwendung eine Verlaufsansicht. Diese zeigt Mails nach Absender sortiert im Posteingang an.
- *Anzeige automatisch anpassen*: Übergroße E-Mails werden automatisch verkleinert.
- *E-Mail-Benachrichtigungen* (❸): Stellen Sie für die verwendeten E-Mail-Konten ein, ob Sie eine Benachrichtigung bei neu vorliegenden Nachrichten erhalten möchten.
- *Spam-Adressen*: Geben Sie hier E-Mail-Adressen ein, die nicht im Posteingang, sondern nur im Spam-Ordner angezeigt werden.

## 10.2.2 Konto-Einstellungen

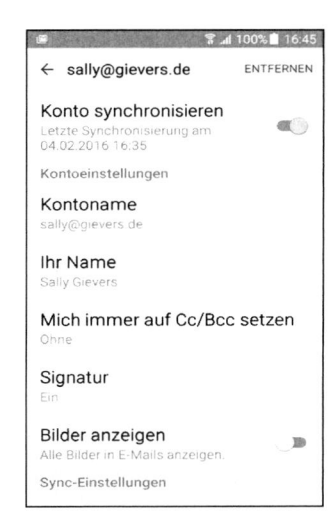

❶❷❸ Unter *MEHR/Einstellungen/(Ihr E-Mail-Konto)* bearbeiten Sie ein E-Mail-Konto.

Die Parameter:

- *Konto synchronisieren:* Lassen Sie diese Option aktiv, damit der automatische, zeitgesteuerte Abruf erfolgt. Wenn Sie sie dagegen deaktivieren, müssen Sie neuen die Nachrichten von Hand herunterladen (indem Sie im Posteingang eine Wischgeste von oben nach unten durchführen).

Unter *Kontoeinstellungen:*

- *Kontoname*: Unter diesem Namen erscheint das Konto in der E-Mail-Anwendung.
- *Ihr Name*: Erscheint als Absendername in Ihren E-Mails.
- *Mich immer auf Cc/Bcc setzen*: Alle Nachrichten, die Sie versenden, gehen in Kopie an Sie selbst – was sich zunächst unsinnig anhört macht Sinn, wenn Sie auch einen PC/Notebook für das E-Mail-Senden nutzen. Vom Handy versendete Mails tauchen dort ja nicht auf, weil nur solche aus dem Posteingang geladen werden. Mit *Mich immer Cc/Bcc setzen* landen dagegen Ihre gesendeten Nachrichten zusätzlich im Posteingang und sind dann auch auf dem PC/Notebook beim nächsten Nachrichtenabruf verfügbar.
- *Signatur:* Die Signatur erscheint unter allen von Ihnen erstellten E-Mails. Geben Sie darin beispielsweise alternative Kontaktmöglichkeiten an.
- *Bilder anzeigen*: Viele E-Mails, insbesondere von werbenden Firmen, enthalten Bilder, die das Galaxy standardmäßig nicht anzeigt. Erst wenn Sie in einer E-Mail die Schaltleiste *Bilder anzeigen* betätigen, zeigt das Tablet die enthaltenen Bilder an. Dies ist sinnvoll, weil häufig die eingebetteten Bilder nicht zum Verständnis benötigt werden, aber das Bildernachladen aus dem Internet Zeit kostet. Aktivieren Sie *Bilder anzeigen*, damit die Bilder immer automatisch nachgeladen werden.

Unter *Sync-Einstellungen*:

- *Abrufeinstellungen*: Legen Sie fest, zu welchen Zeiten Nachrichten aus dem E-Mail-Konto abgerufen werden.
- *Zeitraum der E-Mail-Sync*: Zeitraum, für den die E-Mail-Anwendung Nachrichten herunterlädt. Diese Option ist nur für Outlook.de-Nutzer verfügbar.
- *Abrufgröße festlegen:* Standardmäßig lädt das Galaxy von einzelnen E-Mails nur 50 KB herunter. Ist mal eine E-Mail größer und Sie zeigen Sie sie an, so erscheint eine *Weitere Details laden*-Schaltleiste, nach deren Betätigen automatisch der Rest der E-Mail heruntergeladen wird. Dieser Mechanismus spart Übertragungszeit, denn viele E-Mails, zum Beispiel Spam, liest man nicht, sondern löscht sie sofort nach Empfang.
- *Begrenzung der Abrufgröße bei Roaming*: Ist Ihr Handy in einem ausländischem Mobilfunknetz eingebucht (sogenanntes Roaming), so lädt es aus Kostengründen von jeder

neuen Nachricht nur maximal 2 KB herunter. Den vollständigen Nachrichtentext können Sie dann bei Bedarf manuell herunterladen.

Unter *Weitere Einstellungen*:

- *Sicherheitsoptionen*: Konfiguriert die E-Mail-Verschlüsselung, was aber nur in Unternehmen sinnvoll einsetzbar ist.
- *Eingangsserver-Einstellungen; Ausgangsserver-Einstellungen*: Konfiguriert die Abruf- beziehungsweise Sendeeinstellungen. Hier sollten Sie nichts ändern.

❶❷ Falls Sie mehrere E-Mail-Konten nutzen, fungiert eines davon als Standard-Konto und wird automatisch bei neu von Ihnen erstellen Nachrichten als Absender eingesetzt. *MEHR/Standardkonto festlegen* ändert dies.

## 10.3 E-Mail-Anwendung in der Praxis

### 10.3.1 E-Mail-Ordner

❶ Die Nachrichten verwaltet die E-Mail-Anwendung in Ordnern, zwischen denen man über das Ausklappmenü (Pfeil) umschaltet.

❷ Das Menü ist unterteilt in:

- *Posteingang*: Empfangene E-Mails
- *Ungelesen*: Empfangene E-Mails, die Sie noch nicht geöffnet haben.
- *Markiert*: Von Ihnen mit einem Stern markierte Nachrichten.
- *Gespeicherte E-Mails*: Nachrichten, die von Ihnen im Gerätespeicher gespeichert wurden

# E-Mail

(über *MEHR/E-Mail als Datei speichern*).

- *Entwürfe*: E-Mails, die Sie für späteren Versand erstellt haben.
- *Gesendet*: Verschickte E-Mails
- *Papierkorb*: Gelöschte E-Mails.
- *Spam*: Als Spam eingeordnete Nachrichten (nur bei E-Mail-Konten von Outlook.de beziehungsweise Microsoft-E-Mail-Servern).

Einige Ordner werden erst angezeigt, wenn Sie verwendet werden. Beispielsweise erscheint der *Markiert*-Ordner nachdem Sie eine oder mehrere Nachrichten, wie im Kapitel *10.4.4 Favoriten* beschrieben, markiert haben.

## 10.3.2 E-Mails abrufen

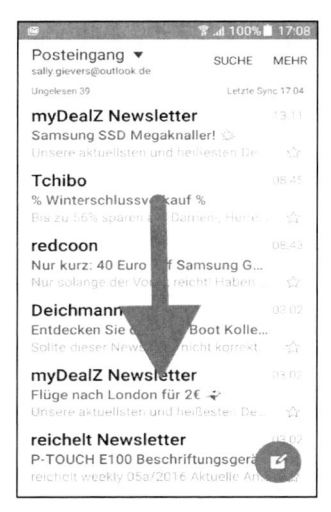

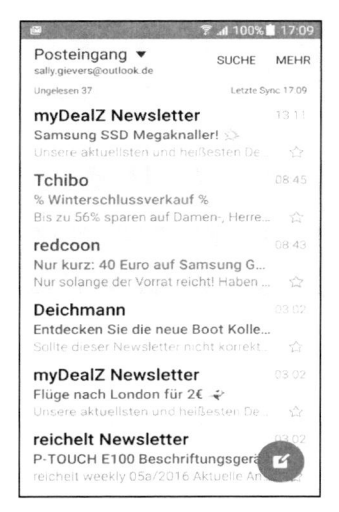

❶ Führen Sie eine Wischgeste nach unten durch für den E-Mail-Abruf. Alternativ können Sie auch in den Einstellungen (siehe Kapitel *10.2.2 Konto-Einstellungen*) festlegen, wie häufig der automatische Mail-Abruf erfolgt.

❷ Hat der Abruf geklappt, dürfte es im Fenster ungefähr so wie hier aussehen. Alle Nachrichten werden mit Absender, Empfangsdatum und Betreff anzeigt. Gelesene Nachrichten hebt die E-Mail-Anwendung mit grauem Hintergrund besonders hervor. Tippen Sie eine Nachricht an, so wird sie angezeigt.

❸ Um Speicherplatz zu sparen und weil meisten ohnehin nur die neuesten Nachrichten gelesen werden, zeigt das Galaxy ältere Nachrichten nicht an. Sobald Sie allerdings zum Ende der Nachrichtenauflistung rollen, lädt das Handy die nächsten älteren Nachrichten vom E-Mail-Konto nach. Während des Ladevorgangs erscheint dann ein Hinweis (Pfeil).

## 10.3.3 E-Mails lesen und beantworten

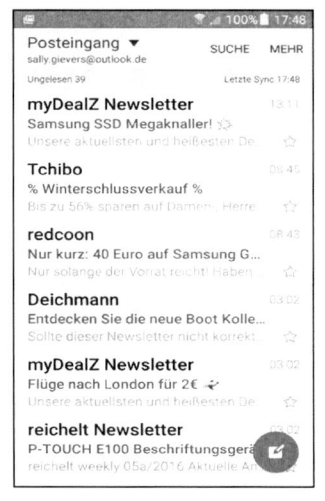

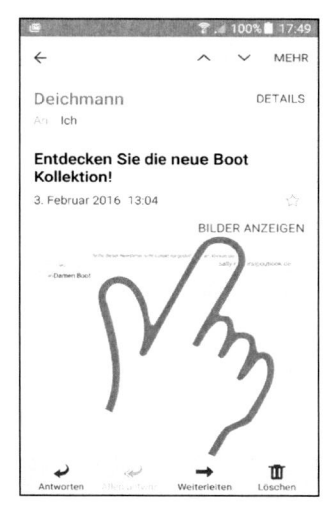

❶ Tippen Sie die anzusehende E-Mail an.

❷❸ Viele E-Mails enthalten Bilder, die Sie über *BILDER ANZEIGEN* einblenden.

❶ Weitere Funktionen erhalten Sie über die Schaltleisten (Pfeil):

- ↵: Erstellt eine Antwort-Nachricht an den Absender.

- ↵: Allen Antworten, deren E-Mail-Adresse in der Nachricht enthalten ist. Wir raten von dieser Funktion ab, da die Gefahr besteht, dass unbeabsichtigt Dritte Ihre Antwort erhalten.

- ➡: E-Mail an einen weiteren Empfänger weiterleiten.

- ★ (neben dem Betreff): E-Mail als Favorit markieren (siehe Kapitel *10.4.4 Favoriten*).

- ∧ ∨ (am oberen Bildschirmrand): Zur nächsten/vorherigen Nachricht umschalten. Alternativ wischen Sie einfach von rechts nach links oder umgekehrt auf dem Bildschirm.

❷ Das *MEHR*-Menü:

- *Als ungelesen markieren*: Setzt den Lesestatus auf »ungelesen« zurück (anschließend Wechsel zur nächsten Nachricht).

- *Verschieben*: E-Mail in einen anderen Ordner verschieben. Macht genau genommen nur Sinn, wenn Sie eine bereits gelöschte Mail wieder aus dem *Papierkorb*-Ordner »retten« möchten.

- *E-Mail als Datei speichern*: Nachrichtentext als Datei auf dem Gerät speichern.

- *Erinnerung festlegen*: An die vorliegende E-Mail erinnern (nur für Outlook.de-E-Mail-

Konten).

- *Als Spam registrieren*: Nachricht als Spam markieren (nur für Outlook.de-E-Mail-Konten)
- *Neue E-Mail verfassen*
- *Drucken*: Nachrichtentext auf einem Bluetooth-Drucker ausgeben. Wir gehen in diesem Buch nicht weiter auf das Drucken ein.

❶ Zur nächsten/vorherigen Nachricht wechseln Sie mit einer Wischgeste.

❷ Ziehen Sie zwei gleichzeitig auf dem Display gedrückte Finger auseinander, beziehungsweise zusammen, so vergrößert/verkleinert das Handy die Nachrichtenanzeige. Mit einem Fingerwischen ändern Sie dann den angezeigten Bildausschnitt.

### 10.3.4 E-Mails löschen

Die Lösch-Funktion in der E-Mail-Anwendung ist eine Philosophie für sich... Empfangene E-Mails werden standardmäßig nämlich nicht vom Internet-E-Mail-Konto gelöscht und lassen sich somit erneut mit dem E-Mail-Programm auf dem Desktop-PC abrufen oder auf der Weboberfläche des E-Mail-Anbieters anzeigen.

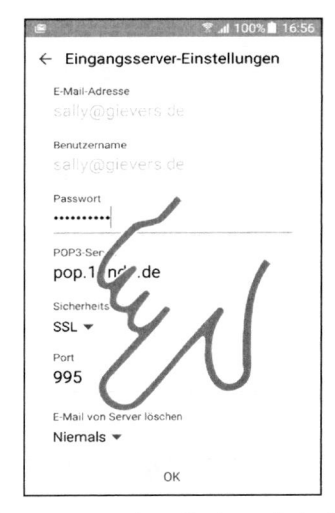

❶❷❸ Wie die Nachrichtenlöschung auf Ihrem Internet-E-Mail-Konto gehandhabt wird, bestimmt die Option *E-Mail von Server löschen* (Sie finden die Option in *MEHR/Einstellungen/(Ihr Konto)/Eingangsserver-Einstellungen*). Zur Auswahl stehen dabei *Niemals* und *Wenn aus Eingang gelöscht*. Voreingestellt ist *Niemals*. Gelöschte E-Mails bleiben also im Internet-E-Mail-Konto erhalten.

Löschen Sie eine E-Mail, beispielsweise mit 🗑 in der Nachrichtenansicht, so verschwindet die E-Mail zudem nicht sofort aus der Nachrichten-Anwendung, sondern landet im *Papierkorb*-Ordner.

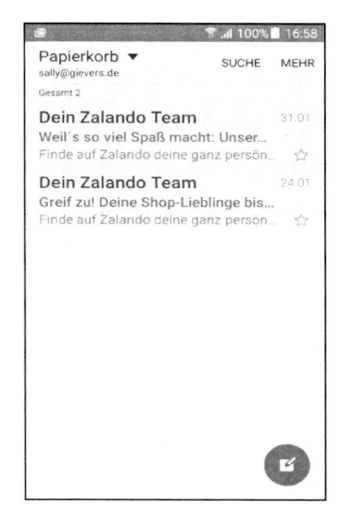

❶❷❸ Sie können sich davon auch selbst überzeugen, indem Sie das Aufklappmenü aktivieren und dann auf *Papierkorb* gehen.

E-Mail-Programme auf dem PC löschen standardmäßig alle empfangenen Mails vom Internet-E-Mail-Konto. Die E-Mail-Anwendung auf dem Galaxy erkennt das und entfernt bei sich die gelöschten Nachrichten ebenfalls. Wundern Sie sich also nicht, wenn auf dem Galaxy nach dem E-Mail-Abruf plötzlich Mails verschwunden sind!

## 10.3.5 Dateianlagen
In E-Mails enthaltene Dateianlagen kann man anzeigen und weiterverarbeiten.

# E-Mail

❶ Über Dateianlagen informiert ⌀ (Pfeil) in der Nachrichtenauflistung.

❷ Tippen Sie den Anhang in der Nachrichtenansicht an.

❸ Zum Anzeigen in der jeweiligen Anwendung tippen Sie *VORSCHAU* an, während *SPEICHERN* die Datei(en) jeweils im *Download*-Verzeichnis des Handys ablegt.

## 10.3.6 Absender ins Telefonbuch aufnehmen

❶ Tippen Sie den Absendernamen an (Pfeil).

❷ Soll die E-Mail-Adresse einem bereits vorhandenen Kontakt hinzugefügt werden, dann betätigen Sie *VORHANDENE AKTUALISIEREN,* ansonsten legen Sie mit *NEUER KONTAKT* einen weiteren Kontakt an.

## *10.4 E-Mail erstellen und senden*

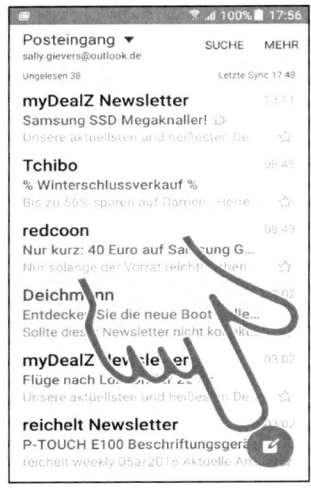

❶ 📝 erstellt eine neue Nachricht.

❷ Hier sind der Betreff, der Empfänger, sowie der Nachrichtentext einzugeben.

❸ Sobald Sie einige Buchstaben in das *An*-Feld eingetippt haben, öffnet sich die Empfängerliste. Sofern Sie keinen Kontakt aus dem Telefonbuch verwenden möchten, geben Sie die E-Mail-Adresse von Hand komplett selbst ein.

❶ Geben Sie noch Betreff und Nachrichtentext ein. Betätigen Sie nun *SENDEN* (oben rechts). Die neue E-Mail wird sofort verschickt.

❷❸ Weitere Empfänger lassen sich bei Bedarf übrigens hinzufügen, indem Sie in das *An*-Eingabefeld (Pfeil) tippen und dann einfach die Mail-Adresse, beziehungsweise den Kontaktnamen eingeben, worauf wiederum die Kontaktauswahl erscheint.

Hinweis: Sobald Sie in das Nachrichtentext-Eingabefeld tippen, blendet das Handy den Empfänger und den Betreff aus. Wischen Sie von oben nach unten, um letztere wieder anzuzeigen.

❶ Weitere Funktionen im *MEHR*-Menü:

- *In Entwürfe speichern*: Legt die erstellte Nachricht im *Entwürfe*-Ordner ab und kehrt in den Posteingang zurück. Siehe auch Kapitel *10.4.2 Entwürfe*.

- *E-Mail an mich senden*: Fügt als zusätzlichen Empfänger Ihre eigene E-Mail-Adresse hinzu. Sinnvoll, wenn Sie Ihre E-Mails sowohl auf dem Galaxy als auch mit Ihrem Heim-PC abrufen, weil Sie dann auch auf dem Heim-PC wissen, was Sie geschrieben haben, denn die von Ihnen auf dem Handy gesendeten E-Mails lassen sich ja nicht mit dem PC-E-Mail-Programm abrufen.

- *Priorität* (❷): Weist der Nachricht eine Priorität *(Hoch, Normal* oder *Niedrig*) zu. Einige E-Mail-Programme werten die Priorität aus und heben dann die Nachricht hervor. Wir empfehlen allerdings, auf diese Funktion zu verzichten.

- *Sicherheitsoptionen*: Ermöglicht es, E-Mails zu verschlüsseln. Wir gehen in diesem Buch auf diese, für den Unternehmenseinsatz gedachte, Funktion nicht weiter ein.

- *Rich-Text aktivieren; Rich-Text deaktivieren*: Schaltet zusätzliche Schaltleisten ein, über

# E-Mail

die sie Ihren Nachrichtentext formatieren. Darauf gehen wir unten ein. »Rich-Text« lässt sich hier mit »angereicherter Text« übersetzen.

❶ Rufen Sie *MEHR/Rich Text aktivieren* auf.

❷ Es erscheint eine Symbolleiste, über die Sie Skizzen und Bilder einfügen, sowie Schriftart und Schriftfarbe ändern. Mit einer Wischgeste nach links/rechts zeigen Sie die restlichen Symbole an.

## 10.4.1 Cc/Bcc

❶❷ Eine Besonderheit sind die *Cc/Bcc*-Eingabefelder, die Sie über die ⌄-Schaltleiste (Pfeil) aktivieren:

- *Cc*: Der Begriff Cc steht für »Carbon Copy«, zu deutsch »Fotokopie«. Der ursprüngliche Adressat (im *An*-Eingabefeld) sieht später die unter *CC* eingetragenen weiteren Empfänger. Die *CC*-Funktion ist beispielsweise interessant, wenn Sie ein Problem mit jemandem per E-Mail abklären, gleichzeitig aber auch eine zweite Person von Ihrer Nachricht Kenntnis erhalten soll.

- *Bcc*: Im Bcc (»Blind Carbon Copy«)-Eingabefeld erfassen Sie weitere Empfänger, wobei der ursprüngliche Adressat im *An*-Feld nicht mitbekommt, dass auch noch andere Personen die Nachricht erhalten.

## 10.4.2 Entwürfe

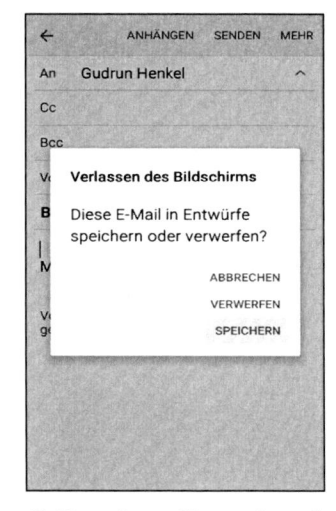

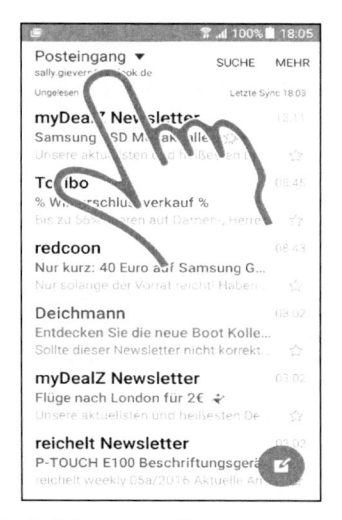

❶ Betätigen Sie während der Nachrichtenerstellung statt *SENDEN* zweimal die ↶-Taste (beim ersten Mal wird nur das Tastenfeld ausgeblendet), woraufhin das Handy nachfragt, ob Sie die Mail als Entwurf speichern möchten. Bestätigen Sie mit *SPEICHERN*, die E-Mail wird gespeichert und der Posteingang angezeigt.

❷ Möchten Sie den Entwurf später senden, rufen Sie das Ausklappmenü auf.

❸ Dann gehen Sie in den *Entwürfe*-Ordner. Die hier abgelegten Nachrichtenentwürfe können Sie nach dem Antippen wie gewohnt bearbeiten und dann verschicken.

## 10.4.3 E-Mail-Anhänge

❶ Über *ANHÄNGEN* fügen Sie eine Datei als Anhang hinzu.

❷❸ Im Beispiel wählen wir *Eigene Bilder* und danach *Galerie*. Schließen Sie den Dialog mit *NUR EINMAL*.

E-Mail 167

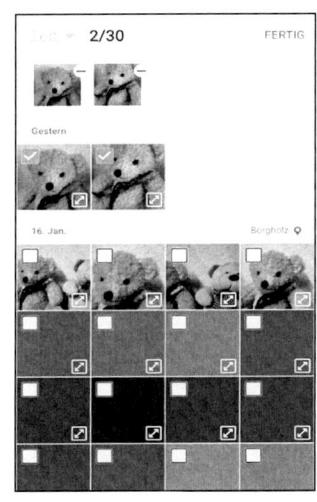

❶ Nachdem Sie die zu sendenden Fotos abgehakt haben, betätigen Sie *FERTIG*. Über die Minus-Schaltleisten machen Sie Ihre Auswahl jeweils rückgängig.

❷ Anschließend können Sie noch eine Verkleinerung durchführen lassen, damit die Fotos nicht so lange zum Senden benötigen. Wählen Sie die Bildgröße aus. Die Bilder landen als Anhang in der E-Mail und lässt sich nun mitverschicken.

## 10.4.4 Favoriten

Sie können Nachrichten, die in irgendeiner Weise wichtig sind, als »Favoriten« markieren, um sie später schneller wiederzufinden.

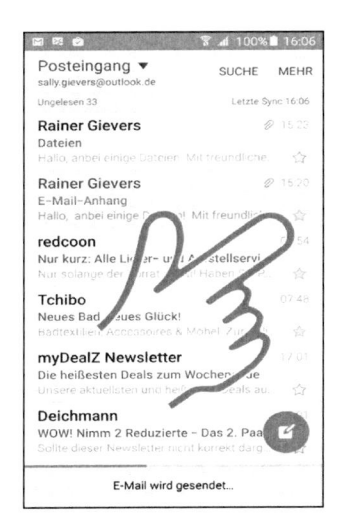

Tippen Sie in der Nachrichtenauflistung (❶) beziehungsweise in der Nachrichtenansicht (❷) den Stern an (Pfeil), um die jeweilige Nachricht als Favorit zu markieren. Erneutes Antippen löscht den Stern wieder.

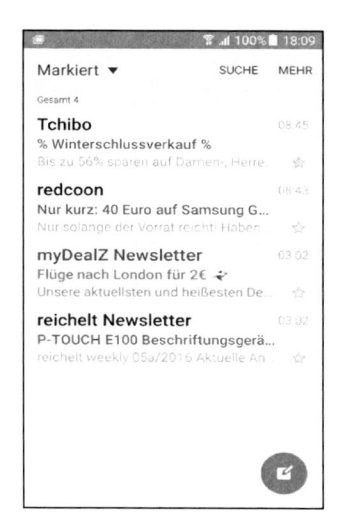

❶❷ Die Favoriten zeigen Sie an, indem Sie im Ausklappmenü auf *Markiert* gehen.

## 10.4.5 Stapelvorgänge

Wenn eine Aktion wie Label ändern, Löschen, Markierung hinzufügen, usw. auf mehrere Nachrichten anzuwenden ist, verwenden Sie die Stapelvorgänge.

❶❷ Zum Markieren tippen und halten Sie den Finger über einer Nachricht, bis diese »abgehakt« ist. Danach lassen sich weitere Nachrichten durch kurzes Antippen markieren. Über die *LÖSCHEN*-Schaltleiste am oberen Bildschirmrand können Sie dann die Nachrichten entfernen. Den Markierungsmodus verlassen Sie gegebenenfalls mit der ⤺-Taste.

❸ Weitere Funktionen zum Markieren mit einem Stern (siehe Kapitel *10.4.4 Favoriten*) oder mit denen Sie die Nachrichten auf Gelesen/Ungelesen setzen, finden Sie im *MEHR*-Menü.

## 10.4.6 E-Mail-Ansichten

❶❷ Passen Sie die E-Mail-Auflistung über *MEHR/Filtern nach* Ihren Bedürfnissen an. Beispielsweise zeigt *Ungelesen* alle noch nicht von Ihnen gelesenen Nachrichten als erste an.

## *10.5 E-Mails auf dem Startbildschirm*

❶❷ Über neu vorhandene E-Mails informiert die Titelleiste (Pfeil). Öffnen Sie das Benachrichtigungsfeld und gehen Sie auf den E-Mail-Eintrag, worauf der Posteingang anzeigt wird.

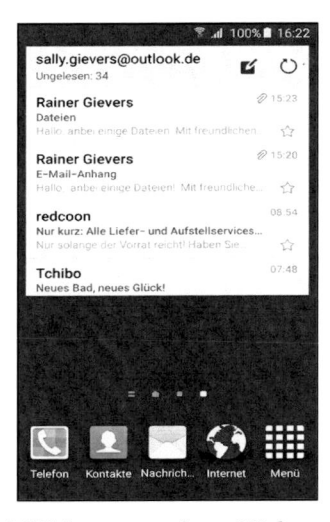

❶❷ Verwenden Sie das *E-Mail*-Widget aus dem *Widgets*-Register des Hauptmenüs, um den Posteingang direkt im Startbildschirm anzuzeigen (Wie Sie Widgets anlegen, erfahren Sie im Kapitel *3.7.2 Widgets*).

# 11. Webbrowser

Das Galaxy besitzt, neben dem hier vorgestellten Webbrowser »Internet«, mit »Chrome« gleich zwei verschiedene Webbrowser, die sich funktionell kaum unterscheiden.

> Beachten Sie auch Kapitel *11.6 Internet-Browser und Chrome gleichzeitig nutzen*, in dem auf die Besonderheiten bei der gleichzeitigen Nutzung von Google Chrome und dem »Internet«-Browser eingegangen wird.
>
> Eine Beschreibung des Chrome-Webbrowsers finden Sie im Kapitel *12 Chrome-Webbrowser*.

❶❷ Sie starten den Webbrowser unter *Internet* aus dem Startbildschirm beziehungsweise Hauptmenü.

> Damit man den Browser nutzen kann, muss eine Internetverbindung (siehe Kapitel *7 Internet einrichten und nutzen*) aktiv sein.

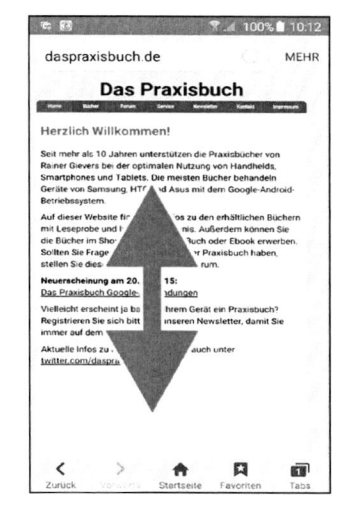

❶❷ Beim ersten Start lädt der Browser eine Samsung-Webseite als Startseite. Tippen Sie in die Adresszeile, um eine Webadresse einzugeben (wenn gerade eine größere Webseite angezeigt wird, ist eventuell die Adresszeile nicht sichtbar, führen Sie dann eine vertikale Wischgeste von oben nach unten durch). Betätigen Sie dann die *Öffnen*-Taste (Pfeil) auf dem Tastenfeld.

❸ Die Webadresse wird geladen und angezeigt. Weil viele Webseiten für PC-Bildschirme optimiert sind, sehen Sie nur einen Teilausschnitt, den Sie einfach ändern, indem Sie mit dem Finger auf den Bildschirm drücken und dann in die gewünschte Richtung ziehen.

Webbrowser

> Wie Sie eine andere Startseite einstellen, erläutert Kapitel *11.4 Einstellungen*.
>
> Besonders bei der Webseitenanzeige kann eine horizontale Bildschirmorientierung optimaler sein. Halten Sie dafür einfach das Galaxy waagerecht statt aufrecht.

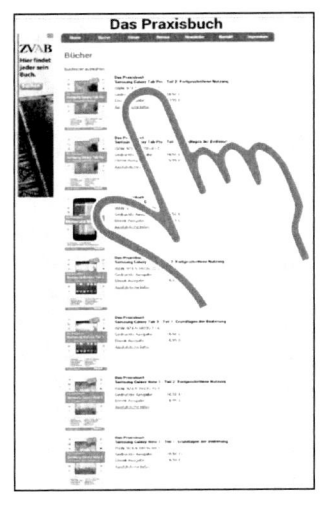

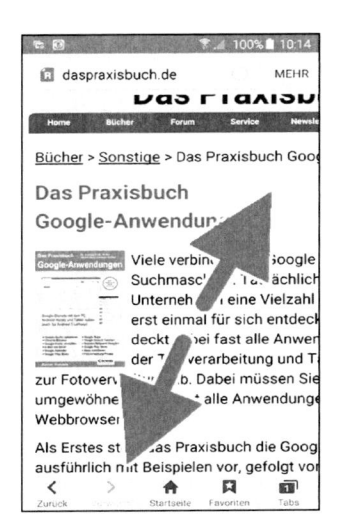

❶❷ Doppeltippen Sie auf einen Bildschirmbereich, um ihn auf lesbare Größe aufzuziehen. Auch hier lässt sich der Webseitenausschnitt durch Halten und Ziehen des Fingers verändern. Erneutes Doppeltippen in das Browserfenster schaltet wieder auf die Vorschau zurück.

❸ Auch das sogenannte »Kneifen« wird unterstützt: Tippen und halten Sie Mittelfinger und Daumen gleichzeitig auf dem Bildschirm und ziehen Sie beide auseinander, was in die Webseite hereinzoomt. Ziehen Sie dagegen die beiden Finger zusammen, zoomen Sie wieder heraus. Es ist egal, ob Sie nun vertikal oder waagerecht »kneifen«.

> Unter *Standard-Zoom* in den Einstellungen konfigurieren Sie, wie stark der Webseitenbereich vergrößert wird. Siehe Kapitel *11.4 Einstellungen*.

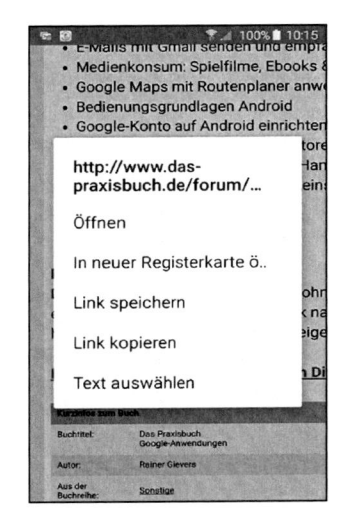

❶❷ Einem Link folgen Sie, indem Sie ihn antippen.

❸ Tippen und halten Sie den Finger über einem Link für weitere Funktionen:

- *Öffnen*
- *In neuer Registerkarte öffnen*: Öffnet den Link in einem neuen Browser-Tab.
- *Link speichern*: Speichert die Webseite als HTML-Datei auf der Speicherkarte im Verzeichnis *Download*.
- *Link kopieren*: Kopiert die Webadresse des Links in die Zwischenablage, von wo man sie später in andere Anwendungen wieder einfügen kann.

- *Text auswählen*: Text auswählen, um ihn in die Zwischenablage zu kopieren.

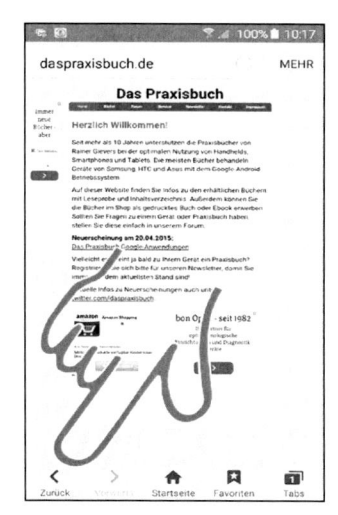

❶❷ Die Schaltleisten am unteren Bildschirmrand sind häufig ausgeblendet und erscheinen erst nach einer vertikalen Wischgeste von oben nach unten.

Die Schaltleisten:

- ＜: Zur letzten Webseite zurückkehren. Verwenden Sie dafür alternativ die ⤺-Taste. Beachten Sie aber, dass der Browser verlassen wird, wenn Sie die ⤺-Taste drücken, während die zuerst aufgerufene Seite angezeigt wird.
- ＞: Bringt Sie eine Seite vorwärts (dies funktioniert nur, wenn Sie zuvor eine Seite zurückgeblättert hatten).
- ⌂: Startseite, standardmäßig die Samsung-Website, anzeigen. Die Startseite ändern Sie in den Einstellungen (siehe Kapitel *11.4 Einstellungen*).
- ▯: Lesezeichenverwaltung (siehe Kapitel *11.2 Lesezeichen*).
- ▯: Geöffnete Browser-Tabs auflisten (siehe Kapitel *11.1 Fenster (Tabs)*).

❷ Bereits während der Eingabe einer Webadresse macht der Browser Vorschläge, wobei Sie anhand der vorangestellten Symbole erkennen, woher diese stammen:

- ★: Lesezeichen (»Favorit«).
- ⓞ: Verlauf (eine bereits von Ihnen besuchte Webseite).
- ⊕: Mit Google nach dem Begriff suchen.
- ⚲: Suchvorschlag von Google aufrufen. Tippen Sie das dahinter stehende ↖ an, um weitere Vorschläge zum Suchbegriff zu erhalten.

Wählen Sie in der Liste einfach die anzuzeigende Webseite aus.

## 11.1 Fenster (Tabs)

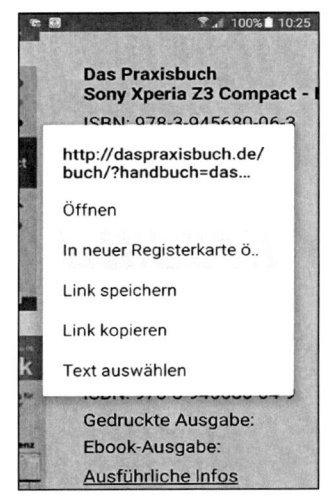

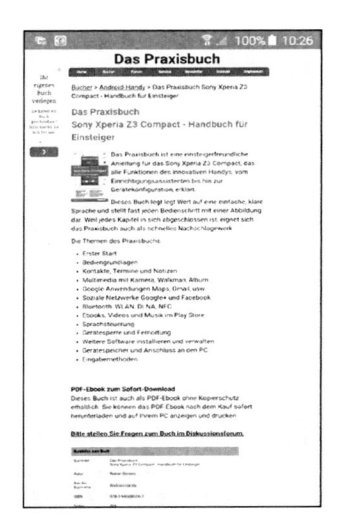

❶❷ Manchmal ist es sinnvoll, mehrere Browserfenster gleichzeitig offen zu haben. In diesem Fall tippen und halten Sie einen Finger über dem Link, bis das Popup-Menü erscheint. Wählen Sie dann *In neuer Registerkarte öffnen*.

❸ Sie befinden sich nun im neu geöffneten Browserfenster (Browser-Tab).

❶ So wechseln Sie zwischen den Browser-Tabs: Gehen Sie auf 🔲 am unteren Bildschirmrand.

❷ Es erscheint die Vorschau der aktiven Fenster, worin Sie das anzuzeigende antippen. Eine Wischgeste nach rechts oder links schließt einen Browser-Tab. Dies geschieht auch mit den ✕-Schaltleisten.

❸ Weitere Funktionen:

- *MEHR/Neue geheime Registerkarte*: Aktiviert den sogenannten Inkognito-Modus. Sie browsen anonym, das heißt, der Browser speichert nach Verlassen des Inkognito-Tabs keine Daten und löscht von Websites angelegte Cookies.
- *MEHR/Alle beenden*: Schließt alle geöffneten Tabs.
- *NEUER TAB* (am unteren Bildschirmrand): Öffnet einen neuen, leeren Tab.

Es dürfen maximal 16 Browser-Tabs gleichzeitig geöffnet sein.

## 11.2 Lesezeichen

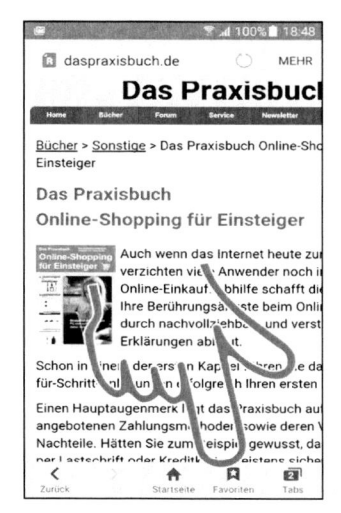

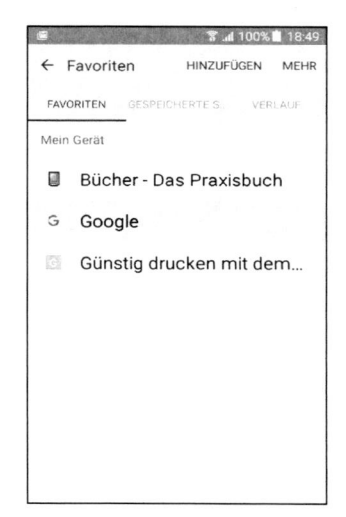

❶ Für die Lesezeichenverwaltung betätigen Sie die 🔖-Schaltleiste (Pfeil).

❷ Tippen Sie ein Lesezeichen an, damit die zugehörige Webadresse im Browser geladen wird.

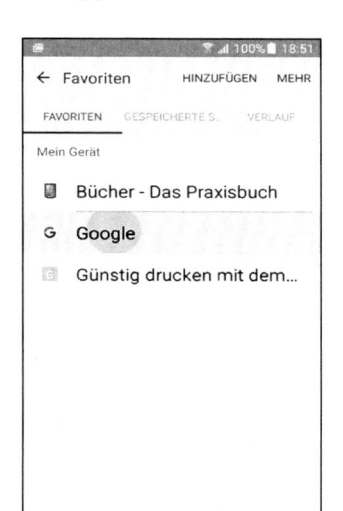

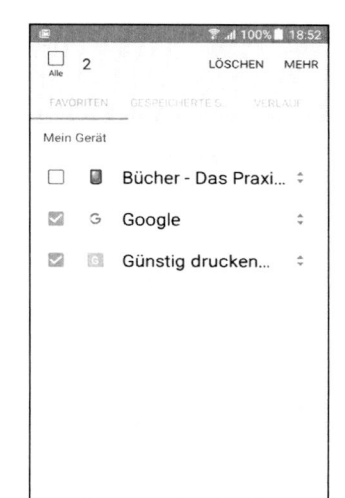

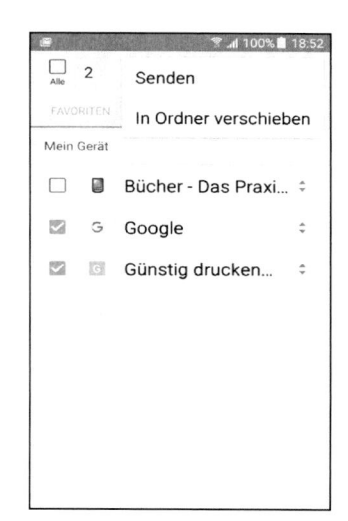

❶ Tippen und halten Sie den Finger über einem Lesezeichen, worauf die Lesezeichenverwaltung auf den Markierungsmodus umschaltet.

❷ Markieren Sie bei Bedarf weitere Lesezeichen durch Antippen. Die verfügbaren Schaltleisten:

- *HINZUFÜGEN*: Legt Lesezeichen als Startseite fest, die automatisch beim Aufruf des Browsers geladen und angezeigt wird.

- *LÖSCHEN*: Lesezeichen löschen.

❸ Das *MEHR*-Menü:

- *Senden*: Lesezeichen an ein anderes Gerät per SMS, E-Mail, usw. versenden

- *In Ordner verschieben*: Der Webbrowser unterstützt in der Lesezeichenverwaltung auch Unterordner, auf die wir hier nicht eingehen.

Webbrowser

❶ So speichern sie ein Lesezeichen: Gehen Sie auf *MEHR/Zu Favoriten hinzufügen*.

❷❸ Alternativ betätigen Sie die 🔖-Schaltleiste und dann *HINZUFÜGEN*.

Anschließend geben Sie dem Lesezeichen noch einen Namen und betätigen *SPEICHERN*.

## 11.3 Dateien herunterladen

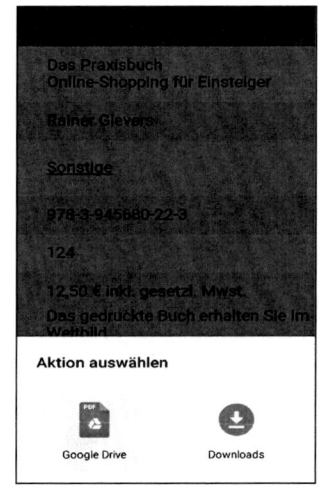

❶❷ Wenn Sie einen Link antippen, der auf eine Datei verweist, fragt Sie das Betriebssystem gegebenenfalls nach dem Anzeigeprogramm, wovon Sie beispielsweise *Google Drive* auswählen.

❸ Die Datei wird im entsprechenden Anzeigeprogramm geöffnet und angezeigt.

Alle heruntergeladenen Dateien landen im Verzeichnis *Download* im Gerätespeicher.

## 11.4 Einstellungen

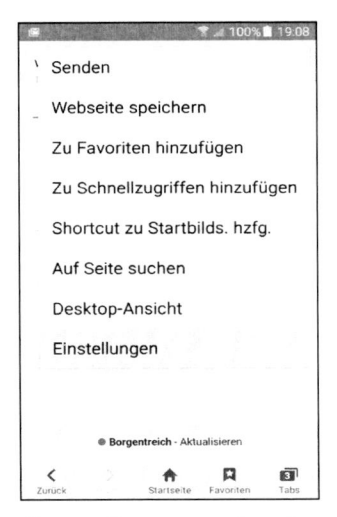

❶ Für die Browserkonfiguration gehen Sie auf *MEHR/Einstellungen*.

❷ Die hier angebotenen Optionen:

- *Startseite*: Sie stellen hier ein, welche Webseite beim Browserstart als Startseite angezeigt wird.

- *Standardsuchmaschine*: Zu Ihren Eingaben in der Adressleiste macht der Browser Vorschläge von der hier eingestellten Suchmaschine. Die Voreinstellung ist dabei Google.

- *Mein autom. ausgef. Profil*: Sie können Ihren Namen, Telefonnummer und E-Mail-Adresse angeben. Der Browser füllt dann automatisch Eingabefelder in Formularen damit aus.

- *Manueller Zoom*: Manche für Mobilgeräte optimierte Webseiten werden standardmäßig in einer auf das Gerät abgestimmten Größe geöffnet und ermöglichen dann eventuell keinen Zoom. Aktivieren Sie diese Option, um das Zoomen trotzdem auf allen Webseiten zu ermöglichen.

- *Datenschutz*: Auf die Datenschutzeinstellungen gehen wir als nächstes weiter unten ein.

- *Erweitert*: Die erweiterten Einstellungen beschreiben wir weiter unten.

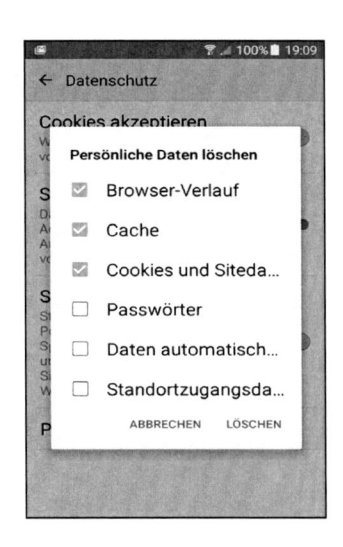

❶❷ Unter *Datenschutz* stellen Sie ein:

- *Cookies akzeptieren*: Wie bereits oben erwähnt, sind Cookies wichtig, damit man von Webseiten eindeutig zugeordnet werden kann. Insbesondere Websites, in die man sich über Login und Passwort einloggen kann, sowie Webshops, sind häufig auf Cookies angewiesen. Sie sollten also die Option *Cookies akzeptieren* nicht deaktivieren.

- *Suchen vorschlagen*: Die hier erfassten Texte mit Ihren Adressdaten schlägt der Browser automatisch vor, wenn Sie in ein passendes Eingabefeld tippen (zum Beispiel Adressfelder in einem Online-Shop).

- *Speichern von Infos*: Konfiguriert, ob in Webformularen eingegebenen Passwörter, zwischengespeichert und das nächste Mal automatisch eingefügt werden. Sofern das Galaxy von mehreren Personen genutzt wird, sollten Sie diese Option deaktivieren.
- *Anmeldeinformationen*: Verwaltet die von Ihnen während der täglichen Browser-Nutzung in Formularen eingegebenen Logins und Passwörter. Diese werden bei erneutem Besuch der Anmelde-Formulare automatisch eingefügt.
- *Persönliche Daten löschen* (❸): Löscht vom Browser gespeicherte Daten wie den Verlauf, Cache, Cookies, usw.

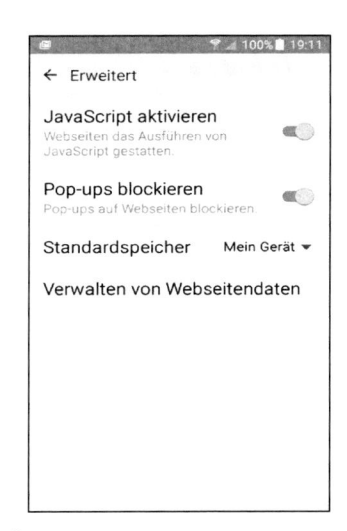

❶ Das *Erweitert*-Menü konfiguriert:

- *JavaScript aktivieren*: JavaScript ist eine Programmiersprache, die in Webseiten eingebettet sein kann, um dort interaktive Funktionen zu realisieren. Dazu gehören zum Beispiel Eingabefeldprüfungen. Weil sonst viele Webseiten nicht mehr funktionieren, sollten Sie JavaScript immer aktiviert haben.
- *Pop-ups blockieren*: Viele Websites öffnen Popup-Fenster, beispielsweise mit Werbung, wenn man sie besucht. Deshalb werden Popup-Fenster standardmäßig blockiert.
- *Standardspeicher*: Speicherort für heruntergeladene Dateien (siehe Kapitel *11.3 Dateien herunterladen*). Zur Auswahl stehen der Gerätespeicher oder eine (eingelegte) SD-Speicherkarte.
- *Verwalten von Webseitendaten*: Webseiten können sogenannte Cookies hinterlegen, die Sie hierüber löschen. Dies dürfte in der Praxis nie nötig sein.

## 11.5 Anzeige optimieren

### 11.5.1 Desktop-Anzeige

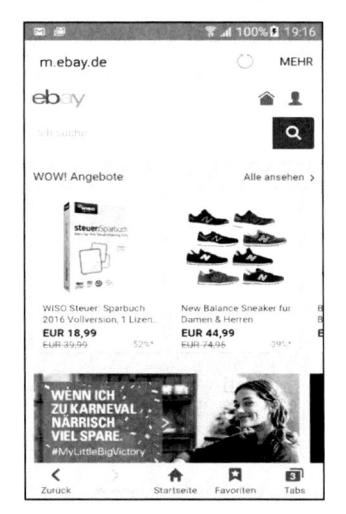

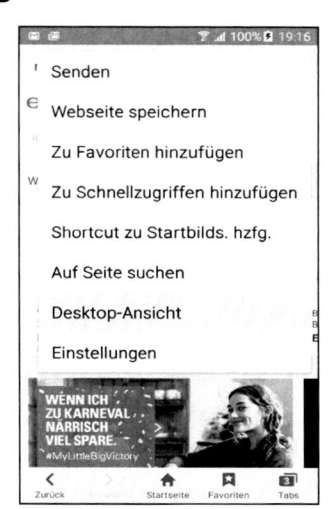

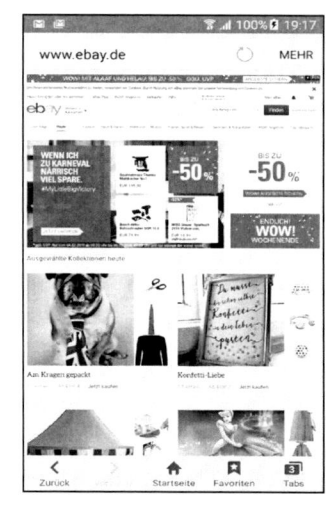

❶ Viele Websites werten den verwendeten Browser aus und optimieren dann die Webseitenanzeige für die Besucher entsprechend. Ein gutes Beispiel ist Ebay, wo man mit Smartphones nur eine vereinfachte und funktionsbeschränkte Weboberfläche zu sehen bekommt.

❷❸ Eine vollwertige Anzeige erhalten Sie im Browser, wenn Sie *MEHR/Desktop-Ansicht* aktivieren.

### 11.5.2 Optimierte Anzeige

❶❷ Bei manchen Webseiten erscheint in der Browser-Adresszeile ein R-Symbol. Tippen Sie darauf, worauf der »Reader« die Seite übersichtlich in einer Spalte anzeigt.

## 11.6 Internet-Browser und Chrome gleichzeitig nutzen

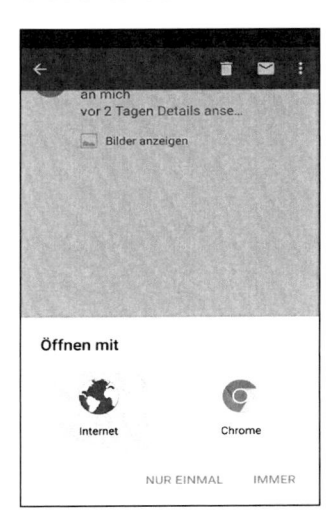

Wenn Sie in einer anderen Anwendung, sei es Gmail oder einer SMS, einen Link antippen, erscheint zunächst ein Auswahlmenü mit den installierten Webbrowsern *Chrome* oder *Internet*. Wählen Sie einen davon aus. Anschließend betätigen Sie *IMMER* oder *NUR EINMAL*. Durch *IMMER* legen Sie sich auf einen Browser fest, sodass künftig beim Antippen eines Links nicht mehr die Browserabfrage erscheint, sondern der Link sofort im eingestellten Browser geladen wird.

Wie sie diese Einstellung wieder ändern, erfahren Sie im Kapitel *35.4 Anwendungen als Standard*.

# 12. Chrome-Webbrowser

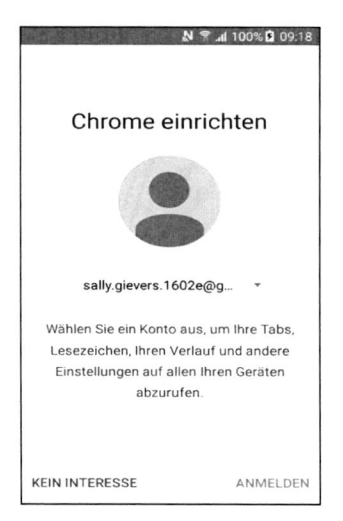

❶ Sie starten den Webbrowser über *Chrome* aus dem Hauptmenü.

❷ Beim ersten Aufruf sollten Sie *ANMELDEN* betätigen, damit die von Ihnen angelegten Lesezeichen in Ihrem Google-Konto gespeichert werden.

❸ Schließen sie den folgenden Bildschirm mit *FERTIG*.

Die Synchronisation der Lesezeichen mit dem Google-Konto können Sie später jederzeit in den Google-Kontoeinstellungen (siehe Kapitel *25.3 Datensicherung im Google-Konto*) aus- oder einschalten.

**Hinweis**: Neben dem Chrome-Browser ist auf dem Galaxy mit *Internet* ein weiterer Webbrowser vorhanden. Beachten Sie dazu auch Kapitel *11 Webbrowser* und *11.6 Internet-Browser und Chrome gleichzeitig nutzen*.

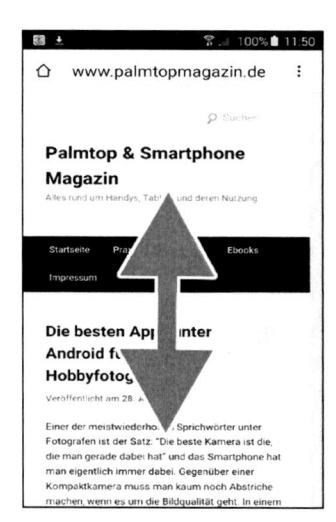

❶ Tippen Sie in die Adresszeile, um eine Webadresse einzugeben – falls bereits eine Webseite angezeigt wird, müssen Sie eventuell erst mit dem Finger auf dem Bildschirm nach unten ziehen (Wischgeste), um die Adressleiste anzuzeigen.

❷ Nach Eingabe der Webadresse betätigen Sie die *Öffnen*-Taste (Pfeil) auf dem Tastenfeld. Bereits während der Eingabe macht der Browser Vorschläge, wobei Sie anhand der vorangestellten Symbole erkennen, woher diese stammen:

- 🌐: Webseite
- ★: Lesezeichen (»Favorit«)
- 🕓: Verlauf (eine bereits von Ihnen besuchte Webseite)

# Chrome-Webbrowser 181

- 🔍: Websuche (in Google gefundene Suchbegriffe).

Wählen Sie in der Liste einfach die anzuzeigende Webseite aus.

❸ Die Webadresse wird geladen und angezeigt. Bei manchen Webseiten, die für PC-Bildschirme optimiert sind, sehen Sie nur einen Teilausschnitt, den Sie einfach ändern, indem Sie mit dem Finger auf den Bildschirm drücken und dann in die gewünschte Richtung ziehen (»Wischgeste«).

> Wie Sie eine andere Startseite einstellen, erläutert Kapitel *12.4 Einstellungen*.
>
> Besonders bei der Webseitenanzeige kann eine horizontale Bildschirmorientierung optimaler sein. Halten Sie dafür einfach das Handy waagerecht statt senkrecht.

❶ Doppeltippen Sie auf einen Bildschirmbereich, um ihn auf lesbare Größe aufzuziehen. Erneutes Doppeltippen in das Browserfenster schaltet wieder auf die Vorschau zurück.

❷ Durch »Kneifen« ändern Sie die Anzeige: Tippen und halten Sie Mittelfinger und Daumen gleichzeitig auf dem Bildschirm und ziehen Sie beide auseinander, was in die Webseite hereinzoomt. Ziehen Sie dagegen die beiden Finger zusammen, zoomen Sie wieder heraus. Es ist egal, ob Sie nun vertikal oder waagerecht »kneifen«.

> Unter *Standardzoom* in den Einstellungen konfigurieren Sie, wie stark der Webseitenbereich vergrößert wird. Siehe Kapitel *12.4 Einstellungen*.

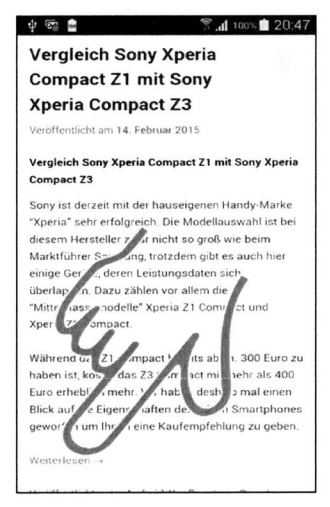

❶ Einem Link folgen Sie, indem Sie ihn antippen.

❷ Tippen und halten Sie den Finger über einem Link für weitere Funktionen:

- *Im neuen Tab öffnen*: Öffnet den Link in einem neuen Browser-Tab.

- *In Inkognito-Tab öffnen*: Öffnet den Link im privaten Modus, bei der alle Cookies oder andere Daten wieder gelöscht werden, wenn man den Tab später schließt.
- *URL kopieren; Linktext kopieren*: Kopiert die Webadresse beziehungsweise den Linktext in die Zwischenablage, von wo man sie später in andere Anwendungen wieder einfügen kann.
- *Link speichern*: Speichert die Webseite auf der Speicherkarte im Verzeichnis *download*.

Verwenden Sie die ↶-Taste, um zur letzten angezeigten Seite zurückzukehren. Beachten Sie aber, dass der Browser verlassen wird, wenn Sie die ↶-Taste drücken, während die zuerst aufgerufene Seite angezeigt wird.

❶ Viele Websites werten den verwendeten Browser aus und optimieren dann die Webseiten für die Besucher entsprechend. Ein gutes Beispiel ist Ebay, wo man mit Smartphones und Tablets nur eine vereinfachte und funktionsbeschränkte Weboberfläche zu sehen bekommt.

❷❸ Eine vollwertige Anzeige erhalten Sie im Browser, wenn Sie ⋮/*Desktop-Version* aktivieren. Beachten Sie, dass sich dann die Ladezeiten erhöhen.

## 12.1 Tabs

Heutzutage bietet jeder PC-Webbrowser die Möglichkeit, mehrere Webseiten gleichzeitig anzuzeigen, wobei die sogenannten Tabs zum Einsatz kommen. Sofern Sie bereits Tabs auf dem PC-Webbrowser genutzt haben, dürften Sie also vieles wiedererkennen.

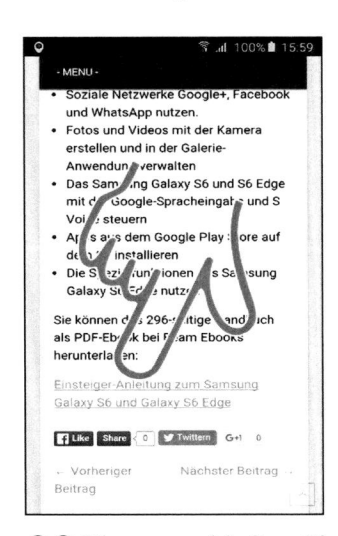

❶❷ Tippen und halten Sie einen Finger über dem Link, bis das Popup-Menü erscheint. Wählen Sie dann *In neuem Tab öffnen*. Der Browser-Tab wird im Hintergrund geöffnet.

# Chrome-Webbrowser

Einen leeren Tab öffnen Sie mit ⋮/*Neuer Tab*.

❶ Welche Tabs gerade offen sind, erfahren Sie nach Betätigen der ▭-Taste unterhalb des Displays (beachten Sie, dass hier auch die gerade im Hintergrund aktiven Programme aufgelistet werden). Tippen Sie hier eines der Vorschaubilder an, woraufhin der Browser zum entsprechenden Browser-Tab wechselt.

❷ Zum Schließen eines Tabs führen Sie darüber eine Wischgeste nach rechts oder links aus.

Auf den mit der ▭-Taste aufgerufenen Task-Umschalter geht Kapitel *3.11 Zuletzt genutzte Anwendungen* ein.

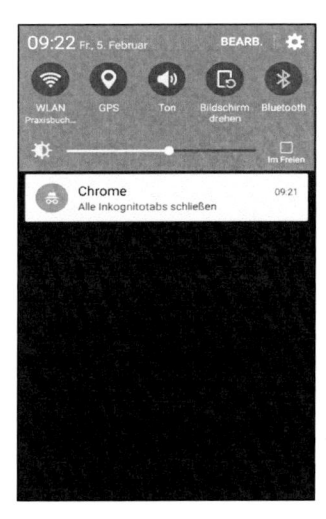

❶❷ Eine Besonderheit ist der Inkognito-Modus, den Sie über ⋮/*Neuer Inkognito-Tab* aktivieren: In diesem Tab surfen Sie anonym, das heißt, der Browser speichert nach Verlassen des Inkognito-Tabs keine Daten und löscht von Websites angelegte Cookies.

❸ Den Inkognito-Modus verlassen Sie, wie zuvor beschrieben, indem Sie das Benachrichtigungsfeld aufrufen und dort auf *Chrome – Alle Inkognitotabs schließen* gehen.

## 12.2 Lesezeichen

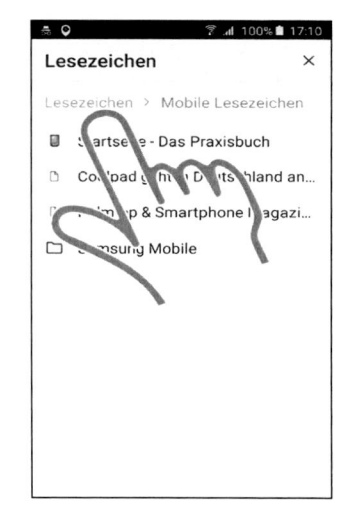

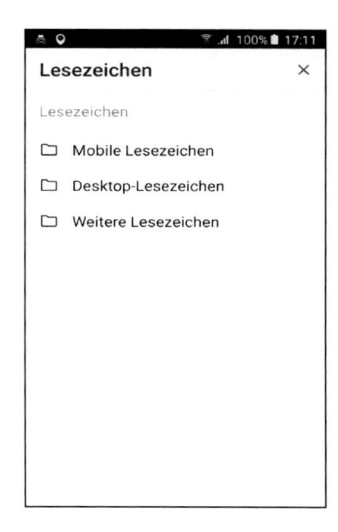

❶ Mit ⋮/*Lesezeichen* öffnen Sie die Lesezeichenverwaltung.

❷ Tippen Sie jetzt mal *Lesezeichen* (Pfeil) an.

❸ Die Lesezeichenverwaltung zeigt drei Ordner an:

- *Desktop-Lesezeichen*: Diese stammen vom Google Chrome-Webbrowser, den Sie eventuell auf Ihrem PC einsetzen (siehe Kapitel *12.6 Lesezeichen des PCs auf dem Galaxy nutzen*).

- *Weitere Lesezeichen*: Nicht von Google dokumentiert.

- *Mobile Lesezeichen*: Verwaltet die von Ihnen auf dem Galaxy angelegten Lesezeichen.

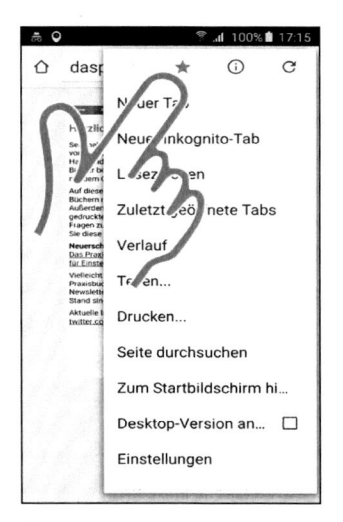

❶ So speichern sie ein Lesezeichen: Aktivieren Sie das ⋮-Menü und tippen Sie darin ★ an.

❷ Anschließend geben Sie dem Lesezeichen noch einen Namen und betätigen *Speichern*.

Chrome-Webbrowser

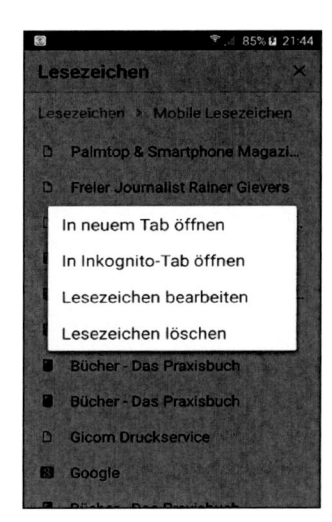

❶ Rufen Sie mit ⋮/*Lesezeichen* die Lesezeichenverwaltung auf und tippen Sie den *Mobile Lesezeichen*-Ordner an.

❷ Tippen Sie in der Lesezeichenverwaltung ein Lesezeichen an, damit die zugehörige Webadresse im Browser geladen wird.

❸ Halten Sie den Finger über einem Lesezeichen für diese Funktionen gedrückt:

- *In neuem Tab öffnen*: Öffnet den Link in einem neuen Browser-Tab.
- *In Inkognito-Tab öffnen*: Öffnet den Link im privaten Modus, bei der alle Cookies oder andere Daten wieder gelöscht werden, wenn man den Tab später schließt.
- *Lesezeichen bearbeiten*: Bezeichnung und Webadresse bearbeiten.
- *Lesezeichen löschen*

Die Lesezeichen werden mit Ihrem Google-Konto synchronisiert, das heißt, wenn Sie sich auf einem anderen Android-Gerät bei Ihrem Google-Konto anmelden, sind dort im Browser Ihre Lesezeichen verfügbar. Wenn Sie dies nicht möchten, müssen Sie in Ihrem Google Konto (siehe Kapitel *25 Das Google-Konto*) die Lesezeichen-Synchronisierung (*Chrome synchronisieren*) deaktivieren.

## 12.3 Dateien herunterladen

❶ Wenn Sie einen Link antippen, der auf eine Datei verweist, lädt der Browser diese automatisch herunter und öffnet sie im passenden Programm.

Alle heruntergeladenen Dateien landen im Verzeichnis *download* auf der Speicherkarte.

Nach dem Download fragt Sie das Galaxy eventuell nach dem Programm, mit dem Sie die Datei öffnen möchten. Dies geschieht immer, wenn mehr als eine vorinstallierte Anwendung den gleichen Dateityp verarbeiten kann. Wählen Sie eine der Optionen aus und betätigen Sie *NUR EINMAL*.

## 12.4 Einstellungen

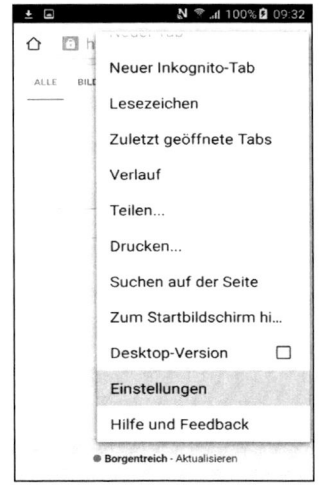

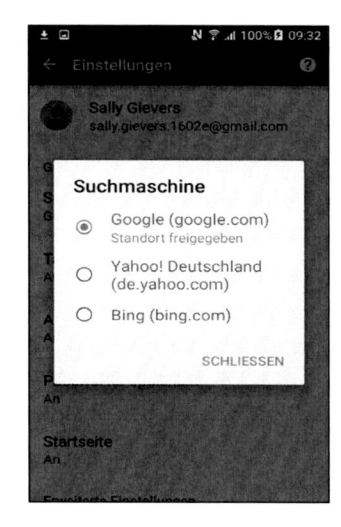

❶ Für die Browserkonfiguration gehen Sie auf ⁞/*Einstellungen*.

❷ Die hier angebotenen Optionen:

- *(Ihr Konto)@gmail.com*: Verwaltet die Synchronisation der Lesezeichen mit Ihrem Google-Konto.

Unter *Grundeinstellungen:*

- *Suchmaschine* (❸): Stellt die zu verwendende Suchmaschine ein (die Suche erfolgt automatisch, wenn Sie einen Begriff in der Browser-Adresszeile eingeben).
- *Tabs und Apps zusammen anzeigen*: Wenn Sie diesen Modus deaktivieren, erscheint neben der Adressleiste ein Symbol, mit dem Sie die geöffneten Browser-Tabs anzeigen können.
- *AutoFill-Formulare*: Die hier erfassten Texte mit Ihren Adressdaten schlägt der Browser automatisch vor, wenn Sie in ein passendes Eingabefeld tippen (zum Beispiel Adressfelder in einem Online-Shop).
- *Passwörter speichern*: Verwaltet alle Passwörter, die zwischengespeichert und das nächste Mal automatisch eingefügt werden. Sofern das Galaxy von mehreren Personen genutzt wird, sollten Sie diese Option deaktivieren.
- *Startseite*: Die Startseite lädt der Chrome-Browser beim ersten Aufruf. Sie können hier eine beliebige andere Webseite einstellen.

Unter *Erweitert:*

- *Datenschutz*: Löschen Sie hier vom Chrome-Browser gespeicherte Daten und stellen Sie ein, ob der Browser bei der Adresseingabe Vorschläge macht.
- *Bedienungshilfen*: Standardschriftgröße bei den angezeigten Webseiten.
- *Website-Einstellungen*: Cookies, Übermittlung des Standorts, JavaScript, usw. zulassen.
- *Datenkomprimierung*: Beschleunigt die Datenübertragung, indem aufgerufene Webseiten zuerst von Google selbst eingeladen, komprimiert und dann im Chrome geladen werden. Dies ist nicht möglich für verschlüsselte Websites (beispielsweise beim Online-Banking). Sofern Sie auf Ihren Datenschutz Wert legen, sollten sie auf diese Funktion verzichten.

## 12.4.1 Datenschutz

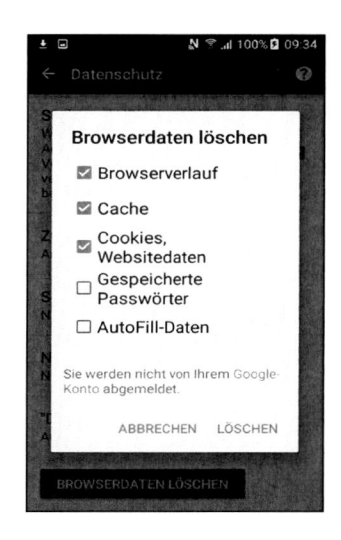

❶❷ Das *Datenschutz*-Menü konfiguriert:

- *Vorschläge bei Navigationsfehlern*: Wenn Sie eine Webadresse falsch eingeben, sodass sie nicht geladen werden kann, erscheint normalerweise die Meldung »Diese Webseite ist nicht verfügbar«. Aktivieren Sie *Vorschläge bei Navigationsfehlern*, so macht der Chrome-Browser Vorschläge wie die Webadresse korrekt lauten könnte.

- *Such- und URL-Vorschläge*: Schon während der Eingabe einer Webadresse, beziehungsweise von Suchbegriffen macht der Browser Vorschläge zu den möglicherweise gesuchten Webseiten, die man dann direkt anzeigen lassen kann.

- *Seitenressourcen vorabrufen*: Nicht von Google dokumentiert.

- *Nutzungs- und Absturzberichte*: Legt fest, ob der Chrome-Browser anonyme Nutzungsberichte an Google senden darf, die Google dann für Optimierungen verwendet.

- *"Do Not Track"*: Der Browser sendet an aufgerufene Webseiten einen Befehl, dass diese keine Benutzerdaten auswerten darf (beispielsweise für Werbung). Siehe auch *de.wikipedia.org/wiki/Do_Not_Track*.

❸ Rufen Sie *BROWSERDATEN LÖSCHEN* auf für das Auswahlmenü:

- *Browserverlauf löschen*: Die Adressen einmal besuchter Seiten speichert der Browser zwischen und zeigt sie dann als Auswahl an, wenn Sie eine ähnliche Webadresse in der Adresszeile angeben.

- *Cache leeren*: Um den Aufbau der Webseiten zu beschleunigen, verwendet der Browser, ebenso wie der Internet Explorer oder Firefox auf dem Desktop-PC, einen Cache. Rufen Sie eine Webseite zum zweiten Mal auf, wird der Browser zuerst überprüfen, ob die bereits gespeicherte Seite im Cache aktuell ist und gegebenenfalls die Seite daraus laden und anzeigen. Sie können sich sicher vorstellen, dass somit das Surfen erheblich beschleunigt wird. Einen Nachteil hat der Cache allerdings auch: Die gespeicherten Seiten benötigen auf dem Galaxy Speicherplatz, der nicht mehr für andere Programme zur Verfügung steht. Ab und zu sollten Sie daher den Cache über das Menü löschen.

- *Cookies/Daten löschen*: Cookies sind Daten, die von Webseiten auf Ihrem Gerät abgelegt werden, um Sie bei einem späteren Besuch wiedererkennen zu können. Es dürfte nur sehr selten Sinn machen, die vom Browser angelegten Cookies zu löschen.

- *Passwörter löschen; AutoFill-Daten löschen*: Enfernt die automatisch vom Browser gespeicherten Daten, die Sie in Eingabefeldern eingetippt hatten.

## 12.4.2 Bedienungshilfen

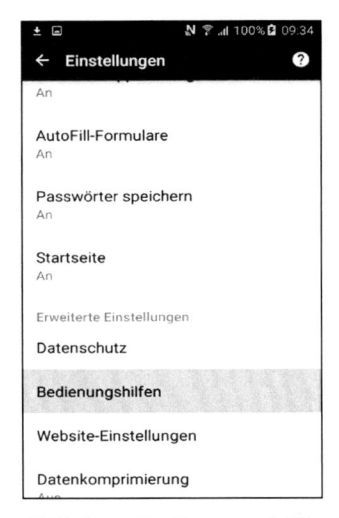

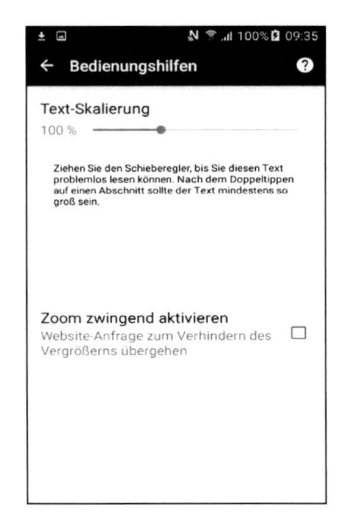

❶❷ Das *Bedienungshilfen*-Menü sind für Personen mit eingeschränkter Sehkraft gedacht:

- *Text-Skalierung*: Vergrößert die Textdarstellung.
- *Zoom zwingend aktivieren*: Manche für Handys optimierte Webseiten lassen sich nicht durch Doppeltippen oder eine Kneifgeste vergößern. Wenn Sie das stört, aktivieren Sie diese Option.

## 12.4.3 Website-Einstellungen

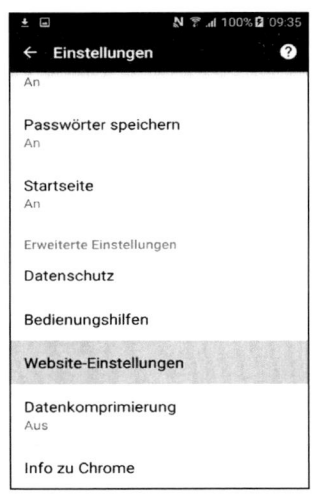

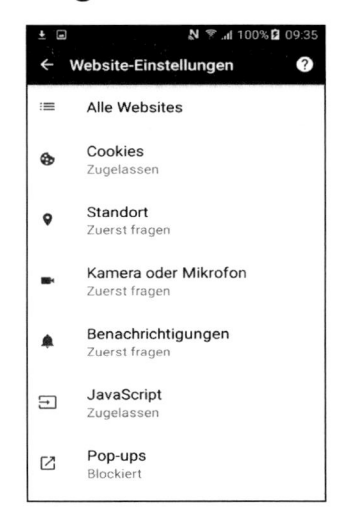

❶❷ In den *Website-Einstellungen* legen Sie fest, welche Daten oder Funktionen von Ihnen besuchte Websites nutzen dürfen. Sofern Sie nicht genau wissen, wass Sie tun, sollten Sie die Voreinstellungen nicht verändern:

- *Cookies*: Wie bereits oben erwähnt, sind Cookies wichtig, damit man von Webseiten eindeutig zugeordnet werden kann. Insbesondere Websites, in die man sich über Login und Passwort einloggen kann, sowie Webshops, sind häufig auf Cookies angewiesen. Sie sollten also die Option *Cookies* nicht deaktivieren.
- *Standort*: Google kann für Suchanfragen Ihren aktuellen (GPS-)Standort auswerten, genauso verwenden manche Websites Ihren Standort, um für Ihre Standort optimierte Angebote bereitzustellen. Ein Beispiel dafür ist die Google-Suchmaschine selbst.
- *Kamera oder Mikrofon*: Nur wenige Websites dürften den Zugriff auf Ihre Kamera oder das Mikrofon benötigen. Uns fällt jedenfalls kein Grund dafür ein.
- *JavaScript*: JavaScript ist eine Programmiersprache, die in Webseiten eingebettet sein kann, um dort interaktive Funktionen zu realisieren. Dazu gehören zum Beispiel Eingabefeldprüfungen. Weil sonst viele Webseiten nicht mehr funktionieren, sollten Sie

Chrome-Webbrowser

JavaScript immer aktiviert haben.

- *Pop-ups*: Viele Websites öffnen Popup-Fenster (Tabs), beispielsweise mit Werbung, wenn man sie besucht. Deshalb werden Popup-Fenster standardmäßig blockiert.
- *Geschützte Inhalte:* Einige Websites, insbesondere Videostreaming-Portale verlangen eine eindeutige Identifizierung ihrer Nutzer. Wir empfehlen allerdings *Geschützte Inhalte* deaktiviert zu lassen.
- *Google Übersetzer*: Für Besucher ausländischer Websites bietet Google eine Übersetzungsfunktion an, die automatisch alle Texte in Deutsch anzeigt.

## 12.5 Lesezeichen-Widget

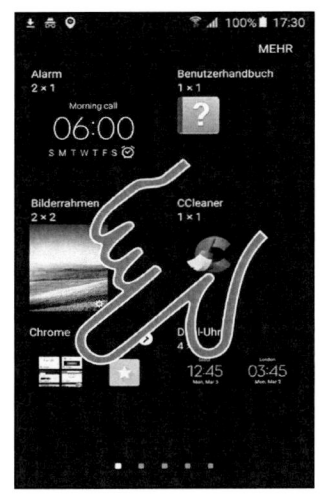

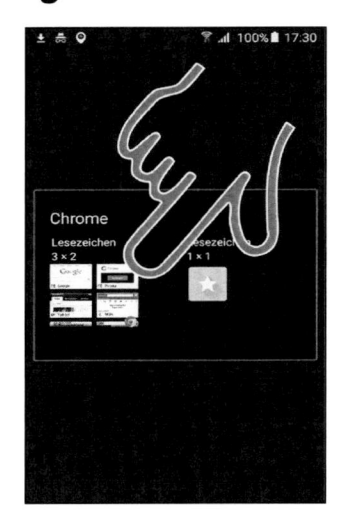

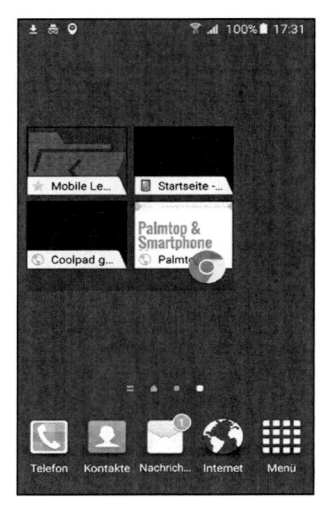

❶❷ Der schnelle Aufruf von Lesezeichen aus dem Startbildschirm ist über den *Lesezeichen*-Schnellzugriff beziehungsweise das *Lesezeichen*-Widget möglich. Gehen Sie dazu auf *Chrome* in den Widgets. Wie Sie diese auf dem Startbildschirm anlegen, erfahren Sie im Kapitel *3.7.2 Widgets*.

## 12.6 Lesezeichen des PCs auf dem Galaxy nutzen

Auch für den PC gibt es eine Version des Chrome-Browsers (falls Sie ihn installieren möchten, geben Sie einfach »Google Chrome« in der Google-Suchmaschine ein, worauf Ihnen Download-Möglichkeiten angezeigt werden). Die Lesezeichen lassen sich zwischen Chrome auf dem Handy und dem PC synchronisieren, sodass Sie auf beiden Geräten immer auf dem gleichen Stand sind.

Auf dem PC klicken Sie im Chrome-Webbrowser oben rechts auf ⊟ für das Menü und gehen dort auf *In Chrome anmelden* – wenn Sie bereits angemeldet sind, erscheint als Menüeintrag stattdessen *Angemeldet als (Ihr Kontoname)@gmail.com*.

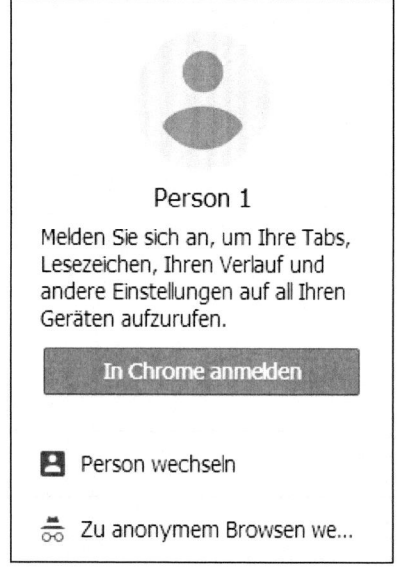

❶ Klicken Sie auf *In Chrome anmelden*.

❷ Melden Sie sich mit Ihren Google-Kontodaten an (dem gleichen Google-Konto wie bei Chrome auf dem Handy).

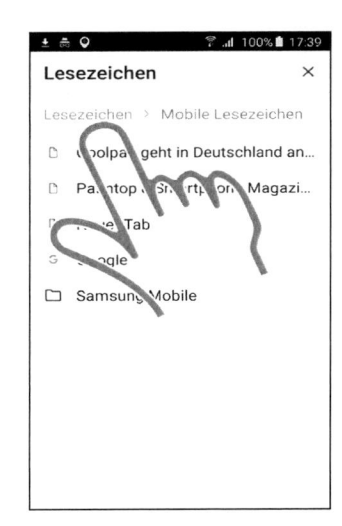

❶ Rufen Sie ⋮/*Lesezeichen* auf

❷ Sofern Sie sich in den mobilen Lesezeichen befinden, tippen Sie oben auf *Lesezeichen*.

❶❷ Wählen Sie *Desktop-Lesezeichen*. Chrome listet nun alle Lesezeichen vom Desktop-Chrome-Browser auf.

# 13. WhatsApp

WhatsApp ist ein sogenannter Messenger, über den Sie Nachrichten an andere Personen senden und von diesen empfangen können. Im Prinzip ähnelt die WhatsApp-Funktionsweise dem SMS-Versand, wobei allerdings für die Kommunikation eine Internetverbindung benötigt wird und keine zusätzlichen Kosten anfallen.

Nutzer von WhatsApp müssen sich nicht mit einem Login und Passwort bei WhatsApp anmelden, sondern identifizieren sich durch ihre Handynummer. Dies bringt leider den Nachteil mit sich, dass eine Nutzung nur über Handys und Tablets mit SIM-Karte möglich ist. Deshalb war es lange Zeit unmöglich, auf einem PC WhatsApp zu verwenden. Mit einem Trick, bei dem von der Handykamera ein Code auf dem Bildschirm eingelesen wird, umgehen die WhatsApp-Entwickler inzwischen dieses Problem. Ein Tablet oder Handy mit SIM-Karte wird aber weiterhin benötigt.

## 13.1 Erster Start

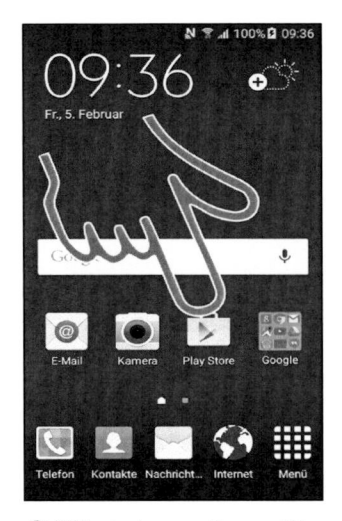

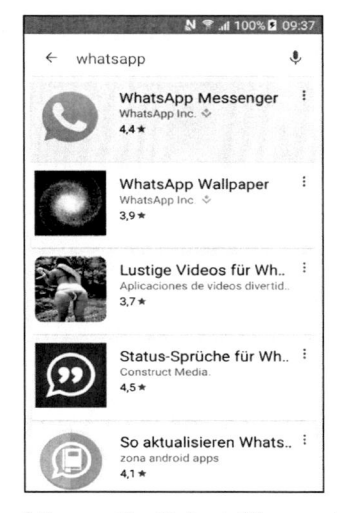

❶ WhatsApp müssen Sie erst auf Ihrem Gerät installieren. Gehen Sie dafür auf *Play Store* (beachten Sie auch Kapitel *27.1 Play Store*).

❷❸ Tippen Sie in das Suchfeld am oberen Bildschirmrand und geben Sie *whatsapp* ein. Sie erhalten eine Programmauflistung, wovon Sie *WhatsApp Messenger* auswählen. Hier gehen Sie auf *INSTALLIEREN* und tippen *AKZEPTIEREN* an. Verlassen Sie den Play Store anschließend mit der ⬜-Taste.

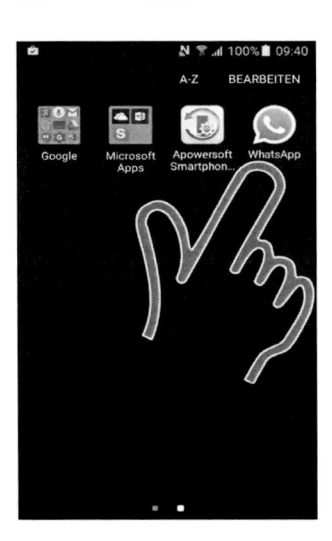

Rufen Sie *WhatsApp* aus dem Hauptmenü auf.

❶❷ Beim ersten Start des Programms müssen Sie sich erst beim WhatsApp-Netzwerk identifizieren, was über eine SMS geschieht. Betätigen Sie *Zustimmen und Fortfahren* und geben Sie dann Ihre Handynummer ein. Schließen Sie den Vorgang mit *OK* ab.

❸ Betätigen Sie die Sicherheitsabfrage mit *OK* und warten Sie, während der Bestätigungsvorgang durchläuft.

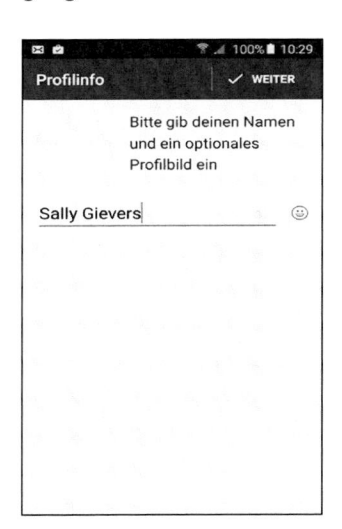

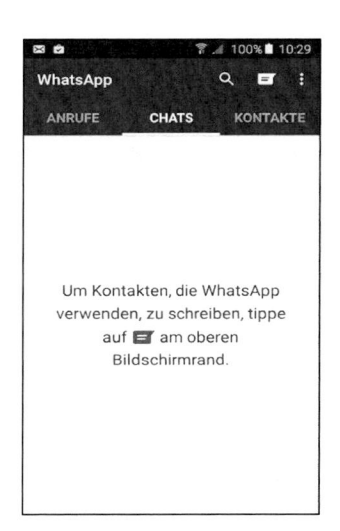

❶ Erfassen Sie Ihren Namen und tippen Sie auf *WEITER*.

❷ Gehen Sie auf *Weiter*, worauf der WhatsApp-Hauptbildschirm erscheint.

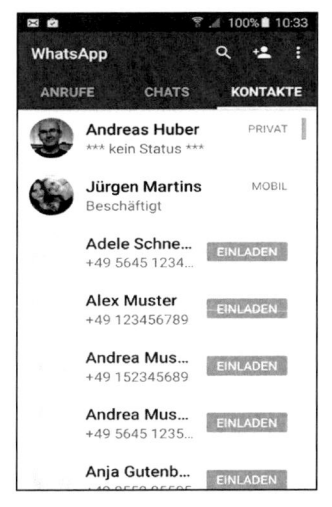

❶❷ Die Register am oberen Bildschirmrand schalten um zwischen:

- *ANRUFE*: Sie können mit anderen WhatsApp-Nutzern telefonieren. Dabei baut das

Handy keine Sprachverbindung über das Mobilfunknetz auf, sondern die Sprachübertragung erfolgt über das Internet. Deshalb fallen keine Telefonkosten an.

- *CHATS*: Schreiben Sie mit anderen WhatsApp-Nutzern. Dabei ist es auch möglich, Sprachaufnahmen und Dateien zu versenden.

- *KONTAKTE* (❷): Listet alle Kontakte aus dem Telefonbuch auf. Tippen Sie einen Kontakt an, um mit ihm zu schreiben.

## 13.2 Nachrichten schreiben

Damit Sie einer anderen Person per WhatsApp schreiben können, muss er sich mit seiner Handynummer in Ihrem Telefonbuch (siehe Kapitel *13 WhatsApp*) befinden. Außerdem muss auf seinem Handy oder Tablet ebenfalls WhatsApp installiert sein.

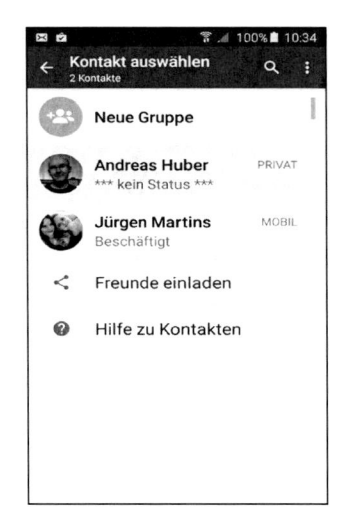

❶ Betätigen Sie ▤₊.

❷ WhatsApp listet alle Kontakte mit WhatsApp auf, von denen Sie einen auswählen.

❸ Nach Eingabe eines Textes versenden Sie ihn mit ➤.

❶ Ein Haken hinter jeder Ihrer Nachrichten informiert über den Versandstatus:

- ✓: Nachricht wurde erfolgreich versandt, aber noch nicht dem Empfänger zugestellt (beispielsweise weil er sich in einem Funkloch befindet oder sein Handy abgestellt hat).

- ✓✓: Der Empfänger hat die Nachricht erhalten. Dies ist kein Hinweis darauf, dass er sie auch gelesen hat.

❷ Der Hinweis »online« (Pfeil) informiert am oberen Bildschirmrand darüber, dass Ihre Nachrichten sofort zugestellt werden.

## 13.3 Nachrichten empfangen

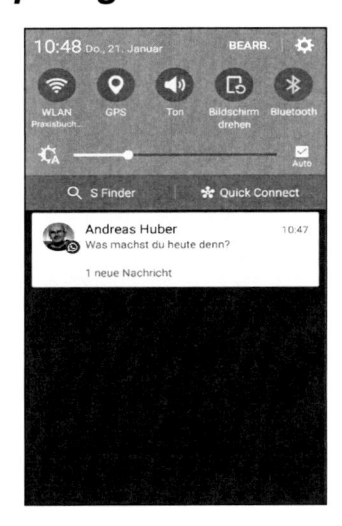

❶ Sie müssen die WhatsApp-Anwendung nicht permanent geöffnet haben, denn auch wenn Sie gerade nicht damit arbeiten, informiert Sie das Galaxy mit akustischem Signal und Hinweis in der Titelleiste (Pfeil) über neu vorliegende Nachrichten.

❷❸ Starten Sie dann entweder die WhatsApp-Anwendung oder gehen Sie im Benachrichtigungsfeld auf den WhatsApp-Eintrag.

## 13.4 Weitere Funktionen

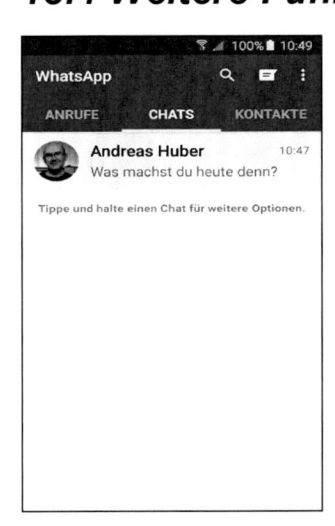

❶❷ Auf die Konversationen mit Ihren Kontakten greifen Sie über die Auflistung im Hauptmenü zu.

❶ Besonders beliebt ist die Option, Fotos oder Sprachaufnahmen zu verschicken, was über die Schaltleisten am unteren Bildschirmrand (Pfeil) erfolgt.

❷❸ Beim Fotoversand knipsen Sie zunächst mit der blauen Schaltleiste (Pfeil) ein Bild, danach erfolgt mit ✓ der Versand.

❶❷ Andere Dateien, darunter auch bereits auf dem Handy vorhandene Fotos, verschicken Sie dagegen über die ⌀-Schaltleiste.

## 13.5 Telefonie über WhatsApp

Wie bereits erwähnt, bietet WhatsApp eine Telefonie-Funktion, welche über das Internet statt über eine Mobilfunk-Sprachverbindung erfolgt und deshalb kostenlos ist.

WhatsApp

❶❷ Anrufe führen Sie jederzeit in einem Chat über die ☎-Schaltleiste (Pfeil) durch.

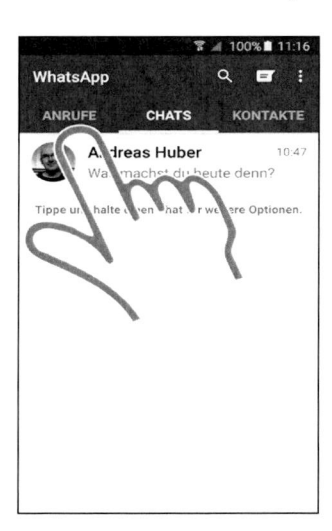

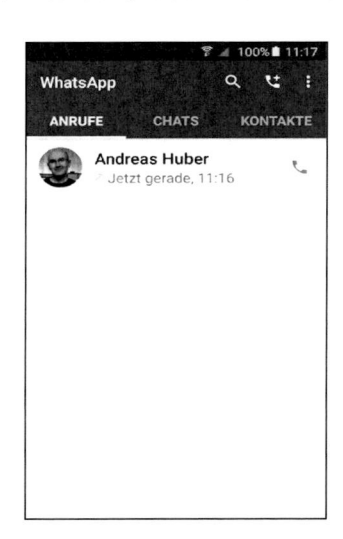

❶❷ Die durchgeführten Anrufe listet das *ANRUFE*-Register (Pfeil) auf.

# 14. Google Maps

Google Maps zeigt nicht nur Straßenkarten, sondern auch Satellitenansichten an und dient als mobiles Navigationsgerät. Beachten Sie, dass Google Maps die Kartenausschnitte jeweils aus dem Internet lädt, also eine WLAN- oder Mobilfunkverbindung bestehen muss.

Google Maps können Sie auch auf dem Desktop-PC im Webbrowser nutzen: Geben Sie dort *maps.google.de* als Webadresse ein.

Sofern Sie keine Datenflatrate (»Datenvertrag«) in Ihrem Mobilfunkvertrag haben und kein WLAN nutzen, sollten Sie auf die Verwendung von Google Maps verzichten, da schon bei geringer Nutzung mehrere Megabyte an Datenvolumen zusammenkommen.

## *14.1 Google Maps nutzen*

❶ Sie starten das Programm unter *Maps* im Hauptmenü.

❷❸ Betätigen Sie *AKZEPTIEREN UND WEITER* und gegebenenfalls in den folgenden Bildschirmen *ANMELDEN* und *JA, AKTIVIEREN* damit das Programm startet.

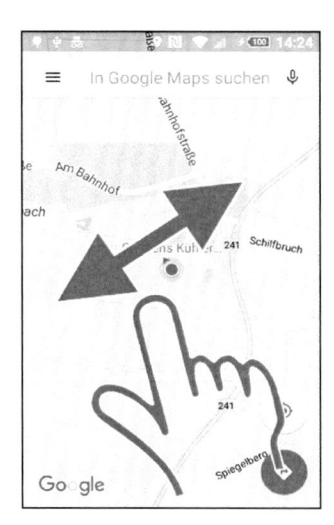

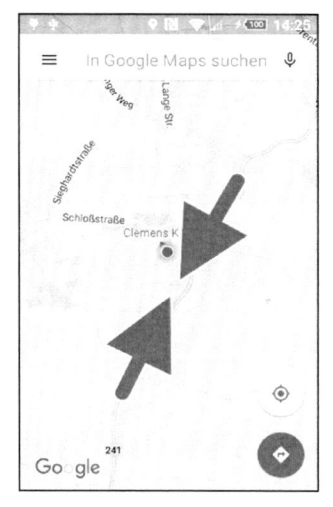

❶ Mit angedrücktem Finger bewegen Sie den angezeigten Kartenausschnitt, der dann aus dem Internet nachgeladen wird.

❷ Zum Vergrößern/Verkleinern des Kartenausschnitts verwenden Sie die »Kneifen«-Geste, bei der Sie den auf dem Display angedrückten Daumen und den Zeigefinger nach außen oder innen ziehen. Auch schnelles zweimaliges Antippen einer Kartenstelle vergrößert die Ansicht.

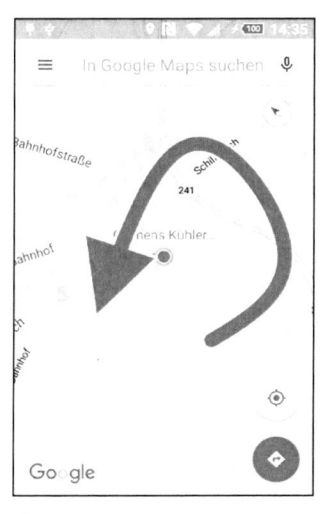

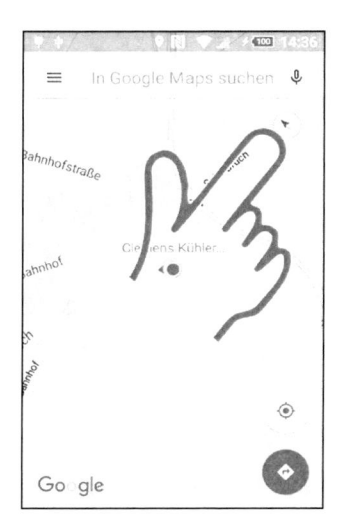

❶ Bei Google Maps ist Norden standardmäßig oben. Fußgänger dürften deshalb die Drehfunktion begrüßen: Tippen Sie mit zwei Fingern, zum Beispiel Daumen und Zeigefinger, auf das Display und drehen Sie beide Finger dann um sich selbst. Der Kartenausschnitt dreht sich mit. Als Fußgänger richten Sie so den Kartenausschnitt genau in Gehrichtung aus.

❷ Eine Kompassnadel oben rechts zeigt nun die Nord/Süd-Achse an. Tippen Sie darauf, richtet sich der Kartenausschnitt wieder nach Norden aus.

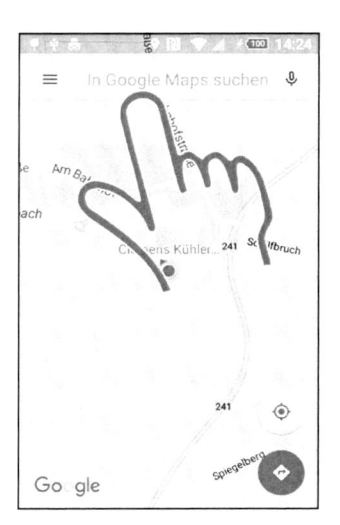

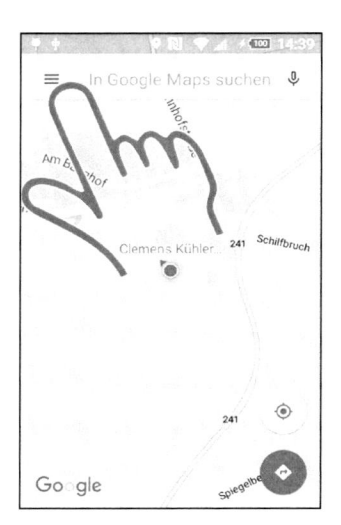

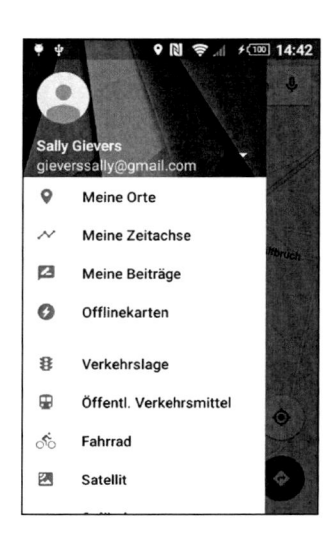

❶ Die Bedienelemente am oberen Bildschirmrand:

- Suchfeld (Pfeil): Nach Orten, Firmen, Adressen oder Sehenswürdigkeiten suchen.
- ❖ (Sprachsteuerung): Sprechen Sie einen Ort oder einen Point of Interest, nach dem Google Maps suchen soll.
- ◉ (»Mein Standort«, unten rechts im Bildschirm): Zeigt nach Antippen Ihre vom GPS-Empfänger ermittelte Position auf der Karte an. Dazu muss allerdings der GPS-Empfang (siehe nächstes Kapitel) aktiviert sein.
- ◆ (»Route«, unten rechts im Bildschirm): Plant eine Route und gibt Ihnen eine Wegbeschreibung.

❷❸ Tippen Sie auf ≡ (Pfeil), worauf sich das Ausklappmenü mit weiteren Funktionen öffnet. Zum Schließen des Ausklappmenüs führen Sie eine Wischgeste von rechts nach links durch.

*Meine Orte* verwaltet die von Ihnen als Favoriten markierten Points of Interest, worauf Kapitel *14.8.1 Markierungen* noch eingeht.

Mit *Verkehrslage, Öffentl. Verkehrsmittel, Fahrrad, Satellit, usw.* blenden Sie verschiedenen Overlays (»Überlagerungen«) ein. *Google Earth* startet die unter gleichem Namen im Google Play Store erhältliche Anwendung, welche eine über Google Maps hinausgehende 3D-Kartenansicht bietet.

## 14.2 Einstellungen

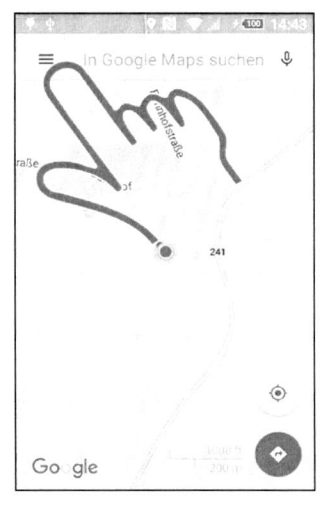

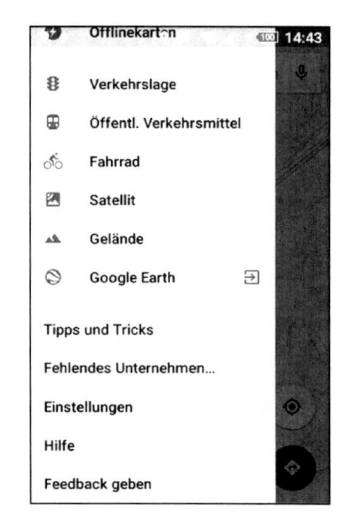

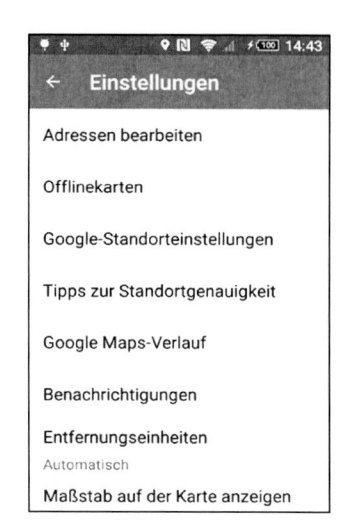

❶ Öffnen Sie das Ausklappmenü über die ☰-Schaltleiste.

❷ Gehen Sie auf *Einstellungen*.

❸ Die verfügbaren Optionen:

- *Adressen bearbeiten*: Geben Sie Ihre Privat- und Geschäftsadresse an, welche von der Navigationsfunktion (siehe Kapitel *14.6 Navigation*) ausgewertet wird.

- *Offlinekarten*: Von Ihnen heruntergeladene Kartendaten. Siehe auch Kapitel *14.4 Kartenausschnitt auf dem Gerät speichern*.

- *Google-Standorteinstellungen*: Diverse Einstellungen für Google Local, auf die Kapitel *14.8 Google Local* eingeht.

- *Tipps zur Standortgenauigkeit*: Sofern das Galaxy Ihre Position nicht exakt orten kann, gibt das Gerät hier Hinweise.

- *Google Maps-Verlauf*: Listet die von Ihnen in Google Maps aufgerufenen Orte auf.

- *Benachrichtigungen*: Informiert über Veranstaltungen (zum Beispiel Sportereignisse), welche die Verkehrssituation in Ihrer Nähe beeinflussen.

- *Entfernungseinheiten*: Sie können die Anzeige zwischen Meilen und Kilometer umschalten.

- *Maßstab auf der Karte anzeigen*: Informiert beim Zoomen in der Karte über den gerade aktiven Kartenmaßstab.

- *Navigationseinstellungen:* Hier können Sie nur über *Karte neigen* festlegen, dass während der Navigation (siehe Kapitel *14.6 Navigation*) die Karte leicht geneigt dargestellt wird.

- *Zum Senden von Feedback schütteln*: Falls Sie Verbesserungsvorschläge haben oder auf einen Programmfehler stoßen, können Sie ihn den Entwicklern melden.

Der GPS-Empfänger verbraucht relativ viel Strom, weshalb Sie ihn bei längerer Nichtnutzung deaktivieren sollten. Beachten Sie auch Kapitel *35.2 GPS auf dem Galaxy nutzen*.

## 14.3 Eigene Position

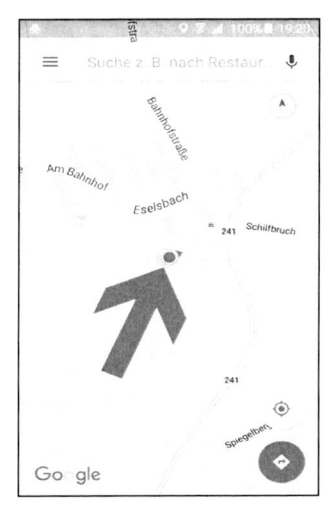

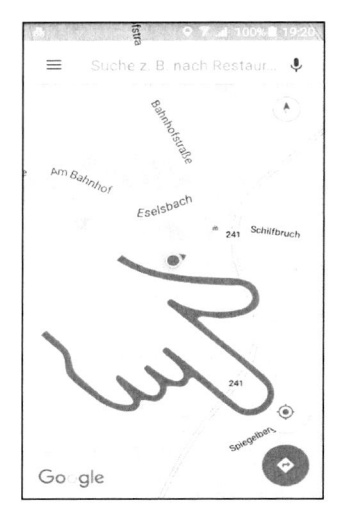

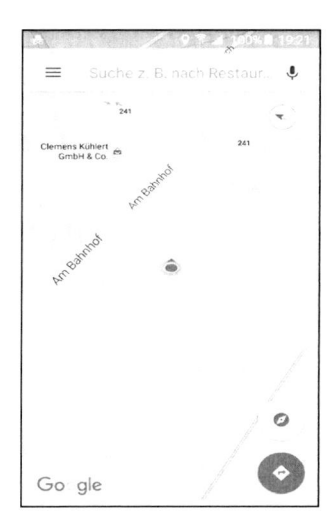

❶ Ein blauer Punkt (Pfeil) zeigt auf der Karte Ihre aktuelle Position an.

❷❸ Über die ◉-Schaltleiste (Pfeil) wechseln Sie in den Kompass-Modus, der die Karte immer in Blickrichtung anzeigt. Erneutes Betätigen der ◉-Schaltleiste aktiviert wieder die Normalanzeige.

## 14.4 Kartenausschnitt auf dem Gerät speichern

Google Maps hat gegenüber normalen Navis den Vorteil, immer tagesaktuelle Karten bereitzustellen, welche aus dem Internet nachgeladen werden. Problematisch wird es nur, wenn man das Handy unterwegs nutzt, da dann ja das Fehlen des WLAN-Empfangs die Kartenaktualisierung verlangsamt, denn häufig steht dann nur eine langsame Mobilfunkverbindung zur Verfügung, mit der Google Maps kaum Spaß macht. Deshalb unterstützt Google Maps die lokale Speicherung der Kartendaten auf dem Gerät.

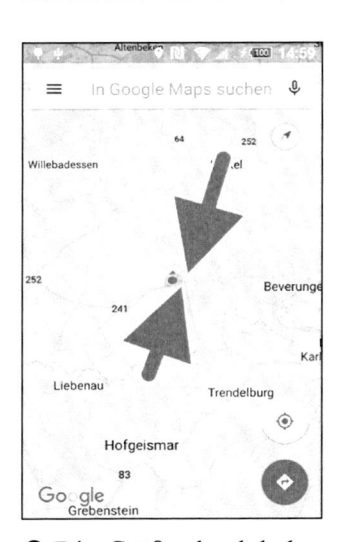

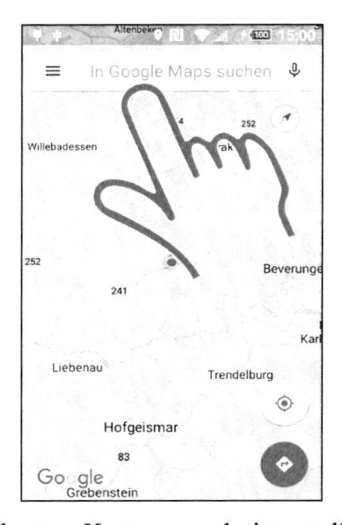

❶ Die Größe des lokal gespeicherten Kartenausschnitts stellen Sie ein, indem Sie den Kartenausschnitt vergrößern, beziehungsweise verkleinern (mit zwei Fingern auf das Display halten und dann beide auseinander-/zusammenziehen). Der Kartenausschnitt darf allerdings maximal ca. 40 x 40 Kilometer groß sein.

❷ Tippen Sie ins Suchfeld.

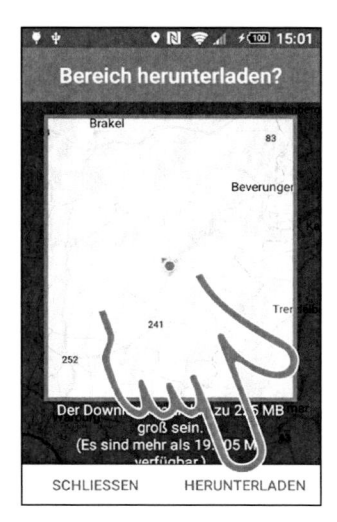

❶ Betätigen *Neuen Kartenbereich herunterladen*.

❷ Sie können nun noch den Kartenausschnitt mit einer Kneifgeste verändern. Gehen Sie auf *HERUNTERLADEN* und geben Sie einen Namen ein. Die Kartendaten werden geladen, was einige Zeit in Anspruch nimmt. Sie müssen warten, bis dieser Vorgang abgeschlossen ist.

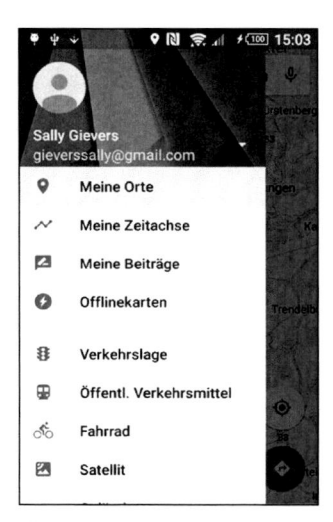

❶ Die gespeicherten Karten finden Sie im Ausklappmenü unter *Meine Orte*.

❷ Rollen Sie bis zum Listenende zu x *Offline-Karten* durch. Wenn Sie hier eine Karte auswählen, öffnet Google Maps den zugehörigen gespeicherten Kartenausschnitt.

## 14.5 Suche

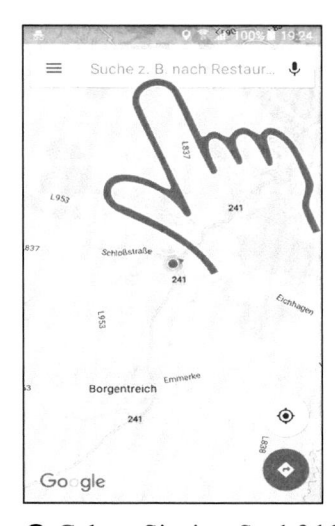

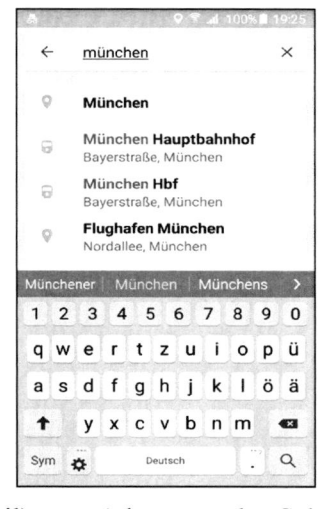

❶ Gehen Sie ins Suchfeld (Pfeil), um Adressen oder Sehenswürdigkeiten (Points of Interest) aufzufinden.

❷ Geben Sie eine Adresse ein und bestätigen Sie mit 🔍 im Tastenfeld. Eventuell macht das Programm hier schon Vorschläge, die Sie direkt auswählen können.

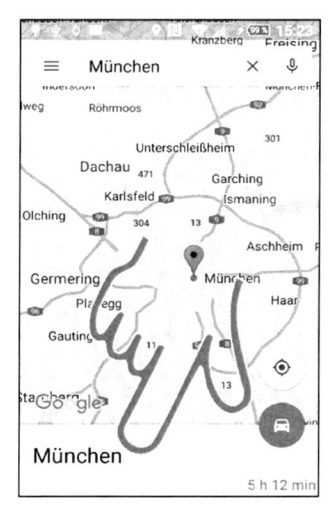

❶ Google Maps zeigt die Adresse mit einer Markierung in der Karte an. Am unteren Bildschirmrand erscheint ein Ortshinweis, daneben die Fahrtzeit mit dem Auto. Tippen Sie auf den Ortshinweis (Pfeil).

❷ Es öffnet sich ein Dialog mit weiteren Bedienelementen:

- *SPEICHERN*: Den Ort als Favorit speichern. Siehe Kapitel *14.8.1 Markierungen*.
- *TEILEN*: GPS-Position als Web-Link per Bluetooth, SMS oder E-Mail versenden.
- *HERUNTERLADEN*: Karte offline verfügbar machen (siehe Kapitel *14.4 Kartenausschnitt auf dem Gerät speichern*).

❶ Häufig findet Google Maps auch mehrere Orte oder Points of Interest, die dann aufgelistet werden. Führen Sie in der Liste eine Wischgeste von unten nach oben durch, um die Listeneinträge zu durchblättern. Tippen Sie einen Eintrag für weitere Infos an.

❷❸ Umgekehrt schließen Sie die Liste, indem Sie (gegebenenfalls mehrfach) von oben nach unten wischen, worauf Sie wieder zur Kartenansicht gelangen. Hier stellt Google Maps alle Fundstellen mit Symbolen dar. Wenn Sie weitere Infos über einen Point of Interest haben möchten, tippen Sie ihn an.

> Tipp 1: Geben Sie im Suchfeld auch die Postleitzahl ein, wenn zu vermuten ist, dass eine gesuchte Stadt mehrfach vorkommt.
>
> Tipp 2: Möchten Sie beispielsweise wissen, welche Sehenswürdigkeiten es in einer bestimmten Region/Stadt gibt, dann wechseln Sie zuerst den entsprechenden Kartenausschnitt (Sie können auch die Stadt suchen) und geben dann im Suchfeld einen allgemeinen Begriff wie »Museum« ein.
>
> Zum Löschen der Suchergebnisse in der Karte tippen Sie oben rechts neben dem Suchfeld die ✗-Schaltleiste an.

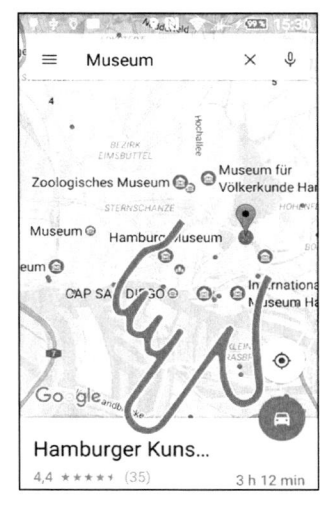

❶ Tippen Sie den Dialog am unteren Bildschirmrand für weitere Infos zum Standort, Öffnungszeiten, Bewertungen, usw. an.

❷❸ Weitere Infos stehen Ihnen mit einer Wischgeste von unten nach oben zur Verfügung.

✗ (Pfeil) beendet die Suche.

## 14.6 Navigation

Google Maps Navigation stellt eine vollwertige Alternative zu normalen Autonavigationsgeräten dar, wobei man allerdings den Nachteil in Kauf nehmen muss, dass laufend Kartenmaterial aus dem Internet nachgeladen wird. Man kommt also um einen Datenvertrag, den viele Netzbetreiber bereits ab rund 5 Euro pro Monat anbieten, nicht vorbei. Dafür ist allerdings das Kartenmaterial immer auf dem aktuellsten Stand. Für den Praxiseinsatz empfiehlt sich der Kauf einer Universal-Halterung für das Auto.

Google Maps 205

Als Alternative zu Google Maps empfehlen wir das kostenlose »Nokia HERE«, das Sie aus dem Google Play Store (siehe Kapitel *27.1 Play Store*) installieren können. Diese Software unterstützt das Herunterladen von Kartenausschnitten, sodass Sie auch offline, also ohne Internetverbindung, navigieren können.

## 14.6.1 Routenplaner

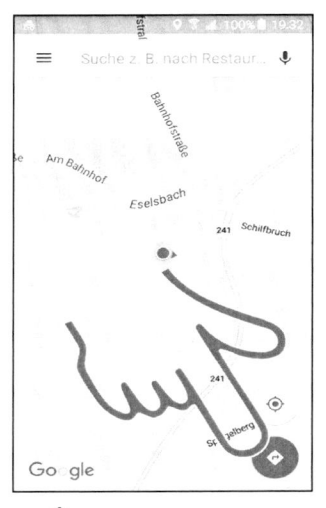

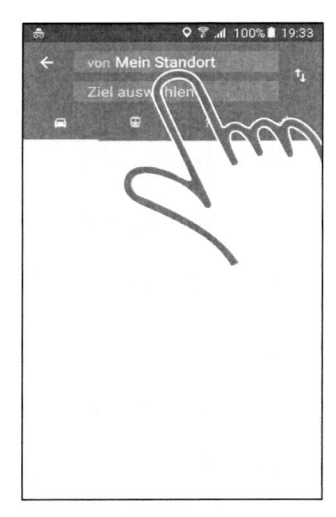

❶ ✛ (Pfeil) berechnet den optimalen Fahrtweg zwischen zwei Orten.

❷ Tippen Sie auf das erste Eingabefeld *Mein Standort*.

❸ Geben Sie den Startort ein (falls Sie Ihre aktuelle, per GPS ermittelte Position verwenden möchten, geben Sie hier nichts ein). Betätigen Sie 🔍 auf dem Tastenfeld oder wählen Sie einen der Vorschläge unter dem Eingabefeld aus.

**Wichtig:** Wenn Sie tatsächlich anschließend navigieren möchten, müssen Sie **Mein Standort leer lassen**, weil sonst nur eine Routenvorschau möglich ist.

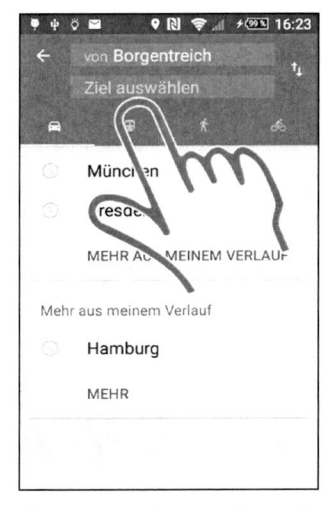

❶ Danach tippen Sie auf *Ziel auswählen*.

❷ Geben Sie auch hier eine Adresse beziehungsweise eine Stadt ein und schließen mit 🔍 auf dem Tastenfeld ab.

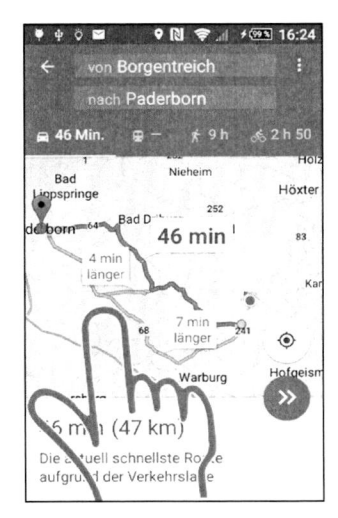

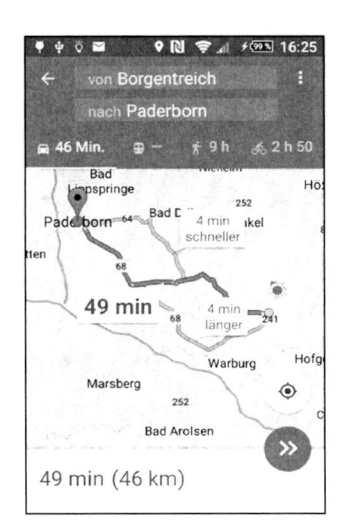

❶❷ Insbesondere bei längeren Strecken gibt es meist mehrere mögliche Fahrtmöglichkeiten. Google Maps blendet dann in der Kartenansicht mögliche Routen ein. Tippen Sie darin einfach einen der grauen Routenvorschläge an.

❸ Über die Pictogramme am oberen Bildschirmrand (Pfeil) wählen Sie die Art Ihres Fahrzeugs (Auto, öffentliche Verkehrsmittel, Fußgänger oder Fahrrad), was direkte Auswirkungen auf die empfohlenen Routen hat.

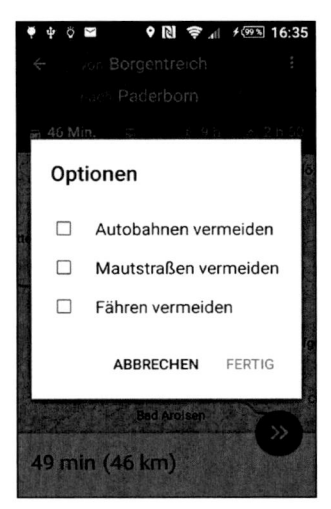

❶❷ Rufen Sie ⋮/*Routenoptionen* auf, wenn Sie Autobahnen, Mautstraßen oder Fähren meiden möchten.

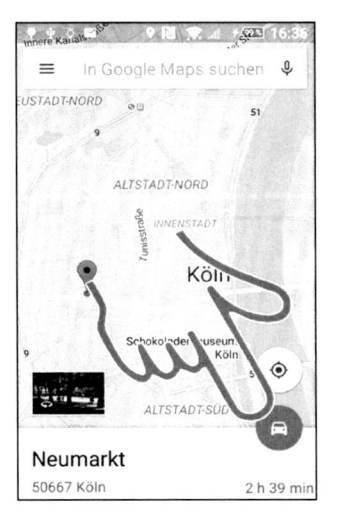

❶ Alternativ tippen und halten Sie den Finger auf einem Point of Interest, beziehungsweise Kartenbereich, bis am unteren Bildschirmrand das Popup erscheint.

❷ Danach gehen Sie auf 🚗, worauf der zuvor im Popup angezeigte Ort als Zielort übernommen wird.

❸ Wählen Sie, falls nötig wie zuvor bereits beschrieben, einen der Routenvorschläge aus.

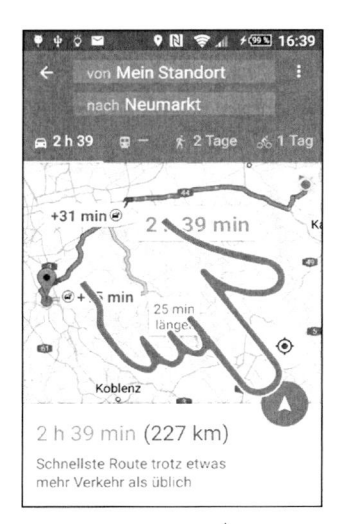

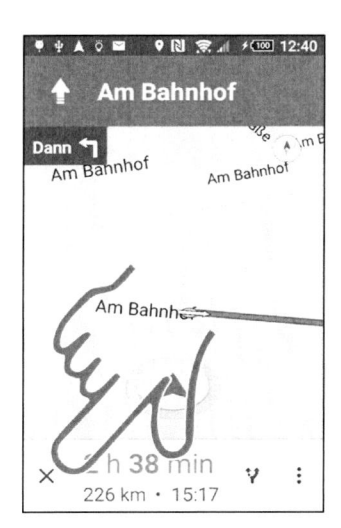

❶ Betätigen Sie ▲, worauf Google Maps in den Navigationsmodus wechselt.

❷ ✕ (unten links) beendet den Routenplaner.

> Da die Navigation innerhalb von Google Maps abläuft, stehen dort viele der bereits ab Kapitel *14 Google Maps* beschriebenen Funktionen zur Verfügung. Zum Beispiel können Sie mit angedrücktem Finger den Kartenausschnitt verschieben, oder durch »Kneifen« mit zwei Fingern im Kartenmaterial heraus- und hineinzoomen.

❶❷ Fast immer existieren alternative Routen. Zwischen den Navigationsvorschlägen schalten Sie mit Antippen der Routen um (um den Routenverlauf zu kontrollieren, ist es hier zudem möglich, mit einer Kneifgeste beziehungsweise Doppeltippen den Kartenausschnitt zu verkleinern/vergrößern).

> Hinweis: Die farbigen Strecken (schwarz, rot, orange oder grün) weisen auf die aktuelle Verkehrslage hin. Die Daten stammen von Android-Handys/Tablets, welche in anonymer Form ihre Position an Google-Server übermitteln, woraus Google den Verkehrsfluss ermittelt. Es sind nur Strecken eingefärbt, für die genügend Daten vorliegen.
>
> Eine Streckenänderung während der Navigation ist nicht möglich. Sie müssen für diesen Fall den Navigationsmodus mit der ✕-Taste unten links beenden und dann die Routenplanung erneut aufrufen.

## 14.6.2 Navigation in der Praxis

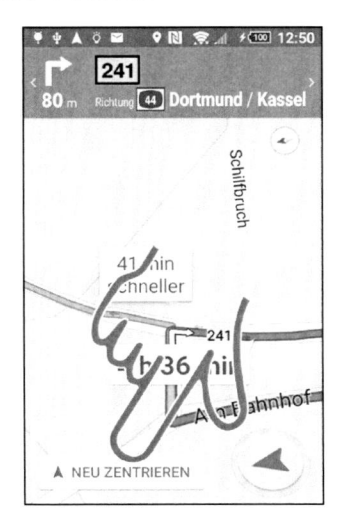

❶ Mit einer Wischgeste nach links/rechts am oberen Bildschirmrand können Sie die einzelnen Fahrtanweisungen vor und zurück »blättern«.

❷ Antippen von *NEU ZENTRIEREN* (Pfeil) oder Betätigen der ⤺-Taste schaltet wieder auf Ihre aktuelle Position um.

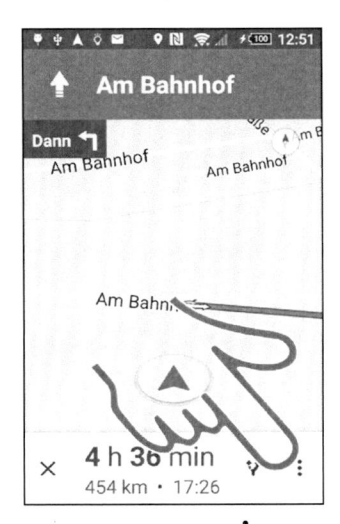

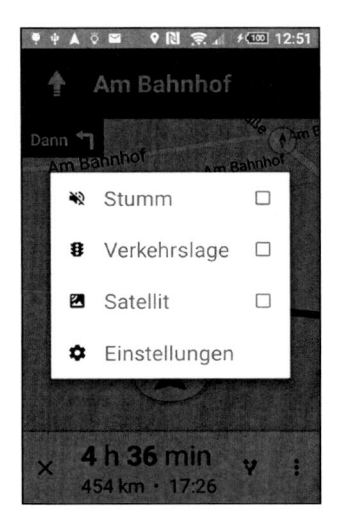

❶❷ Betätigen Sie ⋮ für weitere Optionen:

- *Stumm*: Schaltet die Sprachausgabe aus/ein.
- *Verkehrslage*: Google Maps informiert in der Karte mit Symbolen über das Verkehrsgeschehen.
- *Satellit*: Satellitenbild einblenden. Beachten Sie, dass dabei das aus dem Internet übertragene Datenvolumen stark ansteigt!

## 14.7 Ansichten

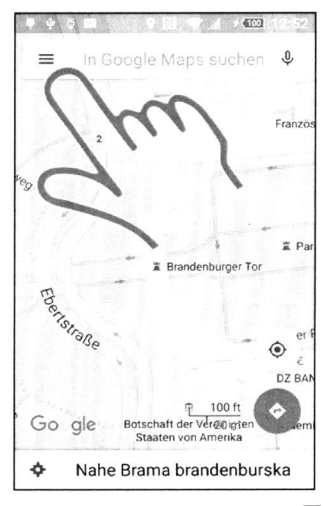

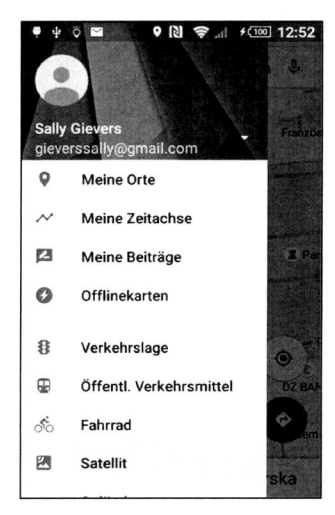

❶❷ Aktivieren Sie über ≡ (Pfeil) das Ausklappmenü, worin Sie auf *Satellit* gehen.

❸ Die Satellitenansicht ist insbesondere dann praktisch, wenn man sich genau orientieren will, weil die normale Kartenansicht kaum Hinweise auf die Bebauung und markante Geländemerkmale gibt.

> Um die eingestellten Ansichten wieder auszuschalten, tippen Sie einfach im Ausklappmenü erneut darauf.

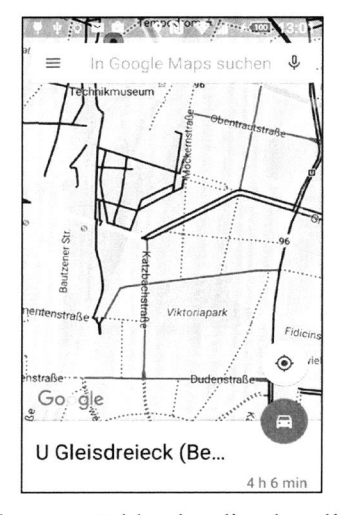

❶ *Verkehrslage* aus dem Ausklappmenü blendet die aktuelle Straßenlage in der Kartenanzeige ein, wobei das Verkehrsgeschehen mit schwarz (Stau), rot/orange (zähflüssig) oder grün (freie Fahrt) bewertet wird. Für die Staudaten, welche Google Maps im Minutentakt aktualisiert, wertet Google das Bewegungsprofil von Android-Handys und Tablets aus. Jedes Android-Gerät sendet ja in anonymisierter Form im Minutenabstand seine aktuelle, per GPS ermittelte Position an die Google-Server, woraus sich dann ein Bewegungsmuster errechnen lässt. Leider müssen dafür genügend Handys/Tablets auf einer Strecke vorhanden sein, weshalb der Staudienst nur in Ballungsräumen zur Verfügung steht.

❷ Verwenden Sie *Fahrrad* aus dem Ausklappmenü, um Fahrradtouren anhand der ausgewiesenen Fahrradwege zu planen.

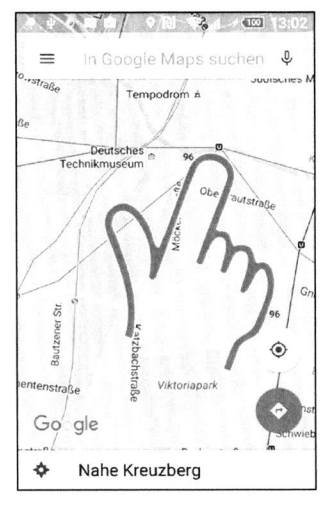

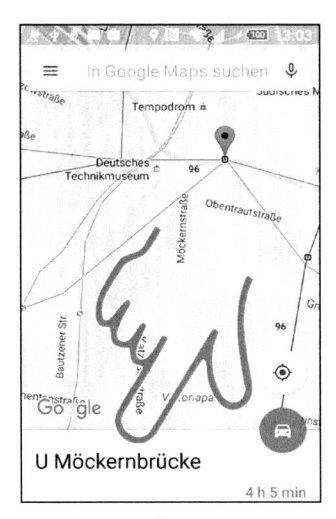

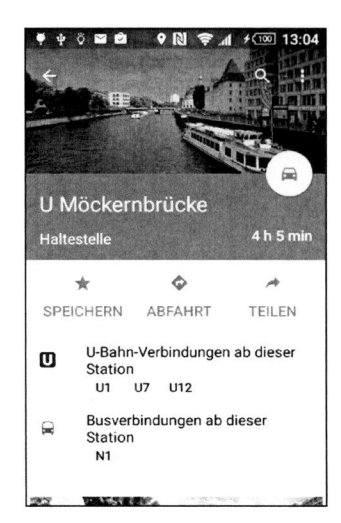

❶ Ebenfalls praktisch ist die Kartenansicht *Öffentl. Verkehrsmittel*. Google Maps zeichnet dann alle Haltestellen öffentlicher Verkehrsmittel ein. Tippen Sie auf eine Haltestelle in der Kartenansicht.

❷❸ Danach betätigen Sie die Schaltleiste am unteren Bildschirmrand, um Infos zu den Abfahrtszeiten und nächstgelegenen Haltestellen zu erhalten. Gegebenenfalls müssen Sie mit einer Wischgeste von unten nach oben durch die Haltestellenliste rollen.

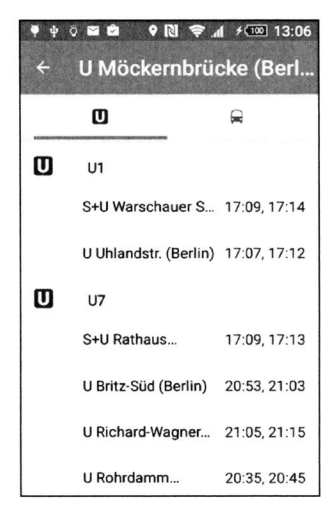

❶❷ Wählen Sie eine der angebotenen Transportwege für Infos zu den angefahrenen Stationen aus.

## *14.8 Google Local*

Der Suchmaschinenbetreiber Google führt eine riesige Datenbank mit den Standorten von »Points of Interest« (POIs), darunter Unternehmen, Sehenswürdigkeiten, Restaurants, usw. Wenn Sie eine Suche, beispielsweise nach »Restaurant«, in Google Maps durchführen, greift Google Maps auf diese Datenbank zurück und listet die Fundstellen auf. Mit einem Fingerdruck kann man sich dann die Position eines Restaurants in der Karte, sowie weitere Infos, darunter auch Kundenbewertungen, Öffnungszeiten und Telefonnummern anzeigen. Diese Suche beschreibt bereits Kapitel *14.5 Suche*. Google Local vereinfacht die Suche und arbeitet mit Google Maps zusammen, um die Kartenposition anzuzeigen.

> Tipp: Sofern Sie eine Firma betreiben und noch nicht bei Google Local gelistet werden, sollten Sie sich unter der Webadresse *www.google.de/local/add* kostenlos registrieren und Ihre Daten hinterlegen.

Google Maps

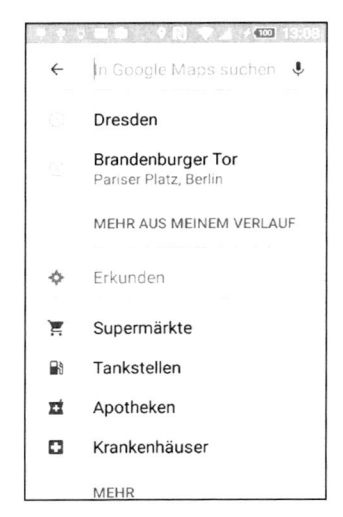

❶ Die Funktionen von Google Local stehen automatisch nach Antippen der Suchleiste zur Verfügung.

❷ Schließen Sie gegebenenfalls das Tastenfeld mit der ◁-Taste. Wählen Sie eine der vorgebenen Kategorien aus, oder gehen Sie auf *Erkunden* für Vorschläge.

❸ Blättern Sie mit einer Wischgeste und wählen Sie einen Eintrag aus, zu dem Sie mehr Infos wünschen. Alternativ beschränken Sie mit *Mehr* jeweils die Anzeige auf eine bestimmte Kategorie, beispielsweise Museen, Cafés, usw.

> Etwas simpler ist die Option, einfach in den Kartenbereich zu wechseln, für den Sie Points of Interest suchen (zum Beispiel mit der im Kapitel *14.5 Suche* beschriebenen Suchfunktion), die Suche mit ✕ beenden, die Suchleiste erneut antippen und dann eine der Schaltleisten, beispielsweise für Restaurants zu betätigen.
>
> Alle Points of Interest erscheinen zudem direkt in der Karte, wenn Sie tief genug hereinzoomen.

## 14.8.1 Markierungen

Points of Interest, die Sie häufiger benötigen, können Sie für spätere Verwendung markieren. Die Markierungen werden dann in Ihrem Google-Konto und nicht nur lokal auf Ihrem Galaxy gespeichert.

❶ In der Detailansicht setzen Sie eine Markierung durch *SPEICHERN* (Pfeil).

❷ In der Kartenansicht von Google Maps sind die markierten Orte mit einem Stern hervorgehoben. Tippen sie darauf für weitere Infos.

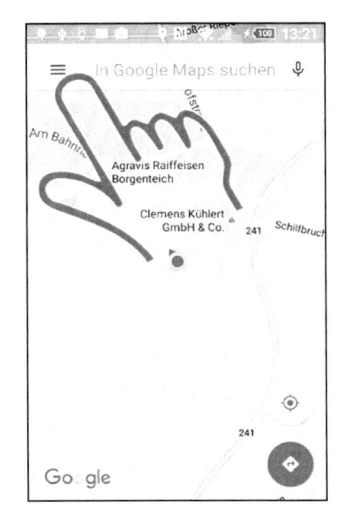

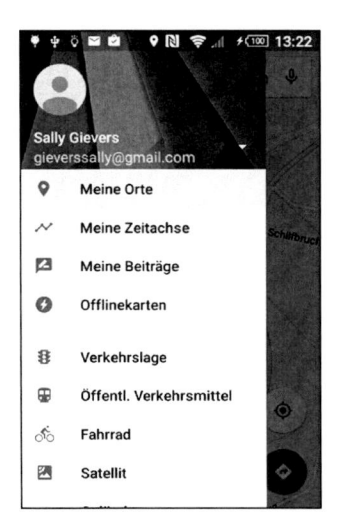

❶❷ Die von Ihnen gespeicherten Orte finden Sie im Ausklappmenü unter *Meine Orte*.

❸ Tippen Sie einen Ort an, den Google Maps dann in der Karte anzeigt.

# 15. Kamera

Die eingebaute Kamera erstellt Fotos bis zur Auflösung von 4128 × 3096 Pixeln (13 Megapixel), Videos mit bis zu 1920 × 1080 Pixeln (HD-Auflösung). Auf die Frontkamera kann man ebenfalls umschalten, wobei allerdings nur Fotos mit 2576 × 1932 Pixeln (5 Megapixel) und Videos mit 1920 × 1080 Pixeln möglich sind.

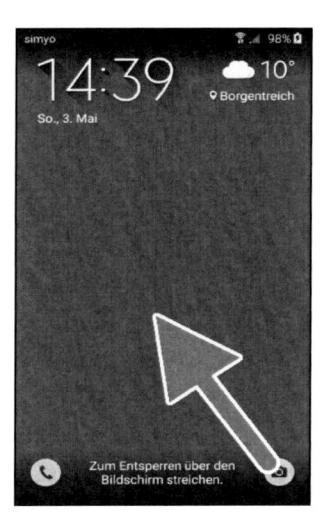

❶ Sie rufen die *Kamera*-Anwendung aus dem Startbildschirm oder Hauptmenü auf.

❷ Alternativ starten Sie die Kamera aus der Galerie-Anwendung über die KAMERA-Schaltleiste (Pfeil). Die Galerie-Anwendung beschreibt Kapitel *16 Galerie*.

❸ Auch aus dem Sperrbildschirm ist ein Kamera-Aufruf möglich. Ziehen Sie einfach vom 📷-Symbol nach oben.

> Ein Kamera-Aufruf ist auch über die ⬜-Taste unterhalb des Displays möglich, welche Sie einfach schnell zweimal schnell hintereinander betätigen.
>
> Die Kamera legt die Fotos und Videos auf dem Gerät im Verzeichnis *DCIM\Camera* ab.
>
> Beim Fotografieren gibt es angesichts der vollautomatischen Aufnahmesteuerung moderner Digitalkameras eigentlich nicht viel zu beachten. Trotzdem ruinieren viele Anwender ihre Aufnahmen. Unsere Tipps: Wischen Sie vor jedem Fotografieren die Kameralinse mit einem fuselfreien Baumwolltuch ab, damit Ihre Aufnahmen nicht durch »Nebel« entstellt werden. Zum Zweiten sollten Sie nach Möglichkeit Ihre Motive immer so fotografieren, dass die Sonne in Ihrem Rücken steht. Sie überfordern sonst die Belichtungssteuerung.

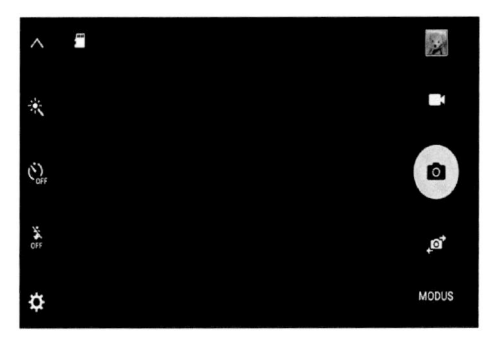

In der Kamera-Oberfläche steuern Sie alle Funktionen über die zwei Symbolleisten:

❶❷ Die Symbolleiste links klappen Sie über die ∨-Schaltleiste (Pfeil) aus:

- ☀: Wählen Sie aus mehreren Bildeffekten, von *Sepia* bis *Pastel*.
- ⏱: Selbstauslöser: Zur Auswahl stehen 2, 5 oder 10 Sekunden.
- ⚡: Fotolicht (LED-Blitz) aus/einschalten, automatisches Fotolicht.

- ✱: Weitere Einstellungen.

Die Symbolleiste rechts:

- Vorschaubild: Zeigt das zuletzt erstellte Foto an. Tippen Sie darauf, um das Foto in der Galerie-Anwendung anzuzeigen.
- ▇◀: Video aufnehmen.
- ◙: Foto erstellen.
- ⌾: Zwischen Standardkamera und Frontkamera (für Selfies = Eigenportraits) umschalten.
- *MODUS*: Verschiedene Bildprogramme.

> Die Kameraelektronik benötigt relativ viel Strom, weshalb sich die Kamera-Anwendung bei Nichtnutzung automatisch beendet.
>
> Abhängig davon, wie Sie das Handy halten, erscheinen die Schaltleisten bei Ihnen auf der jeweils gegenüberliegenden Bildschirmseite.

## *15.1 Einstellungen*

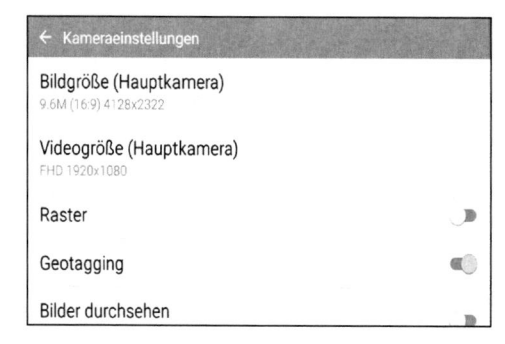

❶❷ Betätigen Sie ✱ (Pfeil) für weitere Einstellungen:

- *Bildgröße (Hauptkamera):* Fotoauflösung zwischen 16M (M = Megapixel) und 2.4M einstellen.
- *Videogröße (Hauptkamera)*: Die Auflösung ist zwischen 640 × 480 bis 1920 × 1080 Pixeln einstellbar. Je höher die Auflösung, desto besser ist die Videoqualität. Beachten Sie allerdings, dass damit auch der Größe der erstellten Videodateien erheblich zunimmt.
- *Raster*: Blendet Gitterlinien im Sucher ein, was bei einigen Motiven, zum Beispiel Architektur, die optimale Kamerapositionierung erleichtert.
- *Geotagging*: Wenn eingeschaltet, werden in jedem Foto die GPS-Koordinaten Ihrer aktuellen Position mitgespeichert. Später können Sie sich in der Galerie-Anwendung die Aufnahmeorte anzeigen lassen.
- *Bilder durchsehen*: Das Handy zeigt Ihnen ein erstelltes Foto sofort in der Galerie an.
- *Schnellstart*: Starten Sie die Kamera-Anwendung durch zweimaliges schnelles Betätigen der ⬭-Taste.
- *Speicherort*: Sofern Sie eine SD-Speicherkarte eingelegt haben, können Sie den Speicherort für Ihre selbst erstellten Fotos und Videos festlegen. Eine Abfrage nach dem Speicherort erscheint allerdings auch, sobald Sie das erste Mal eine Speicherkarte eingelegt haben.
- *Lautstärketastenfunktion*: Standardmäßig erstellt das Betätigen einer Lautstärkentaste auf der linken Geräteseite ein Foto. Alternativ weisen Sie den Lautstärketasten die Funktionen *Zoom* oder *Video drehen* zu.
- *Zurücksetzen*: Alle Einstellungen auf den Auslieferungszustand des Handys zurück-

Kamera 215

setzen.

> Die Foto- und Videoauflösung für die Frontkamera stellen Sie ein, indem Sie vor dem Aufruf der Einstellungen mit der ⌖-Schaltleiste unten rechts auf die Frontkamera umschalten. Es erscheinen dann die Menüeinträge *Bildgröße (Frontkamera)* und *Videogröße (Frontkamera)*.

## 15.2 Zoom

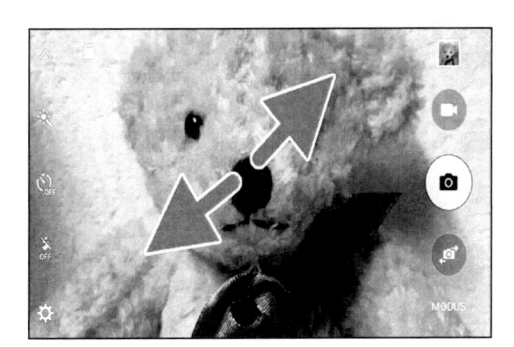

Zoomen Sie mit einer Kneifgeste (zwei Finger gleichzeitig auf das Display halten und auseinander/zusammenziehen). Der Bildausschnitt wird elektronisch vergrößert, was mit einem hohen Qualitätsverlust verbunden ist. Es wird nämlich nur der Bildausschnitt hochgerechnet. Sie sollten deshalb den Zoom in der hohen Auflösungsstufe (13M) am besten überhaupt nicht einsetzen.

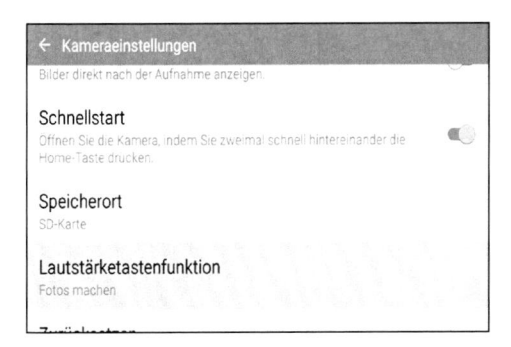

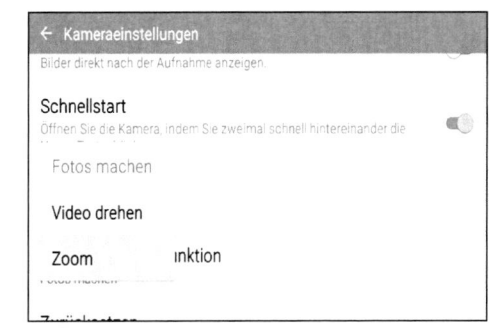

❶❷ Alternativ rufen Sie mit der ✿-Taste die Einstellungen auf und stellen *Lautstärketastenfunktion* auf *Zoom*.

## 15.3 Foto erstellen

❶ Tippen Sie zuerst auf den scharf zu stellenden Bereich im Sucher.

❷ Anschließend betätigen Sie die ◉-Schaltleiste auf der rechten Seite. Die Kamera speichert das Foto und kehrt sofort in den Fotomodus zurück.

> Tipp: Halten Sie den Finger auf der ◉-Schaltleiste gedrückt, um bis zu 20 Serienbilder zu erstellen.

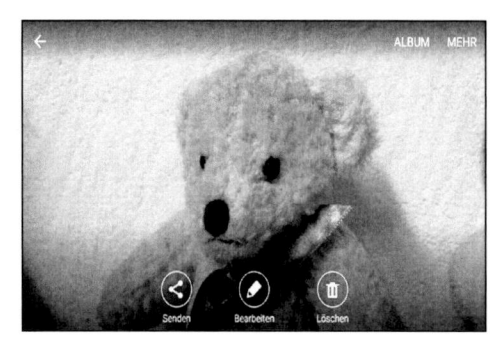

❶ Das erstellte Foto erscheint oben rechts als Vorschau. Tippen Sie es für die Vollbildschirmansicht an.

❷ Tippen Sie auf das Foto, um die Bedienelemente zu aktivieren:

- *Senden*: Foto hochladen bei Microsoft OneDrive, usw., oder versenden per Bluetooth, Nachricht (MMS), Gmail, usw.
- *Bearbeiten*: Im Bildeditor öffnen.
- *Löschen*: Foto ohne Speichern verwerfen.

Die ⟲-Taste bringt Sie wieder in die Kamera-Anwendung zurück.

## 15.4 Positionsdaten

Im Handel werden seit einiger Zeit Digitalkameras angeboten, die über einen eingebauten GPS-Empfänger verfügen. In den Fotos werden dann die jeweiligen Positionsdaten hinterlegt, sodass man – eine entsprechende Software vorausgesetzt – später jederzeit auf einer digitalen Landkarte anzeigen kann, wo genau die Fotos entstanden sind. Interessant ist so etwas zum Beispiel für Wanderer, Urlauber oder Bootsfahrer, die dann auch gleich ihre genommene Route erfahren. Der ohnehin beim Galaxy vorhandene GPS-Empfänger macht die Positionsdatenspeicherung ebenfalls möglich.

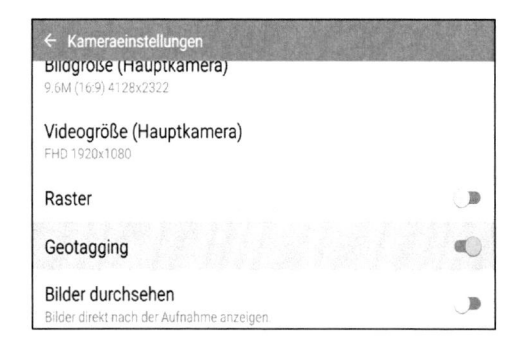

❶ Zuerst müssen Sie dafür sorgen, dass die Kamera die GPS-Koordinaten speichert. Gehen Sie auf ✿.

❷ Prüfen Sie, ob Geotagging aktiviert ist (Schalter ist grün) und schließen Sie den Bildschirm mit der ⟲-Taste.

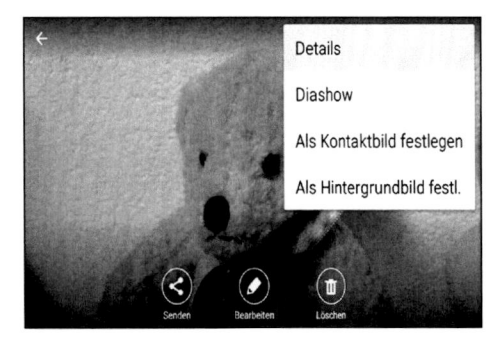

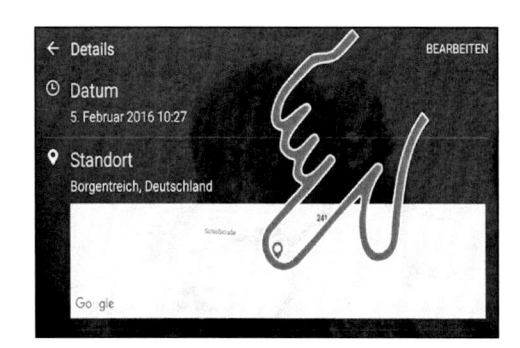

❶ Sie können zum Standort, an dem das Foto entstand, über die Galerie-Anwendung (siehe

Kapitel *16 Galerie*) anzeigen: Rufen Sie dort die Vollbildansicht auf und gehen Sie auf *MEHR/Details*.

❷ Tippen Sie auf den Kartenausschnitt, worauf die Kartenanwendung startet und die Aufnahmeposition anzeigt.

> Für den PC bietet Google mit Picasa (Download unter *picasa.google.com*) eine kostenlose Bildbearbeitungssoftware an, welche ebenfalls GPS-Koordinaten in Fotos auf einer Karte anzeigt.

## 15.5 Foto-Modus

Die Galaxy-Kamera unterstützt, genauso wie normale Kompaktkameras, diverse Motivprogramme, über die Sie Ihrer Kreativität freien Lauf lassen können.

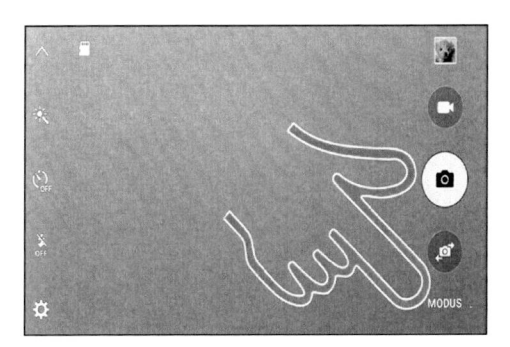

❶❷ Betätigen Sie die *MODUS*-Schaltleiste für die Bildprogramme:

- *Auto*: Automatische Belichtungskorrektur. Standardeinstellung, die für die meisten Gelegenheiten ausreicht.
- *Pro:* Im Pro-Modus dürfen Sie viele Bildeinstellungen selbst vornehmen, darunter ISO, Belichtung und Focus.
- *Panorama*: Aus mehreren Einzelfotos ein Panorama erstellen.
- *Serienaufnahme*: Mehrere Fotos hintereinander aufnehmen, solange Sie die Auslöser-Taste gedrückt halten.
- *Schönes Portrait*: Für weichgezeichnete Portraits.
- *Sound & Shot*: In den Fotos werden einige Sekunden Ton gespeichert.
- *Sport*: Fotos von schnell bewegten Objekten (kurze Belichtungszeit).

### 15.5.1 Pro-Modus

Im Pro-Modus nehmen Sie Einfluss auf viele Kamera-Parameter, die das Samsung normalerweise automatisch einstellt. Interessant dürfte dies nur für Anwender sein, die sich schon zuvor intensiv mit den manuellen Modi einer Digitalkamera intensiv auseinandergesetzt haben.

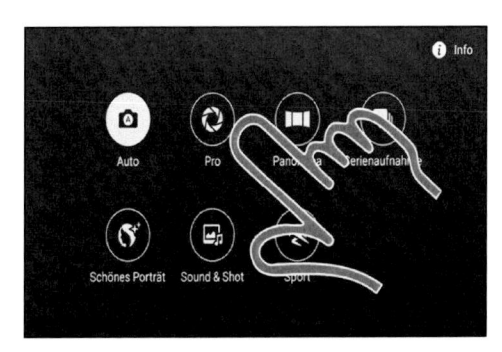

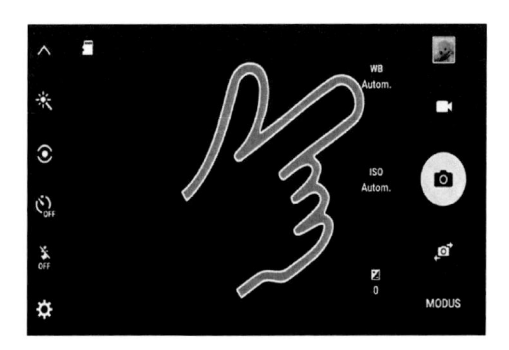

❶ Rufen Sie *Pro* auf.

❷ Die Kamera-Parameter ändern Sie über die Schaltleisten am rechten Bildschirmrand.

## 15.5.2 Panorama-Foto

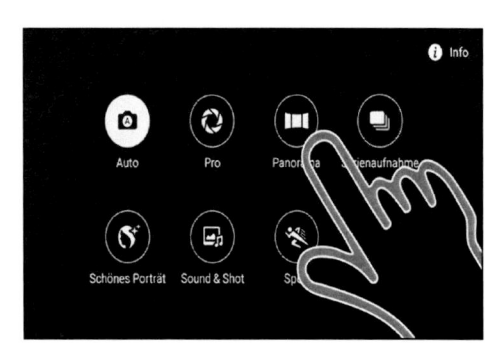

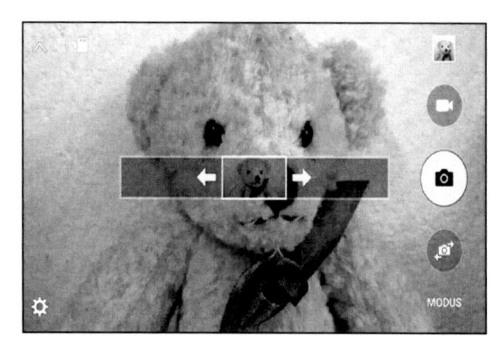

❶❷ So erstellen Sie Panorama-Fotos: Betätigen Sie die *MODUS*-Schaltleiste und wählen Sie *Panorama* aus. Nach Betätigen der Aufnahmetaste (◎) bewegen Sie das Handy langsam horizontal in eine Richtung. In der Vorschau blendet das Handy einen Balken ein, dem Sie mit der Kamera folgen. Ein Signalton beziehungsweise ein visueller Hinweis helfen Ihnen, die Kamera während der Aufnahme korrekt zu halten. Sobald Sie die ◎-Taste erneut betätigen, die Kamera nicht korrekt schwenken oder das Panorama fertig ist, wird die Aufnahme beendet.

In der Panorama-Funktion ist es nicht möglich, Bildgröße oder Belichtung einzurichten, da diese von der Kamera automatisch optimiert werden.

Panorama-Fotos werden ganz normal wie Fotos gespeichert und lassen sich natürlich auch auf dem PC anzeigen (im Bildausschnitt können Sie mit der Maus durchrollen).

## 15.6 Video-Funktion

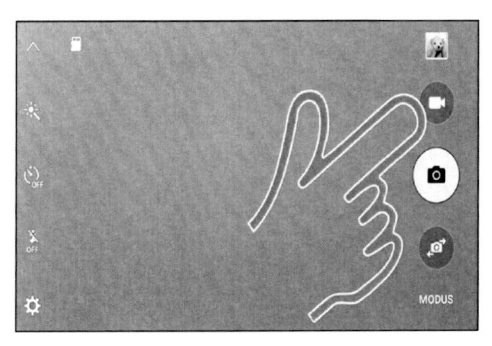

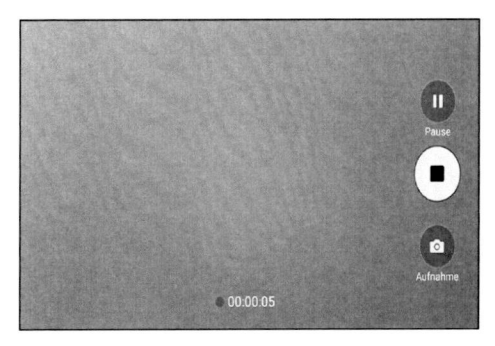

❶ Tippen Sie die ▇◂-Schaltleiste (Pfeil) an, worauf die Aufnahme startet.

❷ Mit der Stopp- und Pause-Taste beenden beziehungsweise pausieren Sie die Aufnahme. Während einer Aufnahme erstellen Sie mit der ◘-Schaltleiste jederzeit ein Foto.

Viele Funktionen im Videomodus sind identisch zur Kamerafunktion, auf die bereits die vorhergehenden Kapiteln eingehen.

### 15.6.1 Video-Einstellungen

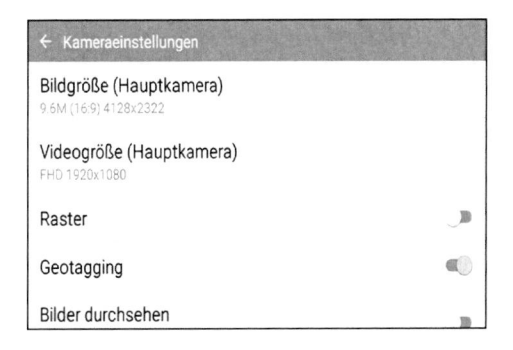

❶ Die Einstellungen erreichen Sie über ✿.

❷ Leider trennt die Kamera hier nicht zwischen Video- und Fotoeinstellungen, die ab Kapitel *15.1 Einstellungen* beschrieben werden.

# 16. Galerie

Mit der Galerie-Anwendung zeigen Sie Bilder und Videos auf dem Handy an.

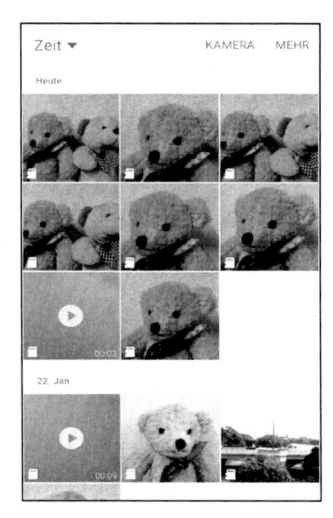

❶ Sie starten die *Galerie*-Anwendung aus dem Hauptmenü.

❷ Es dauert nun mitunter einige Sekunden, bis eine Vorschau der gefundenen Bilder erscheint.

## 16.1 Ansichten

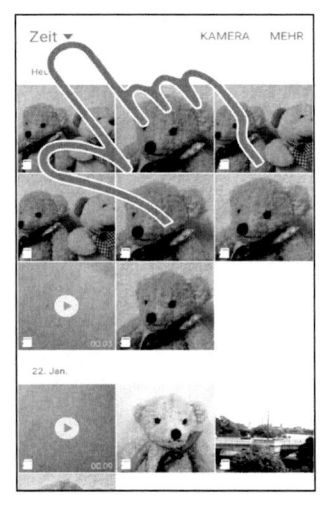

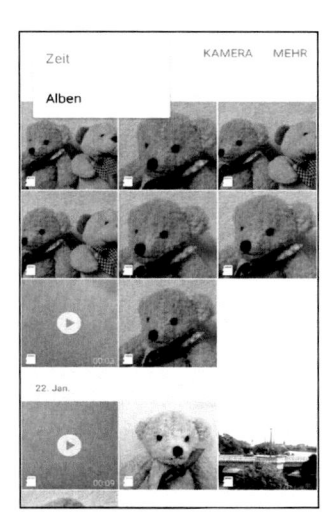

❶ Standardmäßig zeigt das Galaxy die Bilder nach Aufnahmedatum sortiert an. Aktivieren Sie nun das Auswahlmenü oben links.

❷ Die Sortierung ist umschaltbar zwischen:

- *Zeit*: Datumssortierung (standardmäßig voreingestellt).
- *Alben*: Bei den Alben handelt es sich um Verzeichnisse.

Galerie

❶❷ Über eine Kneifgeste (mit zwei Fingern gleichzeitig auf den Bildschirm halten und dann auseinander oder zusammenziehen) verkleinern/vergrößern Sie die Bildervorschau.

### 16.1.1 Datumssortierung

Die Datumssortierung ist praktisch, um Bilder wiederzufinden, von denen Sie das ungefähre Aufnahmedatum wissen.

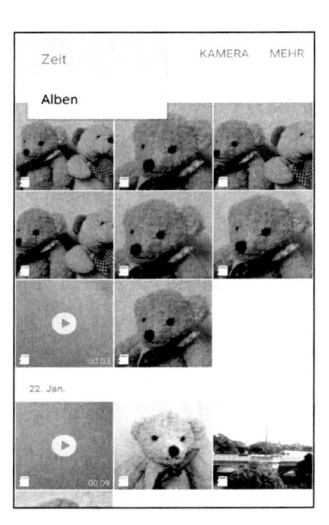

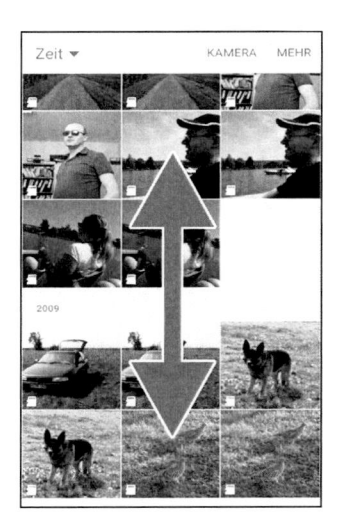

❶ Wählen Sie *Zeit* im Auswahlmenü.

❷ Die Bildervorschau durchrollen Sie mit einer Wischgeste.

❸ Noch einfacher geht das Durchrollen mit dem kleinen Anker, der nach kurzem Wischen auf dem Bildschirm erscheint. Ziehen Sie ihn nach oben oder unten.

### 16.1.2 Albensortierung

Die Albenansicht macht vor allem Sinn, wenn Sie selbst Bilder auf das Galaxy kopiert haben (siehe Kapitel *30 Gerätespeicher*).

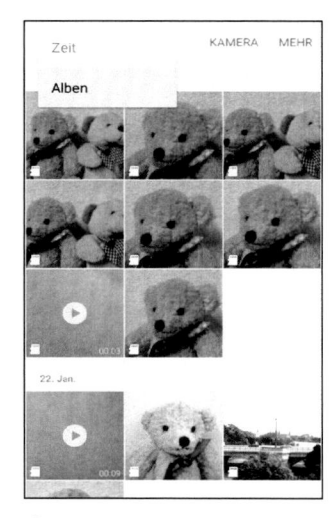

❶ Wählen Sie *Alben* im Ausklappmenü.

❷ Eine Übersicht der Verzeichnisse erscheint. Vorhanden sind häufig:

- *Kamera*: Fotos/Videos im Gerätespeicher.
- ... weitere Ordner, die Sie angelegt haben, welche Fotos oder Videos enthalten.

> Bei den Alben handelt es sich um Verzeichnisse. Sie brauchen also nur auf dem Gerät eine Bild- oder Videodatei in ein Verzeichnis kopieren, worauf dieses in der Galerie-Anwendung als Album erscheint. Wie Sie Dateien auf das Galaxy kopieren, erfahren Sie im Kapitel *30 Gerätespeicher*.

❶ Tippen Sie ein Album an, welches nun angezeigt wird.

❷ Blättern Sie durch die Bilder mit einer Wischgeste. Verlassen Sie das Album mit der ⤺-Taste, worauf Sie in die Albenübersicht zurückkehren.

## 16.2 Bilder verarbeiten

❶ Rufen Sie in der Bildervorschau das *MEHR*-Menü auf und gehen Sie auf *Auswählen*.

❷ Markieren Sie Elemente, indem Sie sie antippen (dabei nicht auf ⊠ tippen, weil damit die Vollbildansicht aufgerufen wird).

Über die Schaltleisten am oberen Bildschirmrand können Sie:

- *LÖSCHEN*: Dateien entfernen.
- *MEHR*: Bilder in ein anderes Album kopieren oder verschieben.

## 16.3 Vollbildansicht

❶❷ Nach Antippen des Vorschaubilds (Pfeil) erscheint das Foto in der Vollbildansicht. Die Funktionen:

- Ziehen des angedrückten Fingers auf dem Foto nach links/rechts (»Wischgeste«): Vorheriges/nächstes Foto anzeigen.
- Zweimaliges schnelles Antippen auf dem Foto: Vergrößert/Verkleinert die Darstellung.
- *MEHR*-Menü: Weitere Funktionen zum Versenden, Löschen oder Bearbeiten des aktuell angezeigten Fotos, auf die das nächste Kapitel noch eingeht.

Halten Sie das Handy um 90 Grad gedreht, um gegebenenfalls ein querformatiges Foto auf dem gesamten Bildschirm anzuzeigen.

Die zusätzlichen Schaltleisten verschwinden nach einigen Sekunden. Antippen des Bildschirms schaltet sie wieder ein.

❶❷ Das Samsung Galaxy unterstützt die »Kneifen«-Geste, um in Fotos herein- oder heraus zu zoomen: Tippen und halten Sie dazu gleichzeitig den Mittelfinger und Daumen einer Hand auf das Display und ziehen dann die beiden Finger auseinander, beziehungsweise zusammen. Übrigens spielt es keine Rolle, ob Sie nun vertikal oder waagrecht »kneifen«.

Alternativ halten Sie zwei Finger gleichzeitig auf dem Bildschirm gedrückt und kippen das Galaxy nach vorne oder nach hinten oder Sie tippen einfach mit einem Finger zweimal schnell hintereinander an die gleiche Stelle auf dem Bildschirm.

## 16.3.1 Einzelnes Bild bearbeiten

Rufen Sie das *MEHR*-Menü auf:

- *Details*: Anzeige der wichtigsten Bildparameter wie Dateityp, Aufnahmedatum und GPS-Position während der Aufnahme.
- *Diashow:* Albumfotos nacheinander anzeigen.
- *Als Kontaktbild festlegen*: Foto als Kontaktfoto (siehe Kapitel *6.5 Kontaktfoto und Klingelton*)
- *Als Hintergrundbild festl.:* Hintergrund für Displaysperre, Startbildschirm oder beides einstellen (siehe Kapitel *3.7.5 Hintergrundbild*).

## 16.4 Videos

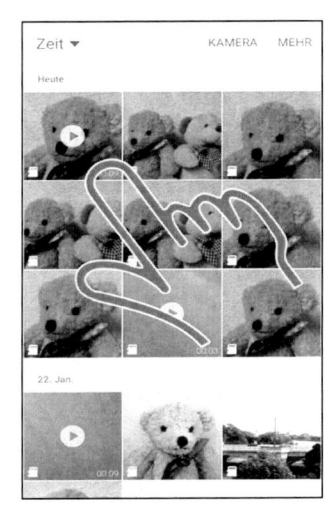

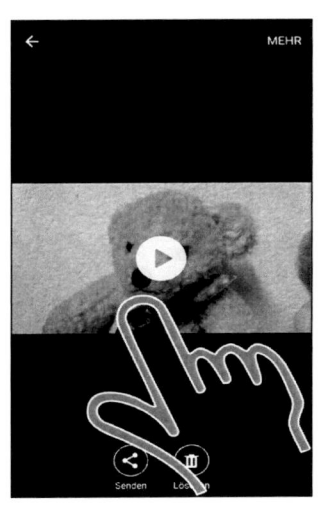

❶ Fotos und Videos listet die Galerie-Anwendung zusammen auf. Dabei erkennen Sie Videos anhand des ⊙-Symbols. Tippen Sie ein Video an.

❷❸ Zum Abspielen tippen Sie einmal in den Bildschirm und wählen das Wiedergabeprogramm aus. In der Regel dürfte dies der *Video-Player* sein. Schließen Sie den Vorgang mit *NUR EINMAL* ab.

## 16.5 Positionsdaten

Im Handel werden seit einiger Zeit Digitalkameras angeboten, die über einen eingebauten GPS-Empfänger verfügen. In den Fotos werden dann die jeweiligen Positionsdaten hinterlegt, sodass man – eine entsprechende Software vorausgesetzt – später jederzeit auf einer digitalen Landkarte anzeigen kann, wo genau die Fotos entstanden sind. Interessant ist so etwas zum Beispiel für Wanderer, Urlauber oder Bootsfahrer, die dann auch gleich ihre genommene Route erfahren.

❶ In der Galerie-Anwendung gehen Sie, während ein Bild in der Vollbildansicht angezeigt wird, auf *MEHR/Details*.

❷ Tippen Sie die Kartenvorschau an.

❶ Es werden nun Vorschaubilder nach Aufnahmeort sortiert in der Karte eingeblendet. Tippen Sie davon eines an.

❷ Anschließend wischen Sie unten in der Bilderauflistung nach rechts/links und wählen Sie davon eines der anzuzeigenden Fotos aus.

> Beachten Sie bitte, dass die in den Fotos enthaltenen GPS-Koordinaten je nach GPS-Genauigkeit während des Fotografierens um mehrere hundert Meter von der Realität abweichen können. In Kapitel *15.4 Positionsdaten* erfahren Sie, wie Sie mit der eingebauten Kamera Fotos mit eingebetteten GPS-Positionsdaten erstellen.

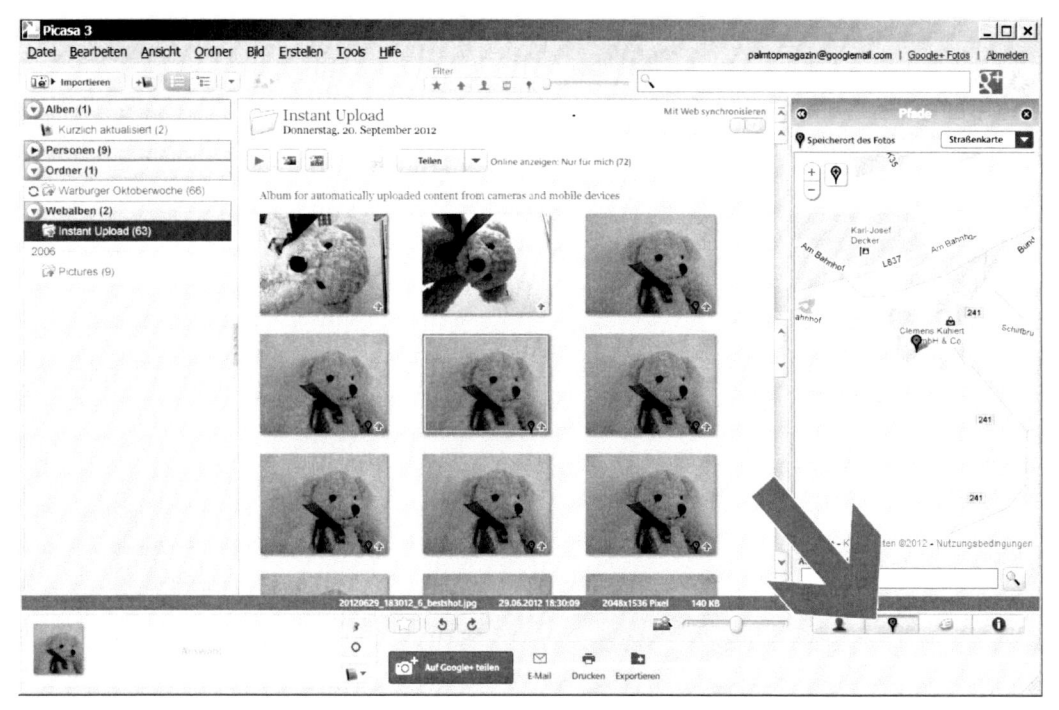

In der Picasa-Software für den PC, die Sie von der Webadresse *picasa.google.com* kostenlos herunterladen, aktiviert die ♥-Schaltleiste eine Kartenansicht, in der jeweils der Aufnahmeort des markierten Fotos erscheint (Fotos mit eingebetteter GPS-Position sind mit einem ♥ markiert).

# 17. Play Musik

Play Musik ist der offizielle MP3-Player von Google. Sie benötigen ihn nur, wenn Sie Songs im von Google betriebenen Online-Musik-Shop einkaufen möchten, denn die Wiedergabe der erworbenen Songs ist nur in der Play-Music-Anwendung möglich. Natürlich spielt aber Play Musik auch alle Songs ab, die Sie sich selbst aufs Gerät kopiert haben.

> Wie Sie vom PC aus auf den Speicher zugreifen, um beispielsweise MP3-Dateien darauf zu kopieren, erfahren Sie im Kapitel *30 Gerätespeicher*.

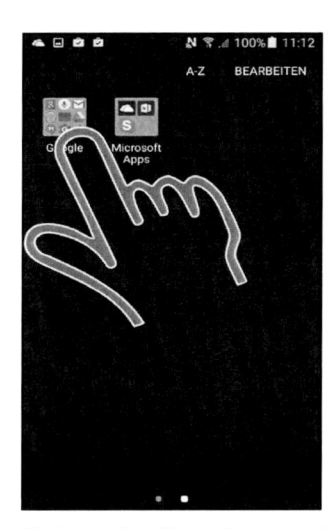

❶❷ Rufen Sie *Play Musik* aus dem *Google*-Ordner des Hauptmenüs auf.

❶ Die penetrante Werbung für den kostenlosen Test der Google Musik-Flatrate schließen Sie mit *NEIN DANKE*.

❷ Danach gehen Sie erneut auf *NEIN DANKE*.

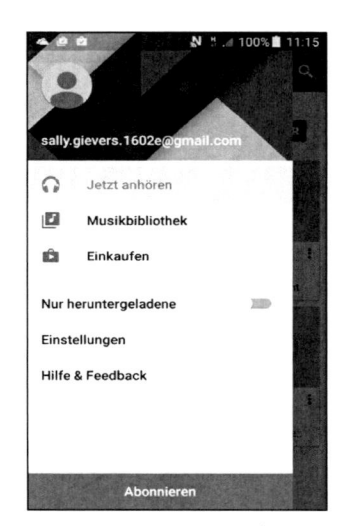

❶❷ Betätigen Sie jeweils die ☰- beziehungsweise ←-Schaltleiste zum Ausblenden/Einblenden des Klappmenüs (alternativ führen Sie eine horizontale Wischgeste von links nach rechts beziehungsweise umgekehrt durch). Hierin finden Sie die Funktionen:

- *Jetzt anhören*: Der MP3-Player schlägt, basierend auf den bisher abgespielten Titeln, den nächsten Song vor. Die Songvorschläge werden mit der Zeit dann immer genauer.
- *Musikbibliothek*: Die Songs auf Ihrem Gerät.
- *Einkaufen*: Weitere Songs im Play Store erwerben.

Auf die restlichen Menüeinträge gehen wir im Laufe dieses Kapitels ein.

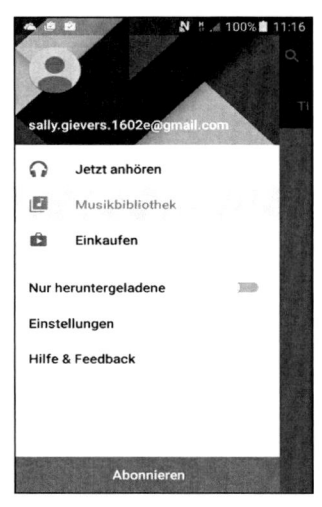

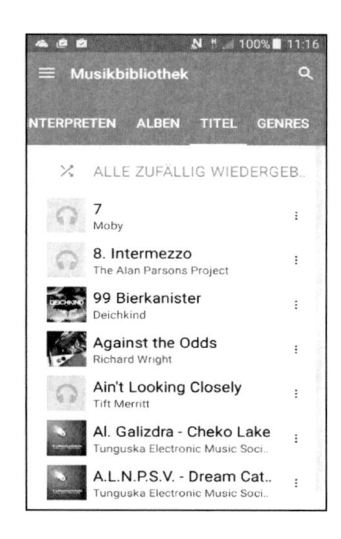

❶ Gehen Sie im Ausklappmenü auf *Musikbibliothek*.

❷ Der MP3-Player ordnet alle Songs automatisch den Kategorien *GENRES, INTERPRETEN, ALBEN* und *TITEL* zu. Zwischen den Kategorien wechseln Sie mit einer Wischgeste. Falls Sie alle Songs auflisten möchten, gehen Sie auf *TITEL*.

Für die Zuordnung nach Interpret, Alben und Genres und wertet der MP3-Player das sogenannte MP3-ID-Tag (siehe *de.wikipedia.org/wiki/ID3-Tag*) in den MP3-Dateien aus. Beachten Sie, dass sehr häufig die MP3-ID-Tags falsch oder überhaupt nicht ausgefüllt sind. Man sollte sich daher nicht auf deren Richtigkeit verlassen.

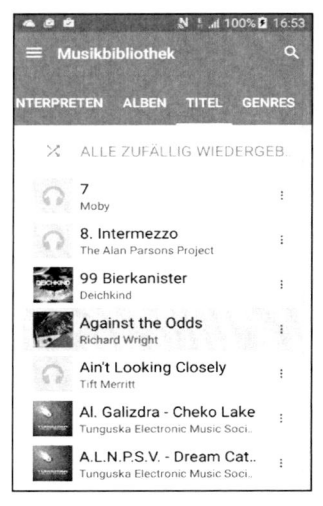

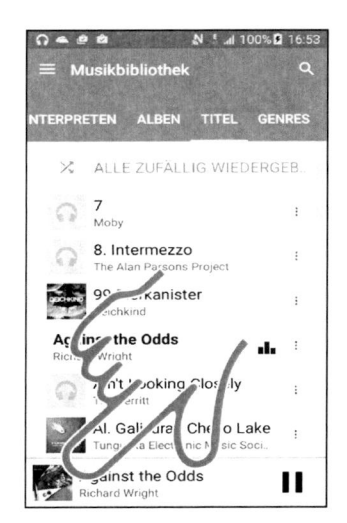

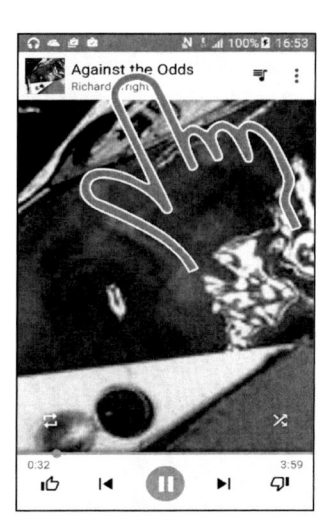

❶ Tippen Sie in der Auflistung im *TITEL*-Register einen Song an, der dann abgespielt wird.

❷❸ Über die Schaltleiste am unteren Bildschirmrand (Pfeil) springen Sie jederzeit in den Wiedergabebildschirm. Zur Titelauflistung gelangen Sie dann wieder mit der ⟲-Taste, alternativ geschieht dies auch über Antippen des Song-Titels am oberen linken Bildschirmrand.

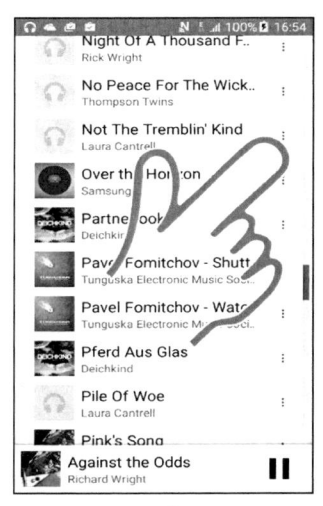

❶❷ Das mit ⋮ in der Titelauflistung bei einem Song aktivierbare Popup-Menü:

- *Schnellmix starten:* Stellt eine Abspielliste aus ähnlich klingenden Songs zusammen.
- *Als nächsten Titel spielen*: Das Lied landet in der Warteliste und wird als Nächstes gespielt.
- *In Wiedergabeliste*: Fügt das Lied am Ende der Warteliste hinzu.
- *Zur Playlist hinzufügen*: Wird bereits im Kapitel *17.2 Playlists* beschrieben.
- *Interpret aufrufen*: Alle Songs des Interpreten beziehungsweise der Band auflisten.
- *Album aufrufen*: Das zugehörige Album anzeigen.
- *Löschen*: Entfernt die Songdatei aus dem Speicher.
- *Artikel für diesen Interpreten*: Startet eine Song-Suche im Google Play Store.

Der Menüpunkt *Schnellmix starten* ist nur bei Songs verfügbar, die bei Google hochgeladen wurden (siehe Kapitel *17.4 Der Google Play Musik-Dienst*).

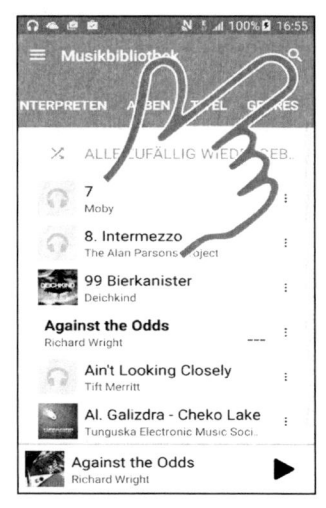

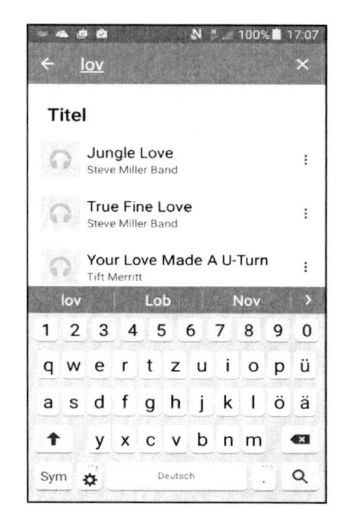

❶❷ 🔍 Führt eine Suche durch (falls Sie die obere Leiste nicht sehen, wischen Sie einfach auf dem Bildschirm einmal von oben nach unten). Schon während der Eingabe zeigt das Handy dabei die Fundstellen sortiert nach Interpreten, Alben und Titel an. Tippen Sie einen Eintrag an, den Sie anzeigen, beziehungsweise abspielen möchten. Die Suche beenden Sie mit der ⤺-Taste.

## 17.1 Der Wiedergabebildschirm

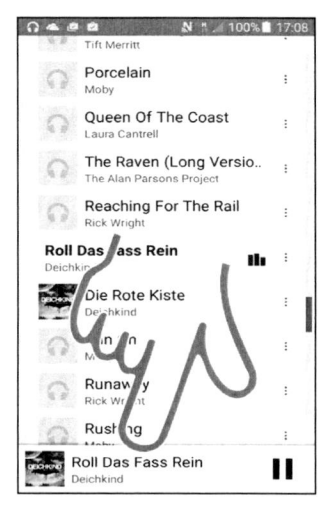

❶❷ Antippen des Musiktitels am unteren Bildschirmrand bringt Sie in den Wiedergabebildschirm.

Tippen Sie in einen beliebigen Bereich des Fortschrittsbalkens (Pfeil), wenn Sie zu einem bestimmten Punkt im abgespielten Song springen möchten.

Weitere Funktionen:

- ⇄: Alle Songs in der Wiedergabeliste nach dem Durchlaufen erneut abspielen. Tippen Sie diese Schaltleiste erneut an, wird nur immer der aktuelle Song wiederholt.

- ✕: Zufällige Wiedergabe der Songs aus der aktuellen Wiedergabeliste.

- ▶|/|◀: Zum vorherigen/nächsten Titel springen (dies ist auch über eine Wischgeste nach links oder rechts möglich).

- ▶ / ‖ : Starten/Pausieren der Wiedergabe.

Das ⋮-Menü:

- *Schnellmix starten*: Der Schnellmix ist eine automatisch vom Galaxy erstellte Playlist, die anhand des Musiktyps des markierten Songs erstellt wird.
- *Zu Playlist hinzufügen*: Wird bereits im Kapitel *17.2 Playlists* beschrieben.
- *Interpret aufrufen*: Alle Songs des Interpreten beziehungsweise der Band auflisten.
- *Album aufrufen*: Das zugehörige Album anzeigen.
- *Wiedergabeliste leeren; Wiedergabeliste speichern*: In der Titelliste können Sie sich über das Popup-Menü den nächsten abzuspielenden Song in eine Warteschlange übernehmen, die Sie hiermit wieder löschen. Siehe auch Kapitel *17.1.1 Warteschlange*.

## 17.1.1 Warteschlange

Die Warteschlange bestimmt, welcher Song aus der Titelliste (beziehungsweise einer Playlist) als jeweils nächster abgespielt wird.

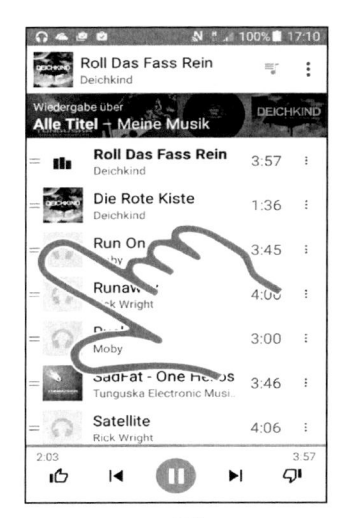

❶ Auf die Warteschlange schalten Sie mit der ≡♩-Schaltleiste (Pfeil) um.

❷ Tippen Sie den Finger auf die »Noppen« vor einem Song und ziehen Sie den Song nach oben oder unten, um die Abspielreihenfolge zu ändern. Dies bedarf etwas Geschicklichkeit, denn Sie dürfen den Finger nicht angedrückt lassen, weil Sie sonst den Song auswählen. Der oberste Song in der Liste wird jeweils als nächster gespielt.

In den Abspielbildschirm kehren Sie über die ⟵-Taste zurück.

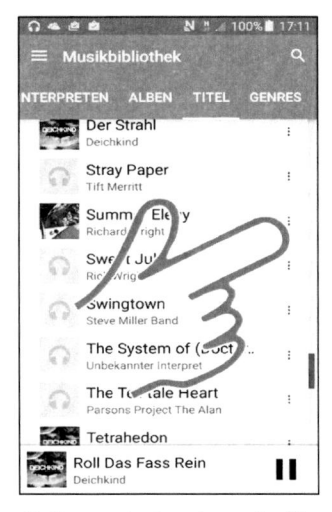

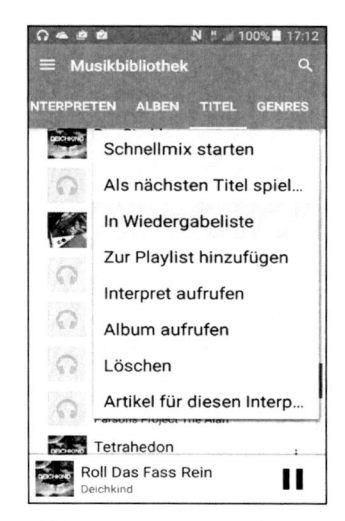

❶❷ Auch in der Titelliste, der Alben-, Genre- und Interpreten-Auflistung ist es vorgesehen, mittels ⋮/*In Wiedergabeliste* die jeweiligen Songs auf die Warteschlange zu setzen.

## 17.2 Playlists

Wenn mehrere Hundert Songs auf dem Galaxy vorhanden sind, wird es mühselig, sich die abzuspielenden Songs herauszusuchen. Abhilfe schaffen die Wiedergabelisten (»Playlists«), denen man einfach einmalig die Songs zuordnet.

### 17.2.1 Playlist erstellen

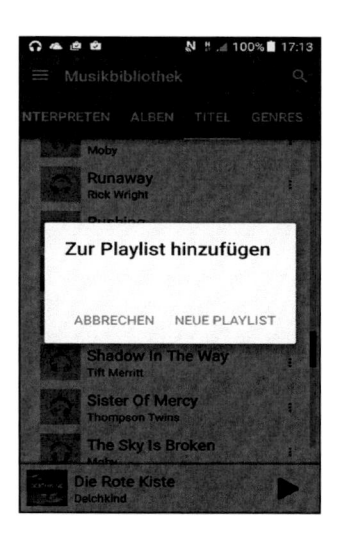

❶ Tippen Sie auf ⋮ hinter einem Titel.

❷ Gehen Sie auf *Zu Playlist hinzufügen.*

❸ Sie können hier eine bereits vorhandene Playlist auswählen, in unserem Fall möchten wir aber eine weitere Playlist anlegen, was über *NEUE PLAYLIST* geschieht.

Play Musik 233

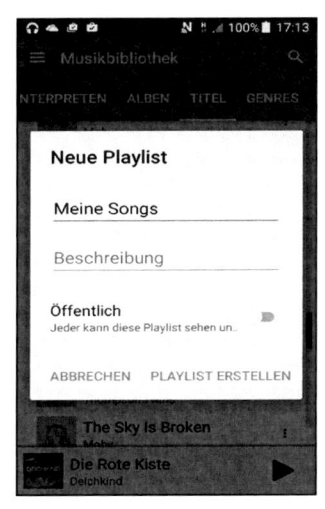

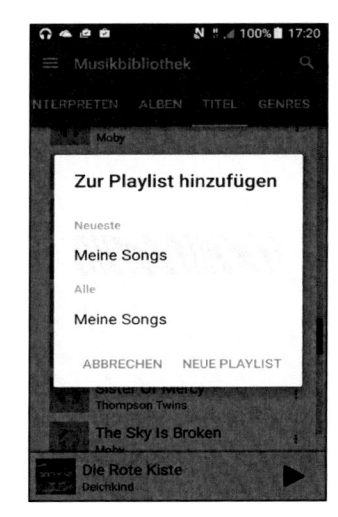

❶ Geben Sie den Namen der Wiedergabeliste ein und betätigen Sie *PLAYLIST ERSTELLEN* (Tastenfeld eventuell vorher mit der ⟵-Taste schließen).

❷❸ Im Folgenden können Sie nun einzelne Songs über ⋮/*Zu Playlist hinzufügen* der neu erzeugten Playlist hinzufügen.

> Das Hinzufügen von mehreren Songs ist über das *ALBEN*- oder *INTERPRETEN*-Register möglich.
>
> Es ist leider nicht vorgesehen, in der Titelliste mehrere Songs auf einmal zu markieren, die man dann der Playlist hinzufügt.

### 17.2.2 Playlist nutzen

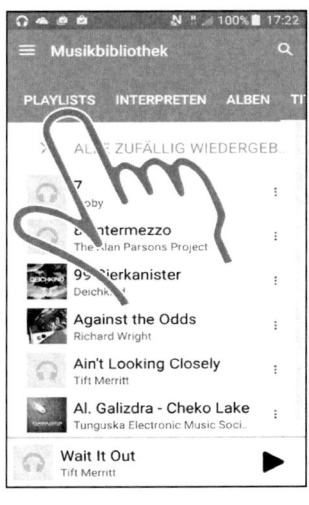

❶ Zum Abspielen einer Playlist rufen Sie das *PLAYLIST*-Register auf (dafür eventuell mehrmals auf dem Bildschirm von links nach rechts wischen).

❷ Tippen Sie die Wiedergabeliste kurz an.

❸ Tippen Sie dann entweder ▶ (Pfeil) oder einen beliebigen Song in der Liste zum Start der Wiedergabe an.

## 17.2.3 Playlist bearbeiten

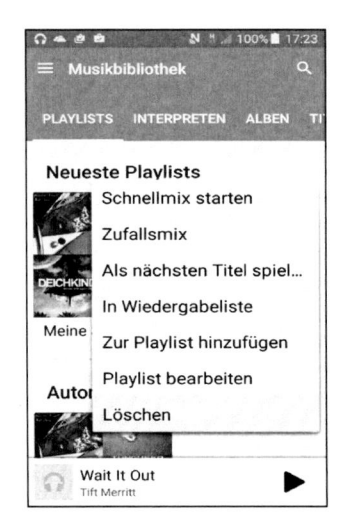

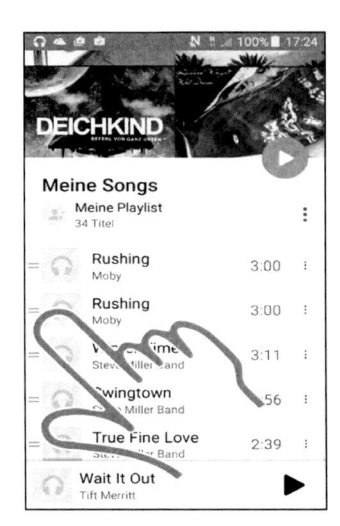

❶❷ Das Löschen einer Playlist erfolgt über ⋮/*Löschen* (Pfeil). Es verschwindet nur die Playlist, während die darin vormals enthaltenen Songs natürlich im Gerätespeicher erhalten bleiben.

❸ So ändern Sie die Abspielreihenfolge: Öffnen Sie die Playlist. Halten Sie den Finger links neben einem Songtitel und ziehen Sie mit dem Finger nach oben/unten (ohne Verzögerung nach oben/unten ziehen). Nach dem Loslassen wird der Song an der gewünschten Position eingeordnet.

## 17.3 Wiedergabe im Hintergrund

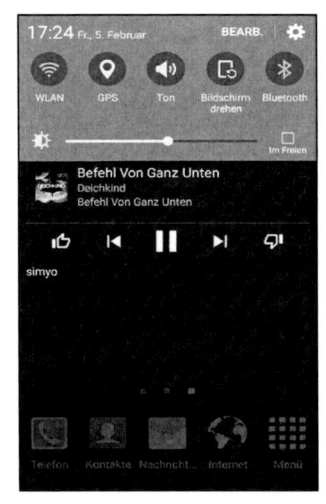

❶ Während der Wiedergabe muss der MP3-Player nicht unbedingt im Vordergrund laufen: Betätigen Sie die ⎔-Taste (unterhalb des Displays), so läuft die Wiedergabe weiter und in der Titelleiste weist ein ⇧ (Pfeil) auf die aktive Wiedergabe hin.

❷ Ein Steuerfeld erhalten Sie nach Öffnen des Benachrichtigungsfelds (siehe Kapitel *3.7.6 Titelleiste und Benachrichtigungsfeld*) angezeigt. Dort tippen Sie auf den Songtitel für den Abspielbildschirm.

## 17.4 Der Google Play Musik-Dienst

Google Play Musik ist eine Musikplattform, über die man seine Musiksammlung als »Stream« anhören kann. Beim sogenannten »streaming« erfolgt die Wiedergabe direkt aus dem Internet, ohne dass der abgespielte Song lokal auf dem Gerät gespeichert wird. Ein Vorteil des Streamings ist die zentrale Ablage aller Songs auf einem Server, wobei die Wiedergabe auf jedem beliebigen Endgerät, vom PC bis zum Handy möglich ist – es wird nur eine Internetverbindung benötigt, die noch nicht einmal besonders schnell sein muss.

Im Prinzip funktioniert Google Musik wie der Konkurrent Apple iTunes, mit dem Unterschied, dass die meisten Anwender ihre eigenen Songs (bis zu 20.000) selbst bei Google Musik hochladen. Weitere Songs oder Alben können über die Website von Google Musik oder über eine Android-Anwendung erworben werden. Ein Kopieren Ihrer gekauften oder von Ihnen selbst hochgeladenen Songs ist nicht vorgesehen, das heißt, für die Wiedergabe benötigt man auf jeden Fall ein Android-Gerät oder einen Webbrowser, über den man die Google Play-Oberfläche aufruft.

> Falls Sie Ihre Musik nicht nur auf dem Handy oder Tablet abspielen möchten, sondern auch ganz klassisch von CD, sollten Sie auf Google Play Music verzichten, denn es ist offiziell keine Möglichkeit vorgesehen, die einmal im Google Play Store gekaufte, beziehungsweise selbst hochgeladene Musik wieder herunterzuladen, um Sie beispielsweise auf eine CD zu brennen. Im Internet sind allerdings bereits einige mehr oder weniger illegale »Hacks« zu finden, mit denen man dies trotzdem auf relativ unbequeme Art und Weise schafft.

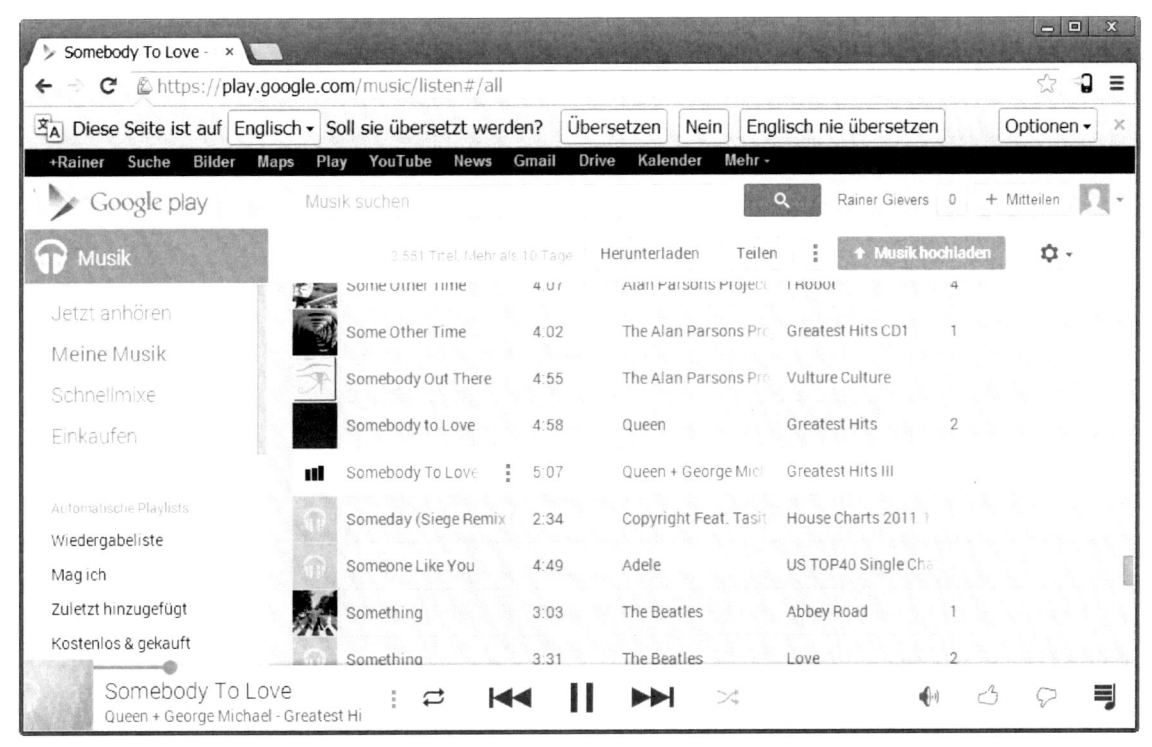

Die Weboberfläche von Google Musik, die Sie auf dem PC-Webbrowser unter *music.google.com* aufrufen. Sie verwalten damit nicht nur Ihre Songs, sondern können diese auch abspielen und natürlich weitere Songs beziehungsweise Alben im Play Store kaufen.

Beim ersten Aufruf der Google Play Musik-Weboberfläche wird Ihnen der Download des Music Managers angeboten (falls Sie hier *Überspringen* anklicken, können Sie jederzeit den Download über die *Musik hochladen*-Schaltfläche nachholen. Mit dem Music Manager laden Sie Ihre bereits auf dem PC vorhandene Musik bei Google Musik hoch.

## 17.4.1 Erste Einrichtung

Wie bereits zuvor erwähnt, muss man in der Play Musik-Anwendung zwischen den lokal auf dem Gerät vorhandenen Songs (die man beispielsweise über eine USB-Verbindung vom PC auf das Gerät kopiert hat) und den auf Google-Servern liegenden Songs unterscheiden. Letztere sind in Ihrem Google-Konto gespeichert. Sofern Sie mehrere Google-Konten auf dem Galaxy nutzen, sollten Sie deshalb darauf achten, immer das gleiche Google-Konto für den Upload eigener Songs, beziehungsweise den Kauf von Songs/Alben zu verwenden.

Beim ersten Aufruf der Play Musik-Anwendung erfolgte bereits eine Abfrage, welches Google-Konto Sie verwenden möchten.

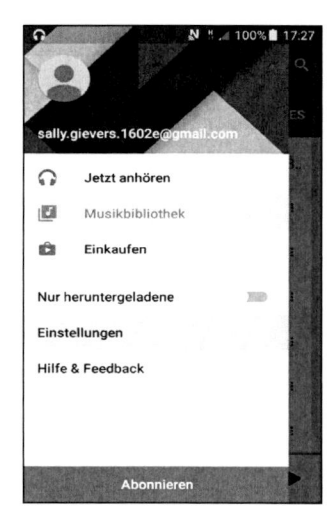

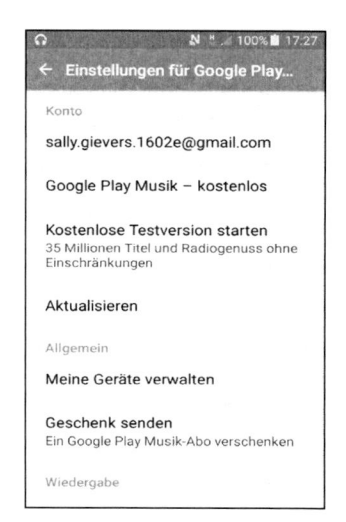

❶❷ Sofern Sie mehrere Google-Konten auf dem Galaxy gleichzeitig nutzen, sollten Sie zuerst das gerade eingestellte Konto überprüfen. Dazu gehen Sie auf *Einstellungen* im Ausklappmenü und stellen unter *Konto* das Konto ein.

## 17.4.2 Kauf von Songs oder Alben

❶❷❸ Der Musikverkauf findet im Play Store statt (siehe Kapitel *27.1 Play Store*). Aktivieren Sie hier das Ausklappmenü und gehen Sie darin auf *Musik*.

Alternativ erwerben Sie die Songs über die Webadresse *play.google.com* auf dem Heim-PC.

## 17.4.3 Play Musik in der Praxis

In der Play Musik-Anwendung werden die lokal auf dem Gerät und auf dem Google Musik-Server vorhandenen Songs zusammen aufgelistet. Auch in der Google Play Musik-Webseite angelegte Playlists sind hier verfügbar. Von der Bedienung her werden Sie keinen Unterschied zu den ab Kapitel *17.1 Der Wiedergabebildschirm* beschriebenen Funktionen bemerken.

Play Musik

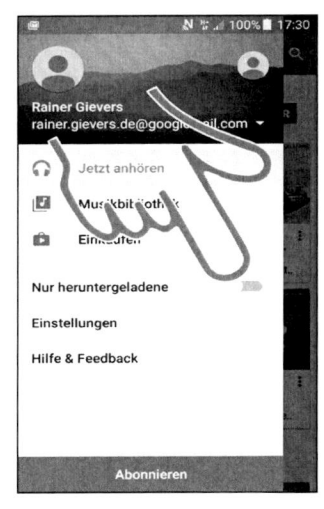

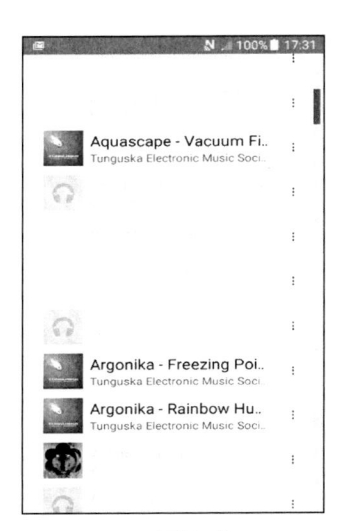

❶ Damit Sie auf die gestreamten Songs Zugriff haben, muss im Ausklappmenü der Eintrag *NUR HERUNTERGELADEN* deaktiviert sein.

❷ Verlieren Sie die Internetverbindung, so erscheinen alle nur online vorhandenen Songs ausgegraut und der Abspielbildschirm zeigt gegebenenfalls einen Hinweis.

Beachten Sie, dass Google Musik nur immer von einem Gerät aus nutzbar ist. Verwenden Sie beispielsweise zusätzlich noch ein Tablet, auf dem Sie mit Ihrem Google-Konto angemeldet sind, dann pausiert dort die Wiedergabe.

## 17.4.4 Konfiguration

So blenden Sie die Google Musik-Songs in der Play Musik-Anwendung aus: Aktivieren Sie im Ausklappmenü den Eintrag *Nur heruntergeladene.*

## 17.4.5 Offline-Nutzung

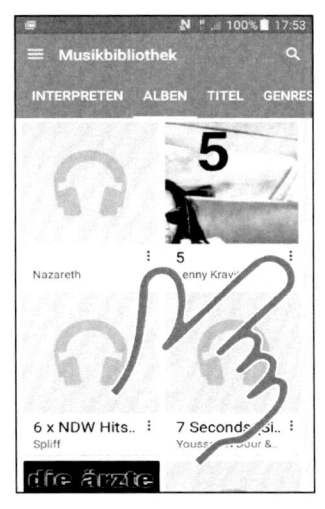

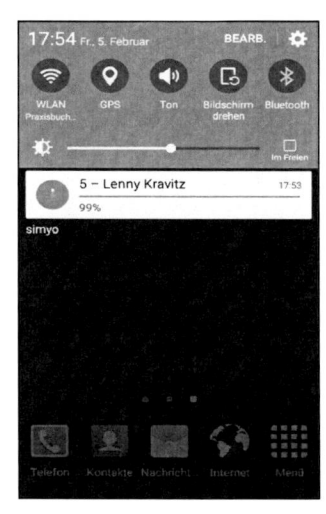

❶❷ Für den Fall, dass mal keine Internetverbindung zur Verfügung steht, lassen sich Songs auch herunterladen. Aktivieren Sie dafür im *ALBEN*-Register ⋮/*Herunterladen*.

❸ Der Song-Download erfolgt nun automatisch im Hintergrund, was Sie an der Fortschrittsanzeige im Benachrichtigungsfeld nachvollziehen können. In der Titelleiste informiert eine Animation zudem über den gerade durchgeführten Download.

> Um einen Song wieder aus der Liste zu nehmen, müssen Sie, wie zuvor beschrieben, Songs in der *ALBEN*-Ansicht deselektieren.
>
> Die heruntergeladenen Songs landen in einem versteckten Speicherbereich, auf den man keinen Zugriff hat. Es ist also nicht möglich, die Songs auf diesem Wege herunterzuladen, um sie dann beispielsweise für anderweitige Verwendung auf einen PC zu kopieren.

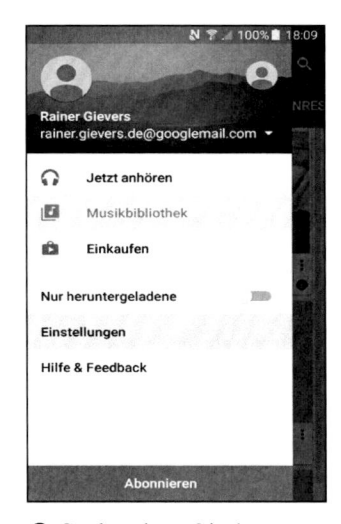

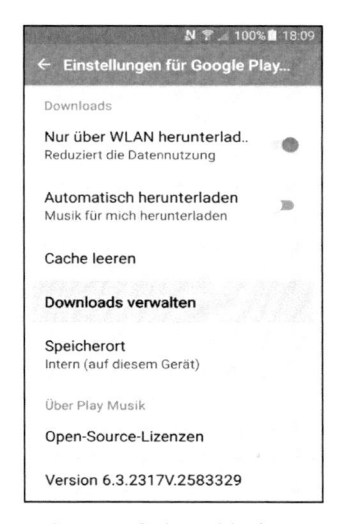

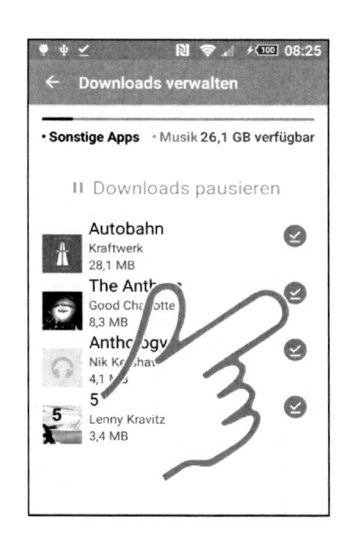

❶ So löschen Sie heruntergeladene Songs: Gehen Sie im Ausklappmenü auf *Einstellungen*.

❷ Rufen Sie *Downloads verwalten* auf.

❸ Die Schaltleiste hinter jedem Albumtitel löscht nach einer Rückfrage die zugehörigen Songs aus dem Gerätespeicher.

## 17.4.6 Streaming-Einstellungen

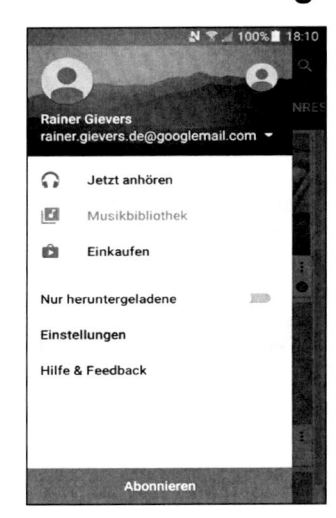

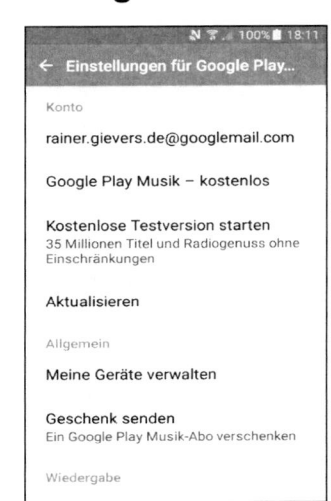

❶❷ *Einstellungen* im Ausklappmenü konfiguriert:

Unter *Konto*:

- *(Ihr Konto)@gmail.com:* Mit diesem Konto ist Google Musik verknüpft.
- *Google Play Musik - kostenlos:* Dieses Menü hat keine Funktion.
- *Kostenlose Testversion* starten: Kostenpflichtige Streaming-Flatrate kostenlos testen.
- *Aktualisieren*: Falls Sie in Ihrem Google-Konto neue Songs vorliegen haben (seien sie gekauft oder vom PC aus hochgeladen), können Sie hiermit die Songliste aktualisieren.

Unter *Allgemein*:

- *Meine Geräte verwalten*: Verwaltet die von Ihnen für die Musikwiedergabe verwendeten Geräte. Im Normalfall werden Sie dieses Menü nie benötigen.
- *Geschenk senden*: Für einen anderen Android-Nutzer die Google Play Musik-Streaming-Faltrate bezahlen.

Unter *Wiedergabe*:

- *Equalizer*: Klangverbesserung durch Änderung des Frequenzbandes.
- *Nur über WLAN streamen:* Musikstreaming erfolgt nur bei einer vorhandenen WLAN-Verbindung
- *Qualität über Mobilfunknetz*: Normalerweise passt der MP3-Player die Datenrate beim Streamen an die Geschwindigkeit des Internetzugangs an. Aktivieren Sie *Hoch*, wenn Sie keine Kompromisse bei der Klangqualität akzeptieren – Sie müssen sich aber dann darauf einrichten, dass es ab und zu Aussetzer bei der Wiedergabe gibt, weil der Player erst wieder den Datenpuffer füllt.
- *Musik beim Streamen in den Cache*: Getreamte Musik wird von Google Musik automatisch auf dem Gerät gespeichert.
- *Explizite Titel in Mixen blockieren*: Wenn Sie den Schnellmix nutzen, werden nicht jugendfreie Titel übersprungen.

Unter *Downloads*:

- *Nur über WLAN herunterladen*: Von Ihnen zum Download markierte Songs (siehe Kapitel *17.4.5 Offline-Nutzung*) werden nur bei vorhandener WLAN-Verbindung heruntergeladen.
- *Automatisch herunterladen*: Die Google Musik-Anwendung erkennt, welche Songs/Alben häufig gespielt werden und lädt diese im Hintergrund auf Ihr Gerät herunter. Die Songs stehen dann auch zur Verfügung, wenn Sie keine Internetverbindung haben.

- *Cache leeren*: Beim Streaming zwischengespeicherte Songdaten aus dem Speicher entfernen.
- *Downloads verwalten*: Listet die gerade heruntergeladenen Songs auf, die Sie, wie im Kapitel *17.4.5 Offline-Nutzung* beschrieben, offline auf dem Gerät verfügbar machen.
- *Speicherort*: Der Speicherort (Gerätespeicher oder eingelegte Speicherkarte) für heruntergeladene Songs.

## 17.5 Welcher Song ist das?

Sie kennen sicher das Problem, ab und zu im Radio, TV, Kaufhaus oder Club einen unbekannten Song zu hören, der Ihnen gefällt. Den Songtitel herauszufinden gestaltete sich dann schwierig. Als Problemlösung bietet sich eine Automatik an, die anhand eines mitgehörten Ausschnitts Interpret, Titel und Album ermittelt.

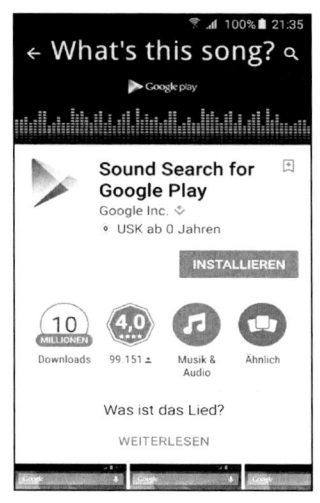

❶ Suchen und installieren Sie *Sound Search for Google Play* aus dem Google Play Store (siehe Kapitel *27.1 Play Store*).

❷ Betätigen Sie – während die Musik gespielt wird – die 🎤-Schaltleiste im Google-Such-Widget (Pfeil) des Startbildschirms.

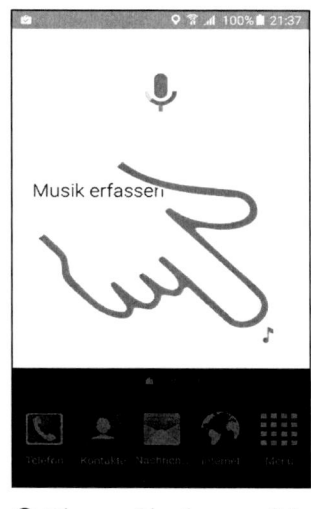

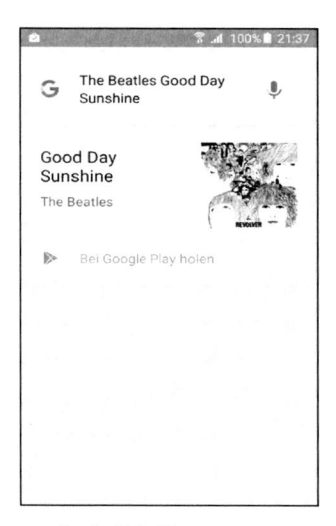

❶ Tippen Sie dann auf das Notensymbol (Pfeil).

❷ Google analysiert nun die Musik und zeigt den Songtitel und Interpreten an. Tippen Sie *Google Play* an, um den Song oder das zugehörige Album im Play Store zu kaufen.

# 18. Google Fotos

Das Galaxy sichert – sofern Sie diese Funktion nicht deaktivieren – alle Ihre mit der Kamera-Anwendung erstellten Fotos und Videos automatisch im Internet auf Google-Servern. Dabei werden die Mediendateien in Ihrem Google-Konto (siehe Kapitel *25 Das Google-Konto*) hinterlegt. Für Sie hat dies den Vorteil, auf jedem Android-Gerät, auf dem Sie mit Ihrem Google-Konto angemeldet sind, auf alle Ihre Fotos und Videos zugreifen zu können. Eine umständliche Datensicherung, beispielsweise vom Handy auf dem PC, ist deshalb nicht nötig.

Für die Anzeige Ihrer lokal auf dem Handy vorhandenen Fotos steht neben dieser Anwendung auch die Galerie-Anwendung (siehe Kapitel *16 Galerie*) zur Verfügung.

## 18.1 Start und erste Einrichtung

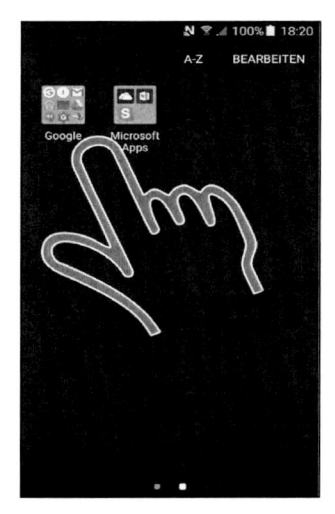

❶❷ Sie finden *Fotos* im *Google*-Ordner des Hauptmenüs.

❶ Betätigen Sie *JETZT STARTEN*.

❷ Betätigen sie im Folgenden jeweils *WEITER*.

Nacheinander fragt die Anwendung ab:

- *Sichern und synchronisieren*: Sollte eingeschaltet sein, damit Ihre Fotos/Videos in Ihrem Google-Konto gesichert werden.
- *Datentarif für Sicherung nutzen*: Die Datensicherung erfolgt standardmäßig nur, wenn eine WLAN-Verbindung besteht. Möchten Sie die Sicherung auch erlauben, wenn nur eine Mobilfunkverbindung verfügbar ist, dann aktivieren Sie *Datentarif für Sicherung*. Wir raten davon aber ab! Zum einen reduzieren Sie damit die Akkubetriebsdauer Ihres Handy, zum anderen enthalten viele Handyverträge nur ein begrenztes Datenvolumen

und drosseln dann die Geschwindigkeit.

- *Uploadgröße für Fotos und Videos*: Lassen Sie *Hohe Qualität* aktiviert.

❸ Blättern Sie mit einer Wischgeste durch die folgenden Bildschirme und betätigen Sie zum Schluss ✓ unten rechts.

> Die vorgenommenen Einstellungen können Sie jederzeit, wie im Kapitel *18.7 Einstellungen* gezeigt, später ändern.

## 18.2 Assistent

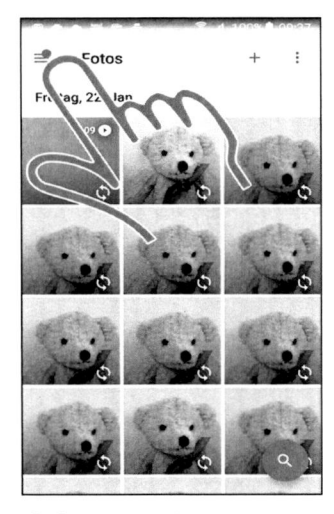

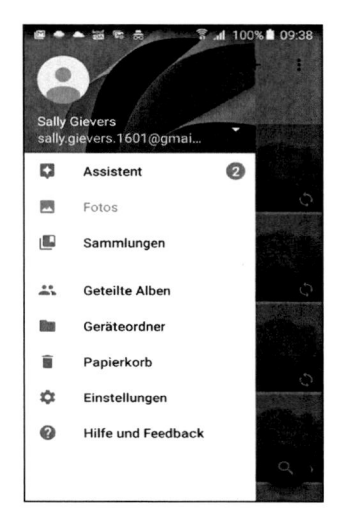

❶❷ Rufen Sie einmalig den Assistenten auf, indem Sie das Ausklappmenü aktivieren (oben links die Schaltleiste antippen) und *Assistent* auswählen.

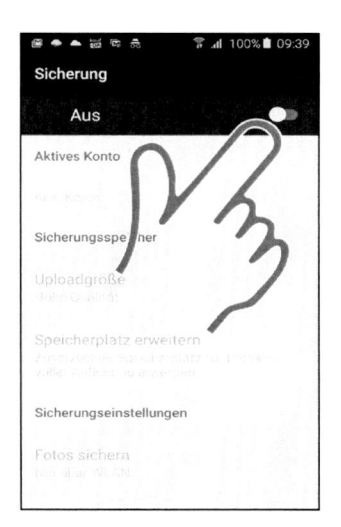

❶ Falls Sie *Sicherung und Synchronisierung sind deaktiviert* angezeigt bekommen, tippen Sie sie an. Andernfalls tippen Sie auf *Fotos werden gesichert* beziehungsweise *Sicherung abgeschlossen*.

❷ Aktivieren Sie den Schalter (Pfeil), sofern dies noch nicht geschehen ist. Die weiteren Optionen:

Unter *Aktives Konto*:

- *(Ihr Konto@gmail.com)*: Das von Ihnen für die Fotosicherung genutzte Google-Konto.

Unter *Sicherungsspeicher*:

- *Uploadgröße*: Zur Auswahl stehen *Hohe Qualität* und *Originalgröße*. Wenn Sie *Originalgröße* verwenden, dürfen Sie maximal 15 GB an Bilddaten hochladen (den Speicherplatz können Sie kostenpflichtig erweitern). Alternativ lassen Sie mit *Hohe*

Google Fotos 243

*Qualität* Ihre hochgeladenen Bilddateien bei der längsten Seite auf maximal 2048 Pixel Breite verkleinern, dürfen dann aber beliebig viele Bilder hochladen. Wir empfehlen die Option *Hohe Qualität* zu aktivieren, da eine höhere Bildauflösung im Webbrowser ohnehin nichts bringt. Nutzen Sie dagegen die Option *Originalgröße* und Ihre 15 GB Freivolumen sind erschöpft, so schaltet das Handy für folgende Uploads automatisch auf *Standardgröße* um.

- *Speicherplatz erweitern*: Mieten Sie zusätzlichen Speicherplatz, beispielsweise 100 GB für 1,99 US-Dollar pro Monat. Dies dürfte nur selten nötig sein.

Unter *Sicherungseinstellungen*:

- *Fotos sichern; Videos sichern*: Stellen Sie separat für Fotos und Videos ein, ob Videos und Fotos je nach Verfügbarkeit über WLAN oder zusätzlich über die Mobilfunkverbindung in Google Fotos hochgeladen werden.

- *Ordner zum Sichern wählen*: Google Fotos listet alle Verzeichnisse auf, die Bilder enthalten. Aktivieren Sie die Abhakkästchen bei denjenigen, die in Ihrem Google-Konto gesichert werden sollen.

- *Roaming*: Hiermit erlauben Sie die Datensicherung, auch wenn Sie sich im Ausland befinden und nur eine Mobilfunkverbindung zur Verfügung steht. Dies kann hohe Kosten verursachen, weshalb Sie das *Roaming* deaktiviert lassen sollten. WLAN-Verbindungen sind von der Einschränkung nicht betroffen.

- *Nur während des Ladens*: Das Hochladen Ihrer Fotos und Videos erfolgt nur, wenn Sie das Handy über das USB-Kabel am PC oder ein Netzteil angeschlossen haben.

- *Alles sichern*: In sehr seltenen Fällen kann es sinnvoll sein, die Datensicherung aller Fotos/Videos erneut durchzuführen, beispielsweise, wenn Sie feststellen, dass nicht alle Dateien hochgeladen wurden.

Schließen Sie den Bildschirm mit der ⤺-Taste.

❸ Über *Fotos* im Ausklappmenü gelangen Sie in den Hauptbildschirm zurück.

## 18.3 Die Benutzeroberfläche

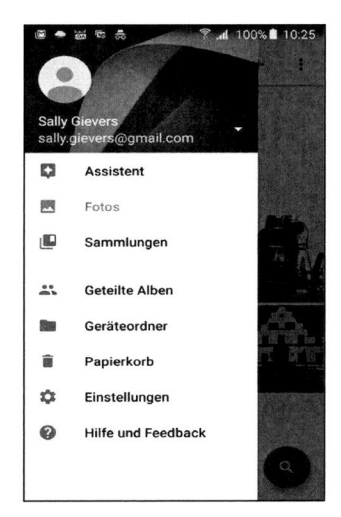

❶❷ Alle Funktionen erhalten Sie nach Öffnen des Ausklappmenüs (Schaltleiste oben links antippen):

- *Assistent*: Dient der Einrichtung von Google Fotos und wurde bereits von Ihnen, wie im Kapitel *18.1 Start und erste Einrichtung* beschrieben, durchlaufen.

- *Fotos*: Alle vorhandenen Fotos auflisten.

- *Sammlungen*: Google Fotos erstellt für Sie bei Bedarf aus den vorhandenen Fotos automatisch Alben, Geschichten, Animationen oder Collagen, die Sie in den *Sammlungen* finden. Darauf gehen wir im Kapitel *18.6 Spezialfunktionen* ein.

- *Geteilte Alben*: Über die geteilte Alben-Funktion haben Sie Bilder anderen Personen zur Ansicht freigegeben, die hier aufgelistet werden.
- *Geräteordner*: Nur im Gerätespeicher beziehungsweise eingelegter Speicherkarte vorhandene Fotos/Videos anzeigen. Im Google-Konto vorhandene Fotos/Videos blendet das Programm dann aus.
- *Papierkorb*: Von Ihnen in Google Fotos gelöschte Dateien.
- *Einstellungen*: Darauf geht Kapitel *18.7 Einstellungen* ein.
- *Hilfe und Feedback*

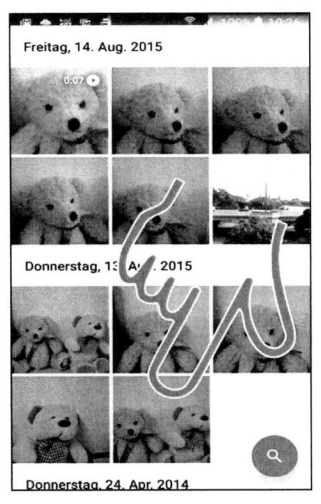

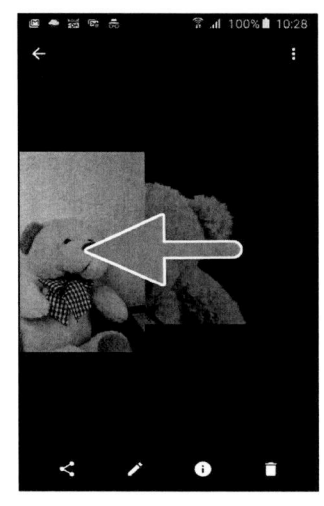

❶ Für die Vollbildansicht tippen Sie ein Foto in der Auflistung an.

❷ Die verfügbaren Funktionen:
- Doppeltippen (zweimal schnell hintereinander auf den Bildschirm tippen): Vergrößert/Verkleinert die Bildschirmdarstellung. Mit einer Wischgeste ändern Sie in der vergrößerten Ansicht den Bildschirmausschnitt.
- Kneifgeste (zwei Finger einer Hand gleichzeitig auf den Bildschirm setzen und dann auseinander/zusammenziehen, wie im Bild gezeigt): Bild vergrößern oder verkleinern.

❸ In der Normalansicht (keine Bildvergrößerung aktiv) können Sie mit einer Wischgeste nach rechts/links das nächste/vorherige Foto anzeigen.

Tippen Sie auf die ←-Schaltleiste oben links für die Rückkehr ins Hauptmenü. Alternativ betätigen Sie die ⤺-Taste unterhalb des Displays.

Die Schaltleisten:
- ≺: Foto per E-Mail, Bluetooth, usw. senden.
- ✎: Bild-Editor aufrufen, in dem Sie Farbe und Kontrast anpassen, sowie einige Bildeffekte anwenden können.
- ❶: Infos zu Aufnahmedatum und Bildgröße.
- 🗑: Bild löschen.

## 18.4 Geräteordner

Der Geräteordner-Bildschirm listet die Verzeichnisse auf dem Handy und die darin enthaltenen Fotos auf. Darüber hinaus stellen Sie dort auch ein, welche Verzeichnisse in Ihr Google-Konto im Internet hochgeladen werden.

Google Fotos    245

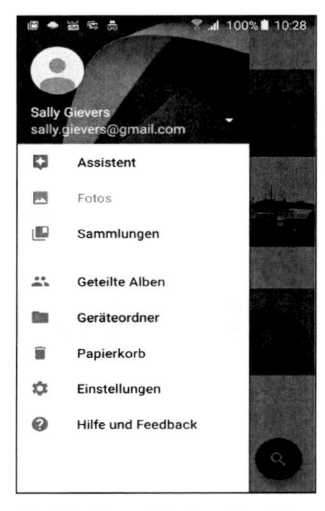

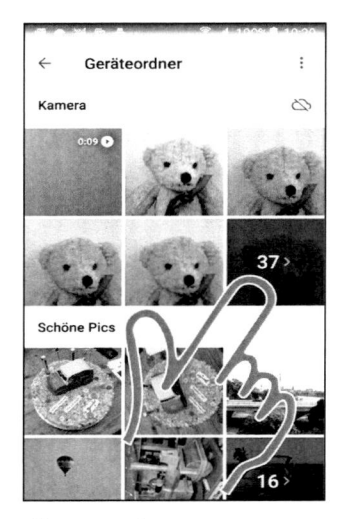

❶ Wählen Sie im Ausklappmenü *Geräteordner*.

❷ Antippen eines Fotos zeigt dieses, wie gewohnt in der Vollbildansicht, während das Bild mit der Zahl (Pfeil) die im Verzeichnis enthaltenen Bilder auflistet.

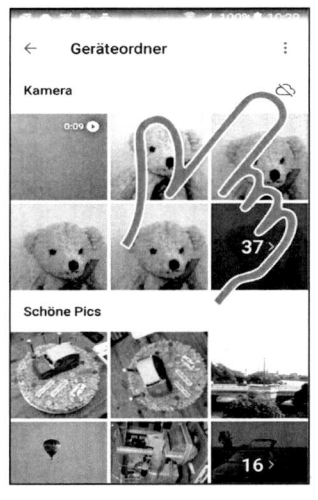

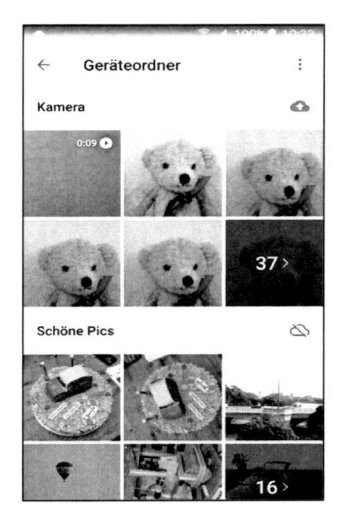

❶ Welche Verzeichnisse das Handy in Ihr Google-Konto hoch lädt, stellen Sie bei jedem Verzeichnis über ☁ (Pfeil) ein.

❷ Das Symbol ändert sich auf ☁ und die Fotos werden hochgeladen. Erneutes Antippen deaktiviert den Upload wieder. Das Kapitel *18.8 Google Fotos-Website* zeigt, wie Sie später im PC-Webbrowser auf die hochgeladenen Fotos im Google-Konto zugreifen.

## 18.5 Medien verwalten

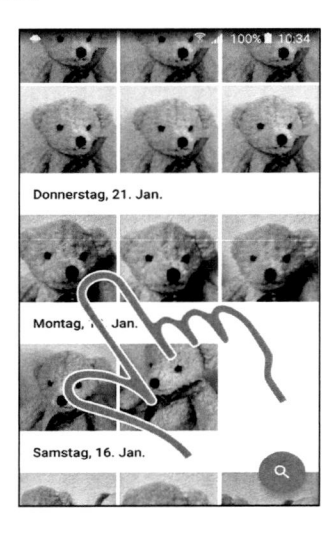

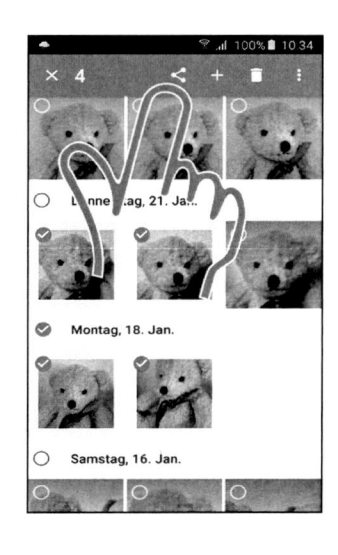

❶ Gehen Sie zunächst im Ausklappmenü auf *Fotos*.

❷ Tippen und halten Sie den Finger über einem Bild, bis es markiert ist. Markieren dann durch kurzes Antippen die weiteren Bilder.

❸ Tippen Sie eine der Schaltleisten oben rechts an, um die markierten Fotos zu senden oder löschen. Eine Besonderheit stellt die ◁-Schaltleiste dar, auf die Kapitel *18.6 Spezialfunktionen* noch eingeht.

## *18.6 Spezialfunktionen*

❶❷ Die Spezialfunktionen von Google Fotos erreichen Sie über die ✚-Schaltleiste:

- *Album*: Wählen Sie Fotos aus, die Sie dann einem Album zuweisen. Alben dürfen nicht mit den (Foto-)Verzeichnissen verwechselt werden, denn sie dürfen Fotos aus verschiedenen Verzeichnissen enthalten.

- *Geteiltes Album*: Geben Sie Bilder zur Ansicht für Dritte frei. Diese erhalten beispielsweise per E-Mail einen Link, über den sie ihre Bilder anzeigen können.

- *Film*: Erstellt aus bis zu 50 Fotos ein Video mit Musikuntermalung.

- *Geschichte*: Diese Funktion sucht automatisch aus allen Fotos diejenigen aus, welche sehr gut gelungen sind (Belichtung, Bildschärfe), Personen oder Sehenswürdigkeiten zeigen. Die ausgesuchten Fotos landen dann zusätzlich als Kopie in einem eigenen Album.

- *Animation*: Erstellt aus mehreren Fotos eine sogenannte GIF-Datei, deren Inhalt automatisch auf jedem Gerät wie ein Film abgespielt wird. Damit die Animation vernünftig aussieht, sollten Sie nach Möglichkeit gleichartige Fotos aus der gleichen Perspektive dafür verwenden, beispielsweise solche, die mit der Serienbildfunktion (bei vielen Kameras vorhanden) erstellt wurden.

- *Collage*: Fügt mehrere Fotos in einem Bild zusammen.

## 18.6.1 Geschichte

❶ In unserem Beispiel möchten wir eine *Geschichte* erstellen.

❷ Markieren Sie durch Antippen mindestens 5 Fotos und betätigen Sie *ERSTELLEN*.

❸ Die »Geschichte« wird angezeigt, wobei dieses anhand der Standortinformationen (siehe Kapitel *15.4 Positionsdaten*), des Datums und der Uhrzeit bereits eine ausführliche Beschreibung erhält. Sie kehren mit der ⟲-Taste unterhalb des Displays ins Hauptmenü zurück.

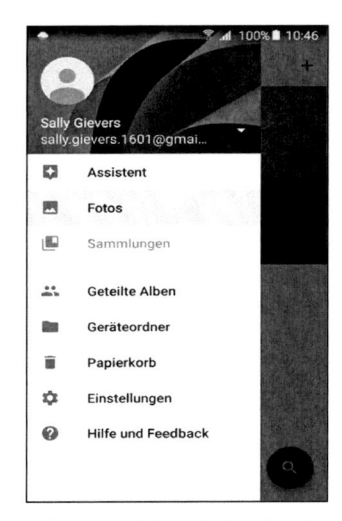

❶❷ Über *Fotos* im Ausklappmenü kehren Sie wieder in die Fotoauflistung zurück.

## 18.6.2 Weitere Funktionen

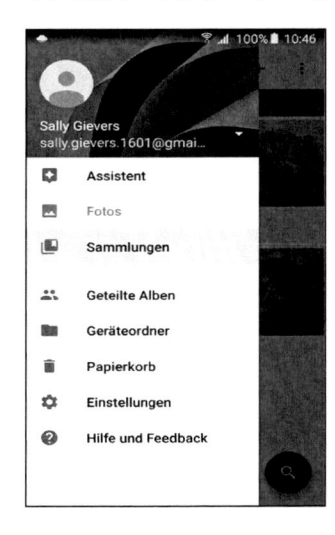

❶ Rufen Sie *Sammlungen* im Ausklappmenü auf.

❷ Über das Auswahlmenü grenzen Sie die Anzeige ein auf:

- *Alle*: Alle vorhandenen Alben, Filme, Geschichten auflisten.
- *Alben*: Von Ihnen erstellte Alben.
- *Filme*: Nicht von Google dokumentiert.
- *Geschichten*: Von Ihnen zusammengestellte Geschichten.

Von Ihnen erstellte Animationen erscheinen direkt in der Fotoauflistung mit einem Vorschaubild.

## 18.7 Einstellungen

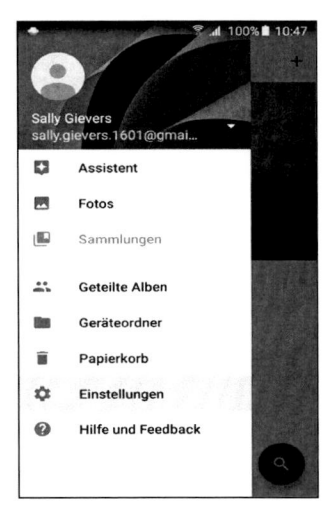

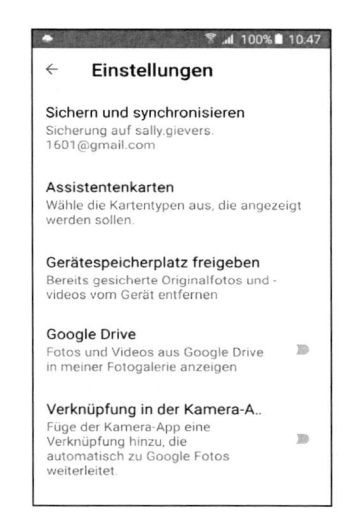

❶❷ Aktivieren Sie das Ausklappmenü und gehen Sie auf *Einstellungen*. Die Parameter:

- *Sichern und synchronisieren*: Ruft die Synchronisationseinstellungen auf, die Sie bereits im Kapitel *25.3 Datensicherung im Google-Konto* kennen gelernt haben.
- *Assistenkarten*: Diverse Voreinstellungen. Siehe Kapitel *18.1 Start und erste Einrichtung*.
- *Gerätespeicherplatz freigeben*: Löscht Fotos/Videos aus dem Gerätespeicher, die bereits in Ihr Google-Konto hochgeladen wurden (siehe Kapitel *18.5 Medien verwalten*).
- *Google Drive*: Zeigt auch in der Google Drive-Anwendung (siehe Kapitel *24.7 Google Drive*) vorhandene Fotos/Videos in Google Fotos an.
- *Verknüpfung in der Kamera-Anwendung*: In der Kamera-Anwendung (siehe Kapitel *15 Kamera*) erscheint eine Schaltleiste, mit der Sie direkt Google Fotos aufrufen können.

Unter *Standort*:

- *Standortinformationen entf.*: Google Fotos entfernt Standortinfos aus per Link geteilten Fotos und Videos.
- *Google-Standorteinstellungen*: Öffnet den Konfigurationsbildschirm für die Standortermittlung.

Unter *Benachrichtigungen* legen Sie die Signalisierungen bei Ereignissen, die Google Fotos betreffen, fest.

## 18.8 Google Fotos-Website

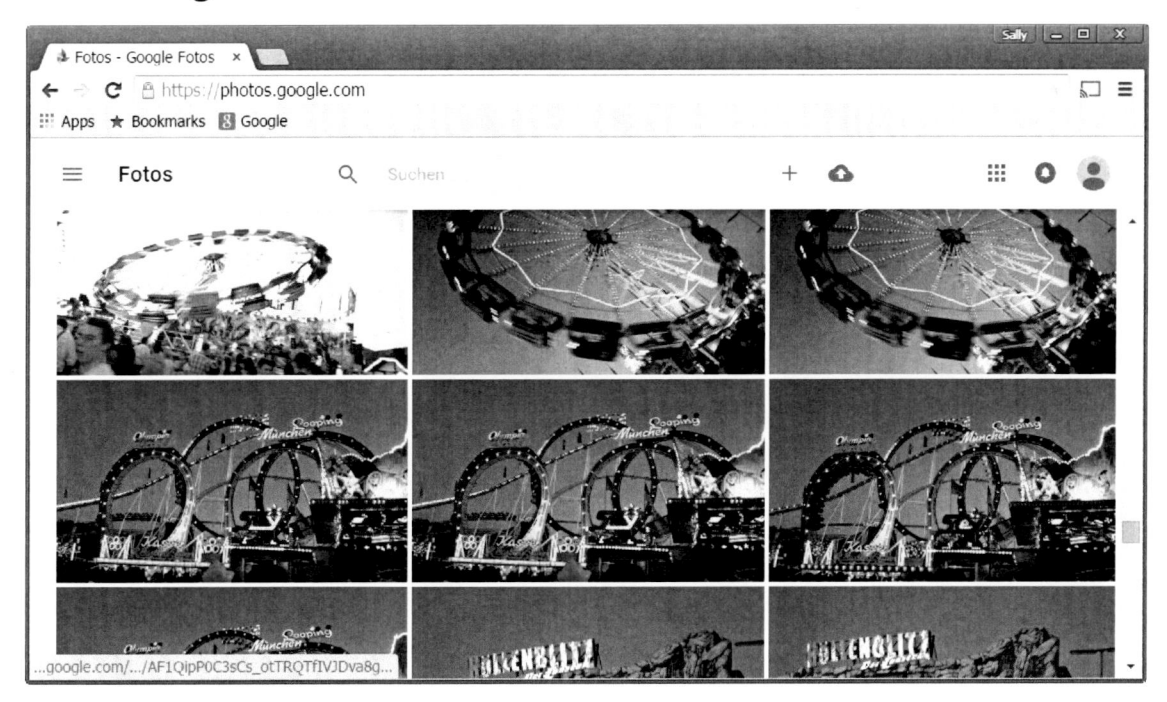

Auch in der Weoberfläche von Google+ können Sie Ihre Bilder und Videos verwalten: Gehen Sie im Webbrowser auf Ihrem PC auf die Webadresse *photos.google.com* und melden Sie sich mit Ihrem Google-Konto an.

Neue Fotos lassen sich auch direkt über die Google Fotos-Website hochladen: Ziehen Sie einfach die Fotos mit dem Mauszeiger in das Browserfenster, woraufhin automatisch der Upload erfolgt.

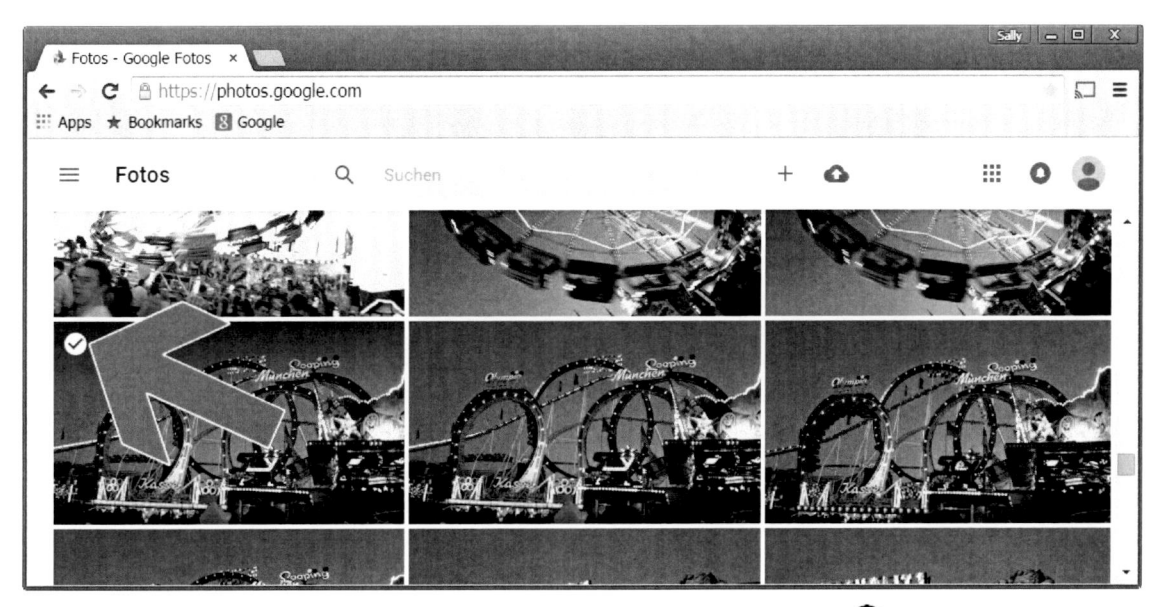

Zum Markieren halten Sie den Mauszeiger über ein Foto, woraufhin eine ✓-Schaltleiste erscheint, die Sie anklicken.

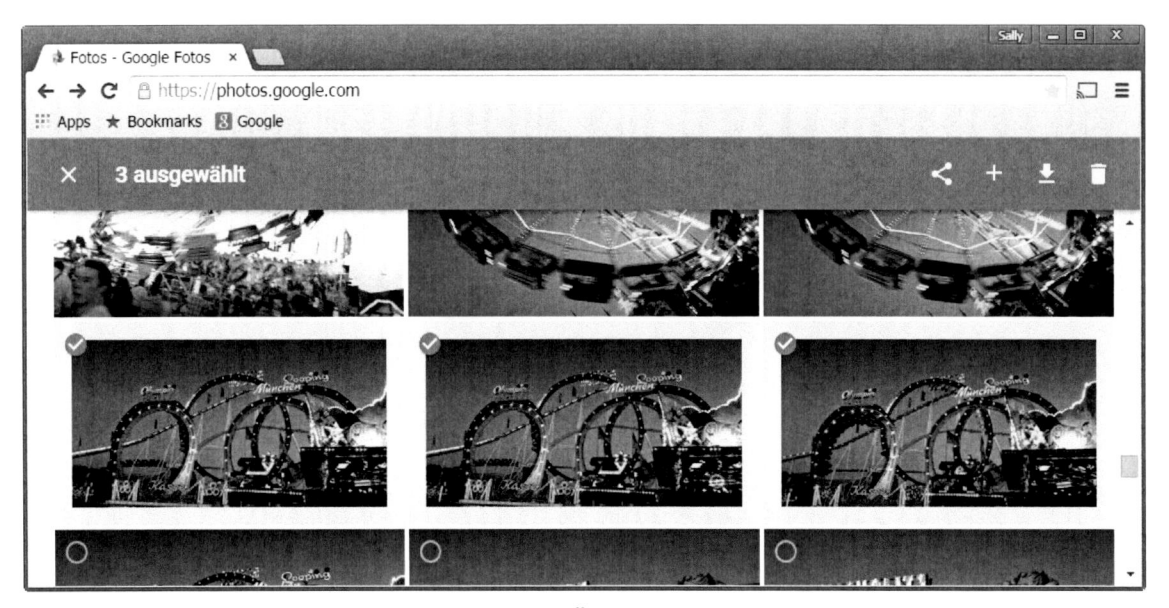

Markieren Sie dann bei Bedarf weitere Bilder. Über die Schaltleisten am oberen Bildschirmrand rufen Sie auf:

- ✕ (auf der linken Seite): Markierungsmodus beenden.
- ◄: Fotos in den sozialen Netzwerken Google+, Facebook oder Twitter veröffentlichen.
- ✛: Album mit den markierten Fotos erstellen.
- ⬇: Fotos auf dem PC herunterladen.
- 🗑: Bilder löschen.

## 18.9 Mediendaten mit dem PC verwalten

Eine tolle Bilderverwaltung stellt die Software Google Picasa dar, die Sie unter der Webadresse *www.picasa.google.com* kostenlos herunterladen können. Picasa glänzt mit leistungsfähigen Bearbeitungsfunktionen, zum Beispiel automatischer Beseitigung der durch einen Blitz hervorgerufenen roten Augen und diverse Farb- und Effektfilter.

Als Erstes sollten Sie Picasa mit Ihrem Google-Konto verknüpfen, was durch Anklicken von *Anmeldung mit Ihrem Google-Konto* erfolgt.

Fotos aus Google Fotos laden Sie über das Menü *Datei/Aus Google Fotos importieren* herunter. Die Picasa-Software fragt Sie dann, welche Alben zu importieren sind und lädt dann die Fotos herunter.

Umgekehrt unterstützt Google+ auch den Upload von Fotos bei Google Fotos. Dazu markieren Sie ein oder mehrere Fotos und rufen das Menü *Tools/Hochladen/In Google Fotos hochladen* auf.

Die Fotos/Videos lassen sich auch automatisch zwischen Google Fotos und PC synchronisieren. Klicken Sie dazu beim jeweiligen Album auf die Schaltleiste unter *Mit Web synchronisieren*.

Die mit Picasa synchronisierten Alben erscheinen in Google Fotos als Alben beziehungsweise in der *Zeit*-Übersicht.

# 19. Google Now

Google Now stellt die zum aktuellen Zeitpunkt wichtigen Infos auf einem Blick zur Verfügung. Dazu wertet das Programm das Nutzerverhalten im Hintergrund aus und versucht daraus Schlüsse zu ziehen, welche Infos für Sie gerade nützlich sein könnten. Da Google dabei zahlreiche Ihrer privaten Daten analysiert und speichert, sollten Sie auf Google Now verzichten, wenn Sie auf Ihre Privatsphäre Wert legen.

Je nach Situation werden laut Google folgende Infos angezeigt:

- *Wetter*: Wetteraussichten
- *Verkehr*: Falls Sie unterwegs sind.
- *Öffentliche Verkehrsmittel*: Falls Sie sich in der Nähe einer Haltestelle öffentlicher Verkehrsmittel befinden.
- *Flüge*: Wird nach einer Flug-Suche angezeigt.
- *Sport*: Punktezahlen für eine Mannschaft, nach der gesucht wurde.
- *Nächster Termin*: Anstehende Kalendertermine.
- *Übersetzung*
- *Währung*: Währungsumrechnung.
- *Uhrzeit zu Hause*: Wenn Sie sich in einer anderen Zeitzone befinden.
- *Orte*: Points of Interest in der Nähe.

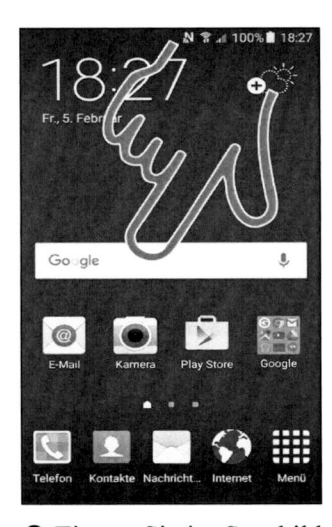

❶ Tippen Sie im Startbildschirm auf das Google-Widget.

❷❸ Beim ersten Start müssen Sie eventuell *JETZT STARTEN* und dann mehrmals *OK* betätigen.

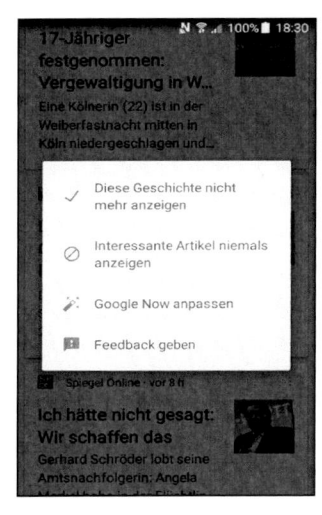

❶ Rollen Sie mit einer Wischgeste durch die angezeigten »Notizkarten«.

❷❸ Jede »Karte« lässt sich über das ⋮-Menü (Pfeil) anpassen.

In den ersten Tagen der Nutzung wird Google Now zunächst nur kaum nützliche Infos anzeigen, was sich aber mit der Zeit ändert.

Google Now bringt auch eine Suche mit. Geben Sie einfach im Suchfeld am oberen Bildschirmrand den Suchbegriff ein beziehungsweise betätigen Sie die 🎤 für die Sprachbefehle.

# 20. Uhr

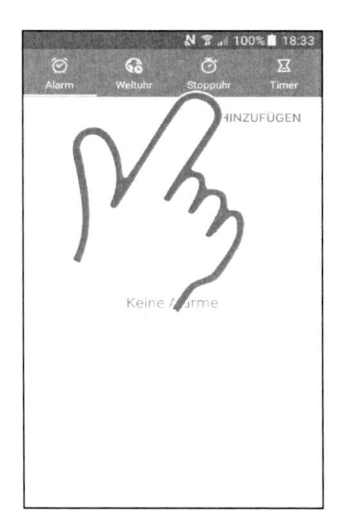

❶ Die *Uhr* starten Sie aus dem Hauptmenü.

❷ Über das Register am oberen Bildschirmrand schalten Sie zwischen den Funktionen der Uhr-Anwendung um: *Alarm*, *Weltuhr*, *Stoppuhr* und *Timer*.

## 20.1 Alarm

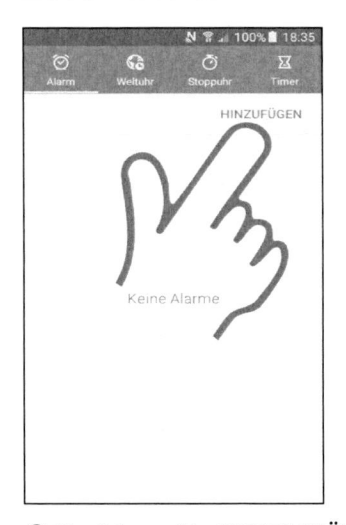

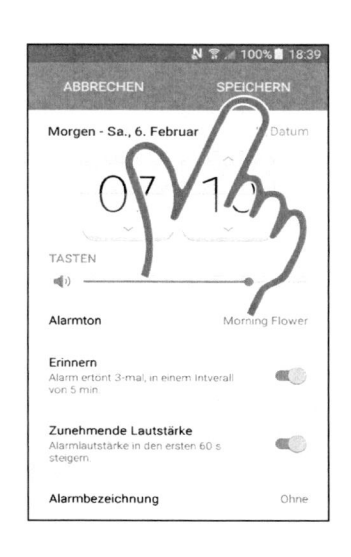

❶ Betätigen Sie *HINZUFÜGEN*.

❷ Stellen Sie hier ein:

- *Datum*: Datum, ab dem der Alarm aktiv ist.
- *(Uhrzeit)*: Tippen Sie die Ziffern am oberen oder unteren Rand an, um eine Alarmzeit einzustellen.
- *TASTEN*: Alarmzeit über Tastenfeld eingeben.
- *Wöchentlich wiederholen*: Die Wochentage, an denen der Alarm erfolgen soll.
- *Alarmtyp*: Zur Auswahl stehen *Ton*, *Vibration*, *Ton & Vibration*.
- Lautstärke-Regler
- *Alarmton*: Der verwendete Signalton.
- *Erinnern*: Der Alarm ertönt nach der eingestellten Zeitspanne erneut, beziehungsweise wird x Mal wiederholt.
- *Zunehmende Lautstärke*: Der Alarm wir nach und nach lauter.
- *Alarmbezeichnung*: Vergeben Sie dem Alarm bei Bedarf eine Bezeichnung.

Uhr 255

❸ Gehen Sie zum Abschluss auf *SPEICHERN*.

> Wie man eigene Alarmtöne auf dem Galaxy einrichtet, erfahren Sie im Kapitel *35.1 Eigene Klingel- und Benachrichtigungstöne*.

❶ Zum Bearbeiten tippen Sie einen Alarm an. Die ✕-Schaltleiste entfernt einen Alarm wieder. Tippen Sie dagegen auf die ⏰-Schaltleiste (Pfeil), um den Alarm zeitweilig zu deaktivieren und beim nächsten Antippen wieder zu aktivieren.

❷ Dass mindestens ein Alarm aktiv ist, erkennen Sie am ⏰-Symbol in der Titelleiste (Pfeil).

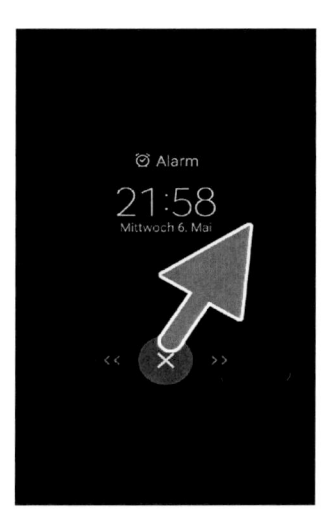

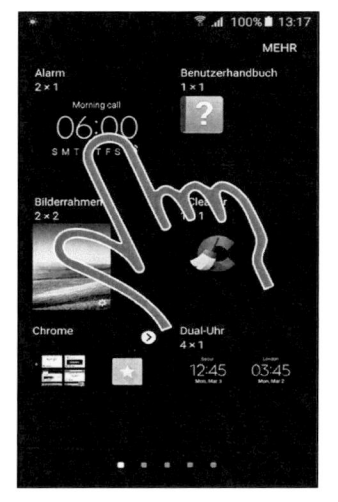

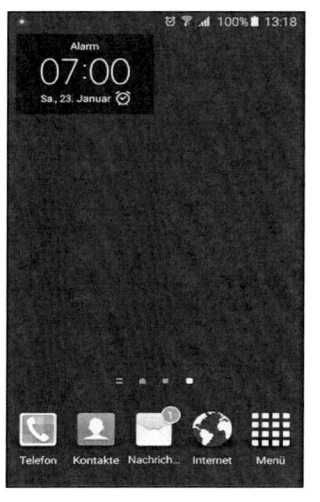

❶ Zum eingestellten Zeitpunkt ertönt der Alarm. Ziehen Sie zum Beenden des Alarms den roten Schieber in eine beliebige Richtung.

❷❸ Verwenden Sie das Alarm-Widget für die Alarm-Steuerung direkt aus dem Startbildschirm (die Widgets beschreibt Kapitel *3.7.2 Widgets*). Erstellen Sie für jeden Alarm ein neues Widget.

## 20.2 Weltuhr

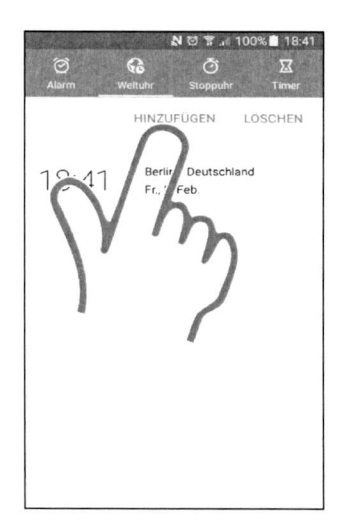

❶ Die Weltzeituhr, die Sie im *Weltuhr*-Register (Pfeil) finden, zeigt die Weltzeiten für fast jeden denkbaren Standort an.

❷ Betätigen Sie *HINZUFÜGEN* und wählen Sie in der Liste einen Ort aus (Sie können auch das Suchfeld einsetzen, in dem Sie nach dem Antippen den Ortsnamen erfassen).

❸ Eine weitere Ortszeit wird aufgelistet.

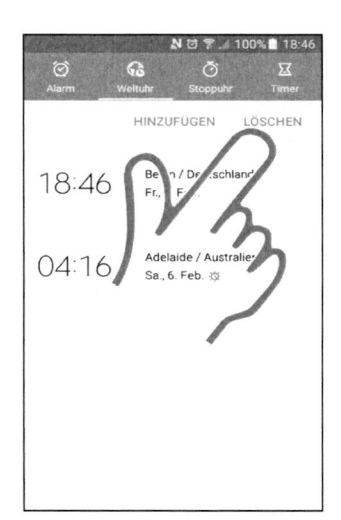

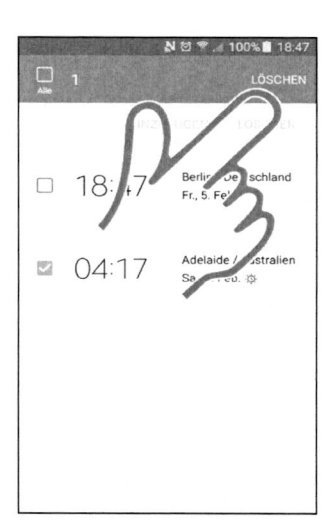

❶❷ Zum Entfernen einer Ortszeit betätigen Sie *LÖSCHEN*, haken sie ab und betätigen *LÖSCHEN* oben rechts.

# 21. Kalender (S Planner)

Der Kalender verwaltet Ihre Termine, die sich mit dem Google-Kalender synchronisieren lassen.

❶❷ Sie finden den *S Planner* im Hauptmenü (Pfeil).

Sofern Sie bereits ein Google-Konto auf dem Galaxy eingerichtet haben, erscheinen in der Kalender-Anwendung schon beim ersten Aufruf diverse im Google-Kalender hinterlegte Termine.

## 21.1 Kalenderansichten

❶❷ Der Kalender zeigt beim Start standardmäßig den aktuellen Monat an. Um auf eine andere Kalenderansicht umzuschalten, aktivieren Sie das Auswahlmenü und gehen auf *Jahr, Monat, Woche, Tag* oder *Aufgaben*.

## 21.1.1 Jahresansicht

❶❷ Über die Jahresansicht springen Sie schnell zu einem bestimmten Monat.

## 21.1.2 Monatsansicht

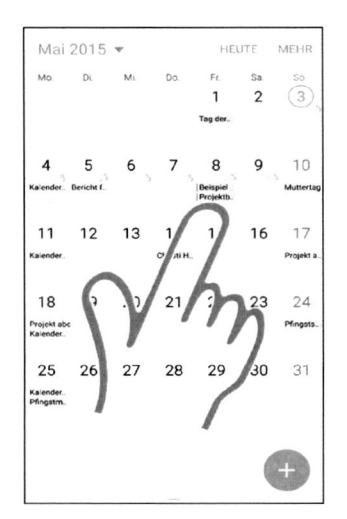

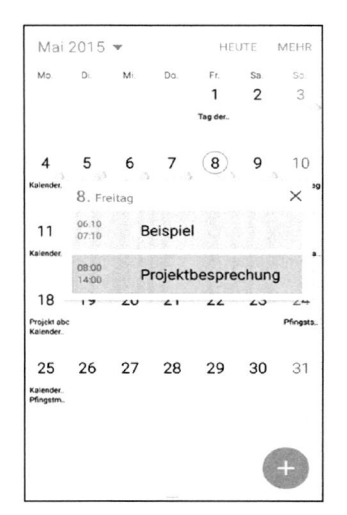

❶ Tippen Sie einen Kalendertag kurz an, so listet der Kalender alle zugehörigen Termine in einem Popup auf.

❷❸ Im Popup wählen Sie dann den anzuzeigenden Termin aus.

## 21.1.3 Wochenansicht

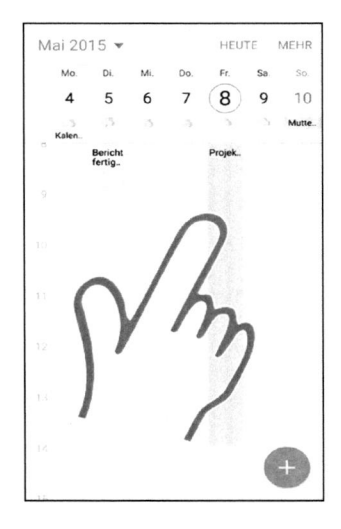

Kalender (S Planner)

❶❷ In der Wochenansicht sind alle Termine als Balken auf einer Zeitachse angelegt. Man sieht auf diesem Wege sofort, ob und wo noch freie Zeiträume sind. Antippen eines Termins (Pfeil) zeigt diesen wiederum an.

❸ Ganztagestermine blendet der Kalender jeweils am oberen Bildschirmrand ein. Diese können Sie für Termindetails antippen.

## 21.1.4 Tagesansicht

❶❷ Auch die Tagesansicht stellt die Termine in einer Zeitachse dar. Tippen Sie einen Termin (Pfeil) für die Detailansicht an.

## 21.1.5 Aufgaben

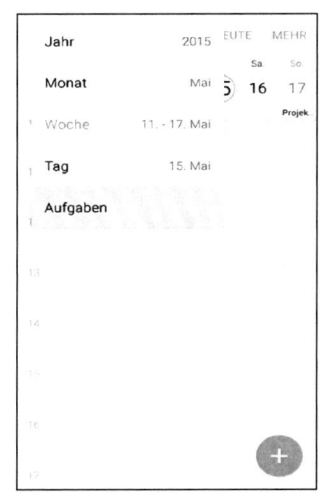

❶❷ In den Aufgaben verwalten Sie alle Termine, für die es kein genaues Ausführungsdatum gibt.

## 21.2 Navigation im Kalender

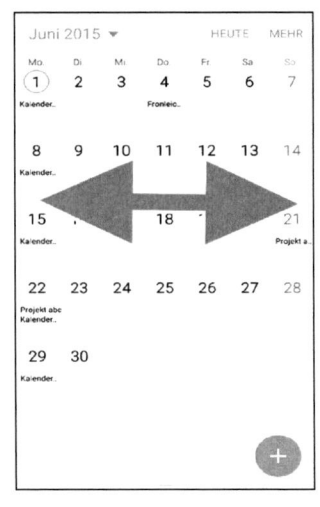

❶ Mit einer Wischgeste nach links/rechtsblättern Sie in den Terminen vor oder zurück. Über die *HEUTE*-Schaltleiste am oberen Bildschirmrand kehren Sie zum aktuellen Datum zurück.

❷❸ Als Hilfreich erweist sich *Suche* aus dem *MEHR*-Menü, das alle Termine auflistet und die Suche darin erlaubt.

## 21.3 Neuen Termin hinzufügen

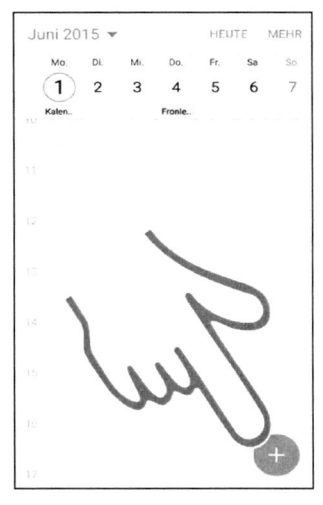

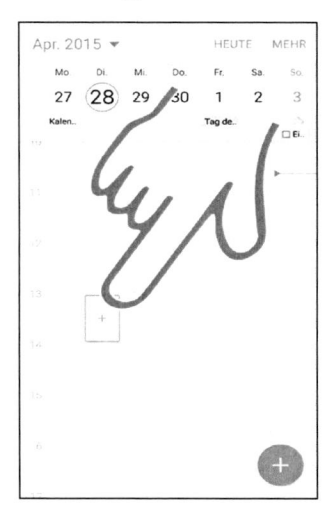

❶ In allen Kalenderansichten erzeugt die ✛-Schaltleiste einen neuen Termin.

❷ Sie ersparen sich so übrigens etwas Arbeit, indem Sie vor Betätigen der ✛-Schaltleiste kurz auf den Kalendertag (Monatsansicht) oder in die Zeitleiste (Wochen- und Tagesansicht) tippen (Pfeil). Der Kalendertag wird dann in den Termineditor übernommen.

Kalender (S Planner)

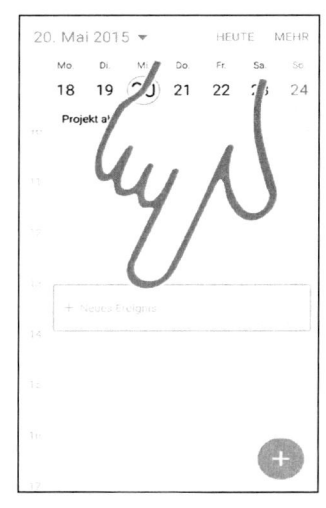

❶ Der Kalender unterstützt noch eine weitere Methode für die Terminerfassung: Doppeltippen Sie mit dem Finger auf einen Kalendertag beziehungsweise eine Uhrzeit in der Zeitleiste.

❷ Erfassen Sie im Bearbeitungsbildschirm die Termindaten. Sofern es sich um einen Termin ohne feste Uhrzeit, beispielsweise einen Geburtstag, handelt, aktivieren Sie *Ganzen Tag*.

❶❷ Über das Auswahlmenü (Pfeil) stellen Sie ein, was mit den Daten geschieht:

- *Eigene Kalender*: Der Termin bleibt auf dem Gerät und wird weder mit dem Samsung-Konto noch dem Google-Konto abgeglichen.

- *(Ihr Konto)@gmail.com*: Datenabgleich des Termins mit Google Kalender über das Internet.

Sie sollten immer Ihr Google-Konto verwenden, da die Speicherung auf dem Gerät keinen Sinn macht.

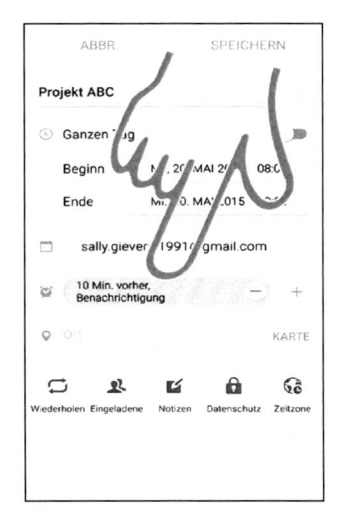

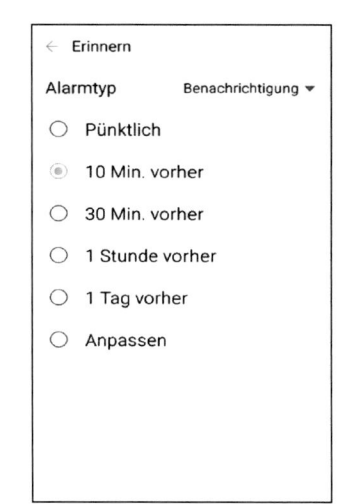

❶❷ Das Handy macht Sie standardmäßig auf den Termin 10 Minuten vorher aufmerksam. Diese Erinnerung können Sie durch Antippen jederzeit auf einen anderen Zeitraum ändern.

❸ Über die Minus-Schaltleiste (Pfeil) entfernen Sie Terminerinnerungen, während die ✚-Schaltleiste weitere Erinnerungen hinzufügt.

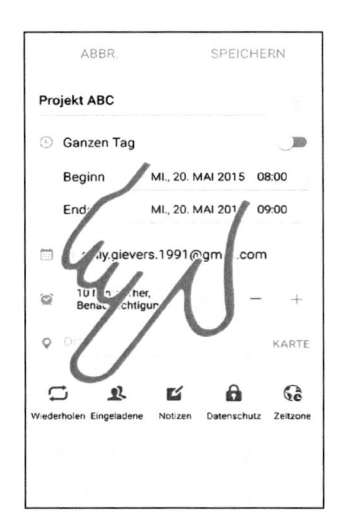

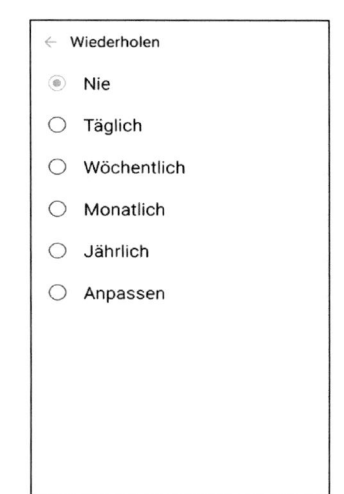

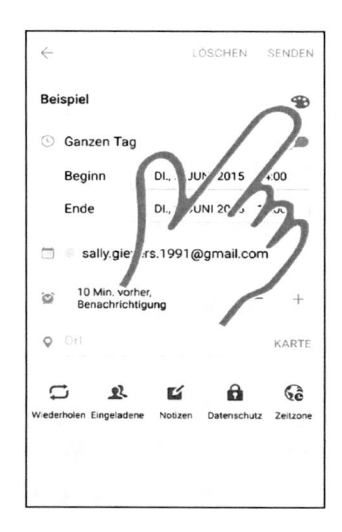

❶ Die Schaltleisten am unteren Bildschirmrand:

- *Wiederholen* (❷) ermöglicht es dagegen, den Termin in bestimmten Zeiträumen automatisch erneut anzusetzen, beispielsweise wöchentlich oder monatlich.

- *Eingeladene*: Legen Sie Teilnehmer aus dem Telefonbuch fest, die automatisch über Terminupdates informiert werden. In diesem Buch gehen wir nicht weiter auf Termineinladungen ein.

- *Notizen*

- *Datenschutz*: Sofern Sie Ihren Kalender oder den Termin mit anderen Personen teilen, legen Sie hier die Sichtbarkeit in deren Kalender fest. In diesem Buch gehen wir nicht weiter darauf ein.

- *Zeitzone*: Die Zeitzone ist ausschließlich für Anwender interessant, die Termine in anderen Ländern wahrnehmen. Standardmäßig rechnet der Kalender alle Terminuhrzeiten auf die jeweilige Lokalzeit des Aufenthaltslandes um. Wenn Sie dies nicht möchten, stellen Sie die Zeitzone entsprechend ein.

❸ Die Hintergrundfarbe des Termins in der Tages- und Wochenansicht legen Sie über die 🎨-Schaltleiste fest.

Betätigen Sie anschließend *SPEICHERN* am oberen Bildschirmrand.

Kalender (S Planner)

❶❷ Der Termin erscheint im Kalender. Tippen Sie ihn an für die Termindetails. Falls Sie ihn ändern möchten, tippen Sie einfach eines der angezeigten Datenfelder an.

### 21.3.1 Aufgaben

Aufgaben haben keine Fälligkeitsuhrzeit, da man sie in der Regel zwischendurch erledigt. Beachten Sie, dass die Aufgaben nicht mit Ihrem Google-Konto synchronisiert werden.

> Die Aufgabenverwaltung der S Planner-Anwendung erfüllt nur niedrige Ansprüche. Deshalb Sollten Sie auch einen Blick auf das im Kapitel *28.6 Google Notizen* vorgestellte Programm werfen.
>
> Falls Sie sehr hohe Erwartungen an eine Aufgabenverwaltung haben, ist vielleicht Wunderlist aus dem Google Play Store (siehe Kapitel *27.1 Play Store*) interessant, für das es auch ein PC-Programm gibt.

❶ Die Aufgabenverwaltung erfolgt in einem eigenen Bildschirm, den Sie mit *Aufgaben* aus dem Auswahlmenü oben links aufrufen.

❷ Um eine Aufgabe anzulegen, tippen Sie einfach in das Eingabefeld am oberen Bildschirmrm an.

❸ Im einfachsten Fall erfassen Sie den Aufgabentext und legen bei Bedarf mit den Schaltleisten *HEUTE* oder *MORGEN* einen Erledigungszeitpunkt fest. Betätigen Sie dann *SPEICHERN*.

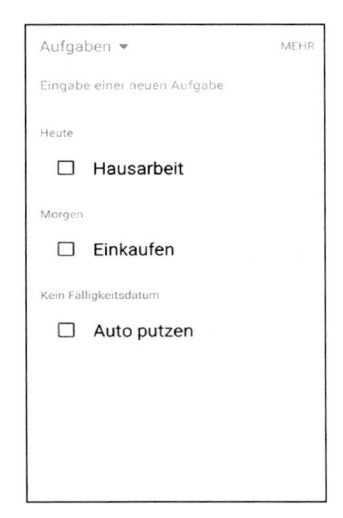

❶ Legen Sie auf dem gleichen Wege weitere Aufgaben an, die in der Auflistung erscheinen.

❷❸ Zusätzliche Optionen aktiviert die ⬚-Schaltleiste:

- *Fälligkeitstag*: Legt ein genaues Erledigungsdatum fest.
- *Meine Aufgabe*: Diese Vorgabe lässt sich nicht ändern.
- *Erinnern*: Tages/Uhrzeitgenaue Erinnerung.
- *Notizen*
- *Vorrangig*: Legen Sie eine Priorität (*Hoch, Mittel, Niedrig*) fest. Ein Symbol weist dann in der Aufgabenauflistung auf eine hohe oder niedrige Priorität hin.

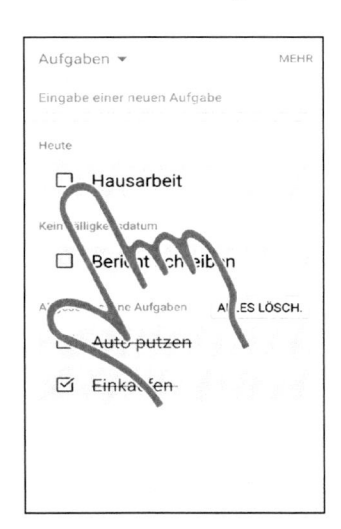

Erledigte Aufgaben »haken« Sie ab, worauf sie in der Auflistung nach unten rutschen. Die *ALLES LÖSCHEN*-Schaltleiste entfernt nun die erledigten Aufgaben.

## 21.4 Weitere Terminverwaltungsfunktionen

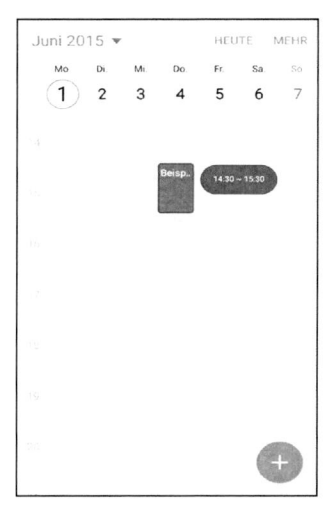

❶❷ In der Tages- und Wochenansicht lassen sich Termine sehr einfach auf eine andere Uhrzeit oder sogar ein anderes Datum verlegen, ohne dass man sie erst in der Bearbeitungsansicht öffnen muss: Tippen und halten Sie für einige Sekunden den Finger auf einem Eintrag und ziehen Sie ihn dann auf der Zeitachse an die gewünschte Position.

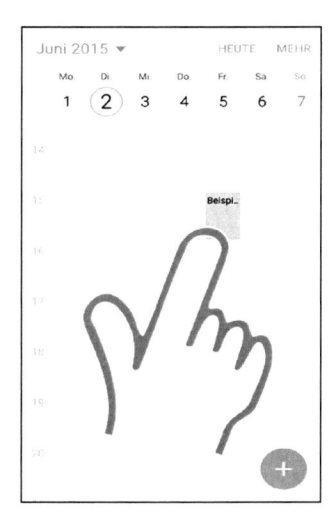

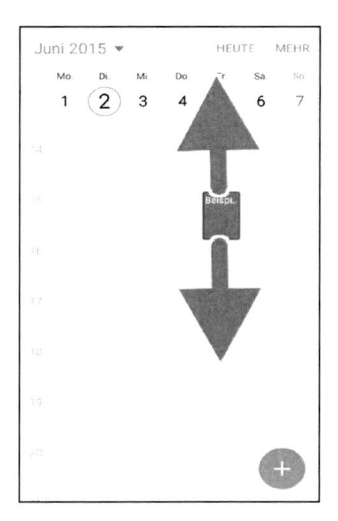

❶❷ Die Terminlänge lässt sich ebenfalls ändern: Tippen und halten Sie den Finger für einige Sekunden auf einem Termin, bis dieser »markiert« ist. Danach ziehen Sie unten oder oben an den Kugeln.

❶ Im *MEHR*-Menü stehen folgende Funktionen zur Verfügung:
- *Suche* (❷): Nach Terminen suchen.

- *Kalender verwalten*: Listet die angezeigten Datenquellen (in der Regel ein Google-Konto, usw.) auf und ermöglicht es Ihnen, Datenquellen ein/auszublenden.
- *Einstellungen*: Diverse Einstellungen, auf die wir im Kapitel *21.6 Einstellungen* noch eingehen.

## 21.5 Terminerinnerung

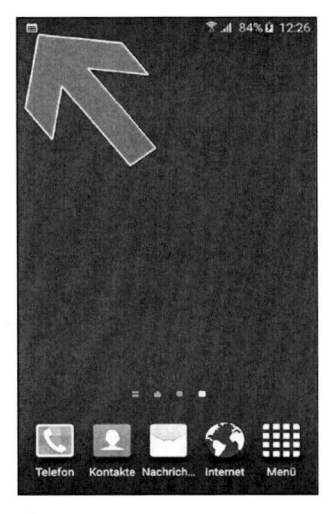

❶ Zum eingestellten Termin ertönt der Erinnerungston und ein 📅-Symbol erscheint in der Titelleiste (Pfeil) – Voraussetzung dafür ist aber, dass Sie bei der Terminerfassung die *Erinnerung* gesetzt haben.

❷ Öffnen Sie das Benachrichtigungsfeld und gehen Sie auf den Terminnamen, was die Termindetails anzeigt. Verwenden Sie *ABLEHNEN*, um die Erinnerung auszuschalten oder SCHLUMMERN.

❸ In der Displaysperre erscheint ebenfalls ein Terminhinweis. Ziehen Sie mit dem Finger im ✕-Feld in eine beliebige Richtung, um den Terminalarm zu beenden. Alternativ öffnet *DETAILS* den Termin im S Planner, während Schlummern die Erinnerung für 5 Minuten pausiert (Schlummer-Modus).

> Den Alarmton für Kalendertermine stellen Sie, wie im Kapitel *3.14 Medienlautstärke und Signaltöne* erläutert, ein.

## 21.6 Einstellungen

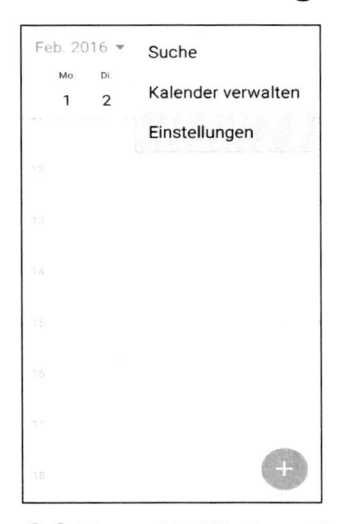

❶❷ Unter *MEHR/Einstellen* konfigurieren Sie:

Unter *Allgemein*:

- *Erster Tag der Woche*: In manchen Kulturkreisen beginnt die Woche bereits am Sonntag, was Sie hier festlegen.
- *Wochennummern anzeigen*: Wochennummer in der Wochenansicht einblenden (oben im Bildschirm).
- *Abgelehnte Ereignisse ausblenden*: Terminanfragen, die Sie ablehnen (in diesem Buch gehen wir nicht weiter darauf ein), blendet der Kalender aus.
- *Benachrichtigung*: Stellt eine der vordefinierten Klangfolgen beziehungsweise die Vibration als Terminalarm ein.
- *Standarderinnerung festlegen*: Als Voreinstellung setzt der S Planner bei der Terminneuanlage jeweils *10 Minuten* ein, können aber auch kürzere oder längere Zeiträume einstellen. Sie haben so genügend Zeit, um sich auf die Wahrnehmung Ihrer Termine zu konzentrieren.

Unter *Zeitzone*:

- *Zeitzone festlegen*: Befinden Sie sich in einer anderen Zeitzone, so rechnet das Galaxy automatisch alle Termine von Mitteleuropäischer Zeit auf die besuchte Zeitzone um. Stellen Sie hier dagegen ein, in welcher Zeitzone Sie sich befinden, so erfolgt keine automatische Umrechnung der Terminzeiten.

## 21.6.1 Kalender

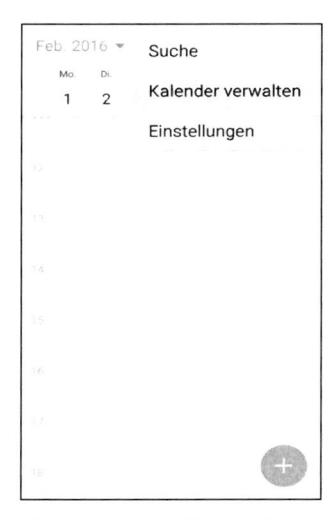

❶ Im *MEHR/Kalender verwalten*-Menü stellen Sie ein, welche Termine im Kalender sichtbar sind. Gehen Sie hier auf *Anzeige*.

❷ Deaktvieren Sie die Abhakkästchen bei den Konten, die der Kalender nicht anzeigen soll:

- *Alle Kalender*: Schaltet alle Kalenderquellen ein/aus.

Unter *Gerät* finden Sie alle Kalenderquellen, die auf dem Gerät verbleiben und nicht mit dem Google-Konto synchronisiert werden:

- *Eigene Kalender*: Die nur auf dem Galaxy verwalteten Termine.
- *Meine Aufgabe*: Die in der Aufgabenverwaltung (siehe Kapitel *21.3.1 Aufgaben*) verwalteten Einträge.
- *Geburtstage von Kontakten*: Sofern zu einem Kontakt im Telefonbuch ein Geburtstagsdatum eingetragen wurde, blendet S Planner dieses als Termin ein.

Unter *(Ihr Konto)@gmail.com*:

- Diese auf dem Galaxy verwalteten Termine gleicht die Kalender-Anwendung mit Google Kalender (*www.google.com/calendar*) über das Internet ab. Die Kalendertermine sind dabei dem Google-Konto *xxx@gmail.com* zugeordnet. Siehe auch Kapitel *25 Das Google-Konto*.

## 21.7 Google Kalender im Web

Eines der interessantesten Features des Handys ist die automatische Synchronisation von Kontakten und Terminen mit Google-Servern. Sie verwalten Ihre Termine und Kontakte für Ihr Galaxy dann bequem über eine Weboberfläche. Eine vorherige Installation von irgendwelcher Software ist dazu nicht notwendig. Alle Terminänderungen, die Sie in der Kalender-Anwendung des Galaxy vornehmen, sind kurze Zeit später auf der Google Kalender-Website sichtbar und umgekehrt.

Damit Sie Ihre Termine auch mit Google Kalender online verwalten können, müssen Sie während der Termineingabe darauf achten, dass Ihr Google-Konto bei *Kalender* eingestellt ist.

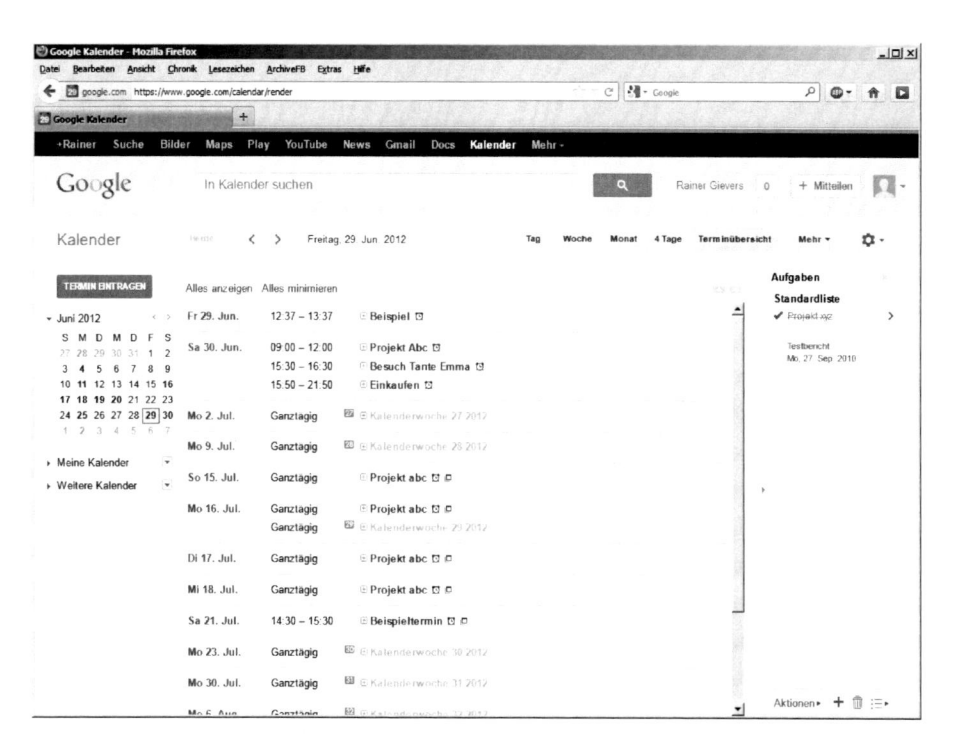

Die Terminverwaltung lässt sich nun auch über den Webbrowser durchführen: Geben Sie auf Ihrem PC *www.google.com/calendar* in Ihrem Browser ein und melden Sie sich mit Ihrer Google-E-Mail-Adresse und Ihrem Kennwort an.

Kalender (S Planner)

## 21.8 Kalender im Startbildschirm

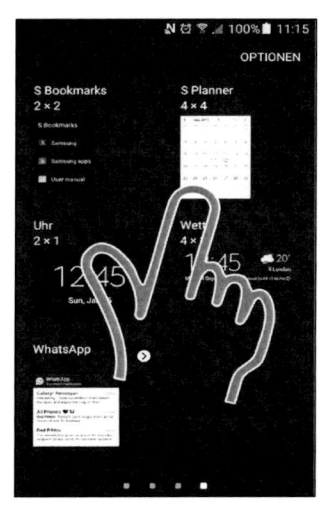

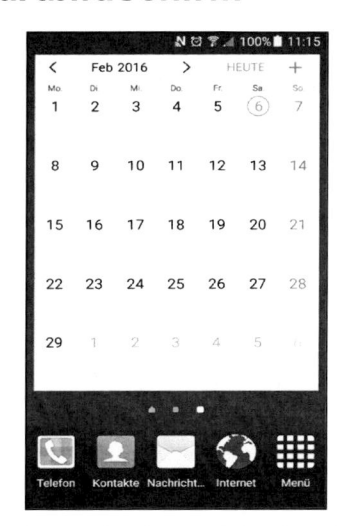

❶❷ Das S Planner-Widget zeigt den Kalender auch im Startbildschirm an

Die Widgets beschreibt bereits Kapitel *3.7.2 Widgets*.

# 22. Medienkonsum auf dem Handy

Dass Google das Android-Betriebssystem kostenlos an die Hersteller verteilt, geschieht nicht ohne Hintersinn: Gewinn macht Google fast ausschließlich mit Dienstleistungen wie Werbeeinblendungen in Google Maps, einer Gewinnbeteiligung beim Verkauf von Software im Play Store und neuerdings durch den Verleih von Büchern und Videos im Play Store.

## *22.1 Ebooks auf dem Galaxy lesen*

Viele Verlage bieten ihre Bücher und Zeitschriften inzwischen auch in elektronischer Form als sogenanntes »Ebook« an. Ärgerlicherweise hat der Börsenverein des deutschen Buchhandels, der über die Buchpreisbindung wacht, inzwischen auch für Ebooks eine Preisbindung durchgesetzt, das heißt, Sie werden die Ebooks aktueller Autoren bei jedem Anbieter, egal ob Amazon, Weltbild oder Google, zum gleichen Preis finden. Anders sieht es nur für Buchklassikern mit abgelaufenem Copyright aus (Autor bereits seit 70 Jahren tot), die von mehreren Verlagen zu unterschiedlichsten Preisen verkauft werden – sofern man sie nicht ohnehin als kostenlosen Download angeboten bekommt.

Leider sind viele Ebooks, auch die von Google verkauften, mit DRM (Digital Rights Management) geschützt, sodass man sie nur mit bestimmten Anzeigeprogrammen, beziehungsweise nur auf dem Gerät lesen kann, für das man sie erworben hat.

### 22.1.1 Google Play Bücher

Sie finden das Ebook-Angebot im Google Play Store (siehe Kapitel *27.1 Play Store*), aus dem Sie auch Ihre Software laden.

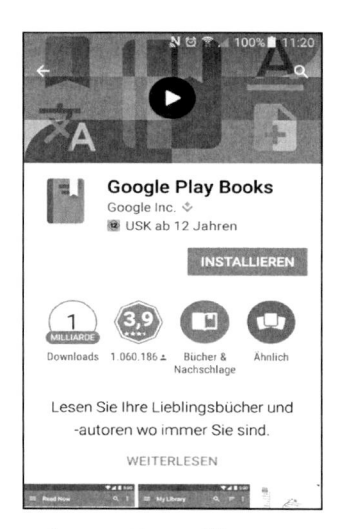

❶ Die Google Play Bücher-Anwendung müssen Sie erst aus dem Play Store (siehe Kapitel *27.1 Play Store*) installieren. Suchen Sie darin nach »google play books« und gehen Sie dann auf die Fundstelle.

❷ Betätigen Sie *INSTALLIEREN*.

❸ *Play Bücher* starten Sie künftig aus dem Hauptmenü (Pfeil).

Medienkonsum auf dem Handy

❶❷ Viele Funktionen finden Sie im Ausklappmenü, das Sie mit einer Wischgeste von links außerhalb des Displays nach rechts aktivieren. Umgekehrt wischen Sie von rechts nach links, um das Ausklappmenü wieder zu schließen.

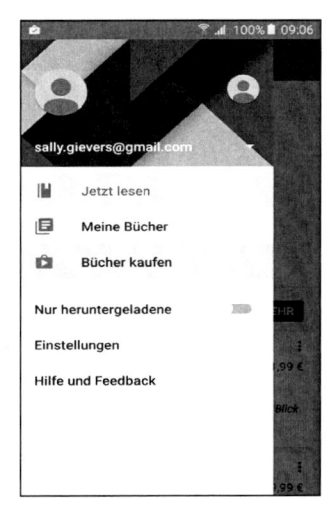

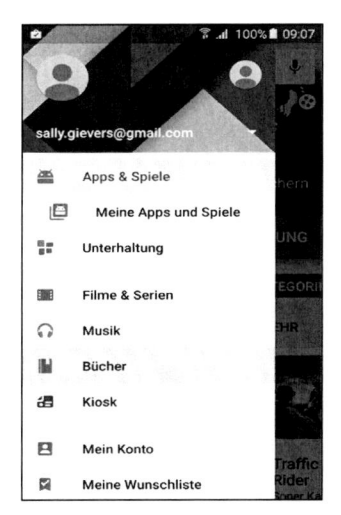

❶ Ihre Ebooks laden Sie dann aus den Play Store, welchen Sie im Ausklappmenü über *Bücher kaufen* erreichen.

❷ Alternativ rufen Sie den Google Play Store im Startbildschirm oder Hauptmenü auf und gehen dort im Ausklappmenü auf *Bücher*.

❶ Blättern Sie mit einer Wischgeste zwischen den verschiedenen Kategorien. Sinnvollerweise gibt es dort auch *TOP KOSTENLOS*, wo Sie zahlreiche kostenlose Ebooks finden.

❷ Tippen Sie einen Ebook-Eintrag an.

❸ Betätigen Sie die Preisschaltleiste beziehungsweise *IN DIE BIBLIOTHEK,* so lädt das Galaxy ein Ebook nach einem leider obligatorischen Kaufhinweis (bei kostenlosen Büchern wird natürlich auch nichts berechnet) sofort herunter und zeigt es an.

> Der Kauf von Ebooks erfolgt, analog wie beim Softwarekauf im Play Store gewohnt, über Kreditkarte, über die Mobilfunkrechnung, Paypal oder ein Guthaben, das Sie über Google Play-Gutscheine (die Sie in Supermärkten oder Tankstellen erhalten) wieder aufladen.

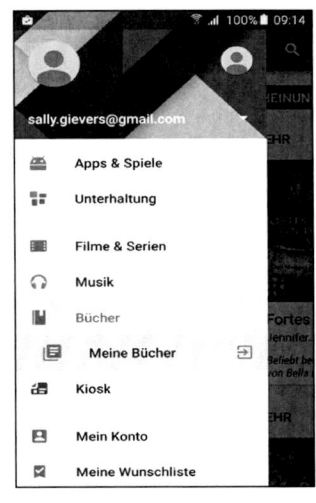

❶❷ Auch in der Play Bücher-Anwendung ist das Ebook nun zu finden und kann gelesen werden. Ihre erworbenen Bücher finden Sie im Ausklappmenü unter *Meine Bücher*.

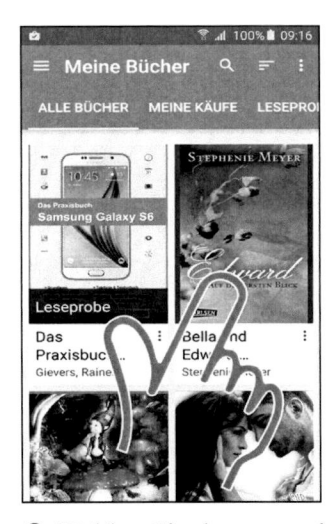

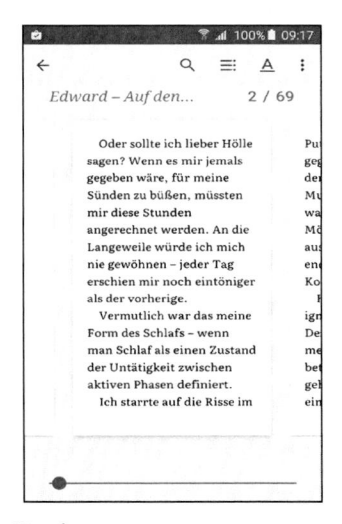

❶ Wählen Sie das anzuzeigende Buch aus.

❷ Blättern Sie mit einer Wischgeste durch das Buch, beziehungsweise tippen Sie einmal auf den Bildschirm für die Bedienelemente.

## 22.1.2 Ebooks von unabhängigen Anbietern

Im Internet gibt es Hunderte von Anbietern kostenloser und kostenpflichtiger Ebooks. Während man PDF-Ebooks aufgrund des integrierten PDF-Anzeigers sofort auf dem Galaxy lesen kann, muss man für das sehr gebräuchliche EPUB-Format erst ein Anzeigeprogramm installieren.

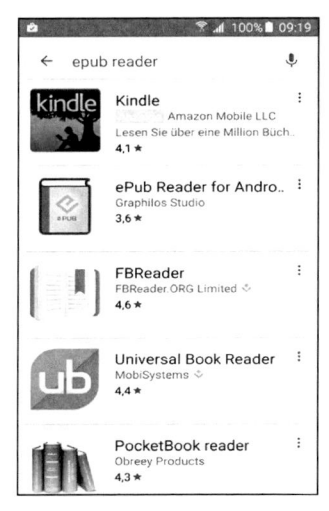

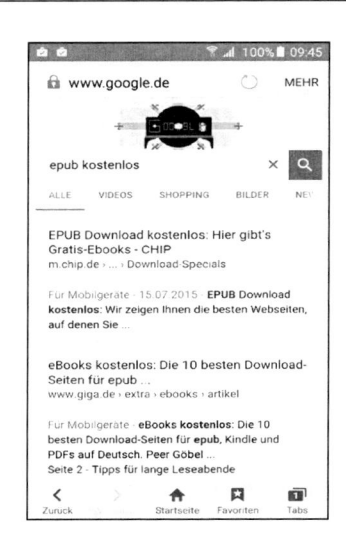

❶ Suchen Sie im Google Play Store (siehe Kapitel *27.1 Play Store*) nach »epub reader« und installieren Sie eines der gefundenen Programme.

❷❸ So kommen Sie an Ihren Lesestoff: Suchen Sie mit dem Webbrowser im Internet nach »epub kostenlos«, »ebook kostenlos« oder ähnlichen Begriffen. Sie werden viele Websites finden, auf denen Sie kostenlose Klassiker als Ebook herunterladen dürfen. Natürlich ist es auch möglich, mit dem Webbrowser auf dem PC nach Ebooks zu suchen und die heruntergeladenen Ebooks dann über die USB-Verbindung auf das Galaxy zu kopieren.

❶❷ Die vom PC auf das Gerät kopierten Ebooks können Sie in den entsprechenden Ebook-Anzeigern öffnen. Bei vielen Ebooks lohnt es sich, das Galaxy waagerecht zu halten, um die Bildschirmfläche besser auszunutzen.

> Hinweis: Manchmal liegen Ebooks auch als ZIP-komprimierte Datei vor, die sich mit Datei-Manager des Handys öffnen lässt. Siehe auch Kapitel *35.3 Zip-Dateien*.

## 22.1.3 Kopierschutz?

Die beiden großen Ebook-Anbieter Google und Amazon setzen bei den Ebooks generell auf einen Kopierschutz (DRM, Abkürzung für Digital Rights Management = digitale Rechteverwaltung). Dies gilt selbst für dort kostenlos angebotenen Lesestoff. Man kann also seine Ebooks nicht ohne Weiteres an Dritte weitergeben und benötigt zum Lesen immer das Leseprogramm des Ebook-Anbieters. Das damit verknüpfte Ziel ist klar: Neben dem Verhindern der unerlaubten Weitergabe der Ebooks wird der Leser auf eine Ebook-Plattform »festgenagelt«. Die wenigsten Leser dürften sich die Mühe machen wollen, je nach Ebook zwischen verschiedenen Ebook-Leseprogrammen zu wechseln.

Desweiteren bereitete auch schon mancher Ebook-Anbieter seinen Kunden Schwierigkeiten, weil der Kopierschutz umgestellt wurde und vorhandene Ebooks plötzlich nicht mehr geöffnet werden konnten. Sollte zudem mal ein Ebook-Vertrieb den Laden dicht machen, so werden sich Ihre Ebooks mangels Rechtefreigabe-Server nicht mehr nutzen lassen.

Unser Tipp ist daher, Ebooks nach Möglichkeit ohne Kopierschutz zu erwerben, was beispielsweise auf Beam Ebooks (*www.beam-ebooks.de*) möglich ist (manche Ebooks sind aber auch dort nur mit Kopierschutz erhältlich). Die Ebooks können Sie dann auf fast jedem beliebigen Lesegerät, sei es PC, Tablet oder Handy anzeigen. Im Google Play Store findet man zudem zahlreiche unterschiedliche Ebook-Anzeiger, die jeden Geschmack bedienen.

Leider sind – unabhängig von DRM – mit dem digitalen Buchvertrieb weitere Nachteile verbunden, denn beispielsweise lassen sich bei Google nur diejenigen Ebooks herunterladen, für die in Ihrem aktuellen Aufenthaltsland eine Vertriebsgenehmigung vorliegt. Machen Sie beispielsweise in Asien Urlaub, werden Sie viele Ihrer Ebooks nicht laden können. Lösen lässt sich dieses Problem, indem Sie vor dem Reiseantritt alle genutzten Ebooks einmal öffnen und damit auf Ihr Gerät herunterladen.

## *22.1 Google Play Filme*

Der Onlinedienst Google Play Filme holt für Sie das Kino sozusagen aufs Handy. Zu Preisen zwischen 1 bis 5 Euro können Sie Videos mieten, die Sie wahlweise auf dem Handy oder im Webbrowser auf dem PC ansehen. Einmal angefangene Filme sind leider nur 48 Stunden verfügbar, lassen sich aber erfreulicherweise nicht nur online ansehen (als sogenanntes »Streaming« in verschiedenen Qualitätsstufen), sondern auch herunterladen. Unerlaubtes Vervielfältigen verhindert ein Kopierschutz.

Google Play Filme ist leider bei den Top-Filmen recht teuer und hat den Nachteil, dass keine Originaltonspuren angeboten werden, was Filmpuristen verzweifeln lassen dürfte. Weitere Online-Video-Anbieter – die ihr Angebot allerdings hauptsächlich auf PC-Besitzer ausrichten – stellt die Webseite *www.was-ist-vod.de/vod-anbieter* vor.

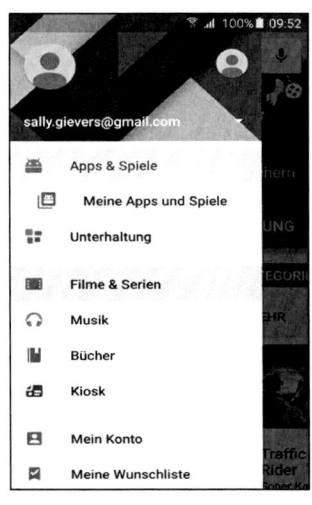

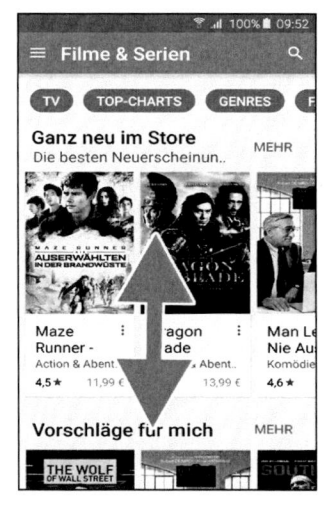

❶ Rufen Sie *Filme & Serien* im Ausklappmenü des Play Stores (siehe Kapitel *27.1 Play Store*) auf, worin Sie die Spielfilme kaufen und herunterladen. Die Ausleihe ist übrigens auch auf dem Webbrowser auf dem PC über die Webadresse *play.google.com/store/movies* möglich.

❷ Die Bedienung des Filmverleihs orientiert sich an den Play Store-Standards, das heißt, Sie blättern mit einer Wischgeste zwischen den verschiedenen Auflistungen.

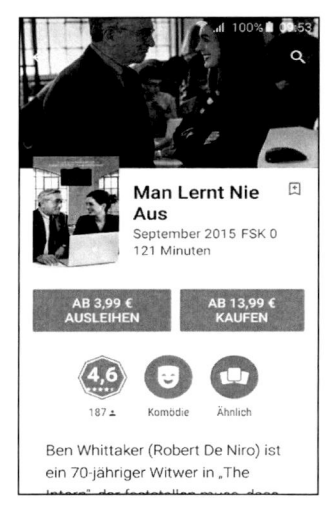

❶ Wählen Sie einen Film aus. Wahlweise leihen Sie den Film, was die bereits oben erwähnten Beschränkungen mit sich bringt, oder Sie kaufen ihn für unbegrenzte Nutzung. Ob ein Kauf oder Leihe möglich sind, hängt vermutlich vom Kinostart des jeweiligen Films ab; neuere Filme kann man meist nur ausleihen, ältere dagegen nur kaufen.

❷ Häufig stehen zu unterschiedlichen Preisen die Qualitätsversionen SD (DVD-Qualität) oder HD zur Verfügung, wovon Sie eine auswählen und auf *WEITER* tippen. Danach stellen Sie die Zahlungsmethode ein, betätigen *AKZEPTIEREN & KAUFEN* und bestätigen Sie den Kauf.

❶❷❸ Die Anzeige Ihrer ausgeliehenen und gekauften Videos erfolgt über die *Play Filme & Serien*-Anwendung im *Google*-Ordner des Hauptmenüs. Es empfiehlt sich, das Handy bei der Wiedergabe waagerecht zu halten, damit der ganze Bildschirm ausgenutzt wird.

# 23. Sprachsteuerung

Verwenden Sie die Google-Sprachsteuerung, um ohne Texteingabe einfach durch Sprechen nach Begriffen in Google zu suchen oder Funktionen auszulösen.

## 23.1 Suche in der Praxis

❶❷ Tippen Sie auf 🎤 im Google-Widget des Startbildschirms und sprechen Sie den oder die Suchbegriffe. Alternativ sprechen Sie, während der Startbildschirm angezeigt wird, »*OK Google*«.

❸ Die Ergebnisse der Internetsuche werden angezeigt.

## 23.2 Funktionen des Galaxy steuern

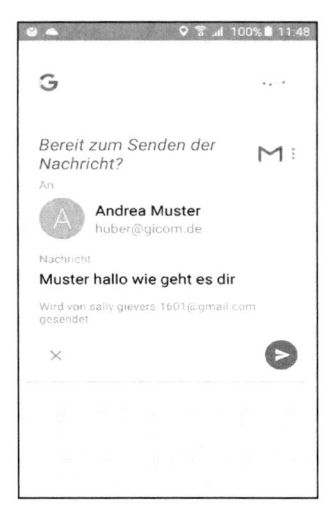

Über die Google-Sprachsteuerung lassen sich auch Dinge erledigen, für die Sie sonst erst umständlich auf dem Bildschirm eine Anwendung starten müssten. Einige Beispiele sollen die Möglichkeiten verdeutlichen. Tippen Sie, wie bereits gezeigt, die 🎤-Schaltleiste an und sprechen Sie einen Befehl (**fett** jeweils die Schlüsselwörter):

- »**E-Mail an** Dara«: E-Mail-Editor starten, die E-Mail-Adresse des Kontakts *Dara* aus dem Telefonbuch als Empfänger übernehmen.

- »**E-Mail an** Andrea Muster Hallo wie geht es dir«: Aktiviert Den E-Mail-Editor, sucht den Kontakt *Andrea Muster* im Telefonbuch und übernimmt dessen E-Mail-Adresse ins Empfängerfeld. Der Text *Hallo wie geht es dir* wird in das Eingabefeld übernommen (❶).

- »Antonia **mobil anrufen**«: Kontakt auf Handynummer aus dem Telefonbuch anrufen.

- »Hamburg **ansteuern**«, »**Weg zu** Hamburg«, »**Weg zu** Brandenburger Tor«: Startet die Navigation in Google Maps, berechnet die Route zum Zielort und startet die Routenführung (❷).
- »**Karte von** Berlin«: Den genannten Ort in Google Maps anzeigen.
- »Flughäfen (Restaurants/Tankstellen/Museen/...) **in** Berlin«: Points auf Interest in der Karte anzeigen (❸).
- »Wikipedia **anzeigen**«: Eine Website im Webbrowser aufrufen.
- »**Spiele** Beatles«: Youtube oder MP3-Player starten und dort nach den Interpreten/Song suchen.
- »**Zeige** Beatles Yesterday«: Bestimmten Song von Band/Interpret im Webbrowser oder in Youtube suchen und sofort abspielen.

Die Spracherkennung beantwortet auch Ihre Fragen, die Sie am Besten möglichst kurz halten, da Google nur die Schlüsselworte und keine langen Sätze auswertet.

- »Wer ist Bundeskanzler in Deutschland«
- »Wetter in Berlin«
- »Fünhundert geteilt durch Drei«
- »Wo ist der nächste Burger King«
- »Spielergebnis von Schalke«

> Sollte die Spracherkennung mal ein Wort oder einen Satz nicht erkennen, führt das Handy eine Google-Websuche durch.
>
> Eine aktuelle Liste aller unterstützten Sprachbefehle gibt es unseres Wissens von Google nicht.

Standardmäßig darf die Spracherkennung nicht auf Ihre persönlichen Daten zugreifen. Deshalb erscheint beispielsweise nach einem Sprachbefehl, der sich auf einem Telefonbuchkontakt bezieht eine Sicherheitsabfrage, die Sie mit *Weiter* und dann zweimal mit *OK* beantworten müssen.

Google gibt auf seiner Website selbst einige weitere Beispiele zu den Sprachbefehlen (hier wörtlich von der Webadresse *support.google.com/websearch/answer/2940021* übernommen). Wir geben hier nur diejenigen Sprachbefehle an, die bei uns im Test auch funktionierten:

- Wecker einstellen: "Wecker auf 7 Uhr einstellen"
- Erinnerung einrichten: "Erinnern an: um 18.00 Uhr Max anrufen" oder "Erinnern an: Eisdiele am Marienplatz testen"
- Termin im Google Kalender erstellen: "Erstelle einen Termin in meinem Kalender: Abendessen in München, Samstag um 19.30 Uhr"
- Freund anrufen: "Martina Müller anrufen" oder "Mama anrufen"

- SMS an einen Freund: "SMS an Stefan: Komme 5 Minuten später"
- E-Mail senden: "E-Mail senden an Kerstin: Betreff: neue Schuhe, Nachricht: Ich muss dir unbedingt meine neuen Schuhe zeigen"
- Routen abrufen: "Navigieren von Berlin nach Köln" oder "Wegbeschreibung von Berlin nach Frankfurt am Main"
- Orte in der Nähe finden: "Wo ist das nächste Café?"
- Nach der Uhrzeit fragen: "Wie spät ist es in London?"
- Nach dem Wetter fragen: "Wie ist das Wetter morgen Früh?"
- Interessante Antworten auf Fragen: "Wo wurde Albert Einstein geboren?" oder "Wie alt ist Beyonce?"
- Worte oder Sätze übersetzen: "Was heißt Gurke auf Spanisch?"
- Wort definieren: "Was bedeutet Adipositas?"
- Einheiten umrechnen: "Was sind 12 Zoll in Zentimeter?"
- Mathematische Gleichungen lösen: "Was ist die Wurzel aus 2209?"

## 23.3 Einstellungen

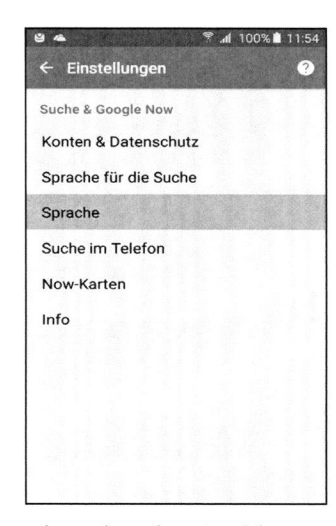

❶ Rufen Sie mit einer Wischgeste von außerhalb des Displays nach rechts das Ausklappmenü auf.

❷❸ Gehen Sie auf *Einstellungen* und dann auf *Sprache*.

❶ Hier richten Sie ein:

- *Sprachen*: Die erkannte Sprache.
- *"OK Google"-Erkennung* (❷): Im Suchbildschirm können Sie die Spracherkennung nicht nur mit der ψ-Schaltleiste, sondern auch durch Sprechen von »Okay Google« starten.
- *Sprachausgabe:* Stellen Sie ein, ob Sie die Sprachausgabe nutzen möchten, oder nur, wenn die Freisprechfunktion aktiv ist.
- *Offline-Spracherkennung*: Einige Spracherkennungsfunktionen funktionieren auch offline, das heißt ohne Internetverbindung, wenn Sie hier ein entsprechendes Sprachpaket installieren.
- *Anstößige Wörter sperren*: Vulgäre Schimpfwörter verwirft die Spracherkennung und ersetzt sie durch »#«.
- *Bluetooth-Headset*: Nutzen Sie ein Bluetooth-Headset (siehe Kapitel *32.3 Bluetooth-Headset/Freisprecheinrichtung verwenden*), so läuft die Spracherkennung darüber.

## 23.4 Sprachfunktionen in den Anwendungen

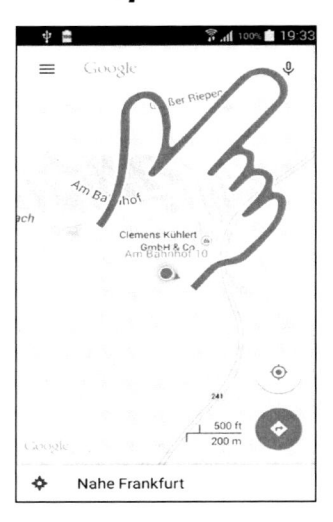

❶ In Google Maps ist zur Suche ebenfalls eine Spracheingabe über die ψ-Schaltleiste möglich.

❷ Gleiches gilt auch für den Webbrowser (siehe Kapitel *11 Webbrowser*), bei dem Sie die Sprachsuche in der Adressleiste finden (eventuell vorher mit × das Adressfeld löschen).

❸ Sie können auch eine Spracheingabe über die Tastatur einrichten. In jeder Anwendung, in der Texteingaben vorzunehmen sind, betätigen Sie dann ψ (Pfeil) und sprechen Ihre Eingabe.

# 24. Weitere Programme

## 24.1 Rechner

❶ Sie finden den *Rechner* im Hauptmenü.

❷ Alle Eingaben erfolgen in natürlicher Schreibweise. Das Rechenergebnis erhalten Sie dann nach Betätigen der »=«-Taste auf dem Tastenfeld. Die ⌫-Taste löscht ein Rechenergebnis.

❸ Tippen und halten Sie den Finger auf den Ausgabebereich, um Rechenoperationen, beziehungsweise Ergebnisse in die Zwischenablage zu kopieren und in andere Anwendungen wieder einzufügen.

## 24.2 Eigene Dateien

Eigene Dateien ist ein Dateimanager, ähnlich dem Windows Explorer auf dem PC, den Sie allerdings nur selten benötigen werden.

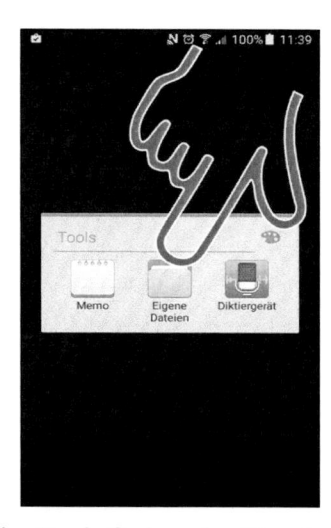

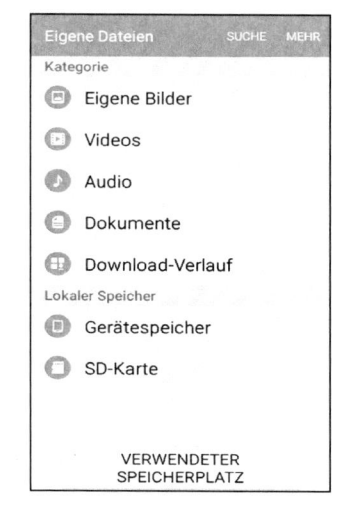

❶❷ Sie finden *Eigene Dateien* im *Tools*-Ordner des Hauptmenüs.

❸ Standardmäßig zeigt der Datei-Manager erst eine Übersicht, über die Sie schnellen Zugriff auf die wichtigsten Verzeichnisse (*Eigene Bilder, Videos, Audio, Dokumente,* usw.) erhalten. Möchten Sie die Dateistruktur »durchwandern«, so wählen Sie *Gerätespeicher* aus.

Durch die Verzeichnisse bewegen Sie sich durch Antippen. Tippen und halten Sie den Finger auf einem Verzeichnis oder einer Datei für weitere Funktionen. Dagegen öffnet kurzes Antippen einer Datei diese in der zugehörigen Anwendung.

Weitere Programme

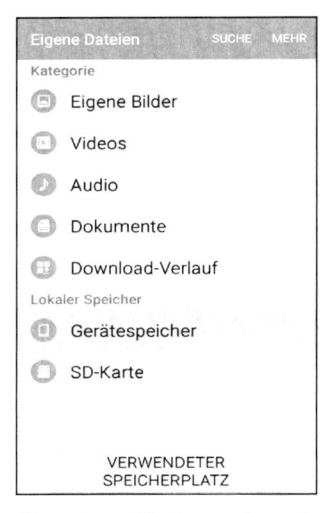

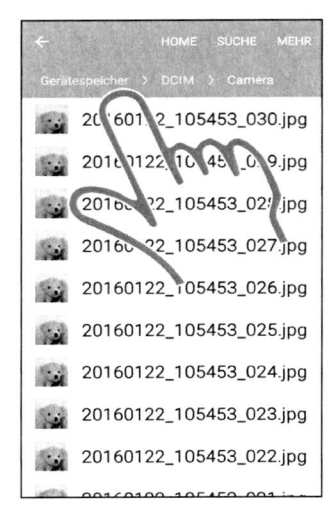

❶ Gehen Sie jetzt einmal auf *Gerätespeicher*.

❷ In welchem Verzeichnis Sie sich gerade befinden, erfahren Sie am oberen Bildschirmrand.Tippen Sie eines der Verzeichnisnamen an, um dieses direkt anzuspringen. Betätigen Sie *HOME* für denmn Hauptbildschirm.

❸ Die Funktionen im *MEHR*-Menü:
- *Bearbeiten*: Dateien markieren, die dann gelöscht, kopiert, verschoben, gesendet usw. werden können.
- *Senden*: Datei per Bluetooth, als E-Mail-Anhang, usw. versenden.
- *Ordner erstellen*
- *Shortcut hinzufügen:* Legt einen Direktzugriff im Hauptmenü der Eigene Dateien-Anwendung an.
- *Ansicht*: Schaltet die Auflistung zwischen *Liste*, *Liste und Details* und *Symbole* um.
- *Sortieren nach:* Datensortierung nach *Zeit, Datum, Typ, Name, Größe* umschalten.
- *Ausgeblendete Dateien anzeigen:* Unsichtbare Dateien anzeigen.

## 24.2.1 Verknüpfungen

Für den schnellen Zugriff auf häufig benötigte Verzeichnisse können Sie Verknüpfungen darauf anlegen.

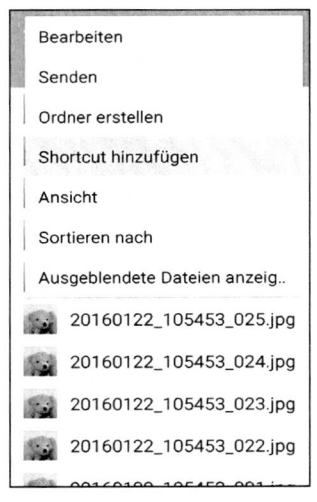

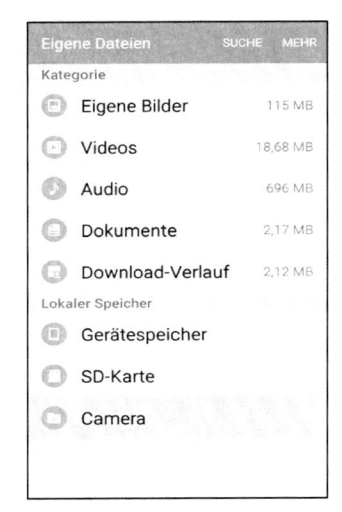

❶ Gehen Sie nun durch die Verzeichnisstruktur bis zum Verzeichnis, das Sie der Verknüpfung zuweisen möchten, dann rufen Sie *MEHR/Shortcut hinzufügen* auf.

❷ Im Hauptmenü finden Sie die neue Verknüpfung unter *Lokaler Speicher*. Tippen Sie sie an, so landen Sie direkt im hinterlegten Verzeichnis.

❸ Zum Entfernen der Verknüpfung müssen Sie sich im damit verbundenen Verzeichnis befinden (einfach im Hauptmenü aufrufen) und rufen *MEHR/Shortcut löschen* auf.

## 24.2.2 Bearbeitungsfunktionen

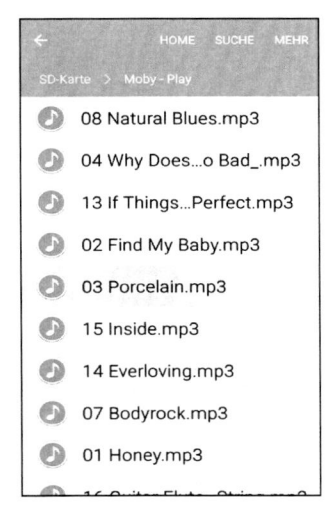

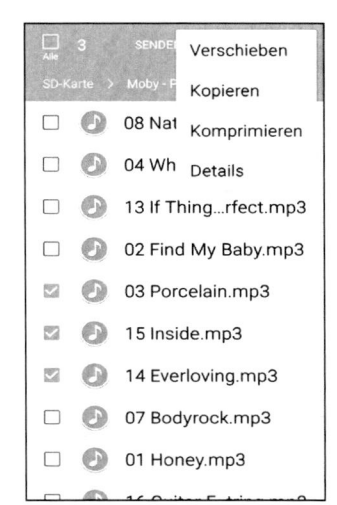

❶❷ Tippen und halten Sie den Finger über einer zu markierenden Datei, bis Sie abgehakt ist. Anschließend können Sie auch weitere Dateien abhaken. Mit den Funktionen im *MEHR*-Menü verschieben oder kopieren Sie sie in ein anderes Verzeichnis.

## *24.3 Wetter*

Das *Wetter*-Widget liefert aktuelle Wetter-Infos zu einem einstellbaren Standort.

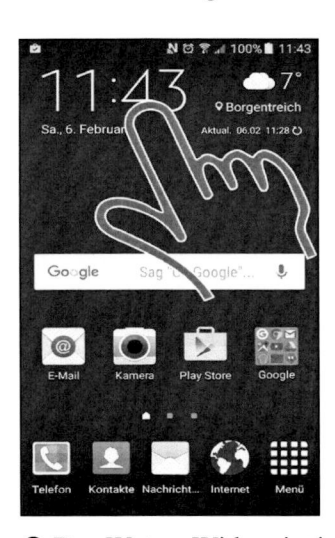

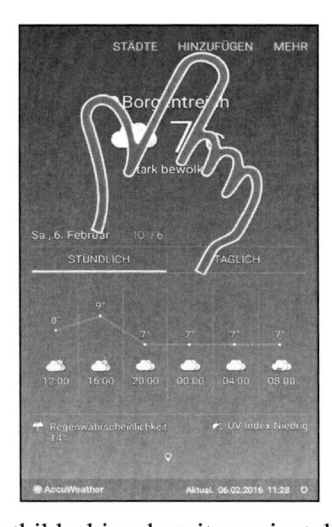

❶ Das Wetter-Widget ist im Startbildschirm bereits vorinstalliert.

❷❸ Weitere Orte und damit deren Wettervorhersagen übernehmen Sie mit *HINZUFÜGEN*. Geben Sie einen Stadtnamen ein und wählen Sie einen Vorschlag aus.

> Falls Sie sich wundern, dass das Wetter für Ihr Heimatort angezeigt wird: Die Wetter-Anwendung ermittelt Ihre aktuelle Position, sobald Sie GPS (siehe Kapitel *35.2 GPS auf dem Galaxy nutzen*) einschalten.

Weitere Programme 283

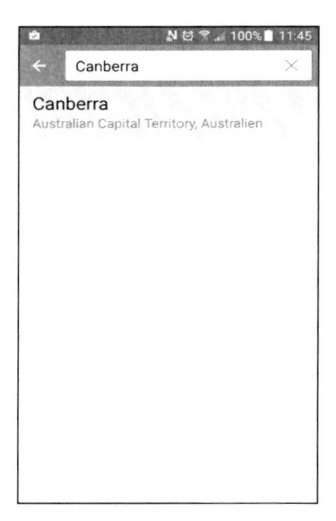

❶ Gehen Sie auf den Stadtnamen.

❷ Zwischen den Wettervorhersagen wechseln Sie mit einer Wischgeste. Die hier zuletzt eingestellte Stadt zeigt das Wetter-Widget auch im Startbildschirm an.

❸ Die Register (Pfeil) schalten zwischen einer stündlichen und täglichen Wettervorhersage um.

## 24.4 Youtube

Die YouTube-Anwendung bietet eine ähnliche Funktionalität wie das Videoportal, das Sie unter *www.youtube.com* im Web finden.

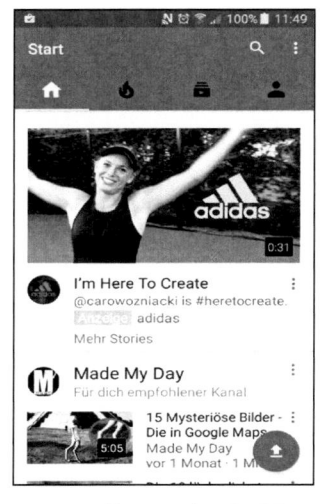

❶❷ Sie finden *YouTube* im Hauptmenü. Für optimale Nutzung empfehlen wir das Handy um 90 Grad gedreht zu halten, damit die abgespielten Videos den Bildschirm ausfüllen.

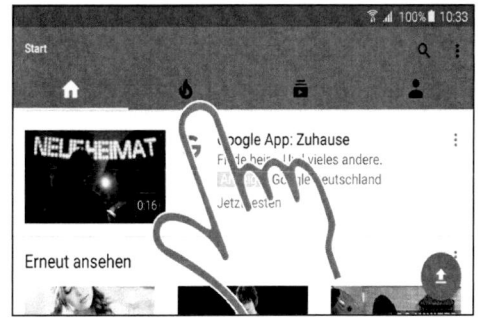

❶❷ Der Youtube-Player startet mit einer Kachelansicht, in der Sie einfach ein Video zum Ansehen antippen. Die Register am oberen Bildschirmrand schalten um zwischen:

- 🏠: Startseite

- 🔥: Derzeit angesagte (häufig abgerufene) Videos.
- ▶: Neue Videos
- 👤: *Verlauf* (Liste der bereits aufgerufenen Videos), *Meine Videos* (von Ihnen selbst hochgeladene Videos), für späteres Ansehen markierte Videos.

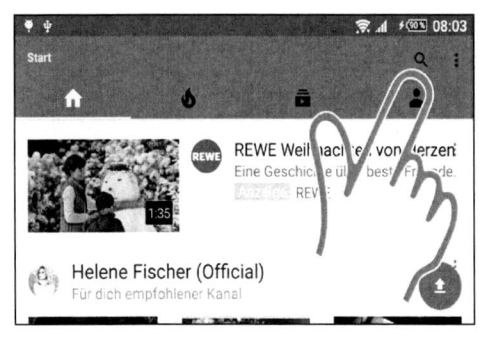

❶❷ Zum Auffinden von Videos tippen Sie oben auf 🔍, geben den Suchbegriff ein und betätigen 🔍 auf dem Tastenfeld. Tippen Sie in den aufgelisteten Suchergebnissen das anzuzeigende Video an.

❶❷ Die Wiedergabe erfolgt. Tippen Sie auf den Bildschirm, um Bedienelemente anzuzeigen. Die ↩-Taste schaltet wieder auf das Hauptmenü um. ↔ (Pfeil) schaltet dagegen in ein kleines Videofenster um.

❶ Wischen Sie mit dem Finger von rechts unten nach links oben, um das Videofenster wieder zu vergrößern.

❷ Wischen Sie vom Videofenster aus horizontal nach rechts oder links, um es zu schließen. Dies beendet natürlich auch die Wiedergabe.

## 24.5 Videoplayer

Der Videoplayer, den Sie unter dem Namen *Video* im Hauptmenü finden, verarbeitet unter anderem die Formate 3GP und MP4. Natürlich spielt das Programm auch mit der Kamera-Anwendung (siehe Kapitel *15 Kamera*) aufgenommene Videos ab. Es empfiehlt sich, das Handy waagerecht zu halten, damit die Videos auf voller Bildschirmbreite abgespielt werden.

Weitere Programme 285

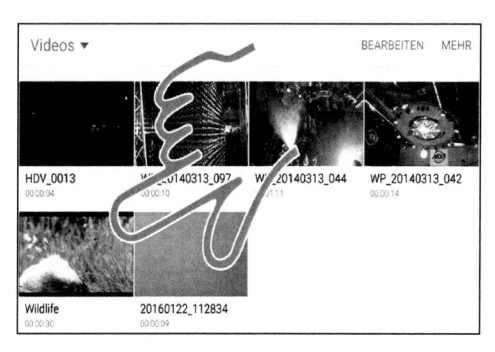

Zu allen Videos erscheint eine Vorschau. Tippen Sie das anzuzeigende Video an, welches nun im Vollbild abgespielt wird.

❶❷ Bedienungselemente erscheinen nach Antippen des Bildschirms.

Wenn Sie ein Video während der Wiedergabe verlassen, wird die aktuelle Abspielposition jeweils gespeichert und unterhalb des Videos angezeigt. Beim nächsten Aufruf des Videos aus der Vorschauliste setzt die Wiedergabe dann an der letzten Position fort.

## 24.6 Memo

Über die Memo-Anwendung erstellen und verwalten Sie Notizen.

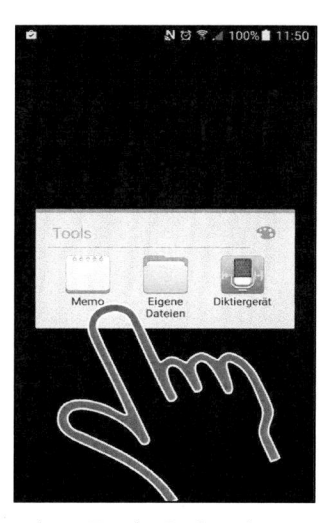

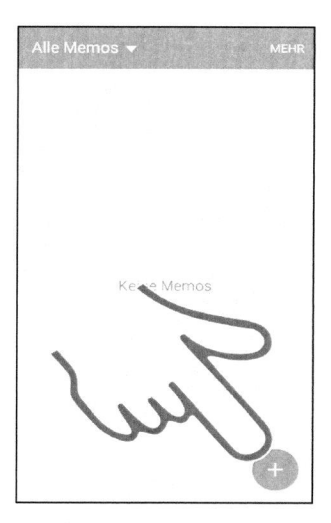

❶❷ Nach dem Programmstart aus dem *Tools*-Ordner im Hauptmenü zeigt die *Memo*-Anwendung zunächst nur einen leeren Bildschirm an. Gehen Sie auf ✚ (Pfeil), um Ihre erste Notiz anzulegen (beim erstmaligen Start der Anwendung befinden Sie sich eventuell schon automatisch im Notizen-Editor).

❶ Sie befinden Sie sich im Editor, wo Sie Ihre Betreff und Notiz erfassen, die Sie mit *SPEICHERN* ablegen.

❷ Die Notiz erscheint in der Auflistung und lässt sich durch Antippen anzeigen.

❸ Weitere Funktionen erhalten Sie im Editor über die Schaltleisten oben rechts:

- *Kategorie*: Memo einer Kategorie zuweisen.
- *Bild*: Bild einfügen.
- *Sprache*: Sprachaufzeichnung hinzufügen.
- *Aufgaben*: Eine abhakbare Aufgabenliste hinzufügen.

❶ Beispiel für einige Memos im Hauptmenü. Tippen Sie eine davon an.

❷ Zum Bearbeiten tippen Sie kurz in den Bildschirm. Über das *MEHR-Menü* löschen die Notiz, versenden sie oder geben sie auf einem Drucker aus.

## 24.7 Google Drive

Bei Google Drive handelt es sich um einen Online-Speicher, worin Sie beliebige Dateien ablegen. Das Arbeitsprinzip kennen Sie vielleicht schon vom Konkurrenten Dropbox. Google Drive ist mit Ihrem Google-Konto verknüpft.

Beachten Sie, dass Google Drive zwar 15 Gigabyte Online-Speicher zur Verfügung stellt, dieser aber mit anderen Google-Diensten wie Google Fotos (siehe Kapitel *18 Google Fotos*) und Gmail (siehe Kapitel *9 Gmail*) geteilt wird.

Die übliche Vorgehensweise:

1. Laden Sie von Ihrem Handy aus beliebige Dateien wie Fotos oder Office-Dokumente in

Weitere Programme    287

Google Drive hoch.

2. Der Zugriff auf die Dateien lässt sich anschließend für andere Nutzer freigeben.

3. Über eine Weboberfläche (*drive.google.com*) ist auch die Dateiverwaltung über einen PC-Webbrowser möglich. Dort können Sie auch ein PC-Programm herunterladen, das Ihnen die Arbeit mit Google Drive erleichtert.

Zusätzlich unterstützt Google Docs das Erstellen und Bearbeiten von Microsoft Office-Dateien (Word, Excel und PowerPoint). Dies geschieht über die Zusatzprogramme Google Docs (Word-Dateien), Google Sheets (Excel-Tabellendateien) und Google Slides (PowerPoint-Präsentationsdateien). Google Drive ist sehr umfangreich, weshalb wir hier nur auf die interessantesten Funktionen eingehen können.

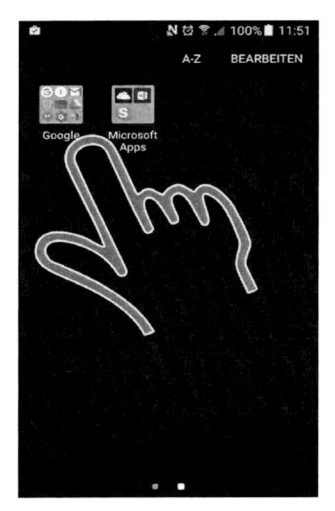

❶❷ Starten Sie *Google Drive* aus *Google*-Ordner des Hauptmenüs.

❸ Anschließend gehen Sie beim ersten Start auf *ÜBERSPRINGEN* und schließen auch den eventuell folgenden Hinweis mit *OK*.

❶❷ Mit einer Wischgeste nach rechts öffnen Sie das Ausklappmenü, welches Sie durch Wischen nach rechts wieder schließen. Die enthaltenen Funktionen:

- *Meine Ablage*: Alle von Ihnen in Google Drive erstellten Office-Dokumente, sowie hochgeladenen Dateien.

- *Für mich freigegeben*: Dateien anderer Google Drive-Nutzer, die Ihnen den Zugriff gestatten.

- *Google Fotos*: In Ihrem Google-Konto hochgeladene Fotos/Videos (siehe Kapitel *18 Google Fotos*).

- *Zuletzt geöffnet*: Dateien auf die Sie zuletzt zugegriffen haben (Zugriffsverlauf).

- *Markiert*: Von Ihnen als Favoriten markierte Dateien, beispielsweise weil Sie sie häufig nutzen.
- *Offline*: Aus Google Drive heruntergeladene Dateien. Sie haben darauf auch offline – also ohne Internetverbindung – Zugriff.
- *Uploads*: Listet die zuletzt in Google Drive hochgeladenen Dateien auf.
- *Mehr Speicherplatz*: Informiert über den belegten Speicherplatz im Google Drive und bietet die Möglichkeit, zusätzlichen Speicher zu erwerben.
- *Benachrichtigungen*: Hier finden Sie Hinweise, wenn andere Personen Ihnen ihre Dateien freigegeben haben.
- *Einstellungen*: Hier brauchen Sie in der Regel keine Anpassungen vorzunehmen.
- *Hilfe & Feedback*

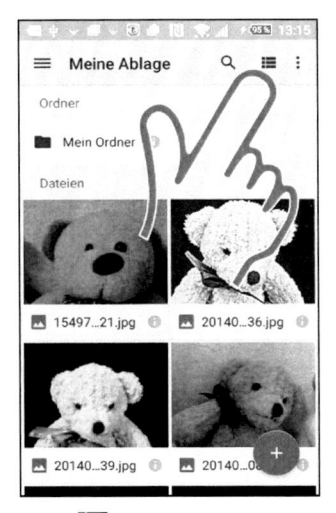

❶❷ ≣ (Pfeil) schaltet zwischen Listenansicht und Vorschauansicht um.

## 24.7.1 Dateien bei Google Drive hochladen

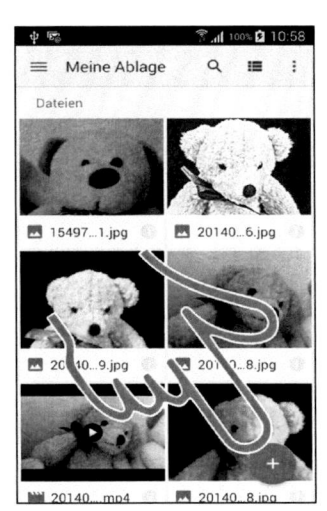

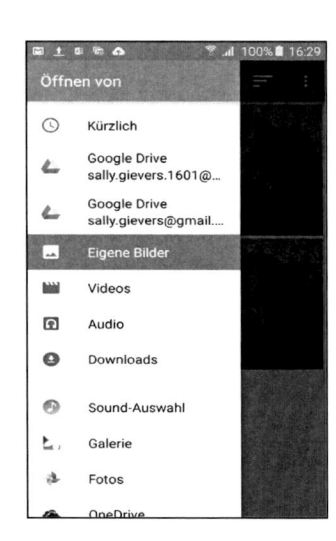

❶❷ Gehen Sie auf + und dann auf *Hochladen*.

❸ Zur Auswahl stehen auf der linken Seite im Dialog:
- *Kürzlich*: Die zuletzt in Drive hochgeladenen/bearbeiteten Dateien.
- *Google Drive*: Macht nur Sinn, falls Sie in mehreren Google-Konten angemeldet sind und dann zwischen den Konten in Google Drive Dateien kopieren möchten.
- *Eigene Bilder; Videos; Audio*: Lokal auf dem Gerät vorhandene Dateien (befinden sich nicht in Google Drive)

Weitere Programme 289

- *Downloads*: Im Webbrowser heruntergeladene beziehungsweise aus E-Mails gespeicherte Dateien (die lokal auf dem Gerät und nicht in Google Drive vorliegen).
- *Sound-Auswahl*: Audio-Dateien.
- *Galerie*: Bilder und Videos.
- *Fotos*: Bilder aus den Google Webalben.
- *OneDrive:* Office-Dateien von Microsofts OneDrive (dieses Buch geht auf OneDrive nicht weiter ein).

In unserem Beispiel möchten wir einige Fotos hochladen, weshalb wir *Eigene Bilder* auswählen.

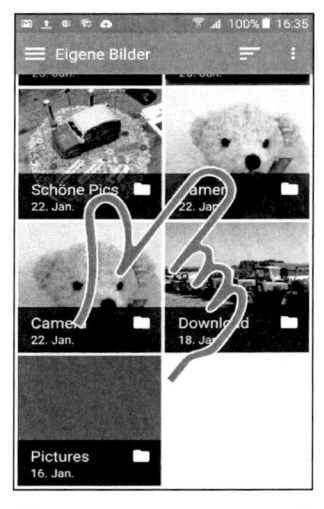

❶ Tippen Sie erst ein Album dann ein Foto an, welches daraufhin in Google Drive hochgeladen wird.

❷ Im Benachrichtigungsfeld finden Sie während und nach dem Hochladen einen Hinweis.

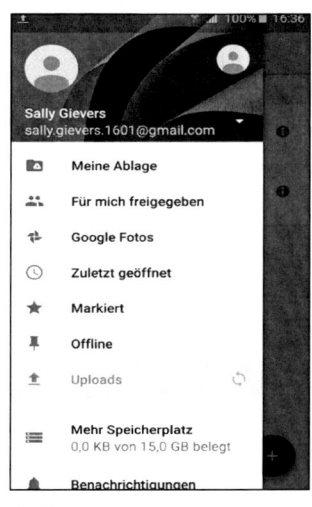

❶❷ Das hochgeladene Foto erscheint in *Uploads* beziehungsweise *Meine Ablage*.

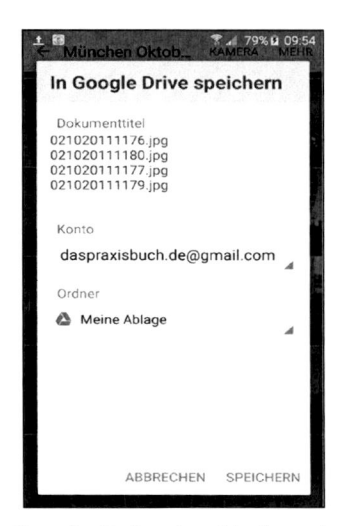

❶ Möchten Sie mehrere Dateien, in diesem Beispiel Fotos, bei Google Drive hochladen, dann empfehlen wir, die jeweils zuständige Anwendung zu bemühen. Starten Sie die *Galerie*-Anwendung aus dem Hauptmenü. Hier tippen und halten Sie den Finger über dem ersten zu markierenden Foto, das dann ein Häckchen erhält. Markieren Sie anschließend weitere Fotos durch kurzes Antippen.

❷ Das Hochladen erfolgt über *SENDEN/Google Drive* (eventuell in der Symbolauflistung mit einer Wischgeste nach oben durchrollen, bis Sie *Google Drive* sehen).

❸ Wählen Sie zum Schluss noch das Google-Konto (nur wenn Sie Google Drive mit mehreren Google-Konten nutzen) und den Zielordner bei Google Drive aus, dann gehen Sie auf *SPEICHERN*.

## 24.7.2 Ordner

Sofern Sie vorhaben, intensiven Gebrauch von Google Drive zu machen, empfehlen wir Ihnen, Ihre Dateien in Ordnern zu verwalten. Sonst wird es doch recht unübersichtlich in der Anwendung. Sinnvollerweise dürfen Sie auch Unterordner anlegen.

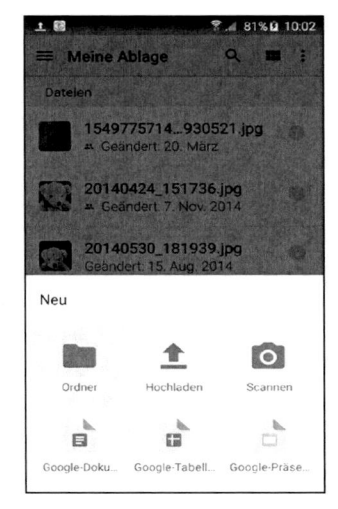

❶❷ Betätigen Sie + und gehen dann auf *Ordner*.

❸ Anschließend geben Sie einen Ordnernamen ein.

Weitere Programme

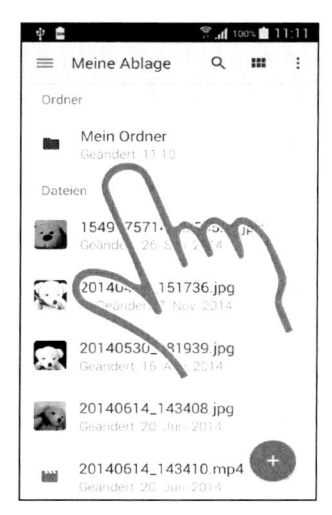

❶❷ Sie befinden sich danach im neu angelegten Ordner. Aktivieren Sie das Ausklappmenü und gehen darin auf *Meine Ablage,* um in den Hauptbildschirm zurückzukehren.

❸ Tippen Sie im Hauptbildschirm einen Ordner an, dessen Inhalt Sie ansehen oder bearbeiten möchten.

### 24.7.3 Office-Datei erstellen

Google bietet Programme an, mit denen Sie Office-Dokumente auf dem Gerät, aber auch in Google Drive hochgeladene Office-Dateien bearbeiten können. Unterstützt werden dabei die Microsoft-Dateiformate Word, Excel und PowerPoint.

❶❷ Betätigen Sie + und dann *Google-Dokument*, *Google-Tabelle* oder *Google-Präsentation*.

❶❷ Die Bearbeitungsfunktionen sind auf dem Galaxy nicht vorinstalliert. Sie werden daher beim ersten Aufruf aufgefordert, die Installation nachzuholen. Dazu betätigen Sie *GOOGLE DOCS* beziehungsweise *GOOGLE SHEETS* oder *GOOGLE SLIDES*. Betätigen Sie danach *AKZEPTIEREN*.

❸ Sie müssen nun warten, bis die Installation, deren Fortgang Sie im Benachrichtigungsfeld verfolgen können, abgeschlossen ist.

❶❷❸ Gehen Sie erneut in Google Drive auf ✛ und dann auf *Google-Dokument*, worauf Google Docs mit einem leeren Dokument/einer leeren Tabelle startet. Sie befinden Sie im Editor. Nach der Bearbeitung speichern Sie die Datei mit ✓ und finden die Datei unter *Meine Ablage* beziehungsweise *Zuletzt geöffnet* im Ausklappmenü von Google Drive.

> Google Docs, Google Sheets und Google Slides sind eigenständige Anwendungen, die Sie auch aus dem Hauptmenü starten können. Sie brauchen also nicht den Umweg über Google Drive zu nehmen.

## 24.7.4 Dateien freigeben

Standardmäßig haben nur Sie Zugriff auf Ihre in Google Drive abgelegten Dateien. Sie können aber einzelne Dateien oder ganze Verzeichnisse für Dritte freigeben. Wir empfehlen, die Freigaben über einen PC-Webbrowser unter *drive.google.com* durchzuführen, da die dort angebotenen Funktionen wesentlich leistungsfähiger und einfacher zu handhaben sind.

Die Personen, denen Sie den Zugriff gestatten, werden über ihre E-Mail-Adresse identifiziert. Dabei ist es nicht nötig, dass sie Google-Konto (= Gmail-E-Mail-Adresse) besitzen, müssen dann aber auf einige Komfort-Funktionen verzichten, die man nur mit Google-Konto hat.

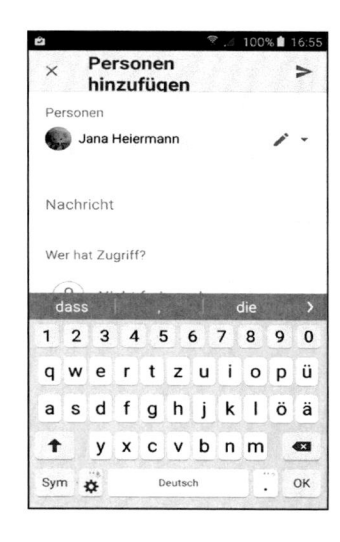

Weitere Programme 293

❶ Tippen Sie hinter dem Dateinamen auf ⓘ (Pfeil).

❷ Wischen Sie auf dem Bildschirm nach oben und gehen Sie auf *Personen hinzufügen*.

❸ Erfassen Sie die E-Mail-Adressen von einer oder mehreren Personen, die auf die Datei Zugriff erhalten sollen, stellen Sie darunter die Berechtigungsart ein. Schließen Sie den Dialog mit ✏. Sie können jederzeit weitere E-Mail-Adressen mit unterschiedlichen Berechtigungen hinzufügen.

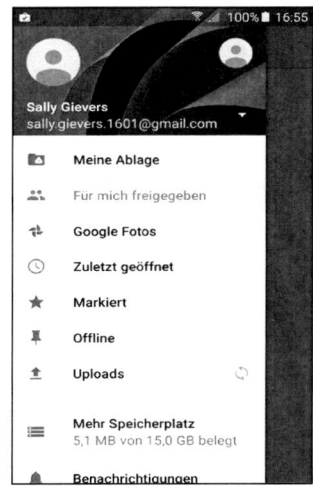

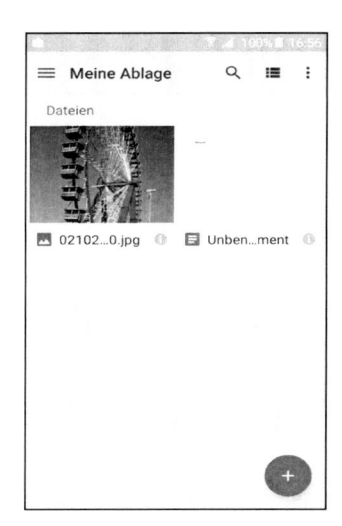

❶❷ Haben Sie eine Person mit Gmail-Adresse hinzufügt, so erscheint die freigegebene Datei in seiner Google Drive-Anwendung unter *Für mich freigegeben* im Ausklappmenü. Alle anderen erhalten automatisch per E-Mail eine Webadresse, worunter sie die Datei anzeigen beziehungsweise bearbeiten.

## 24.8 Smart Manager

Der Smart Manager fasst viele Infos, die sonst in den Einstellungen des Samsung Galaxy verborgen sind, in einem Programm zusammen. Darüber hinaus sind auch einige Wartungsfunktionen vorhanden.

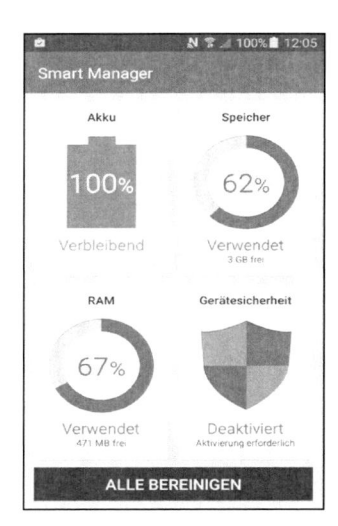

❶ Starten Sie den Smart Manager aus dem Hauptmenü.

❷ Sie haben Zugriff auf die Menüs:

- *Akku* (❸): Informiert über den Akkuladezustand. Außerdem stellen Sie hier bei Bedarf den Energiesparmodus ein, um die Akkubetriebsdauer zu erhöhen. Besonders interessant ist Option *Ungewöhnlicher Akkuverbrauch*. Darunter listet der Smart Manager Programme auf, die auch bei abgeschaltetem Display viel Energie verbrauchen und damit die Akkulaufzeit reduzieren.

- *Speicher*: Belegten Gerätespeicher anzeigen und gegebenenfalls Speicher wieder freigeben.

- *RAM*: Aktuell im Hinterfgrund laufende Programme auflisten. Sie können hier auch Programme beenden.
- *Gerätesicherheit*: Verwaltet Samsung KNOX und die damit verbundenen Sicherheitsfunktionen. KNOX richtet einen besonders geschützten Speicherbereich auf dem Handy ein, ist aber nur für Unternehmensanwender sinnvoll einsetzbar. Es werden auch mögliche Bedrohungen durch Schadprogramme aufgelistet, wobei wir mangels Dokumentation durch den Entwickler an dessen Nützlichkeit starke Zweifel haben.

Betätigen Sie *ALLE BEREINIGEN*, damit das Samsung nicht benötigte Daten (beispielsweise von Programmen angelegte, aber nicht mehr genutzte Dateien) löscht.

# 25. Das Google-Konto

Google betreibt im Internet zahlreiche kostenlose Online-Dienste, wovon natürlich die Google-Suchmaschine die bekannteste ist. Weitere Web-Anwendungen sind unter anderem Gmail (E-Mail), Google Maps (Karten und Navigation), Youtube (Videos) und Google Fotos (Bilder und Videos). Android bietet mit den gleichnamigen Anwendungen die Möglichkeit, Googles Web-Anwendungen direkt auf dem Handy zu nutzen.

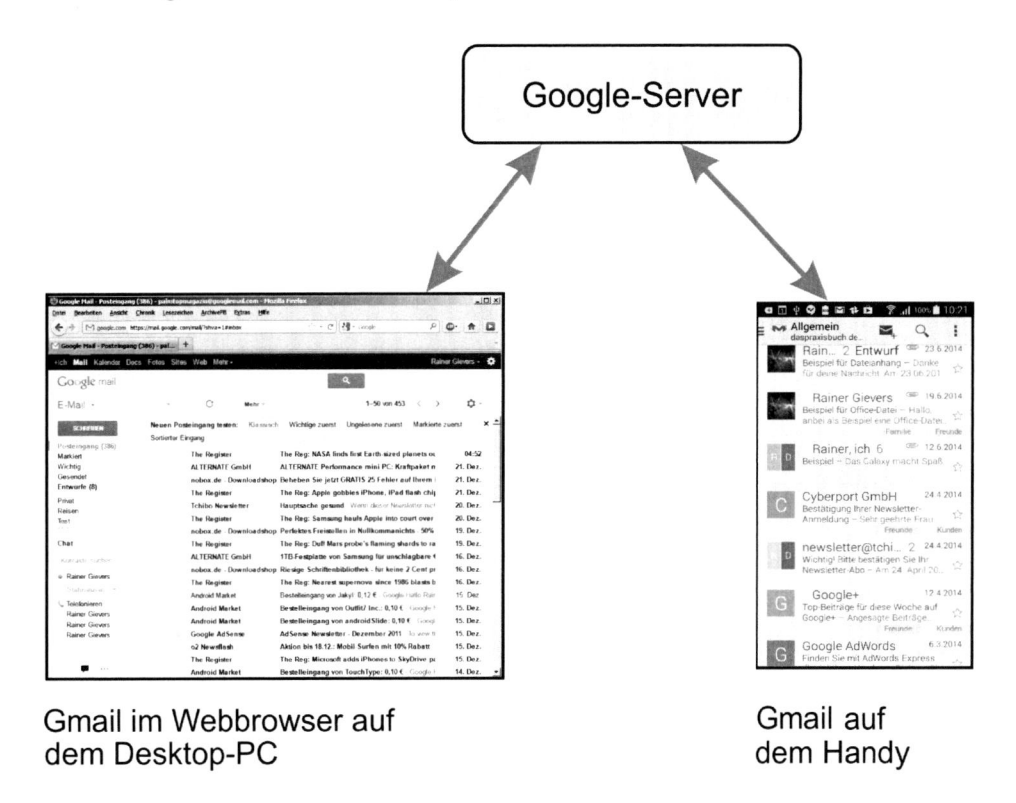

Gmail im Webbrowser auf
dem Desktop-PC

Gmail auf
dem Handy

Informationen, die Sie auf dem Handy oder im Web ändern, werden automatisch miteinander synchronisiert. Sie können also beispielsweise tagsüber während der Arbeit auf dem Galaxy E-Mails mit der Gmail-Anwendung verarbeiten, am Abend loggen Sie sich auf dem Desktop-PC-Webbrowser in die Gmail-Oberfläche ein und sehen den gleichen Nachrichtenstand wie auf dem Handy.

Auch wenn Sie kein Fan von Google sind, kommen Sie nicht darum herum, ein Konto bei Google zu eröffnen, denn Sie benötigen es spätestens, wenn Sie über den Google Play Store (siehe Kapitel *27.1 Play Store*) weitere Spiele oder Anwendungen auf dem Gerät installieren wollen.

Als Erstnutzer registrieren Sie sich zuerst über Ihren PC-Browser auf der Google-Website (*www.google.de*). Klicken Sie dort oben rechts auf *Anmelden*. Auf dem Galaxy ist die Kontenerstellung zwar auch möglich, aber vergleichsweise unbequem.

## 25.1 Einrichtung in einer Google-Anwendung

Wenn Sie eine Google-Anwendung wie Gmail, Google Play Store, usw. starten, werden Sie aufgefordert, sich mit Ihrem Google-E-Mail-Konto anzumelden, sofern Sie dies nicht schon vorher getan hatten.

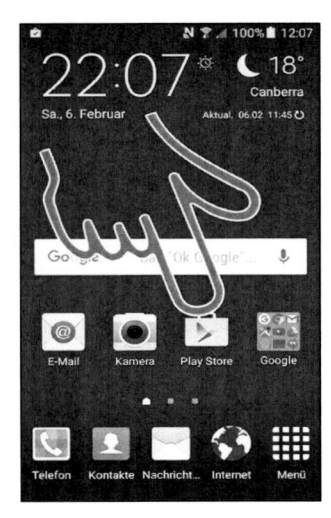

❶ Starten Sie jetzt eine Anwendung, die ein Google-Konto benötigt, im Beispiel *Play Store,* aus dem Startbildschirm oder Hauptmenü.

❷ Nach Antippen des entsprechenden Eingabefelds erfassen Sie Ihr Google-Konto und betätigen Sie *WEITER*.

❸ Erfassen Sie das Kennwort Ihres Google-Kontos und betätigen Sie die *WEITER*-Schaltleiste. Im Popup müssen Sie dann die Nutzungsbedingungen mit *OK* bestätigen.

> Falls direkt die Benutzeroberfläche des Programms angezeigt wird, ohne dass Ihre Login-Daten abgefragt werden, dann haben Sie bereits die nur einmalig notwendige Anmeldung durchgeführt, beispielsweise bei der Inbetriebnahme (siehe Kapitel *2 Erster Start*).
>
> Sie brauchen nur den ersten Teil Ihrer Google-Mail-Adresse vor dem »@« einzugeben, denn »@gmail.com« wird automatisch ergänzt, wenn Sie ins Passwortfeld wechseln.
>
> Die Anmeldung mit der Gmail-Adresse ist nur einmalig notwendig. Danach können sie Gmail, Google Play Store, usw. ohne erneute Anmeldung nutzen.

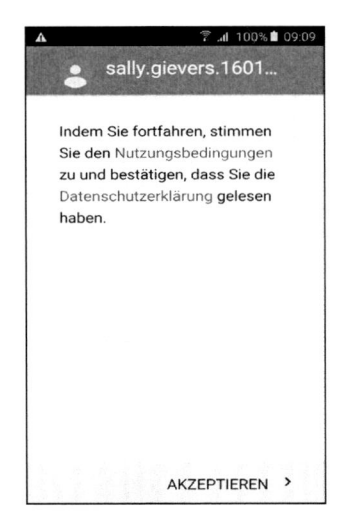

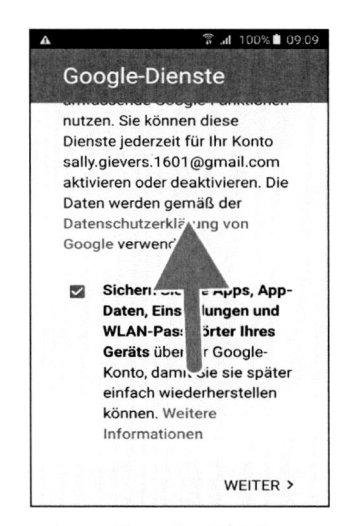

❶ Die Nutzungsbedingungen bestätigen Sie mit *AKZEPTIEREN*.

❷ Durch den folgenden Bildschirm blättern Sie mit einer Wischgeste nach oben.

Praktischerweise führt das Handy automatisch eine Sicherung aller Ihrer Daten auf dem Handy mit Google-Servern durch, sodass im Falle eines Gerätewechsels oder eines Zurücksetzens des Handys alle Daten wiederhergestellt werden. Wenn Sie dies nicht möchten, deaktivieren Sie das Abhakkästchen bei *Sichern Sie die Apps, App-Daten, Einstellungen und WLAN-Passwörter Ihres Geräts*.

Betätigen Sie *WEITER*.

Das Google-Konto

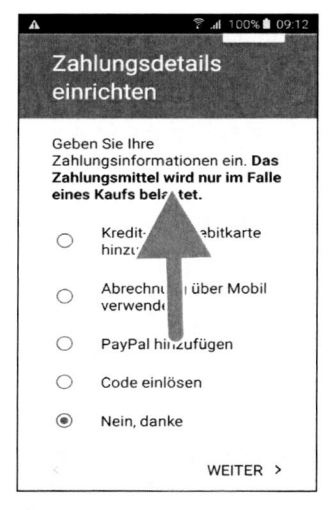

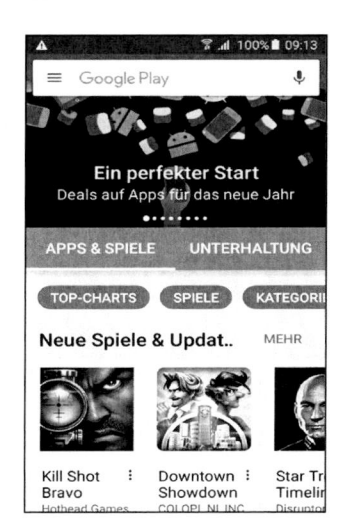

❶ Sofern Sie bisher noch keine Zahlungsoption für Einkäufe im Google Play Store hinterlegt hatten, wird Sie das Handy danach fragen. Wir gehen im Kapitel *27.1.6 Softwarekauf im Google Play Store* noch darauf ein. Wischen Sie daher einmal nach oben, gehen Sie auf *Nein, danke* gehen und dann auf *WEITER*.

❷ Die Play Store-Anwendung (siehe Kapitel *27.1 Play Store*) startet und lässt sich jetzt nutzen.

## 25.2 Weitere Kontenfunktionen

Ihre zuvor angelegtes Google-Konto verwalten Sie bequem über die *Einstellen*-Anwendung.

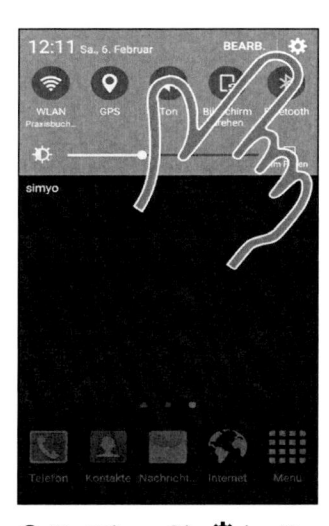

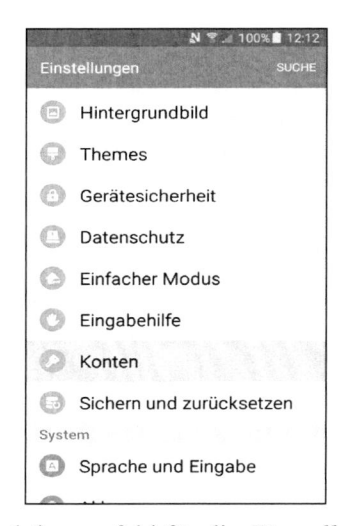

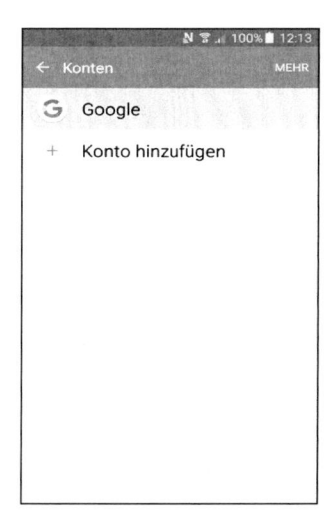

❶ Betätigen Sie ✿ im Benachrichtigungsfeld für die *Einstellungen*.

❷ Rollen Sie mit einer Wischgeste durch die Menüauflistung und gehen Sie auf *Konten*.

❸ Tippen Sie auf *Google*.

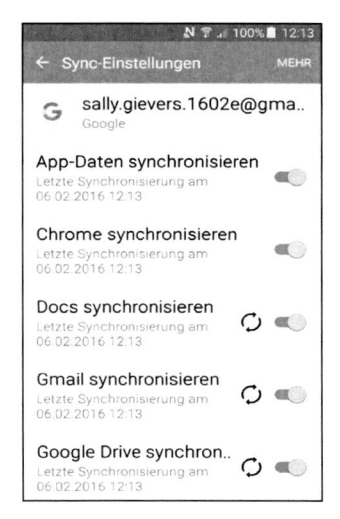

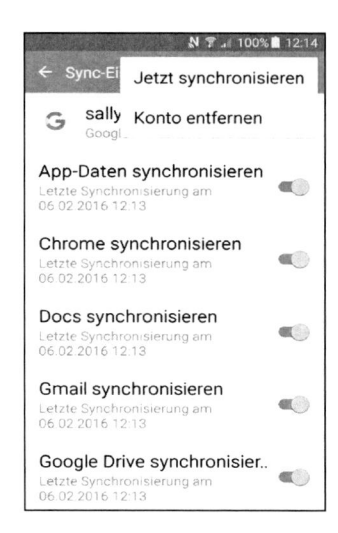

❶ Wählen Sie Ihr Google-Konto aus.

❷ Sie können nun den Datenabgleich konfigurieren:

- *App-Daten synchronisieren*: Fast alle Programme legen wichtige Daten im Gerätespeicher ab, beispielsweise Spielstände bei vielen Spielen, die dann beim nächsten Programmstart wieder zur Verfügung stehen. Das Galaxy kann diese Daten auch im Google-Konto ablegen, was den Vorteil hat, dass sie auch auf anderen Android-Handys und Tablets zur Verfügung stehen, wenn man dort das gleiche Programm installiert hat. Beachten Sie, dass zur Zeit davon noch kaum ein Programm Gebrauch macht.
- *Chrome synchronisieren:* Lesezeichen im Chrome-Webbrowser.
- *Google Drive synchronisieren:* Dateien mit Google Drive abgleichen.
- *Google Fit-Daten synchronisieren:* Von mit dem Handy verbundenen Fitnessgeräten erfasste Daten im Google-Konto sichern. Wir gehen in diesem Buch nicht weiter darauf ein.
- *Gmail synchronisieren*: Nachrichten in Gmail (siehe Kapitel *9 Gmail*).
- *Google Play Bücher synchronisieren*: Ebooks, die Sie im Google Play Store heruntergeladen haben.
- *Google Play Kiosk synchronisieren*: Die Anwendung Google Kiosk zeigt aktuelle Nachrichten aus verschiedenen Zeitschriften an.
- *Google Play Filme synchronisieren:* Spielfilme für die »Videothek«.
- *Google Play Kiosk synchronisieren*: Die Anwendung Google Kiosk zeigt aktuelle Nachrichten aus verschiedenen Zeitschriften an.
- *Kalender synchronisieren*: Kalendertermine.
- *Kontakte synchronisieren*: Kontakte aus dem Google-Konto (siehe Kapitel *25 Das Google-Konto*).
- *Google Play Musik synchronisieren*: Musik aus dem Google-Konto synchronisieren.
- *Google Fotos synchronisieren.*: Gesicherte Fotos (siehe Kapitel *18 Google Fotos*).

Das *MEHR*-Menü:

- *Jetzt synchronisieren*: Alle im Bildschirm abgehakten Datentypen zwischen Google-Konto und Galaxy synchronisieren.
- *Konto entfernen*: Das Google-Konto löschen. Im Internet-Google-Konto vorhandene Daten bleiben dabei natürlich erhalten. Führen Sie eine Anmeldung beim nächsten Mal bei Ihrem Google-Konto auf dem Galaxy oder einem anderen Android-Gerät durch, stehen alle Daten wieder nach der Synchronisation zur Verfügung.

Das *MEHR*-Menü:

- *Jetzt synchronisieren*: Alle im Bildschirm abgehakten Datentypen zwischen Google-Konto und Galaxy synchronisieren.
- *Konto entfernen*: Das Google-Konto löschen. Im Internet-Google-Konto vorhandene Daten bleiben dabei natürlich erhalten. Führen Sie eine Anmeldung beim nächsten Mal bei Ihrem Google-Konto auf dem Galaxy oder einem anderen Android-Gerät durch, stehen alle Daten wieder nach der Synchronisation zur Verfügung.

> **Wichtig:** Auf Ihrem Galaxy werden eventuell nicht alle hier aufgeführten Einträge aufgelistet. Dies liegt daran, dass Android den Datenabgleich erst zulässt, wenn Sie das entsprechende Programm mindestens einmal zuvor gestartet haben. Beispielsweise fehlt der *Chrome*-Eintrag, wenn Sie den Chrome-Webbrowser bisher noch nicht genutzt haben.
>
> Die Reihenfolge der Einträge ist zufällig und wird deshalb bei Ihrem Gerät abweichen.
>
> Die hier erwähnten Anwendungen Google Chrome, Google Drive, Google Play Bücher, Google Play Filme, Google Play Kiosk, Google Play Music stellt dieses Buch in einzelnen Kapiteln noch ausführlich vor.

## 25.3 Datensicherung im Google-Konto

Android-Geräte wie das Galaxy sind auf die Kommunikation mit den Internetservern von Google angewiesen. Dies hat den Vorteil, dass Ihre Daten, darunter Kontakte, Kalendertermine, Browser-Lesezeichen, usw. automatisch bei Google unter Ihrem Google-Konto gespiegelt werden.

Beachten Sie, dass Programme von Drittanbietern, die Sie aus dem Google Play Store installiert haben, häufig nicht die Datensicherung im Google-Konto nutzen. In den Programmen vorgenommene Einstellungen und angelegte Daten gehen deshalb meist bei einem Zurücksetzen des Geräts verloren. Die zuvor von Ihnen installierten Programme werden Ihnen dagegen im Play Store nach dem Zurücksetzen zur erneuten Installation angeboten.

Haben Sie keinen Zugriff auf Ihr Handy, beispielsweise weil Sie es verloren haben, oder es defekt ist, dann können Sie jederzeit dessen Daten auf einem anderen Android-Handy (es muss noch nicht mal das gleiche Modell sein) wiederherstellen.

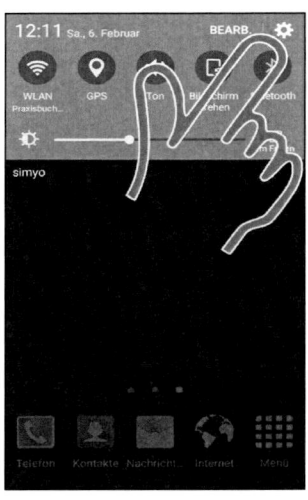

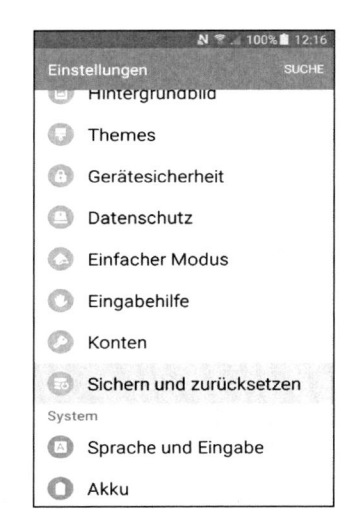

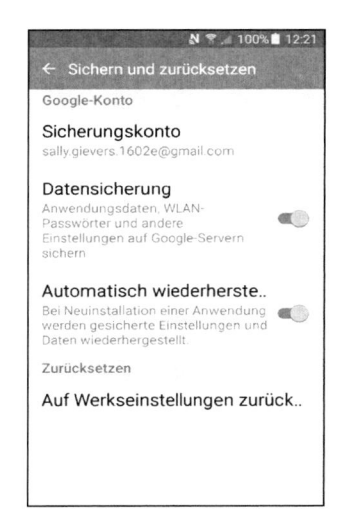

❶ Für die Sicherungseinstellungen rufen Sie das Benachrichtigungsfeld auf und gehen auf ✿ für die *Einstellungen*.

❷ Danach rollen Sie durch die Menüauflistung nach unten und rufen darin *Sichern und zurücksetzen* auf.

❸ Die Funktionen:

Unter *Google-Konto*:

- *Sicherungskonto*: In Ihrem Google-Konto speichert das Handy Ihre Benutzerdaten im

Internet.
- *Datensicherung*: Sorgt dafür, dass Ihre Benutzerdaten automatisch im Hintergrund auf einem Google-Server in Ihrem Google-Konto gesichert werden.
- *Automatisch wiederherstellen*: Alle Einstellungen und Daten, die in Ihrem Google-Konto gesichert sind, werden automatisch wiederhergestellt, wenn Sie nach dem Zurücksetzen des Galaxy erneut mit Ihrem Google-Konto anmelden.

Unter *Zurücksetzen:*
- *Auf Werkseinstellungen zurücksetzen*: Alle Daten löschen, worauf Sie das Galaxy im gleichen Zustand vorfinden, in dem Sie es erworben haben. Daten auf einer eingelegte Speicherkarte bleiben natürlich erhalten.

# 26. Das Samsung-Konto

Einige Funktionen auf dem Galaxy setzen die vorherige Einrichtung eines sogenannten Samsung-Kontos voraus, wozu unter anderem Galaxy Apps (siehe Kapitel *27.2 Galaxy Apps*) zählt. Außerdem dient das Samsung-Konto dazu, einige Daten aus den Samsung-eigenen Anwendungen im Internet zu sichern.

> Das Galaxy J5 ist das erste Samsung-Handy, bei dem keine Datensicherung im Samsung-Konto erfolgt.

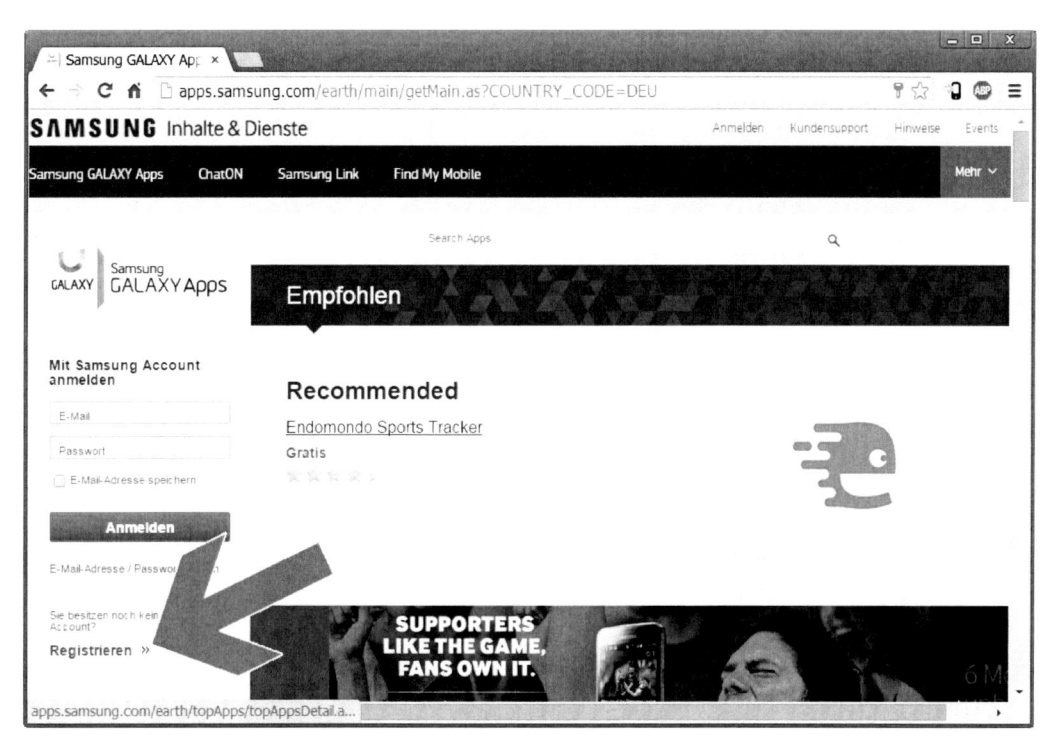

Sofern Sie noch kein Samsung-Konto besitzen, geben Sie im Webbrowser auf dem PC *www.samsungapps.com* ein. Klicken Sie auf *Registrieren*. Auf der folgenden Webseite folgen Sie den Anweisungen zur Kontoeinrichtung.

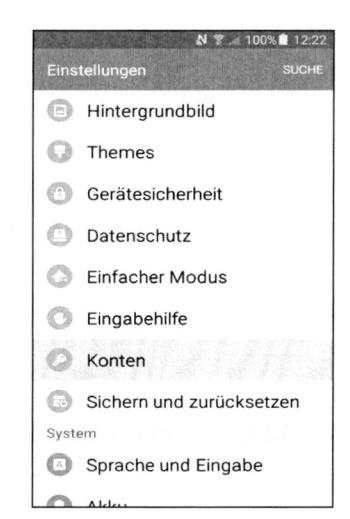

Sie können nun warten, bis irgendwann eine Anwendung die Anmeldung bei Ihrem Samsung-Konto verlangt, oder schon das Konto vorab auf dem Galaxy einrichten.

❶ Gehen Sie im Benachrichtigungsfeld auf ✿ für die *Einstellungen*.

❷❸ Gehen Sie dann auf *Konten* und wählen Sie *Konto hinzufügen*.

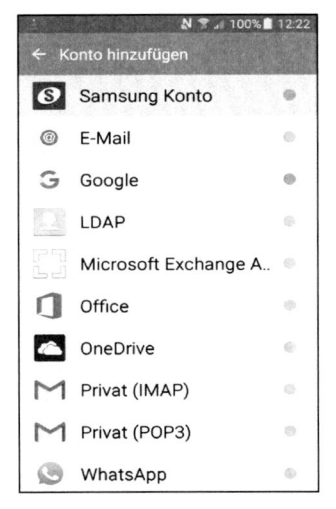

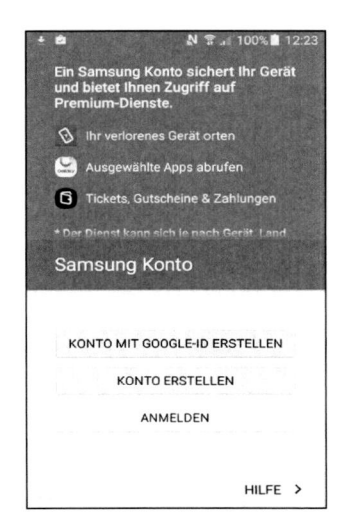

❶ Wählen Sie *Samsung Konto*. Eventuell fragt das Handy nach einer Aktualisierung, die Sie mit *JA* erlauben. Danach müssen Sie erneut auf *Konto hinzufügen* gehen und *Samsung-Konto* auswählen.

❷❸ Betätigen Sie *ANMELDEN* und geben Sie die zuvor auf der Samsung-Website bei der Registrierung angelegten Login-Daten erneut ein. Betätigen Sie erneut *ANMELDEN*.

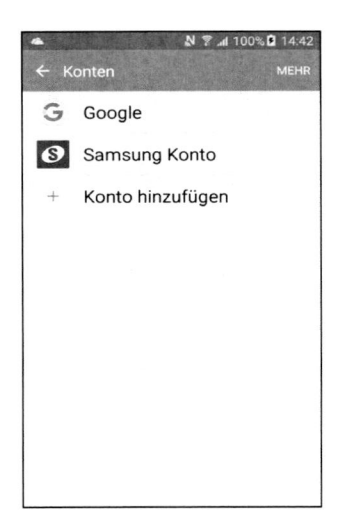

Das Samsung-Konto erscheint in der Kontenauflistung.

# 27. Programmverwaltung

Die mitgelieferten Anwendungen beim Galaxy decken bereits ein großes Spektrum an Einsatzmöglichkeiten ab. Sie können aber auf dem Gerät jederzeit weitere Anwendungen und Spiele installieren.

Es gibt mehrere Möglichkeiten, Programme zu installieren:

- **Google Play Store**: Über die Play Store-Anwendung haben Sie Zugriff auf Tausende von Anwendungen und Spielen, die sich »on the fly« über eine drahtlose Verbindung (WLAN oder Mobilfunk-Internet) installieren lassen. Auch der Kauf von Programmen im Play Store ist möglich. Die meisten Anwender nutzen ausschließlich den Play Store und nicht die anderen hier aufgelisteten Installationsmöglichkeiten.
- **Galaxy Apps**: Wird von Samsung betrieben und bietet, ähnlich wie der Google Play Store, zahlreiche Programme zum Download an.

## 27.1 Play Store

❶❷ Sie finden den *Play Store* im Startbildschirm beziehungsweise Hauptmenü.

❸ Das allgemeine Softwareangebot wird standardmäßig im Hauptbildschirm aufgelistet.

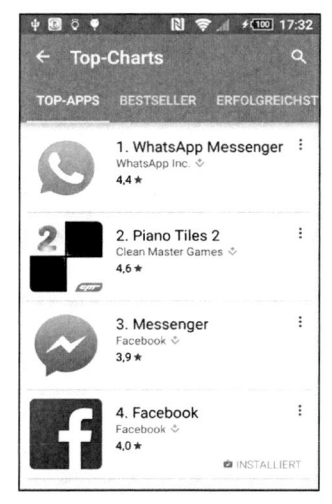

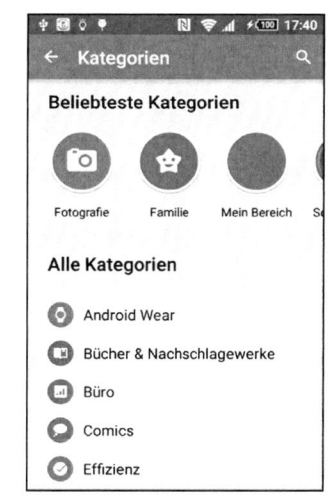

❶ Die Benutzeroberfläche besitzt mehrere Register, zwischen denen Sie mit einer Wischgeste auf dem Bildschirm umschalten. Tippen Sie dann einen Eintrag an:

- *TOP CHARTS* (❷): Verschiedene Bestenlisten:
    - *TOP APPS*: Die von Nutzern am besten bewerteten Programme.
    - *BESTSELLER:* In den letzten Wochen sehr häufig heruntergeladene Programme.

- *ERFOLGREICHSTE*: Die am häufigsten heruntergeladenen Programme.
- *TOP-ARTIKEL-VERKÄUFE, NEU*: Die am häufigsten verkauften Programme.
- *NEUE TOP-APPS*: Neu im Play Store eingestellte Programme, die häufig heruntergeladen werden.
- *TRENDS*: Programme, die aktuell häufig heruntergeladen werden, beispielsweise, weil die Medien darüber berichtet haben.

- *SPIELE*: Spiele aus den verschiedensten Kategorien.
- *KATEGORIEN* (❸): Alle Programme sind im Play Store nach Kategorien sortiert, die Sie einfach nach interessanten Anwendungen oder Spielen durchblättern können. Bitte beachten Sie, dass in den Kategorien auch viele Programme zu finden sind, welche keinerlei Nutzwert haben.
- *FAMILIE*: Wählen Sie die zu installierenden Anwendungen und Spiele nach empfohlener Altersstufe aus.
- *EMPFEHLUNGEN*: Von einer Redaktion ausgewählte Programme.

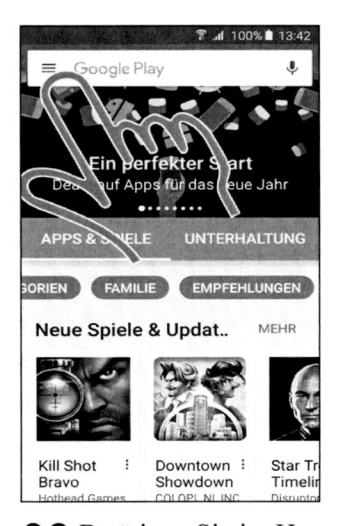

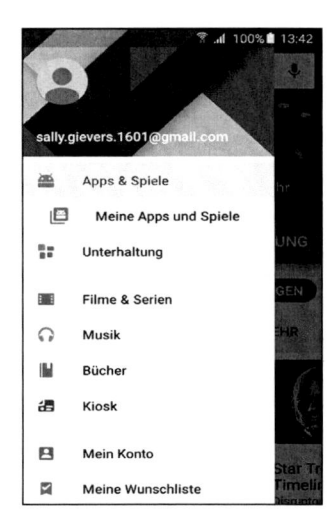

❶❷ Betätigen Sie im Hauptmenü ≡ oben links für das Ausklappmenü. Die Menüpunkte:

- *(Ihr Konto)@gmail.com*: Das Google-Konto, mit dem Sie angemeldet sind.
- *Apps und Spiele*:
  - *Meine Apps und Spiele*: Zeigt die von Ihnen installierten Programme an und ermöglicht diese wieder zu deinstallieren. Außerdem sehen Sie hier, ob Updates zu installierten Programmen im Play Store vorliegen (❸).
- *Unterhaltung:* Listet Einträge zu Filmen und Serien, Musik, Bücher und Kiosk (Zeitschriftenabos) auf.
- *Musik:* Musik anhören und kaufen.
- *Bücher*: Ebooks lesen und kaufen.
- *Kiosk*: Zeitschriftenabos.
- *Mein Konto*: Verwaltet die Zahlungsmittel, welche Sie für Ihre Play Store-Käufe einsetzen und listet Ihre letzten Käufe auf.
- *Meine Wunschliste*: Eine Art Erinnerungsliste, auf die Sie Programme setzen können, die Sie irgendwann mal ausprobieren, beziehungsweise kaufen möchten.
- *Einlösen*: Google vertreibt über Supermärkte und Tankstellen Gutscheine, die Sie in diesem Menü einlösen. Das Guthaben lässt sich dann für den Kauf von Filmen, Ebooks, Musik und Software im Play Store verwenden.
- *Personen:* Aktivitäten im Play Store von anderen Personen, die Sie in Googles sozialen Netzwerk Google+ Ihren Kreisen hinzugefügt haben. Da Google+ von kaum jemandem

Programmverwaltung 305

genutzt wird, gehen wir darauf in diesem Buch nicht ein.

- *Einstellungen*: Auf die Einstellungen geht Kapitel *27.1.5 Einstellungen* ein.

## 27.1.1 Konten

Welche Programme Sie aus dem Play Store installiert beziehungsweise gekauft haben, speichert der Play Store in Ihrem Google-Konto ab. Es ist möglich, auf dem Galaxy mehrere Google-Konten gleichzeitig zu nutzen (beispielsweise privat und geschäftlich). Wenn Sie ein Anwender mit mehreren Google-Konten sind, müssen Sie jeweils darauf achten, welches Konto Sie gerade verwenden, denn gekaufte Programme lassen sich nicht zwischen den Google-Konten übertragen.

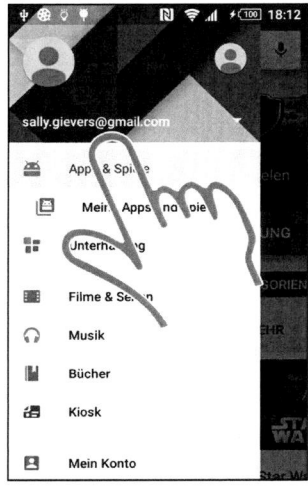

❶❷ Aktivieren Sie das Ausklappmenü, indem Sie im Hauptmenü die ☰-Schaltleiste oben links betätigen. Wählen Sie nun das im Play Store zu nutzende Google-Konto aus.

## 27.1.2 Programme installieren/deinstallieren

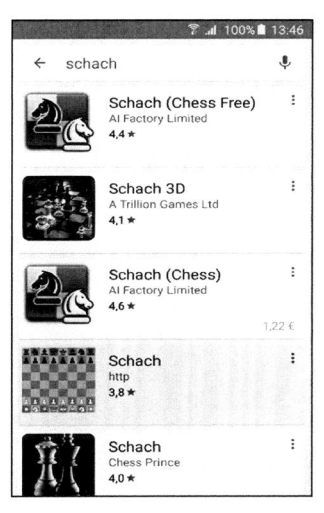

❶ Gehen Sie auf die Suchleiste im Hauptbildschirm und geben Sie den Suchbegriff ein. Bestätigen Sie mit 🔍 im Tastenfeld. Es werden der Name und die Beschreibung aller Programme durchsucht.

❷ Die Fundstellen werden mit Namen, Bewertung und Preis aufgelistet. Tippen Sie eines der angebotenen Programme an.

❸ Neben einer ausführlichen Beschreibung finden Sie hier die Bewertungen von anderen Benutzern, Infos zum Entwickler mit der Möglichkeit, seine weiteren Programme im Play Store anzuzeigen, sowie Kontaktmöglichkeiten zum Entwickler. Betätigen Sie zuerst *INSTALLIEREN*, dann *AKZEPTIEREN*, um das Programm auf dem Handy zu installieren. Der Download erfolgt anschließend im Hintergrund.

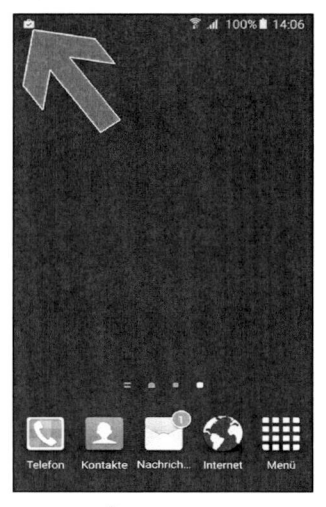

❶ Ein ✓-Symbol (Pfeil) informiert in der Titelleiste über den durchgeführten Download und dort erscheint nach der automatisch erfolgten Installation auch ein Erfolgshinweis.

❷ Öffnen Sie das Benachrichtigungsfeld für weitere Informationen. Von dort lässt sich das Programm dann auch starten.

❸ Alternativ betätigen Sie nach der Installation in der Programmanzeige die *Öffnen*-Schaltleiste.

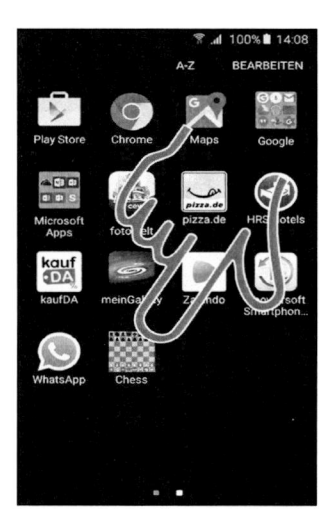

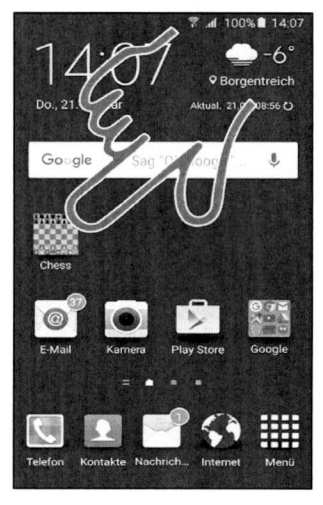

❶ Sie finden das neue Programm im Hauptmenü.

❷ Standardmäßig wird nach der Installation auch eine Programmverknüpfung im Startbildschirm angelegt (Pfeil). Darüber lässt sich das Programm dann ebenfalls starten.

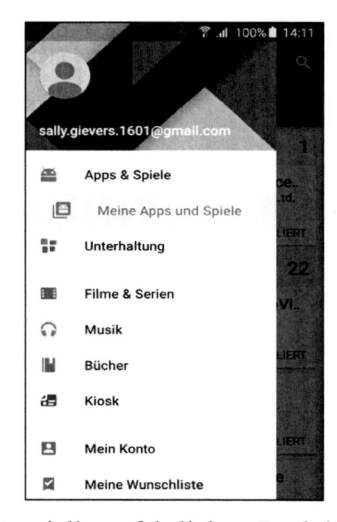

❶ Viele Programme nutzen potenziell »gefährliche« Funktionen, die beispielsweise GPS-Daten auslesen, das Mikrofon aktivieren, usw. In solchen Fällen erscheint **vor** dem Herunterladen ein

Hinweis. Tippen Sie auf eine Berechtigung für weitere Infos.

❷❸ Über den Installationsfortschritt und bereits installierte Programme informiert Sie *Meine Apps und Spiele* aus dem Ausklappmenü.

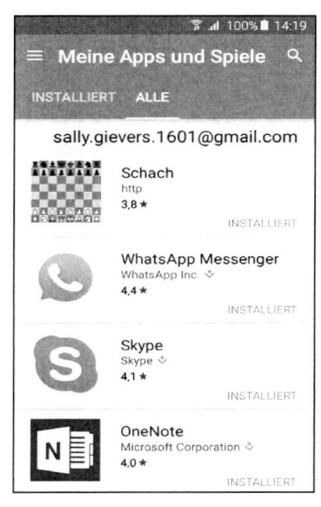

❶❷ Google Play »merkt« sich auch alle früher mal von Ihnen installierten Programme (zum Beispiel auf einem anderen Android-Gerät oder die Sie inzwischen wieder deinstalliert haben). Mit einer »Wischgeste« nach links zeigen Sie sie im *ALLE*-Register an.

❸ Weil die Liste der ehemals installierten Programme sehr groß werden kann, ist es möglich, mit der ✕-Schaltleiste nicht mehr benötigte Einträge zu entfernen.

> Es ist auch möglich, mehrere Programmeinträge für das Entfernen zu markieren, indem Sie erst den Finger auf einem Eintrag gedrückt lassen, bis dieser markiert ist. Anschließend tippen Sie die restlichen Programmeinträge an und betätigen dann oben rechts.
>
> Von Fabrik aus vorinstallierte Programme lassen sich nicht entfernen, weshalb Sie bei diesen keine ✕-Schaltleiste vorfinden werden.

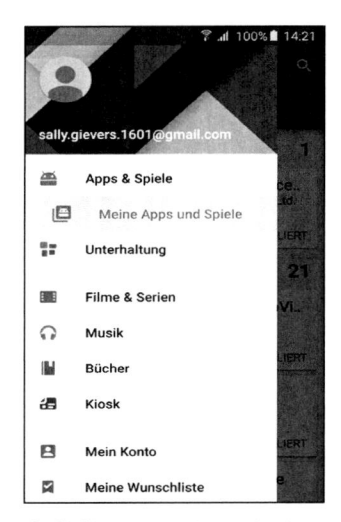

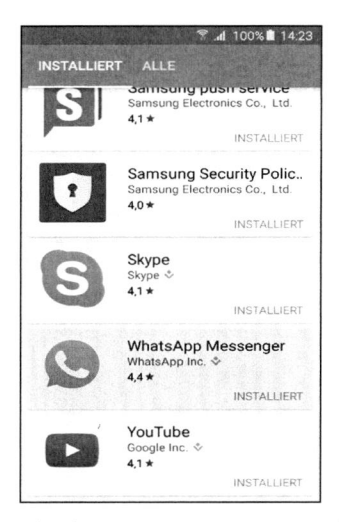

❶❷❸ Zur Deinstallation, wenn Sie das Programm später nicht mehr benötigen, aktivieren Sie das Ausklappmenü, gehen auf *Meine Apps und Spiele*, wählen im *INSTALLIERT*-Register das Programm aus und betätigen *Deinstallieren*. Die Sicherheitsabfrage beantworten Sie mit *OK*.

## 27.1.3 Wunschliste

Auf die »Wunschliste« setzen Sie Programme, die Sie interessieren und vielleicht später mal ausprobieren oder kaufen möchten.

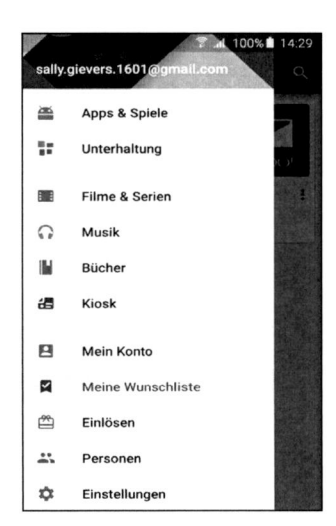

❶ Wenn Sie mal auf ein interessantes Programm stoßen, betätigen Sie einfach die ⊞-Schaltleiste. Erneutes Betätigen entfernt das Programm wieder von der Wunschliste.

❷❸ Ihre Wunschliste finden Sie im Ausklappmenü unter *Meine Wunschliste*.

### 27.1.4 Gute von schlechter Software unterscheiden

- Häufig geladene (und damit meist gute) Software findet in den Kategorien *BESTSELLER, TOPP-APPS, ERFOLGREICHSTE*, usw. Eingang.

- Auch wenn Sie die Suchfunktion nutzen, erscheinen in der Auflistung zuerst die am häufigsten heruntergeladenen Programme.

- Zusätzlich finden Sie bei jedem Programm eine Sterne-Bewertung sowie Kommentare der Nutzer. Insbesondere bei Kaufprogrammen (die Sie ja nicht vorab testen können) sollten Sie sich die Nutzerbewertungen durchlesen.

- Manche Kaufprogramme sind auch in funktionsbeschränkter Form kostenlos (als sogenannte »Freeware«) im Play Store erhältlich, sodass man zumindest einen groben Überblick über deren Tauglichkeit erhält. Es gibt übrigens häufig auch Programme, die sowohl kostenlos, als auch als Kaufversion erhältlich sind. Die kostenlose Version finanziert sich dann meistens durch Werbebanner. Werbebanner haben allerdings den Nachteil, häufig aus dem Internet Daten nachzuladen (irgendwoher müssen die Werbebanner ja kommen) und teilweise den GPS-Empfänger zu aktivieren. Letzteres dient dazu, dem Nutzer für sein Land optimierte Werbung anzuzeigen. Leider reduziert sich dadurch die Handy-Akkulaufzeit...

- Die Softwareentwickler bestimmen selbst ob ihre Programme für bestimmte Handys und Handys geeignet sind. Programme, die nicht auf Ihrem Handy funktionieren, werden erst gar nicht im Play Store anzeigt. Trotzdem werden Sie ab und zu auf Programme, insbesondere Spiele stoßen, die nicht gut angepasst sind, was sich u.a. in pixeliger Darstellung, verschobenen Schaltleisten, überstehenden Texten, usw. bemerkbar macht. Falls Ihnen ein Programm trotzdem gefällt, sollten Sie einfach das Programm installiert lassen. Der Play Store meldet zu jeder installierten Software automatisch im Benachrichtigungsfeld, wenn ein Update vorliegt, das vielleicht die Probleme beseitigt.

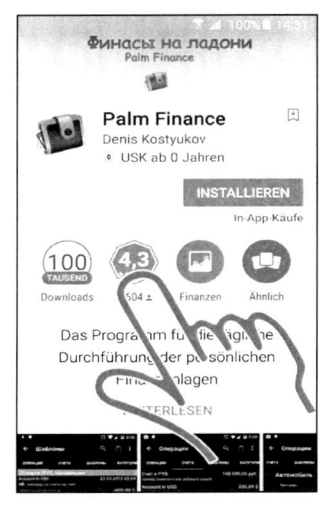

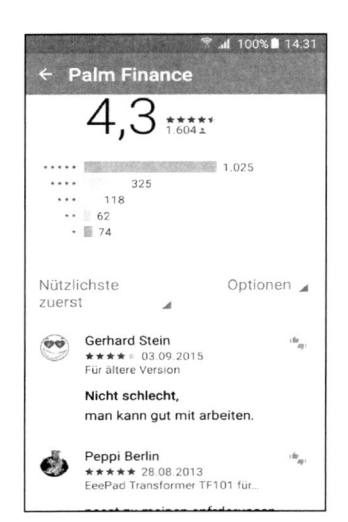

❶ Die Bewertungen erhalten Sie angezeigt, wenn Sie die Bewertungszahl (Pfeil) antippen. Alternativ führen Sie auf dem Display eine Wischgeste von unten nach oben durch.

❷ Hohe Stern-Bewertungen und große Downloadzahlen führen manchmal auch in die Irre: Der Play Store fasst die weltweit auflaufenden Nutzerbewertungen zusammen. Beispielsweise wird ein Buchhaltungsprogramm, das in den USA entwickelt wurde, dort von den Anwendern hochgelobt und entsprechend bewertet werden, während es für deutsche Anwender nicht geeignet ist.

Einige Programme werden zudem nicht weiterentwickelt, weshalb unter Umständen eine hohe Bewertung heute nicht mehr gerechtfertigt wäre.

Der Play Store zeigt nur deutsche Bewertungstexte an. Es kann deshalb vorkommen, dass Sie bei einem international angebotenen Programm zwar viele Bewertungen, aber kaum Bewertungstexte sehen.

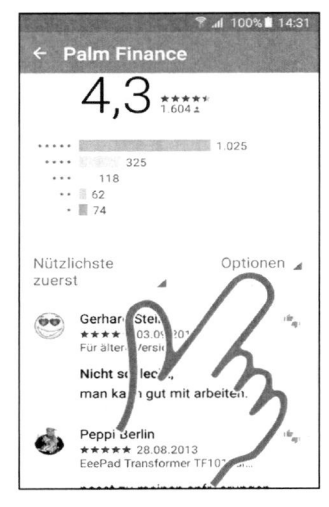

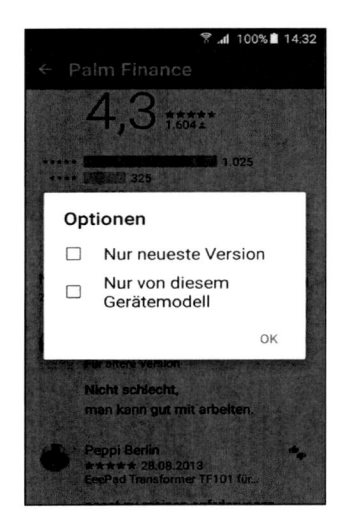

❶ Während man Freeware einfach installiert und bei Nichtgefallen wieder vom Gerät wirft, ist es bei Kaufprogrammen besser, vorher die Nutzerbewertungen anzuschauen. Tippen Sie daher auf *Optionen*.

❷ Sie können nun mit *Nur neueste Version*, beziehungsweise *Nur von diesem Gerätemodell* die Bewertungstexte einschränken (*Nur von diesem Gerätemodell* führt allerdings meistens dazu, dass der Play Store keine Bewertungen mehr anzeigt, weil es nicht besonders viele Nutzer eines Geräts gibt).

Tipp: Von vielen höherwertigen Programmen wird im Play Store eine kostenlose Version mit beschnittenen Funktionsumfang angeboten, Sie können so das jeweilige Programm schon vorab auf Herz und Nieren testen und anschließend die Vollversion erwerben.

## 27.1.5 Einstellungen

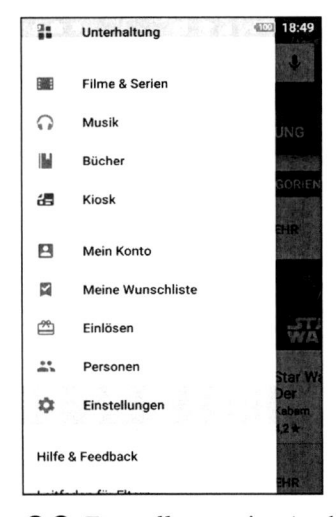

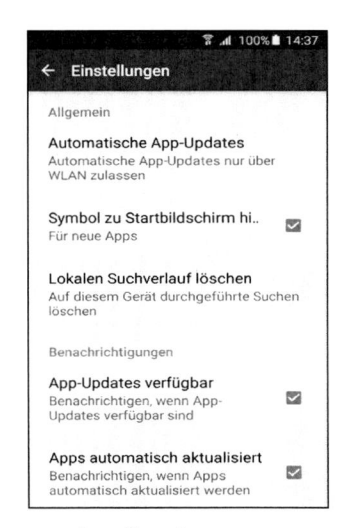

❶❷ *Einstellungen* im Ausklappmenü konfiguriert:

Unter *Allgemein*:

- *Automatische App-Updates*: Installierte Programme werden automatisch im Hintergrund aktualisiert, wenn eine neue Version im Play Store vorhanden ist.
- *Symbol zu Startbildschirm hinzufügen*: Automatisch eine Programmverknüpfung neu installierter Programme auf dem Galaxy anlegen.
- *Lokalen Suchverlauf löschen*: Die Suchfunktion speichert alle eingegebenen Begriffe und schlägt sie beim nächsten Mal vor.

Unter *Benachrichtigungen:*

- *App-Updates verfügbar*: Wenn zu einem aus dem Play Store installiertem Programm Updates vorliegen, erhalten Sie eine Benachrichtigung.
- *Apps automatisch aktualisiert*: Sie brauchen sich um Updates nicht mehr zu kümmern, weil Ihr Handy diese automatisch herunterlädt und installiert.

Unter *Nutzersteuerung*:

- *Jugendschutzeinstellungen*: Für Eltern: Blockieren Sie die Installation und Nutzung von Programmen und Medien, die nicht altersgerecht sind.
- *Authentifizierung f. Käufe erforderlich*: Sie können die Programminstallation von einer vorher einzugebenen PIN abhängig machen.

## 27.1.6 Softwarekauf im Google Play Store

Viele Programme im Play Store (ca. 65 Prozent) sind kostenpflichtig, wobei als Zahlungsmethode neben einer Kreditkarte auch Paypal (ein Zahlungsdienstleister), die Handyrechnung (nicht bei allen Netzbetreibern möglich) und Gutscheine akzeptiert werden (auf Letztere geht Kapitel *27.1.7 Google-Gutscheine* noch genauer ein). Damit Sie nicht die »Katze im Sack« kaufen, lassen sich Käufe innerhalb von 2 Stunden rückgängig machen (Google hat in den letzten Jahren mehrmals die Rückgabefrist von zunächst 24 Stunden, danach 15 Minuten, geändert). Eine Rückgabe ist beim erneuten Kauf dann aber nicht mehr möglich. Die erworbenen Programme werden mit Ihrem Google-Konto verknüpft und lassen sich beim Gerätewechsel ohne erneuten Kauf herunterladen und installieren.

> Gekaufte Software lässt sich immer nur auf einem Gerät gleichzeitig nutzen.
>
> Beachten Sie bitte, dass manche Software nur für bestimmte Geräte angeboten wird. Insbesondere Spiele unterstützten nicht alle Android-Handys und Tablets. Problematisch sind auch Programme, deren Entwicklung eingestellt wurde und daher nicht für neue Geräte freigegebenen sind, obwohl sie darauf laufen könnten.

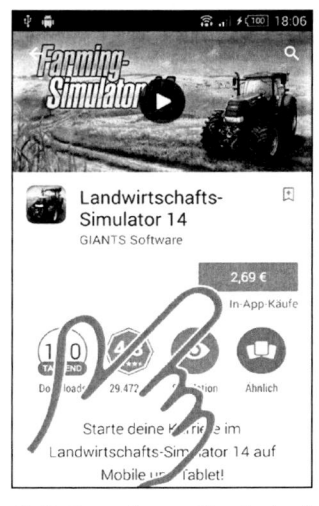

❶❷ Betätigen Sie bei einem Kaufprogramm die Preisschaltleiste (Pfeil). Betätigen Sie dann *AKZEPTIEREN*.

❸ Abhängig davon, ob Sie bereits ein Programm aus dem Play Store erworben haben, betätigen Sie jetzt *WEITER* oder tippen den Programmnamen (Pfeil) an.

❶ Gehen Sie auf *Zahlungsmethoden*.

❷ Wählen Sie nun eine der Zahlungsmethoden aus:

- *Kredit- oder Debitkarte hinzufügen*: Zahlung über Ihre Kreditkarte.

- *PayPal hinzufügen*: Zahlungsabwicklung über PayPal. Dieser Zahlungsabwickler wird von Ebay betrieben und bucht Rechnungen entweder von Ihrem Bankkonto oder Ihrer Kreditkarte ab. Siehe auch die PayPal-Website unter *www.paypal.com*.

- *Abrechnung über den Mobilfunkanbieter aktivieren*: Die Zahlung erfolgt über Ihren Mobilnetzbetreiber und taucht dann auf Ihrer nächsten Mobilfunkrechnung auf. Beachten Sie bitte, dass nicht jeder Netzbetreiber mobile Zahlungen akzeptiert. Haben Sie beim Netzbetreiber »Inkasso von Dritten« deaktivieren lassen, ist ebenfalls kein Kauf über die Mobilfunkrechnung möglich.

- *Einlösen*: Gutschein verwenden. Falls Ihnen die anderen Zahlungsmethoden unbekannt sind oder zu unsicher erscheinen, ist die Nutzung eines Guthabens die beste Bezahlmethode. Wir gehen darauf im Kapitel *27.1.7 Google-Gutscheine* genauer ein.

In diesem Beispiel wählen wir *Kredit- oder Debitkarte hinzufügen*.

❸ Folgen Sie einfach den Anweisungen, das heißt, zuerst erfassen Sie die Kreditkartennummer, das Ablaufdatum und den Sicherheitscode (CCV), danach Ihre persönlichen Daten. Betätigen Sie dann *SPEICHERN*.

Leider ist eine Zahlung durch Überweisung vom eigenen Bankkonto beziehungsweise Bankeinzug nicht vorgesehen.

❶ Sie befinden sich wieder im Kaufdialog und betätigen die *KAUFEN*-Schaltleiste.

❷ Geben Sie zum Abschluss das Passwort Ihres Google-Kontos ein und schließen Sie mit *BESTÄTIGEN* ab. Aus Sicherheitsgründen sollten Sie übrigens die Option *NICHT MEHR FRAGEN* auf keinen Fall abhaken, da sonst eventuell Unbefugte, die Ihr Handy in die Hand bekommen, Käufe im Google Play Store durchführen könnten.

❸ Wenn Sie das Programm nicht so funktioniert wie es soll, betätigen Sie *ERSTATTEN* in den Programmdetails (beachten Sie, dass Sie dazu nur 2 Stunden Zeit haben!).

## 27.1.7 Google-Gutscheine

Es sind Gutscheine für den Google Play Store in Stückelungen von 15 und 25 Euro bei diversen Tankstellen, in Supermärkten und Elektronikketten erhältlich. Da die Karten schwarz sind, sollten sie nicht zu übersehen sein.

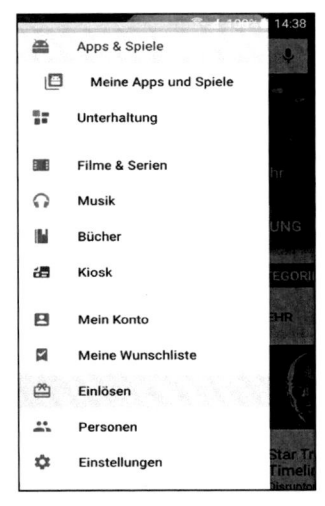

❶❷ Zum Einlösen aktivieren Sie einfach im Play Store das Ausklappmenü und gehen auf *Einlösen*. Geben Sie dann den Code von der Karte ein.

❸ Wählen Sie gegebenenfalls während des Kaufvorgangs über *Zahlungsoptionen* das *Google Play*-Guthaben aus.

## 27.1.8 In-App-Käufe

Programmentwickler können sich grundsätzlich auf drei Arten finanzieren: Durch den Verkauf ihrer Programme, die Einblendung von Werbung oder durch ein Freemium-Modell (Wortspiel aus engl. Free = Frei und engl. Premium = kostenpflichtig). Freemium-Modelle kommen vorwiegend bei Computerspielen vor. Freemium heißt, dass das Programm kostenlos ist, Sie aber zusätzliche Inhalte oder Funktionen jederzeit erwerben dürfen. Dies können in einem Ballerspiel beispielsweise leistungsfähigere Waffen sein oder bei einem Fitness-Programm weitere Trainings. Für Kinder sind solche Programme ungeeignet, da sie die dadurch entstehenden Kosten nicht einschätzen können.

Damit wir uns nicht missverstehen: Grundsätzlich sind Freemium-Programme nicht immer schlecht, denn insbesondere bei Spielen leidet der Spaß nur geringfügig, wenn man auf In-App-Käufe verzichtet.

Gegenüber dem »normalen« Kauf im Play Store haben In-App-Käufe einige Nachteile (wörtlich übernommen von *support.google.com/googleplay/answer/1061913*):

- Es gibt kein zweistündiges Erstattungsfenster.
- Erstattungen werden im Allgemeinen nach dem Ermessen des App-Entwicklers gewährt.
- Für die Bereitstellung von In-App-Käufen sind die Entwickler zuständig.

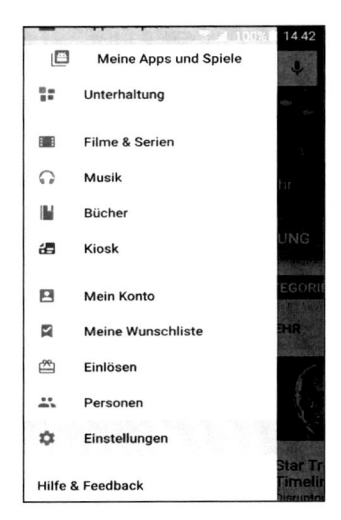

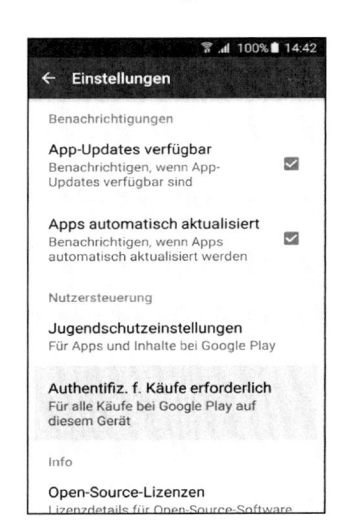

❶ Im Play Store erkennen Sie In-App-Käufe anhand der Berechtigungen, die **vor** der Installation aufgelistet werden (siehe Kapitel *27.1.2 Programme installieren/deinstallieren*).

❷ Damit ein Kind oder andere unberechtigte Person nicht aus Versehen In-App-Käufe tätigen kann, rufen Sie im Hauptmenü des Play Stores das Ausklappmenü auf und gehen auf *Einstellungen*.

❸ Ändern Sie nun unter *Authentifi. f. Käufe erforderlich* die Voreinstellung auf *Für alle Käufe bei Google Play auf diesem Gerät*. Der Play Store verlangt nun die Eingabe Ihre Google-Konto-Passworts. Künftig sind Käufe im Play Store und damit auch bei In-App-Käufe grundsätzlich erst nach Passworteingabe möglich.

> Genau genommen erfolgt bei den sogenannten In-App-Käufen bereits standardmäßig eine Passwortabfrage – unter bestimmten Umständen, wenn Sie 30 Minuten vorher ein Programm im Play Store erworben hatten, greift die Passwortabfrage aber nicht. Mit der hier vorgeschlagenen Voreinstellung sind Sie dagegen immer auf der sicheren Seite.

## 27.1.9 Spiele

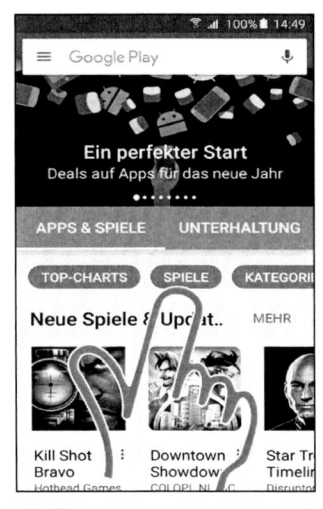

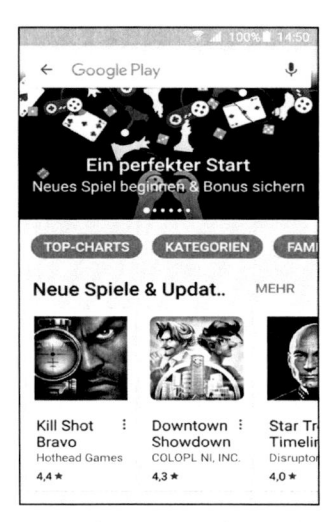

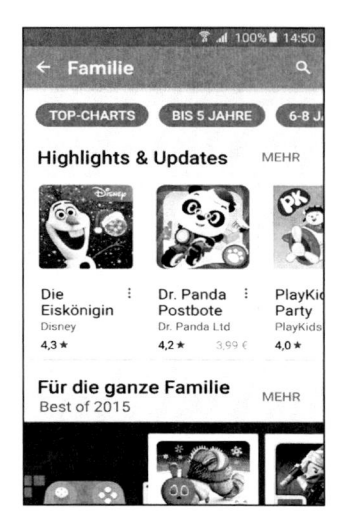

❶ Über das *SPIELE*-Register schalten Sie die Anzeige auf Computerspiele um.

❷❸ Die Register *TOP-CHARTS, KATEGORIEN,* usw. beziehen sich nun ausschließlich auf Unterhaltungsprogramme.

## *27.2 Galaxy Apps*

Galaxy Apps ist ein Online-Angebot des Herstellers, über den sich weitere Anwendungen, aber auch Spiele, für das Galaxy herunterladen lassen. Auch kommerzielle Programme sind dort vorhanden, welche man über Kreditkarte oder Handyrechnung kaufen kann.

> Galaxy Apps bietet nur relativ wenige Programme zum Download an, hat aber den Vorteil, dass im Vergleich zum Google Play Store manche Programme kostenlos sind, für die man im Google Play Store bezahlen müsste. Es lohnt sich also ab und zu mal einen Blick in Galaxy Apps zu werfen.
>
> Damit Sie Galaxy Apps nutzen können, richten Sie bitte zuerst Ihr Samsung-Konto, wie im Kapitel *26 Das Samsung-Konto* beschrieben, ein.

### 27.2.1 Galaxy Apps in der Praxis

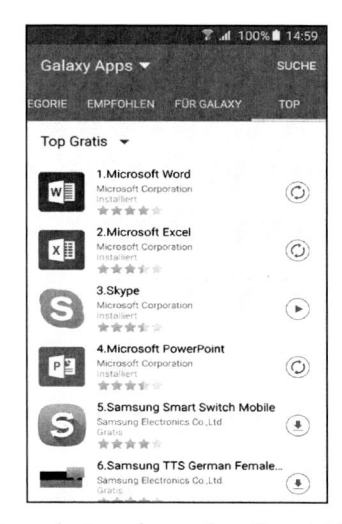

❶❷❸ Nach dem Start von *Galaxy Apps* aus dem Hauptmenü und Annahme der Geschäftsbedingungen wird bereits eine Reihe von Programmen vorgeschlagen. Wischen Sie durch die Register.

❶ Gehen Sie auf einen Programmeintrag.

❷ Es erscheint eine kurze Programmbeschreibung. Betätigen Sie *INSTALLIEREN*. Das Programm wird nun im Hintergrund heruntergeladen und installiert. Sie können währenddessen mit dem Galaxy ganz normal weiterarbeiten. Anschließend finden Sie das installierte Programm im Hauptmenü wieder, wo Sie es auch starten.

Bei Kaufprogrammen gibt es zwei Möglichkeiten: Meist öffnet Antippen der Preisschaltleiste die entsprechende Kaufseite im Google Play Store, manchmal kann aber auch das Programm direkt in Galaxy Apps erworben werden. Für Letzteres stehen als Zahlungsmethoden Kreditkarte oder Mobilfunkrechnung zur Verfügung (sofern vom Netzbetreiber unterstützt).

## 27.3 Programme verwalten

Auf dem Galaxy gibt es mehrere Möglichkeiten, den Speicherverbrauch installierter Programme anzuzeigen, beziehungsweise Programme zu deinstallieren.

### 27.3.1 Anwendungsmanager

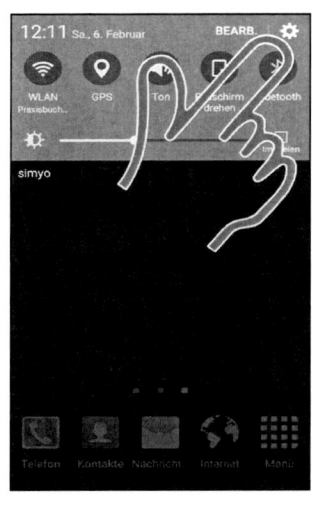

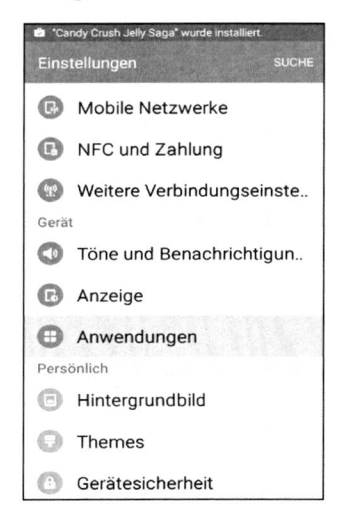

❶ Aktivieren Sie das Benachrichtigungsfeld und gehen Sie auf ✿ (Pfeil).

❷❸ In *Anwendungen/Anwendungsmanager* informiert das Galaxy über die installierten Programme und deren Speicherverbrauch.

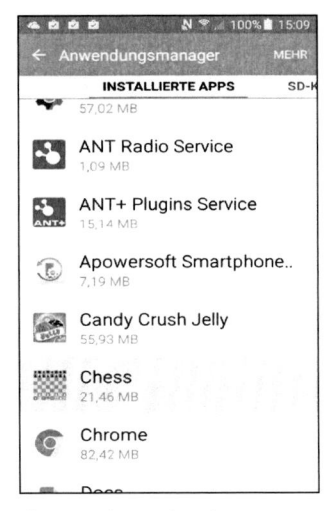

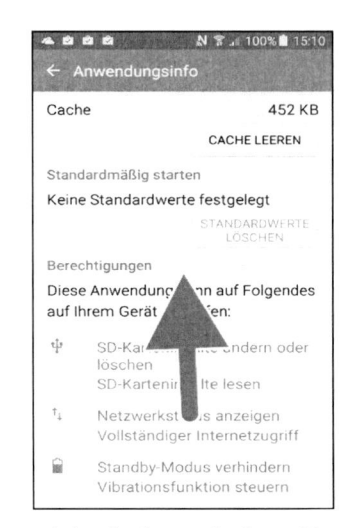

❶ Wählen Sie ein Programm aus für weitere Infos – sofern Sie es nicht finden, wischen Sie auf dem Bildschirm einmal nach links.

❷ Neben dem Programm selbst lassen sich auch die Dateien, welche das Programm bisher angelegt hat, über *DATEN LÖSCHEN*, beziehungsweise *CACHE LEEREN* entfernen. Beachten Sie dabei, dass das Programm dann eventuell nicht mehr funktioniert.

❸ Rollen Sie den Bildschirm für Infos zu den vom jeweiligen Programm benötigten Berechtigungen (siehe Kapitel *27.5 App-Sicherheit*) durch.

## 27.3.1.a Programme auf Speicherkarte verschieben

Es dürfte bei Ihnen nur selten vorkommen, dass das Gerät die Installation von Programmen wegen Speichermangel verweigert. Andere Nutzungen konkurrieren allerdings mit den installierten Programmen um den Gerätespeicher. Beispielsweise können Sie MP3-Songs oder Office-Dateien in den Gerätespeicher kopieren (siehe Kapitel *30 Gerätespeicher*) und auch Fotos von der Kamera-Anwendung landen im Gerätespeicher (wenn Sie keine SD-Speicherkarte eingelegt haben).

Samsung hat deshalb dem Galaxy eine Funktion spendiert, über die Sie installierte Programme vom Gerätespeicher auf eine eingelegte SD-Speicherkarte verschieben können. Nach dem Verschieben sollten Sie die jeweiligen Programme durchtesten, da nicht alle auf einer Speicherkarte funktionieren.

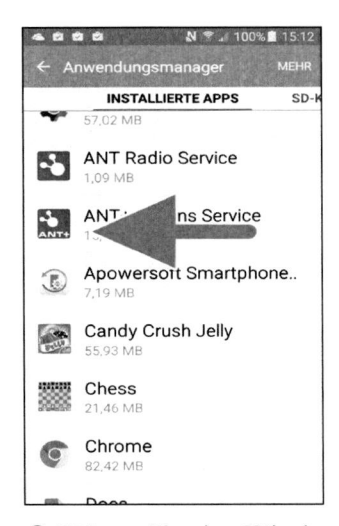

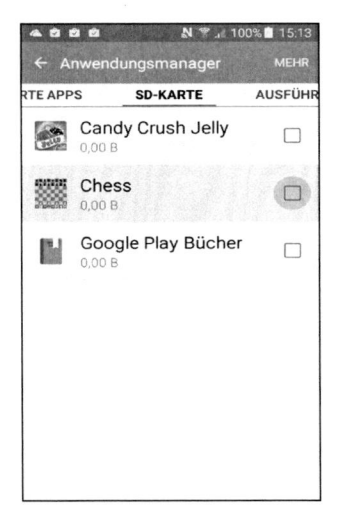

❶ Führen Sie eine Wischgeste von rechts nach links durch.

❷ Wählen Sie das zu verschiebende Programm aus.

Programmverwaltung

❶ Betätigen Sie *AUF SD-KARTE VERSCHIEBEN*. Verlassen Sie danach den Bildschirm mit der ⤺-Taste.

❷ Hinter dem verschobenen Programm erscheint ein Häcken (Pfeil).

❸ Über *IN GERÄTESPEICHER VERSCHIEBEN* lässt sich ein Programm jederzeit wieder in den Gerätespeicher zurückbewegen.

## 27.3.2 Programm deinstallieren/deaktivieren

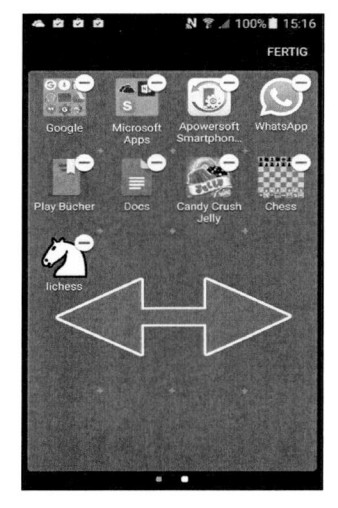

❶ Gehen Sie im Hauptmenü auf *BEARBEITEN*.

❷ Mit einer Wischgeste nach links/rechts »blättern« Sie gegebenenfalls durch das Hauptmenü.

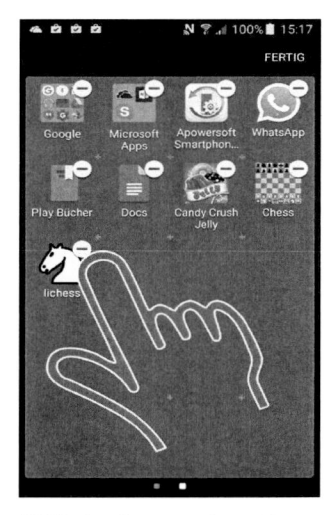

❶❷ Antippen eines Programms mit »-«-Symbol deinstalliert es nach Rückfrage. Betätigen Sie

*DEINSTALLIEREN*.

❸ Einige vorinstallierte Programme lassen sich dagegen nicht deinstallieren, sondern nur ausblenden, worauf Sie ein Dialog aufmerksam macht, den Sie mit *DEAKTIVIEREN* schließen.

Betätigen Sie anschließend die ⟲-Taste, worauf Sie ins Hauptmenü zurückgelangen.

| Die meisten vorinstallierten Programme lassen sich nicht deinstallieren. |
|---|

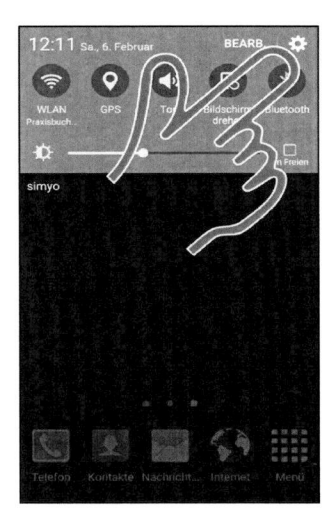

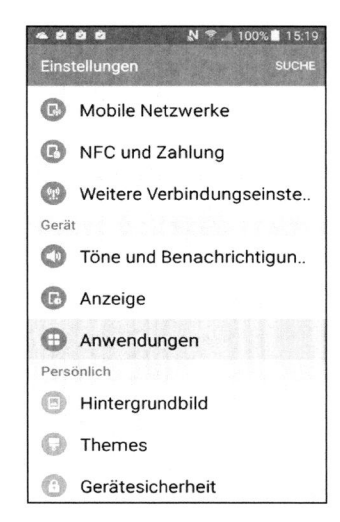

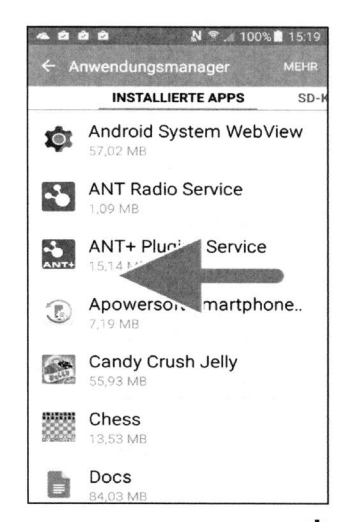

❶ So machen sie ausgeblendete Programme wieder im Hauptmenü sichtbar: Rufen Sie mit ⚙ die *Einstellungen* auf.

❷ Gehen Sie auf *Anwendungen/Anwendungsmanager*.

❸ Nun führen Sie mehrmals eine Wischgeste von rechts nach links aus, bis Sie sich im *DEAKTIVIERT*-Register befinden.

❶❷ Das wieder sichtbar zu machende Programm tippen Sie an und betätigen *AKTIVIEREN*. Die Komplexität dieses Vorgangs bedingt, dass das Handy manchmal erst eine Deinstalltion durchführen muss, die Sie mit *DEINSTALLIEREN* genehmigen. Betätigen Sie danach erneut die *AKTIVIEREN*-Schaltleiste.

## 27.4 Programme im Hintergrund

Genauso wie unter Windows auf dem PC dürfen auch auf Android mehrere Programme gleichzeitig aktiv sein. Zum Beenden eines Programms unter Android betätigen Sie einfach die ⟲-Taste. Soll dagegen das gerade aktive Programm im Hintergrund weiterlaufen, drücken Sie die ⬚-Taste. In das Hintergrund-Programm kehren Sie entweder durch erneuten Programmaufruf aus dem Hauptmenü zurück, oder Sie verwenden dazu die nachfolgend beschriebene Vorgehensweise.

Wenn Sie die ▭-Taste unterhalb des Displays betätigen, listet das Galaxy die zuletzt aufgerufenen Programme auf – was übrigens nicht heißt, dass diese noch im Hintergrund laufen. Ziehen Sie mit angedrücktem Finger ein Vorschaubild nach links oder rechts, um es aus der Liste zu entfernen, beziehungsweise zu beenden. Alternativ betätigen Sie *ALLE BEENDEN* am unteren Bildschirmrand.

> Grundsätzlich dürfte es nur äußerst selten nötig sein, im Hintergrund laufende Programme zu beenden.

## *27.5 App-Sicherheit*

Waren damals elektronische Organizer ziemlich dumm und konnten neben dem Telefonieren gerade mal ein Telefonbuch verwalten und SMS verschicken, so sind moderne Handys und Tablets Alleskönner. Die Möglichkeit, weitere Programme von Drittentwicklern nachinstallieren zu können, machen Android und auch andere Mobil-Betriebssysteme allerdings angreifbar für Hacker. So wäre es zum Beispiel durchaus denkbar, dass ein bösartiges Programm SMS an teure Premium-Nummern schickt, die vorher vom Hacker eingerichtet wurden. Oder ein Notizenprogramm speichert alle Eingaben, die vielleicht Passwörter oder Kreditkartendaten enthalten, im Internet auf einem chinesischen Server.

Gegen Hacker gibt es zum Glück einen Schutz: **Vor** jeder Installation werden Sie über die von der jeweiligen Anwendung benötigten Dienste informiert. Benötigt dann eine Notizen-Anwendung, um im oben genannten Fall zu bleiben, eine Internetverbindung oder soll auch der SMS-Versand genutzt werden, sollten die Alarmglocken klingeln (Google hat übrigens einen Schutzmechanismus gegen bösartige Software ins Android-Betriebssystem eingebaut, auf den wir noch eingehen).

Es gibt aber allerdings Gründe, warum ein bestimmter Dienst von einer Anwendung benötigt wird: So nutzen viele Spiele eine Internetverbindung, um Ihren Highscore an den Entwickler zu senden. Viele Entwickler möchten auch gerne wissen, wer ihre Programme nutzt und lassen sich deshalb über das Internet Informationen zum Nutzer schicken. Häufig finanzieren sich auch kostenlose Programme über Werbebanner innerhalb der Benutzeroberfläche, deren Daten aus dem Internet nachgeladen werden.

Fazit: Es ist durchaus möglich, sich vor bösartiger Software (sogenannte »Malware«) zu schützen, indem man während der Installation auf die freizugebenen Berechtigungen schaut. Im Zweifel brechen Sie die Installation einfach ab, denn meistens gibt es Alternativprogramme, die weniger Berechtigungen benötigen. Auf der sicheren Seite ist man zudem mit Software von bekannten Unternehmen wie beispielsweise Google.

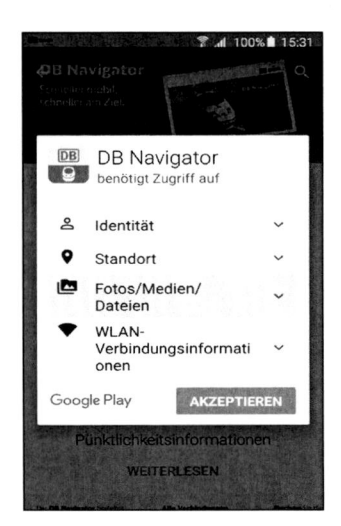

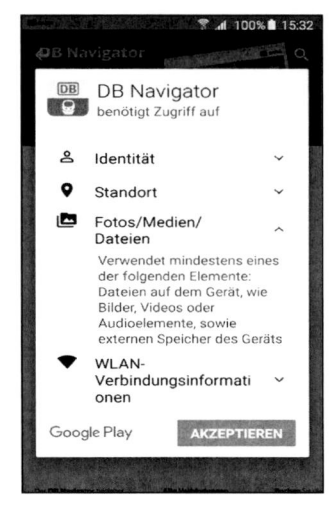

❶ So erfahren Sie, welche Berechtigungen ein Programm benötigt: Vor der Installation werden diese unter *BERECHTIGUNGEN* aufgelistet.

❷❸ Tippen Sie eine der Berechtigungen für genauere Informationen an.

> Generell dürfen alle Programme auf das Internet zugreifen, weshalb dafür keine extra Genehmigung angefordert wird. Viele kostenlose Programme benötigen den Internetzugriff, um Werbebanner aus dem Internet herunterzuladen. Werbebanner haben allerdings einen Nachteil: Durch das häufige Nachladen von neuen Bannern, sowie Einschalten des GPS-Empfängers zum Ermitteln Ihrer Position (für zielgerichtete Werbung) wird der Akku schneller leer.
>
> Unser Tipp: Von vielen kostenlosen Programmen existieren kostenpflichtige Vollversionen, die teilweise mehr Funktionsumfang bieten und natürlich auf die lästigen Werbebanner verzichten. Außerdem unterstützen Sie mit Ihrem Kauf die Entwicklung guter Software!

## 27.5.1 Virenscanner

Es gibt inzwischen für die Android-Plattform Dutzende verschiedene Virenscanner, die bis zu 30 Euro kosten. Dazu, ob und welchen Scanner Sie verwenden, können wir leider keinen Tipp geben, zumal Sie, wie bereits erwähnt, auf der sicheren Seite sind, wenn Sie nur Software bekannter Anbieter vom Play Store installieren. Es dürfte zudem sinnlos sein, präventiv einen Virenscanner zu nutzen, wenn Sie ohnehin nur sehr selten neue Programme installieren. Hinzu kommt, dass Google selbst jedes im Play Store neu eingestellte Programm in einer sogenannten »Sandbox« (engl. »Sandkasten«), also einem simulierten Android-Gerät, installiert und dort auf Schadensfunktionen überprüft. Das unabhängige Testlabor AV-Test führt regelmäßig Tests der Android-Virenscanner deren Testergebnisse unter der Webadresse *www.av-test.org/tests/android* veröffentlicht werden (falls die Webseite in Englisch erscheint, einfach oben rechts in der Webseite auf *Deutsch* umschalten).

# 28. Software-Empfehlungen

Im Play Store werden Hunderttausende mehr oder weniger praktische Anwendungen angeboten. Wir stellen hier einige Sinnvolle vor. Zur Installation suchen Sie einfach im Play Store nach dem jeweiligen Programmnamen. Bitte beachten sie, dass der Play Store immer »im Fluss« ist, das heißt, Anwendungen können dort so schnell wieder verschwinden, wie sie auftauchen.

> Wie Sie Programme installieren, erfahren Sie im Kapitel *27.1 Play Store*.

## 28.1 Preisvergleicher

Fast alle Preisvergleicher-Websites bieten inzwischen eine eigene kostenlose Anwendung an, um Preise auch unterwegs zu vergleichen. Meist ist eine Funktion vorhanden, mit der man den Barcode auf den Produktverpackungen einscannt und sofort die passenden Vergleichsangebote aufgelistet erhält.

Beispiele für Anwendungen (geben Sie die Namen jeweils in der Play Store-Suchfunktion ein, um die Programme zu finden):

- Idealo Preisvergleich
- Billiger.de
- Geizdroid
- eVendi Preisvergleich
- guenstiger.de

## 28.2 GPS Test

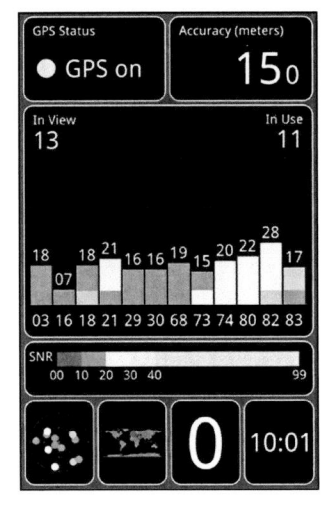

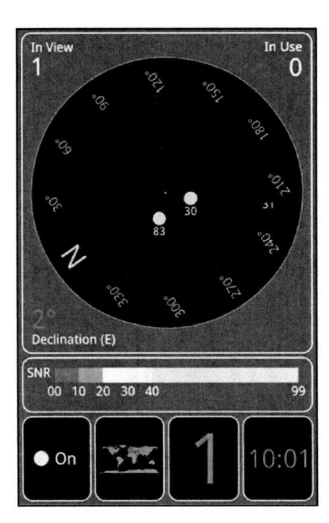

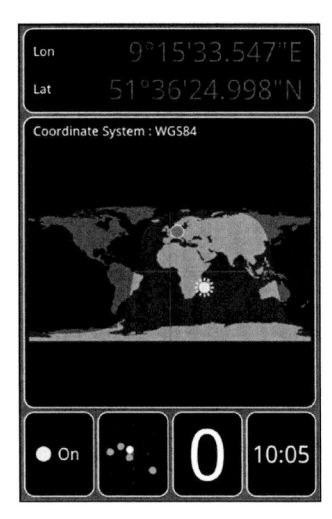

Leider hat das Galaxy keine Software an Bord, die Infos zu den gerade empfangenen GPS-Daten anzeigt. Diesem Umstand hilft der GPS Test ab. Das Programm zeigt die gerade empfangenen Satelliten, deren Position am Himmel, die GPS-Genauigkeit sowie aktuelle Geschwindigkeit, Richtung und Höhe an. Beachten Sie, dass Sie die voreingestellten Maße unter ⋮/*Settings/Display Units* auf *Metric* umstellen müssen.

Sie finden das Programm unter dem Namen **GPS Test** (Entwickler ist Chartcross) im Play Store.

## 28.3 Fernsehzeitung

Sie sind TV- oder Kino-Freak? Dann dürften diese Programme für Sie nützlich sein:

- **Prime Guide** (❶): Bietet über das aktuelle Fernsehprogramm hinaus auch die Möglichkeit, in Youtube Trailer (Vorschau-Filme) anzusehen und Filmkritiken abzurufen. Ein Wecker erinnert Sie gegebenenfalls rechtzeitig zum Sendebeginn.

- **TV Spielfilm** (❷): Infos zum aktuellen Fernsehprogramm, Bewertungen, Suchfunktion und Tagestipps. Auch das Kinoprogramm mit Neustarts, Inhaltsangaben und den Kinocharts listet das Programm auf.

- **TV Movie** (❸): TV-Programm mit Tagestipps und Suchfunktion. In einem »Merkzettel« sammeln Sie Sendungen, für die Sie eine Erinnerung einrichten können.

Sie finden die Programme unter den aufgeführten Namen im Play Store.

## 28.4 RealCalc

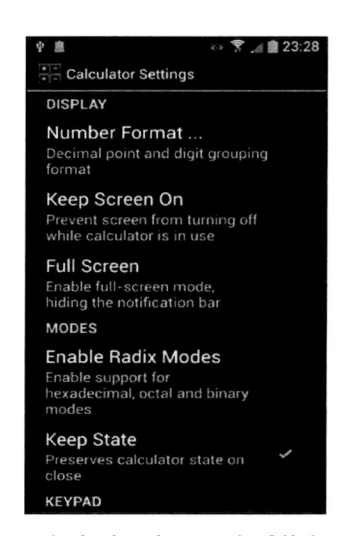

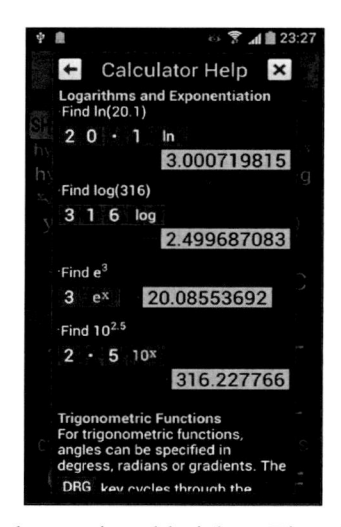

RealCalc ist ein umfangreicher technisch-wissenschaftlicher Rechner mit zahlreichen Einstellmöglichkeiten und einer umfangreichen (englischen) Hilfe.

Sie finden den Rechner unter dem Namen **Realcalc** von Quartic Software im Play Store.

## 28.5 Google Übersetzer

Der Google Übersetzer ersetzt im Ausland das lästige Wörterbuch. Leider setzt es standardmäßig eine Internetverbindung voraus, man kann aber auch Sprachpakete für eine Offline-Erkennung herunterladen.

Die Nutzung ist sehr einfach: Stellen Sie zuerst oben die Ausgangs- und Zielsprache in den Auswahlmenüs ein.

❶ Wenn Sie jemanden mal nicht verstehen, lassen Sie ihn einfach nach Betätigen der 🎤-Taste ins Gerätemikrofon sprechen, worauf die Übersetzung erscheint. Für lebendige Konversationen mit Personen auf der Straße ändern Sie die Übersetzungsrichtung von Deutsch zur Fremdsprache und sprechen Sie Ihren Text, der dann übersetzt erscheint. Anschließend lassen Sie die Übersetzung vom Programm über die 🔊 vorsprechen.

❷ Auch handschriftliche Eingaben lassen sich nach Betätigen von ✏ übersetzen.

❸ Sie verstehen mal einen Text nicht? Dann verwenden Sie die 📷-Taste und fotografieren Sie den Text, anschließend müssen Sie den zu übersetzenden Text noch mit dem Finger markieren.

Das Programm finden Sie unter **Google Übersetzer** im Play Store.

## 28.6 Google Notizen

Google Notizen ist ein elektronisches Notizbuch. Ihre darin verwalteten Texte, Bilder und Audioaufnahmen werden automatisch in Ihrem Google-Konto abgelegt und stehen dann auch auf anderen Android-Geräten zur Verfügung. Natürlich haben Sie auch über einen PC-Webbrowser unter der Webadresse *drive.google.com/keep* auf Ihre Notizen Zugriff.

Eine Besonderheit von Google Notizen ist die Möglichkeit, Notizen für die Wiedervorlage einzurichten:

- *Uhrzeiterinnerung*: Zu einer bestimmten Tageszeit (Morgens, Nachmittags, Spätnachmittags, Abends) oder zu einer exakten Uhrzeit weist Sie das Programm auf die fällige Notiz hin.

- *Standorterinnerung*: Alternativ weisen Sie Ihrer Notiz einen Standort zu. Sobald Sie diesen besuchen, werden Sie alarmiert. Beispielsweise können Sie einer Einkaufsliste den Namen und Standort eines Supermarkts eingeben und Google Notizen informiert Sie über die Notiz, sobald Sie sich dem Supermarkt nähern.

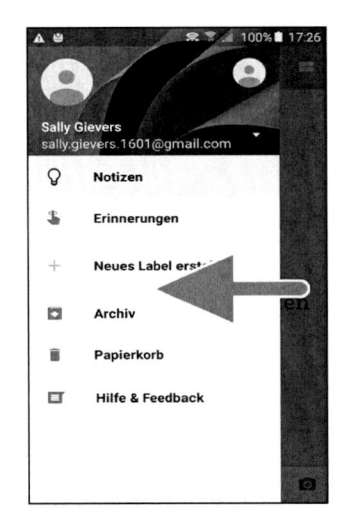

❶ Suchen Sie *Google Notizen* im Play Store und installieren Sie es.

❷❸ Google Notizen arbeitet mit einem Ausklappmenü, das Sie mit einer horizontalen Wischgeste nach rechts öffnen beziehungsweise mit einer Wischgeste nach links wieder schließen. Sie finden darin die Einträge *Notizen*, *Erinnerungen*, *Archiv* und *Papierkorb*:

- *Notizen* ist Ihr Arbeitsbereich, in dem Sie alles sammeln, was gerade aktuell ist oder noch abgearbeitet werden muss.

- Wenn Sie eine Notiz nicht mehr benötigen, können Sie sie in das *Archiv* verschieben.

- *Erinnerungen*: Hier finden Sie alle Notizen, die von Ihnen mit einer zeitlichen oder örtlichen Erinnerung versehen wurden.

- *Papierkorb*: Gelöschte Notizen landen für einige Zeit im Papierkorb, aus dem Sie sie gegebenenfalls wieder »retten« können.

Software-Empfehlungen 325

❶ Tippen Sie zur Notizerstellung auf *Notiz schreiben*.

❷ Sie können nun einen Titel und den Notizentext eingeben. Schließen Sie anschließend den Bildschirm mit der ⤺-Taste.

❶ Weitere Eingabemöglichkeiten bieten die Schaltleisten am unteren Bildschirmrand im Hauptbildschirm:

Danach betätigen Sie eine der Schaltflächen:

- ≣: Liste
- ✏: Handschriftliche Notiz
- 🎤: Sprachaufnahme
- 📷: Foto

❷ Beispiel für eine Sprachaufnahme. Google Notizen führt eine Transkription in Text durch, die Sie am oberen Bildschirmrand sehen. Für eine Benachrichtigung tippen Sie auf *Erinnern*. Anschließend können Sie entweder eine *Uhrzeiterinnerung* oder *Standorterinnerung* festlegen.

❶ Über die Schaltleisten am oberen Bildschirmrand (Pfeil) teilen Sie die Notiz mit Dritten, ändern Sie die Hintergrundfarbe der Notiz, fügen ein Foto hinzu oder verschieben die Notiz ins Archiv.

❷ Beispiel für einige Notizen.

## 28.7 Office-Dateien auf dem Galaxy

Auf dem Galaxy J5 ist – im Gegensatz zu anderen Samsung-Handys – keine Office-Software vorinstalliert. Wenn Sie also Word-, Excel- oder PowerPoint-Dateien anzeigen und bearbeiten möchten, müssen Sie die passende Software aus dem Google Play Store (siehe Kapitel *27.1 Play Store*) nachinstallieren.

Im Play Store werden unzählige Office-Pakete, teilweise sogar kostenlos, angeboten, von denen wir Ihnen hier einige vorstellen möchten:

- Microsoft Word, Microsoft Excel, Microsoft PowerPoint: Die offiziellen sind leider auf dem dem Galaxy J5 nicht lauffähig.
- Das Softwarehaus Softmaker bietet die Programme Textmaker Mobile (Textverarbeitung), Presentations (Präsentationen), Planmaker (Tabellenkalkulation) kostenlos für Android-Handys und Tablets an. Gelobt wird am in Deutschland entwickelten TextMaker Office das Beibehalten aller Formatierungen beim Speichern, die Rechtschreibprüfung und die Unterstützung der gewohnten Office-Tastatur-Shortcuts.
- Google Docs, Google Sheets, Google Slides: Kostenlose, von Google gepflegte Office-Software zur Erstellung und Bearbeitung von Texten (Google Docs), Tabellen (Google Sheets) und Präsentationen (Google Slides). Unterstützt auch die Dateiablage auf dem Cloud-Dienst Google Drive.
- AndrOpen Office: Kostenlose Version von Open Office (*www.openoffice.org/de*), die sich allerdings noch in der Entwicklungsphase befindet.

Software-Empfehlungen

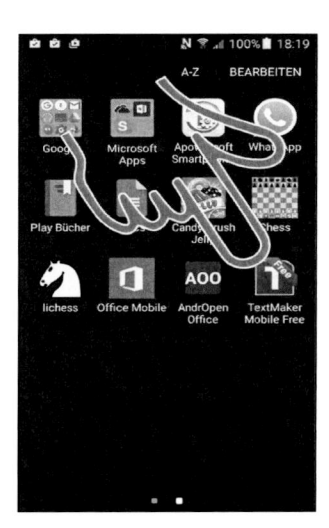

❶ In unserem Beispiel möchten wir von Softmaker die Textverarbeitung installieren. Rufen Sie dazu, wie im Kapitel *27.1 Play Store* beschrieben, den Play Store auf und führen Sie die Suche nach *softmaker mobile* durch. Wählen Sie in der Ergebnisliste *FREE Office: TextMaker Mobile* aus.

❷ Betätigen Sie *INSTALLIEREN* und dann *AKZEPTIEREN*, worauf das Programm heruntergeladen wird.

❸ Sie starten das Programm aus dem Hauptmenü.

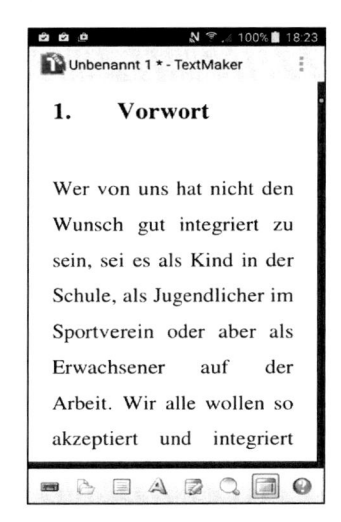

❶ Auch Office-Dateien, die man Ihnen per E-Mail als Dateianhang geschickt hat (siehe Kapitel *10.3.5 Dateianlagen* beziehungsweise *9.1.3 Dateianlagen*), können Sie nun anzeigen und bearbeiten. Tippen Sie einfach die Datei an.

❷ Falls mehrere Programme vorhanden sind, die Word-Dateien unterstützen, müssen Sie erst eine davon auswählen und dann mit *NUR EINMAL* bestätigen.

❸ Im Beispiel zeigt TextMaker Mobile die Datei an.

## 28.8 Anwendungen von Website-Betreibern

Um aktuelle Nachrichten zu erhalten, Online einzukaufen oder andere Dienste zu nutzen, müssen Sie nicht unbedingt immer Websites besuchen. In vielen Fällen finden Sie nämlich eine Anwendung der entsprechenden Unternehmen im Google Play Store. Suchen Sie dort einfach nach dem Firmen- beziehungsweise Website-Namen und installieren Sie die gefundene Anwendung. Beispiele dafür sind Spiegel (❶), ZDF Mediathek (❷) oder das Modekaufhaus Zara (❸).

# 29. Benutzeroberfläche optimal nutzen

In diesem Kapitel werfen wir einen Blick auf die zahlreichen Optionen, mit denen Sie das Galaxy an Ihre Bedienweise anpassen.

❶❷ Für die in den nachfolgenden Kapiteln beschriebenen Funktionen greifen Sie häufig auf die *Einstellungen*-Anwendung zurück, die Sie im Hauptmenü starten.

## 29.1 Bildschirmanzeige anpassen

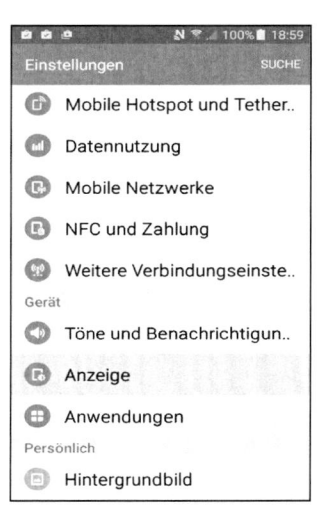

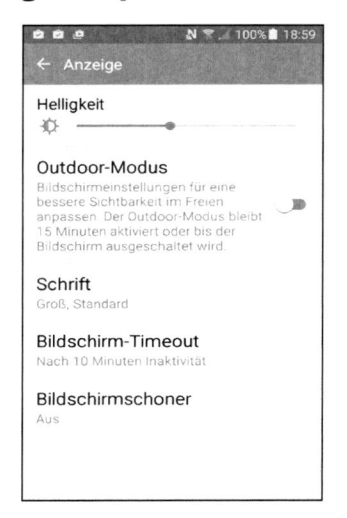

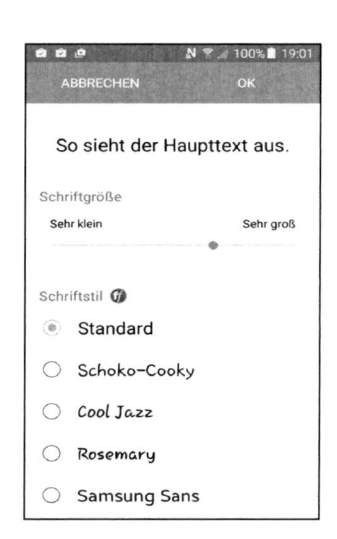

❶❷ In *Einstellungen/Anzeige* konfigurieren Sie die Bildschirmanzeige:

- *Helligkeit*: Diese können Sie einfacher über den Helligkeitsregler im Benachrichtigungsfeld anpassen.

- *Outdoor-Modus*: Erhöhte Displayhelligkeit, falls Sie das Handy draußen verwenden. Der Outdoor-Modus verbraucht sehr viel Strom, weshalb er sich automatisch nach 15 Minuten deaktiviert.

- *Schrift* (❸): Neben der Schriftgröße lässt sich auch die Schriftart einstellen. In diesem Buch verwenden wir beispielsweise eine etwas größere Schrift, damit die Bildschirmabbildungen besser lesbar sind.

- *Bildschirm-Timeout*: Nach der eingestellten Zeitspanne schaltet sich das Display aus. Alternativ betätigen Sie dafür den Ein/Ausschalter.

- *Bildschirmschoner*: Legt fest, was das Galaxy anzeigt, wenn es an die optionale Dockingstation beziehungsweise eine Stromversorgung angeschlossen ist. Neben einem Farbverlauf können Sie auch Fotos oder Inhalte der Flipboard-Anwendung anzeigen lassen.

> Die Optionen *Helligkeit* und *Bildschirm-Timeout* haben großen Einfluss auf die Akkubetriebsdauer, weshalb Sie sie nicht zu hoch einstellen sollten. Auch *Outdoor-Modus* reduziert die Akkulaufzeit erheblich.

## 29.2 Funktionen in der Displaysperre

Je nach Voreinstellung (unter *Einstellungen/Anzeige/Bildschirm-Timeout*) aktiviert sich nach bis zu 10 Minuten die Displaysperre, wenn Sie das Gerät nicht nutzen. Alternativ schaltet sich die Displaysperre auch ein, wenn Sie kurz den Ein/Ausschalter betätigen.

Manche der in den folgenden Kapiteln vorgestellten Funktionen machen bei genauerer Betrachtung kaum Sinn. Es ist also Ihnen überlassen, ob Sie sie im Alltag nutzbringend verwenden können.

Abhängig von Ihrem persönlichen Nutzungsmuster, ist es eventuell sinnvoll, bestimmte Bildschirmelemente in der Bildschirmsperre ein- oder auszuschalten.

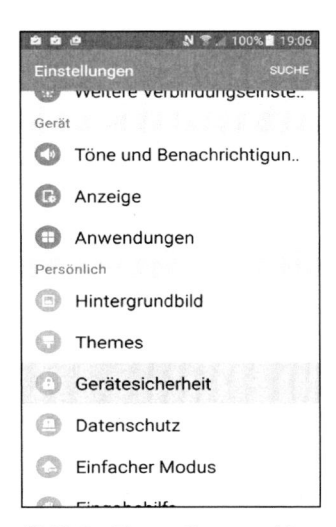

❶❷ In *Einstellungen/Gerätesicherheit* lassen sich weitere Einstellungen vornehmen:

Unter *Sperrbildschirm*:

- *Sperrbildschirmtyp*: Bildschirmsperre durch PIN, Passwort oder Muster (siehe Kapitel *31 Zugriffssperren*).
- *Informationen anzeigen*: Darauf gehen wir weiter unten ein.
- *Effekt für Entsperren*: Verschiedene Effekte, die beim Entsperren mit einer Wischgeste angezeigt werden.

Unter *Sicherheit*:

- *Gerätesicherheit*: Verwaltet die Samsung Knox-Funktionen, die einen separaten Speicherbereich für persönliche Daten bereitstellen. Wir gehen auf diese für Unternehmen gedachte Funktion nicht weiter ein.
- *Find My Mobile*: Sollten Sie das Galaxy mal verlieren, ermitteln Sie über *Find My Mobile* dessen Standort.
- *Unbekannte Quellen*: Standardmäßig erlaubt das Galaxy nur die Installation von Programmen aus dem Google Play Store. Wenn Sie Programme auch von anderen Anbietern installieren wollen, müssen Sie zuvor *Unbekannte Quellen* aktivieren. Sie erhalten einen entsprechenden Hinweis vom System, wenn Sie dennoch versuchen, ein Programm zu installieren.
- *Andere Sicherheitseinstellungen:* Darauf gehen wir in diesem Buch nicht weiter ein.

Benutzeroberfläche optimal nutzen

❶❷ In *Informationen anzeigen* legen Sie fest, welche Anzeigen im Sperrbildschirm erfolgen:

- *Dual-Uhr*: Falls Sie sich im Ausland befinden und das Handy in einem fremden Mobilfunknetz (Roaming) eingebucht ist, erscheint eine weitere Uhr.
- *Wetter*: Wettervorhersage im Sperrbildschirm.
- *Info über Besitzer*: Geben Sie hier Ihre Kontaktdaten ein, damit ein ehrlicher Finder Ihres Handys weiß, wem es gehört.

❸ Beispielanzeige des Sperrbildschirms mit Wetter und Besitzerinformationen (Pfeil). Die Dual-Uhr mit Lokalzeit/Heimatzeit ist aktiv, wenn Sie sich im Ausland befinden, weshalb standardmäßig nur die Uhrzeit erscheint.

## 29.3 Ruhemodus

In bestimmten Fällen, beispielsweise, wenn man außerhalb seiner Arbeitszeit keine Anrufe annimmt, ist es sinnvoll, die Signaltöne des Galaxy zu deaktivieren. Damit Sie nicht am nächsten Morgen vergessen, die Signaltöne wieder einzuschalten, besitzt das Handy dafür einen Timer.

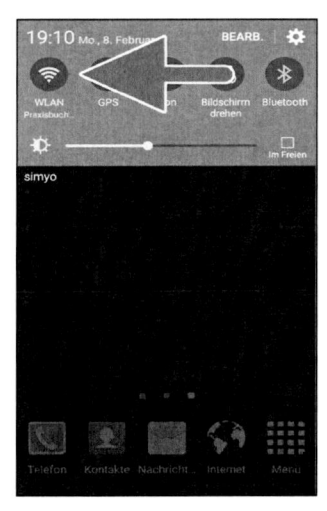

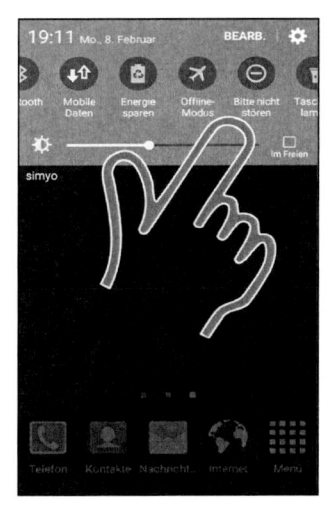

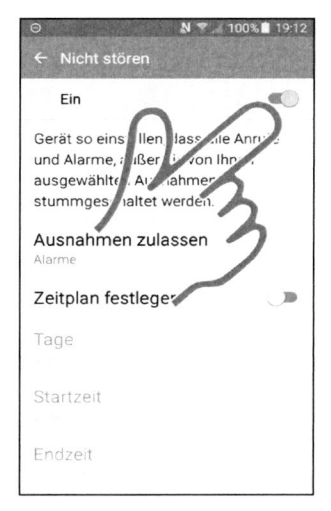

❶ Aktivieren Sie das Benachrichtigungsfeld, dann wischen Sie mit dem Finger auf den Schaltleisten nach links.

❷ Drücken und halten Sie die *Bitte nicht stören*-Schaltleiste, bis der Konfigurationsbildschirm erscheint.

❸ Aktivieren Sie den Schalter, der sich daraufhin grün färbt.

❶❷ Das Menü *Ausnahmen zulassen* bestimmt, welche Benachrichtigungen auch im Ruhemodus aktiv sind. Standardmäßig sind *Alarme* (siehe Kapitel *20.1 Alarm*) immer eingeschaltet. Verlassen Sie den Bildschirm mit der ⤺-Taste.

❶ Aktivieren Sie zunächst *Anrufe* und *Nachrichten* (SMS).

❷ *Anrufe und/oder Nachrichten von* konfiguriert, welche Telefonbuchkontakte Sie zu Ihnen durchkommen, auch wenn Sie alle Signale deaktiviert haben:

- *Alle*: Deaktiviert.
- *Nur bevorzugte Kontakte:* Favoriten-Kontakte (siehe Kapitel *4.2 Favoriten*).
- *Nur Kontakte*: Alle Kontakte, deren Rufnummer in Ihrem Telefonbuch (siehe Kapitel *6 Telefonbuch*) enthalten ist.

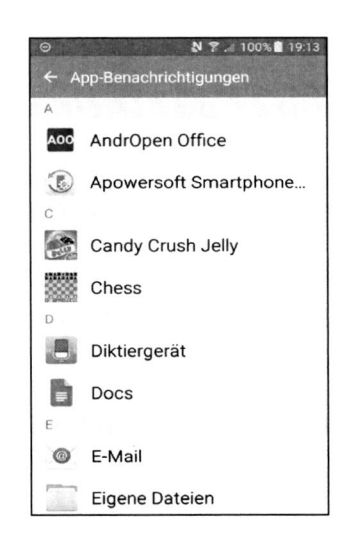

❶ Die Kalendertermine aktivieren Sie mit *Ereignisse und Erinnerungen.*

❷❸ Alle weiteren Programme mit Benachrichtigungsfunktionen finden Sie unter *App-Benachrichtigungen*. Darunter befindet sich zum Beispiel die E-Mail-Anwendung.

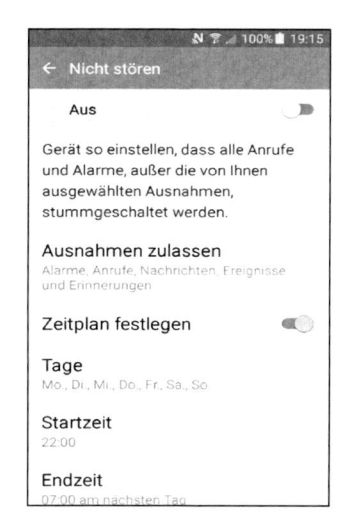

❶ In der Voreinstellung ist der Ruhemodus solange aktiv, bis Sie ihn wieder deaktivieren. Wir empfehlen deshalb, die Zeitsteuerung zu verwenden, die Sie über *Zeitplan festlegen* einschalten.

❷ Anschließend stellen Sie die betreffenden Wochentage, sowie Start- und Endzeit ein.

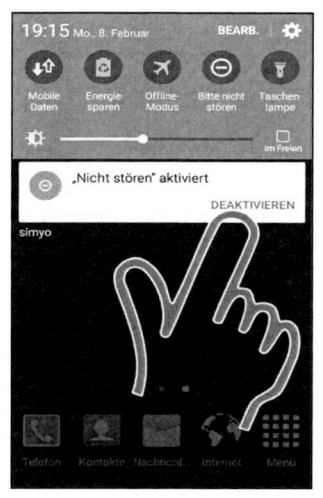

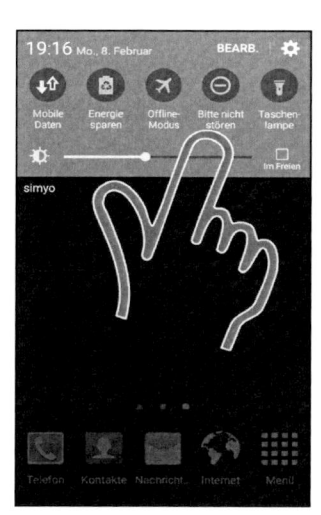

❶ Wenn der Ruhemodus aktiv ist, erscheint in der Titelleiste das ⊖-Symbol.

❷ Den Ruhemodus können Sie über die *DEAKTIVIEREN*-Schaltleiste im Benachrichtigungsfeld ausschalten.

❸ Zum Einschalten betätigen Sie dagegen die *Bitte nicht stören*-Schaltleiste im Benachrichtigungsfeld.

# 30. Gerätespeicher

Schon vor Jahren hat sich die Erweiterbarkeit des Handys durch Speicherkarten eingebürgert. Für den Hersteller hatte dies damals den Vorteil, dass sie ihre Geräte nur mit dem gerade notwendigsten Speicherausbau ausliefern konnten, was Produktionskosten sparte. Weil Fotos, Videos und MP3-Dateien viel Speicherplatz benötigen, musste dann der Kunde für eine nachträglich erworbene Speicherkarte tief in die Tasche greifen.

Heute sieht es glücklicherweise anders aus: Hersteller wie Samsung packen die inzwischen sehr günstigen Speicherchips gleich im Gigabyte-Pack in ihre Handys. Beachten Sie, dass das Galaxy J5 im Gegensatz zu anderen Handy-Modellen von Samsung nicht durch eine Speicherkarte erweiterbar ist.

Der Speicher des Galaxy ist in drei Bereiche unterteilt:

- *Telefonspeicher*: Hier speichert das Gerät beispielsweise Kontaktdaten, Termine, Programme und sonstige Verwaltungsinformationen.
- *Gerätespeicher*: Es steht ein freier Speicherbereich von 16 GB (Gigabyte) für MP3-Dateien, Videos, Fotos, usw. zur Verfügung. Der Gerätespeicher ist fest im Gerät enthalten und lässt sich nicht austauschen.
- *SD-Karte*: Über eine Micro-SD-Karte lässt sich der Datenspeicher erweitern. Sie können beispielsweise die Kamera (siehe Kapitel *15 Kamera*) veranlassen, alle Fotos und Videos auf der SD-Karte abzulegen.

## 30.1 Speicherzugriff unter Windows 7

Sie finden das Galaxy unter *Computer* im Startmenü…

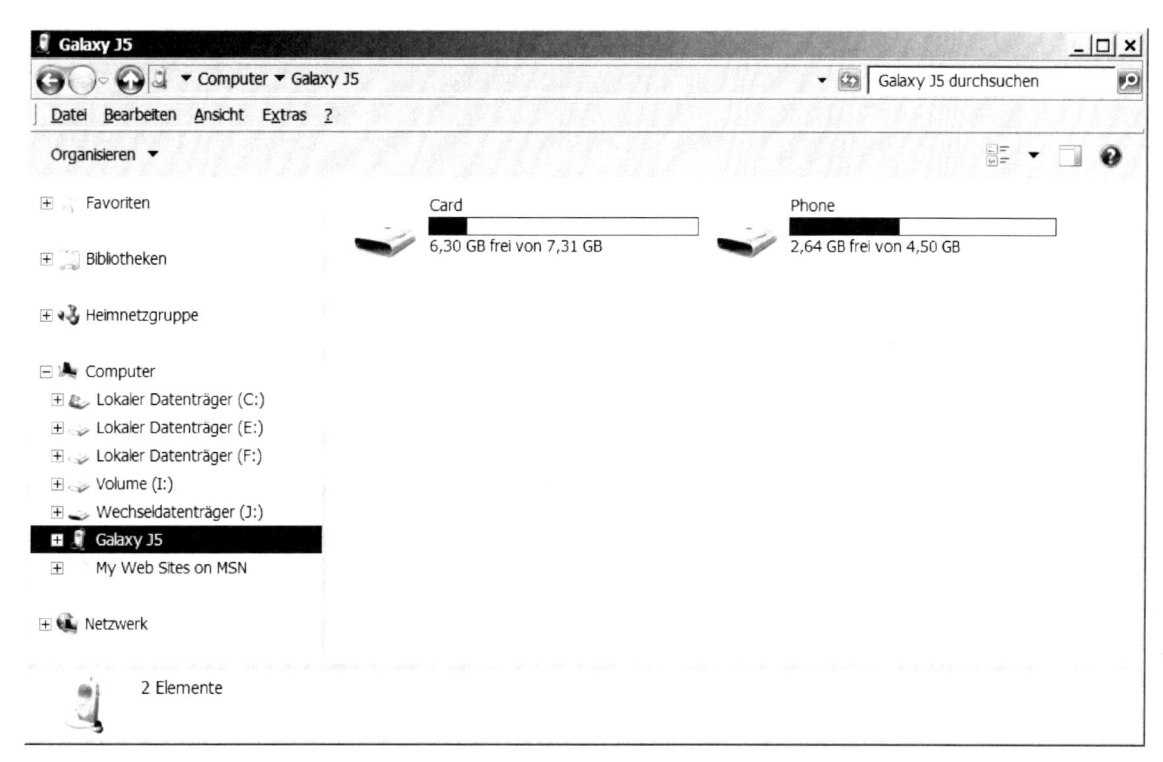

Gehen Sie dort links im Verzeichnisbaum auf den Gerätenamen des Galaxy. Die externe (eingesteckte) SD-Karte heißt *Card*, der Gerätespeicher dagegen *Phone*.

## 30.2 Speicherzugriff unter Windows 8 und Windows 10

Unter Windows 8 klicken Sie in der Kacheloberfläche auf das Ordner-Symbol (Pfeil).

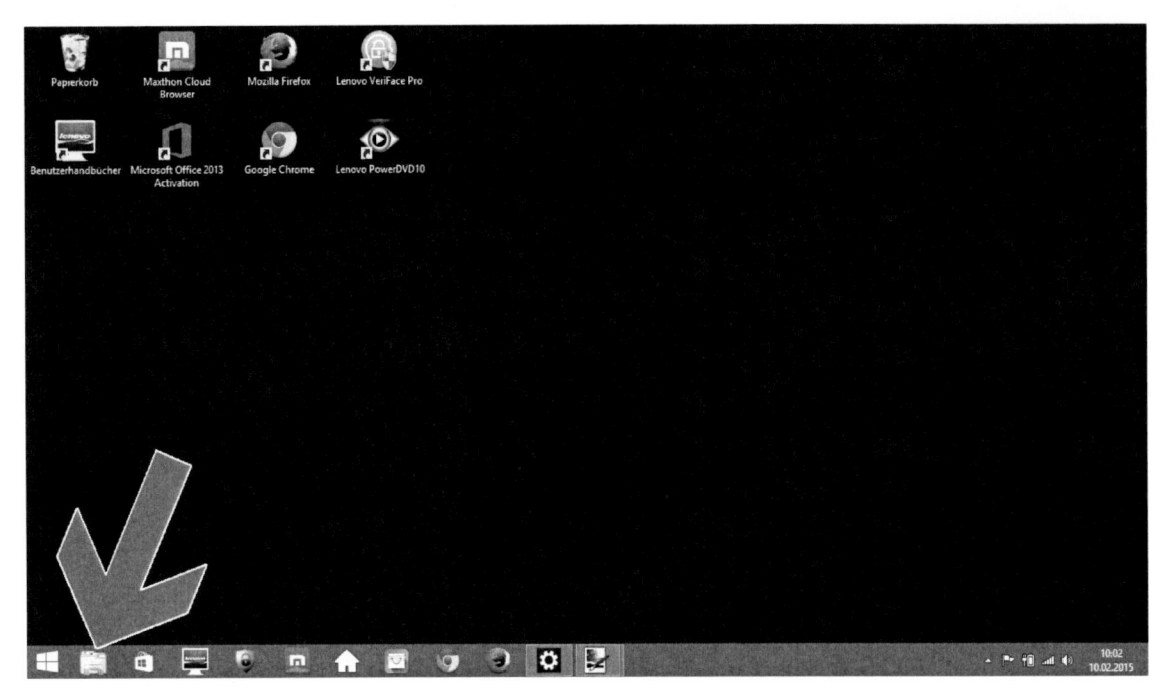

Im Desktop von Windows 8 klicken Sie dagegen auf die Ordner-Schaltleiste.

Bei Windows 10 klicken Sie auf die Ordner-Schaltleiste.

Gehen Sie dort links im Verzeichnisbaum unter *Dieser PC* auf den Gerätenamen des Galaxy. Die externe (eingesteckte) Speicherkarte heißt *Card*, der Gerätespeicher dagegen *Phone*.

## 30.3 Allgemeine Hinweise

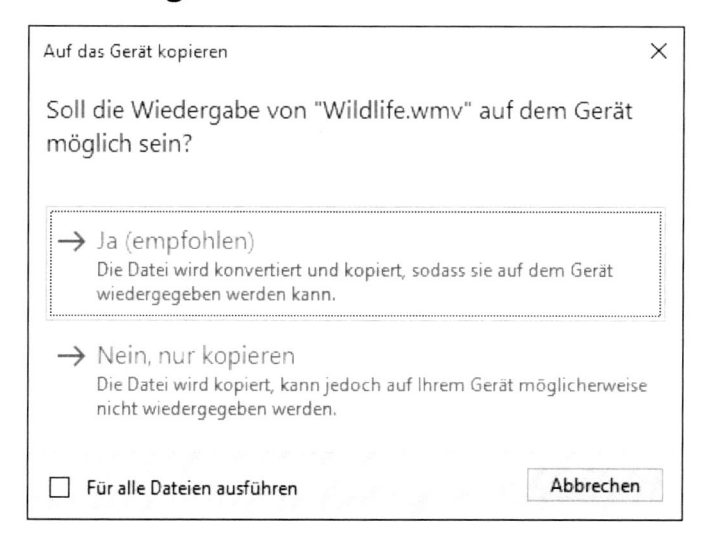

Wenn Sie Videos vom PC auf das Galaxy kopieren, die das Handy möglicherweise nicht abspielen kann, erscheint ein Warnhinweis. Betätigen Sie *Ja*, wenn die Datei dennoch kopiert werden soll. Über eine Konvertierungssoftware (suchen Sie einfach auf dem PC in Google nach »Videokonverter«) können Sie Videos gegebenenfalls dem PC in ein auf dem Handy abspielbares Format zu bringen. Alternativ suchen und installieren Sie einfach einen passenden Videoplayer aus dem Google Play Store (zum Beispiel den *BS Player*).

Tipp: Ziehen Sie auf dem PC einfach die markierten Dateien mit der Maus aus dem Fenster auf das Galaxy. Das Handy speichert die Dateien dann automatisch im richtigen Verzeichnis. Bilder landen beispielsweise in *Pictures*.

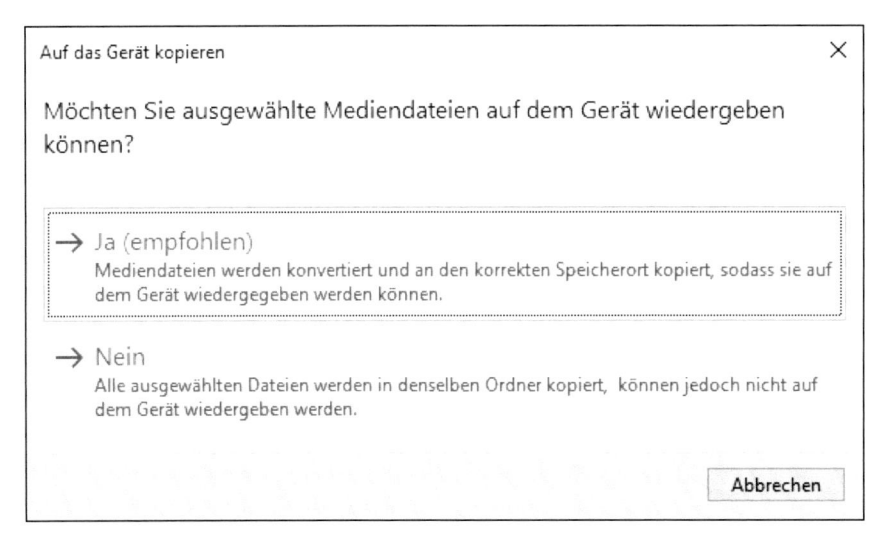

Sofern Sie auf dem PC mehrere verschiedene Dateiarten (beispielsweise PDF- und Bilddateien) gleichzeitig auf das Galaxy ziehen, stellt Sie ein Dialog zur Wahl:

- *Ja (empfohlen)*: Die Dateien werden auf dem Galaxy an den korrekten Ort kopiert, beispielsweise landen PDF-Dateien im Hauptverzeichnis, Fotos im *Pictures*-Verzeichnis und Musikdateien im *Music*-Verzeichnis.
- *Nein*: Alle Dateien landen auf dem Galaxy im Hauptverzeichnis.

Auch wenn der Hinweis-Dialog anderes suggeriert, macht es keinen Unterschied, wohin auf dem Galaxy Sie Ihre Bild- und MP3-Dateien kopieren. Die Album-Anwendung und der MP3-Player »Musik« durchsuchen alle Verzeichnisse auf dem Gerät und zeigen diese an beziehungsweise spielen sie ab.

## 30.4 Speicherverwaltung

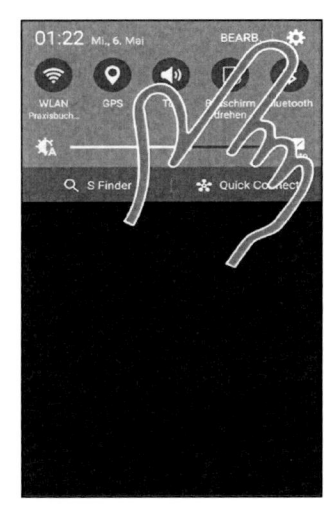

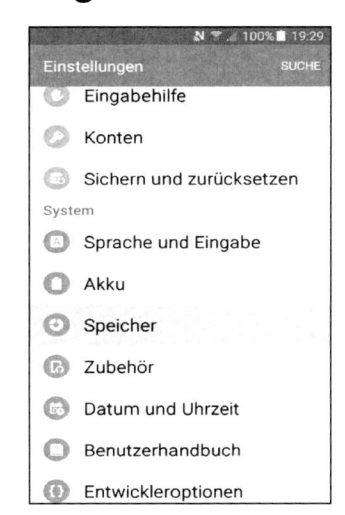

❶❷ Für die Speicherkartenverwaltung rufen Sie das Benachrichtigungsfeld auf, gehen auf ✿ für die *Einstellungen* und rufen Sie unter das *Speicher*-Menü auf.

❸ Der Bildschirm informiert Sie über:

- *Gesamtspeicherplatz*: Insgesamt vorhandener Speicher.
- *Verfügbarer Speicherplatz*: Vom Anwender nutzbare Speichergröße.
- *Systemspeicher:* Speicherplatz, der mindestens frei sein sollte, damit das Handy ordnungsgemäß funktioniert.
- *Verwendeter Platz*: Belegter Speicher. Dies sind neben den Programmdateien auch Bilder/Videos, Audio (MP3-Songs, Klingeltöne, usw.) und Downloads (von Ihnen aus dem Webbrowser oder aus E-Mails gespeicherte, beziehungsweise per Bluetooth oder Wi-fi Direct empfangene Dateien.).
- *Zwischengespeicherte Dateien:* Viele Programme legen im täglichen Betrieb Dateien an, die später nicht mehr benötigt werden, aber trotzdem auf dem Gerät verbleiben. Betätigen Sie *Zwischengespeicherte Dateien,* um diese zu löschen und damit wieder Speicher auf dem Galaxy freizugeben.
- *Sonstige Dateien*: Nicht von Samsung dokumentiert.

> Wundern Sie sich bitte nicht, dass *Verfügbarer Speicherplatz* weniger Gigabyte (GB) anzeigt, als das Handy wirklich hat, denn die internen Verwaltungsinformationen benötigen ebenfalls Platz.

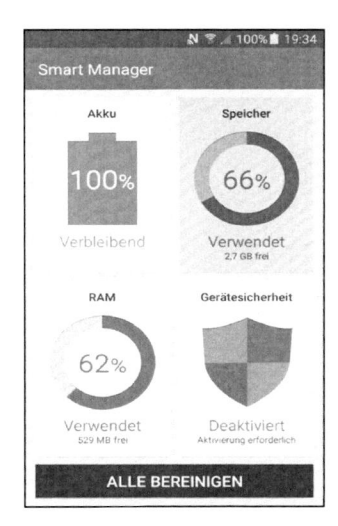

❶ Es empfiehlt sich, ab und zu nicht benötigte Dateien zu löschen, was Sie über *Smart Manager*

aus dem Hauptmenü erledigen.

❷ Rufen Sie *Speicher* auf.

❸ *LÖSCHEN* entfernt nicht mehr benötigte Daten.

## 30.5 Verzeichnisse

Die Anwendungen auf dem Galaxy legen bei Bedarf die von ihnen benötigten Verzeichnisse selbst an. Wir weisen in diesem Buch in den jeweiligen Kapiteln darauf hin, falls Sie selbst mal ein Verzeichnis anlegen müssen. Beachten Sie bitte, dass Android bei Verzeichnis- und Dateinamen – im Gegensatz zu Windows auf dem PC – zwischen Groß- und Kleinschreibung unterscheidet.

Die wichtigsten Verzeichnisse:

- *Sounds*: Mit der Sprachmemo-Anwendung aufgenommene Sprachaufnahmen.
- *DCIM*: Enthält die mit der Kamera (Kapitel *15 Kamera*) aufgenommenen Fotos und Videos.
- *Download*: Aus E-Mails (siehe Kapitel *9.1.3 Dateianlagen*) gespeicherte Dateien.
- *Ringtones; Notifications; Alarms*: In diesen Verzeichnissen legt man zusätzliche Klingel- und Benachrichtigungstöne ab, die dann für Signalisierungen zur Verfügung stehen (siehe Kapitel *3.14.1 Signaltöne*).

# 31. Zugriffssperren

Sie haben die Möglichkeit, Ihr Galaxy auf Geräteebene (»Gerätesperre«) oder SIM-Ebene (»SIM-Sperre«) gegen unbefugten Zugriff zu sichern. Sobald Sie eine der beiden Sperren aktivieren, lässt sich das Handy erst nach Eingabe des jeweiligen Codes nutzen. Beachten Sie, dass auf Sie erhebliche Probleme zukommen, wenn Sie den Code vergessen: Im Fall der Gerätesperre können Sie Ihr Galaxy nur noch durch einen Hard-Reset wieder entsperren, wodurch aber alle Daten verloren gehen. Wenn Sie dagegen die PIN bei der SIM-Sperre dreimal falsch eingeben, erfolgt eine Sperre, die Sie immer noch über die »General-PIN«, die PUK, beenden können. Geben Sie die PUK allerdings zehnmal falsch ein, erfolgt eine Dauersperre und Ihnen bleibt nichts anderes übrig, als dies dem Netzbetreiber zu melden, der Ihnen eine neue SIM-Karte zuschickt.

Neben der Geräte- und SIM-Sperre gibt es noch die Displaysperrre, die einfach nur gegen ungewollte Tastenbetätigung schützt, wenn Sie das Gerät gerade nicht nutzen.

Damit ein Dieb nichts mit den Daten auf dem Smartphone und der SIM-Karte anfangen kann, sollten SIM-Sperre und Gerätesperre mit Codeschutz gleichzeitig aktiv sein.

PIN und PUK senden die Netzbetreiber ihren Kunden automatisch beim Vertragsabschluss zu.

**Wichtig:** Dateien, die sich auf einer eingelegten Speicherkarte befinden, sind durch die Zugriffssperren nicht gesichert. Eine aus dem Galaxy entnommene Speicherkarte lässt sich sehr einfach mit einem handelsüblichen Speicherkartenleser auslesen.

## 31.1 Displaysperre

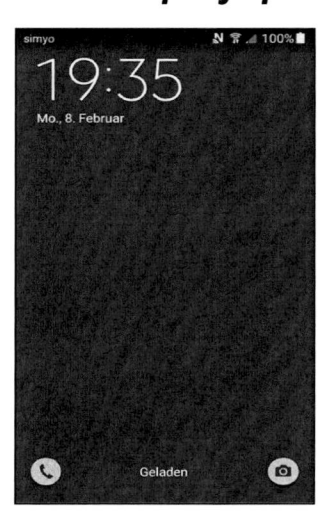

Die Displaysperre, welche bereits im Kapitel *3.2 Displaysperre* beschrieben wird, aktiviert sich automatisch nach einiger Zeit der Nichtnutzung.

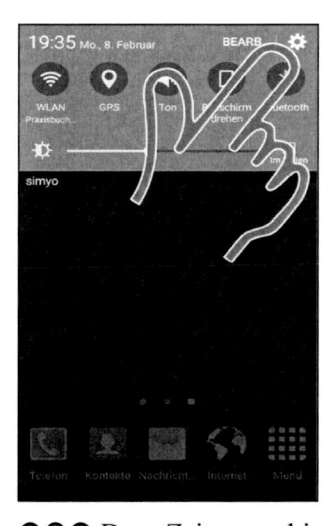

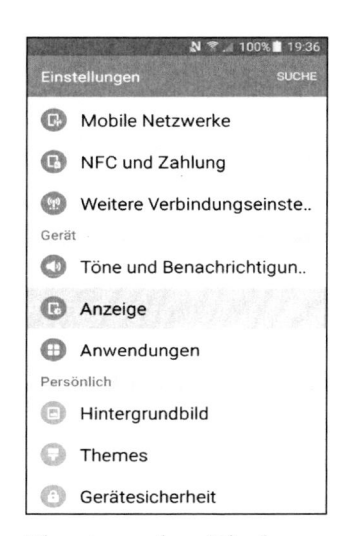

❶❷❸ Den Zeitraum bis zum Einsetzen der Displaysperre konfigurieren Sie in den *Ein-*

*stellungen.* Aktivieren Sie dafür das Benachrichtigungsfeld und tippen Sie auf ✿. Gehen Sie anschließend in das Menü *Anzeige/Bildschirm-Timeout.* Wählen Sie dort die Verzögerung aus.

## *31.2 Gerätesperre*

Einen Schutz vor unbefugtem Zugriff auf das Galaxy bietet der Kennwortschutz für die Displaysperre. Wenn das Display entsperrt oder das Gerät eingeschaltet wird, muss der Benutzer entweder erst ein Entsperrmuster mit dem Finger auf dem Gerät malen, ein Passwort eingeben oder mit dem Finger über den Fingerabdrucksensor wischen, bevor er es nutzen kann.

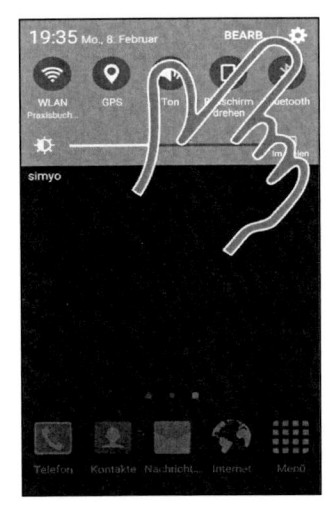

❶❷ Aktivieren Sie das Benachrichtigungsfeld, tippen Sie auf ✿ und gehen Sie dann auf *Gerätesicherheit/Sperrbildschirmtyp.*

Sie haben nun die Wahl zwischen:

- *Streichen*: Zum Entsperren reicht es, mit dem Finger über das Display zu wischen (keine Gerätesperre).
- *Muster*: Sperre, die das Gerät nach Malen eines Musters frei schaltet.
- *PIN*: PIN-basierte Sperre (nummerisches Kennwort).
- *Passwort*: Gerät wird nach Eingabe des Passworts (alphanummerisches Kennwort) frei gegeben.
- *Keine*: Gerätesperre nie aktivieren. Ideal, wenn das Galaxy nur zuhause genutzt wird.

> Sollten Sie die Entsperrgeste, die PIN oder das Passwort vergessen haben, so steht als letzter Rettungsanker die Find My Mobile-Funktion zur Verfügung, die Kapitel *31.5.2 Fernzugriff* beschreibt. Über *Bildschirm freigeben* entsperren Sie damit Ihr Gerät.

## 31.2.1 Muster-Sperre

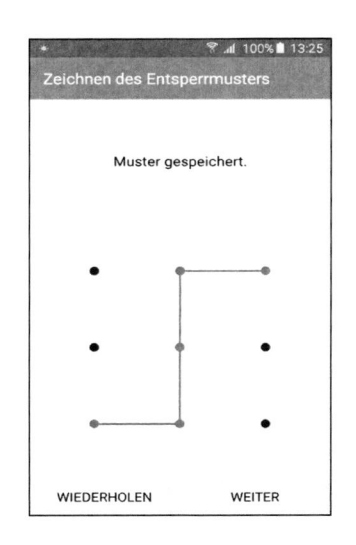

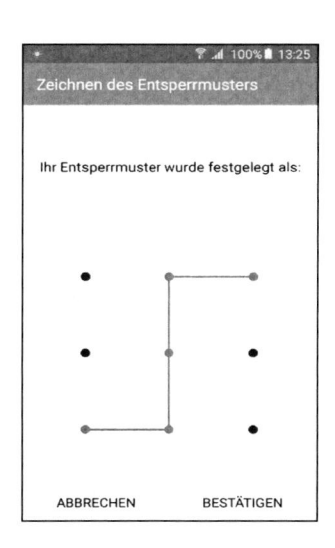

❶ Gehen Sie auf *Muster*.

❷ Nun sind Sie an der Reihe: Verbinden Sie mindestens vier der Knöpfe auf dem Bildschirm, indem Sie mit angedrücktem Finger darüber fahren. Merken Sie sich das Muster und schließen Sie mit *WEITER* ab.

❸ Das Muster ist dann erneut zu zeichnen. Betätigen Sie dann *BESTÄTIGEN*.

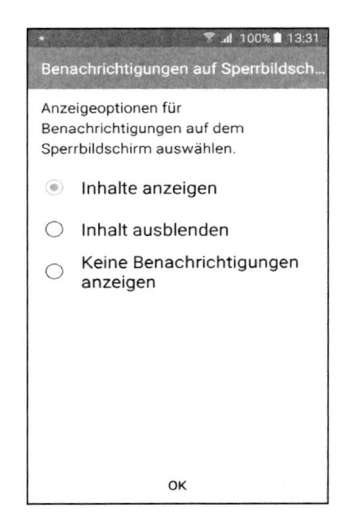

❶ Geben Sie anschließend zweimal hintereinander die gewünschte PIN ein, mit der sich der Bildschirm entsperren lässt, falls Sie mal das Entsperrmuster vergessen.

❷ Zum Schluss wählen Sie aus, ob das Galaxy Benachrichtigungen (über verpasste Anrufe, neue SMS oder E-Mails, Termine, usw.) auf dem Sperrbildschirm anzeigen soll. Mitunter ist es aus Datenschutzgründen sinvoll, dort keine Benachrichtigungen erscheinen zu lassen. Schließen Sie mit *OK* ab.

❸ So sieht der Bildschirm bei aktiver Gerätesperre aus: Malen Sie nun das zuvor erstellte Muster, um das Gerät zu entsperren.

> Sie haben fünf Versuche, das Muster korrekt einzugeben und müssen danach jeweils 30 Sekunden warten.
>
> Beachten Sie, dass Sicherheitsexperten eine schwerwiegende Schwachstelle der Muster-Displaysperre herausgefunden haben: Hält man das Handy etwas schräg gegen das Licht, sieht man anhand der Fingerspuren, an welcher Stelle auf dem Display das Muster »gezeichnet« wurde. Besseren Schutz bietet die im nachfolgenden Kapitel beschriebene PIN-, beziehungsweise Passwortsperre.

## 31.2.2 PIN- und Passwortsperre

❶ Gehen Sie auf *PIN* oder *Passwort*.

❷ Geben Sie dann das Kennwort ein, betätigen Sie *Weiter,* erfassen Sie das Kennwort erneut und schließen Sie den Bildschirm mit *OK*.

❸ Die Gerätesperre verlangt nun beim nächsten Mal das Kennwort.

## *31.3 Optionen während der Sperre*

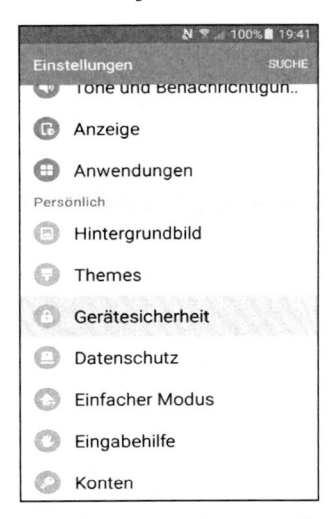

❶❷❸ Unter *Gerätesicherheit/Sichere Sperreinstellungen* sind nun weitere Optionen freigeschaltet:

- *Muster sichtbar machen*: Sofern die Mustersperre verwendet wird, stellen Sie hier ein, ob beim Wischen das Wischmuster sichtbar ist.
- *Automatisch sperren*: Zeitspanne, die das Handy nach dem Displayabschalten wartet, bevor es die Sperre aktiviert.
- *Mit Ein/Aus sofort sperren*: Drücken des Ein/Ausschalters aktiviert die Sperre.
- *Smart Lock*: Wenn bestimmte Umgebungsbedingungen (Standort, Ihre Stimme, oder ähnliches) auftreten, entsperrt sich das Handy automatisch. Wir raten aus Sicherheitsgründen von dessen Verwendung ab.

## 31.4 SIM-Sperre

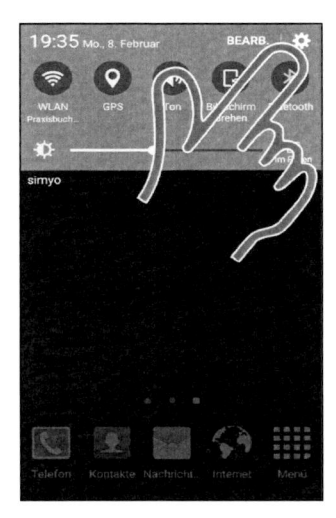

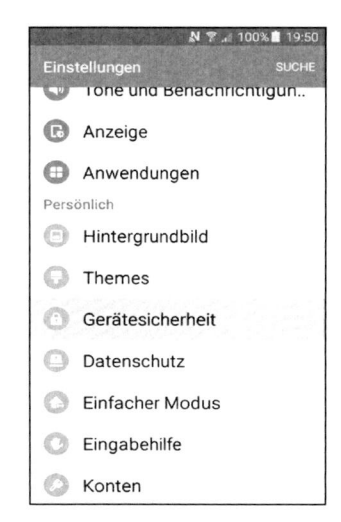

❶ Das Gerät kann man bei der SIM-Sperre erst nach Eingabe der PIN Ihrer SIM-Karte nutzen, wenn man es einschaltet.

❷❸ So konfigurieren Sie die SIM-Sperre: Aktivieren Sie das Benachrichtigungsfeld, tippen Sie ✿ für die *Einstellungen* an und gehen Sie auf *Gerätesicherheit*.

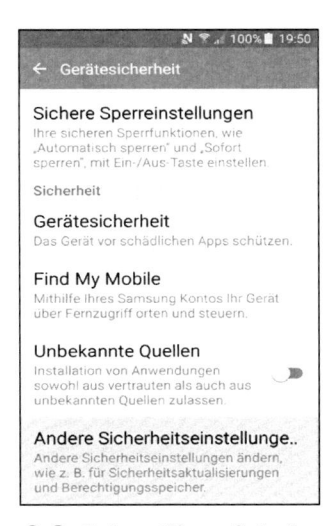

❶❷ Gehen Sie auf *Andere Sicherheitseinstellungen/SIM-PIN Optionen*.

❸ Aktivieren/Deaktivieren Sie die SIM-PIN-Abfrage über *SIM-Karten-PIN*. Über *SIM-PIN ändern* können Sie die vom Netzbetreiber vorgegebene vierstellige PIN ändern.

## 31.5 Maßnahmen gegen Diebstahl

Ist das eigene Handy erst einmal gestohlen oder verloren, gab es bis vor einigen Jahren praktisch keine Möglichkeit, das Gerät wiederzuerlangen. Aktuelle Handy-Modelle können heute dagegen im Verlustfall dank des eingebauten GPS-Empfängers und raffinierter Software nicht nur ihre eigene Position bekannt geben, sondern auch ferngesteuert gesperrt und gelöscht werden.

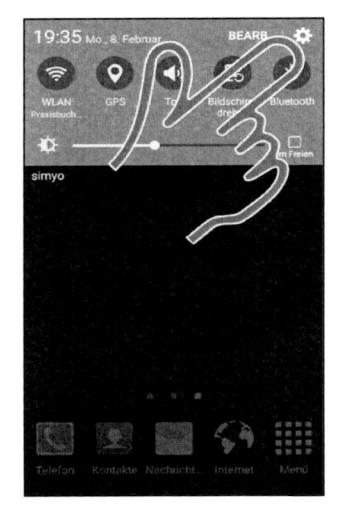

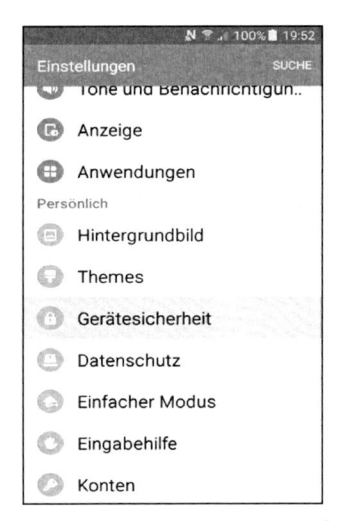

❶❷ Aktivieren Sie das Benachrichtigungsfeld, tippen Sie ✿ für die *Einstellungen* an und gehen Sie auf *Gerätesicherheit*.

❸ Die Diebstahlschutz-Funktionen sind unter *Find My Mobile* zu finden. Sie müssen dann erst aus Sicherheitsgründen das Passwort Ihres Samsung-Kontos (siehe Kapitel *26 Das Samsung-Konto*) angeben.

## 31.5.1 SIM-Kartenwechsel

Haben Sie die im Nachfolgenden beschriebene Funktion aktiviert, sendet Ihr Galaxy automatisch im Falle eines SIM-Kartenaustauschs eine SMS an ein zweites Handy. Zwar haben Sie dann Ihr Handy noch nicht wieder, wissen aber zumindest die Rufnummer des Diebes, was der Polizei dann dessen leichte Identifizierung erlaubt.

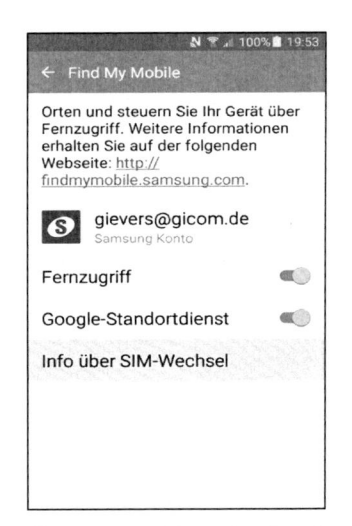

❶ Wählen Sie *Info über SIM-Wechsel*.

❷ Im folgenden Bildschirm erfassen Sie einen *Nachrichtenhinweis* und geben unter *Empfänger der Alarm-SMS* eine Handynummer im internationalen Format (für das »+« die 0-Taste gedrückt halten) ein. An letztere wird im Alarmfall die Benachrichtigungs-SMS geschickt. Vergessen Sie auch nicht, über die Schaltleiste oben rechts die SMS-Alarmierung zu aktivieren. Bestätigen Sie mit *SPEICHERN*.

❸ Wenn jetzt jemand die SIM-Karte im Galaxy austauscht, erhalten Sie automatisch, ohne dass ein Hinweis auf dem Galaxy erscheint, eine Benachrichtigungs-SMS auf das zweite Handy.

## 31.5.2 Fernzugriff

Jeden Tag gehen in Deutschland mehrere Tausend Mobilgeräte verloren, sei es durch Diebstahl oder Vergesslichkeit. Falls Sie mal Ihr Galaxy verlieren sollten, ist dies glücklicherweise nicht so schlimm, denn alle Daten, die Sie mit den mitgelieferten Google-Anwendungen verwalten, werden automatisch im Internet in Ihrem Google-Konto gesichert. Melden Sie sich dann mit Ihrem Google-Konto auf einem anderen Android-Tablet/Handy an, stehen Ihre Daten automatisch nach einigen Minuten wieder zur Verfügung. Haben Sie außerdem Ihr Galaxy, wie im Kapitel *31.2 Gerätesperre* beschrieben, gegen fremden Zugriff geschützt, brauchen Sie auch kaum Angst haben, dass jemand mit Ihren Daten Missbrauch treibt.

Ärgerlich bleibt ein Geräteverlust aber trotzdem. Mit den in diesem Kapitel vorgestellten Anwendungen können Sie daher Ihr Handy lokalisieren. Von Erfolg sind die Ortungsmaßnahmen nur gekrönt, wenn das Handy eingeschaltet ist und der Dieb/Finder es nicht über eine Tastenkombination zurücksetzt. Deshalb gilt: Je schneller Sie die Ortung durchführen, desto größer ist die Wahrscheinlichkeit, es wiederzufinden.

Find My Mobile ist eine von Samsung mitgelieferte Fernzugriffsfunktion, über die Sie nicht nur das Galaxy lokalisieren, sondern auch anrufen oder fernlöschen können.

Damit Sie diese Funktion nutzen können, müssen Sie vorher erst ein Samsung-Konto anlegen. Siehe dazu Kapitel *26 Das Samsung-Konto*.

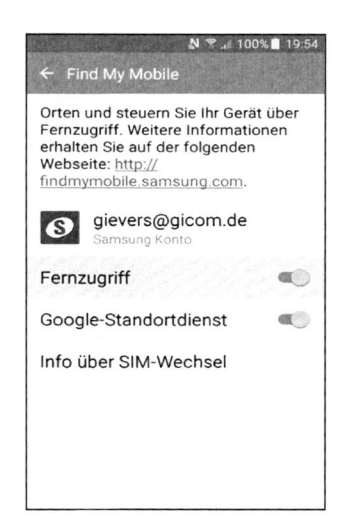

Prüfen Sie, ob *Fernzugriff* und *Google-Standortdienst* aktiv sind. Verlassen Sie den Übersichtsbildschirm mit der ⊃-Taste.

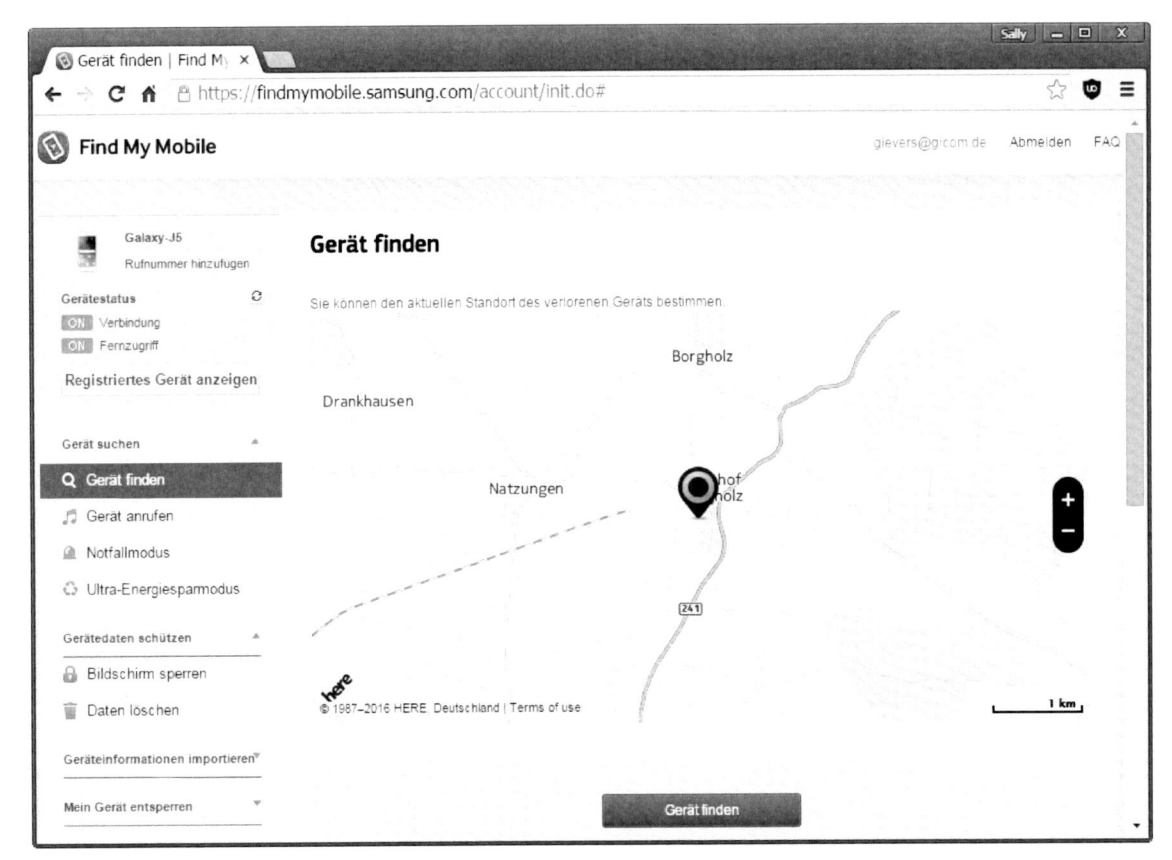

Ihr Galaxy (und andere Samsung-Geräte mit Fernzugriffsfunktion) verwalten Sie nun über den Webbrowser mit »Find My mobile« (*findmymobile.samsung.com*). Loggen Sie sich auf der Website mit Ihren Samsung-Konto-Logindaten ein.

Sofern Sie mehrere Samsung-Handys/Tablets einsetzen, müssen Sie erst das zu lokalisierende oben rechts auswählen.

Folgende Funktionen stehen unter anderem zur Verfügung:

Unter *Gerät suchen*:

- *Gerät finden*: Standort auf einer Landkarte anzeigen.
- *Gerät anrufen*: Signalton auf dem Handy aktivieren.
- *Notfallmodus:* Aktuelle GPS-Position an eine im Handy festgelegte Handynummer senden.
- *Ultra-Energiesparmodus*: Versetzt das Galaxy in einen Energiesparmodus, der die Akkubetriebsdauer auf 4-5 Tage erhöht.

Unter *Gerätedaten schützen*:

- *Bildschirm sperren:* Geben Sie eine vierstellige PIN ein. Das Handy wird darauf hin gesperrt und lässt sich erst durch die PIN wieder entsperren.
- *Daten löschen*: Löscht alle Daten auf dem Handy.

Unter *Geräteinformationen importieren*:

- *Anrufprotokolle*: Sie erfahren, mit welchen Rufnummern auf dem Handy telefoniert wurde.

Unter *Mein Gerät entsperren*:

- *Bildschirm freigeben*: Entsperrt ein mit Gerätesperre (siehe Kapitel *31.2 Gerätesperre*) versehenes Handy. Die eingestellte Gerätesperre wird entfernt.

Unter *Diensteinstellungen*:

- *Schutzengel verwalten*: Geben Sie eine Person an, die aus der Ferne den Notfallmodus zur Lokalisierung des Handys aktivieren kann.

> **Beachten Sie**: Damit Find My Mobile funktioniert, muss das Gerät Internetzugang über Mobilfunk oder WLAN haben. Schaltet ein Dieb das Galaxy einfach aus, beziehungsweise besteht kein Internetzugang, bringt Find My Mobile natürlich nichts. Auch wenn der Dieb es schafft, das Gerät zurückzusetzen, ist die Fernwartungsfunktion nutzlos.
>
> Das von Ihnen über der Find My Mobile-Website ferngesteuerte Mobilgerät blendet in der Titelleiste einen Hinweis ein. Eine unbemerkte Nutzung ist also nicht möglich.

### 31.5.3 Android Geräte-Manager

Der Android Geräte-Manager ist eine Alternative zu Samsungs Find My Mobile und dient ebenso der Lokalisierung Ihres Handys.

> Im Gegensatz zu Samsungs Find My Mobile ist der Android Geräte-Manager herstellerunabhängig und lässt sich auf jedem Android-Handyfabrikat einsetzen.

❶❷ Kontrollieren Sie zunächst auf Ihrem Handy, ob die Ortungseinstellungen korrekt sind: Öffnen Sie im Hauptmenü den *Google-Ordner* und gehen Sie auf *Google-Einstellungen*.

❶ Rufen Sie *Sicherheit* auf.

❷ Prüfen Sie, ob *Remote-Ortung für dieses Gerät durchführen* aktiv ist. Möchten Sie gegebenenfalls alle Daten ferngesteuert auf dem Gerät löschen, aktivieren Sie zusätzlich *Remote-Sperre und Löschen zulassen*. Sie können dann den Bildschirm mit der ⤺-Taste verlassen.

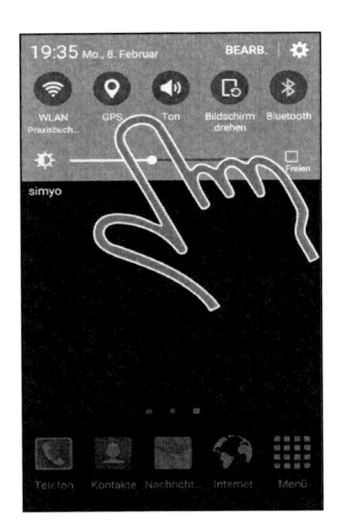

Eine spätere Ortung ist natürlich nur möglich, wenn auf dem Handy die Positionsermittlung aktiv ist. Rufen Sie daher das Benachrichtigungsfeld auf und kontrollieren Sie, ob GPS aktiv ist (GPS erscheint grün hervorgehoben). Ansonsten tippen Sie kurz auf *GPS*, um es einzuschalten.

Im Falle eines Geräteverlusts rufen Sie *die Geräte-Manager-Website* in einem Webbrowser auf und führen dort die Ortung beziehungsweise Fernlöschung durch. Wir empfehlen, die Ortung zumindest einmal als Trockenübung auszuprobieren, damit Sie im »Ernstfall« mit der Weboberfläche vertraut sind und schnell reagieren können.

Rufen Sie jetzt *android.com/devicemanager* in einem PC-Webbrowser auf.

Klicken Sie beim Sicherheitshinweis auf *Annehmen*.

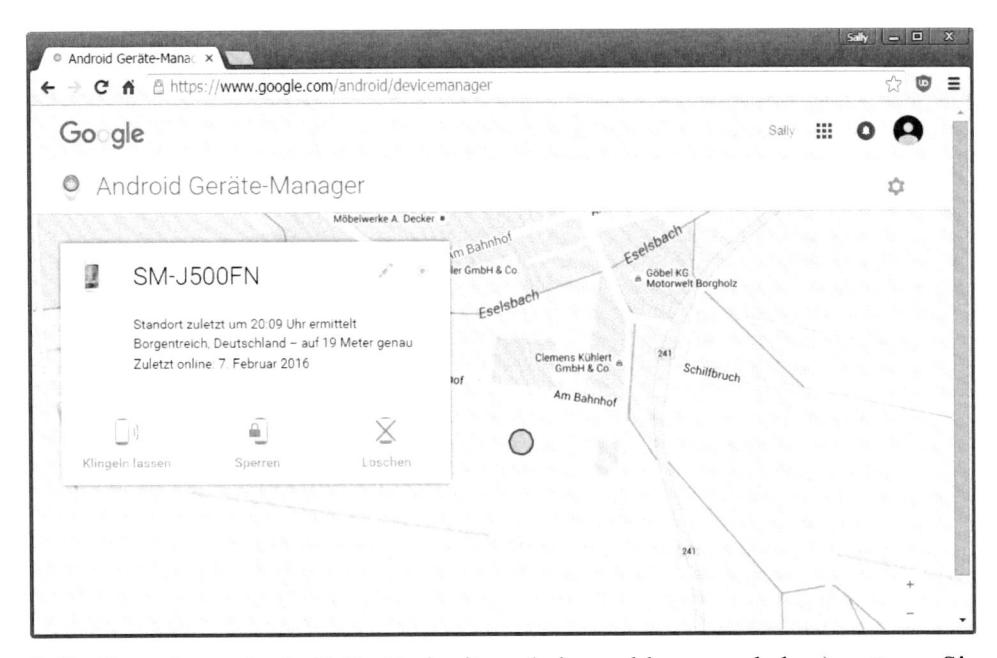

Falls Sie mehrere Android-Geräte besitzen (oder mal besessen haben), müssen Sie erst das Gerät im Auswahlmenü einstellen, dessen Position Sie ermitteln möchten.

Die aktuelle Geräteposition wird mit einem blauen Kreis beziehungsweise einer roten Markierung in der Karte angezeigt. Über die ⟳-Schaltleiste führen Sie eine erneute Positionsermittlung durch. Klicken Sie auf *Klingeln lassen*, damit das Handy sich akustisch mit voller

Lautstärke bemerkbar macht. Für die Löschung des Gerätespeichers klicken Sie dagegen auf *Löschen*.

# 32. Bluetooth

Bluetooth ist ein Funkstandard zur schnurlosen Verbindung verschiedener Geräte wie PCs, Handys, Drucker und natürlich Mobilcomputer. Mit Bluetooth kann man in der Praxis Distanzen von etwa zwei bis zehn Metern überbrücken, wobei theoretisch Übertragungsgeschwindigkeiten bis 24 Mbit/s möglich sind. Es ist kein Sichtkontakt zwischen den Geräten nötig.

Jede Datenübertragung zwischen zwei Bluetooth-Geräten setzt eine vorherige Kopplung voraus. Dabei kann es sich um eine kurzzeitige Kopplung handeln oder eine permanente. Während der Kopplung muss einer der Teilnehmer ein Kennwort eingeben. Die permanente Kopplung hat den Vorteil, dass man das Kennwort jeweils nur einmalig eingeben muss.

Damit es keine Verständigungsschwierigkeiten zwischen verschiedenen Bluetooth-Geräten gibt, wurden sogenannte »Profile« entwickelt, wobei nur Geräte, die über das gleiche Profil kommunizieren, untereinander Daten austauschen könne. Einige Profile setzen wiederum andere Profile voraus, beziehungsweise bauen darauf auf.

## 32.1 Bluetooth ein/ausschalten

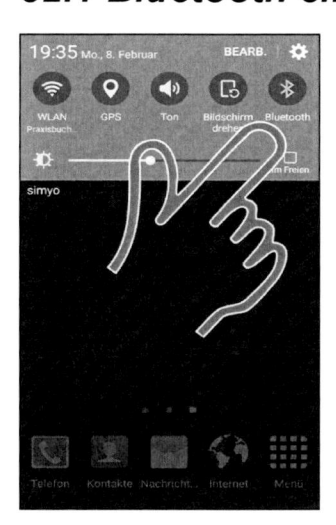

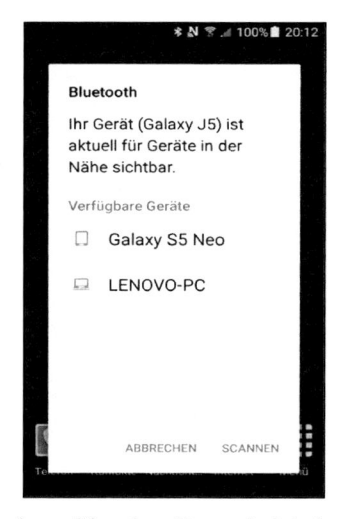

❶ Aktivieren Sie Bluetooth, indem Sie das Benachrichtigungsfeld öffnen und auf *Bluetooth* tippen (Pfeil). Erneutes Antippen beendet Bluetooth wieder.

❷ Das Popup, mit dem die Möglichkeit eine Kopplung mit anderen Geräten durchzuführen angeboten wird, schließen Sie mit der ⮌-Taste.

❸ Das ✱-Symbol in der Titelleiste (Pfeil) informiert über das aktive Bluetooth.

> Das Benachrichtigungsfeld beschreibt ausführlich das Kapitel *3.7.6 Titelleiste und Benachrichtigungsfeld*.
>
> Sobald Bluetooth aktiv ist, können Sie ausgehend vom Galaxy mit einem anderen Gerät koppeln.

## 32.2 Bluetooth konfigurieren

Damit Sie Bluetooth sinnvoll nutzen können, müssen Sie es erst einrichten. In den Standardeinstellungen kann nämlich kein anderes Gerät mit Ihrem Gerät koppeln und Daten übertragen.

## 32.2.1 Koppeln aus dem Benachrichtigungsfeld

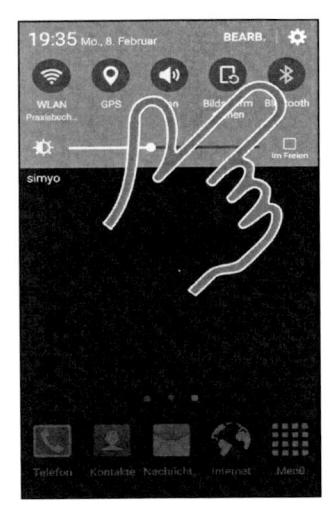

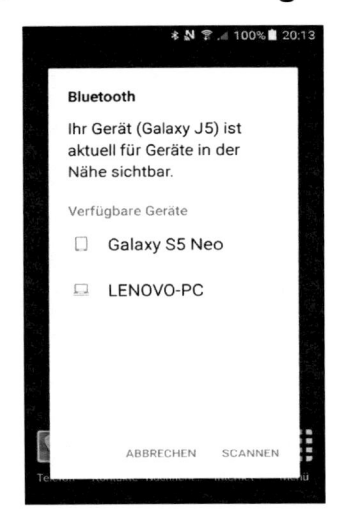

❶❷ Sobald Sie *Bluetooth* aus dem Benachrichtigungsfeld aktivieren, erscheint das Popup-Menü. Während dieses aktiv ist, können andere Geräte mt Ihrem Galaxy koppeln.

> Auf anderen Bluetooth-Geräten wird Ihr Handy als *Galaxy J5* anzeigt. Sie können diesen Namen einfach, wie im Kapitel *37.5.1 Geräteinformationen* beschrieben, ändern.
>
> Sollte Bluetooth bereits aktiv sein, dann betätigen Sie sie die *Bluetooth*-Schaltleiste einfach zweimal hintereinander, um das Popup zu erhalten (beim ersten Antippen wird Bluetooth ausgeschaltet, beim zweiten Mal wieder aktiviert).

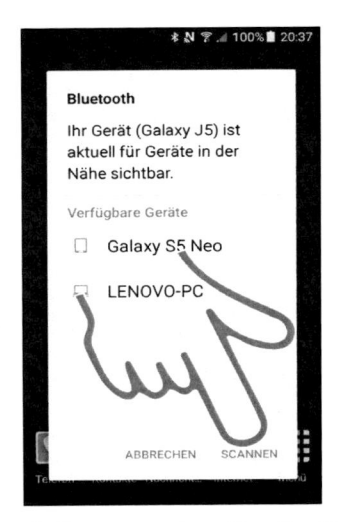

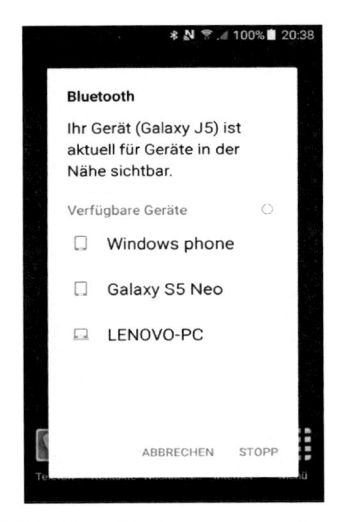

❶❷ Verwenden Sie die *SCANNEN*-Schaltleiste, um nach zu koppelnden Bluetooth-Geräten zu suchen. Meist ist dies allerdings nicht nötig, weil das Bluetooth-Menü bereits beim Aufruf nach Bluetooth-Geräten sucht und sie anzeigt.

## 32.2.2 Koppeln aus den Einstellungen

Das Koppeln aus den Einstellungen ist nicht so bequem wie direkt im Benachrichtigungsfeld, bietet aber mehr Optionen.

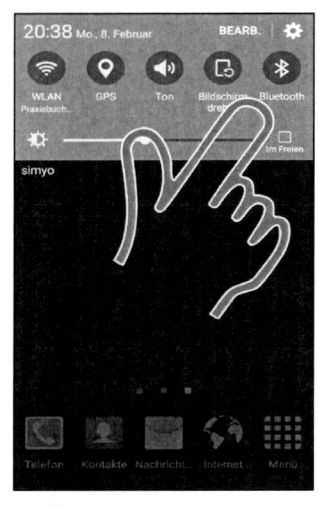

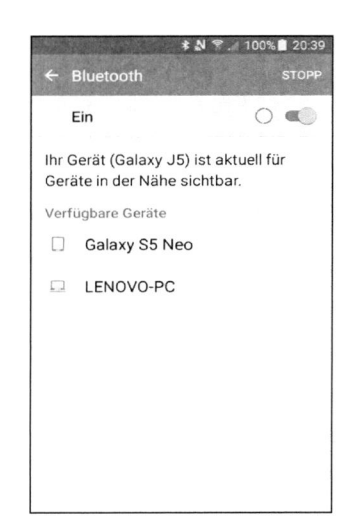

❶ Öffnen Sie das Benachrichtigungsfeld, tippen und halten Sie den Finger für einige Sekunden über *Bluetooth,* worauf sich der Bluetooth-Bildschirm öffnet.

❷ Solange Sie sich im Bluetooth-Bildschirm befinden, können anderen Geräte mit Ihrem Galaxy J5 koppeln. Verwenden Sie die *SCANNEN*-Schaltleiste, um nach zu koppelnden Bluetooth-Geräten zu suchen. Meist ist dies allerdings nicht nötig, weil das Bluetooth-Menü bereits beim Aufruf nach Bluetooth-Geräten sucht und sie anzeigt.

## 32.3 Bluetooth-Headset/Freisprecheinrichtung verwenden

Bluetooth eignet sich besonders gut für den Betrieb von drahtlosen Headsets. In unserem Beispiel verwenden wir ein Headset von Samsung (Modell HM1100). Es funktionieren aber natürlich auch Headsets anderer Hersteller wie Motorola oder Nokia.

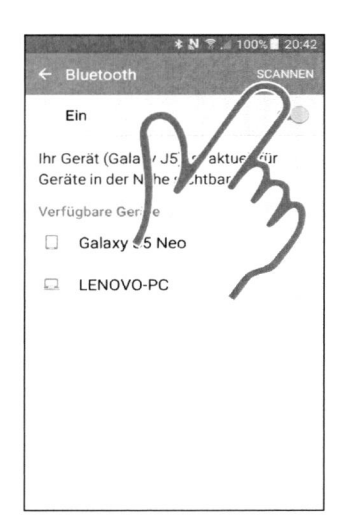

❶❷ Gehen Sie, wie im vorherigen Kapitel beschrieben, in den *Bluetooth*-Bildschirm. Rufen Sie gegebenenfalls *SCANNEN* auf, falls das Headset dort nicht bereits in der Liste der gefundenen Geräte angezeigt wird. Nach einigen Sekunden wird die Freisprecheinrichtung gefunden und angezeigt. Tippen Sie deren Namen an.

❸ Das Galaxy meldet nun »*Verbindung mit Telefonaudio*« beim Headset.

Auf dem Headset müssen Sie zuvor in den Kopplungs-Modus schalten, beim Samsung HM1100 beispielsweise, indem Sie die Sprechtaste mehrere Sekunden drücken. Eine LED blinkt dann blau.

❶ Geht jetzt ein Anruf ein, können Sie ihn wie gewohnt, oder alternativ über die Sprechtaste des Bluetooth-Headsets entgegennehmen.

❷ Zwischen Telefon-Lautsprecher und Headset schalten Sie jederzeit mit der *Headset*-Schaltleiste (Pfeil) um.

Wenn Sie das Headset ausschalten, wird natürlich auch automatisch die Bluetooth-Verbindung zum Galaxy beendet. Umgekehrt baut das Headset beim Einschalten automatisch wieder die Bluetooth-Verbindung auf.

> Besonders praktisch ist die Verwendung von Bluetooth-Freisprecheinrichtungen, die es bereits ab 40 Euro für den nachträglichen Einbau ins Auto gibt. Verlassen Sie das Auto mit Ihrem Handy, so wird automatisch die Bluetooth-Verbindung abgebaut, beim Einsteigen wieder aufgebaut. Sie brauchen also nicht die Freisprecheinrichtung jeweils ein/auszuschalten. Wichtig ist nur, daran zu denken, dass die Bluetooth-Verbindung auch dann aktiv ist, wenn Sie einige Meter neben dem Auto stehen – eingehende Anrufe laufen dann über die Freisprecheinrichtung.

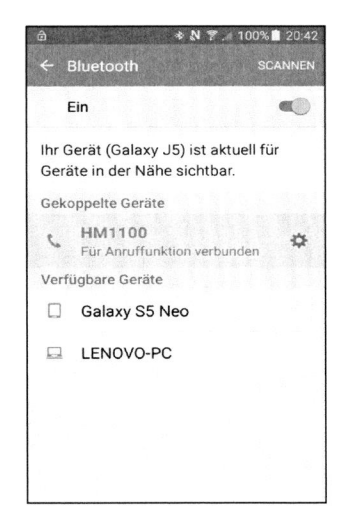

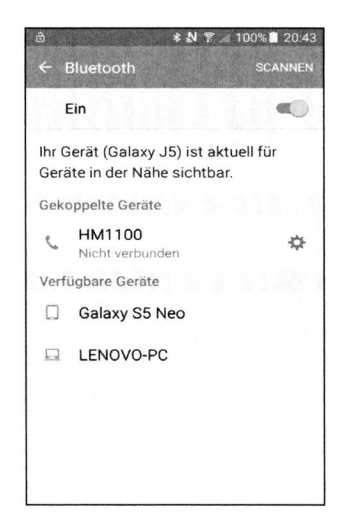

❶❷ So heben Sie die Verbindung mit dem Headset auf: Tippen Sie mit dem den Finger kurz auf das Bluetooth-Headset in der Geräteauflistung. Alternativ können Sie natürlich auch einfach das Headset ausschalten.

Bluetooth 355

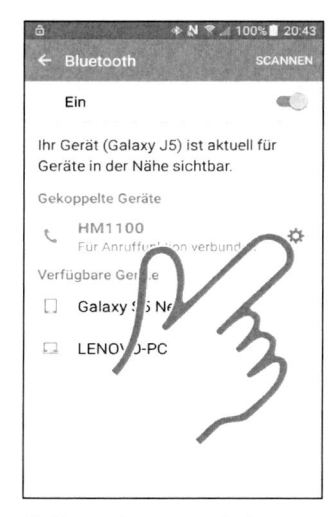

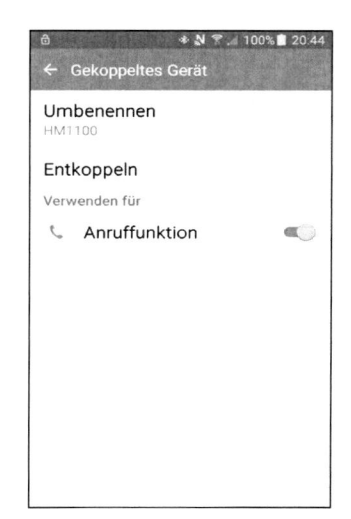

❶❷ Weitere Funktionen erhalten Sie nach Antippen der ✿-Schaltleiste:

- *Umbenennen*: Vergibt dem verbundenen Bluetooth-Gerät einen neuen Namen.
- *Entkoppeln*: Beendet die Bluetooth-Verbindung, sodass keine Daten mehr zwischen den beiden Geräten übertragen werden können. Für eine erneute Datenverbindung können Sie allerdings eine erneute Kopplung durchführen.
- *Anruffunktion*: Das vom gekoppelten Bluetooth-Gerät unterstützte Bluetooth-Profil. Beim Headset ist dies »Telefonaudio«.

## 32.3.1 Mit dem Galaxy einen PC koppeln

Wahlweise führen Sie die Kopplung vom Galaxy oder vom PC aus durch, wie die beiden folgenden Kapitel zeigen. Vor- oder Nachteile für den späteren Datenaustausch hat übrigens keine der beiden vorgestellten Kopplungsmethoden.

Die folgenden Anweisungen beziehen sich auf einem PC mit Windows 8 oder Windows 10. Je nach Desktop-Einstellungen können bei Ihnen die Bildschirmanzeigen abweichen.

Bei vielen Notebooks ist auch schon Bluetooth eingebaut, das Sie nur noch aktivieren müssen, meist durch eine Tastenkombination. Beachten Sie dazu auch die Hinweise in der beim Notebook mitgelieferten Dokumentation.

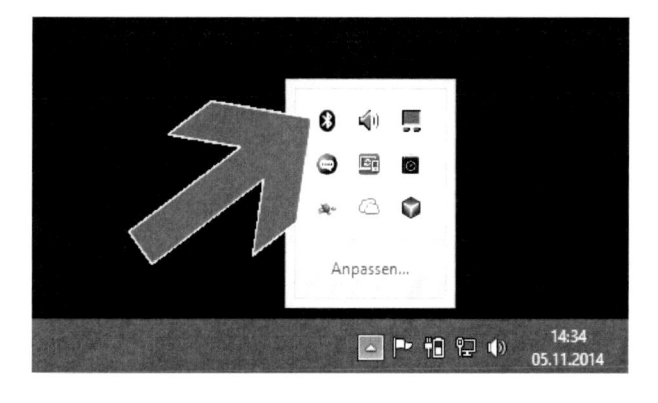

❶ Die Inbetriebnahme eines Bluetooth-Sticks auf dem PC ist sehr einfach: Stecken Sie den Stick ein und der nötige Treiber wird von Windows automatisch installiert. Nach einigen Sekunden sollte am unteren rechten Bildschirmrand ein Bluetooth-Symbol (Pfeil) erscheinen. Bei Windows 8 müssen Sie eventuell erst eine Symbolleiste aufrufen (☆ beziehungsweise △ unten rechts in der Systemleiste anklicken). Klicken Sie nun mit der rechten Maustaste auf das Bluetooth-Symbol.

❷ Wählen Sie im Popup dann *Einstellungen öffnen*.

Damit das Galaxy Ihren PC später als Bluetooth-Gerät findet, muss die *Bluetooth-Geräte können diesen PC ermitteln*-Option aktiviert sein. Bestätigen Sie mit *OK*.

## 32.3.1.a Verbindungsaufbau

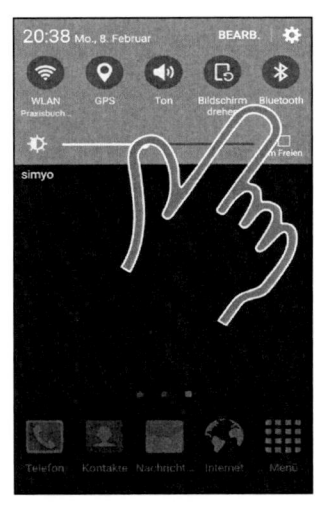

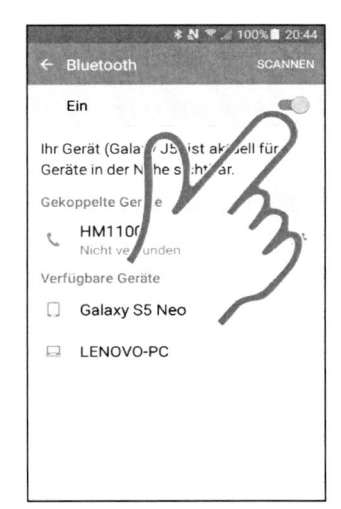

❶ Tippen und halten Sie den Finger im Benachrichtigungsfeld auf *Bluetooth* (Pfeil), worauf sich der *Bluetooth*-Bildschirm öffnet.

❷ Betätigen Sie *SCANNEN*, sofern nicht bereits das zu koppelnde Gerät angezeigt wird.

Bluetooth 357

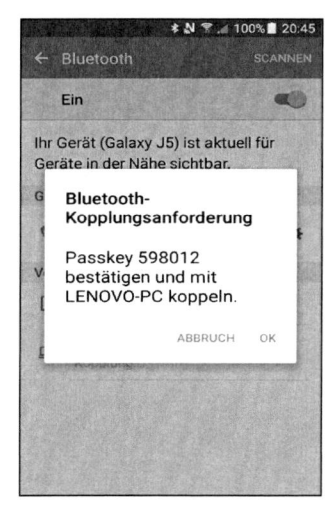

❶ Nach einigen Sekunden listet das Galaxy alle verbundenen beziehungsweise neu gefundenen Bluetooth-Geräte auf, wovon Sie den PC auswählen.

Es gibt nun zwei Möglichkeiten der Kopplung:

1. Bestätigen Sie die Kopplungsanfrage mit *OK* (❷)
2. Geben Sie eine beliebige PIN ein (es reicht eine einzelne Zahl) und betätigen Sie *OK* (❸).

Der PC zeigt einen Sprechblasen-Dialog, den Sie anklicken.

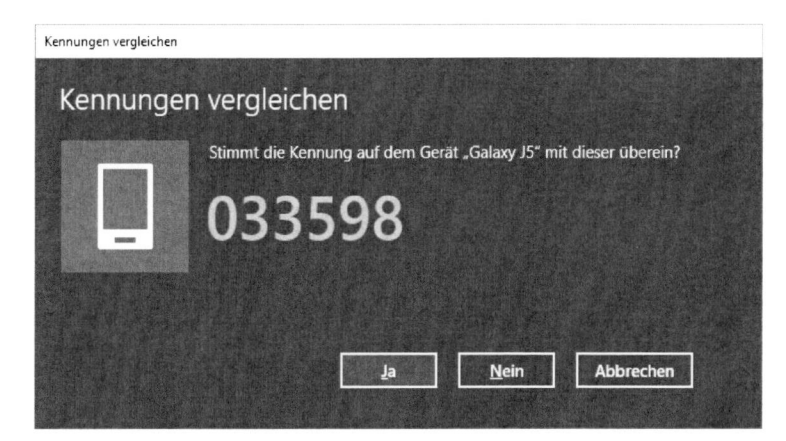

Sofern Sie zuvor eine PIN eingegeben hatten, müssen Sie die gleiche erneut eintippen und *Weiter* betätigen. Ist die PIN dagegen schon vorhanden, wie in diesem Beispiel, bestätigen Sie die Kopplung einfach mit *Ja*.

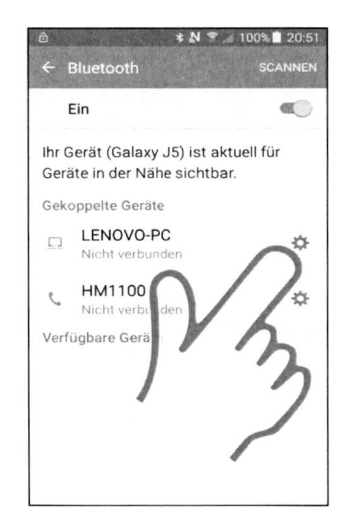

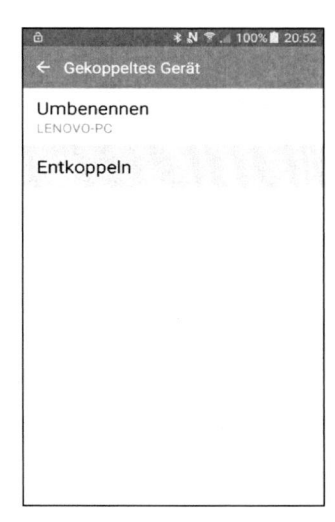

❶ Der gekoppelte PC erscheint in der Geräteliste unter *Gekoppelte Geräte*.

❷❸ Zum Löschen einer Kopplung betätigen Sie hinter dem Gerätenamen ✿ und gehen dann auf *Entkoppeln*.

## 32.4 PC mit dem Galaxy koppeln

In diesem Kapitel läuft die Kopplung, im Gegensatz zum vorherigen Kapitel genau andersherum, also vom PC zum Galaxy.

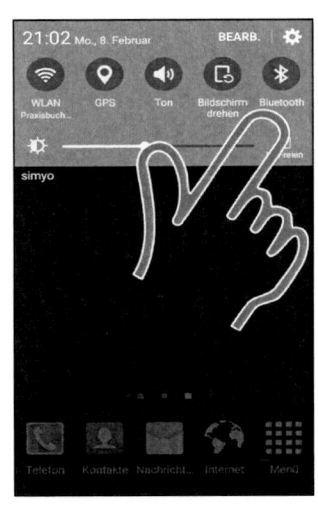

❶❷ Sorgen Sie dafür, dass der PC eine Kopplung mit Ihrem Handy aufnehmen kann: Rufen Sie einfach den Bluetooth-Bildschirm auf, indem Sie im Benachrichtigungsfeld die *Bluetooth*-Schaltleiste für einige Sekunden gedrückt halten. Solange Sie sich im Bluetooth-Bildschirm befinden, ist Ihr Handy für andere Bluetooth-Geräte sichtbar.

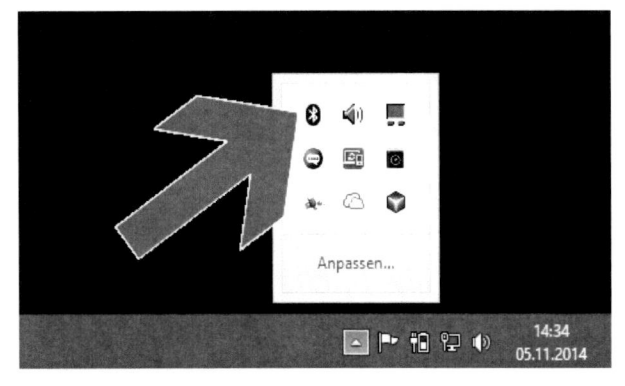

Wie bereits erwähnt, hängt es von Ihrem PC ab, wo Sie das Bluetooth-Symbol finden. Klicken Sie darauf und wählen Sie im Popup *Bluetooth-Netzwerkgeräte anzeigen*.

> Falls Sie noch Windows 7 einsetzen: Hier müssen auf *Gerät hinzufügen* gehen. Markieren Sie mit einem Mausklick das gefundene Galaxy. Eventuell tauchen hier auch noch andere Bluetooth-Geräte auf, die Sie aber nicht weiter zu beachten brauchen. Betätigen Sie dann *Weiter*.

Der Windows PC führt eine permanente Suche nach Bluetooth-Geräten aus, solange Sie sich in diesem Bildschirm befinden. Klicken Sie auf das zu koppelnde Gerät.

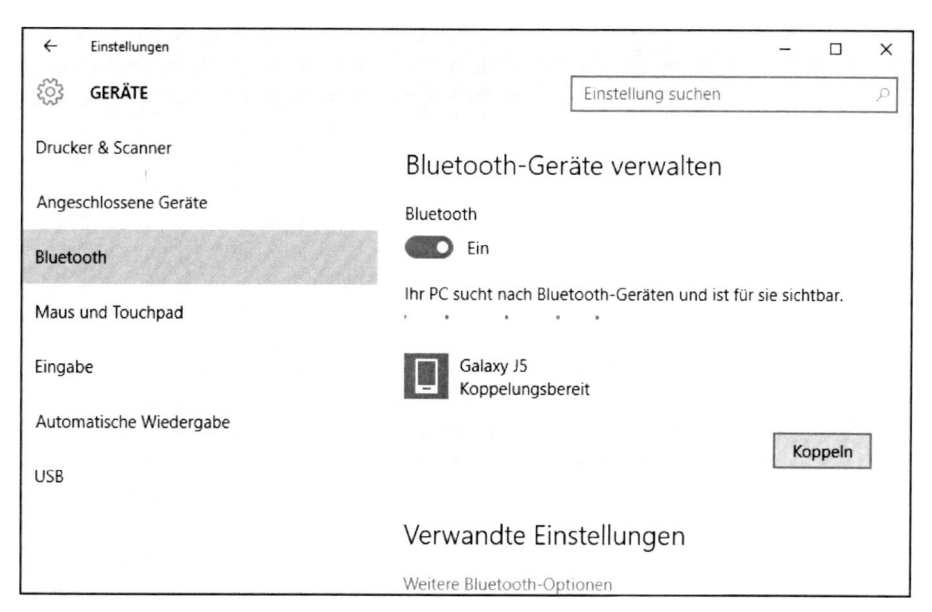

Sie müssen nun *Koppeln* anklicken.

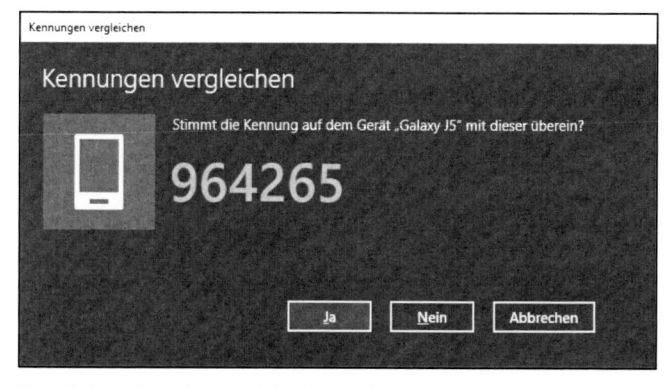

Der PC zeigt eine Zahlenkombination an, die Sie mit *Ja* bestätigen.

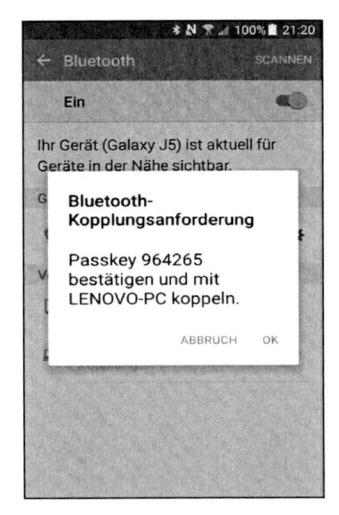

❶ Auf dem Handy mit betätigen Sie mit *OK* beziehungsweise geben die angezeigte Zahlenkombination ein.

❷ Der gekoppelte PC erscheint in der Geräteliste unter *Gekoppelte Geräte*.

## 32.5 Datei auf dem Galaxy empfangen

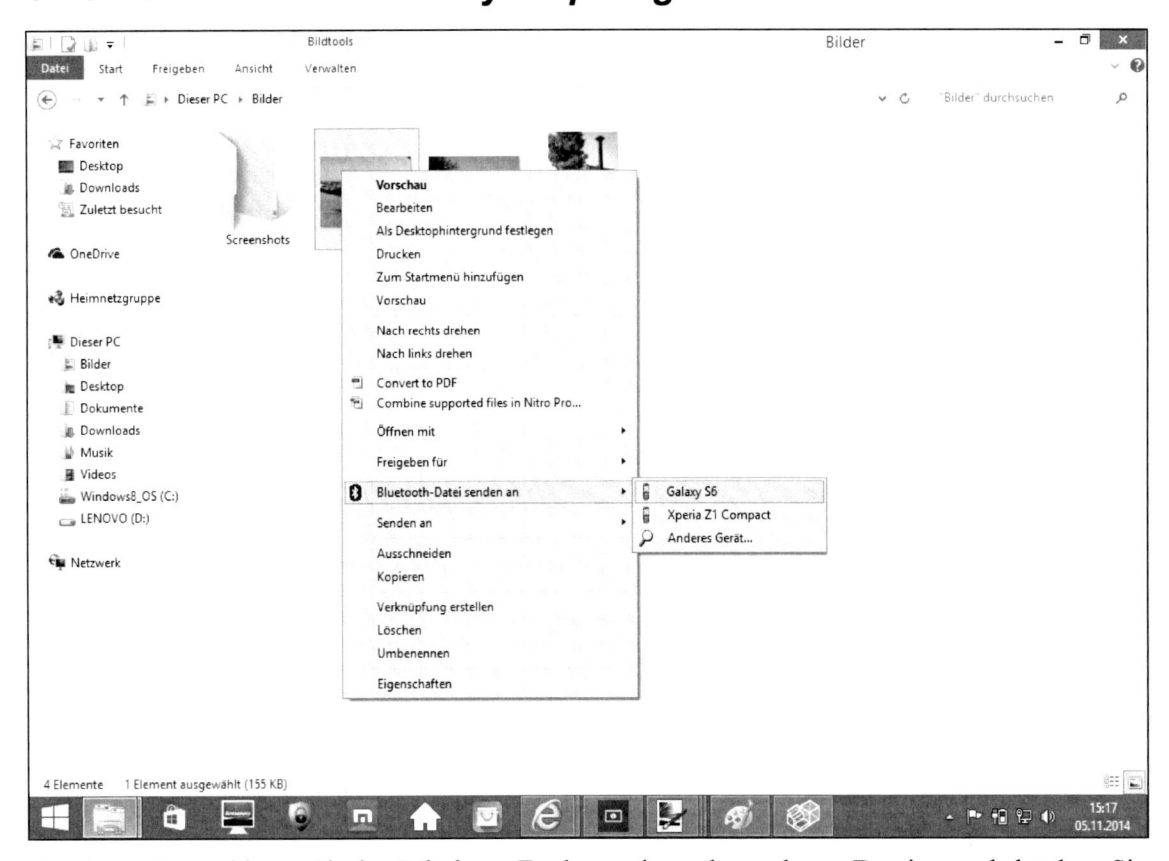

Windows 8: Markieren Sie im Windows Explorer eine oder mehrere Dateien und drücken Sie dann die rechte Maustaste. Im Popup wählen Sie *Bluetooth-Datei senden an* und wählen Ihr Handy aus.

Windows 7 und Windows 10: Markieren Sie dort eine oder mehrere Dateien und drücken Sie dann die rechte Maustaste. Im Popup wählen Sie *Senden an/Bluetooth-Gerät*. Anschließend wählen Sie Ihr Handy als Empfänger aus.

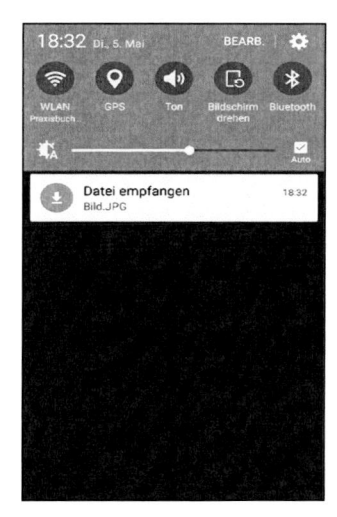

❶ Den Dateiempfang müssen Sie auf dem Galaxy mit *ANNEHMEN* erlauben.

❷❸ Möchten Sie sich die empfangene Datei ansehen? Dann aktivieren Sie das Benachrichtigungsfeld und tippen *Datei empfangen* an. Das Handy listet die empfangenen Dateien auf, welche Sie sich nun anzeigen können.

> Alle per Bluetooth empfangenen Dateien finden Sie im Verzeichnis *Bluetooth* im Gerätespeicher.

## 32.6 Daten vom Galaxy senden

Auf dem Galaxy unterstützen unter anderem der Kalender, das Telefonbuch und die Galerie-Anwendung den Datenversand per Bluetooth.

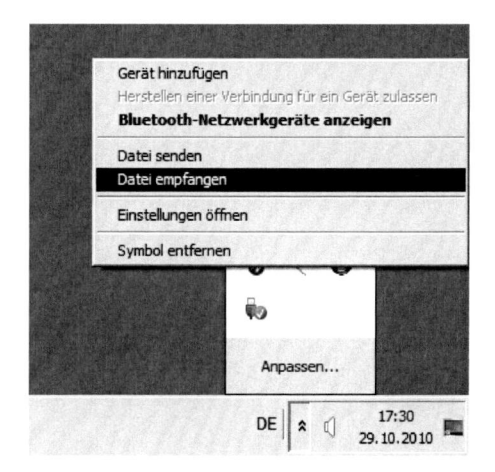

Windows 7: Zuerst müssen Sie auf dem PC den Datenempfang freischalten: Klicken Sie mit der rechten Maustaste auf das Bluetooth-Symbol in der Systemleiste und gehen Sie im Popup-Menü auf *Datei empfangen*. Der PC wartet jetzt darauf, dass die Gegenseite mit dem Dateisenden beginnt.

Windows 8 und Windows 10: Der Dateiempfang ist standardmäßig aktiv.

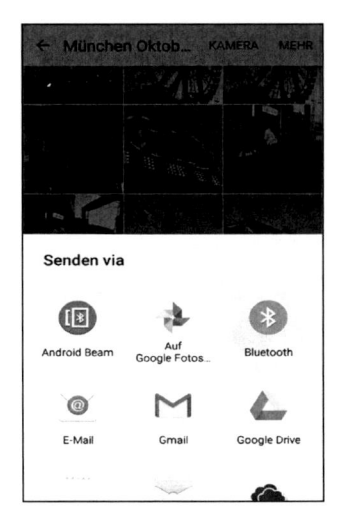

❶ In der Galerie-Anwendung aktivieren Sie zunächst den Markierungsmodus, indem Sie auf *MEHR/Senden* gehen. Die Galerie-Anwendung wechselt daraufhin in den Markierungsmodus und Sie können die Dateien markieren.

❷ Danach betätigen Sie *SENDEN*.

❸ Im folgenden Menü ist *Bluetooth* auszuwählen (falls dieses nicht zu finden ist, blättern Sie einfach mit einer Wischgeste nach oben in den Übertragungsoptionen).

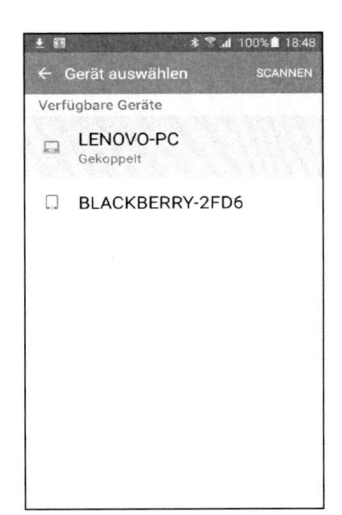

Wählen Sie den PC aus.

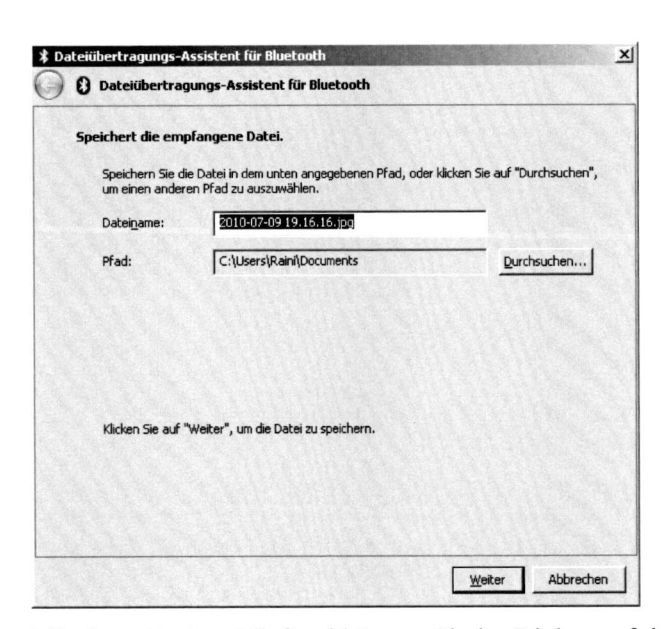

Windows 7: Anschließend können Sie im Dialog auf dem PC unter *Durchsuchen* den Speicherort

für die empfangenen Dateien angeben und mit *Weiter* den Vorgang abschließen.

Windows 8 und Windows 10: Folgen Sie den Anweisungen auf dem PC. Die empfangenen Dateien finden Sie im *Dokumente*-Ordner unter *Bluetooth-Folder wieder.*

## 32.7 Kontakte von einem anderen Gerät empfangen

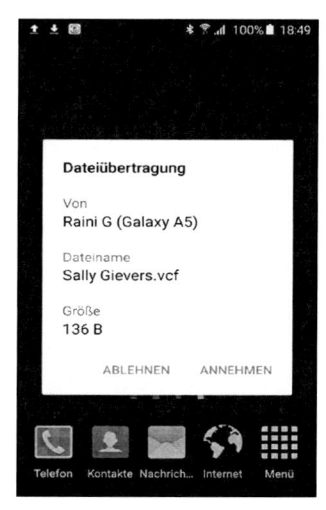

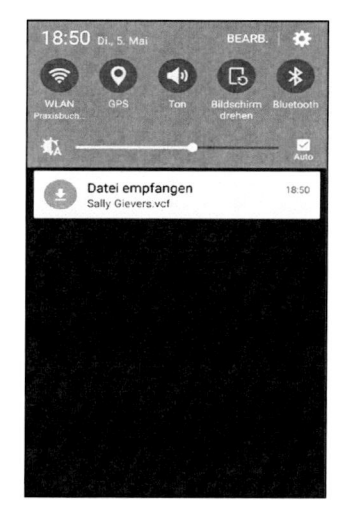

❶ Wenn Ihnen jemand eine neue Visitenkarte sendet, zeigt das Handy eine Sicherheitsabfrage an. Betätigen Sie *ANNEHMEN*.

❷ Öffnen Sie nach dem Empfang das Benachrichtigungsfeld und gehen Sie auf *Bluetooth-Freigabe*.

❸ Tippen Sie die VCF-Datei an, welche nun ins Telefonbuch übernommen wird.

## 32.8 Daten über Bluetooth senden

Die hier beschriebene Datenübertragung aus dem Telefonbuch funktioniert in den Anwendungen Kalender, Galerie, Kontakte, Eigene Dateien, usw.

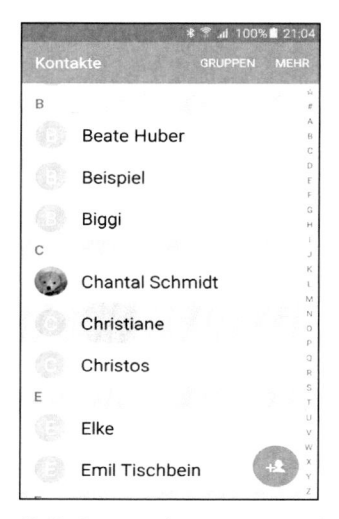

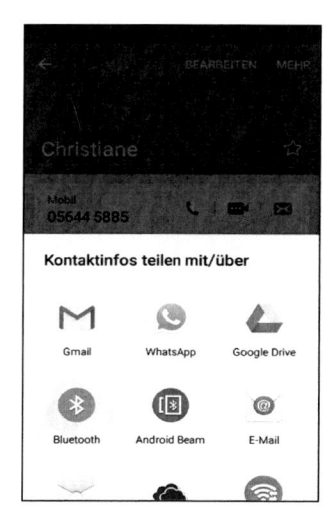

❶❷ So sendet man aus dem Telefonbuch einen Kontakt: Tippen Sie in der Kontaktauflistung einen Eintrag für die Kontaktdetails an und rufen Sie *MEHR/Kontakt senden* auf.

❸ Wählen Sie *Bluetooth* und anschließend den Empfänger aus der Liste der gekoppelten Geräte (falls *Bluetooth* hier nicht auftaucht, führen Sie einfach mehrmals eine vertikale Wischgeste durch im Popup-Menü durch).

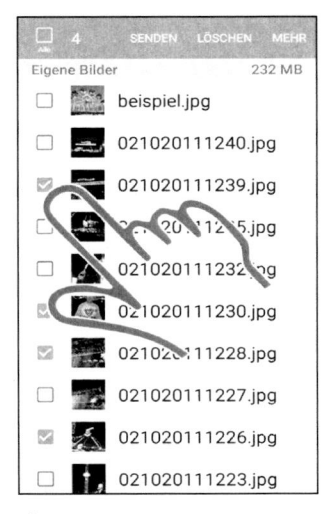

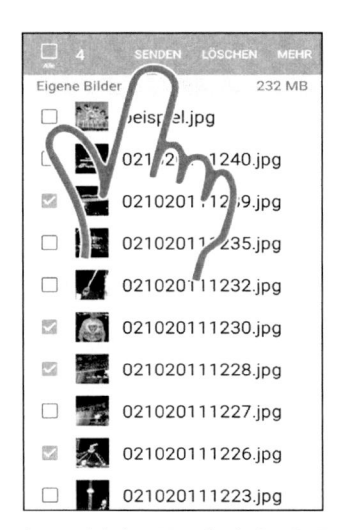

❶ In der *Eigene Dateien*-Anwendung (siehe Kapitel *24.2 Eigene Dateien*) tippen und halten Sie den Finger über einer Datei, bis diese abgehakt ist und haken mit kurzem Antippen dann weitere Dateien ab.

❷❸ Gehen Sie auf *SENDEN/Bluetooth*.

## 32.9 Bluetooth-Audio

Das Galaxy bietet sich als MP3-Abspielgerät für Stereoanlage oder Aktivboxen an. Auch manche (Küchen-)Radios haben heute einen Audioeingang, an den man das Handy für stationären Musikgenuss anschließen kann. Die benötigten Kabel, welche man im Fachhandel oder in Online-Shops erwerben kann, sind entweder 3,5 mm Klinke auf 2 x Cinch (für Stereoanlagen oder hochwertige Aktivlautsprecher), beziehungsweise 2 x 3,5 mm Klinke. Lästig ist allerdings das permanente Ein- und Ausstecken des Verbindungskabels, wenn man sein Handy nicht dauerhaft an die Lautsprecher anschließen kann. Das Kabel kann man sich aber durch die Anschaffung eines Bluetooth-Lautsprechers ersparen, wie er schon ab ca. 50 Euro von diversen Herstellern verkauft wird. Sind dagegen schon (Aktiv)-Lautsprecher vorhanden, empfiehlt sich ein Bluetooth-Audioempfänger, der die Audiosignale dann per Kabel an die Lautsprecher weitergibt. In unserem Beispiel verwenden wir den »Philips AEA2000/12 Bluetooth HiFi-Adapter«, der etwa 35 Euro kostet.

Sehr populär sind zur Zeit auch Bluetooth-Lautsprecher mit Akku, deren Verbindungsaufbau im Prinzip genauso abläuft. Sofern Sie nur eine stationäre Musikwiedergabe planen, raten wir aber davon ab, weil die Bluetooth-Lautsprecher meist einen miesen Klang und eine geringe Lautstärke bieten.

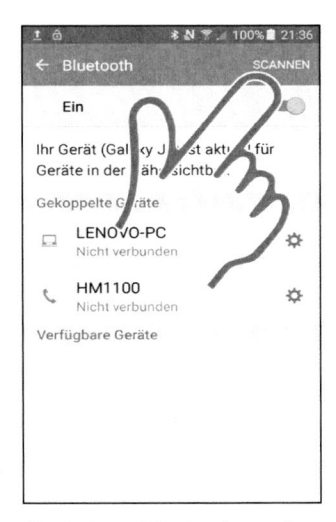

❶ Gehen Sie in den Bluetooth-Bildschirm und betätigen Sie *Scannen* (Pfeil), sofern der Philips-Adapter nicht bereits gefunden wurde.

❷ Tippen Sie kurz den gefundenen Eintrag *PhilipsBT* an, worauf die Verbindung hergestellt wird.

> Beim Philips-Bluetooth-Adapter zeigt die blau blinkende LED die Kopplungsbereitschaft an. Sofern der Adapter nicht gefunden wird, drücken Sie einfach kurz die Taste auf dessen Oberseite.
>
> Alle Anwendungen auf dem Handy nutzen jetzt den Bluetooth-Adapter für die Audioausgabe, nur die Telefoniefunktion nutzt weiterhin ganz normal den Gerätelautsprecher.

❶❷ Zum Deaktivieren der Audioausgabe über Bluetooth schalten Sie entweder den Logitech-Bluetooth-Empfänger aus, entfernen sich aus dessen Empfangsreichweite oder schalten Bluetooth am Handy aus. Alternativ gehen Sie auf ✿ und deaktivieren dann das Abhakkästchen bei *Medienwiedergabe*. Aktivieren Sie es später wieder, damit die Audioausgabe erneut über den Bluetooth-Empfänger läuft.

## 32.9.1 Bluetooth-Audio in der Play Musik-Anwendung

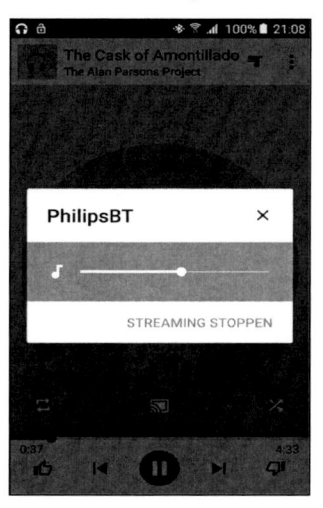

❶❷ In der Play Musik-Anwendung (siehe Kapitel *17 Play Musik*) steuern Sie die Bluetooth-Wiedergabe über die ▤-Schaltleiste (Pfeil) im Wiedergabebildschirm.

# 33. Wi-Fi Direct

Als WLAN (siehe Kapitel *8 WLAN*) entwickelt wurde, stand die Vernetzung von unterschiedlichsten Geräten im Vordergrund. Auf dem Tablet oder Handy nutzen Sie WLAN vornehmlich für den Internetzugang, bei dem die Verbindung über einen sogenannten WLAN-Router erfolgt.

Möchten Sie dagegen Dateien zwischen zwei WLAN-Geräten übertragen, beispielsweise vom PC zum Handy, sind einige Verrenkungen nötig. Möglich wäre es beispielsweise, über eine zusätzliche Software aus dem Google Play Store (siehe Kapitel *27.1 Play Store*) auf die vom PC im Netzwerk freigegebenen »Shares« (Netzwerkordner) zuzugreifen. Oder Sie senden sich die Datei vom PC aus per E-Mail auf das Handy.

Wi-Fi Direct (Wi-Fi steht für den Marketingbegriff »Wireless Fidelity«) erweitert WLAN um die Option, dass sich zwei WLAN-Geräte ohne zwischengeschalteten WLAN-Router miteinander verbinden und Dateien übertragen können. Somit ist Wi-Fi Direct eine schnelle Alternative zur Dateiübertragung mit Bluetooth (siehe Kapitel *32 Bluetooth*).

Damit Sie Wi-Fi Direct nutzen können, müssen **beide** Endgeräte diesen Standard unterstützen. Es reicht also nicht aus, dass ein Gerät zwar WLAN-fähig ist, aber keine Wi-Fi Direct-Funktion besitzt. Einen Nachteil hat Wi-Fi Direct allerdings, denn während es aktiv ist, schaltet das Handy die WLAN-Verbindung aus, weshalb Sie nach der Dateiübertragung Wi-Fi Direct wieder deaktivieren und WLAN erneut einschalten müssen.

## *33.1 Dateien über Wi-Fi Direct senden*

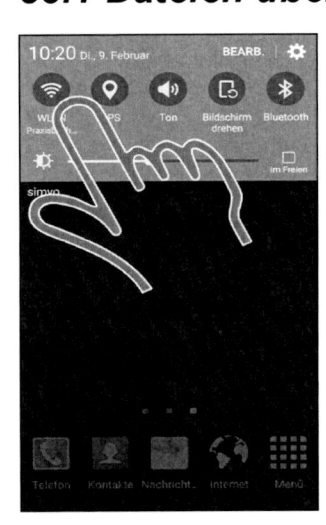

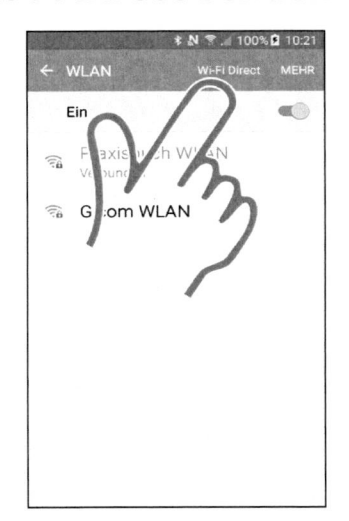

Achten Sie darauf, dass bei beiden Kommunikationspartnern Wi-Fi Direct aktiviert ist:

❶ Beim Samsung Galaxy aktivieren Sie dafür das Benachrichtigungsfeld, tippen und halten Sie den Finger auf *WLAN*.

❷❸ Der WLAN-Bildschirm erscheint, worin Sie *Wi-Fi Direct* aufrufen.

Wählen Sie das Gerät aus. Beim Kommunikationspartner erhalten Sie eine Nachfrage, die Sie *Akzeptieren*, *Verbinden* oder ähnlich beantworten.

❶❷❸ Zum Versenden einer Datei in der Galerie-Anwendung (siehe Kapitel *16 Galerie*) rufen Sie zunächst die Vollbildansicht auf. Nun betätigen Sie die *Senden*-Schaltleiste am unteren Bildschirmrand und wählen *Wi-Fi Direct* aus (rollen Sie eventuell mit einer Wischgeste von unten nach oben durch die Schaltleisten, bis *Wi-Fi Direct* erscheint).

❶ Aktivieren Sie das Abhakästchen bei dem angezeigten Gerät, mit dem Sie koppeln möchten und betätigen Sie *SENDEN* (am oberen rechten Bildschirmrand). Das Empfängergerät fordert Sie eventuell auf, die Verbindung zu bestätigen.

❷ Den Sendefortschritt erfahren Sie im Benachrichtigungsfeld des Empfängers und des Senders.

❸ Sobald Sie Wi-Fi Direct nicht mehr benötigen, sollten Sie die aufgelisteteten Geräte im Wi-Fi-Direct-Bildschirm antippen, damit die Verbindung jeweils beendet wird. Verlassen Sie dann den Bildschirm mit der ⤺-Taste.

> Das Senden von Kontakten und Terminen ist über Wi-Fi Direct ebenfalls möglich.
>
> Wi-Fi Direct bleibt aktiviert, sodass Sie auch von anderen Geräten Dateien empfangen können. Wegen des hohen Stromverbrauchs erhalten Sie nach einigen Minuten eine Warnmeldung. Betätigen Sie dann *OK,* um Wi-Fi Direct auszuschalten.

## 33.2 WLAN-Dateiübertragung

Leider steht das im vorherigen Kapitel erläuterte Wi-Fi Direct nicht auf allen Handys und Tablets zur Verfügung, beziehungsweise funktioniert häufig nicht richtig. Abhilfe schaffen WLAN-Transferprogramme, wie zum Beispiel WiFi File Transfer.

❶ Suchen und installieren Sie *Wifi File Transfer* von Smarterdroid im Google Play Store (es gibt davon eine kostenlose und eine kostenpflichtige Version).

❷❸ Betätigen Sie die *Start*-Schaltleiste, worauf Ihnen das Programm eine Webadresse, im Beispiel *http://192.168.178.63:1234* anzeigt, die Sie genauso in Ihrem Browser eingeben müssen. Betätigen Sie die ⬜-Taste, damit Sie ganz normal auf dem Handy weiterarbeiten können, während Wifi File Transfer im Hintergrund läuft. Erneuter Aufruf des Programms aus dem Hauptmenü und Betätigen von *Stop* beendet es.

Andere Geräte, von denen aus Sie auf das Galaxy zugreifen möchten, müssen sich im gleichen WLAN befinden. Beachten Sie bitte, dass im WLAN-Gastmodus häufig kein Zugriff möglich ist.

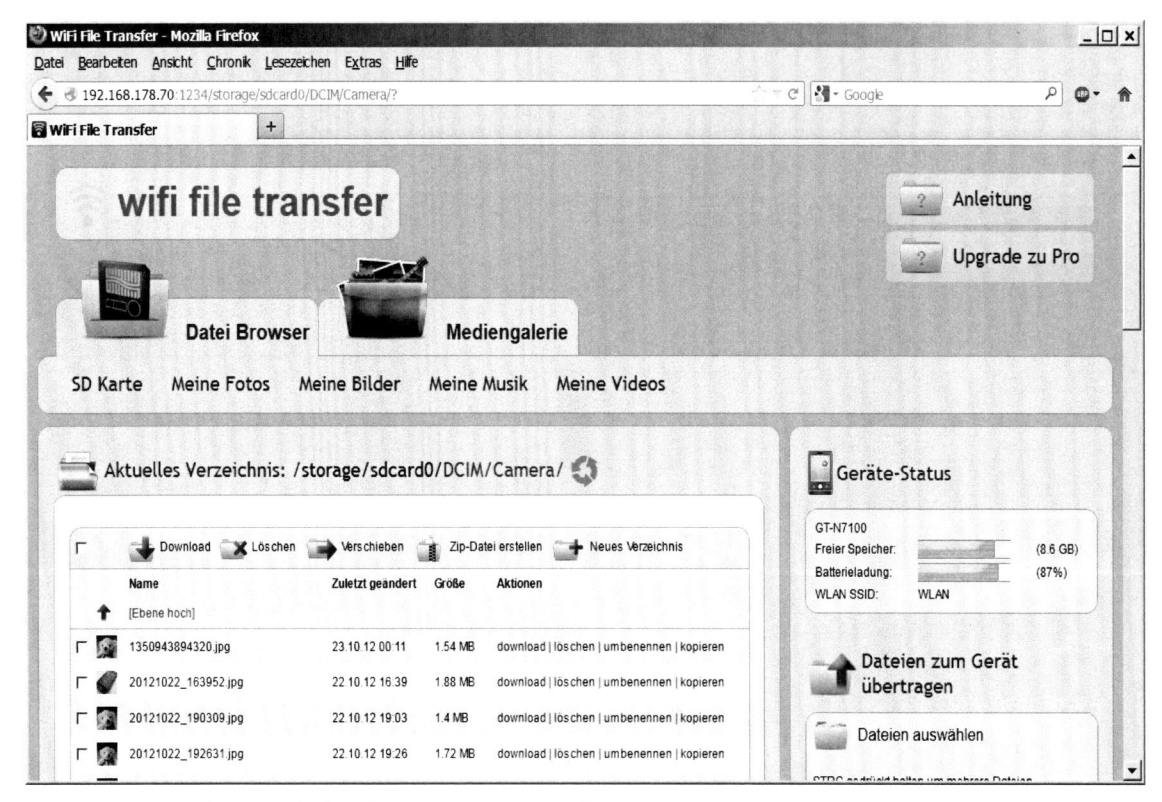

Die nun angezeigte Weboberfläche unterstützt nicht nur den Download und Upload von Dateien auf das Galaxy, sondern bringt auch diverse Verwaltungsfunktionen mit. Übrigens funktioniert die Weboberfläche nicht nur im PC-Webbrowser, sondern auch im Webbrowser der meisten Handys und Tablets.

# 34. NFC

Der Begriff »NFC« steht für Near Field Communication (zu deutsch »Nahfeld-Kommunikation«), was schon einen Hinweis auf dessen Arbeitsweise gibt. Im Gegensatz zu anderen Funkstandards wie WLAN oder Bluetooth ist NFC für die drahtlose Datenübertragung über kurze Distanzen von wenigen Zentimetern gedacht. Auch in punkto Geschwindigkeit kann man über NFC mit 424 kBit/s (noch langsamer als bei älteren Bluetooth-Handys, die heute 2 Mbit/s und mehr erreichen) keinen Blumentopf gewinnen, aber dafür ist NFC auch nicht gedacht. Der NFC-Einsatzbereich erstreckt sich auf einige wenige Spezialgebiete, zum Beispiel dem drahtlosen Bezahlen, drahtlosen Eintrittskarten oder Zugangskontrollen. Überdies darf NFC nicht mit den RFID-Etiketten verwechselt werden, die der Handel inzwischen statt Barcodes verwendet. Einen Überblick zum Thema NFC gibt ein Wikipedia-Artikel (*de.wikipedia.org/wiki/NFC*), der auch zahlreiche NFC-Feldversuche, insbesondere zur drahtlosen Zahlungsabwicklung aufführt.

Bei den Android-Handys und Tablets wird NFC vor allem verwendet, um mit der Android Beam-Funktion – abhängig von der gerade laufenden Anwendung – Daten zu übertragen. Beispielsweise würden der Webbrowser und Youtube die gerade angezeigte Seite an die Gegenseite übertragen, das Telefonbuch dagegen den gerade angezeigten Kontakt.

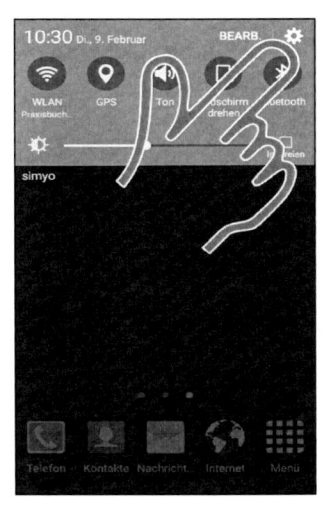

❶ Zuerst müssen Sie NFC und Android Beam aktivieren: Rufen Sie das Benachrichtigungsfeld auf und gehen Sie auf ⚙.

❷ Rufen Sie *NFC und Zahlung* auf.

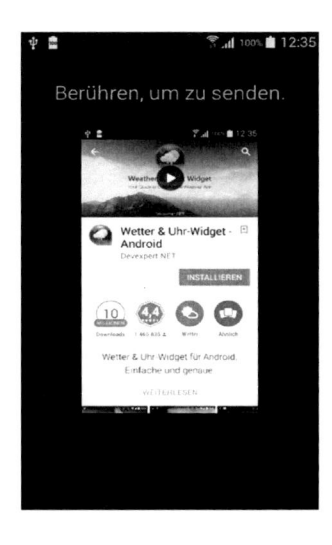

❶ Auf *NFC* gehen Sie als nächstes.

❷ Prüfen Sie, ob *NFC* eingeschaltet ist (Schalter am oberen Bildschirmrand ist grün). Auch *Android Beam* sollte aktiviert sein.

❸ Es gibt keine extra Funktion, die festlegt, welches Gerät als Sender und welches als

Empfänger fungiert. Halten Sie einfach beide Geräte mit den Rückseiten gegeneinander, worauf ein Signal ertönt und Sie auf dem Gerät, das senden soll, den Bildschirm antippen. Eventuell muss der Empfänger anschließend noch auswählen, wie die empfangenen Daten weiterverarbeitet werden.

Anwendungsbeispiele:

- Browser: Webseite im Browser auch auf dem Empfänger-Handy öffnen.
- Youtube: Geöffnetes Video in der YouTube-Anwendung auch auf dem Empfänger-Handy anzeigen
- Telefonbuch: Daten eines im Telefonbuch angezeigten Kontakts auf dem Empfänger-Handy im Telefonbuch speichern.
- Google Maps: Maps-Karte im Empfänger-Handy öffnen.
- Google Play Store: Programmdetails auf dem Empfänger-Handy anzeigen.

# 35. Tipps & Tricks

## 35.1 Eigene Klingel- und Benachrichtigungstöne

Standardmäßig bietet das Galaxy nur eine kleine Auswahl an Klingel- und Benachrichtigungssignalen. Sie dürfen aber weitere Audiodateien (idealerweise im Format MP3) installieren.

### 35.1.1 Einrichtung über den PC

Schließen Sie das Galaxy am PC an (siehe auch Kapitel *30 Gerätespeicher*). Wählen Sie als Gerät *Phone* aus.

Sie finden folgende Verzeichnisse vor:

- *Ringtones*: Für Klingeltöne (siehe Kapitel *4.5.2 Klingelton und Klingeltonlautstärke*)
- *Notifications*: Für Benachrichtigungen (Kalender, neue Nachrichten)
- *Alarms*: Für den Alarm (siehe Kapitel *20.1 Alarm*)

Kopieren Sie nun Audiodateien in die entsprechenden Verzeichnisse.

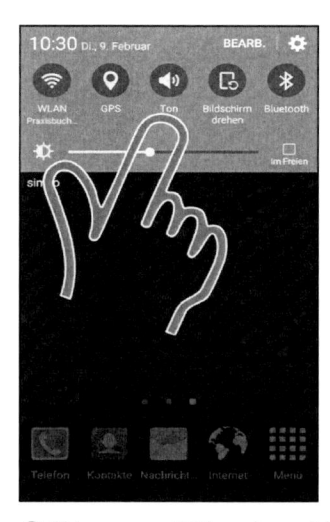

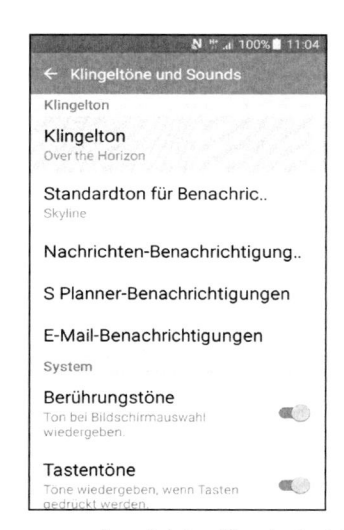

❶ Die neuen Klingel- und Benachrichtigungstöne lassen sich nun verwenden (siehe Kapitel *4.5.2 Klingelton und Klingeltonlautstärke*): Gehen Sie dazu ins Benachrichtigungsfeld, dort tippen und halten Sie den Finger auf *Ton*.

❷❸ Wählen Sie *Klingeltöne und Sounds/Klingelton* aus.

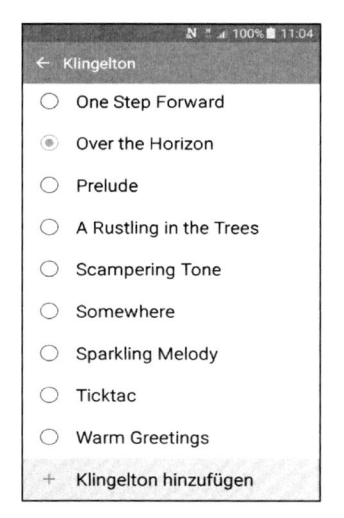

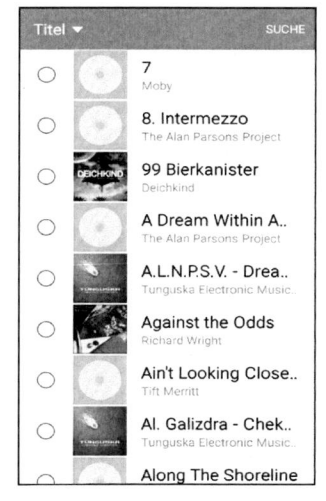

❶ Alternativ können Sie auch im Klingeltonauswahlmenü über die *Klingelton hinzufügen*-Schaltleiste einen Song, der sich an beliebiger Stelle auf Speicherkarte oder im Gerätespeicher befinden darf, als Signalton einstellen.

❷ Gehen Sie im Dialog auf *Soundauswahl* und betätigen Sie *NUR EINMAL*.

❸ Wählen Sie einen Song aus und schließen Sie den Vorgang mit *FERTIG* ab.

## 35.2 GPS auf dem Galaxy nutzen

»Location Based Services« (zu deutsch: Standortbezogene Dienste) sind seit etwa einem halben Jahrzehnt ein großes Thema im Mobilbereich, da inzwischen fast alle Handys und Tablets über 200 Euro mit GPS-Empfänger ausgerüstet sind. Im Gegenzug dafür, dass der Handy-Besitzer seinen Standort an einen Diensteanbieter wie Google verrät, erhält er Zugriff auf nützliche Dienste, zum Beispiel Infos zu den nächstgelegenen Unterhaltungsangeboten, Tankstellen, Freizeitparks, usw.

Eine typische Anwendung, die von den Location Based Services Gebrauch macht, ist Google Maps (siehe Kapitel *14 Google Maps*). Suchen Sie in diesem Programm beispielsweise nach einem »Restaurant«, so zeigt Google Maps nur die nächstgelegenen und nicht deutschlandweit alle Restaurants an.

Wenn wir von der »GPS-Position« sprechen, sind natürlich zunächst nur die von den mehreren Dutzend GPS-Satelliten empfangenen Signale gemeint, aus denen ein Chip im Handy/Tablet bis auf wenige Meter genau die Position berechnet. Die GPS-Signale sind allerdings recht schwach und innerhalb von massiven Gebäuden wie Häusern, Tunneln, usw. nicht zu empfangen.

Ein sinnvoller Einsatz der Location Based Services ist deshalb alleine über GPS nicht möglich. Hier kommen die Standorte der Mobilfunkmasten ins Spiel. Da jeder Mobilfunkmast dem Handy/Tablet seine Kennung mitteilt, kann dieses aus einer Datenbank mit den Mobilfunkmast-Positionen die eigene Position auf ca. 100-500 Meter genau feststellen.

Auch WLAN-Hotspots nutzen Handys/Tablets zur Lokalisierung. Da jeder WLAN-Router eine weltweit einmalig vergebene Netzwerkkennung (MAC) besitzt, die er beim Verbindungsaufbau mit Endgeräten mitteilt, muss man nur die Position aller WLAN-Router in der Umgebung wissen, um die eigene Position zu ermitteln.

Die Google-Mitarbeiter fahren natürlich nicht selbst durch die Gegend, um Mobilfunkmasten und WLAN-Hotspots aufzuspüren, sondern überlassen diese Aufgabe dem Nutzer der Android-basierten Handys/Tablets. Jedes Android-Gerät übermittelt dazu in anonymer Form die vorgefundenen WLAN-Hotspots und Mobilfunkmasten an die Google-Internet-Server. Andere Android-Geräte profitieren dann ebenfalls von einer genaueren Standortermittlung.

> Für die von den Android-Geräten übermittelten Positionsdaten hat Google noch eine weitere Verwendung gefunden: Anhand der (anonymisierten) Bewegungsprofile ermittelt Google die Fahrtgeschwindigkeit auf den Straßen, welche dann in der Google Maps Navigation bei der Fahrtroutenberechnung berücksichtigt wird. Siehe dazu Kapitel *14.6 Navigation*.

Nutzen Sie ein Programm wie Google Maps, das auf Standortdaten angewiesen ist, so werden Sie nach einiger Zeit aufgefordert, die Positionsermittlung zu erlauben. Betätigen Sie *JA*, um GPS einzuschalten.

Viele Programme aus dem Google Play Store (Kapitel *27.1 Play Store*) schalten dagegen die Positionsermittlung meist ohne Rückfrage ein.

Tipps & Tricks 373

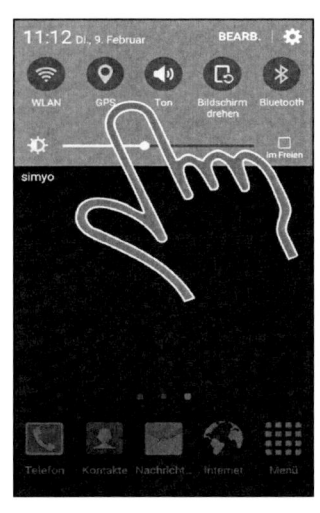

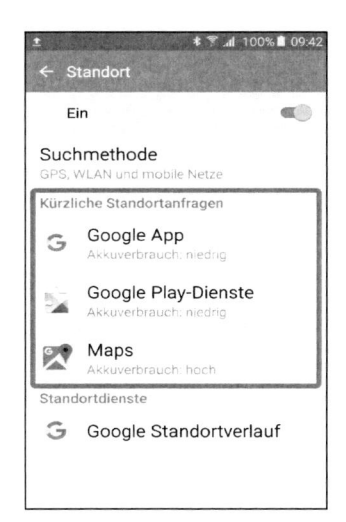

❶ Die Standortermittlung können Sie mittels der *GPS*-Schaltleiste im Benachrichtigungsfeld ein- und ausschalten. Tippen und halten Sie den Finger darauf, um den Konfigurationsbildschirm anzuzeigen.

❷ Unter *Kürzliche Standortanfragen* listet der Bildschirm alle Programme und Systemfunktionen auf, die zuletzt Ihren Standort ausgewertet haben.

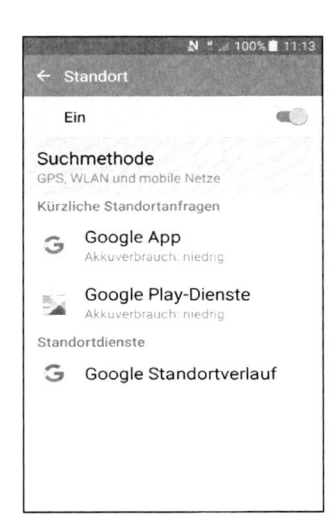

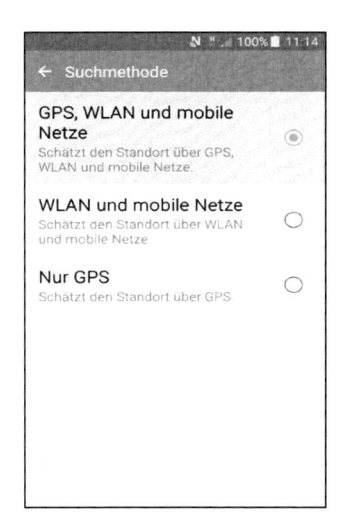

❶❷ *Suchmethode* konfiguriert, welche Methoden dem Handy für die Standortermittlung zur Verfügung stehen. Wir empfehlen *GPS, WLAN und mobile Netze* zu verwenden.

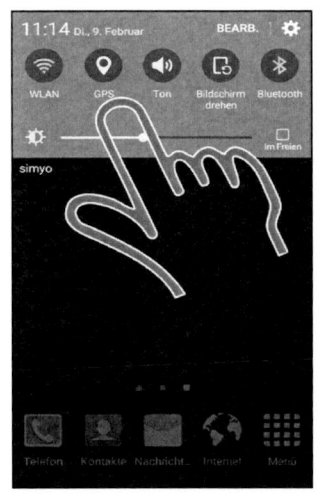

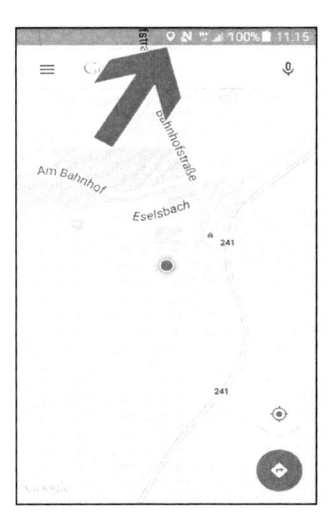

❶ Wie erwähnt, reduziert die Standortermittlung die Akkubetriebsdauer. Deshalb sollten Sie sie bei Nichtnutzung deaktivieren. Dies geschieht, indem Sie im Benachrichtigungsfeld kurz auf *GPS* tippen. Umgekehrt aktivieren Sie darüber auch wieder die Standortermittlung.

❷ Wenn die Standortermittlung von einer Anwendung genutzt wird, erscheint eine Animation in der Titelleiste.

> Tipp: Ungewöhnlicherweise kommt es vor, dass in der Titelleiste eine GPS-Aktivität angezeigt wird, obwohl Sie GPS und die Standortdienste deaktiviert haben. In diesem Fall haben Sie eine Software am Laufen, die GPS von sich aus aktiviert. Sehr häufig aktivieren kostenlose Programme, die Sie aus dem Google Play Store installiert haben, GPS, um Ihnen passende Werbeeinblendungen in der Programmoberfläche anzuzeigen. Irgendwie muss sich die Software ja finanzieren, wozu auch standortbezogene Werbung zählt.

## 35.3 Zip-Dateien

Auf dem PC sind Zip-Archive, die mehrere Dateien und Verzeichnisse komprimiert speichern, Standard. Zip-Archive, die Sie an der Dateiendung ».zip« erkennen, werden häufig für im Internet angebotene Downloads verwendet, das heißt, wenn Sie häufig Dateien mit Ihrem Webbrowser herunterladen, dürften Sie früher oder später auch auf Zip-Dateien stoßen. Der mitgelieferte Datei-Manager (siehe Kapitel *24.2 Eigene Dateien*) kann diese entkomprimieren.

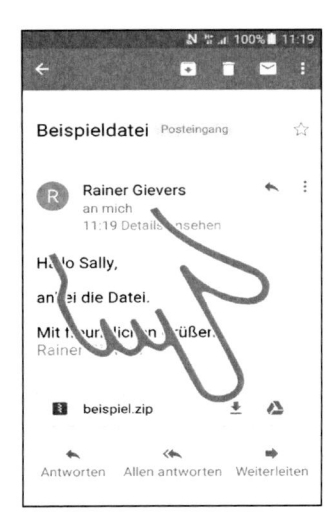

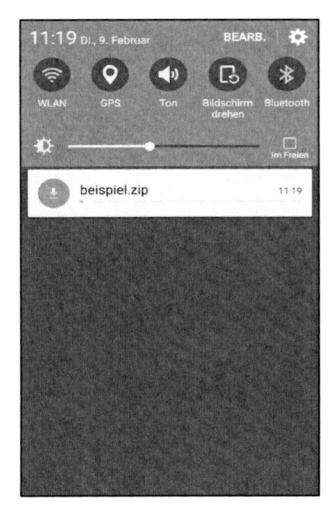

❶ Beispiel: Sie haben in Gmail eine E-Mail erhalten, die eine Zip-Datei als Dateianhang enthält (die Gmail-Anwendung beschreibt Kapitel *9 Gmail*). Gehen Sie dort auf ⬇.

❷ Über das Benachrichtigungsfeld können Sie den Download verfolgen.

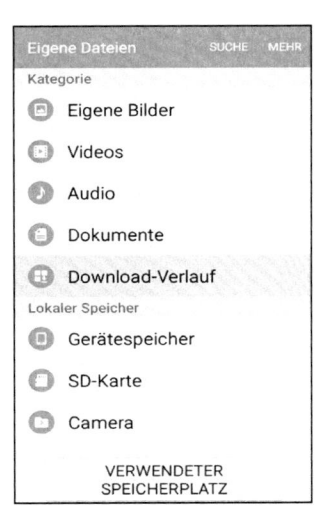

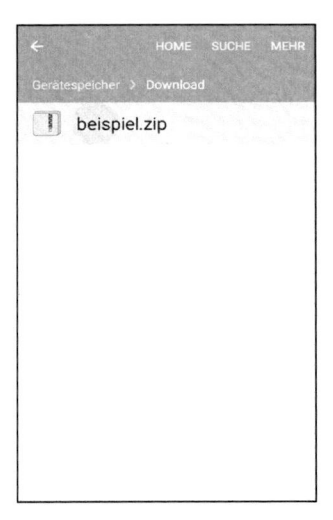

❶ Starten Sie den Datei-Manager unter *Eigene Dateien* aus dem *Tools*-Ordner des Hauptmenüs (siehe Kapitel *24.2 Eigene Dateien*) und gehen Sie darin auf *Download-Verlauf*

❷ Hier finden Sie die zuvor aus der E-Mail gespeicherte Zip-Datei, die Sie nun antippen.

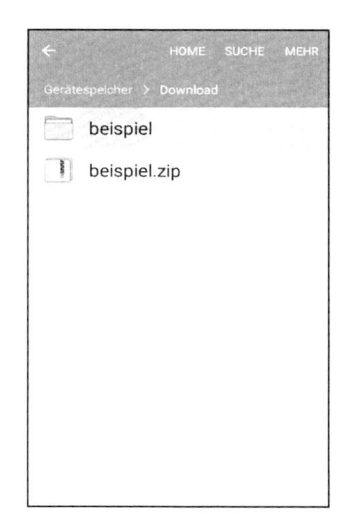

❶ Der Datei-Manager fragt nach dem zu erzeugenden Verzeichnis, das anschließend die entkomprimierten Dateien enthält. Betätigen Sie nun *EXTRAHIEREN*.

❷❸ Die Datei(en) können Sie nun, nachdem Sie den neuen Ordner auswählen wie gewohnt durch Antippen öffnen beziehungsweise weiterverarbeiten.

> Falls Ihnen die Zip-Funktionalitäten der Eigene Dateien-Anwendung nicht gefallen, sind im Google Play Store (siehe Kapitel *27.1 Play Store*) spezielle Zip-Entpacker im Angebot. Suchen Sie einfach nach »Unzip«, »Zip entpacken« oder ähnlich und installieren Sie eines der angebotenen Zip-Programme. Meistens handelt es sich um Datei-Manager, die zusätzlich auch Zip unterstützen.

## 35.4 Anwendungen als Standard

Sie haben wahrscheinlich zu diesem Zeitpunkt schon einige dutzend Programme aus dem Google Play Store (siehe Kapitel *27.1 Play Store*) installiert. Häufig überlappen sich dabei die Programmfunktionen, beispielsweise unterstützen fast alle Ebook-Leseprogramme (siehe Kapitel *22.1 Ebooks auf dem Galaxy lesen*) das PDF-Format. Wenn Sie auf dem Galaxy eine Funktion auslösen, für die mehrere Anwendungen in Frage kämen, fragt das Gerät nach. Im Fall einer PDF-Datei, die Sie in der Downloads-Anwendung oder im Dateimanager (siehe Kapitel *24.2 Eigene Dateien*) antippen, erscheint eine Rückfrage. Wählen Sie dann das gewünschte Programm aus. Betätigen Sie danach *IMMER*, um die Rückfrage künftig für Dateien desselben Typs zu vermeiden und immer das gleiche Programm zu verwenden.

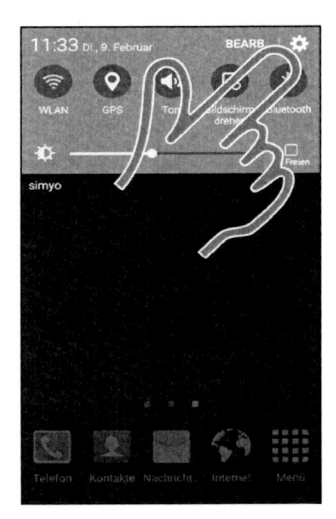

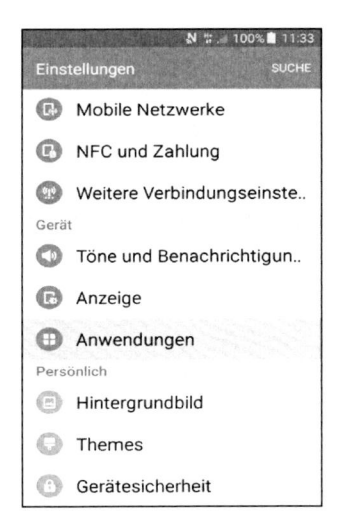

❶ So setzen Sie die Voreinstellung wieder zurück: Gehen Sie auf ✲ für die *Einstellungen* im Benachrichtigungsfeld.

❷❸ Rufen Sie *Anwendungen/Standardanwendungen* auf.

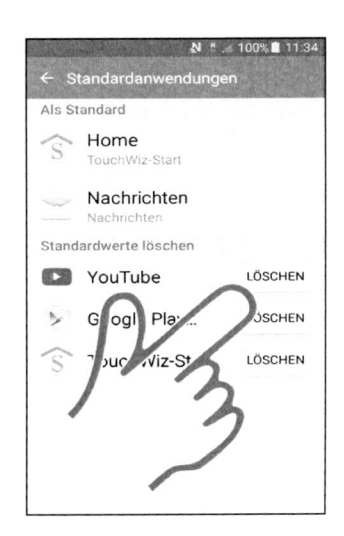

Betätigen Sie *LÖSCHEN* bei denjenigen Anwendungen, deren Standardwerte Sie zurücksetzen möchten. Im Beispiel sind mehrere Anwendungen als Standard vorhanden (diese wurden im Laufe der Handy-Nutzung festgelegt, bei Ihnen werden die aufgelisteten Anwendungen natürlich abweichen).

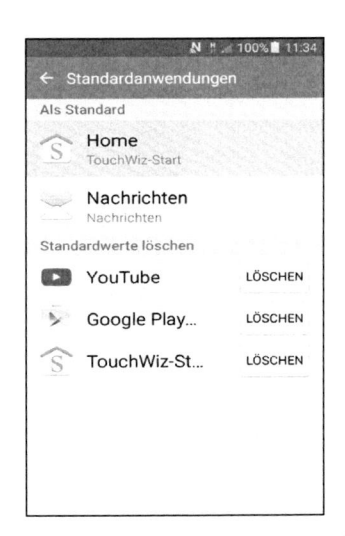

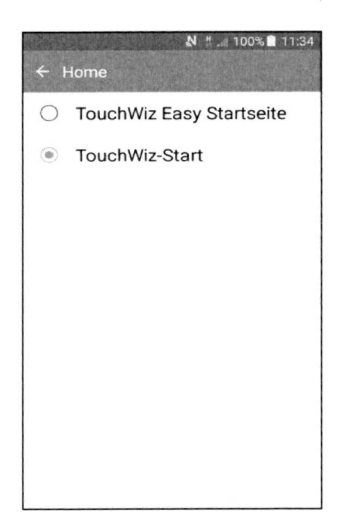

❶❷ In *Home* schalten Sie das Aussehen des Startbildschirms um. Zur Auswahl stehen *TouchWiz-Start* (der Standard-Startbildschirm) und *TouchWiz Easy Startseite* (vereinfachter Startbildschirm). In diesem Buch gehen wir im Kapitel *35.9 Startbildschirm-Profile* darauf ein.

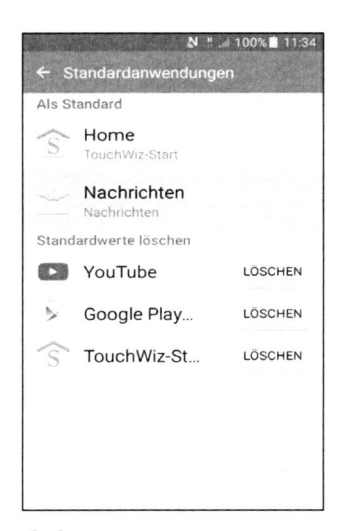

❶❷ Das *Nachrichten*-Menü legt fest, ob SMS in der *Nachrichten*- oder *Hangouts*-Anwendung verwaltet werden. Die Hangouts-Anwendung wurde von Google entwickelt und dient auch als Internet-Chat-Programm, während die Nachrichten-Anwendung ausschließlich SMS verwaltet. Wir empfehlen, die Einstellung auf *Nachrichten* zu belassen.

## 35.5 Handy verloren oder geklaut – was nun?

Vorsorge ist immer die beste Versicherung, um das eigene Handy oder Tablet wiederzubekommen, wenn Sie es irgendwo mal liegen lassen oder es gestohlen wird. Wichtig ist erst einmal, dass ein ehrlicher Finder, beziehungsweise die Polizei die Möglichkeit hat, Sie zu kontaktieren. Zwar lassen sich auf dem Galaxy die Kontaktdaten so einstellen, dass sie beim Einschalten angezeigt werden, ist der Akku aber leer, bringt dies dem Finder auch nichts. Wir bringen deshalb auf unseren elektronischen Geräten, die wir unterwegs dabei haben, Adressaufkleber mit unseren Kontaktdaten an. Beim Galaxy ist dies leider mit einem Risiko verbunden, da der Kleber eventuell mit dem Plastikgehäuse reagiert. Entfernt man den Aufkleber später, beispielsweise weil man das Handy weiterverkaufen will, bleibt ein verfärbter Bereich sichtbar. Die meisten Anwender dürften sich aber für unterwegs ohnehin eine Schutzhülle anschaffen, sodass dort ohne Probleme ein Adressaufkleber angebracht werden kann.

### 35.5.1 Datenschutz

Ein weiteres wichtiges Thema ist der Schutz Ihrer persönlichen Daten auf dem Handy. Ein Finder/Dieb könnte nämlich zum Beispiel Folgendes:

- Kontakte und Termine ändern oder löschen.
- Die im Webbrowser gespeicherte Formulardaten, zum Beispiel das Login von Ebay oder einer Shopping-Website ausnutzen, um Käufe in Ihrem Namen durchzuführen.
- Diffamierende E-Mails oder SMS in Ihrem Namen über die E-Mail/Nachrichten-Anwendung verschicken.
- Nach peinlichen SMS, E-Mails, Fotos oder Videos suchen und diese im Web oder anderswo veröffentlichen.
- Sex-Hotlines oder sonstige teure 0900er-Premiumnummern über Ihre SIM-Karte anrufen.
- Im Google Play Store über Ihre dort gespeicherte Kreditkarte fröhlich Ihr Geld für teure Software ausgeben (nur möglich, wenn Sie Ihr Google-Konto-Passwort dort gespeichert haben).

An dieser Stelle wollen wir erst gar nicht über den Einsatz Ihres Android-Handys in einem sensiblen Firmenbereich reden. Das Galaxy speichert viele Daten wie Kontakte, Termine, Browser-Lesezeichen, usw. auf Google-Server, auf die amerikanische Behörden problemlos Zugriff haben. Es soll auch Firmen geben, die Software anbieten, um abgesicherte Geräte auszulesen, wozu nur der physische Zugriff auf das Gerät nötig ist (zum Beispiel auf Flughäfen bei der

Zollkontrolle). Natürlich lässt sich das Galaxy auch ohne Google-Konto (und damit ohne Google-Server) nutzen, dann könnte man sich aber auch genauso gut ein Notizblock zulegen.

Damit es Diebe nicht zu einfach haben, hier einige Tipps:

- Aktivieren Sie in *Einstellungen/Gerätesicherheit/Sperrbildschirmtyp* die Gerätesperre (Muster, PIN, Passwort oder Fingerabdruck). An die Daten in Ihrem Gerätespeicher kommt dann der Dieb nicht heran (siehe Kapitel *31.2 Gerätesperre*).
- Das Galaxy unterstützt einen verschlüsselten Speicherbereich (siehe Kapitel *37.4.3 Andere Sicherheitseinstellungen*).
- Den Google Play-Store können Sie mit einer PIN in dessen Einstellungen absichern. Käufe sind dann erst nach PIN-Eingabe möglich.
- Die unter *Einstellungen/Gerätesicherheit/Andere Sicherheitseinstellungen/SIM-PIN Optionen* einrichtbare SIM-Kartensperre mit *SIM-Karten PIN* sorgt dafür, dass ein Dieb Ihre SIM-Karte nicht einfach entnehmen und in seinem Handy für teure Anrufe nutzen kann. Stattdessen wird der Dieb an der Abfrage der SIM-PIN scheitern.
- Aktivieren Sie in *Einstellungen/Gerätesicherheit/Find My Mobile* die Optionen *Fernzugriff* und *Info über SIM-Wechsel* (siehe Kapitel *31.5 Maßnahmen gegen Diebstahl*). Probieren Sie danach unbedingt die Find my Mobile-Website aus, damit Sie im Schadensfall schnell reagieren können.
- Notieren Sie sich die IMEI Ihres Handys (in der Telefonoberfläche des Handys *#06# eingeben) und schreiben Sie diese am besten auf Ihre Rechnung für das Gerät, sofern sie dort nicht bereits aufgeführt ist. Bei einer Diebstahlsmeldung können Sie die IMEI dann mit angeben.

**Der Diebstahl/Verlust ist eingetreten:**

Abhängig von der Situation, also wenn Sie nicht sicher sind, ob die zuvor aufgeführten Sicherheitsmaßnahmen greifen, gehen Sie wie folgt vor:

- Rufen Sie sich selbst an. Sind Sie mit mehreren Personen vor Ort, sollten diese zuvor ausschwärmen lassen, damit das Handy schnell lokalisiert wird. Ein markanter Klingelton ist da natürlich hilfreich. Der Selbstanruf ist auch von der Find my Mobile-Website (siehe Kapitel *31.5.2 Fernzugriff*) möglich, wobei auch ein auf lautlos gestelltes Gerät mit voller Lautstärke klingelt.
- Loggen Sie sich auf der Google-Website in Ihr Google-Konto ein und ändern Sie Ihr Passwort.
- Erstatten Sie Anzeige bei der Polizei (den Polizei-Beleg benötigen Sie eventuell, damit Ihre Versicherung den Verlust erstattet). Eventuell hat sich dort auch schon der ehrliche Finder gemeldet.
- In Hotels, Bahnhöfen, Flughäfen gibt es extra Fundbüros, vielleicht hat dort jemand zwischenzeitlich das Gerät abgegeben.
- Lassen Sie beim Mobilnetzbetreiber Ihre SIM-Karte sperren.
- Falls Sie sich nach einiger Zeit sicher sind, dass Sie das Gerät nicht wieder erhalten, beziehungsweise wenn wichtige Daten drauf sind, die nicht in falsche Hände geraten sollen, führen Sie über die Find My Mobile-Website die Fernlöschung durch.

## 35.5.2 Schutz von Firmendaten

Wie Sie vielleicht schon der Presse entnommen haben, wurde Mitte 2013 bekannt, dass amerikanische Geheimdienste systematisch Telefon- und Internetdaten sammeln. Unterstützt werden sie dabei von praktisch allen im Internetgeschäft aktiven Unternehmen, darunter Google und Microsoft, die dafür spezielle Abhörschnittstellen bereitstellen. Weil auch die amerikanischen Betreiber der sogenannten Internetbackbones den Geheimdiensten helfen, können Sie davon ausgehen, dass alle Daten, die irgendwie durch die USA fließen, aufgezeichnet und ausgewertet werden.

Auch außerhalb der Vereinigten Staaten ist man nicht sicher, denn die britischen und französischen Geheimdienste sind natürlich ebenfalls im Lauschgeschäft aktiv. Offiziell dienen die beschriebenen Aktivitäten zwar der Terrorabwehr, laut Geheimdienstquellen profitieren von den gesammelten Informationen aber auch verschiedene Großunternehmen.

Wir empfehlen deshalb Unternehmen, auf die sogenannten Cloud-Dienste, bei denen Informationen auf Internetservern abgelegt und abgerufen werden, entweder zu verzichten oder besondere Sicherungsmaßnahmen zu ergreifen. Hilfreich sind Cloud-Dienste, deren Server ausschließlich in Deutschland stehen. Es sollte klar sein, dass Sie die Google-Dienste (Google-Konto) ebenfalls nicht nutzen dürfen, da Ihre Kontakte, Termine, Fotos, Webbrowser-Favoriten, Fotos, Bewegungsprofile (Google Maps, Google-Anzeigen mit Ortsauswertung in kostenlosen Programmen aus dem Play Store) usw. den US-Geheimdiensten praktisch auf dem Serverteller gereicht werden. Sofern Sie den Google-Speicher Drive nutzen, sollten Sie die hochgeladenen Dateien erst mit Verschlüsselungssoftware behandeln.

Erwähnenswert ist auch die Möglichkeit der Grenzbeamten in Großbritannien und den USA, anlasslos Daten von Notebook, Tablets oder Handys herunterzukopieren.

## *35.6 Akkulaufzeit erhöhen*

Mit einigen kleinen Kniffen erhöhen Sie die Akkulaufzeit Ihres Galaxy-Handys:

- Wenn Sie keine GPS-Positionsbestimmung benötigen, deaktivieren Sie diese durch Ausschalten der *GPS*-Schaltleiste im Benachrichtigungsfeld.
- Gleiches gilt auch für WLAN oder Bluetooth, die Sie bei Nichtverwendung im Benachrichtigungsfeld deaktivieren.
- Passen Sie über den Helligkeitsregler im Benachrichtigungsfeld die Displaybeleuchtung an. Das Display ist die Handy-Komponente mit dem höchsten Stromverbrauch.
- Die Displayabschaltdauer stellen Sie in den *Einstellungen* unter *Anzeige/Bildschirm-Timeout* ein.
- Der im Kapitel *35.11 Energiesparmodi* vorgestellte Energiesparmodus kann ebenfalls die Akkulaufzeit positiv beeinflussen.
- Widgets im Startbildschirm (siehe Kapitel *3.7.2 Widgets*) dienen dazu, immer aktuelle Infos für den Anwender bereit zustellen, laden dafür aber teilweise in regelmäßigen Abständen Daten aus dem Internet (beispielsweise bei Newstickern). Reduzieren Sie die Aktualisierungshäufigkeit in den Einstellungen des Widgets oder löschen Sie nicht benötigte Widgets vom Startbildschirm).
- Beenden Sie alle Anwendungen und Spiele, wenn Sie sie nicht nutzen (mit der ↶-Taste, sofern es keine andere Beendigungsoption gibt).
- Die *Smart Manager*-Anwendung aus dem Hauptmenü listet im *Akku*-Menü unter *Ungewöhnlicher Akkuverbrauch* alle Programme auf, die viel Strom verbrauchen.

## 35.7 Screenshots (Bildschirmkopien)

In jeder beliebigen Anwendung dürfen Sie einen Screenshot (Bildschirmkopie) erstellen.

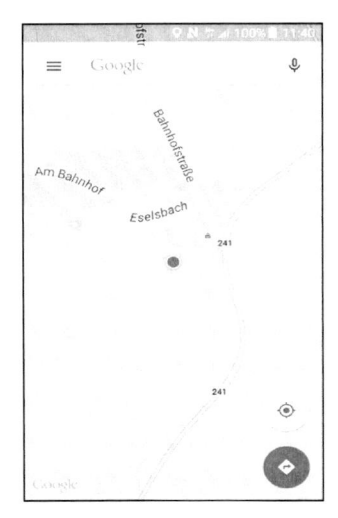

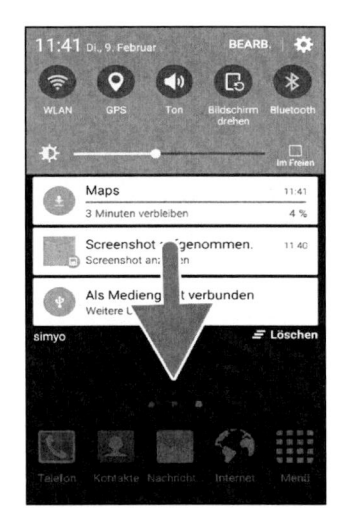

❶ Drücken Sie in der Anwendung, von der Sie einen Screenshot erstellen möchten, für einige Sekunden gleichzeitig die ⬜-Taste und den Ein/Ausschalter. Ein aufblitzender Rahmen informiert über den erfolgreichen Vorgang.

❷ Sie finden den Screenshot nun im Benachrichtigungsfeld. Mit einer Wischgeste über dem entsprechenden Eintrag blenden Sie gegebenenfalls die Bildvorschau und einige Schaltleisten ein.

❸ Über *BEARB* öffnen Sie die Datei im Bildeditor, während es *SENDEN* verschickt. Wir verwenden Letzteres.

❶❷ Anschließend wählen Sie den Übertragungsweg, im Beispiel als E-Mail-Dateianhang aus.

Die Screenshot-Bilder finden Sie im Gerätespeicher im Verzeichnis *DCIM\Screenshots*.

## 35.8 Tippen statt Wischen

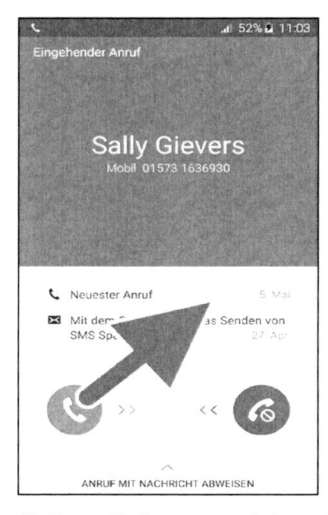

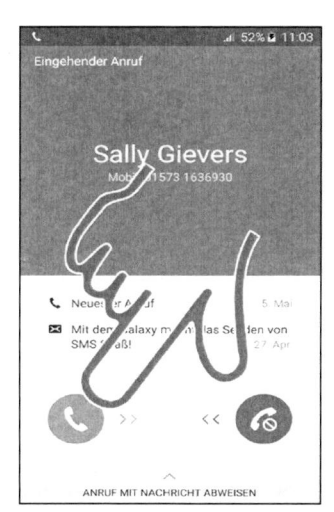

❶ Das Galaxy verzichtet bei vielen Gelegenheiten auf Schaltleisten und setzt stattdessen auf Wischgesten. Beispielsweise können Sie Anrufe nur mit einer Wischgeste annehmen oder blocken. Auch Kalenderalarme und Terminbenachrichtigungen schließen Sie mit einer Wischgeste.

❷ Mit einer kleinen Konfigurationsänderung, die wir unten vorstellen, stellen Sie allerdings auf einen Schaltflächenmodus um. Künftig können Sie statt zu wischen auch einfach die Schaltflächen antippen.

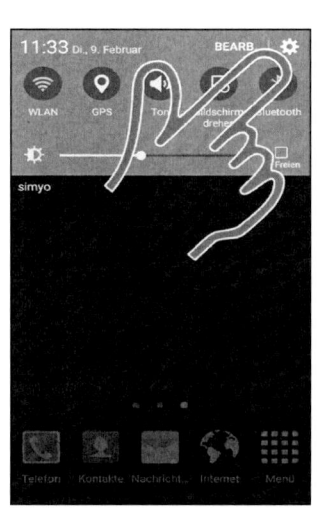

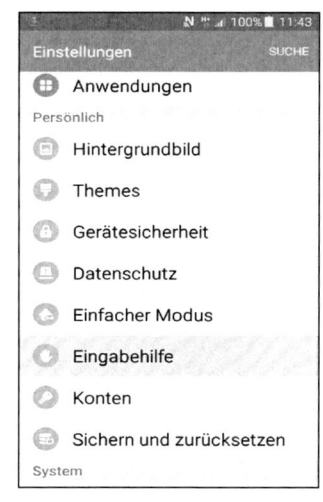

❶ Aktivieren Sie das Benachrichtigungsfeld und gehen Sie auf ✿ für die *Einstellungen*.

❷ Rufen Sie *Eingabehilfe* auf.

❸ Aktivieren Sie *Einfaches Tippen*.

## 35.9 Startbildschirm-Profile

Vielleicht haben Sie schon mal ein HTC-Handy genutzt. Eine Besonderheit ist dort die sogenannte Sense-Oberfläche mit mehreren umschaltbaren Startbildschirm-Profilen. Beispielsweise ist es dort möglich, ein Startbildschirm-Profil mit Terminen und Kontakten anzulegen (verteilt auf mehrere Bildschirmseiten) und ein weiteres für die Freizeit mit Google-Mail-Posteingang und Schnellstartsymbolen auf beliebte Spiele. Zwischen den beiden Startbildschirmprofilen schaltet man dann mit einem Knopfdruck um.

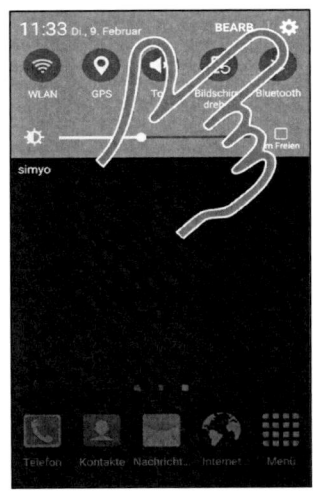

❶ Das Galaxy bietet ebenfalls zwei umschaltbare Startbildschirm-Profile. Aktivieren Sie dafür das Benachrichtigungsfeld und betätigen Sie ✱ für die *Einstellungen.*

❷ Rufen Sie das *Einfacher Modus*-Menü auf.

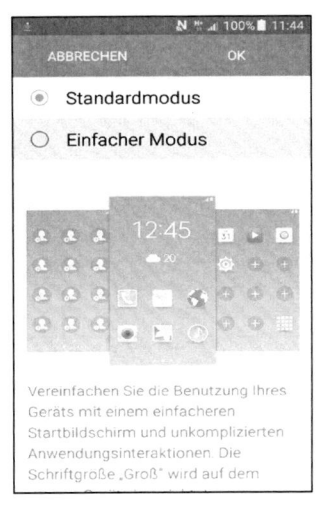

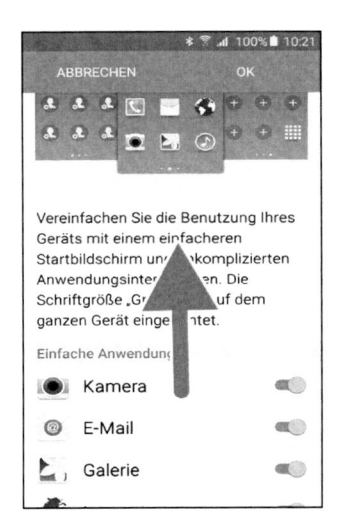

❶❷ Aktivieren Sie *Einfacher Modus* und schließen Sie den Bildschirm mit *OK*.

Wenn Sie hier später wieder auf den *Standardmodus* umschalten werden Ihre vorgenommenen Änderungen gespeichert. Passen Sie die beiden Startbildschirme, wie im Kapitel *3.7 Startbildschirm konfigurieren* beschrieben, einfach an Ihre Vorlieben an.

❶❷ So sieht der »Einfache Modus« im Startbildschirm aus. Zum Deaktivieren des Einfachen Modus gehen Sie im (vereinfachten) Hauptmenü auf *Einstellungen* und dann auf *Einfacher Modus*. Stellen Sie im Menü *Standardmodus* ein.

## 35.10 Internetverbindung optimieren

Das Galaxy bringt im Vergleich zu anderen Handys einige spezielle Funktionen mit, über die Sie Ihre Internetverbindung beschleunigen beziehungsweise zu überwachen.

### 35.10.1 Datenverbrauch ermitteln

In der Praxis kommt es häufiger vor, dass man wissen muss, welche Datenmenge bereits übertragen wurde, beispielsweise bei einer auf 500 MB beschränkten Internetflatrate. Für solche Fälle bringt das Galaxy eine umfangreiche Statistik mit.

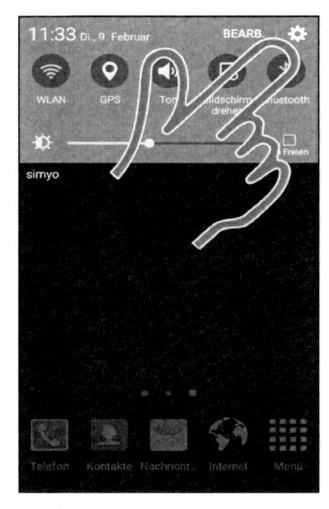

❶ Öffnen Sie das Benachrichtigungsfeld und betätigen Sie ✿ für die *Einstellungen*.

❷ Rufen Sie *Datennutzung* auf.

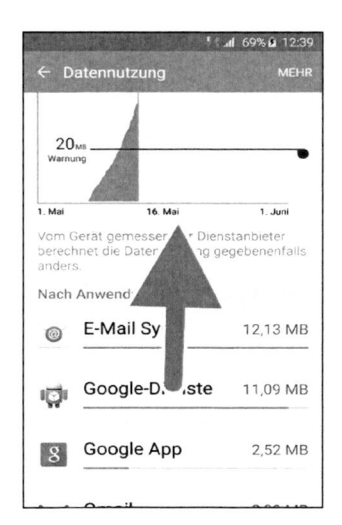

❶ Die Bedeutung der Schaltleisten:

- *Mobile Datenverbindung*: Aktiviert/Deaktiviert die Mobilfunk-Internetverbindung (siehe auch Kapitel *7.2.2 Mobilfunk-Internet aktivieren/deaktivieren*.
- *Mobildatenbegrenzung festlegen*: Setzt ein Datenmengenlimit, welches das Galaxy nicht überschreiten kann.
- *1.-31. Mai* (Datumsbereich): Zeitraum, über den die Statistik erstellt wird.

Zusätzlich zeigt das Handy eine Verbrauchsgrafik an.

❷ Unter der Verbrauchsgrafik listet die Statistik diejenigen Anwendungen auf, welche Daten übertragen haben. Sie sehen diese, wenn Sie mit dem Finger auf dem Bildschirm nach oben wischen.

## 35.10.1.a Datenverbrauchsanzeige in der Praxis

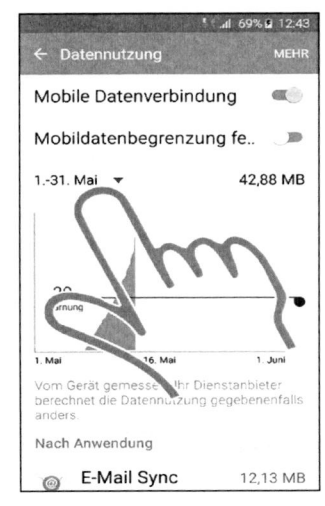

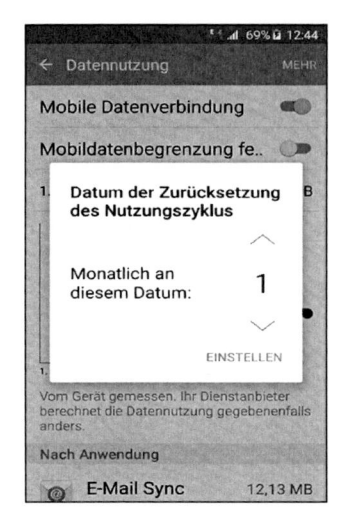

❶ Die meisten Mobilfunkverträge beinhalten ein monatliches Datenkontingent. Damit die Statistikfunktion der Datenverbrauchsanzeige für Sie Sinn macht, müssen Sie deshalb erst einmal den Statistikzeitraum auf den Flatrate-Zeitrum umstellen. Dazu tippen Sie die Datumsanzeige an.

❷ Wählen Sie *Zyklus ändern* aus.

❸ Stellen Sie das Datum auf den Starttag (kontrollieren Sie gegebenenfalls Ihren Mobilfunkvertrag oden die Vertragsunterlagen, zu welchem Monatstag die Datenvolumenmessung zurückgesetzt wird und stellen Sie den entsprechenden Tag hier ein) und betätigen Sie *Einstellen*.

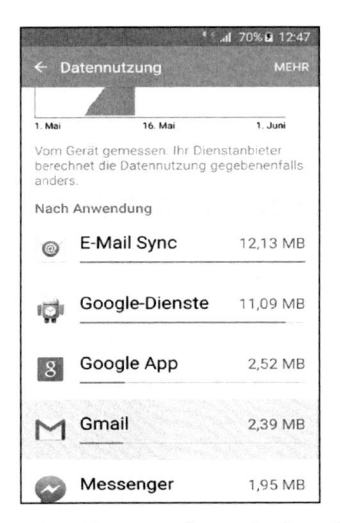

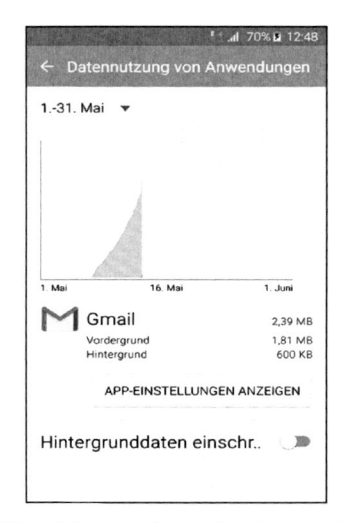

❶ In der Grafik zeigt das Galaxy den Datenverbrauch des aktuellen Monats kumultativ an, das heißt die jeden Tag angefallene Datenmenge wird jeweils addiert. Deshalb sieht die Anzeige aus wie ein Berg, der mehr oder weniger steil ansteigt.

❷❸ Die Auflistung unterhalb der Grafik zeigt alle Programme an, die im eingestellten Zeitraum Daten übertragen haben. Wählen Sie davon eines für eine Einzelstatistik aus. Die ⤺-Taste bringt Sie wieder in den Hauptbildschirm zurück.

## 35.10.1.b Datenlimit festlegen

Sofern Ihr Mobilfunkvertrag nur eine Internetflatrate mit einem bestimmten Übertragungsvolumen beinhaltet, können Sie auf dem Galaxy ein Datenlimit einstellen. Nach Erreichen des Datenlimits wird dann automatisch die Mobilfunk-Internetverbindung deaktiviert.

Tipps & Tricks

> Beachten Sie, dass die weitaus meisten Mobilfunkverträge mit Internetflatrate inzwischen unlimitiert sind, das heißt, überschreitet der Nutzer das vereinbarte monatliche Volumen, so wird die Übertragungsrate gedrosselt. Weitere Nachteile entstehen dabei nicht. Es macht also meistens keinen Sinn, ein Datenlimit festzulegen.
>
> Die WLAN-Nutzung ist natürlich nicht vom Datenlimit betroffen.

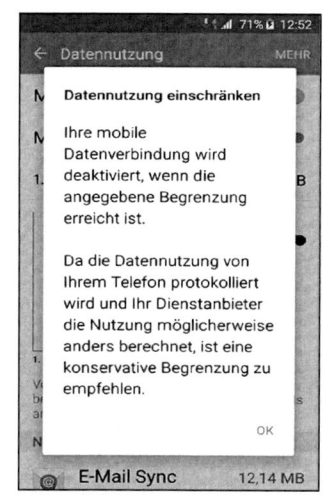

❶ Gehen Sie auf *Mobildatenbegrenzung festlegen*.

❷ Bestätigen Sie die Warnmeldung mit *OK*.

❸ In der Grafik erscheint nun ein roter Balken mit 5 Gigabyte Limit. Ziehen Sie ihn über den mit dem angedrückten Finger nach oben oder unten, um das Datenlimit einzustellen.

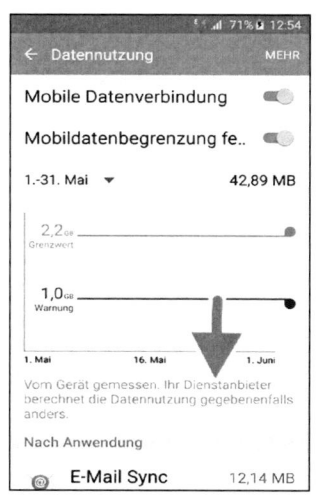

❶ Damit das Galaxy bei Überschreiten des Datenlimits nicht unerwartet die Internetverbindung kappt, stellen Sie mit dem schwarzen Balken eine Vorwarnung (vorgegeben sind 2 GB) ein.

❷ Das Handy alarmiert Sie nun bei Überschreiten des (Vorwarn-)Datenlimits mit einem Warnhinweis im Benachrichtigungsfeld und in der Titelleiste.

> Es ist auch möglich, einfach einen der beiden Datenlimit-Balken anzutippen, worauf Sie das Datenlimit als Zahl eingeben.

## 35.10.1.c Weitere Funktionen

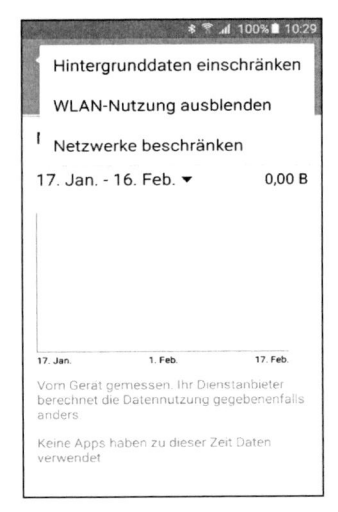

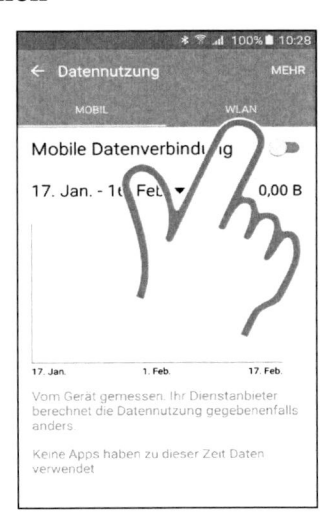

❶ Über das *MEHR*-Menü können Sie einstellen:

- *Hintergrunddaten einschränken*: Viele Anwendungen, darunter Google Play Store, das Telefonbuch und Gmail übertragen Daten im Hintergrund, also während Sie die Anwendungen gerade nicht nutzen. Aktivieren Sie *Hintergrunddaten einschränken*, so ist dies den Anwendungen nicht mehr möglich, was zu Nachteilen bei der Nutzbarkeit beziehungsweise Aktualität der Daten führt. Datenübertragungen im Hintergrund bei bestehender WLAN-Verbindung sind davon nicht betroffen.

- *WLAN-Nutzung anzeigen*: Blendet ein zusätzliches Register im Bildschirm ein, in dem Sie die im WLAN übertragene Datenmenge kontrollieren können (❷).

- *Netzwerke beschränken*: In diesem Menü (❸) legen Sie fest, welche WLAN-Zugangspunkte das Galaxy nicht für Hintergrund-Datenübertragungen genutzt werden dürfen. Ein Anwendungsfall wäre, dass das Handy aus Datenschutzgründen nur im Büro ins Internet gehen darf, weshalb Sie alle anderen WLAN-Hotspots (von zuhause, Café, WLAN des Nachbarn...) abhaken.

## 35.10.2 Empfangsstärke Mobilfunk und WLAN

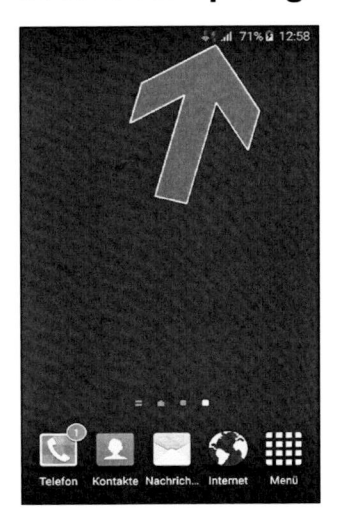

Für eine gute und unterbrechungsfreie Datenübertragung über WLAN oder Mobilfunknetz ist eine hohe Signalstärke jeweils Voraussetzung.

Die Signalstärke erkennen Sie an den Symbolen 🛜 (für WLAN) und 📶 (für Mobilfunknetz) in der Titelleiste (Pfeil). Wenn ein oder mehrere der Balken fehlen, besteht kein optimaler Empfang, das heißt, Sie befinden sich zu weit vom WLAN-Zugangspunkt/Mobilfunkmast entfernt. Die Balkenangaben sind naturgemäß recht ungenau, was aber meistens keinen Beinbruch darstellt.

## 35.10.3 Wi-Fi Analyzer

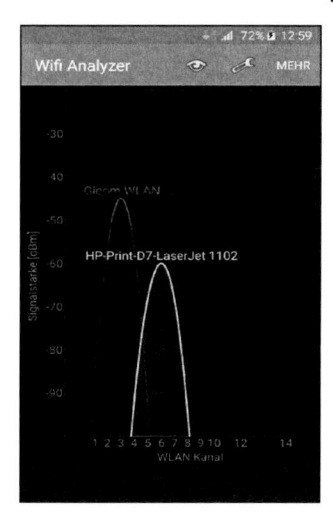

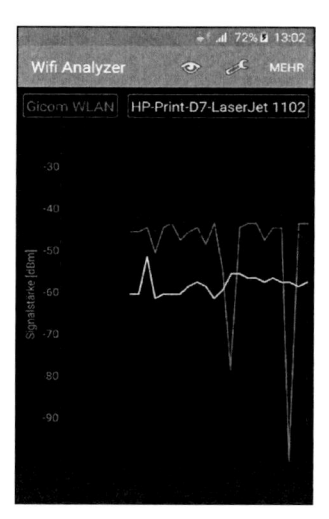

❶❷❸ Der kostenlose *Wifi Analyzer* von Farproc aus dem Google Play Store bringt neben der Signalstärkeanzeige viele Zusatzfunktionen mit, die auch Profis begeistern dürften. Zwischen den Bildschirmen schalten Sie mit einer Wischgeste auf dem Display um.

## 35.11 Energiesparmodi

Nicht immer hat man Zeit und Gelegenheit, den Akku des Galaxy zeitnah aufzuladen. Für solche Notfälle können Sie den Energieverbrauch reduzieren.

> Beachten Sie auch Kapitel *35.6 Akkulaufzeit erhöhen*, das auf weitere Energiesparmöglichkeiten am Handy eingeht.

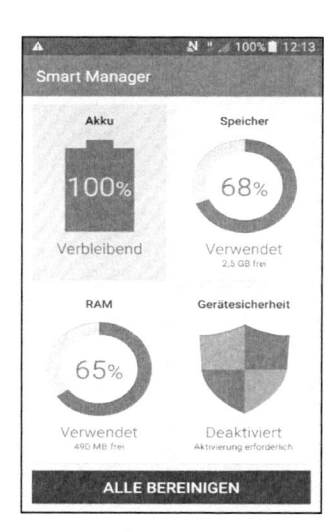

❶❷❸ Rufen Sie den *Smart Manager* aus dem Hauptmenü auf und gehen Sie auf *Akku*.

Je nachdem, ob Sie das Netzteil am Galaxy angeschlossen haben, werden Sie oben über die geschätzte Nutzungsdauer oder über die Ladedauer (bis der Akku voll ist) informiert.

Die verfügbaren Optionen:

- *Energiesparmodus*: Optimiert mehrere Systemeinstellungen, um den Akkuverbrauch zu reduzieren. Der Nutzer merkt davon kaum etwas.
- *Ultra-Energiesparmodus*: Nur für den »Notfall«, weil man damit die Benutzeroberfläche und viele Funktionen abschaltet.

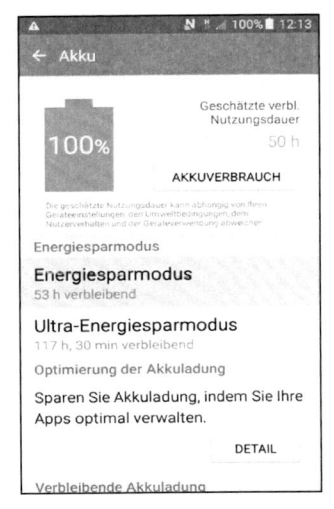

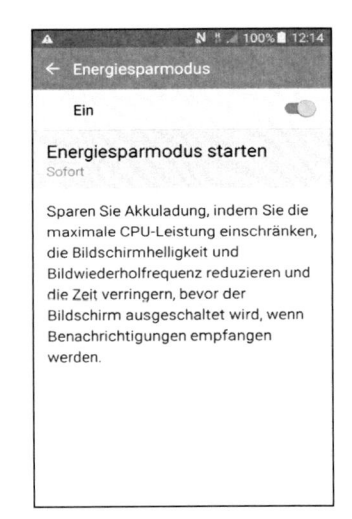

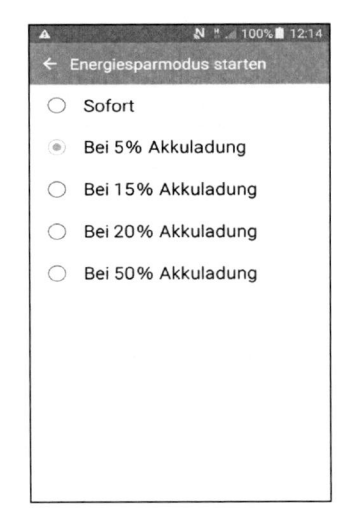

❶ Folgendes wird im *Energiesparmodus* deaktiviert oder stark reduziert:

- Maximale Prozessorleistung
- Bildschirmhelligkeit und Bildwiederholfrequenz
- Beleuchtung der Sensortasten unterhalb des Displays
- Vibration
- Automatische Bildschirmabschaltung, nachdem neue Benachrichtigungen angezeigt wurden

❷❸ Aktivieren Sie hier den Einschalter am oberen rechten Bildschirmrand, der sich dann grün färbt. Den Zeitpunkt für die Aktivierung des Energiesparmodus stellen Sie unter *Energiesparmodus starten* ein. Sinnvoll erscheint uns hier *Bei 5% Akkuladung*.

> Während der Energiesparmodus aktiv ist, erscheint zur Sicherheit ein Hinweis im Benachrichtigungsfeld.

❶❷ Wie erwähnt, sollten Sie den *Ultra-Energiesparmodus* nur einsetzen, wenn Sie unbedingt auf eine telefonische Erreichbarkeit angewiesen sind. Neben einer Umschaltung des Displays auf Graustufendarstellung deaktivieren Sie damit die Internetverbindung und können nur noch eine eingeschränkte Programmauswahl starten.

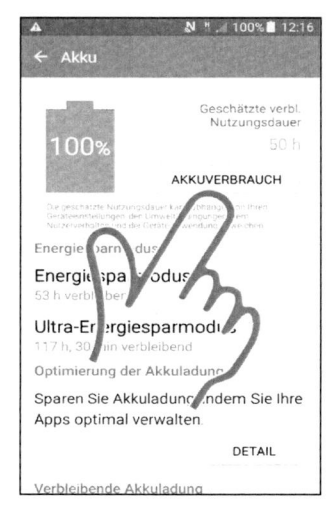

❶❷ Die *AKKUVERBRAUCH*-Schaltleiste öffnet eine Statistik, die anhand Ihres bisherigen Nutzungsverhaltens den Akkuzustand prognostiziert.

# 36. Eingabemethoden

Die Eingabemethode aktiviert sich automatisch, wenn Sie sich in einem Eingabefeld befinden. Das Galaxy besitzt kein separates Tastenfeld wie viele einfache Handys, weshalb der Hersteller diverse Tricks anwendet, damit Sie mit Ihren Fingern trotzdem fehlerfrei Eingaben vornehmen können.

❶ Die Standardeingabemethode beim Galaxy J5.

❷ Ein besonders großes Tastenfeld erscheint, wenn Sie das Galaxy um 90 Grad gedreht halten. Dabei ist es egal, welche Eingabemethode vorher aktiv war.

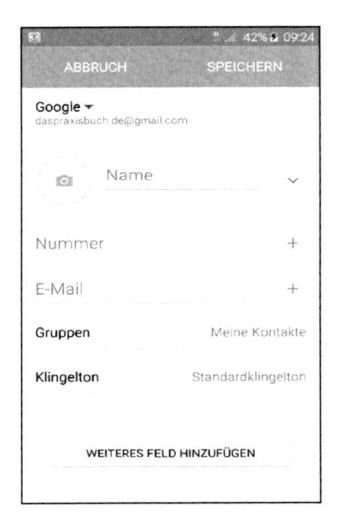

❶ Häufig kommt es vor, dass das Tastenfeld wichtige Eingabefelder oder Informationen überdeckt. In diesem Fall tippen und halten Sie den Finger auf dem Bildschirm (nicht auf das Tastenfeld) und ziehen nach unten, beziehungsweise oben.

❷ Alternativ betätigen Sie einmal die ⤺-Taste, worauf das Tastenfeld verschwindet. Sobald Sie ein Eingabefeld antippen, zeigt das Galaxy das Tastenfeld wieder an.

Eingabemethoden 391

❶❷ Alternativ betätigen Sie die *Weiter*-Taste im Tastenfeld, worauf das nächste Eingabefeld angesprungen wird.

Das Galaxy unterstützt folgende Eingabemethoden:

- **Samsung-Tastatur** (❶): Die Standard-Eingabemethode.

- **Durchgehende Eingabe**: Eine Erweiterung der Samsung-Tastatur, die ähnlich funktioniert wie das von anderen Handys bekannte »Swype«. Eingaben nehmen Sie vor, indem Sie mit dem angedrückten Finger auf dem Tastenfeld von Buchstabe zu Buchstabe ziehen. Die Tastenfunktionen der Samsung-Tastatur stehen, während die durchgehende Eingabe aktiv ist, weiterhin zur Verfügung.

- **Spracheingabe** (❷): Das Galaxy setzt Ihre gesprochenen Wörter oder Sätze in Text um.

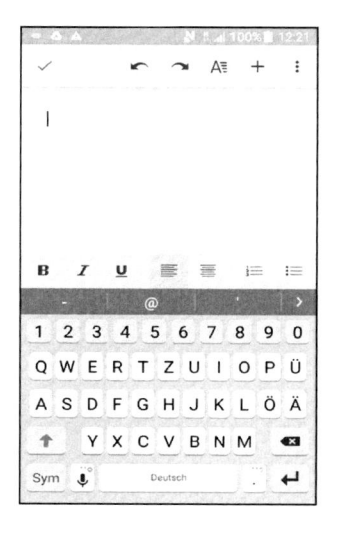

❶❷ Eine Besonderheit ist die ✱-Taste: Tippen und halten Sie sie für die Umschaltung zwischen den verschiedenen Eingabemodi (Spracherkennung, Handschriftenerkennung, usw.) oder die Einstellungen.

❸ Die Taste erhält die zuletzt gewählte Funktion zugewiesen, im Beispiel die Spracheingabe.

## 36.1 Samsung-Tastenfeld

Das Samsung-Tastenfeld ist standardmäßig aktiv und bietet einen guten Kompromiss zwischen Bedienbarkeit und Tastengröße.

❶ Für Satz- und Sonderzeichen ist auf der Displaytastatur kein Platz. Betätigen Sie dafür einfach die »*Sym*«-Taste (Pfeil).

❷ Über die »*ABC*«-Taste schalten dann wieder auf das normale Tastenfeld zurück.

❶ Umlaute geben Sie ein, indem Sie die jeweilige Taste, im Beispiel »A« etwas länger gedrückt halten. Das Tastenfeld zeigt nun ein Popup an, worin Sie auf den Umlaut tippen.

❷ In E-Mail-Eingabefeldern ändert sich die Tastenbelegung etwas: Sie haben dann unter anderem das »@«-Zeichen und das häufig benötigte ».com« zur Verfügung.

❸ Die Hochstelltaste (Pfeil) funktioniert genauso wie von einer PC-Tastatur gewohnt, das heißt, zweimaliges Betätigen sorgt dafür, dass alle Buchstaben in Großbuchstaben erscheinen. Betätigen Sie die Taste erneut, werden die Großbuchstaben wieder abgeschaltet.

### 36.1.1 Wortvorschläge

Damit Sie nicht soviel tippen müssen, macht das Tastenfeld während der Eingabe Wortvorschläge.

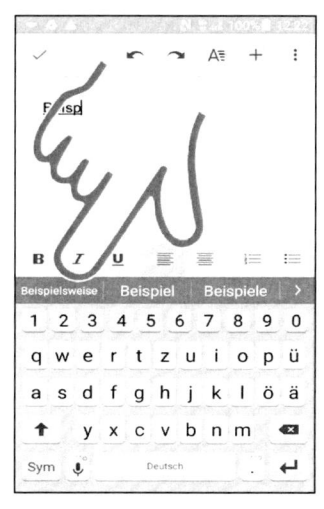

❶❷ Während Sie tippen, blendet das Galaxy oberhalb des Tastenfelds automatisch Wortvorschläge ein. Tippen Sie bei Bedarf einfach mit dem Finger einen Vorschläge an.

Häufig schlägt das Tastenfeld bereits sehr frühzeitig ein passendes Wort vor. Betätigen Sie nun die Leertaste oder geben Sie ein Satzzeichen an, dann wird das vorgeschlagene Wort automatisch ins Eingabefeld übernommen. Sie ersparen sich so das Antippen des Wortvorschlags.

### 36.1.1.a Wörterbuchsprache einstellen

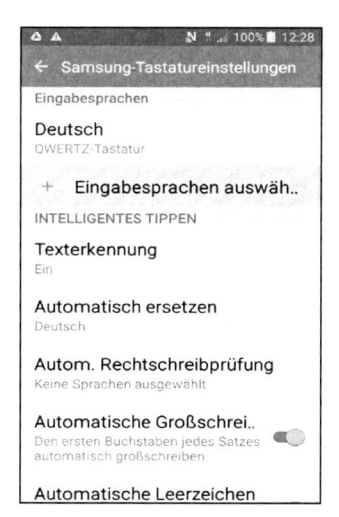

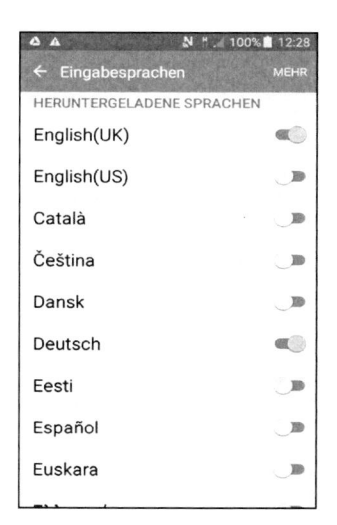

❶❷ Das Galaxy nutzt ein Wörterbuch, um die eingegebenen Wörter zu erkennen. Wenn Sie Texte in einer anderen Sprache schreiben, müssen Sie die Wörterbuchsprache ändern. Dazu betätigen Sie die ✿-Taste (Pfeil) (falls Sie das ✿ nicht sehen, tippen und halten Sie die Taste rechts von »Sym« und wählen Sie dann ✿) und gehen auf *Eingabesprachen auswählen*.

❸ Aktivieren Sie die verwendeten Sprachen, also zum Beispiel neben *Deutsch* auch *English (UK)*. Falls Sie weitere Sprachen benötigen, laden Sie diese durch Antippen des Sprachnamens unten in der Liste herunter. Schließen Sie den Bildschirm mit der ⇦-Taste.

> Durch den Einsatz der Wortvorschläge können Sie häufig auf die umständliche Eingabe von Umlauten verzichten. Geben Sie beispielsweise »Schafchen« ein, dann erscheint der Wortvorschlag »Schäfchen«, welche Sie durch Antippen ins Eingabefeld übernehmen.

❶❷ »Wischen« Sie mit angedrücktem Finger auf der Leertaste, um die Sprache umzuschalten.

### 36.1.1.b Das Anwendungswörterbuch

Abhängig von der genutzten Anwendung schreiben Sie jeweils anders. Das Galaxy J5 kann dann Ihre Schreibgewohnheiten bei der Texterkennung berücksichtigen.

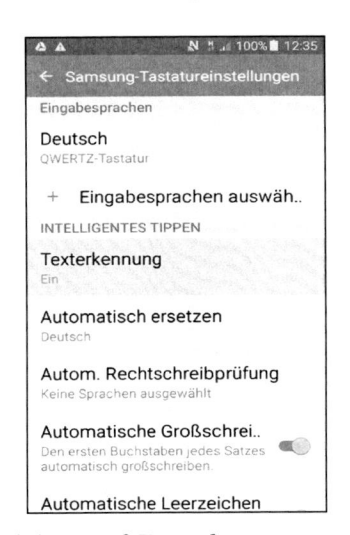

❶❷ Gehen Sie auf ✿ (Pfeil) und dann auf *Texterkennung*.

❸ Aktivieren Sie den Schalter am oberen Bildschirmrand und gehen Sie auf *Von Nachrichten lernen* und *Von Kontakten lernen*, usw.

❶ So fügen Sie dem Anwenderwörterbuch weitere Wörter hinzu: Geben Sie das Wort auf dem Tastenfeld ein und tippen Sie es dann links in den Wortvorschlägen an (Pfeil). Das Wort wird nun beim nächsten Mal vorgeschlagen, sobald Sie die ersten Buchstaben davon eintippen.

❷❸ Manchmal soll ein Wortvorschlag später wieder aus dem Anwenderwörterbuch beziehungsweise den Vorschlägen verschwinden, beispielsweise weil Sie ihn falsch geschrieben haben. Geben Sie das Wort ein, dann tippen und halten Sie den Finger auf dem Wortvorschlag, bis das Popup erscheint. Betätigen Sie *OK*.

## 36.1.2 Einstellungen

Tippen Sie die ✱-Taste für die Eingabeeinstellungen an.

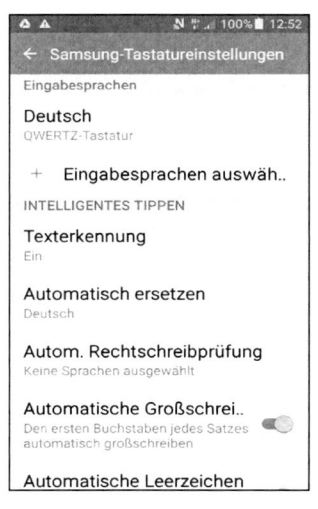

❶❷ Die Einstellungen:

Unter *Eingabesprachen*:

- Die verschiedenen Eingabemethoden auf dem Galaxy greifen für Wortvorschläge jeweils auf das Wörterbuch zurück. Falls Sie häufig Texte in einer anderen Sprache schreiben, sollten Sie diese hier unter *Eingabesprachen auswählen* einstellen. Siehe Kapitel *36.1.1.a Wörterbuchsprache einstellen*.

Unter *INTELLIGENTES TIPPEN*:

- *Texterkennung*: Steuert die Anzeige der Wortvorschläge oberhalb des Tastenfelds.
- *Automatisch ersetzen*: Falsch oder nur halb eingegebene Wörter ersetzt das Galaxy automatisch durch die am wahrscheinlichsten zutreffenden, sobald Sie die Leertaste betätigen. Welches Wort dabei verwendet wird, sehen Sie in der Mitte oberhalb des Tastenfelds. Geben Sie beispielsweise »Beisp« ein und betätigen Sie die Leertaste, so wird »*Beispiel*« eingefügt.
- *Autom. Rechtschreibprüfung*: Das Samsung markiert nicht erkannte/falsch geschriebene Worte mit einem Unterstrich. Damit Sie diese Funktion nutzen können, müssen Sie *Automatisch ersetzen* deaktiviert haben. Mangels sinnvoller Anwendungsmöglichkeiten

gehen wir nicht weiter darauf ein.

- *Autom. Großschreibung*: Bei Satzanfängen beginnen Wörter automatisch mit Großbuchstaben.

- *Automatische Leerzeichen*: Wenn Sie Wörter aus der Vorschlagsliste oberhalb des Tastenfelds übernehmen, wird automatisch ein Leerzeichen eingefügt.

- *Autom. unterbrechen*: Betätigen Sie zweimal hintereinander die Leertaste, um einen Punkt einzugeben.

- *Tastatur wischen* (❷): Welche Aktion Sie durch ein Wischen mit dem Finger über das Tastenfeld auslösen):

    ○ *Ohne*: Das Fingerwischen hat keine Funktion.

    ○ *Durchgehende Eingabe*: Aktiviert die Swype-ähnliche Eingabemethode, bei der Sie mit angedrücktem Finger auf dem Tastenfeld von Buchstabe zu Buchstabe ziehen. Auf *Durchgehende Eingabe* geht Kapitel *36.2 Durchgehende Eingabe* ein.

Unter *TASTENTON-FEEDBACK*:

- *Ton*: Akustisches Feedback, wenn Sie eine Taste auf der Tastatur betätigen.

- *Zeichenvorschau*: Wenn Sie eine Taste betätigen, erscheint der Buchstabe in einem großen Popup. Dies ist praktisch, da der Finger die betätigte Taste ja meist verdeckt.

Unter *WEITERE EINSTELLUNGEN*:

- *Tastaturgröße anpassen:* Das Tastenfeld lässt sich geringfügig in der Höhe ändern.

- *Einstellungen zurücksetzen*: Setzt alle Einstellungen auf die Standardeinstellungen zurück.

## 36.2 Durchgehende Eingabe

❶❷ Zum Einschalten der durchgehenden Eingabe betätigen Sie ✿ auf dem Tastenfeld, gehen Sie auf *Tastatur wischen* und aktivieren *Durchgehende Eingabe*. Auf dem gleichen Wege lässt sich die durchgehende Eingabe später auch jederzeit wieder deaktivieren (wählen Sie dann *Ohne*).

Eingabemethoden

❶❷ Die durchgehende Eingabe ist recht einfach zu verstehen: Halten Sie den Finger auf den ersten Buchstaben des einzugebenden Worts angedrückt und ziehen Sie nun mit angedrücktem Finger auf die weiteren Buchstaben des Worts. Setzen Sie dann den Finger ab. In unserem Beispiel soll »Beispiel« eingegeben werden. Leerzeichen fügt die durchgehende Eingabe übrigens automatisch zwischen den Wörtern ein. Für die Eingabe von doppelten Buchstaben bewegen Sie den Finger über der entsprechenden Taste einfach hin und her.

## 36.3 Spracherkennung

❶ Die Spracherkennung aktivieren Sie über die 🎤-Taste (Pfeil) auf der Samsung-Tastatur (falls Sie dort kein 🎤 sehen, tippen und halten Sie diese Taste, bis das Popup erscheint, worin Sie das 🎤-Symbol auswählen).

❷ Sprechen Sie dann in ruhigem Tonfall und gleichmäßig die Wörter beziehungsweise Sätze, die dann in Text umgesetzt werden. Beenden Sie die Spracherkennung, indem Sie die 🎤-Schaltleiste erneut antippen.

❸ Die ✕-Schaltleiste (Pfeil) wechselt die Eingabemethode wieder zum Tastenfeld.

## 36.4 Texte kopieren, ausschneiden und einfügen

Es kommt häufiger mal vor, dass man einen Text, beispielsweise aus einer SMS oder E-Mail, in einer anderen Anwendung weiterverwenden will.

Bitte beachten Sie, dass die von Google entwickelten Anwendungen wie Gmail das Kopieren/Einfügen anders handhaben als die Samsung-Anwendungen (E-Mail, Memo, S Planer, usw.). Wir stellen deshalb im Folgenden die Vorgehensweise separat für Google- und Samsung-Anwendungen vor.

## 36.4.1 Kopieren und einfügen in den Google-Anwendungen

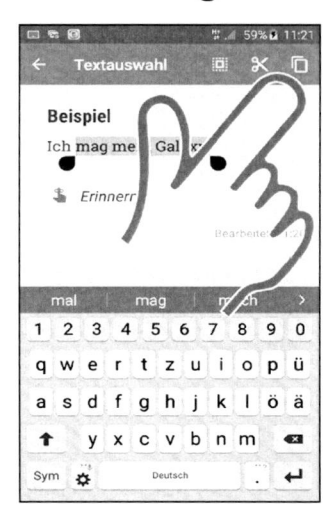

❶ Tippen und halten Sie den Finger auf eine Position in der Nähe des zu kopierenden Textes. Alternativ können Sie auch auf ein Wort doppeltippen.

❷ Anschließend ändern Sie den markierten Bereich, indem Sie die blauen Schieber an die gewünschte Position bewegen. Mit der ⊞-Schaltleiste am oberen Bildschirmrand markieren Sie den gesamten Text.

❸ Tippen Sie die Schaltleisten ✂ (ausschneiden) oder ▢ (kopieren) an.

❶ Tippen und halten Sie den Finger in die Zielposition.

❷❸ Im Popup wählen Sie *EINFÜGEN*.

In einigen Anwendungen wie Gmail funktioniert die Drag-and-Drop-Funktion, bei der Sie den Finger nach dem Markieren absetzen, erneut mit dem Finger auf der Markierung halten und dann den markierten Text an die Zielposition ziehen.

Eingabemethoden

## 36.4.2 Kopieren und Einfügen in den Samsung-Anwendungen

❶ Tippen und halten Sie den Finger auf eine Position in der Nähe des zu kopierenden Textes. Alternativ können Sie auch auf ein Wort doppeltippen. Ziehen Sie dann mit dem Finger die Laschen über den zu kopierenden/einzufügenden Bereich.

❷ Im Popup gehen Sie nun auf *Kopieren* beziehungsweise *Ausschneiden*.

❸ Tippen und halten Sie den Finger auf eine Textposition, bis das Popup erscheint und wählen Sie im Popup *Einfügen* aus.

# 37. Benutzerkonfiguration

Ähnlich wie bei Windows auf dem Desktop-PC kann auch das Galaxy an die Vorlieben (und Schwächen!) des Nutzers angepasst werden.

> Hinweis: Bevor Sie dieses Kapitel durcharbeiten, sollten Sie sich bereits ausführlich mit dem Handy auseinandergesetzt haben.

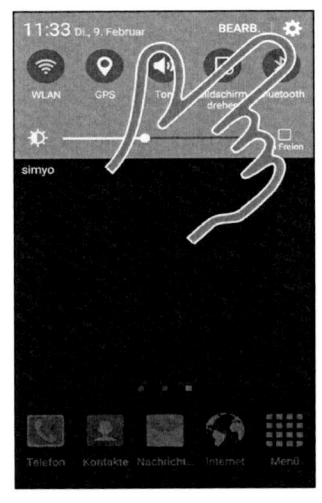

❶ Für die *Einstellungen* aktivieren Sie das Benachrichtigungsfeld und tippen ✿ an.

❷ Alternativ gehen Sie im Startbildschirm oder Hauptmenü auf *Einstellungen*.

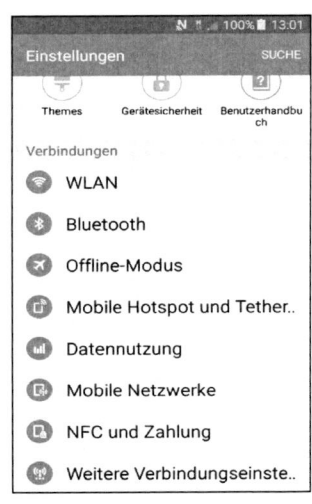

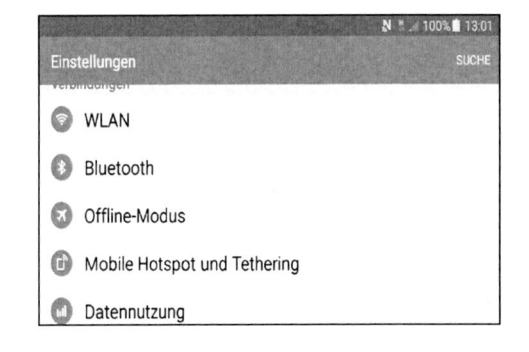

❶❷ Tipp: Sollten mal die Menübeschreibungen nicht vollständig lesbar sein, weil sie am Rand abgeschnitten werden, dann halten Sie einfach das Handy waagerecht.

> Die Schrift in den Menüs wurde für dieses Buch für bessere Lesbarkeit eine Stufe größer gestellt. Bei Ihrem Gerät sehen deshalb die Menüs deshalb etwas anders aus.

## 37.1 Menüansichten

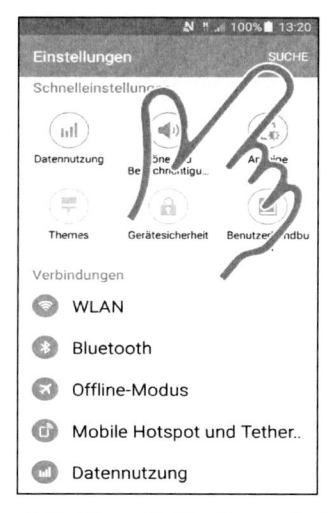

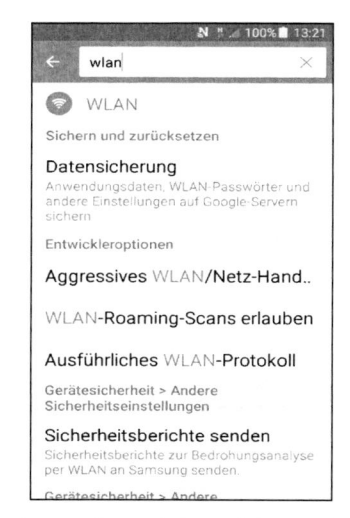

❶❷ Tipp: Falls Sie mal nicht wissen, in welchem Menü eine bestimmte Funktion zu finden ist, betätigen Sie *SUCHE* und geben den Suchbegriff ein. Tippen Sie dann in der Ergebnisliste einen Eintrag an.

❸ In den *Schnelleinstellungen,* die als Erstes aufgelistet werden, finden Sie häufig benötigte Funktionen, die Sie sonst erst zusammensuchen müssten.

## 37.2 Netzwerkverbindungen

Die Steuerungsfunktionen für drahtlose Kommunikation:

- *WLAN*: Auf WLAN geht bereits Kapitel *8 WLAN* ein.

- *Bluetooth:* Siehe Kapitel *32 Bluetooth* ein.

- *Offline-Modus*: Schaltet das Mobilfunkmodul sowie Bluetooth und WLAN aus (sogenannter »Flugmodus«). Siehe auch Kapitel *4.7 Flugmodus (Offline-Modus)*.

- *Mobile Hotspot und Tethering*: Internetverbindung des Handys mit einem anderen Gerät nutzen. In diesem Buch gehen wir nicht weiter darauf ein.

- *Datennutzung*: Führt eine Statistik der übertragenen Datenmenge über Mobilfunk-Internet und WLAN. Siehe dazu Kapitel *35.10.1 Datenverbrauch ermitteln.*

- *Mobile Netzwerke*: Das Menü verwaltet alles rund um die Mobilfunk-Internet-Funktionen. Wir gehen in diesem Buch nicht weiter darauf ein, da das Handy die Einstellungen beim ersten Einschalten automatisch vornimmt.

- *NFC und Zahlung*: Verwaltet den NFC-Chip, mit dem Sie über kurze Entfernungenn Datenübertragungen zwischen zwei Geräten durchführen können. Siehe Kapitel *34 NFC*.

- *Weitere Verbindungseinstellungen*: Standard-Anwendung für den SMS-Versand festlegen, mobiles Internet und VPN, usw. einrichten.

## 37.2.1 Datenübertragung

◆ *Einstellungen/Weitere Verbindungseinstellungen*

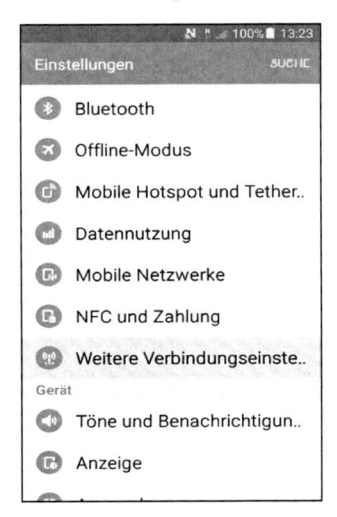

❶❷ In diesem Bildschirm stellen Sie ein:

- *Drucken:* Da die Druckausgabe unter Android nicht besonders anwenderfreundlich gestaltet ist, gehen wir in diesem Buch nicht weiter darauf ein.

- *VPN*: Konfiguriert Virtual Private Networks (VPNs), die eine verschlüsselte und sichere Kommunikation über das Internet, beispielsweise mit Firmennetzwerken, ermöglichen. Dieses Buch geht darauf nicht weiter ein.

- *Standard-Nachrichten-App*: Auf dem Galaxy nutzen Sie für den SMS-Versand/Empfang standardmäßig die im Kapitel *5 Nachrichten (SMS)* vorgestellte Anwendung. Alternativ können Sie dafür aber auch das von Google bereitgestellte Hangouts verwenden, wovon wir aber abraten.

## 37.3 Geräteeinstellungen

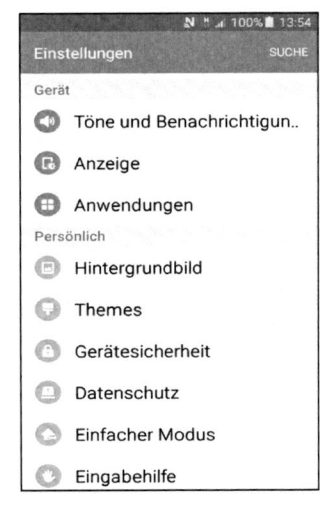

Die Menüs:

- *Töne und Benachrichtigungen*: Das *Ton*-Menü fassen alle Audioeinstellungen zusammen, welche bereits Kapitel *3.14.1 Signaltöne* erläutert.

- *Anzeige*: Konfiguriert unter anderem Helligkeit, Farbdarstellung und Schriftart.

- *Anwendungen*: Sie finden in dem Menü den *Anwendungsmanager*, der die laufenden

Benutzerkonfiguration 403

Programme auflistet, sowie die *Standardanwendungen*-Verwaltung. Letzteres beschreibt bereits Kapitel *35.4 Anwendungen als Standard*.

## 37.3.1 Anzeige

◆ *Einstellungen/Anzeige*

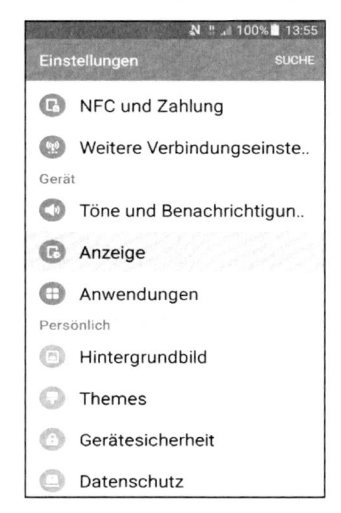

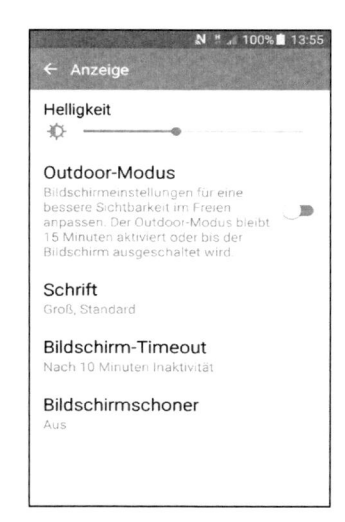

❶❷ Sie konfigurieren in *Anzeige*:

- *Helligkeit*: Displayhelligkeit einstellen.
- *Outdoor-Modus*: Erhöht die Displayhelligkeit für maximal 15 Minuten.
- *Schrift*: Über *Schriftart* ändern Sie sowohl die Schriftart als auch die Schriftgröße. Nach allen Änderungen sollten Sie überprüfen, ob Ihre Lieblingsanwendungen noch vernünftig funktionieren, denn manchmal sind Texte und Menüs dann kaum noch lesbar.
- *Bildschirm-Timout*: Abschaltdauer des Displays, wenn Sie das Galaxy nicht nutzen.
- *Bildschirmschoner*: Legt fest, was das Galaxy anzeigt, wenn es an die optionale Dockingstation beziehungsweise eine Stromversorgung angeschlossen ist. Neben einem Farbverlauf können Sie auch Fotos oder Inhalte der Flipboard-Anwendung anzeigen lassen.

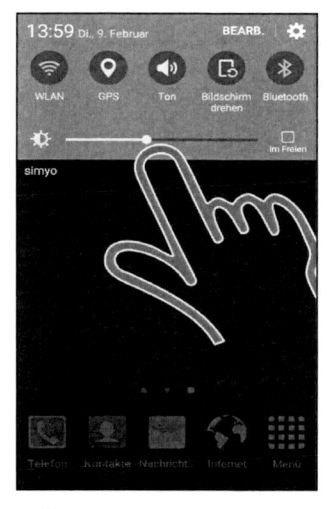

❶ Die Displayhelligkeit ist frei regelbar.

❷ Die Displayhelligkeit lässt sich auch über den Regler beziehungsweise das Abhakkästchen im Benachrichtigungsfeld steuern.

---

Beachten Sie, dass eine hohe Displayhelligkeit die Akkulaufzeit erheblich reduziert.

## 37.4 Personalisierung

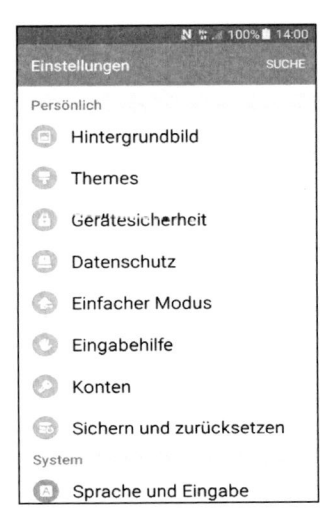

Die folgenden Menüs personalisieren Ihr Gerät:

- *Hintergrundbild*: Stellt eines der vorgegebenen Hintergrundbilder für Start- und Sperrbildschirm ein. Alternativ können Sie auch ein beliebiges Foto von der Kamera verwenden. Siehe Kapitel *3.7.5 Hintergrundbild*.

- *Themes*: Wählen Sie zwischen mehreren verschiedenen Designs, die nicht nur das Hintergrundbild, sondern auch die Programmsymbole in Startbildschirm und Hauptmenü ändern.

- *Gerätesicherheit*: Funktionen zum Sperren des Handy gegen fremden Zugriff.

- *Datenschutz*: Fasst einige Optionen zusammen, bei denen Ihre Daten an Google gesendet werden beziehungsweise Sie Ihre Daten verbergen.

- *Einfacher Modus*: Das Galaxy stellt für Einsteiger eine große Herausforderung dar, weshalb man den sogenannten »einfachen Modus« nutzen kann. In diesem Modus werden sind die am häufigsten benötigten Funktionen (Zugriff auf wichtige Kontakte, Alarm, häufig genutzte Anwendungen, usw.) direkt über den Startbildschirm aufrufbar. Siehe auch Kapitel *35.9 Startbildschirm-Profile*.

- *Eingabehilfe*: Funktionen, die körperlich eingeschränkten Menschen bei der Bedienung helfen.

- *Konten*: Viele Funktionen auf dem Handy, zum Beispiel für den E-Mail-Abruf setzen Konten voraus. Siehe dazu Kapitel *25 Das Google-Konto*.

- *Sichern und zurücksetzen*: Ihre Daten in Ihrem Google-Konto sichern.

## 37.4.1 Eingabehilfe

◆ *Einstellungen/Eingabehilfe*

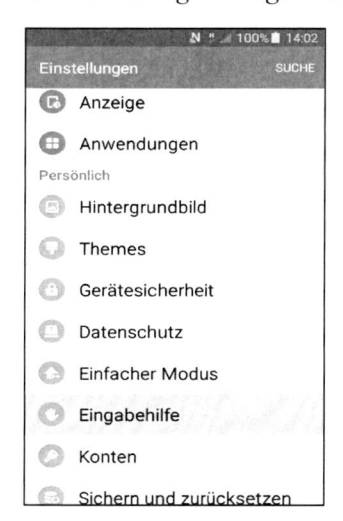

Im *Eingabehilfe*-Menü sind diverse Funktionen aus den anderen Einstellungen-Menüs zusammengefasst, welche körperlich eingeschränkten Anwendern die Handynutzung erleichtern:

Unter *Kategorien*:

- *Sehhilfe*:
  - *Passwörter sagen* (nur wenn *Voice Assistant* eingeschaltet ist): In Passwortfeldern eingegebener Text wird vom Handy vorgelesen.
  - *Schriftgröße*: Die Schriftgröße können Sie alternativ auch unter *Einstellungen/Anzeige/Schrift* festlegen.
  - *Vergrößerung mit Gesten:* Tippen Sie dreimal schnell hintereinander auf das Display, worauf der Bildschirminhalt vergrößert dargestellt wird.
  - *Farbumkehr*: Bildschirm invertieren.
  - *Farbkorrektur*: Passen Sie die Farbanzeige an Ihre Sehgewohnheiten an.
  - *Eingabehilfe-Verknüpfung*: Das *Eingabehilfe*-Menü lässt sich alternativ durch längeres Drücken des Ein/Ausschalters aktivieren oder mit einer Bildschirmgeste.
  - *Text-zu-Sprache-Einstellungen*: Für Sprachausgaben verwendete Landessprache und Sprechergeschwindigkeit.

- *Hörbehinderung*:
  - *Blitzlicht-Benachrichtigung*: Bei neu empfangenen Nachrichten blinkt die Kamera-LED auf.
  - *Alle Töne ausschalten*: Schaltet das Handy auf lautlos. Falls Sie nur einzelne Klänge deaktivieren, beziehungsweise ändern möchten, können Sie das unter *Einstellungen/Ton* vornehmen.
  - *Samsung-Untertitel (CC); Google-Untertitel (CC)*: Farben und Schriften in den von Samsung beziehungsweise Google (Gmail, Chrome, Play Store, Maps, Google+, usw.) bereitgestellten Anwendungen einstellen.
  - *Linke/Rechte Ton-Balance:* Falls Ihre Ohren unterschiedlich stark geschädigt sind, passen Sie hier die Lautstärke für beide Kanäle an (nur bei Einsatz eines Headsets).
  - *Mono-Audio*: Von Stereoausgabe auf Mono umschalten. Für Nutzer eines einseitigem Kopfhörers oder Hörgeräts.

- *Geschicklichkeit und Interaktion:*
  - *Assistentenmenü*: Blendet unten rechts oder links ein Menü ein, über das man das Galaxy sehr bequem steuern lässt. Besonders geeignet für Anwender mit ein-

geschränkten motorischen Fähigkeiten.
- *Verzögerung bei Tippen und Halten*: Einige Funktionen lösen Sie durch Tippen und Halten auf Bildschirmelementen aus. Stellen Sie hier die dafür benötigte Zeitspanne ein.
- *Interaktionssteuerung*: Legen Sie fest, welche Bildschirmbereiche in den Anwendungen von der Berührungserkennung ausgeschlossen sein sollen. In das Bearbeitungsmenü gelangen Sie durch gleichzeitiges Drücken der Lautstärke-runter und der ⏹-Taste.

Unter *Weitere Einstellungen*:

- *Direktzugriff*: Dreimaliges schnelles Betätigen der ⏹-Taste öffnet ein Menü, in dem Sie die Eingabeeinstellungen aufrufen können.
- *Benachrichtigungserinnerung*: Durch Vibration, Signalton und/oder LED-Blinken macht das Galaxy auf verpasste Anrufe, neu empfangene SMS und E-Mails, Termine, usw. aufmerksam.
- *Anrufe beantworten und beenden*: Zusätzliche Funktionen bei eingehenden Anrufen/laufenden Gesprächen:
  - *Home-Taste drücken*: Betätigen der ⏹-Taste nimmt den Anruf an.
  - *Ein-/Austaste drücken*: Beendet ein Gespräch.
- *Einfaches Tippen*: Weckeralarm, Terminbenachrichtigungen und die Telefonieanwendung zeigen jeweils bei Ereignissen Schaltleisten an, die man dann in eine bestimmte Richtung ziehen muss. Aktivieren Sie *Einfacher Berührungsmodus,* so können Sie die Schaltleisten stattdessen einfach Antippen.

Unter *Dienste*:

- *Talkback*: Sprachausgaben.
- *Schalterzugriff*: Legen Sie Gesten fest, über die Sie das Handy steuern können.

## 37.4.2 Gerätesicherheit

◆ *Einstellungen/Gerätesicherheit*

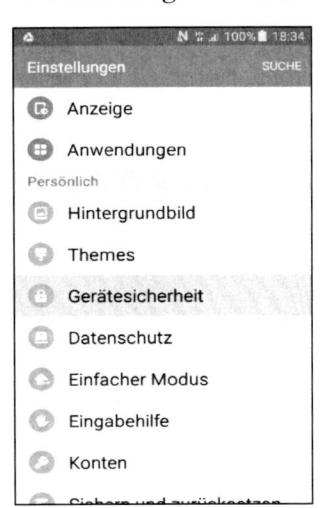

❶❷ Viele der Optionen im *Gerätesicherheit*-Menü erläutert bereits Kapitel *31.2 Gerätesperre*, weshalb wir hier nur kurz darauf eingehen:

Unter *Sperrbildschirm*:

- *Sperrbildschirmtyp*: Damit nicht Unbefugte auf Ihr Handy zugreifen, können Sie eine Sperre einrichten, die beispielsweise erst nach Eingabe einer PIN den Bildschirm frei gibt. Die Sperre aktiviert sich automatisch, sobald sich der Bildschirm ausschaltet (siehe Kapitel *31.1 Displaysperre*).

Benutzerkonfiguration 407

- *Informationen anzeigen*:
    - *Dual-Uhr*: Wenn Sie mit dem Handy in einem ausländischen Mobilfunknetz eingebucht sind, erscheint in der Displaysperre eine sogenannte Dual-Uhr, die neben Ihrer Heimatzeit auch die aktuelle Zeit der besuchten Zeitzone anzeigt.
    - *Wetter*: Aktuelle Wetterdaten in der Displaysperre einblenden.
    - *Info über Besitzer*: Geben Sie Ihre Kontaktdaten ein, damit sich der ehrliche Finder des Handys bei Ihnen melden kann. Wir empfehlen allerdings, Ihre Kontaktdaten mit einem Aufkleber auf der Rückseite des Handys anzubringen.
- *Sichere Sperreinstellungen*:
    - *Muster sichtbar machen*: Sofern Sie die im Kapitel *31.2 Gerätesperre* beschriebene Mustersperre nutzen, wird beim Entsperren des Displays das von Ihnen gemalte Muster angezeigt.
    - *Automatisch sperren*: Das Handy schaltet den Bildschirm standardmäßig 5 Sekunden nach dem Aktivieren der Gerätesperre aus. Stellen Sie bei Bedarf eine andere Zeitspanne ein.
    - *Mit Ein/Aus sofort sperren*: Betätigen des Ein/Ausschalters aktiviert die Gerätesperre.
    - *Smart Lock*: Wenn Sie Inhalte auf dem Bildschirm betrachten, aktiviert sich die Gerätesperre nicht. Dazu beobachtet die Frontkamera Ihre Augenbewegungen. Wegen des damit verbundenen höheren Stromverbrauchs raten wir von der *Smart Lock*-Nutzung eher ab.

Unter *Sicherheit*:

- *Gerätesicherheit*: Öffnet das *Gerätesicherheit*-Menü der Smart Manager-Anwendung. Sie können hier Samsung Knox aktivieren, das auf dem Handy einen passwortgeschützten Speicherbereich für geschäftliche Daten anlegt. In diesem Buch gehen wir nicht weiter darauf ein.
- *Find My Mobile*: Verwenden Sie die im Kapitel *31.5.2 Fernzugriff* beschriebene Funktion, um Ihr verlorenes Galaxy J5 schnell wiederzufinden.
- *Unbekannte Quellen*: Das Galaxy ist darauf ausgerichtet, dass Sie Programme ausschließlich aus dem Google Play Store (vorgestellt im Kapitel *27.1 Play Store*) installieren. Falls Sie Programme aus anderen Quellen installieren, müssen Sie sie mit *Unbekannte Quellen* freigeben.
- *Andere Sicherheitseinstellungen*: Das Menü beschreiben wir als Nächstes.

## 37.4.3 Andere Sicherheitseinstellungen

◆ *Einstellungen/Gerätesicherheit/Andere Sicherheitseinstellungen*

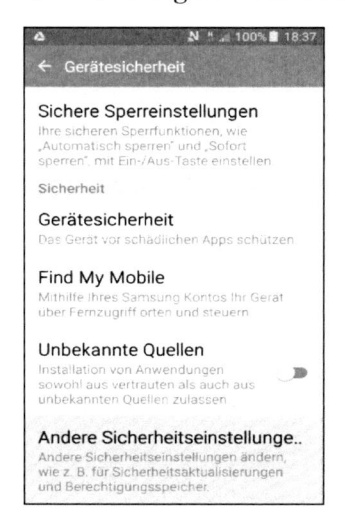

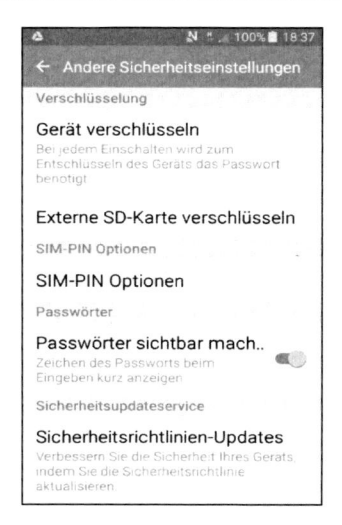

❶❷ Das *Andere Sicherheitseinstellungen*-Menü:

Unter *Verschlüsselung*:

- *Gerät verschlüsseln*: Ihre Daten werden in einem mehrstündigen Prozess auf dem Handy verschlüsselt. Greift später ein Programm auf den Speicher zu, muss das Handy die abgerufenen Daten wieder entschlüsseln. Diese Funktion belastet den Prozessor und hat negativen Einfluss auf die Ablaufgeschwindigkeit Ihrer Programme, weshalb sie nicht standardmäßig aktiviert ist. Zu Ihrer Sicherheit ist eine Gerätesperre, beispielsweise mit PIN oder Passwort (siehe Kapitel *31.2 Gerätesperre*) Voraussetzung.
- *Externe SD-Karte verschlüsseln*: Wenn Sie diese Option verwenden, lässt sich die eingelegte Micro-SD-Karte nicht mehr in anderen Geräten nutzen.

Unter *SIM-PIN-Optionen*:

- *SIM-PIN-Optionen*: Die Abfrage der SIM-PIN verhindert die Nutzung von Mobilfunkverbindung und Telefonie, solange nicht die PIN Ihrer SIM-Karte eingegeben wird. Außerdem lässt sich die SIM-PIN hier ändern.

Unter *Passwörter*:

- *Passwörter sichtbar machen*: Kennwörter in Eingabefeldern anzeigen.

Unter *Sicherheitsupdateservice* sind Funktionen zusammengefasst, die nur für Spezialanwendungen und den Unternehmenseinsatz interessant sind.

Unter *Geräteverwaltung*:

- *Geräteadministratoren*: Über den Android Geräte-Manager – den Kapitel *31.5.3 Android Geräte-Manager* vorstellt – darf auf das Gerät zugegriffen werden.

Unter *Berechtigungsspeicher* sind Menüs zusammengefasst, welche die sogenannten Sicherheitszertifikate (für Verschlüsselung und Authentifizierung) verwalten. Dieses sind nur für einige Unternehmensanwender wichtig.

## 37.4.4 Sichern und zurücksetzen

◆ *Einstellungen/Sichern und zurücksetzen*

Android-Handys wie das Galaxy sind nicht als »Standalone«-Geräte konzipiert, sondern sind auf die Kommunikation mit den Internetservern von Google angewiesen. Dies hat den Vorteil, dass Ihre Daten, darunter Kontakte, Kalendertermine, Browser-Lesezeichen, usw. automatisch bei Google unter Ihrem **Google-Konto** gespiegelt werden.

Beachten Sie, dass Programme von Drittanbietern, die Sie aus dem Google Play Store installiert haben, häufig nicht die Datensicherung im Google-Konto nutzen. In den Programmen vorgenommene Einstellungen und angelegte Daten gehen deshalb meist bei einem Zurücksetzen des Geräts verloren. Die zuvor von Ihnen installierten Programme werden Ihnen dagegen im Google Play Store nach dem Zurücksetzen zur erneuten Installation angeboten.

Haben Sie keinen Zugriff auf Ihr Handy, beispielsweise weil Sie es verloren haben, oder es defekt ist, dann können Sie jederzeit dessen Daten auf einem anderen Android-Handy (es muss noch nicht mal das gleiche Modell sein) wiederherstellen. Weitere Infos zum Google-Konto haben wir im Kapitel *25 Das Google-Konto* zusammengestellt.

Benutzerkonfiguration

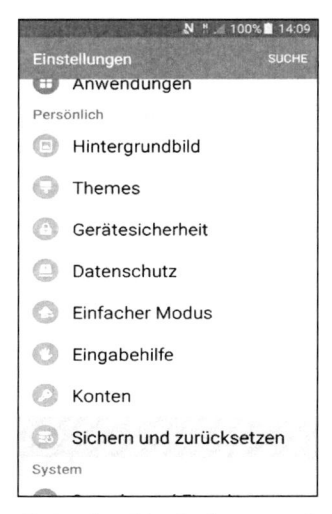

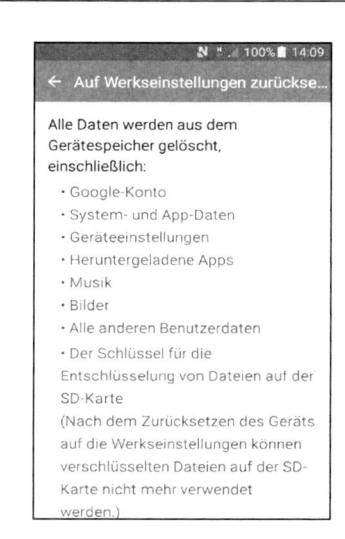

❶ Rufen Sie *Sichern und zurücksetzen* auf.

❷ Die Funktionen:

- *Sicherungskonto*: Falls Sie mit mehreren Google-Konten auf dem Galaxy angemeldet sind, legen Sie hier fest, in welchem Ihre Daten gesichert werden.

- *Datensicherung*: Sorgt dafür, dass Ihre Daten automatisch im Hintergrund auf einem Google-Server gesichert werden.

- *Automatisch wiederherstellen* sorgt dafür, dass bei einer eventuell notwendigen Neuinstallation einer Anwendung aus dem Google Play Store die bereits von Ihnen darin erfassten Daten erhalten bleiben.

❸ Verwenden Sie *Auf Werkseinstellungen zurücksetzen* für das Zurücksetzen auf den Zustand, in dem Sie das Galaxy erworben haben. Beachten Sie, dass dabei Daten auf der eingelegten SD-Karte nicht gelöscht werden. Im Google-Konto abgelegte Kontakte und Termine, sowie die Nachrichten in Gmail, stehen Ihnen nach Neueinrichtung des Google-Kontos in den entsprechenden Anwendungen wieder zur Verfügung.

## 37.5 System

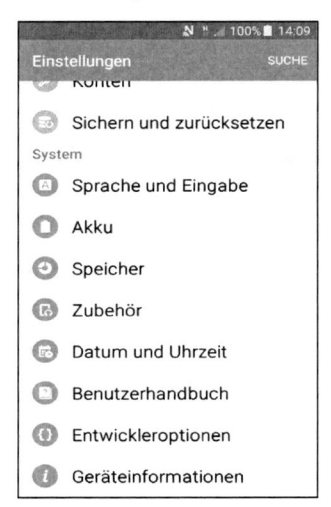

Sie finden unter System:

- *Sprache und Eingabe*: Hier konfigurieren Sie die Eingabesprache und die Eingabemethoden. Siehe dazu auch Kapitel *36 Eingabemethoden*.

- *Akku*: Informiert über den Stromverbrauch des Handys. Siehe auch Kapitel *35.11 Energiesparmodi*.

- *Speicher:* Zeigt den belegten und freien Speicher im Gerät an. Siehe auch Kapitel *30.4 Speicherverwaltung*.

- *Datum und Uhrzeit*: Im Menü stellen Sie Datum, Uhrzeit und Anzeige ein. Wenn Sie *Datum und Uhrzeit automatisch* aktiviert haben, ruft das Galaxy die aktuelle Uhrzeit von einem Zeit-Server aus dem Internet ab und setzt sie korrekt. Sie brauchen sich dann auch nicht um Sommer- und Winterzeit zu kümmern, auf die das Handy automatisch umschaltet.
- *Benutzerhandbuch*: Hilfeseiten von Samsung.
- *Entwickleroptionen*: Dieses Menü ist nur für Softwareentwickler interessant und normalerweise ausgeblendet.
- *Geräteinformationen*: Informiert über die Betriebssystemversion.

## 37.5.1 Geräteinformationen

◆ *Einstellungen/Geräteinformationen*

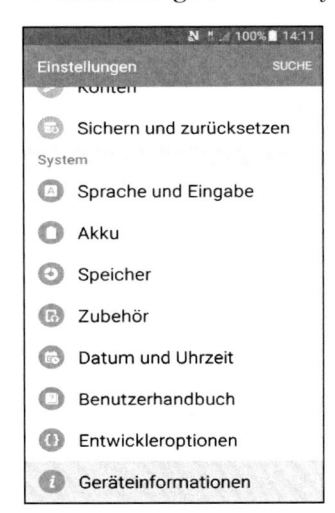

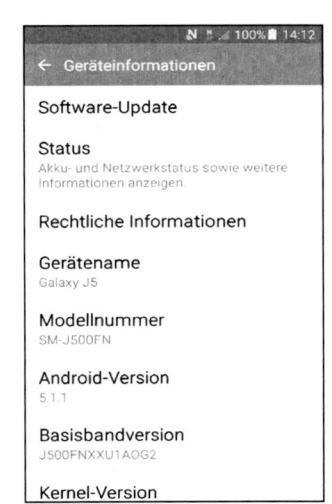

❶❷ Der *Geräteinformationen*-Bildschirm zeigt die aktuelle Firmware-Version an.

❶❷ Unter *Gerätename* stellen Sie den Namen ein, unter dem Ihr Handy bei Bluetooth-Übertragungen bei anderen Geräten erscheint. Unter dem Gerätenamen erscheint Ihr Galaxy auch, wenn Sie es am PC anschließen.

# 38. Stichwortverzeichnis

Akku   293
Akkulaufzeit   379
Alarm   254
Android Geräte-Manager   349
Anklopfen   75
Anruf ablehnen   74
Anruf durchführen   54
Anrufeinstellungen   73
Anrufliste   67
Anwendungsmanager   315
Aufgaben   263
Autonavigation   204
Backup   408
Bedienelemente   22
Benachrichtigungen   50
Benachrichtigungsfeld   35f.
Benachrichtigungston   371
Benutzerkonfiguration   400
Berührungstöne   51
Bildschirm drehen   38
Bildschirmkopien   380
Bildschirmschoner   329, 403
Bitte nicht stören   331
Blacklist   71
Bluetooth   38, 351
Bluetooth-Headset   353
Chrome-Webbrowser   180
Dateien herunterladen   175, 185
Dateimanager   280
Daten-Roaming   112
Datenlimit   384
Datenschutz   377
Datensicherung   299
Datenübertragung   402
Datenverbrauch   383
Datenverbrauchsanzeige   384
Diebstahl   345, 377
Direktwahl   108
Displaysperre   22, 330, 341
Drive   286
DRM   273
Dual-Uhr   407
Durchgehende Eingabe   396
Ebooks   270
Eigene Dateien   280
Eigene Kontaktkarte   104
Einfacher Modus   382
Eingabehilfe   405
Eingabemethoden   390
Empfangsbestätigung   89
Empfangsstärke   386
Erweiterter Startbildschirm   26
FDN   77
Fernsehzeitung   322
Fernzugriff   347
Feste Rufnummern   76

Flugmodus   70
Fotos   241
Galaxy Apps   303, 314
Galerie   220
Geräteinformationen   410
Gerätename   410
Gerätesicherheit   406
Gerätespeicher   334
Gerätesperre   22, 341f.
Gestensteuerung   24
Gmail   120
Google Fotos   241
Google Kalender   268
Google Local   210
Google Maps   198
Google Notizen   324
Google Now   252
Google Play B   270
Google Play Store   303
Google Übersetzer   323
Google-Konto   295
Google-Suche   46
GPS   38, 225, 372
GPS Test   322
Hauptmenü   26, 43
Headset   353
Helligkeit   403
Hintergrundbild   33, 404
Hintergrunddaten einschränken   386
Hörerlautstärke   58
IMAP4   151
In-App-Käufe   313
Internetzugang   111
Kalender   257
Kamera   213
Kennwortschutz   342
Klingelton   50, 66, 371
Klingeltonlautstärke   66
Kontakterfassung   97
Kontaktfoto   101
Kontaktklingelton   101
Kurzwahlen   61
Lautstärke   50
22
Lautstärketasten   49
MAC-Adresse   118
Mailbox   62, 79
Medienlautstärke und Signaltöne   49
Memo   285
Menü   40
MMS   94
Mobilbox   62
Mobile Daten   38
Mobile Netzwerke   401
Mobilfunk-Internet   113
Multimedia Messaging Service   94

Muster-Sperre 343
Nachrichten 81
Nachrichtenzentrale 94
Near Field Communication 369
Netzbetreiber 112
Netzmodus 112
Netzwerkverbindungen 401
NFC 369
Notizbuch 324
Notizen 324
Office-Dateien 326
Offline-Modus 70
Offline-Modus: 401
Ordner 43
Panorama-Foto 218
Passwortsperre 344
Personalisierung 404
Play Filme 274
Play Musik 227
Play Store 303
Playlists 232
POP3 151
POP3-Server 153
Positionsdaten 225
Programme deinstallieren 305
Programme installieren 305
Protokoll 67
Querdarstellung 39
RealCalc 323
Rechner 280, 323
Register 25
Roaming 112
Routenplaner 204
Rufnummernsperre 76
Rufumleitung 75
Ruhemodus 331
S Planner 257
Samsung-Konto 301
Samsung-Tastatur 391
Samsung-Tastenfeld 392
Schnellzugriff 26f.
Screenshots 380
Sichern und zurücksetzen 408
Signaltöne 50
SIM-Karte 100
SIM-Kartenwechsel 346
SIM-Kontakte 101
SIM-Sperre 345
SIM-Sperre« 341
Smart Lock 344
Smart Manager 293
SMS 81
SMTP-Server 154
Softwarekauf 310

Sortierter Eingang 135
Speicherverwaltung 339
Sperrbildschirmtyp 406
Spracheingabe 391
Spracherkennung 49, 397
Sprachsteuerung 276
SSID 118
Standardmodus 382
Standardnummer 59
Standby-Bildschirm 25
Standort 372
Startbildschirm 22, 23, 25
Startbildschirm-Profile 381
Startseite 22
System 409
Tastenfeld 392
Tastentöne 51
Telefonbuch 96
Telefonie 53
Terminerinnerung 266
Titelleiste 35
TouchWiz 376
Übermittlungsbestätigung 94
Übersetzer 323
Uhr 254
Unbekannte Quellen 330, 407
Videoanrufeinstellungen 79
Videoplayer 284
Virenscanner 320
VPN 402
Warteschlange 231
Webbrowser 170
Weltuhr 256
Werkseinstellungen 300
Wetter 282
Wi-Fi Direct 366
Wichtig-Label 135
Widgets 29
Wiedergabeliste 232
Wifi 115
Wifi Analyzer 387
WLAN 113, 115
WLAN-Sicherheit 118
Wochennummern 267
Wortvorschläge 392
WPS 116
Youtube 283
Zip-Dateien 374
Zugangspunkte 112
Zugriffssperren 341
Zurück-Taste 22
Zustellberichte 94
Zustellungsbericht 89
40, 58, 321ff., 344f.

## 39. Weitere Bücher des Autors

Vom Technik-Journalisten Rainer Gievers sind zahlreiche Bücher zum Thema Mobile Computing erschienen. Eine Inhaltsübersicht und Bestellmöglichkeiten finden Sie auf unserer Website *www.das-praxisbuch.de*. Sie können die Bücher über die jeweilige ISBN auch direkt bei Ihrem lokalen Buchhändler bestellen.

Allgemeine Themen:

- Das Praxisbuch E-Mail für Einsteiger
  ISBN: 978-3-945680-26-1

- Das Praxisbuch Online-Shopping für Einsteiger
  ISBN: 978-3-945680-22-3

- Das Praxisbuch Fotobearbeitung für Einsteiger
  ISBN: 978-3-945680-16-2

- Das Praxisbuch Google-Anwendungen
  ISBN: 978-3-945680-10-0

- Das Praxisbuch Chromebook
  ISBN: 978-3-945680-04-9

Handys und Tablets:

- Das Praxisbuch Samsung Galaxy S5 Neo
  ISBN: 978-3-945680-27-8

- Das Praxisbuch Samsung Galaxy S3 Neo
  ISBN: 978-3-938036-91-4

- Das Praxisbuch Samsung Galaxy S3
  ISBN 978-3-938036-56-3

- Das Praxisbuch Samsung Galaxy Tab 4
  ISBN: 978-9-38036-89-1

- Das Praxisbuch Samsung Galaxy Tab 3
  Teil 1: ISBN 978-9-38036-71-6
  Teil 2: ISBN 978-9-38036-62-3

- Das Praxisbuch Samsung Galaxy S5
  Teil 1: ISBN 978-9-38036-85-3
  Teil 2: ISBN 978-9-38036-86-0

- Das Praxisbuch Samsung Galaxy S5 Mini
  ISBN: 978-3-938036-95-2

- Das Praxisbuch Samsung Galaxy S4 Mini
  ISBN 978-9-38036-66-2

- Das Praxisbuch Samsung Galaxy S3 Mini
  ISBN 978-9-38036-62-4

- Das Praxisbuch Sony Xperia Z5 Compact
  ISBN: 978-3-945680-24-7

- Das Praxisbuch Sony Xperia Z3 Compact
  ISBN: 978-3-945680-06-3

- Das Praxisbuch Sony Xperia Z1 Compact
  ISBN: 978-3-945680-01-8